Klaus Harpprecht

Die Gräfin
Marion Dönhoff

Eine Biographie

Rowohlt

1. Auflage Oktober 2008
Veröffentlicht im Rowohlt Verlag GmbH,
Reinbek bei Hamburg
Copyright © 2008 by Klaus Harpprecht
Alle Rechte vorbehalten
Lektorat Uwe Naumann
Satz aus der Berthold Garamond PostScript bei
Pinkuin Satz und Datentechnik, Berlin
Druck und Bindung CPI – Clausen & Bosse, Leck
Printed in Germany
ISBN 978 3 498 02984 5

· Inhalt ·

Statt eines Vorworts   11

Kapitel 1
Eine europäische Familie   29

Kapitel 2
Der preußische Kern   41

Kapitel 3
Das späte Geschöpf einer feudalistischen Welt   63

Kapitel 4
Szenen aus einer Gespensterwelt   85

Kapitel 5
Die «kleine Gräfin» im Wilden Westen und auf Safari   111

Kapitel 6
Im linken Winkel des «geheimen Deutschland»   131

Kapitel 7
Schwarzweißroter Adel, braun gefärbt   149

Kapitel 8
Unzähmbare «Wanderlust» und agrarischer Alltag   171

Kapitel 9
Regierungswechsel im Hause Dönhoff   187

Kapitel 10
Dem Krieg entgegen   205

Kapitel 11
Das deutsche Schweigen   223

Kapitel 12
Bruder Heinrichs Tod   251

Kapitel 13
Jahre der Dunkelheit   269

Kapitel 14
Abmarsch in den Untergang   291

Kapitel 15
Die Gräfin reitet fort   311

Kapitel 16
Das zweite Leben – Rettung aus der Niemalszeit   331

Kapitel 17
«Wir beschlossen, deutsch zu sein»   353

Kapitel 18
«Die Zeit» stand rechts – ein Blatt der
nationalen Opposition   369

Kapitel 19
Eine englische Liebe   393

Kapitel 20
Hamburger Redaktions- und Verlegerkriege   415

Kapitel 21
«Die Zeit» wird die ihre – der Machtwechsel   443

Kapitel 22
Aufbruch in die Freiheit   461

Kapitel 23
Die Gräfin ist Chef   481

Kapitel 24
Das wahre '68 fand woanders statt   497

Kapitel 25
Coda   517

Anhang

Danksagung   541

Quellenangaben   545

Namenregister   567

Bildnachweis   589

Für Freya von Moltke
mit Respekt, Bewunderung und Liebe

· Statt eines Vorworts ·

Marion Dönhoff war keine Freundin der Superlative. Die bedeutendste Journalistin unter den Deutschen des zwanzigsten Jahrhunderts? Sie war es, und womöglich wusste sie es. Aber sie hätte mit dem Anflug eines Lächelns protestiert, wäre sie lauthals von einem pathetisch-professoralen Laudator oder einem der öligen politischen Schmeichler als solche gepriesen worden. Nicht undenkbar, dass ihr kleines Lächeln zugleich jenes sichere Selbstgefühl angedeutet hätte, das sie in der Regel einer ruhigen Disziplin unterwarf. Es nährte sich nicht aus ihrer Herkunft, sondern aus ihrer Leistung. Aus dem, was sie aus ihrem und mit ihrem Leben gemacht hat.

Den Adel nahm sie als Gegebenheit – wie andere ihr bürgerliches Erbe. Aristokratisches «Standesbewusstsein» im traditionellen Verständnis war an Besitz, den Dienst am Staat, den Dienst unter Waffen gebunden, in Preußen womöglich mehr noch als anderswo. Nichts davon bestimmte ihre Existenz nach der Flucht im eisigen Winter 1945.

Der Besitz war verloren, wie sie es schon in den Jahren des heraufziehenden Krieges vorausgesehen hatte. Der Staat Preußen, unter dem Nazi-Regime missbraucht und in seiner Substanz tief versehrt, war zerbrochen. Die Waffen, zwölf Jahre lang das Vernichtungsinstrument einer verkommenen Obrigkeit, waren zerschlagen. Ohnedies war sie eine kritische Preußin. Im Glanz der militärischen Glorie des mächtigen Kunststaates sonnte sie sich nicht. In dem Kernwort des schweigsamen Feldherrn Helmuth von Moltke (der nicht aus Preußen, sondern aus Mecklenburg stammte, zunächst der dänischen Krone verdingt) fand sie sich wieder: «Mehr sein als scheinen.»

Der Wunsch nach beiläufiger Unscheinbarkeit prägte ihren Stil, den ihres Alltags, oft auch den ihrer besten Artikel und der eindrucksvollsten Passagen ihrer Bücher. Sie hätte es gehasst, über ihre Verhältnisse zu leben oder zu schreiben. Solange sie reich war – und das war sie als junge Frau im alten Ostpreußen, wenngleich in komplizierter Bindung an die Großfamilie und in der strengen Begrenzung der Fideikommiss-Verfassung des Besitzes –, saß ihr das Geld keineswegs locker. Überdies wäre es ihr nicht eingefallen, den Reichtum zur Schau zu tragen. Der einzige Luxus, den sie niemals verbarg: ihre geliebten Automobile, mit denen sie sich schon in ihren Studentenjahren vergnügte, als alle Welt, die Professoren nicht ausgenommen, zu Fuß ging oder sich des Fahrrads bediente. Von der Passion für die eleganten Sportwagen wollte sie bis ins hohe Alter nicht lassen. Im Übrigen nutzte sie das gute Geld, das sie in den letzten Jahrzehnten ihres Daseins verdiente, für ihre Stiftung und für die Hilfe, die sie armen Teufeln, entlassenen Strafgefangenen, sozialen Institutionen, dann und wann auch jungen Verwandten zukommen ließ, in diskreter Stille, versteht sich. Die karitativ-soziale Verpflichtung mochte der ausgeprägteste preußisch-protestantische Zug ihres Wesens sein.

Sie rühmte sich später auch nicht der Armut, die sie nach 1945 mit Tausenden ihrer Standesgenossen und Millionen ihrer Landsleute geteilt hat. In der Welt der Trümmer, des Hungers, einer Existenz am Rande der nackten Not richtete sie sich mit derselben Selbstverständlichkeit ein wie vordem in der Welt der Schlösser. Niemand hörte sie klagen. Niemals führte sie das bestandene Elend vor (nicht einmal aus pädagogischen Gründen). In welcher Lage auch immer – sie hat, was die eigene Person anging, zwei angelsächsische Generaltugenden sozusagen auf deutsch gelebt: *understatement* und *stiff upper lip*. Auf altpreußisch: Bescheidung und Haltung.

Sie war, daran ist nicht zu zweifeln, eine der großen Frauen des vergangenen Jahrhunderts, das ihr langes Leben völlig umspannt hat: vom Vorabend der Urkatastrophe des Ersten Weltkriegs (um mit ihrem Freund George F. Kennan zu reden) über die Wirrnisse des Staates von Weimar hinweg zum «Zivilisationsbruch» des nazistischen Deutschland und des Zweiten Weltkriegs, über die Spaltung des Kontinents im Kalten Krieg, die Etablierung der zweiten Demokratie im Staat von Bonn bis zur Befreiung Europas und der Vereinigung der Deutschen. Sie war Zeugin der entsetzlichsten und mörderischsten Epoche der Menschheitsgeschichte (in Deutschland, in der Sowjetunion und, über die Jahrhundertmitte hinaus, in China). Sie wurde, in der zweiten Hälfte ihres Daseins und des Jahrhunderts, Zeugin einer Epoche des Friedens, des generellen Wohlstands und eines Regiments der Vernunft, wie sie Europa nie zuvor gekannt hatte. Wenige ihrer Zeitgenossen haben die beiden Jahrhunderthälften in solch klarer Bewusstheit, solch ausgeprägter Gewissenhaftigkeit, so offen und zugleich so treu gegen sich selber durchmessen. Das machte sie, ob sie es wusste oder nicht, noch zu ihren Lebzeiten zur Legende – ohne Aura, versteht sich, die sie niemals geduldet hätte. Die Kontinuität ist vielleicht das entscheidende Element der Größe, die ihr bescheinigt wird. Man darf von einem großen Leben sprechen. Von einem Leben, das ihr erlaubte – zumal in der Freiheit des Friedens nach dem Zweiten Weltkrieg –, bei ihren Reisen in die Metropolen und die entlegensten Winkel des Erdkreises seine Fülle, seine Farben, seinen Reichtum mit unersättlicher Neugier in sich aufzunehmen. Und sie war unermüdlich unterwegs. Auch die immer wache Neugier weist ins Große.

Zeugin des Jahrhunderts. Keine passive, sondern eine stets engagierte. Keine Chronistin, die in kühler Entrücktheit über das Treiben der Menschheit und vor allem ihres schwierigen Volkes Buch geführt hätte. Sie lebte vielmehr jede politische und soziale Entscheidung mit: nicht nur in Deutschland, sondern gleichermaßen in den Vereinigten Staaten oder in Südafrika. Sie registrierte nicht nur. Sie nahm teil.

Wenn es notwendig war, als handelnde Zeugin. Kaum jemand hat sich mit ähnlicher Verve ins Zeug gelegt, um Osteuropa, zumal Polen (und damit ihre ostpreußische Heimat), für den Prozess des Friedens, der Versöhnung und der Entwicklung gemeinsamer Interessen zu öffnen. Marion Dönhoff gehörte zu den ersten Deutschen, die den Mut fanden, den Verlust der Heimat vor aller Welt als ein unabänderliches Faktum zu bestätigen. Freilich, noch über das Ende der Ära Adenauer hinaus bestand sie darauf, dass eine endgültige Grenzziehung nur in unmittelbarer Verhandlung zwischen Polen und Deutschen vereinbart werden könne, das aber hieß: nach der Wiedervereinigung.

Die Anerkennung der Grenze durch den anderen, den kommunistischen deutschen Staat war nicht viel wert, nicht für die Polen, nicht für die Deutschen. Doch Marion Dönhoff täuschte sich niemals darüber hinweg, dass schmerzhafte Opfer gebracht werden mussten. Als sich das Dritte Reich in den Zweiten Weltkrieg stürzte, vom deutschen Diktator gewollt und provoziert, war sie gewiss, dass dies das Ende des deutschen Ostpreußens sein werde. Dennoch, der Abschied von den Regionen jenseits der Oder und Neiße kam sie bitter an. Doch als der sozialdemokratische Kanzler im Dezember 1970 nach Warschau aufbrach, hatte sie ihre politische, ihre moralische, ihre emotionale Entscheidung getroffen. Freilich brachte sie es nicht übers Herz, der Einladung Willy Brandts in die polnische Hauptstadt zu folgen, um beim Akt des Verzichtes gegenwärtig zu sein. Indes, sie erlaubte keinen Zweifel, dass sie sich ins Unvermeidliche gefügt hatte, voller Trauer, aber unmissverständlich und klar.

In jenen Jahren schlug ihr eine Welle des Hasses aus manchen verhangenen Seelen unter den Schicksalsgenossen entgegen, die von Verzicht und der Endgültigkeit des Verlustes nichts wissen wollten; die es auch nicht zu kümmern schien, dass jedes revisionistische Signal aus Deutschland die Einigung Europas sabotiert, die Bundesrepublik isoliert, die Sowjetunion und mit ihr die DDR gestärkt, die Liquidierung des Kalten Krieges verhindert hätte. Marion Dönhoff wiederholte unbeirrt, dass der Verzicht die unabänderliche Voraussetzung für eine friedliche und produktive Koexistenz mit den Nachbarn im Osten sei (und es noch immer ist). Wäre die Furcht vor einem deutschen Revanchismus nicht durch die Ostpolitik Willy Brandts, die Einsicht Marion Dönhoffs und ihrer Freunde gezähmt worden (die zunächst nur eine Avantgarde waren), hätte sich mit ihnen nicht die Mehrheit der Deutschen, am Ende selbst die Mehrheit der Vertriebenen und Flüchtlinge dem Gebot der Vernunft gebeugt: Dann hätte Polen wohl kaum die Kraft zur Selbstbefreiung gefunden. Die Angst vor den Deutschen war eine der eisernen Klammern, die das sowjetische Imperium in Osteuropa so lange zusammenhielten. Als die Furcht gebannt war, brauchte man den Großen Bruder nicht länger. Der Prozess der Verständigung kann, Gott sei Dank, durch Rückfälle in nationalistische Ressentiments und provokante Selbstüberschätzung nicht mehr aufgehalten und schon gar nicht zurückgeschraubt werden, weder jenseits noch diesseits der Oder.

In gewisser Hinsicht wurde Marion Dönhoff durch die schmerzliche «Anerkennung der Realitäten» ihre Heimat wiedergeschenkt, wenigstens in den polnischen Regionen Ostpreußens. Bei ihren Reisen ins Land ihrer jungen Jahre wurde sie von den neuen, den polnischen Bürgern der Heimat herzlich empfangen, und es wurde – eine seltene Ehre – noch zu ihren Lebzeiten eine Schule nach ihr benannt. Das hätte sie sich 1945 und noch lange danach nicht träumen lassen. Die Polen, die ihre Freunde wurden, zögern in der Tat keinen Augenblick, sie eine der großen Frauen des Jahrhunderts zu nennen.

Freilich, wenn wir gefragt werden, was am Ende die Größe dieses ungewöhnlichen (und doch im besten Sinn so alltäglich «normalen») Menschen bei genauer Prüfung ausgemacht hat, bieten sich keine lapidaren Antworten und keine «griffigen Formulierungen» an. Die Tapferkeit des Opfers allein genügt als Erklärung kaum. Genialität nach gängigen Begriffen war Marion Dönhoff nicht beschieden. Sie kann, bei allem Respekt, kaum als eine Denkerin von bezwingender Schärfe oder mitreißender Originalität gerühmt werden. Zum anderen: Ihr Verstand funktionierte mit ungewöhnlicher Klarheit, in der Regel rational (wie es frühere Generationen einer Frau kaum zugetraut hätten), oft – und womöglich allzu sehr – mit bestechender Logik.

Dennoch kann nicht behauptet werden, dass ihr Urteil stets untrüglich sicher gewesen sei. Sie hatte oft recht – zum Beispiel in ihrem Kampf gegen den Apartheid-Terror in Südafrika –, und manchmal täuschte sie sich gründlich (gottlob, hätte sie wohl selber gesagt): siehe ihr Bild von einer halbwegs stabilen und lebensfähigen DDR noch wenige Jahre vor dem Zusammenbruch des kommunistischen Regimes (ein Irrtum, den sie mit vielen ihrer Zeitgenossen teilte, von Willy Brandt über Helmut Kohl bis zu Franz Josef Strauß, den Analytikern des Bundesnachrichtendienstes und der CIA oder dem Autor dieser Zeilen, der zugleich seine Antipathie gegen die borniert Enge und die klirrende Militarisierung des ostdeutschen Regimes, samt den Uniformen der Wehrmacht, niemals zu verbergen vermochte).

Nein, anders als die meisten ihrer Landsleute und vor allem ihrer Berufsgenossen bestand Marion Dönhoff nicht darauf, immer und überall recht gehabt zu haben – das zeichnete sie aus. Selbstgerechtigkeit betrachtete sie als eine Gefährdung der Persönlichkeit, nicht nur bei anderen. Vielleicht war es diese Sensibilität, durch die sie die bedeutenden Köpfe, denen sie auf den Kreuzfahrten ihres Lebens begegnet ist (es waren viele), mit so wachen Instinkten wahrnahm: «echte» Charaktere, die «sich nicht vom Zeitgeist oder von

Werbeagenturen stilisieren» ließen, wie sie im Vorwort der Porträt-Sammlung unter dem spröden Titel «Menschen, die wissen, worum es geht» geschrieben hat: Männer (nein, keine Frauen in der Kollektion), die «keine Konzessionen an Publikum, Mode, Karriere» machen.

Vielleicht hätte sie nicht gern konzediert, dass sie sich zum anderen nicht immer als eine Menschenkennerin von untrüglichen Instinkten erwiesen hat. Sie misstraute jeder billigen Popularität, auch einer unkritischen Beziehung zur Macht. Dennoch versagte sie sich der Magie und der Attraktivität der Mächtigen nicht immer: siehe ihre Freundschaft mit Henry Kissinger, dessen Fragwürdigkeiten sie in Kauf nahm (ohne sie zu billigen). Gegen Täuschungen und Enttäuschungen, zumal im professionellen Umkreis, war sie nicht gefeit. Manchmal sanken die Hoffnungen, die sie auf diesen oder jenen prominenten Mitarbeiter gesetzt hatte, jäh in sich zusammen, meist zu Recht, von Zeit zu Zeit auch zu rasch. Gelegentlich beobachteten die Engvertrauten voller Staunen, dass sie die wunderlichsten und schrägsten Charaktere in ihrer Nähe geduldet, ja, dass sie ihnen erlaubt hat, mit ihrer Freundschaft zu prunken. Allerdings wussten die wichtigen Partner auf den langen Wegen ihres Daseins stets, ob im Beruf oder in ihrer privaten Welt, dass auf sie Verlass war.

Die Autorin Marion Dönhoff schrieb in der Regel klar, übersichtlich, ohne Schnörkel – sozusagen geradeaus und dennoch flexibel genug, um der Komplexität der Probleme gerecht zu werden. Es kann ihr nicht nachgesagt werden, dass sie zu der Handvoll brillanter Stilisten gezählt hätte, die im Journalismus deutscher Sprache ihr Wesen trieben, auch nicht zu den Artisten im eigenen Blatt. Selten glänzten ihre Artikel durch frappierende Wendungen, durch die Geschliffenheit der Formulierung, durch Witz, Elan, die sensible Musikalität der Schreibmelodie – wie sie in ihrer engsten Nachbarschaft der Redaktionsgenosse und Vorgänger am Schreibtisch des Chefs Josef Müller-Marein in seinen Reportagen so bewunderungswürdig bewies: ein Freund und Partner, der durch seine handwerkliche Sicherheit und seine planende Phantasie die «Zeit» als jenes Blatt von Rang geformt hat, aus dem sich unter ihrer Leitung eine Wochenzeitung von europäischer, ja weltweiter Geltung entwickeln konnte. Erst recht war die irisierende Virtuosität der literarisch ambitionierten Herren vom Feuilleton nicht ihre Sache (sondern eher eine Herausforderung ihres Missmuts).

Aber die Unmittelbarkeit der Sprache zum Beispiel in ihrem Bericht aus Bordeaux über den Prozess gegen die Mörder von Oradour im Januar 1953 – sie bezwingt, sie erschüttert jeden halbwegs empfindsamen Leser noch heute, mehr als ein halbes Jahrhundert nach der Publikation. In den poetischen Schilderungen der heimatlichen Landschaft konnte ihr so ruhig-nüchterner, manchmal auch karger Stil eine bewegende Schönheit gewinnen. Ihre Worte schienen sich immer von neuem aufzuschwingen, wenn die Erinnerung an Ostpreußen wach wurde: so, wenn sie die Weiden und Wälder am Ufer des Potomac-Stromes nicht weit von der amerikanischen Hauptstadt beschrieb, die sich zu Füßen des klassizistisch schlichten und doch so anmutigen Landschlösschens von George Washington darboten. In ihren politischen Analysen hingegen befreiten sich ihre Sätze selten aus der Zucht ein wenig grauer Alltäglichkeit. Genialisch (und berüchtigt) war freilich ihr Umgang mit der Interpunktion: eine Schwäche, über die sie sich vor allem selber amüsierte.

Der Hauch einer universellen Neugier (und Bildung), die den Journalismus bis in die späten Jahre der alten «Frankfurter Zeitung» so verführerisch machte (nur an Friedrich Sieburg zu denken), war ihr nicht völlig fremd: Sie bewunderte und respektierte jene Weite des Talents, die bei den Korrespondenten der Blätter von jenem Rang voraussetzte, dass sie mit gleicher Sachkenntnis über die Politik, die sozialen Probleme, die Kunst und die Ereignisse der Literatur zu berichten wussten (ausgenommen die Wirtschaft, für die in der Regel Experten bemüht wurden). Doch sie wagte sich schreibend nur selten auf fremdes Terrain, auf dem sie sich nicht so sicher fühlte wie in den Feldern der Politik oder der sozialen Prozesse.

Marion Dönhoff las keineswegs nur politische, soziologische, historische Bücher. Es gab Erzählungen und Gedichte, die ihr Herz berührten. Die Welt der Klassik, die sie sich als junges Mädchen erschlossen hatte, blieb ihr – im Unterschied zu der entschlossenen Traditionsferne der Protestgeneration –,zeit ihrer Tage nahe. Aber es kam ihr so gut wie nie in den Sinn, ein belletristisches Buch zu rezensieren. Für gewöhnlich hielt sie sich dem Feuilleton fern: eine eher exotische Landschaft, von zu vielen schillernden Halbgenies, eitlen Egozentrikern, windigen Schaumschlägern und weltverlorenen Traumtänzern bevölkert. Vielleicht blieb ihr auch darum Frankreich, lange Jahrzehnte der Garten Eden für die Feuilletonisten, immer ein wenig fern.

In der Sprache des Nachbarn kannte sie sich nicht so schlecht aus, und sie unternahm noch als erwachsene Frau manch rührende Anstrengung, ihr Französisch zu verbessern. Kein Zweifel: Das Englische meisterte sie müheloser, das gesprochene wie das geschriebene (obwohl ihr in den Briefen immer wieder die hübschesten kleinen Fehler unterliefen). Die Sprache Winston Churchills und Franklin D. Roosevelts war sozusagen ihre zweite Haut, und die angelsächsische Gesellschaft wurde ihr im Fortgang der Jahrzehnte von Grund auf vertraut. In den Vereinigten Staaten wie in Großbritannien tauchte sie mit selbstverständlicher Sicherheit in die Welt der Elite ein. Die Atlantische Allianz, um es robust und vielleicht allzu simpel zu sagen, war ihr am Ende wichtiger als die Europäische Union.

Natürlich betrachtete sie die Einigung Europas als ein Gebot der Vernunft, ja der historischen Notwendigkeit, und natürlich verstand sie sehr wohl, dass die deutsch-französische Versöhnung und Kooperation der Kern der europäischen Integration sei. Dennoch fürchtete sie eine westeuropäische, sozusagen spät-karolingische Selbstgenügsamkeit. Sie kreidete es Konrad Adenauer lange an, dass er sich nicht spätestens im Herbst 1956 – als die Polen den Nationalkommunisten Gomułka gegen den Willen Moskaus zum Parteichef beriefen – zu einer aktiven Ost-Politik entschließen konnte; besser, er hätte schon 1953 – nach genauer Prüfung der Stalin-Note des Vorjahres mit ihrem Angebot einer Wiedervereinigung um den Preis der Neutralisierung – das Gespräch mit den wacheren Köpfen im östlichen Europa, womöglich auch in der DDR, gesucht, um der Hoffnung auf die Vereinigung Deutschlands wenigstens einen Türspalt zu öffnen. Charles de Gaulle, der den greisen deutschen Kanzler mit solch klugem Kalkül (und zugleich so herzlich) in der Kathedrale von Reims umarmte, konnte sie die Zurückweisung Großbritanniens nicht verzeihen: Einen «schwarzen Tag der Geschichte» nannte sie den 14. Januar 1963, an dem der General sein unumstößliches Veto gegen die Aufnahme Englands in die Europäische Gemeinschaft verkündet hatte. Fragte sie sich später, ob de Gaulles Nachfolger Pompidou und Bundeskanzler Willy Brandt, die Großbritannien das Tor zum Kontinent geöffnet hatten, damit nicht zugleich die Hoffnung auf eine europäische Föderation preisgaben, da es voraussehbar war, dass die Verantwortlichen in London, gleichviel welcher Couleur, die Autorität supranationaler Institutionen blockieren, den schwierigen Prozess der Integration immer wieder aufhalten, im schlimmsten Fall paralysieren würden?

Die «Atlantikerin» Marion Dönhoff konnte Charles de Gaulle überdies den Rückzug Frankreichs aus den militärischen Strukturen der NATO und sein Aufbegehren gegen die Hegemonie der Vereinigten Staaten nicht vergeben. Der Hauch eines Schattens auf ihrem Bild von Frankreich löste sich auch nach dem Rücktritt des Generals nicht auf. Amerika war ihr wichtiger, und es blieb ihrem Herzen näher. Umso bitterer kam sie in der Neige ihres Lebens die politische und moralische Degeneration der Vereinigten Staaten unter dem Regiment des töricht-borniertes Präsidenten Bush junior an: Er repräsentierte nicht das Amerika, das sie liebte.

Ihr Grundverhältnis zu den Partnern der Bundesrepublik

Deutschland lässt sich in einer Metapher beschreiben: Nach der Ostsee wurde der Atlantik Marion Dönhoffs «mare nostrum» (den übrigens Thomas Mann in seinen fragwürdig-nationalistischen «Betrachtungen eines Unpolitischen» hellseherisch als das Mittelmeer der Moderne entdeckt hat). Mit Italien freilich verband sie eine schöne Gewöhnung. Die Mentalität der Menschen des Südens, an die ihre deutschen Landsleute seit eh und je ihr Herz verloren hatten (wenn sie nicht gerade mordend in ihre Dörfer einfielen oder ihre Bürger zur Zwangsarbeit deportierten), wurde ihr durch die allsommerlichen Aufenthalte im Ferienhaus der Familie auf Ischia im Gang der Jahrzehnte vertraut. In Forio überließ sie sich, wenn denn irgendwo, gelegentlich dem *dolce far niente*, sofern nicht die Präsenz der geliebten Schwester Yvonne, manchmal der Brüder, oft der Nichten und Neffen und vieler Freunde, die kamen und gingen, ihre tätige Aufmerksamkeit verlangte. Für gewöhnlich schleppte sie auch einen kleinen Berg der Pflichtlektüre mit – oder sie schrieb Artikel, die sie lange schuldig geblieben war, manchmal auch Stücke, die eine gewisse Entspanntheit voraussetzten; oder sie brachte ein Buch zu Ende, das ihr – und ihrer Gemeinde – am Herzen lag.

In Wahrheit hätte sie ein Leben ohne Arbeit nicht ertragen. In ihrem Gemüt war nicht nur das sprichwörtliche protestantische Arbeitsethos am Werk – oder doch bloß als eines der (unbewussten) Motive, die ihr befahlen, nach Papier und Stift zu greifen. Sie war, es wurde gesagt, keine geniale Autorin, aber das Schreiben war ihre Form des Lebens: Ich schreibe, hätte sie sagen können, also bin ich. Sie war, auch das wurde angedeutet, keine Denkerin der abstrakten Aufschwünge, aber sie fühlte sich im Kreise von Philosophen und Historikern eher zu Haus als in den Zaubergärten oder den Zirkusarenen der Literaten. Es drängte sie nicht allzu heftig, sich einen poetischen Reim auf die geschehende Geschichte zu machen, aber sie sah die Probleme unserer Welt gern auf Formeln gebracht, die ihrer Rationalität entsprachen. Ihrem Gemüt waren die Empfindungen der Romantik nicht fremd – aber in Wahrheit darf sie eine späte Tochter der Aufklärung genannt werden. Als Botschafterin der Aufklärung in einem – während der ersten, der finsteren Hälfte des Jahrhunderts – so schrecklich verdunkelten Land empfand sie sich gewiss – und zu Recht.

Ihre Religiosität entzog sich festumrissenen Vorstellungen oder Ritualen (wie die Gespräche mit dem Großneffen Friedrich am Vorabend ihres Todes zeigen). Die protestantische Prägung der Kindheit bestimmte ihre Haltung. Aus Protest gegen das Regime war sie wenige Jahre nach Hitlers «Machtübernahme» Mitglied der Bekennenden Kirche geworden. Sie hieß hernach die Annäherung der beiden großen Kirchen, die sich im Widerstand vorbereitet hatte, von Herzen gut, auch ihre politische Integration in der Christlich-Demokratischen Union, die Deutschland die Fortsetzung der politisch-konfessionellen Zerklüftung unseligen Andenkens erspart hat. Orthodoxien und dogmatische Weisungen freilich erkannte sie für sich selber nicht an. Vielleicht wird ihre Glaubenswelt durch den altmodischen Begriff des «Kulturchristentums» halbwegs adäquat beschrieben.

Ihr geliebter ältester Bruder Heinrich hatte auf den Vorsitz des Familienverbandes und die treuhänderische Verwaltung des Erbes verzichten müssen, weil er eine Katholikin geheiratet hat: So forderten es die Statuten, die Marion Dönhoff nicht in Frage stellte. Sie war ein freier Geist. Die Studienjahre, ihre ausgedehnten Reisen, eine gewisse Lust am Abenteuer (die freilich niemals ins Kraut schoss), ihr gesellschaftlich unbeengter Umgang mit Menschen der unterschiedlichsten Sphären, ihr mitunter nahezu sorgloses Verhältnis zu den Konventionen bewiesen das Verlangen nach innerer und äußerer Freiheit deutlich genug. Dennoch fügte sie sich ohne Aufbegehren der Pflicht, die partielle Verwaltung des Familienbesitzes zu übernehmen, als sich in der Vorahnung des Zweiten Weltkriegs und seiner Heimsuchungen die Notwendigkeit ihres Engagements ergab. Sie hätte sich lieber einer wissenschaftlichen Aufgabe oder einer produktiven geistigen Arbeit gewidmet.

Nein, sie neigte nicht zur offenen Rebellion gegen die Macht der Tradition, die den Ersten Weltkrieg, die Revolution und das Ende der Monarchie, die Republik von Weimar und den Einbruch des Nazismus mühsam und keineswegs unbeschädigt, aber in der Substanz noch nicht völlig gebrochen überlebt hatte: bis zur blutigen Zäsur des Zwanzigsten Juli 1944, bis zur Flucht und Austreibung aus dem Land, in dem der preußische Adel verwurzelt war. Respektable Historiker präsentierten die These, Marion Dönhoff sei es geglückt – ob geplant oder auch nicht –, dank ihrer hartnäckigen Erinnerung an das Opfer des Zwanzigsten Juli (dem sie ein Jahr nach dem Attentat des Grafen Stauffenberg das erste schriftliche Denkmal setzte, 1946 das erste gedruckte) Ansehen und Ehre des preußischen Adels insgesamt zu retten und mit sachter Energie wieder aufzuwerten: gegen das Verdikt der Alliierten, keineswegs nur der Sowjets, das der Kaste der ostelbischen Junker die Hauptschuld für die Militarisierung der deutschen Gesellschaft, die chronische Mobilisierung der antidemokratischen Ressentiments und damit den Triumph des Nazismus zuschrieb.

Die Mitverantwortung des Adels für das Dritte Reich, das von Beginn an eine deutsche und europäische Katastrophe war, kann nicht geleugnet werden. Sie ist in der Tat tiefer und breiter, als wir es lange Jahrzehnte geahnt hatten. Neue Studien weisen nach, dass sich mehr als die Hälfte aller männlichen und erwachsenen Mitglieder der deutschen Adelsfamilien Hitlers Partei zugesellt hatten, keineswegs immer nur widerstrebend, dass sich überdies eine erschreckende Zahl der Söhne (und einige Töchter) der prominenten aristokratischen Sippen mit dem Nazismus in hohen und mittleren Positionen identifiziert, ja in den schlimmsten Fällen durch eine unmittelbare Beteiligung an seinen Verbrechen aus freien Stücken schuldig gemacht hatten. Der Wille zum Widerstand – bei einer Minderheit, zumal in der Führung des Heeres, schon 1938 wach – regte sich bei der Majorität der schließlichen Gegner des Regimes erst spät – zu spät, bei vielen der Akteure leider erst dank der Einsicht, dass Hitlers Krieg verloren sei, bei den besten aber kraft ihres Aufbegehrens gegen den kriminellen Charakter des Regimes, durch die Konfrontation mit Massenmorden im Rücken der Front, durch die ungeheuerlichen Gerüchte, dann und wann auch durch unwiderlegbare Informationen über die systematische Vernichtung des europäischen Judentums.

Es ist wohl wahr, dass die blutige Rache des «Führers» und seiner Chargen an abertausend Mitgliedern des Widerstandes, die meisten von Adel, und die Torturen der verhängten Sippenhaftung die Mitschuld der Aristokratie nicht auslöschen konnte. Marion Dönhoff kannte die Verstrickungen aus der eigenen Familie gut genug, obwohl sie nie davon sprach. Ihr Schweigen darüber bleibt dem sympathisierend-kritischen Chronisten ihres Lebens und ihres Werkes ein Rätsel, für das weder ihre Freunde noch die vertrauten Verwandten eine schlüssige Erklärung zu finden scheinen.

Ihre passionierte Gegnerschaft zum Dritten Reich gerät durch diese beunruhigte Frage keineswegs in den Schatten des Zweifels, und ihr eigener Dienst im Widerstand büßt seine Glaubwürdigkeit gewiss nicht ein. Mehr als eine Nebenrolle fiel ihr freilich nicht zu. Anderes hat sie niemals vorgegeben, obschon auch bei ihr im Fortgang der Jahrzehnte das Bild der Realitäten sachte verschwamm.

Sie legte sich für das Vermächtnis des Zwanzigsten Juli nicht mit solch vehementer und zugleich geduldiger Leidenschaft ins Zeug, um die eigene Person im Strahlenkranz des Widerstandes aufleuchten zu lassen, und erst recht nicht, um dem Einfluss der Mitglieder des Adels in der Diplomatie der neuen Republik, im Offizierscorps der Bundeswehr, in der Wirtschafts- und Finanzwelt – der nirgendwo dominierend war und ist –, ein historisches Fundament zu schaffen, auf dem sich eine Machtposition des Standes hätte errichten lassen. Dieser Verdacht wäre absurd. Sie wollte die Erinnerung an ihre Freunde wachhalten, denen sie sich bis ans Ende ihrer Tage verpflichtet fühlte, unter ihnen Heinrich Graf Lehndorff, der ihr seit der Kindheit tiefer vertraut war als jeder andere Mann, den ältesten der eigenen Brüder ausgenommen. Sie sah in dem Aufstand des Gewissens, von dem sie wohl als Erste sprach, einen entscheidenden Impuls für den Geist der Demokratie: ein Bekenntnis zur Freiheit durch das Opfer des Lebens.

Heutzutage mögen sich diese und jene Sprösslinge des Adels noch als Mitglieder einer Elite betrachten, und es existiert bei manchen späten Kindern der Aristokratie wohl auch ein (eher vages) «Standesbewusstsein» – sozusagen ohne Stand. Welcher Karikaturist brächte es in unseren Tagen noch zuwege, einen «typischen» Vertreter des Adels zu präsentieren – auf den ersten Blick zu erkennen wie einst die Monokel-bewehrten Majore oder die robusten «Krautjunker» des «Simplicissimus»? Die ostelbische Besitzbasis des Adels – stets wichtiger als die der west- und süddeutschen Aristokratie – ist dahin, ein für alle Mal. Machtansprüche lassen sich nicht auf Titel gründen. Die gesellschaftliche Prominenz ist, alles in allem, auf ihren Dekorations- und Unterhaltungswert reduziert, manchmal die Grenze der Lächerlichkeit und des schieren Kitsches streifend. Den Diplomaten von Adel fallen keineswegs automatisch die großen Botschaften oder die Schlüsselpositionen im Amte selber zu. Die adligen Offiziere müssen sich, wie ihre Kameraden ohne das «von», dem Leitbild des «Bürgers in Uniform» unterwerfen, das übrigens Mitglieder aristokratischer Familien von Rang wie Graf Baudissin und Graf Kielmansegg geschaffen haben. Richard von Weizsäcker war ein Bürgerpräsident wie seine Vorgänger und Nachfolger, trotz des ererbten Freiherren-Titels – aus guten Gründen einer der Lebensfreunde Marion Dönhoffs. In der Wirtschaft wird die Karriere der Herren und der (wenigen) Damen von Adel nicht vom Namen bestimmt – oder doch höchstens bei der Berufung sogenannter «Frühstücksdirektoren» –, sondern von der Leistung.

Kein Zweifel, Marion Dönhoff war in mancher Hinsicht bis in die Fingerspitzen von ihrer adligen Herkunft bestimmt, und sie war der aristokratischen Prägung so sicher, dass diese niemals einer Betonung bedurfte: Das hätte sie selber als stilwidrig, ja als würdelos und dümmlich empfunden. Sie bewegte sich mit Selbstverständlichkeit in adligen Zirkeln, doch der Umgang mit Menschen von Geist war ihr wichtiger und die Begegnung mit Menschen in Positionen der Macht interessanter. Mit dem «Du» war sie sparsam; es blieb in der Regel den engsten Freunden vorbehalten, und die nächsten der Kollegen hatten sich – eine Auszeichnung – bei der Anrede mit dem Vornamen und dem «Sie» nach hanseatischer Manier zu begnügen. Unter Adelsleuten machte sie von dem «Du» sorgloseren Gebrauch: Es entsprach in jenen Zirkeln eher der Üblichkeit, da im Zweifelsfall alle mit allen auf irgendeine Weise verwandt waren.

Freilich war es nicht bedeutungslos, dass sie sich in der Redaktion ohne Widerspruch als «Gräfin» anreden ließ (so wurde sie auch genannt, wenn sie nicht präsent war): in gewisser Hinsicht ihr Berufs- und Büroname. Aber rückte sie die Partner damit nicht zugleich auf Distanz? Der Titel hatte in der Tat auch eine Schutzfunktion, dank der Rangbezeichnung, die bei ihr natürlich und beiläufig, niemals mit pompösem Faltenwurf daherkam.

Sie sah – darauf kommt es an – darin nicht den geringsten Widerspruch zu ihrer Existenz als einer Bürgerin liberaler und schließlich linksliberaler Prägung. Marion Dönhoff hätte wie der große Theodor Mommsen (in seinem Streit mit dem antisemitischen Nationalisten Treitschke) in der Summe ihres Lebens sagen können: «Ich wünschte mir, ein Bürger zu sein.» Nichts war ihr, von der ersten Stunde der zweiten deutschen Demokratie an, wichtiger als die Behauptung bürgerlicher Freiheiten und Rechte. Dem Patriarchen Adenauer konnte sie die autoritären Züge seiner Amtsführung niemals vergeben, und sie hielt sich nicht bei dem Einwand auf, dass die Deutschen 1949 und noch zwei Jahrzehnte danach in der Aufbau-Epoche der Republik einer liberalen Demokratie, wie sie Willy Brandt und Gustav Heinemann den Bundesbürgern endlich bescherten, noch keineswegs gewachsen gewesen wären: Sie brauchten einen Prozess der Entwöhnung vom Narkotikum der Diktatur und des autoritären Staates.

Ein grundbürgerlicher und erzliberaler Instinkt, der spätestens seit 1945 in ihrer Seele eingeschmolzen war, lehnte sich auf, wann immer sie Rechte und Freiheiten gefährdet oder gar verletzt glaubte. Bürgerliche Normalität bestimmte die Gewohnheiten ihres Alltags. Bürgerlich war ihr Häuschen im gehobenen Hamburger Vorort Blankenese, bürgerlich ihr Umgang mit Geld, bürgerlich ihre Kleidung, ihre Erscheinung in der Gesellschaft.

Ohne den leisesten Anflug von Schizophrenie lebte sie beides: die Existenz der Gräfin und der Bürgerin. «Guten Morgen, Gräfin», rief ihr die Assistentin zu, wenn sie am Vormittag das Büro betrat. «Was meinen Sie, Gräfin?», fragten die Redakteure ihre Chefin, die den Stimmen- und Meinungswirbel in den Konferenzen so oft mit einem klärenden Wort zu ordnen vermochte. «Den letzten Satz würde ich streichen, liebe Gräfin», ließ sie sich von redigierenden Kollegen mahnen. Aber ihre Briefe unterschrieb sie mit «Marion Dönhoff» – die Bürgerin unter Bürgern.

Aus der harmonisch gebändigten Doppelexistenz ergab sich die produktive Spannung ihres Lebens. Aus ihr mag sich am Ende die Größe erklären, die ihrer Persönlichkeit nicht nur von Freunden bescheinigt wurde. Aus der souveränen Überwölbung der beiden Lebenskreise. Aus der Freiheit, die sich aus dem Reichtum eines zweifach bestimmten Existenzgefühls genährt hat. Aus der Kontinuität, in der sich die beiden Elemente zusammenfügten. Aus der wachen Wahrnehmung eines dramatischen Jahrhunderts. Aus ihrer tapferen, geduldigen, nie ermüdenden Teilnahme an den Leiden der Epoche – und an den späten Siegen der Vernunft. Aus einem langen Leben der Zeugenschaft. Aus dem Willen zur Wahrhaftigkeit, der es mit uns Menschenkindern in der Regel so schwer hat. Alles in allem: aus der Haltung, die keines Korsetts bedurfte und jeder Verkrampfung ledig war. Aus einer Würde, die sich so oft mit einem Lächeln von unaufdringlichem Charme mitzuteilen vermochte.

Der Autor dieses Buches machte es sich zur Aufgabe, die persönlichen und die historischen Erfahrungen aufzuspüren, aus denen sich die Persönlichkeit Marion Dönhoffs geformt hat. In zwei autobiographisch geprägten Büchern und in ihrem Bericht über den Zwanzigsten Juli vermittelte sie uns – eher sparsame – Hinweise auf das eigene Werden. Allerdings blieb uns vieles in ihrem «Ersten Leben» vor 1945 verborgen. Wichtige Zeugnisse wurden im Untergang der ostpreußischen Heimat ausgelöscht. Dennoch fanden sich in ihrer Hinterlassenschaft, die auf Schloss Crottorf von ihrem Ziehsohn Graf Hatzfeldt gehütet wird, manche Aufzeichnungen und Korrespondenzen, die gewiss nicht in den Satteltaschen des Pferdes Alarich, mit dem sie den Ritt nach Westen bestand, ins Archiv von Crottorf gelangten. Geduldige Recherchenarbeit förderte anderes zutage.

Diese Biographie konzentriert sich auf die nahezu unbekannte Marion Dönhoff des «Ersten Lebens» und auf die formenden Jahrzehnte des «Zweiten». Mit der Übernahme der Chefredaktion begann sozusagen das «Dritte Leben»: das der publizistischen Autorität und des Aufstiegs zur quasi «öffentlichen Person», die im Lande und in der Welt als die Repräsentantin des neuen, des demokratischen Deutschland respektiert wurde – eine Rolle, nach der sie niemals gedrängt hat. Diese Epoche zu schildern, in der sich – in den Worten von Hermann Hatzfeldt – ihr Dasein rundete: Dazu hätte es eines zweiten Bandes bedurft, der ihre Reisen, ihren politischen Einfluss, die Komplexität der Verhältnisse in der Redaktion und im Verlag der «Zeit» mit der nötigen Sorgfalt beschreiben müsste. Auch wenn manche Zeitgenossen (und Genossen der «Zeit») die detaillierte Schilderung dieses «Dritten Lebens» vermissen: Dies hätte den Rahmen der Aufgabe, die sich der Autor gestellt hat, gesprengt. Was ihm wesentlich ist, auch im «Dritten Leben», steht in diesem Buch. An die Fortsetzung mag sich ein jüngerer Schreiber, eine junge Schreiberin machen. Wer immer ans Werk geht: Courage!

· Kapitel 1 ·

Eine europäische Familie

Am 8. Mai 1989, auf den Tag genau 44 Jahre nach dem Ende des Zweiten Weltkriegs, schrieb der Historiker Michael Foedrowitz aus Hannover an die «sehr geehrte Frau Dr. Gräfin Dönhoff», er habe für sie eine «Information bezüglich Ihres Namens»: Während der deutschen Besatzung sei im polnischen Untergrund die «Armee in der Heimat» (AK) formiert worden, zu deren führenden Offizieren der Oberstleutnant Zygmunt Miłkowski gehörte, verantwortlich für die Region Krakau und ab 1944 Quartiermeister im Oberkommando der Kerntruppe des bewaffneten Widerstandes. Der Patriot Miłkowski habe sich, wie der Historiker berichtete, ausgerechnet eines «preußischen Namens» als «nom de guerre» bedient – und sich «Denhoff» genannt. Leider sei der Offizier, in der polnischen Resistenz hoch angesehen, in einem deutschen Konzentrationslager zu Tode gekommen. Doch «auf diese Weise», rief der Schreiber der Gräfin zu, «ist auch Ihr Name mit dem polnischen Freiheitskampf verbunden, und ich denke, dass dies für Sie nicht bedeutungslos ist».

Von der Existenz einer livländisch-polnischen Dönhoff-Familie schien der freundliche Historiker damals nichts zu ahnen, und vermutlich wusste der Oberstleutnant Milkowski nichts von der deutschen Sippe, die zu den bedeutendsten Geschlechtern der preußischen Aristokratie gehörte – obschon die Dönhoffs nach den strengen und merkwürdigen Gesetzen des «Gotha» nicht zum «hohen» Adel der einst «regierenden Familien» und ihres unmittelbaren Anhangs rechneten, sondern (trotz des «Reichsgrafen»-Titels) in den Katalogen des «niederen Adels» geführt werden. Sinnvoller ist die Unterscheidung, deren sich Stephan Malinowski bedient, der die Mitglieder der «reichsten und sozial stabilsten Gruppen des landbesitzenden alten Adels» als «Grandseigneurs» bezeichnet. Zu denen gehörten die Dönhoffs neben den Dohnas, den Finckensteins und Lehndorffs in Ostpreußen ganz gewiss.

Von einer Afrika- und Amerika-Reise heimgekehrt, bedankte sich die Gräfin bei dem Briefschreiber für die «aufregende» Information, und sie wies darauf hin, sechs Träger ihres Namens stünden «in einer Art polnischem Gotha», der wohl «Das goldene Buch des Adels» heiße. Eine polnische Dönhoff habe im Freiheitskampf von Tadeusz Kościuszko nach der zweiten Teilung des Landes zwischen Russen und Preußen «eine gewisse Rolle gespielt». Jener tapfere Krieger und Staatsmann, dessen Namen jedes Kind in Polen kennt, erhielt übrigens – dank seiner Verdienste im Krieg für die amerikanische Unabhängigkeit – neben dem Franzosen Graf Lafayette und dem Preußen General von Steuben auf dem Jackson Square vor dem Weißen Haus in Washington ein schönes Ehrenmal.

Hätte es Marion nicht gegeben, dann könnte man mit einem Gran ironischer Übertreibung sagen, dass die Dönhoffs in der polnischen Geschichte fast einen prominenteren Rang besetzten als in der preußisch-deutschen. Zweieinhalb Jahrhunderte nach dem Aufbruch des Hermann Dönhoff vom Dunehof im Ruhrgebiet, der im 14. Jahrhundert dem Zug der Schwertritter, die sich mit dem Deutschen Orden vereinigt hatten, in den Nordosten Europas folgte, war die wichtigste und eiligste Mission der Reiterleute in ihren wallend weißen Mänteln mit dem schwarzen Kreuz im Wesentlichen erledigt: Sie hatten das aufsässige Volk der Pruzzen christianisiert, wenngleich eher obenhin, denn in Wahrheit behauptete sich die heimische Naturreligion in den Waldsiedlungen noch an die zweihundert Jahre. Die Unterdrückung der slawischen Namensgeber jener Region wurde auch von der katastrophalen Niederlage des Ordens in der Schlacht von Tannenberg (im Jahre 1410) durch ein polnisch-litauisches Heer kaum aufgehalten, doch das einheimische Volk fügte sich, trotz des offiziellen Verbots der pruzzischen Sprache (bei empfindlicher Strafe), nur widerwillig und langsam den Sitten der Kolonisten – das Idiom verlor sich erst gegen Ende des siebzehnten Jahrhunderts –, und die Pruzzen hatten es nicht eilig, sich mit den Siedlern aus dem Westen zu vermischen. Indes, die Dönhoffs reüssierten und ließen sich vom Orden als Lohn für die Führung der Söldnerhaufen gewaltige Ländereien zuweisen.

In den baltischen Gebieten überschnitten sich die vielfältigsten Interessen und Machtstränge, und auch die Sippengeschichte der livländischen Magnaten Dönhoff nimmt sich dank ihrer Verzweigungen eher verwirrend aus. Arm waren sie alle nicht, da ihnen ein beträchtlicher Anteil der riesenhaften Besitztümer des Ordens zugeschlagen wurde. Ihr protestantisches Bekenntnis legte ihnen ein Bündnis mit den Schweden nahe, die mit ihrer brutalen Expansionsstrategie in fünf Kriegen ein Großreich zu etablieren versuchten (ehe sie nach dem Desaster der Schlacht von Poltawa im Jahre 1709 und dem Tod Karls XII. ihrem imperialen Ehrgeiz für immer entsagten und sich – mit der Ausnahme Pommerns – auf ihre nordische Halbinsel zurückzogen).

Die Überlieferung bezeugt denn auch, dass ein Gert Dönhoff am Ende des sechzehnten Jahrhunderts als Oberst des Königs von Schweden bei Friedensverhandlungen mit dem russischen Herrscher beteiligt war. Da die Dönhoffs dennoch einen guten Teil ihrer livländischen Güter an die Schweden verloren, schlug sich die Mehrheit des Clans auf die Seite der polnischen Könige, die eher geneigt waren, ihre Eigentumsrechte zu sichern. Kaspar Dönhoff stieg zum Kammerherrn in Warschau auf, und er residierte in einem Palais, das später von den Dönhoffs in den Besitz der mächtigen Familie Potocki überging und heute der Sitz des Kulturministeriums ist.

Kaspar selber hielt, wenn wir es recht wissen, noch an seinem calvinistischen Glauben fest. Aber jener Reichsgraf Gerhard Dönhoff, Woiwod von Pomerellen, der mit einer Tochter des Herzogs von Liegnitz und Brieg verheiratet war? Ihr widmete der große Barockdichter Martin Opitz 1638 seine «Geistlichen Poemata»: Zwar selber Protestant, verdiente er sein nicht allzu karges Brot in den Diensten des schlesischen Gegenreformators H. K. von Dohna, und er war schließlich Historiograph des Königs Władysław IV. (wenngleich in Danzig residierend). Der Frau Gräfin «hertzliebster Gemahl Ihr Gnaden der Herr Graff Dönhoff», rief der Dichter in seiner Vorrede, «was hat er bisher nicht gethan mir beförderlich zu seyn und auffzuhelffen?» Ihm danke er – nächst Gott – das Wohlwollen des Königs von Polen ...

Die nächste Generation der Dönhoffs in polnischen Diensten passte sich gewiss der katholischen Hofgesellschaft an, in der zunächst noch das Deutsche – neben dem Polnischen, versteht sich – die geläufige Sprache der Herren und Damen von Stand war. Gegen Ende des siebzehnten Jahrhunderts freilich wurde das Deutsche wie fast überall in Europa vom Französischen abgelöst. Die Dönhoffs, die sich nun «Denhoff» nannten, glänzten in der polnischen Diplomatie, beim Militär, später in den hohen Rängen der Geistlichkeit: ohne Zweifel eine der einflussreichsten Familien des Landes.

Einer der Anverwandten, Władysław Denhoff, ein Mensch von extremer Hässlichkeit, wie Marion zu Recht bemerkte, kämpfte an der Seite des Königs Jan Sobieski in der Schlacht am Kahlenberg über Wien, mit der die Metropole des Habsburgischen Reiches aus dem Würgegriff der türkischen Belagerer befreit wurde. Der fette Krieger – man fragt sich beim Anblick seines Porträts, wie ihn ein noch so starkes Pferd überhaupt tragen konnte – kam hernach in einem Hinterhalt der türkischen Kavallerie zu Tode. Umso ausdrucksvoller der jüngere Jan Kazimierz Denhoff, ein geradezu schöner Mensch mit seinen starken dunklen Augen, den vollen Lippen und dem eleganten Menjou-Bärtchen, Bischof und Kardinal: Er durfte dem Papst Innozenz XI. die eroberte Fahne des Großwesirs Kara Mustafa übergeben, mit einem Brief seines Königs, der mit dem stolzen und zugleich fromm variierten Cäsar-Zitat begann: «Venimus, vidimus et vicit Deus» («Wir kamen, wir sahen, und Gott siegte»). Der große Henryk Sienkiewicz hat denn auch die Denhoffs in seiner Trilogie über die Kriege des siebzehnten und achtzehnten Jahrhunderts des Öfteren erwähnt (wie ein anderer Leser polnischer Herkunft der Herausgeberin der «Zeit» respektvoll berichtete).

Im Kampf um die Krone Polens freilich schienen die Interessen der Sippe nicht immer ganz eindeutig zu sein. Ein blutjunges Geschöpf namens Denhoff wurde dem unersättlichen Kurfürsten August von Sachsen zugeführt, der nicht zu Unrecht den Populärtitel «der Starke» trug, um die Hauptmätresse Gräfin von Cosel – die sich nach dem Zeugnis des Chronisten Karl Ludwig von Pöllnitz («La Saxe Galante») per Vertrag eine stattliche Apanage gesichert hatte, ehe sie sich dem Unhold hingab – nach ihrer achtjährigen Herrschaft über König, Hof und Staat durch eine jüngere und schönere Konkurrentin zu entmachten. Die erotische Intrige schien zunächst auch zu glücken, doch der Herrscher war der hübschen jungen Dame bald überdrüssig, zumal sie angeblich versuchte, sich selber durch etwas zu durchsichtige Ränke in die politischen Geschäfte einzumischen. Kurzum, sie verlor die Vorherrschaft über das Bett des Königs und wurde verstoßen. Freilich endete auch die Gräfin Cosel – die gedroht hatte, die Nebenbuhlerin über den Haufen zu schießen – ihr langes Leben in strenger Verbannung von den Dresdner und Warschauer Höfen, und sie starb, wie man sagt, als Gefangene in der Feste Stolpen, einsam und im Elend.

Fürst Kaspars Tochter Anna Dönhoff war mehr Glück beschieden als der Dresdner Mätresse: Sie wurde die Großmutter des Königs Stanislaus Leszczyński, der freilich den Kampf um die Krone gegen den Sohn August des Starken schließlich verlor. Doch beschloss der gescheiterte Monarch seine Tage nicht unkomfortabel als Herzog von Lothringen, zumal er sich selber und seine Hauptstadt Nancy mit einer der prächtigsten Schlossanlagen Europas und der bewunderungswürdigen Gesamtarchitektur der Place Stanislas beschenkt hat. Seine Tochter Maria wiederum war zur Gattin des französischen Königs Ludwig XV. erkoren worden, der geradezu als der klassische Monarch des galanten Zeitalters gelten darf. Die offizielle Gemahlin ertrug die Eskapaden Seiner Majestät mit glaubensfester Geduld. Die polnische Linie der Dönhoffs aber erlosch fromm und sittsam mit einem Krakauer Domherrn.

Das Interesse der preußischen Gräfin Marion an den Wegen und Abwegen, Irrungen und Wirrungen, der Glorie und den Schatten der Sippengeschichte war zunächst nicht allzu ausgeprägt. Sie hätte mit einem halb amüsierten, halb gelangweilten Lächeln zur Kenntnis genommen, dass Dönhoff'sches Blut, wie man einst lauthals verkündete, dank der bourbonischen Heirat in die Adern des italienischen Königs Vittorio Emanuele III., des österreichischen Thronerben Erzherzog Franz Ferdinand, dessen Tod durch das Attentat von Sarajevo im Sommer 1914 die Initialzündung des Ersten Weltkriegs war, aber auch – über die Heirat jenes Gerhard Dönhoff, des Woiwoden von Pomerellen und Kastellans von Danzig, mit einer schlesischen Piastentochter – schließlich in die Familie Erich Ludendorffs geraten war: So haben es emsige Ahnenforscher im Jahre 1938 ermittelt. Dem nazistischen Zeitgeist gemäß schlossen die genealogischen Tüftler ihre gelehrte Darbietung mit den markigen Worten, es sei «eine lohnende Aufgabe, die rassischen Kräfte, die hinter den großen geschichtlichen Aufgaben des Ostens stehen, klarzulegen ...»

Marion nahm auch nur beiläufig zur Kenntnis, dass ein österreichischer Zweig der Dönhoffs existierte, der sich aus der ostpreußischen Linie der Dönhoff-Beynuhnen herleitet, den Namensgebern und Besitzern von Dönhoffstädt, dessen mächtiger Palast zu Anfang des achtzehnten Jahrhunderts von Bogislav Friedrich Dönhoff innerhalb von vier Jahren nach den Plänen des Baumeisters John von Collas in die (damals noch raue) Landschaft gestellt wurde:

mit einer Frontseite von mehr als einhundert Metern, 52 Zimmern und angeblich 365 Fenstern das größte Bauwerk Ostpreußens, in Konkurrenz mit dem Schloss Friedrichstein entstanden, das der Bruder Otto Magnus Dönhoff, einer der Urväter Marions, ein wenig früher nach dem Entwurf von Jean de Bodt, dem Architekten des Berliner Zeughauses, sozusagen aus dem Boden, wenn nicht aus dem Sumpf stampfen ließ: alle beide – wie die Paläste der Dohnas und Finckensteins – als «Königsschlösser» angelegt, die den Landesherrn bei ihren Reisen in den Osten eine würdige Unterkunft bieten sollten.

In der Tat sind in Friedrichstein sämtliche Könige Preußens abgestiegen, den Alten Fritz freilich ausgenommen, zu Marions Bedauern, die sich gern in der Vorstellung gesonnt hätte, dass der bedeutendste (und von ihr so unverbrüchlich verehrte) Monarch die Gastlichkeit ihres heimatlichen Hauses in Anspruch nahm. Es war nicht so. Von Friedrichstein aber ist nichts geblieben, nicht einmal eine verfallende Mauer oder ein pathetisch aufragender Kamin wie in der Ruine von Dohna-Schlobitten (der idyllisch von einem Storchennest überdacht ist) – im Unterschied zu Dönhoffstädt, das in halbwegs gutem Zustand erhalten blieb, nach 1945 zunächst als Landwirtschaftsschule genutzt, in den neunziger Jahren von einem Privatunternehmer aufgekauft, der allerdings mit dem Bauwerk nichts anzufangen weiß, vermutlich weil sich keine Investoren finden (die Unbelebtheit und der Mangel an Pflege ist freilich für das Schloss wenig bekömmlich).

In der Liste der illustren Gäste von Dönhoffstädt, die nun in der Universität von Thorn aufbewahrt wird – Marion wurde 1991 der Doctor honoris causa jener Bildungsstätte verliehen –, steht auch der Namenszug Napoleons, der Schloss Friedrichstein niemals die Ehre erwies. Nach dem Duell-Tod des letzten Erben im Jahre 1819 fiel Dönhoffstädt zunächst an die Dohnas, später an den Grafen zu Stolberg-Wernigerode, einen konservativen Gegner des Nazi-Regimes, der sich als Bismarckforscher einen Namen gemacht hat;

1948 ist er gestorben. Die österreichischen Dönhoffs wiederum sind die Nachfahren von Friedrich Ludwig Dönhoff aus dem Hause Beynuhnen, der noch unter der Kaiserin Maria Theresia zum General aufstieg (was zweifellos die Bekehrung zur römischen Konfession voraussetzte); 1779 ist er im (ziemlich unblutigen) Bayrischen Erbfolgekrieg Kaiser Josephs II. gefallen. Das Familiengrab findet sich im schönsten Winkel des Zillertals. Ein bürgerlicher Nachfahre, natürlich Leser der «Zeit», wies anhand alter Familienfotos nach, dass eine lockere Beziehung zu den ostpreußischen Dönhoffs bis zum Ersten Weltkrieg unterhalten wurde.

Marion merkte eher auf, als sie auf die Existenz eines Dorfes mit dem Namen «Dönhoff» an der Wolga hingewiesen wurde: wiederum durch aufmerksame Leser. Im Jahre 1992 schrieb ihr Eugen Hildebrand aus Alma-Ata, der damaligen Hauptstadt Kasachstans, ein Russlanddeutscher, der bei einem Aufenthalt während eines Besuchs des «Vereins der Auslandsdeutschen» in Stuttgart ihr Buch «Namen, die keiner mehr nennt» kennengelernt und sich danach gefragt habe, ob sie wohl «dem Schicksal eines Vertreters ihres weitverzweigten Geschlechtes» begegnet sei, den es «zusammen mit anderen Kolonisten an die Ufer der Wolga verschlagen» habe. Seine Hinweise entnahm er der Studie von Gottlieb Bauer, der 1908 in Saratow eine «Geschichte der deutschen Ansiedler an der Wolga» zwischen 1766 und 1874 vorgelegt hatte: ein Urenkel jenes Grafen Dönhoff aus Berlin, der zu den «ersten Ansiedlern aus allen möglichen Schichten der Gesellschaft» gehörte, «Handwerkern aller Art, Militärpersonen, Kaufleuten, Gelehrten und Standespersonen ..., die irgendein Beweggrund veranlasste, ... der huldreichen Einladung (der Zarin Katharina) nach Russland zu folgen». «Dabei», fügte der Autor verschmitzt hinzu, «würde man sich natürlich der Parteilichkeit schuldig machen, wollte man behaupten, dass sich unter diesem Allerlei von Menschen nicht ein einziger befand, dessen Vergangenheit es ihm wünschenswert erscheinen ließ, sich den Augen seiner Landsleute ... zu entziehen». Meinte er den Grafen?

Kaum, denn der soll sich erst in Oranienburg bei St. Petersburg den Ansiedlern angeschlossen haben – «der einzige Kolonist, welcher die russische Sprache einigermaßen verstand». Er gründete die Siedlung «Golobowka Dönhof oder Denhof». Gottlieb Bauer hatte von seiner Großmutter, die eine Tochter des Grafen Dönhoff war, von der Heimsuchung der Kolonie durch den «Aufwiegler Pugatschow» gehört, der mit seinen Mordbanden auch die deutschen Siedlungen an der Wolga heimgesucht und geplündert habe. Den Grafen, hatte der Bandit gedroht, wolle er «an seinem Zopfe aufhängen», woran der Autor die Bemerkung knüpfte, dass Dönhoff «alle Formalitäten der Adligen Deutschlands jener Zeit in Kleidung und Lebensweise» beachtet und «daher auch einen Haarzopf» getragen habe. Indes, der schlaue Herr entkam der Heimsuchung in einem Versteck, und er ließ die schlimmen Gesellen zu einem verborgenen Ort außerhalb des Dorfes führen, an dem er «eine Anzahl schöner Pferde, ein Faß Branntwein und eine Summe Geldes von 500 Rbl im Dickicht von Weiden und Rohr bewahrte». Mit dieser Beute waren die Räuber zufrieden, zündeten eine Scheune an und zogen davon, nicht ohne einige Burschen aus der Siedlung mitzuschleppen, die ihnen aber alsbald wieder entflohen.

In der Tat hat die große Katharina, die aufgeklärte und zugleich so despotische Zarin deutscher Herkunft, bäuerliche Kolonisten aus dem Westen in ihr Riesenreich gelockt, mit leuchtenden Versprechungen, die freilich von ihren Satrapen in den südlichen Steppen – wie man wohl weiß – in der Regel nicht erfüllt wurden. Die Kommandeure der Regionen brachten es nicht einmal zuwege – siehe Gottlieb Bauers Anekdote –, die Siedler vor den Überfällen brandschatzender und mordender Rebellen tatarischer Herkunft zu schützen. Träger des Namens Dönhoff schienen sich auch sehr viel später, im Jahre 1863, am Aufbau einer Tochterkolonie Dönhoff im Gebiet des sibirischen Omsk beteiligt zu haben. In einem anderen Leserbrief stellte ein Wolgadeutscher, der 1943 beim Rückzug der Wehrmacht ins Reichsgebiet floh, die Vermutung an, dass einige

Bauern aus Wolga-Dönhoff nach der Zwangsumsiedlung kraft der Stalin-Order vom Herbst 1941 im sibirischen Tochterdorf Dönhoff Zuflucht gefunden haben könnten. Der Korrespondent klärte Marion darüber auf, dass die eine oder andere Familie aus dem ersten russischen Dönhoff-Dorf zwischen 1884 und 1892 in die Vereinigten Staaten ausgewandert sei, um sich in Iowa, Ohio oder Nebraska eine neue und freiere Heimat zu schaffen, unter ihnen wohl auch Männer und Frauen, die Namen und Titel der Dönhoffs noch immer für sich in Anspruch nahmen – ob völlig zu Recht, steht dahin (und ist auch nicht allzu wichtig).

So erklärt sich die Herkunft des amerikanischen Zweigs der Sippe, mit dem Marion allerdings bei keiner ihrer vielen Reisen über den Atlantik Kontakt gesucht hat. Sie hätte gräfliche Dönhoffs selbst in Texas finden können: Ein Familiengenosse wurde wenige Jahre nach ihrem Tod zum Bezirksstaatsanwalt von Houston gewählt. Und in einem der ärmeren Quartiere von Brooklyn (New York) hätte sie ein Original anzutreffen vermocht: einen alten Baron Dönhoff, angeblich aus Ungarn stammend, der sich im Gespräch mit einem Reporter der alten «New York Herald Tribune» als Komponist eines gigantischen Opernwerkes rühmte, von dem nur ein einziger Akt in Philadelphia aufgeführt wurde: das Riesenorchester, den Massenchor und die Solisten schien der Tonschöpfer aus eigener Tasche bezahlt zu haben, doch zu seinem Kummer nahm die Musikwelt von jenem Ereignis nur beiläufig Kenntnis. So verdiente sich der Baron sein karges Brot als musikalischer Unterhalter in Etablissements zweiten und dritten Ranges. Wäre Marion der Geschichte jenes Anverwandten – wenn er denn einer war – jemals begegnet, hätte sie vermutlich mit einem beiläufigen Lächeln bemerkt, in einer großen Familie komme eben alles vor. Oder hätte sie sich überwunden, ein ironisch-selbstironisches Feuilleton über den seltsamen Vetter aus Dingsda zu schreiben?

Die ehrbaren Preußen des Hauses Friedrichstein waren zu solchen Boheme-Existenzen nicht geneigt – obschon Marions Geschwister bei ihren Ausflügen ins lotterhafte Berlin der zwanziger und dreißiger Jahre auch nichts anbrennen ließen, wie man so sagt, und partiell eine recht innige Beziehung zur Kunst und zu Künstlern, zumal zum Theater unterhielten.

· Kapitel 2 ·

Der preußische Kern

Der Gründervater Friedrich, Geheimer Staats- und Kriegrat, überdies General des Großen Kurfürsten, Gouverneur der Feste Memel (was ein ertragreiches Amt war), konvertierte seinem Landesherrn zuliebe vom angestammten Luthertum zum reformierten Bekenntnis der Hohenzollern: *Cuius regio – eius religio*, wie es der Augsburger Religionsfriede vorschrieb – wessen das Land, dessen die Religion. Doch nach den Erkundungen eines kulturhistorisch beschlagenen Lesers stützten sich die Herrscher in Brandenburg mit Bedacht auf eine calvinistische Elite (partiell bürgerlicher Herkunft), um den lutherischen Adel in ihren Ländereien zu zähmen: eine Strategie, die Friedrich II. durch seine eher fortschrittsfeindliche Allianz mit der Aristokratie radikal umgekehrt hat. Der reformiert Bekehrte Friedrich Dönhoff aber konnte dank seiner lukrativen Ämter im Jahre 1666 das einstige Keckstein (und spätere Friedrichstein), dazu Löwenhagen, Pregelswalde, Klein Barthen und einige andere Höfe, allesamt eine Tagesreise östlich von Königsberg gelegen, für den bescheidenen Preis von 25 000 Talern erwerben.

Seine Mutter war eine Gräfin Dohna, und er selber gewann die Tochter des Freiherrn von Schwerin zur Frau, der ohne Zweifel der einflussreichste, ja mächtigste Gehilfe seines Landesherrn war, dessen wichtigstes Ziel es war, als Herzog von Preußen anerkannt zu werden: ein Wunsch, dem zunächst der schwedische König genügte (dem er Waffenhilfe in seinem Krieg mit den Polen geleistet hatte), dann aber auch die polnischen Herrscher. Durch seine kluge Heirat war Friedrich Dönhoff mit den wichtigsten Familien des Kurfürstentums liiert und seine Position am Hofe schon darum fast unangreifbar geworden. In Krieg und Frieden nahm er, durchaus mit Erfolg, hochpolitische Missionen wahr, doch es wäre übertrieben, wenn man behauptete, er habe sich unauslöschlich in Brandenburgs Geschichte eingeschrieben. Ähnliches könnte von seinem Sohn und Erben Otto Magnus gesagt werden, von dem die Urururur-Enkelin Marion bemerkte, er sei «die interessanteste Persönlichkeit der zehnten Generation» gewesen.

Otto Magnus studierte in Holland, kämpfte im Pfälzischen Erbfolgekrieg gegen die Armeen des Sonnenkönigs Ludwig XIV. (zum Teil als Kommandeur holländischer Regimenter unter britischem Oberbefehl), übernahm von seinem Vater das lukrative Amt des Gouverneurs von Memel, wurde als Gesandter nach Wien geschickt, zum Generalkriegskommissar und Mitglied des Geheimen Rates befördert – und als sich der Kurfürst Friedrich III. im Jahre 1701 zum König von Preußen krönte, durfte Otto Magnus der Gemahlin Sophie Charlotte ihr funkelnagelneues Krönchen zutragen, was eine hohe Auszeichnung war, die sich auch aus der entfernten Verwandtschaft mit der kurfürstlich-königlichen Familie durch seine Heirat mit der Gräfin Amélie Louise aus dem Hause Dohna-Schlobitten ergeben hatte. Dennoch fiel er, nach einer Studie von Kilian Heck, in Ungnade und zog sich auf seine Güter zurück.

Er nutzte die Zeit der Verbannung, um das Prachtschloss Friedrichstein aus dem (recht sumpfigen) Boden zu stampfen. Im Jahre 1710 wurden Otto Magnus und sein Schwiegervater am Hofe wieder in Gnaden aufgenommen, da sich die Anklage der Misswirtschaft, mit der sie einst das Kabinett des Grafen Wartenberg konfrontiert hatten, dank der Untersuchungen des robusten Kronprinzen Friedrich Wilhelm ganz und gar bestätigt hatte: Die Dönhoffs waren glänzend rehabilitiert.

Der Soldatenkönig, seit 1713 sparsam, herrisch und meist schlecht gelaunt regierend, zeichnete Otto Magnus durch den Gunstbeweis aus, dass er – nach dem Untergang des Schwedenkönigs Karl – bei der Eroberung von Stralsund und der Okkupation von Rügen präsent sein durfte. Sein Bruder Alexander, der Besitzer von Beynuhnen, auch er ein General, hatte die zweifelhafte Ehre, Mitglied des Kriegsgerichts zu sein, das im Oktober 1730 über den Fluchtversuch des musischen und ein wenig lotterhaft-verwöhnten Kronprinzen Friedrich und die Mithilfe seines Freundes Leutnant Katte zu urteilen hatte.

Was den achtzehnjährigen Sohn des Königs anging, erklärten sich die fünfzehn richtenden Offiziere, aus unterschiedlichen Ranggruppen rekrutiert, schlichtweg für unzuständig, und eine Mehrheit entschied, den armen Katte nicht mit dem Tode durch das Schwert zu bestrafen, sondern mit lebenslanger Festungshaft büßen zu lassen. Der König akzeptierte das Urteil nicht und befahl eine neue Verhandlung. Der gewissenhafte Vorsitzende General von der Schulenburg und mit ihm Alexander Dönhoff weigerten sich, ihren Richtspruch zu ändern. Danach warf der jähmütige Regent das Urteil kurzerhand über den Haufen und befahl den Tod des jungen Offiziers. In seinem Rechtfertigungsbrief, den er immerhin schreiben zu müssen glaubte, versäumte er nicht den zartfühlenden Hinweis, dass es Katte wegen «des *Crimen Lasae Majestatis*» – womit die Majestätsbeleidigung, aber auch sogenannter Hochverrat gemeint sein konnten – sehr wohl verdient hätte, mit «glühenden Zangen gerissen und aufgehenket zu werden», doch in seiner Güte und mit Rücksicht auf die Familie ordne er an, dass der Delinquent «nur mit dem Schwert zum Tode gebracht werde». Man solle Katte sagen, «dass es Sr. K. M.» (Seiner Königlichen Majestät) «leid thäte, es wäre aber besser, dass er stürbe, als dass die Justiz aus der Welt käme»: ein Wort, das Marion gern als einen Beweis preußischer Prinzipienfestigkeit zitierte. Man könnte darin aber auch eine schnaubende Unmenschlichkeit erkennen, die von einer Portion Selbstmitleid (zu der Friedrich Wilhelm neigte) nicht allzu sorgsam getarnt wurde. Überdies ordnete der tyrannische König an, dass der empfindsame Kronprinz bei der Vollstreckung des Urteils an Katte präsent zu sein habe.

In ihrem bewegenden Ostpreußen-Bericht «Namen, die keiner mehr nennt» erzählte Marion, dass sich Friedrich Wilhelm I. in jede Familienangelegenheit der Dönhoffs eingemischt habe, wenn ihm der Sinn danach stand. So scheint er dem Major Friedrich Dönhoff die Hofdame Sophie Wilhelmine von Kameke zugeführt zu haben – «Ihr könnt insofern versichert seyn, dass ich alles anwenden werde, um Euch solche zu verschaffen» –, obschon die Tochter des Ministers und Großgrundbesitzers von Kameke zunächst nicht geneigt zu sein schien, dem Erben von Friedrichstein im fernen Nordosten des Landes das Händchen zu reichen. «Der König bestimmte alles», schrieb Marion amüsiert: «den Tag der Trauung, die Art des Gottesdienstes und in rechter Willkür auch einen Teil der Gäste.» Angeblich stammten einige der Fresken in Friedrichstein von dem königlichen Amateur («in tormentis pinxit», wie er auf seine primitiven Bilder schrieb – «in Schmerzen gemalt»). Otto von Hentig, der Freund des Hauses (von dem noch die Rede sein wird), erzählte auch von Möbeln, die der «Soldatenkönig» gezimmert haben soll, wenn er nicht hinter den Wildschweinen her war.

Man sieht: Der Geist der Aufklärung und der humanitären Toleranz gelangte in Preußen nicht allzu rasch zur Blüte, auch nicht hernach unter dem musischen, kunstsinnigen, französisch parlierenden und dichtenden Nachfolger. Der große Friedrich zeigte sich in Wahrheit nicht weniger herrisch als sein Vater. Er verweigerte dem General Dönhoff, Chef seines Hauptquartiers im ersten der schlesischen Raubkriege, kurzerhand die Genehmigung eines Bäderurlaubs in Aachen, der notwendig zu sein schien, da der Arme böse vom Rheuma geplagt wurde – vielmehr legte er dem ergebenen Diener voller Ärger den Abschied nahe. Friedrich Dönhoff verband sich nach dieser groben Zurechtweisung lieber mit dem ungeliebten

Bruder des Monarchen, dem heiteren Prinzen Heinrich, der seine Homosexualität weniger ängstlich tarnte als der Monarch und sich ziemlich unbekümmert im idyllischen Rheinsberg mit galanten Spielen, Maskenfesten und den aufgeputzten Knaben seines Hofstaats vergnügte. Überdies kümmerte sich Friedrich Dönhoff intensiv um den Ausbau seines ostpreußischen Schlosses und seiner Güter, die von den Verheerungen des Siebenjährigen Krieges verschont blieben, da die Region vom Beginn bis zum Ende der Feindseligkeiten von der russischen Armee besetzt war, die sich offensichtlich halbwegs zivilisiert betrug – anständiger als die preußischen Husaren, die zu Beginn des Krieges in Friedrichstein gehaust hatten wie die Vandalen (worüber der Schlossherr bei Friedrich lebhafte Klage führte).

Der Nachfolger Christian Ludwig August Karl von Dönhoff brachte es im Todesjahr des Alten Fritz immerhin zum Kriegsminister und Obermarschall in Preußen. Nach ihm wurde wohl auch der Dönhoff-Platz am Rande des Berliner Zentrums benannt, dessen Namenspatron unbekannt genug war, bei den Verwaltern der DDR-Hauptstadt keinen Anstoß zu erregen – wenn, was kaum anzunehmen ist, keine Rücksicht auf die «Zeit»-Gräfin bei jener stillen Duldung im Spiel war. Jener tüchtige Militär war mit einer Dame aus hugenottischem Adel verheiratet (so deutet es der Vatername du Rosey an), die freilich eine Dönhoff aus der Linie Dönhoffstädt zur Mutter hatte – mithin eine Cousine zweiten oder dritten Grades. Am Ende war in den großen Familien Ostpreußens nahezu jeder mit jedem verwandt, und manche spöttischen Gäste sprachen später von dem «Hauch von Inzest», der in einigen der großen Häuser wahrnehmbar sei. Die Lehndorffs zum Beispiel verbanden sich mindestens dreimal ehelich mit den Dönhoffs: So war es kein Wunder, dass Marion die Lehndorff-Kinder aus Preyl, mit denen sie aufwuchs, nicht so sehr als Cousins und Cousinen, sondern eher als Brüder und Schwestern empfand.

Mehr als durch die Namen der männlichen Dönhoffs, die ihren

Dienst an Preußen auch unter Friedrich Wilhelm II., dem Neffen Friedrichs des Großen, getreulich weiter versahen, setzte sich der Ruhm des Hauses durch eine Dame aus dem Hause Beynuhnen in der Phantasie der Gesellschaft fest: die schöne Sophie Julie von Dönhoff, die gerade einundzwanzig Jahre zählte, als sie zur Hofdame der Königin ernannt wurde. Vielleicht zog ihr eher scharf geschnittenes Profil mit der langen feinen Nase, dem eigensinnigen Kinn und den großen, von einem leichten Basedow gewölbten Augen die Aufmerksamkeit des Herrschers auf sich, vielleicht auch ihr musikalisches Talent, denn man sagte ihr nach, dass sie sehr hübsch gesungen und versiert auf dem Cembalo und dem Pianoforte gespielt habe. Der Regent selber war, wie man weiß, ein leidenschaftlicher Cellist, dem Mozart darum in seinen «Preußischen Quartetten» einen besonders akzentuierten Part zugewiesen hat (in der – vergeblichen – Hoffnung, das geniale Geschenk würde mit dem Rang und den Einkünften eines Hofcompositeurs, vielleicht auch eines Hofkapellmeisters belohnt).

Nach einem Jahr des Hofdienstes wurde die junge Sophie Julie Dönhoff am 11. April 1790 dem König in der Charlottenburger Schlosskapelle als «Frau zur Linken» angetraut. Der Geistliche, der die Vermählung mit seinem Segen versah, konnte sich dabei auf keinen Geringeren als den Reformator Martin Luther berufen, der dem hessischen Landgrafen Philipp I. eine «morganatische Ehe» zugestanden hatte (die merkwürdige Formel verweist auf die vertraglich vereinbarte «Morgengabe», die der Zweitfrau zugebilligt werden musste).

Carl Christian Kiesewetter, ein gebildeter Berliner Bürger, dem die Erziehung des siebzehnjährigen Sohnes des Ministers Graf von Schulenburg anvertraut war, unterrichtete auch die königlichen Prinzen Heinrich und Wilhelm samt der Schwester Prinzessin Auguste: Er besetzte damit einen Beobachtungsposten, der es ihm erlaubte, seinem verehrten Meister Immanuel Kant die schönsten Klatschbriefe nach Königsberg zu schicken. «Jetzt gehen hier sonderbare Dinge vor», berichtete Kiesewetter mit sichtlichem Vergnügen: «Der König hat sich vorangegangenen Sonntag vor 8 Tagen auf dem hiesigen Schlosse ... mit der Gräfin von Dehnhof trauen lassen ... Gegenwärtig waren Minister Woellner und der Herr von Geysau auf Seiten des Königs; die Mutter und Schwester der Gräfin und ihr Stiefbruder (oder Cousin das habe ich vergessen) auf Seiten der Braut. Die Königin kam den Sonnabendabend von Potsdam hierher und die Trauung ging Sonntagabend um 6 Uhr vor sich. Die Gräfin war (wie eine Romanheldin) weiß gekleidet, mit fliegendem Haar ... Schon beinahe ein Jahr stand der König mit ihr in Unterhandlungen, sie nahm sich hingegen so, dass man im Publiko nicht wusste, ob sie dem König Gehör gab oder nicht. Vor 14 Tagen ungefähr kommt ihre Mutter, wie die Gräfin verbreitet hatte, ... um sie nach (Ost)Preußen mitzunehmen. Die Gräfin nimmt öffentlich am Hofe Abschied. Die regierende Königin schenkt ihr ein paar brillantne Ohrgehänge und lässt ihr sagen, sie würde am besten wissen, ob sie sich ihrer dabei erinnern dürfe. Jedermann glaubt sie abgereist, als die Trauung geschieht. Die Königin hat die Sache in ziemlicher Ruhe angehört ...»

Kiesewetter fügte mit einem Gran Bosheit hinzu, der populäre Prediger Zöllner, der die Eheschließung vollzog, stehe nun vor einer halbleeren Kirche, da die Berliner Bürger die geistlich sanktionierte Bigamie offensichtlich missbilligten. Kants Korrespondent indes machte darauf aufmerksam, dass sich der König gegenüber seiner «regierenden» Gemahlin aller «ehelichen Rechte» begeben habe, während zum anderen die Königin «blos die Honneurs», das heißt die zeremoniellen Ehren und Privilegien, behalten durfte.

Immerhin war die «Ehe zur Linken» fruchtbar. Sophie Julie kam schon ein Jahr nach der Heirat mit einem Söhnchen nieder, ein Jahr darauf mit einer Tochter – freilich im Exil, denn zur Zeit der Geburt war das seltsame Paar schon wieder geschieden. Man raunte in Berlin, die Dönhoff habe versucht, den Einfluss des Ministers Bischoffwerder zurückzudrängen, eines Spiritisten, dem man nachsagte, er sei – wie sein pietistischer Partner und Konkurrent J.C. von Woellner – Mitglied des damals modischen Geheimordens der Illuminaten, wenn nicht gar ein Rosenkreuzer, die eine inbrünstige Frömmigkeit mit der Scharlatanerie des Goldmachens und der Suche nach dem Elixier des ewigen Lebens vermengten. Die beiden Obskurantisten waren dafür verantwortlich, dass der Geist der Aufklärung nur wenige Jahre nach dem Tod des Alten Fritz durch ein autoritäres Religionsedikt erstickt zu werden drohte. Indes konnten die Großintriganten den willensschwachen Monarchen – trotz der Verbindung mit der Gräfin Dönhoff und einer zweiten morganatischen Ehe mit Julie von Voß – nicht davon überzeugen, dass er sich von seiner Hauptmätresse Wilhelmine Enke, die er zur Gräfin von Lichtenau ernannte, schließlich lösen müsse. Dazu war der König nicht bereit oder nicht fähig. Die Kinder aus jener Verbindung wurden mit den Titeln Gräfin und Graf von der Mark geschmückt.

Immerhin hatte Friedrich-Wilhelm auch die Kinder aus der «Ehe zur Linken» mit Sophie Julie Dönhoff anerkannt. Ein Stich von Chodowiecki, dem großen Chronisten des achtzehnten Jahrhunderts, hielt die Szene fest, in der er die Dönhoff-Sprösslinge, denen er die Titel eines Grafen und einer Gräfin von Brandenburg verliehen hatte, mit den Kindern aus seiner offiziellen Ehe zusammenführte. Graf Brandenburg brachte es immerhin zum General und im Revolutionsjahr 1848 zum preußischen Ministerpräsidenten, vergebens darum bemüht, einen deutschen Bundesstaat unter der Führung seines Neffen Friedrich Wilhelm IV. zu formen. Seine Schwester, die als die schönste Frau Berlins galt, heiratete den Herzog von Anhalt-Köthen und konvertierte mit ihrem Mann 1825 in Paris zum katholischen Glauben.

Die Mutter der beiden hatte nach ihrer Verstoßung aus Berlin zunächst im schweizerischen Neuchâtel Asyl gesucht, dem kleinen protestantischen Fürstentum, das bis 1857 der preußischen Krone zugehörte, doch zugleich Mitglied der helvetischen Föderation war: ein Ort der Zuflucht für viele Bedrängte, zum Beispiel auch für

Jean-Jacques Rousseau, nachdem er im calvinistischen Genf um seine Freiheit, ja sein Leben bangen musste. Sophie Julie gewann eine enge Verbindung zu der Schriftstellerin und Komponistin Isabelle de Charrière, die aus Holland stammte. Der Nachruhm der intellektuell so produktiven Dame verknüpft sich freilich (was keineswegs gerecht ist) vor allem mit der engen Freundschaft, die sie dem jungen und so hoch talentierten Benjamin Constant zuteilwerden ließ. Ludwig Ferdinand Huber, der mit der Frau von Georg Forster aus dem revolutionären Mainz nach Neuchâtel unter die Fittiche der Herren de Rougemont geflüchtet war, übersetzte einige von Isabelle de Charrières Romanen (die ihre Nähe zu Madame de Staël nicht verbargen) – ohne allzu großen Erfolg.

Marion Dönhoff nahm es hin – nicht übermäßig amüsiert, ganz gewiss auch nicht peinlich berührt –, dass die berühmteste Trägerin ihres Namens die öffentliche Phantasie auf eher skandalöse Weise beschäftigt hatte. Doch sie wäre entzückt gewesen, hätte sie Wilhelm von Humboldts Brief an seine Frau Caroline gekannt, vom 15. August 1809 aus Königsberg datiert, in dem der gelehrte Diplomat zwar nicht verbirgt, dass er sehr viel lieber bei der vertrauten Partnerin wäre, die sich noch immer in Rom aufhielt, während er dazu verurteilt war, das ostpreußische Exil, in das sich die königliche Familie nach den Debakeln im Krieg gegen Napoleon zurückgezogen hatte, wenigstens von Zeit zu Zeit zu teilen. «Immerhin», schrieb er, sich selber tröstend, «immerhin ist auch hier ein schöner, warmer Tag, da wird die himmlische Stille herrschen, die dem Sommer im Süden so eigen ist, wenn selbst das hohe Gras nur einzeln von Insekten durchschwärmt wird. Es gibt nichts Schöneres und Melancholischeres zugleich.» Dann berichtete er von einer Landpartie, zu der ihn die reizende Königin Luise – aus Anlass des Geburtstags ihres Bruders – eingeladen hatte. Die Gesellschaft weilte vom Morgen bis zum Abend in Friedrichstein, «einem Schloss auf dem Lande, das Graf Dönhoff gehört … Es ist», fuhr Humboldt fort, «ein wunderbar bewegendes Schauspiel, eine so zahlreiche Familie, Brüder, Schwestern, Schwägerinnen, blühende und hübsche Kinder, die sich alle lieben und wirklich gemacht sind, einfach und glücklich miteinander zu leben, einen ganzen Tag auf einem einsamen Landsitz gleichsam sorglos zubringen zu sehen, da in den wunderbaren Krisen der Zeit jede solche Familie jetzt neben und über den Abgründen wandelt.»

Im königlichen Hauptquartier hielt sich in jenem Jahre 1809 der Graf Wilhelm von Schwerin auf, fast seit Kindertagen im Dienst der preußischen Armee, verheiratet mit der liebenswürdigen Sophie von Dönhoffstädt (und das, wenn man der beflissenen Chronistin, Sophies jüngerer Schwester Amalie von Romberg, glauben darf, auf die glücklichste Weise). Der junge General verlor im Sommer 1815 nach der Flucht Bonapartes aus Elba in der Armee des Marschalls Blücher sein Leben. Die Briefe Sophies und Wilhelms aus den bewegten Jahren der napoleonischen Kriege entwerfen ein eindrucksvolles Bild der historischen Bühne, die von interessanten Haupt- und Nebenakteuren der historischen Dramen so dicht besetzt war. Die Schlachtenschilderungen, die Darstellungen der diplomatischen Konfusionen, die Beobachtungen des Alltags sind allesamt in einem lebhaften Stil geschrieben, wobei die traurige Feststellung, dass der Korse die Quadriga vom Brandenburger Tor abmontieren und nach Paris schaffen ließ, eher zu einem freundlichen Lächeln verführt, da sie nun längst wieder hoch über dem Pariser Platz vor sich hin rollt. Die Comtesse Sophie bemerkte übrigens (ganz zu Recht), dass sie keinen allzu großen künstlerischen Wert habe.

Der insgesamt hohe patriotische Ton war es wohl, der dem Professor Friedrich Seeßelberg und dem Herausgeber Eberhard König im Jahre 1909 den Ansporn gab, das Erinnerungswerk neu aufzulegen: zur Förderung der «Selbstbesinnung» inmitten der «gesellschaftlichen Glätte», des «weltbürgerlichen Stutzertums», der «Leichtfertigkeit im Schöngeistigen», die «alle ernsteren und edleren Regungen überwuchert». «Genau wie heute», predigte der gestrenge Nationalpauker, «durchzieht jene Zeit eine arge Blendweisheit ..., eine Geckerei mit der Eigenart, das Fehlen einer rechten Wehrkraft des völkischen Geistes.» Es ist nicht gleichgültig, dass nur ein Jahr zuvor eine Urfassung des Buches erschienen war, in dem die (französisch notierten) Tagebuch-Einträge der Mutter Sophies aus Lyon, wo sie sich 1786 einer elektromagnetischen Kur nach dem System des Wiener Arztes Dr. Mesmer unterzogen hatte, nicht mit vaterländischem Ingrimm gestrichen und dem Buch keine teutonischen Großmäulereien über das «Stück echt herrentümlichen, reinlichen Lebens» hinzugefügt worden waren.

Marion, die späte Cousine der Sophie von Dönhoff, hätte diesen Akt nationalistischer Plünderung eines Stücks Familiengeschichte wohl mit hochgezogenen Brauen zur Kenntnis genommen. Ihre Verachtung für das wilhelminische Deutschland, die sie in ihrem späten Essay über Preußen so drastisch zu erkennen gab, hätte sich durch das blecherne Pathos des Professors Seeßelberg ganz und gar bestätigt gesehen. Milder gestimmt hätte sie wohl Amalie von Rombergs «Lebensbild» der anderen Schwester Cécile Dönhoff von Dönhoffstädt, wenn es ihr jemals vor Augen gekommen wäre (wofür es keinen Beleg gibt): der seelenvolle Bericht von der langen Heimsuchung, die das traurige Dasein der Gräfin bestimmte, die im Jahre 1787 zur Welt gekommen war und 1846 starb, noch keine sechzig Jahre alt, seit ihrer Kindheit von allen möglichen Gebrechen befallen und schließlich einundzwanzig Jahre lang ans Bett gefesselt. Aufgewachsen war sie im schönen väterlichen Berliner Haus in der Wilhelmstraße Nr. 63, das die große Familie freilich nur während dreier Wintermonate bewohnt hat, um sich mit dem anbrechenden Frühling auf den langen, beschwerlichen Weg zum «alten Stammgute» Dönhoffstädt in Ostpreußen zu machen: «in mehreren Reisewagen, mit Hofmeister und Gouvernante, mit vieler Dienerschaft und vielem Gepäck», dem «geräumigen Schlosse» entgegen, «seinen weiten, schattigen Gärten, seinen Teichen und Inseln, und besonders der größeren Freiheit, die man dort für Jung und Alt gewährte»: «ein Zauberland», wie die jüngere Amalie schwärmte.

Marion hätte in der Schilderung jenes Idylls womöglich Szenen ihrer eigenen Kindheit in Friedrichstein wiedererkannt. Doch das Jahr 1809, in dem die Königin Luise und Wilhelm von Humboldt in ihrem Gefolge einen solch liebenswürdigen Sommertag in Friedrichstein genießen konnten, war für die Verwandtschaft in Dönhoffstadt eine Zeit der bitteren Verluste. Im Januar schon hatte sich der Schlossherr zum Sterben niedergelegt. Die Mutter hatte ihren Bruder, einen besonders schönen und begabten Mann, bei der Rheinarmee verloren. Das Haus in Berlin war von französischen Quartiergästen besetzt: Einundvierzig Generale hatten dort, wie Amalie ausrechnete, im Gang der zwei Okkupationsjahre ihre Unterkunft gefunden. Niemand schien die Schläge des Schicksals und den Tod so vieler geliebter Menschen härter zu empfinden als die zarte Schwester Cécile. Amalie sprach von ihrer «glühenden Liebes- und Schmerzfähigkeit» – eine «Leidenschaftlichkeit, die sie sich ihr ganzes Leben hindurch zur Sünde gerechnet hat, und gegen die sie stets mit allen Waffen ihres Christenthums ankämpfte …» In dem Erinnerungsbuch der Schwester folgte eine seltsame Passage. Amalie schrieb, die Leidenschaftlichkeit des Schmerzes sei «vielleicht das schwerste Kreuz» gewesen, «das Gott ihr auferlegt hatte» und sie bestimmte, «bei Jesu allein Genesung und Heilung der sündhaften Natur zu suchen» – so ausschließlich, «dass man oft über der demütig reifenden Christin die sündige Adamstochter fast zu vergessen Gefahr lief». Wenige Wochen nach dem Tod des Vaters versagten ihr beim Gang über die Straße plötzlich beide Füße den Dienst. Die Lähmung hielt oft wochenlang an: «die Anfänge ihres späteren Kreuz- und Entsagungslebens». «Ärzte wurden hinzu gerufen, Mittel, Arzneien, Brunnen versucht – den Sitz des Übels aber sollte keiner ergründen».

Es könnte sein, dass Psychotherapeuten unserer Tage, ob aus der Schule Sigmund Freuds oder der Seelenkundigen anderer Provenienz, eine Antwort gefunden und der jungen Frau in ihrer hysterischen Erregbarkeit vielleicht gar eine Heilung beschert hätten. In

Céciles besseren Tagen hatten, wie die Schwester berichtete, viele Männer um ihre Hand geworben, «aber keinen konnte sie so lieben», wie es «ihr als Bedingnis der christlichen Ehe vorschwebte». So zog sie sich immer tiefer in ihre Frömmigkeit zurück, und zugleich versank sie immer tiefer in ihrer Krankheit, vom Tod ihrer Mutter im Jahre 1825 an fast völlig gelähmt. Manchmal ließ sie sich in die Kirche tragen. Sie schien nun vor allem der Aufgabe zu leben, den Armen zu helfen, und unterwarf sich darum dem Gesetz äußerster Sparsamkeit.

In Amalies Erzählung ist, wenn der Autor dieser Zeilen nicht zu flüchtig gelesen hat, nirgendwo vom Geist des Pietismus die Rede, aber es steht außer Zweifel, dass jene religiöse Bewegung, die der lutherischen Orthodoxie und der dürren Strenge des Calvinismus ein Element erlösender Wärme und Empfindung einzuhauchen vermochte, im neunzehnten Jahrhundert die Gemüter in so manchen preußischen Adelshäusern beherrschte (Otto von Bismarcks Frau Johanna, eine geborene von Puttkamer, ist dafür vielleicht das prominenteste Beispiel). Cécile von Dönhoff hatte ein kleines Krankenstift ins Leben gerufen, das sie als ihre wichtigste Hinterlassenschaft betrachtete, ehe sie der so innig herbeigesehnte Tod endlich fortnahm.

Hilfe für die Armen, Fürsorge für die Kranken und Alten, Zuspruch für die Mühseligen und Beladenen: Diese Aufgaben wurden in vielen Häusern der preußischen Aristokratie als die besondere Verantwortung des Adels von Generation zu Generation weitergetragen, und die Bereitschaft zu sozialen Wohltaten war oft aus einer tiefen Frömmigkeit gespeist. Auch Marion Dönhoff wuchs ein knappes Jahrhundert später in diesem Geiste auf, der von der Religiosität ihrer Mutter geprägt war. Sie half ungezählten Mühseligen und Beladenen ihrer Epoche, meist in strikter Diskretion, mit ihrer Form der Caritas zweifellos dem aristokratischen Erbe getreu, freilich ohne eine allzu ausgeprägte Spur religiöser Motivierung (und ganz gewiss keiner pietistischen), sondern ihrer Menschenpflicht genügend. Allerdings erfuhr sie spätestens in ihrer Studentenzeit, dass die patriarchalisch und matriarchalisch bestimmte Wohltätigkeit keine Antwort auf die «soziale Frage» sein konnte, auch nicht draußen in der vermeintlichen Geborgenheit der ländlichen Gemeinschaft im Schatten der Schlösser und ihrer Herrschaft. Sie kannte die Grenzen des Idylls.

In ihrem ostpreußischen Erinnerungsbuch beschrieb sie mit herber Nüchternheit, wie hart ihren Urgroßvater August Friedrich Philipp die Revolutionierung des Daseins durch die Reformen des Freiherrn vom Stein und seines erfolgreicheren Partners Karl August von Hardenberg ankommen mussten: nicht so sehr die Aufhebung der städtischen Zünfte, die Einführung der Gewerbefreiheit, die ihn nicht unmittelbar angingen, auch nicht die Säkularisierung des Kirchenbesitzes, vielleicht nicht einmal die endliche Emanzipation der Juden, sondern die so hart umkämpfte steuerliche Gleichstellung des Grundbesitzes und die Aufhebung der Grundherrschaft, die exakter als Bauernbefreiung beschrieben wird. Darunter ist – von Region zu Region verschieden – die Abschaffung der Leibeigenschaft, der Erbuntertänigkeit, der patrimonialen Gerichtsbarkeit oder der Verzicht auf den «Zehnten» zu verstehen (das Letztere hieß: Entfall der üblichen Abgabe eines Teils der Ernteerträge oder der Einnahmen durch die Pachtbauern und der ortsansässigen Handwerker an den Gutsherrn). Die Großgrundbesitzer in Preußen und anderswo bestanden auf einer Entschädigung, und sie stützten ihre Abwehr auf die Kriegsverluste, unter denen sie – bis hin zur völligen Überschuldung – zu leiden hatten. Die Bauern mussten für ihre Befreiung mit der Abgabe eines Teils ihres Grund und Bodens bezahlen, was wiederum den Gutsbesitz ungut und oft unvernünftig mehrte. In Preußen existierte etwa die Hälfte der Bauern bis 1811 in gutsherrlicher Abhängigkeit, und nicht alle der kleinen Wirtschaften überstanden den Freikauf. Der Prozess der Ablösung wurde durch die reaktionäre Wendung in Preußen wie in Österreich und manchen der deutschen Kleinstaaten lange verschleppt (Hardenberg sah sich 1819 aus dem Amt gedrängt), und er fand erst nach der Revolution von 1848 seinen Abschluss.

Marion Dönhoffs Ahnherr August Friedrich Philipp hatte die Desaster der Schlacht von Austerlitz mit eigenen Augen gesehen. Er war von seinem König Friedrich Wilhelm III. nach der katastrophalen Niederlage von Jena und Auerstedt ins Hauptquartier Bonapartes entsandt worden, um einen Waffenstillstand auszuhandeln. Ein Jahr später sollte er nach dem fatalen Friedensvertrag von Tilsit, an dem auch der Opfergang der Königin Luise nichts zu ändern vermochte, Erleichterungen bei dem triumphierenden Korsen erwirken. Eine diplomatische Mission, die ihn 1808 nach Sankt Petersburg beorderte, war der letzte Regierungsdienst, den er sich auflud. Er nahm seinen Abschied und widmete sich der Verwaltung der Güter, die in der Tat unter Krieg und Besetzung böse gelitten hatten. Über seine Ausgaben führte er, wie Marion notierte, sorgsam Buch, und die Sparsamkeit, die sich in den Eintragungen mitteilt, war nicht so sehr vom Geiz, auch nicht von der schieren Bescheidenheit, dieser angeblich klassisch-preußischen Tugend, sondern von der nackten Notwendigkeit diktiert. «Schuhe besohlen und Kragen wenden» sind lange die einzigen Aufwendungen für Kleidung, die er auflistete. Die Forschungen der Ur-Enkelin ergaben, dass nach 1813 in der verheerten Region über siebenhundert Rittergüter unter den Hammer kamen.

Die historische Wendung, die der General Graf Yorck 1812 durch seine Sonderallianz mit dem Zaren vollzog, billigte August Friedrich durchaus. Doch es ging ihm, wie Marion schrieb, zu weit, dass sein Schwager Lehndorff ein Kavallerie-Regiment auf eigene Kosten mobilisierte und sein Nachbar Graf zu Dohna-Schlobitten eine freiwillige Landwehr gründete. Vielleicht war er, mehr noch als die kritische Nachfahrin vermutete, ein erstarrter Knochen, der den Wandel der Epochen nicht begreifen konnte, weil er ihm nicht gewachsen war. In ihrer Promotionsarbeit über die «Entstehung und Bewirtschaftung eines ostdeutschen Großbetriebes» hatte sie ohne jede moralische Akzentuierung vermerkt, dass Friedrich der Große den Erwerb von Rittergütern durch Bürgerliche kurzerhand untersagt und auch eine Erweiterung des staatlichen Domänenlandes auf Kosten des adligen Grundbesitzes nicht länger erlaubt hatte. «Es sollte», merkte die Autorin an, «ein Stand geschaffen bzw. erhalten werden, der außerhalb der Sphäre bürgerlicher Ökonomie lebte und der unabhängig war von der Spekulation händlerischen Geistes.» Mit anderen Worten: Der Adel, auf den Monarchen eingeschworen, trug den Staat, und es kennzeichnete das friderizianische Regime, dass in der Regierungszeit des Alten Fritz kein Bürgerlicher in ein Ministeramt aufstieg. Die Künstlichkeit dieser Ordnung wurde durch die «höchsten Anforderungen der Moral, Pflichterfüllung und Disziplin», auch durch eine (limitierte) Herrschaft des Rechtes und einen gewissen Schutz der Bauern vor adliger Willkür nicht ausgeglichen. Marion Dönhoff freilich vermerkte am Ende ihrer Dissertation (gedruckt im Jahre 1935) allzu lapidar, mit Friedrich dem Großen habe man «das eigentliche Wesen des friderizianischen Staates zu Grabe getragen», und seine Nachfolger hätten es nicht vermocht, «die innere Idee des Preußentums ganz zu erfassen».

Was diese Idee – über «die höchsten Anforderungen der Moral, Pflichterfüllung und Disziplin», über den «Ehrbegriff des Offiziers und die Unbestechlichkeit des Beamten» hinaus – wirklich gewesen sein mochte, hat auch Marion Dönhoff niemals exakt definiert. Hat sie sich jemals gefragt, ob der Untergang des friderizianischen Staates nicht in seiner starren ständischen Konstruktion schon vorbeschlossen gewesen sein könnte? Friedrich II. empfand sich selber als einen Repräsentanten der Aufklärung (aber das tat die autoritäre Zarin Katharina von Russland auch), und als einen «aufgeklärten Despoten» kennzeichnet ihn die liberale Geschichtsschreibung, doch es schien seine Begriffswelt nicht zu erreichen, dass die Aufklärung den Anbruch des bürgerlichen Zeitalters im westlichen Europa ankündigte, ein Prozess, der zunächst nur in Großbritannien, vielleicht auch in den Niederlanden mit produktiver Flexibilität aufgefangen wurde.

In ihrem großen Essay über Ostpreußen und seine Geschichte vermerkte Marion trocken, wie tief den alten Dönhoff die «Revolutionierung seiner Welt» durch die Reformen Steins und Hardenbergs verstörte. Die für die deutsche und europäische Entwicklung so fatalen Korrekturen durch die Heilige Allianz schienen den starrköpfigen und schließlich verdüsterten Reaktionär wenig getröstet zu haben. Sein Sohn August Heinrich Hermann aber, Marions Großvater, nahm den Wandel der Zeiten mit einer bemerkenswerten Offenheit wahr. Die Enkelin zitierte aus einem Brief des Erben an seinen Vater vom Mai 1831: «Wenn einmal die Ideen fast der ganzen Nation gewechselt haben, dann müssen notwendig auch die Formen der Regierung wechseln, die über diesem Volk steht. Wie einst die Zeiten Luthers eine allgemeine Veränderung der religiösen Ideen erzwangen, so werden in unseren Tagen die immensen Veränderungen der politischen Ideen uns früher oder später zu einer Veränderung des Staates führen, und zwar sowohl der Regierungsform wie auch der Legislative und Administrative.»

August Heinrich, der Großvater, war in der Tat eher ein Mann nach Marions Gusto, und er wurde ihren intellektuellen Maßstäben halbwegs gerecht. Die liberalen, ja womöglich schon vom Geist der Demokratie sacht (sehr sacht) berührten Einsichten flogen den Erben nicht von ungefähr an: In seiner Königsberger Studienzeit erreichten Karl August noch die Wellen der aufklärenden Vernunft-Philosophie Immanuel Kants, von der Marion mit einiger Kühnheit feststellte, sie habe dem Absolutismus den Boden entzogen. Überdies konnte er als Diplomat in Paris, Madrid und London die Chance nutzen, den Wandel der Welt mit der gebotenen Offenheit und Sensibilität wahrzunehmen: glänzende Voraussetzungen für seine Bestellung als Gesandter beim Deutschen Bundestag in Frankfurt, der lockeren Klammer, von der Mitgliedstaaten des einstigen Reiches nach den Vereinbarungen des Wiener Kongresses zusammengehalten wurden. Graf Dönhoff respektierte – anders als sein Nachfolger Bismarck – den Primat Österreichs in jenen Fragen, die man mit einer späteren Formel «gesamtdeutsch» nennen könnte. Behutsam trieb er dennoch das große Projekt der engeren Vereinigung voran, warb für ein gemeinsames Zollparlament, für den Ausbau des Eisenbahnnetzes, für eine koordinierte Verteidigung, doch die meisten seiner Anregungen scheiterten am gummierten Widerstand der österreichischen Bedenkenträger oder am borniertoen Eigensinn der kleinen Staaten.

Im Februar 1836 schrieb ihm, nach dem Tod seines Bruders Wilhelm, Alexander von Humboldt einen ungewöhnlichen Brief, in dem der weltberühmte Forscher – mit dem Blick auf die Berliner Regierung – resigniert feststellte, die «Minister begnügen sich, das tägliche Pensum der Anträge abzuleiern. Erlauben sich keine allgemeine Betrachtung, sind überzeugt, daß gar nichts Wichtiges vorgehe ohne zu ahnen, daß die industrielle und also soziale Revolution … die ganze Philosophie der … engherzigen Gegenwehren vernichtet.» Der weltkundige Gelehrte warf in jenem vorausschauenden Dokument auch einen Blick auf die «polnischen Vorfälle», die er «traurig» nannte – die brutale Niederschlagung der Rebellion durch den Zaren, die in Deutschland, ja ganz Westeuropa eine Welle der Sympathie für das geknechtete Volk auslöste. Allerdings meinte Humboldt, die Aufstände seien von außen geschürt worden. «Ich stehe», fügte der alte Herr hinzu, «lange am Ufer und sehe diese trägen, trüben Wasser fließen.» Rasch dementierte er noch die Nachricht von einer Pariser Reise, die der König nicht wünsche – so «drucke» er «an dem unvorsichtigen Cosmos, mit Fleiß u. ohne Freude»: jenem Riesenwerk, dem Hans Magnus Enzensberger vor wenigen Jahren in der «Anderen Bibliothek» eine Renaissance bescherte. Er schloss mit dem Ausdruck seiner «freundschaftlichsten Hochachtung» und der liebenswürdigen Versicherung: «Meine innigste Verehrung der herrlichen Gräfin! Die lieben Infanten gedeihen hoffe ich.»

Von der nörgelnden Resistenz der Österreicher an seinen Vorschlägen zermürbt, plädierte schließlich auch der «Diplomatiker» Dönhoff (wie ihn Humboldt anredete) für die preußische Führung in der deutschen Frage, wenngleich daran gezweifelt werden darf, dass er den Habsburgern schließlich den Stuhl vor die Tür gestellt hätte, wie Bismarck es für angebracht hielt. Immerhin drängte er darauf, den Sitz des Bundestages nach Berlin zu verlegen, um ihn damit vor den republikanischen Unruhen zu retten. Als ihm im März des Revolutionsjahres 1848 der Vorsitz in der föderativen Versammlung zufiel, versuchte er, «die gärende Stimmung im Lande spürend», wie Marion Dönhoff formulierte, ein Pressegesetz durchzupeitschen, das die Zensur de facto aufheben sollte. Wiederum scheiterte er an der Wiener Resistenz. Immerhin brachte er es zuwege, dass Schwarz-Rot-Gold als die offiziellen Farben des Bundes (und der Adler als das Wappentier der Nation) deklariert wurden. Überdies warf er sich für den Beschluss ins Zeug, es sei «eine heilige Pflicht des deutschen Volkes», «mit allen Kräften die Wiederherstellung des Polenreiches zu bewirken, um das durch die Teilung ... getane Unrecht wiedergutzumachen».

Zwar waren die Polenlieder fast verklungen, die 1830, als die Kosaken den Aufstand in Warschau niederknüppelten, landauf und landab im europäischen Westen gesungen wurden, zwar war auch die Polenbegeisterung ein wenig verblasst, die im Mai 1832 beim Hambacher Fest, dieser ersten großen demokratischen Demonstration der Deutschen, noch einmal so stürmisch aufgebrandet war, doch nach 1846 und erst recht im Jahr 1848 wachte von neuem die Einsicht auf, dass der polnische und der deutsche Freiheitskampf enger miteinander verbunden sein könnten, als es die nationalistischen Eiferer beider Völker später wahrhaben oder auch nur ahnen wollten.

August Heinrich Dönhoff, nach einem kurzen Rückzug auf seine Güter, wurde am 21. September 1848 zum preußischen Außenminister ernannt. Auch in dieser Position konnte er nichts für Polen und am Ende auch nichts für eine konstitutionelle Reform Preußens bewirken. (Hernach kehrte Bismarck – im polnischen

Aufstand von 1863 – ohne Skrupel zu der traditionellen preußisch-russisch-österreichischen Allianz zurück, von der Polen immer aufs Neue erdrückt worden ist, das von solch chronischem Leid geprüfte Volk, von dem der Erzkanzler später in einem seiner Zornanfälle sagte, es gehöre ausgerottet – immerhin. Auch mit einer Verfassung für Preußen hatte es der resolute Junker nicht eilig.)

Von der kurzen Ministerzeit August Heinrichs zeichnete er selber in einem Brief an seine Frau Pauline (geborene Lehndorff) ein Bild, das die Empfängerin als eine «komische Beschreibung» belachte. Er machte sich über die «ministerielle Eleganz und den Pomp und Aufwand» lustig, zumal sich die Realität eher schäbig ausnahm. Denn keiner der Minister habe «eine eigene Menage», sie alle speisten an einer «table d'hôte» zusammen mit den Deputierten, es werde dabei geraucht, was für ihn, den Nichtraucher, kein «großer Genuss» sei. Auch habe «keiner der Minister eine eigene Equipage», sie führen «nur in Droschken», und «trotz dieser zeitgemäßen und höchst demokratischen Allüren» würden sie «von der Linken ... als Aristokraten und Repräsentanten des alten Feudal-Staats» bezeichnet. Er glaube, dass sich «das Ministerium nicht lange halten» werde (worin er sich nicht täuschte), «wie es ja bei dieser Nationalversammlung auch gar nicht möglich ist», da der König «nichts von seiner Autorität fahren lassen will». «Mein armer August», seufzte die Gattin, «bringt dem König und dem Vaterland ein recht großes und schweres Opfer».

Resigniert quittierte August Heinrich wenig später den Dienst an der Krone und kehrte nach Friedrichstein zurück, das er 1858 dem treuhänderischen Fideikommiss-Statut unterstellte, das Friedrich II. so intensiv begünstigt hat, weil er es als ein probates Instrument zum Schutz der großen Besitzungen gegen die Gefahr der Aufteilung unter zu viele Erben betrachtete. Das hieß, dass ein männliches Familienmitglied den gesamten Besitz für die Familie treuhänderisch verwaltete. Der Großvater kam seinen Pflichten als erbliches Mitglied des preußischen Herrenhauses getreulich nach, doch als ihn König Wilhelm zum preußischen Ministerpräsidenten ernennen wollte, winkte der grimmig gewordene Grande ab. Kilian Heck erzählt in einer (nicht nur) amüsanten Anekdote von einem seltsamen Dialog zwischen dem Gutsnachbarn Sebastian Hensel, dem Sohn der Fanny Mendelssohn Bartholdy, dieser hochtalentierten Schwester des großen Komponisten Felix Mendelssohn. Hensel hatte den einst Dönhoff'schen Besitz Groß Barthen nach 1860 gekauft. Der alte Graf bemerkte mit einer gewissen Herablassung: «Nun, Herr Hensel, Sie sitzen in Barthen auf dem alten Wohnsitz meiner Väter ... Ja, Herr Graf, erwiderte ich, dafür sitzen Sie in Berlin auf einem alten Wohnsitz meiner Väter ... – Wieso?, fuhr er auf. Nun, Sie sind Mitglied des Herrenhauses, und das Grundstück hat uns früher gehört. – Das hat er mir nie vergeben. Namentlich ärgerte ihn, dass ich von ‹Vätern› sprach. Ich hatte nur einen Vater. Väter kamen ihm zu.» Zwei Jahre vor seinem Tod kaufte August Heinrich Groß Barthen zurück, das schließlich der Mutter Marion Dönhoffs als Witwensitz diente.

Immerhin ist es August Heinrich Dönhoff gelungen, die Güter von allen Schulden zu befreien. Zwar räsonierte er in der Neige seiner Jahre fast so grantig wie sein eigener Vater gegen den «materialistischen» Ungeist der Zeit, gegen das Spekulantentum, gegen die Neureichen, gegen den Kapitalismus. Doch sein Sohn und Erbe, Marions Vater August Karl von Dönhoff, lebte – wie man damals sagte – auf «großem Fuße». Seine Weltreisen und seine Kunstsammlungen ließen sich kaum aus dem Salär seiner untergeordneten diplomatischen Positionen und wohl auch nicht nur aus den Erträgen seiner Landwirtschaft finanzieren. Also liegt die Vermutung nahe, dass die Dönhoffs dem Zug der Zeit zu Geldgeschäften nicht mit hartköpfiger Unvernunft widerstanden. Wiederum darf man annehmen, dass nicht erst der vorletzte Herr auf Friedrichstein die Notwendigkeiten und die Vorzüge kluger Investitionen erkannt hat. Schwärmte er nicht – doch wohl nicht nur aus Gründen der Bequemlichkeit und Nützlichkeit – vom Fortschritt, den das Eisenbahnwesen seinem Jahrhundert beschert hat? Bismarck, von seinem Bankier Bleichröder beraten, hatte sein Geld mit schönen Erfolgen im modernen Verkehrswesen angelegt. Von Marions Vater wissen wir, dank der Aufzeichnungen seines ergebenen Freundes Otto von Hentig, dass er an solchen exotischen Unternehmen wie der Shantung-Eisenbahn und der Bergbaugesellschaft jener chinesischen Provinz beteiligt war. Außerdem gehörte ihm eine Seidenspinnerei. Zusammen mit Hentig senior kaufte er Land in Florida, das im Ersten Weltkrieg enteignet wurde.

Freilich hatte sich in den Gemütern der preußischen Aristokraten – auch wenn sie ihre wirtschaftlichen Vorteile ohne zu große Hemmungen wahrzunehmen wussten – ein antikapitalistischer Urinstinkt eingegraben, der sich auch in Marions Denk- und Gefühlswelt immer wieder rührte, zumal in ihren älteren Jahren. Das Misstrauen nährte sich keineswegs nur aus antibürgerlichen Ressentiments: der Eifersucht gegen eine neue Elite, die das Geschick der Gesellschaft künftig bestimmen würde. Vielleicht sollte man eher nach einer religiösen Motivierung suchen. Zwar hat sich keine der christlichen Konfessionen inniger mit dem Geist des Kapitalismus vermengt als der Calvinismus (wie man spätestens seit Max Weber weiß), der seit dem Großen Kurfürsten das Luthertum auch in den Adelskreisen Preußens weit zurückgedrängt hatte (ehe die beiden Hauptströme des Protestantismus zur Kirche der Preußischen Union zusammengeschlossen wurden). Im lutherischen Wesen, das sich aus Preußen niemals ganz verabschiedet hat, regte sich von Zeit zu Zeit – wie auch im strengen Pietismus – ein tiefer Vorbehalt gegen die Welt des Geldes, dem stets schwelenden Verdacht des kleinbürgerlichen Katholizismus gegen das Kapital eng verwandt.

In Marions Dönhoffs Seele mag sich jene Protesthaltung von dem religiösen Umfeld gelöst und auf eine sehr persönliche Weise säkularisiert haben. In jedem Fall hat die preußische Kindheit sie tiefer geprägt, als es ihr manchmal bewusst gewesen sein mag. Sie war, sie blieb eine Tochter Preußens.

· Kapitel 3 ·

Das späte Geschöpf einer feudalistischen Welt

Am 2. Dezember 1909 begann jenes Leben, das schließlich fast ein Jahrhundert umspannen sollte: das schrecklichste der deutschen, der europäischen, vielleicht der Menschheitsgeschichte – und in seiner zweiten Hälfte das friedlichste, das erfolgreichste, in mancher Hinsicht das glücklichste, das der Mehrheit der Deutschen jemals zuteilgeworden ist, wenngleich zunächst nur im Westen des Landes, geprägt von sozialen Fortschritten, wie sie der Gesellschaft niemals zuvor zuteilwurden, auf dem Fundament der Einigung Europas, die 1989/1990 mit der Befreiung der Landsleute in der DDR und der osteuropäischen Nachbarn ihre zweite große Etappe erreichte.

Erst gut zwei Wochen nach der Geburt wurde das achte und letzte Kind des Grafen August Dönhoff und seiner Frau Maria in der Kirche des Dorfes Löwenhagen auf die Namen Marion, Hedda, Huberta und Ilse getauft: im feierlichen Gottesdienst des Heiligen Abends. An den Vater hatte Marion nur undeutliche Erinnerungen, wie sie in ihrem Kindheitsbuch und in dem Altersgespräch mit ihrem Neffen Christian bezeugte (einem Sohn des ältesten Bruders Heinrich): Der Papa war vierundsechzig Jahre alt, als sie zur Welt kam – nach den Begriffen jener Zeit ein alter Herr –, und sie zählte noch keine zehn, als er auf Schloss Friedrichstein starb, im Beisein der gesamten Familie, die jüngste Tochter ausgenommen, die auf

Weisung der Mutter und nach Meinung ihrer älteren Geschwister zu klein war, um bei einem solch ernsten Ereignis wie dem Tod des Familienoberhaupts gegenwärtig zu sein.

Das Bild, das sie vom Vater bewahrte, war alles in allem freundlich, gefürchtet nur die Bitte des Halbblinden, ihm aus den Zeitungen vorzulesen, wenn ihm die Kleine bei seinen Wanderungen durch das Schloss über den Weg lief: eine Aufgabe, der sie keineswegs gewachsen war, zumal nicht behauptet werden kann, dass der Unterricht zu Haus durch die Mama, die älteste Schwester, gelegentlich durch eigens engagierte Hauslehrerinnen, denen die Herrschaftskinder das Dasein schwermachten, allzu gründlich und systematisch war. Manchmal sprang auch ein Mitglied der baltischen Flüchtlingsfamilie Lieven ein, die lange Jahre in Friedrichstein beherbergt wurde, eine der Gouvernanten oder ein Zufallsgast. Zu Beginn des zwanzigsten Jahrhunderts erinnerte sich offensichtlich keine Seele mehr an die strenge Tagesordnung aus großväterlichen Zeiten, die sich unter den geretteten Papieren Marions fand (weiß der Himmel, wie das Blatt von Friedrichstein ins Schloss Crottorf im Bergischen Land geraten sein mag): «Vorschrift der täglichen Beschäftigungen, welche ganz genau zu observieren sind» steht in kräftigen deutschen Lettern geschrieben: «1) man steht des morgens um 6 Uhr auf, wäscht sich, läßt sich frisieren und kleidet sich an 2) nach dießem verrichtet man sein Gebet 3) um 7 Uhr wird The getrunken. 4) von 8 bis 10 ließt man die Historie und Geographie. 5) von 10 bis 11 wird deutsch geschrieben 6) von 11 bis 12 spielet man auf dem Clavier 7) von 12 Uhr bis nach Mittag um 3 Uhr frey 8) von 3 bis 5 lernt man deutsch lesen 9) von 5 bis 6 deutsch schreiben 10) von 6 bis 7 wird deutsche Geographie geleßen.»

Marion lernte, eher beiläufig, nicht nur das Lesen und Schreiben, das einfache Rechnen, ein bisschen Französisch, die Anfangsgründe des Latein, vielleicht auch ein wenig Englisch: insgesamt erschreckend wenig, wie sie voller Bestürzung feststellte, als sie sich mit dreizehn oder vierzehn plötzlich in ein reguläres Königsberger Gymnasium eingewiesen sah.

Aber wie sollte Klein-Marion, nach ostpreußischer Diminutiv-Gewohnheit «Mariönchen» gerufen, in den Kriegs- und ersten Nachkriegsjahren, mit sechs, sieben oder acht Jahren, denn begreifen, was in den großen Gazetten gedruckt stand? Auf einem langen Tisch im Arbeitszimmer des Vaters lagen die «Kreuz-Zeitung» und die «Frankfurter Zeitung» aus, in Friedenszeiten auch die «Times» und «Les Temps» und der «Figaro». Die älteren Geschwister hassten die Vorlese-Pflicht, die sie lieber den willigen Gästen überließen, zum Beispiel dem Hausfreund Otto von Hentig (dem Vater des Pädagogen Hartmut von Hentig, der Marion ein Lebensfreund wurde). Der unkonventionelle und zupackende Diplomat Otto sah gern auch die Geschäftspost des Hausherrn durch und erledigte zuverlässig, was zu erledigen war.

Vom Zwillingsbruder des Hausherrn, Louis hieß er, ist wenig die Rede, obschon er – kraft des Fideikommiss-Statuts – vom Chef der Familie zeit seines Lebens ausgehalten wurde und niemals gezwungen war, sich sein Brot zu verdienen; nach dem Tod seiner Frau hatte er in Friedrichstein den Alterssitz bezogen, der ihm zustand. Marion erwähnte beiläufig und leise rügend die teuren Allüren des Onkels, der im Ersten Weltkrieg und selbst in den Inflationsjahren Neffen und Nichten nach Königsberg schickte, damit sie seine unentbehrlichen Zigarren kauften, die damals ein Vermögen kosteten. Und sonst? Saß er mit bei Tisch? Nahm er an den Gesellschaften teil? Tauschten sich die Brüder aus? Wir erfahren es nicht.

Vermutlich war der Onkel vom Alltag der Kinder noch weiter entfernt als die Eltern, die sie nur am Morgen bei der Andacht sahen, wenn die fromme Mutter dem pflichtgemäß anwesenden Personal und der Familie den Bibelvers des Tages vortrug (wohl aus dem «Losungsbuch» der Herrnhuter Brüdergemeine), die Gebete sprach und den Choral am Klavier begleitete, danach am Mittagstisch, bei dem die Mitglieder der jungen Generation zu schweigen hatten, es sei denn, sie antworteten auf die gestellten Fragen oder sie hätten Wichtiges mitzuteilen – harmlos-alltägliches Geschwätz wurde nicht geduldet –, danach vielleicht noch einmal zum Abendbrot oder für den Gute-Nacht-Kuss.

Die Bediensteten des Hauses waren den Kindern näher: die Kinderfrauen und Gouvernanten ohnedies, aber auch manche der Diener, der Kutscher vor allem, eine Respektsperson in der Hierarchie des Personals, doch auch für die Jungen und Mädchen der Herrschaft, da er den Oberbefehl über die Stallungen innehatte und über den Zugang zu den Reitpferden verfügte (ein Privileg, das zur Bestechung mit Zigarren aus dem Vorrat des Schlossherrn herausforderte). Das Kindheitsbuch, das Marion 1988 für den Siedler-Verlag schrieb, vermittelt ein lebhaftes Bild von dem Umgang zwischen «Upstairs and Downstairs», wie die Beziehung zwischen Herrschaft und Personal in der klassischen englischen Fernsehserie über die alten Adelshäuser realistisch genug charakterisiert wurde. Marion betonte in ihrem Bericht, wie anders in Ostpreußen das Verhältnis von «Besitzer und Untergebenen» gegenüber den Üblichkeiten im Westen gewesen sei: «im Osten paternalistischer, wenn man so will, serviler, aber auch enger und herzlicher ... Man war eben stärker aufeinander angewiesen; überdies kannten sich Oben und Unten ziemlich genau in jeder Generation, was eine merkwürdige Mischung von institutioneller Distanz und persönlicher Vertrautheit ergab.»

Man könnte, ohne eine Spur von ironischer Bosheit, auch an die manchmal starken Bindungen zwischen dem Personal und den Herrschaften auf den großen Plantagen der amerikanischen Südstaaten denken, die oft vergessen ließen, dass die schwarzen Knechte und Mägde Sklaven – das aber heißt: menschliche Ware – gewesen sind. Auch das andershäutige Personal betrachtete sich im Glücksfall als Teil der Familie (was es, um an die üblichen, mehr oder weniger heimlichen erotischen Beziehungen zwischen den weißen Herren und den schwarzen Mädchen zu denken, denn auch oft genug war: Thomas Jefferson und seine Lieblingssklavin Sally Hemmings, Mutter einiger Kinder seines Geblüts, boten das prominenteste Beispiel). Es gibt auch keinen Zweifel, dass durch die Aufhebung der Sklaverei zunächst Hunderttausende der «African-Americans» (wie heute die «korrekte» Bezeichnung lautet) ins Elend gestürzt wurden. Das schwarze Landproletariat, dessen Not bis in die Jahre des Zweiten Weltkriegs – und oft noch danach – erbärmlich gewesen ist, war eine problematische Konsequenz des Fortschritts, wie auch die dürftige Existenz der Kleinbauern in der DDR nach der Enteignung und Aufteilung der junkerlichen Besitzungen: ein Zustand, in dem nichts anderes blieb – und so war es geplant – als der Anschluss an die «Produktionsgenossenschaften» und Kolchosen. Im amerikanischen Süden sagte man noch lange nach der Aufhebung der Rassentrennung nicht ganz zu Unrecht: «We in the South love the Negroes as individuals and hate them as a race – those liberals up in the North love them as a race and hate them as individuals.»

Es wäre grotesk, den Vergleich zwischen den amerikanischen und den deutschen Verhältnissen allzu weit zu treiben. Doch zum andern gibt es keinen Anlass, die Realität des ländlichen Lebens im deutschen Osten (und auch auf den großen Gütern im Westen) zu romantisieren, zumal nicht mit dem Blick auf die Epochen vor den Hardenberg-Stein'schen-Reformen, die sich allzu langsam in die Wirklichkeit des Alltags übersetzten. (In diesem Zusammenhang nimmt es sich merkwürdig aus, dass der alerte und gebildete Verleger Wolf Jobst Siedler Marion Dönhoff mit dem Vorschlag heimsuchte, ein Buch über Europa vor der Französischen Revolution von 1789 zu schreiben, das er offensichtlich als die Erfüllung seiner zivilisatorischen Ideale betrachtete, ohne einen Gedanken an die wahrhaft finsteren Nachtseiten des «siècle des lumières» zu verschwenden.)

Auf den Besitzen Ostpreußens fühlten sich die Mitglieder der Herrschaft in der Regel für das Geschick des «Gesindes» (ein Ausdruck, den Marion mied) und der von der Gutswirtschaft abhängigen Familien verantwortlich. Mutter und Kinder in Marions Friedrichstein waren angehalten, nach den Kranken zu schauen, sie mit Medikamenten zu versorgen, ihnen ein Stück Kuchen zu bringen, dann und wann auch des Nachts Wache an ihren Betten zu halten. Diese schöne Zuwendung bestätigt auf die freundlichste und menschlichste Weise den Zustand der Abhängigkeit, und sie änderte nichts an der Dürftigkeit der Existenz in den Katen der Landarbeiter, denen nicht der Vorzug einer festen Beschäftigung im Schloss zuteil war, oder der beengten Verhältnisse bei den «einfachen» Handwerkern. Die «Leute» litten keine Not. Das «Deputat» der rund ums Jahr Engagierten – die partielle Entlohnung mit Naturalien, dazu die Produkte der eigenen Gärten, die Milchkuh und das Schwein im Stall – garantierten das tägliche Brot auf dem Tisch und womöglich den Braten am Sonntag, die Holzzuteilungen Schutz vor der grimmigen Kälte. Man kann von einem Leben in ländlicher Bescheidenheit reden, nach strengeren und moderneren Begriffen wohl auch von ländlicher Armut.

Dennoch, die Patronatsherren und die Herrinnen legten – sofern sie zu den aufgeklärten Mitgliedern ihres Standes zählten – einigen Wert darauf, dass die Kinder eine ordentliche Schulbildung erhielten und die Begabten womöglich in die Stadt aufs Gymnasium geschickt wurden. Dafür sorgte auch, wenn er etwas taugte, der Pastor, der – anders als die Dorfschulmeister oder gar die Schulzen – zur «Gesellschaft» zählte, wenngleich eher am Rande: Er wurde zu den offiziellen Essen im Schloss eingeladen (doch nicht zu hoch an der Tafel platziert), gelegentlich, wenn die Beziehungen herzlich genug waren, auch in einem kleineren Kreis zu Tisch oder zum Tee gebeten. Man könnte die Pastoren in Ostdeutschland einen Stand zwischen den Ständen nennen, dessen Sonderstellung es erlaubte, dass manchmal die (sitzengebliebenen oder besonders frommen) Töchter der Gutsherrn einen Pfarrer heirateten, ohne damit ihre Würde, ihren Ruf und Rang aufs Spiel zu setzen.

Die Chefredakteurin der «Zeit» und vor allem die Buch-Autorin

Marion Dönhoff empfing hernach viele, oft herzbewegende Briefe von einstigen Dörflern der Dönhoff'schen Herrschaften, manchmal auch von Mitgliedern des Personals oder von deren Kindern und Kindeskindern, die unterdessen selber in die Jahre gekommen waren. So schrieb der Enkel des Tischlers, der bei Marion und vor allem bei den älteren Brüdern in hohem Ansehen gestanden hatte, dass sich der Bruder Christoph, Marion drei Jahre voraus, während des Meisters Frühstück in einen eben gefertigten Sarg gelegt habe, der in der Werkstatt herumstand, worüber sich die Gesellen kaputt lachen wollten. Der Chef aber fand den Scherz höchst unangebracht und verpasste «Toffy» (oder «Toffi», auch «Tofy» oder «Tofi»), wie Christoph sein Lebtag lang (ohne feste Regel) genannt wurde, in seinem unheiligen Zorn eine kräftige Maulschelle. Da er es, als die Wut verraucht war, selber bedenklich fand, ein Kind der Herrschaft zu züchtigen, lief der Tischler unverzüglich zu «Ihrer Exzellenz», wie Marions Mutter Ria Dönhoff gerufen wurde (da sie den Titel einer Hofdame der Kaiserin trug), um den Frevel zu beichten. Seine Sorge erwies sich, nach dem Zeugnis des Lesers, als unbegründet: Die Herrin versicherte ihm, er habe sich der richtigen Erziehungsmethode bedient. Die Gräfin war es auch, die dem Enkel des Tischlers, der nach dem Besuch der Mittelschule Förster werden wollte, eine Lehrstelle als Gärtner verschaffte. Dank einer Fachbildung stieg Fritz Klein zum Berufsschullehrer auf und brachte es schließlich zum Direktor: eine Karriere, zu der ihn Marion beglückwünschte.

Der Leser August Mundzeck wiederum erinnerte sich an den Besuch des Generalfeldmarschalls von Hindenburg, der sich im Jahre 1916 in Friedrichstein erholen und vor allem in den riesigen Waldungen die Jagd genießen wollte (er erlegte auch einen Elch, der ihm vermutlich pflichtgemäß vor die Büchse getrieben wurde). Der alte Herr war nach dem Sieg von Tannenberg, der die russischen Armeen mit einem Donnerschlag aus Ostpreußen vertrieb, gleichsam über Nacht zur mythischen Figur geworden, wozu sich die massige Gestalt, das kantige Vierecksgesicht mit der grauen Haarbürste, dem mächtigen Schnauzbart und den etwas einfältigen Zügen aufs prächtigste eignete: eine Art Ersatzkaiser, da Wilhelm II. kein allzu hohes Ansehen genoss. Keine Seele scherte sich mehr darum, dass der Plan für die Kesselschlacht von Tannenberg dem kälteren Kopf seines Generalstabschefs Ludendorff, wenn nicht gar dem des Obersten von Hoffmann entstammte – ein großes Kirchenlicht war der Marschall gewiss nicht. Die kleine Marion, damals noch keine sieben Jahre alt, war vom Anblick des großen, schweren Mannes ein wenig enttäuscht, da der Held «ziemlich steif mit merkwürdig kurzen Schritten» ging und eher «wie ein Nussknacker» aussah.

Bei seiner Ankunft mussten die Kinder der umliegenden Dörfer Spalier stehen, wie der Leser Helmut Krause bezeugte, und Leser August Mundzeck war Mitglied des Posaunenchors, der dem hohen Gast ein Ständchen brachte (mit Chorälen und Militärmärschen, wie zu vermuten ist). Natürlich trat das gesamte Personal von Friedrichstein aufs würdigste geschmückt zur Begrüßung an, der Chefdiener Kadow im schwarzen Anzug, wenn nicht im Frack, seine beiden Gehilfen nach Marions Schilderung «in hellen, gestreiften Leinenjacken», bei «feierlichen Gelegenheiten (wie dieser) in schwarzen Escarpins mit roten Kniestrümpfen und Schuhen mit Silberschnallen», am Abend in eine Art Gehrock gekleidet, dazu der «buttonboy» mit seinem dichtbeknöpften Jackett, die Stubenmädchen – nach den Erinnerungen Otto von Hentigs waren es vor dem Kriege an die zwanzig, nach Marions Bericht nur noch sechs – in rosa-weiß gestreiften Kleidern mit koketten weißen Rüschenhäubchen im Haar.

Es versteht sich, dass dem Ehrengast das Königsappartement zugewiesen wurde, nach der Parkseite gelegen, neben dem Aufgang mit den ionischen Säulen (die zwei äußeren viereckig, die beiden mittleren rund), die das klassizistische Fries mit seinen barocken Ornamenten trugen. Der dazugehörige Salon, Hohenzollernstube genannt, zeichnete sich durch eine Galerie von Porträts der Mitglieder des preußischen Herrscherhauses aus, der bullige Soldatenkönig in Feldherrnpose auf dem prominentesten präsent. Die anderen Gemächer waren mit kostbaren Stücken aus dem achtzehnten Jahrhundert möbliert. Die Ausstattung der repräsentativen Räume – beginnend beim Vestibül mit seinen mächtigen Danziger Schränken, dem Gartensaal mit dem graziösen Porzellanofen aus Rokoko-Zeiten – mochte für unseren Geschmack etwas zu üppig geraten sein, eher dem Gründerbarock als dem Jahrhundert der Aufklärung gemäß.

Der Marschall indes scheint sich in dem Luxusquartier wohlgefühlt zu haben. Seine Gastgeberin schickte ihm hernach ein Kistchen mit Trauben aus dem eigenen Gewächshaus, «... in der Hoffnung», dass es «Euer Excellenz an Friedrichstein erinnern» werde, «und an all das Glück und die Dankbarkeit, die Euer Excellenz Hiersein hinterlassen.» In ihrer starken, klaren, fast männlich festen Schrift fügte Mutter Ria hinzu: «Ich möchte auch mit diesen Zeilen noch einmal Ihnen, verehrter Herr Feldmarschall, sagen, wie sehr glücklich wir waren, den Mann hier haben zu dürfen, dem das Vaterland alles verdankt ...»

Im Gegensatz zu den prächtigen Gästezimmern, den Salons und den Gemächern der Eltern waren die Kinderzimmer umso einfacher gehalten, allerdings wohl nicht gar so karg – wenn man den Fotografien in Kilian Hecks und Christian Thielemanns Bildband «Friedrichstein» vertrauen darf –, wie sie sich in Marions Gedächtnis ausnahmen, die sich nur eines Bettes, eines Arbeitstisches samt Stuhl und eines Waschbeckens entsann, das abends und morgens aus Krügen zu füllen war, denn fließendes Wasser gab es bis in die zwanziger Jahre nicht. Die Wasserschlepperei war die erste und letzte Tagespflicht der Dienstboten, und in den kalten Monaten – für gewöhnlich die längere Hälfte des Jahres – war eine kleine Mannschaft damit beschäftigt, die Scheite der gewaltigen Holzvorräte (aus den eigenen Wäldern, versteht sich) klein zu hacken, in schweren Körben treppauf zu schleppen und die mächtigen Öfen zu füttern.

Marion deutete in ihren Erinnerungen die Rangfolge der Bediensteten an, die, wie sie sagte, «so streng eingehalten» wurde «wie unter den Würdenträgern bei Hof». Die Kastellanin, wie die Chefin der Hausmädchen hieß, die Chefköchin und die persönliche «Jungfer» der Mama speisten getrennt von den andern, und nur der Vertreter des Inspektors durfte sich zu ihnen gesellen, sofern er keinen eigenen Hausstand hatte. Auch die Gehilfen des Kutschers hatten ihren Extratisch. Ob die Kinder der Herrschaft – die dem Kutscher, den Handwerkern und den markanteren Figuren des Personals vertraut, doch in der Regel gewiss auch respektvoll begegneten –, ob die Herrschaft selber auch die Spannungen, die harten Positionskämpfe, den Neid, die Konkurrenz um die kleinen und größeren Privilegien, ob sie die lauernden Intrigen und täglichen Konflikte um das bisschen Macht und Ansehen so recht durchschauten? Es ging auf den Schlössern wohl nicht viel anders zu als beim Militär: Die Generale und die Obristen, selbst die Majore und manchmal die Hauptmänner und Rittmeister konnten es sich leisten, den einfachen Soldaten Leutseligkeit, ja Verständnis zu demonstrieren – die Unteroffiziere, die das System der Schikanen kontrollierten und die Maschinerie des Alltags brüllend in Gang hielten, kümmerten sich darum einen Dreck. Es wurde von oben nach unten getreten, je niedriger die Rangstufe, umso brutaler.

Natürlich spielten die Herrschaftskinder mit den Dorfkindern, und es trifft wohl zu, dass sie für gewöhnlich mit einiger Selbstverständlichkeit die Rolle der Häuptlinge bei den Indianerkämpfen und die Rolle der Kommandierenden beim Kriegspielen übernahmen. Immerhin zeigt eine Fotografie aus dem Ersten Weltkrieg die Ältesten Heini und Dietrich vornweg zu Pferde (in einer Art Husarenuniform), hinter ihnen mit Fahnenträger und Gewehrschützen die kleine Dorftruppe – doch ganz am Schluss marschierte Toffy, der jüngste unter den Brüdern. Er hatte sich sozusagen noch nicht hochgedient.

Christa, die älteste Schwester, zwei Jahre vor der Jahrhundertwende geboren, war seit ihrer frühen Heirat mit dem Freiherrn von

Dellingshausen nicht mehr im Hause (sie starb, sechsundzwanzig Jahre alt, schon 1924). Die zweite, hernach so sehr geliebte und innig vertraute Schwester Yvonne, Marion um acht Jahre voraus, wurde schon 1919, gerade achtzehn Jahre alt, unter die Haube gebracht. Sie verband sich mit dem doppelt so alten Freiherrn von Kuenheim, einem liebenswerten und, wie sich ergab, gutmütig-toleranten Nachbarn auf dem Gut Spanden, der seiner jungen Frau den Freiraum gewährte, den sie brauchte. Auch sie war aus dem Haus, als Marion kaum zehn Jahre zählte. Maria, ein mongoloides Kind, mit dem die kleine Marion bis zu ihrem elften Lebensjahr das Zimmer teilte, ohne dies als eine traumatisierende Belastung zu empfinden (anders, als es Alice Schwarzer in ihren biographischen Skizzen vermutete) – sie konnte leider keine Spielkameradin sein; hernach fand sie in den Bodelschwingh'schen Anstalten in Bethel eine Unterkunft – bis die Nazis ihr sogenanntes «Euthanasie»-Programm ins Werk setzten. Zwar konnte Pastor Bodelschwingh die meisten der Menschen, die ihm anvertraut waren, durch seinen Mut und seine Festigkeit retten, doch Bruder Heinrich zog es damals vor, Maria heimzuholen. Erst als die Bischöfe Wurm (für die Evangelische Kirche) und Graf Galen (für die Katholiken) – beide von Haus aus stramm deutsch-national – dem Mord durch ihre Protestbriefe an den Führer ein Ende gemacht hatten, wurde Maria nach Bethel zurückgebracht, wo sie im Jahre 1965 starb.

Es bleibt anzumerken, dass sich die Bischöfe durch den Erfolg dieser Proteste nicht ermutigt oder gar verpflichtet fühlten, mit gleicher Entschlossenheit den Schutz der jüdischen Bürger zu fordern, ob getauft oder ungetauft. Der Erfolg des Kirchenprotestes gegen die Euthanasie beweist immerhin, dass auch der «Führer» (zumal im Krieg) von der «öffentlichen Meinung», die offiziell niemals ans Tageslicht trat, nicht völlig unbeeindruckt blieb. Und Joseph Goebbels hielt es für angebracht, in den Tagen nach dem Fall von Stalingrad vor dem Protest der Frauen in der Berliner Rosenstraße gegen die Verhaftung und Deportation ihrer jüdischen Männer zurückzuweichen. Vermutlich hätte sich der Diktator im Vollzug seines Vernichtungsprogramms am Ende durch den Einspruch der Kirchen nicht beirren lassen. Man weiß es nicht mit völliger Sicherheit: Denn der Protest wurde niemals versucht.

Durch die Nähe der behinderten Schwester lernte Marion, nach ihrem eigenen Zeugnis, die Präsenz von schwachen und behinderten Menschen mit Gleichmut zu ertragen. Doch entscheidend war ihre Kindheit von der Selbstsicherheit und von den Energien der älteren Brüder bestimmt. Zu Heinrich, der gegen Ende des Ersten Weltkriegs noch Soldat wurde und dann in den baltischen Freicorps diente, schaute sie ehrfürchtig auf. Die Kameraden im Spiel und im Lernen aber waren die beiden Brüder Dieter und Christoph, denen sie sich stets gewachsen zeigen wollte – was Mutproben, sogenannte Bubenstreiche und vor allem die oft so wilden Ritte durch die himmlisch langen Galoppstrecken der Wiesen und Weiden und über die endlosen Waldwege anging.

Die strenge Zucht der Dressur lernte sie so recht erst auf dem Lehndorff'schen Besitz Preyl, einige Kilometer im Norden von Königsberg gelegen, wo Marion lange Monate lebte, da die beiden so eng verwandten Familien die Last der Erziehung durch die regelmäßige Beherbergung der Kinder beider Sippen (im Austausch) teilten. Manfred Lehndorff, der Vater ihres Cousins Heinrich und ihrer Cousine Sissi, war (wie Marion in ihrem Erinnerungsbuch berichtet) «einer der besten Dressurreiter seiner Zeit», freilich auch ein talentierter Wagenlenker in den beliebten Trabrennen. Heinrich und Sissi durften sich an der «Morgenarbeit» mit den Rennpferden beteiligen. Für die Ausritte und die Dressur in der Bahn waren der Cousine und Marion zwei eigene Stuten zugewiesen, mit den schönen Namen «Försterliesel» und «Balga».

Es versteht sich, dass Marion auch zu Haus in dem maskulin dominierten Schloss Friedrichstein geringes Interesse zeigte, hingegeben mit ihren Puppen zu spielen oder sich in Handarbeiten zu üben, wie es sich für junge Mädchen gehört hätte. Sie lernte vielmehr, noch nicht flügge, die Beobachtung des Wildes, den Umgang mit Büchsen und alle Künste der Jagd auf kleines und großes Wild. Schwesterlichen Umgang fand sie bei ihrer Cousine Sissi Lehndorff in Preyl, in ihrem Vetter Heinrich von Lehndorff aber, der genau gleichen Alters war, einen Bruder und Lebensfreund, dem sie bis zu seinem Tod nach dem Zwanzigsten Juli, ja zeit ihrer Tage inniger verbunden zu sein schien als jedem anderen Mann (neben Bruder Heini).

Sie war es von Kind auf gewohnt, sich in einer männlich geprägten Gesellschaft zu behaupten. Dies gelang ihr mit einer natürlichen Selbstverständlichkeit, die sie nicht daran hinderte, sehr wohl als ein attraktives, ja schönes Mädchen wahrgenommen zu werden, das durch einen sacht androgynen Akzent (der ohnedies dem weiblichen Ideal der zwanziger Jahre entsprach) noch an Reiz zu gewinnen schien. Niemals war sie, wenn die Beobachtungen von Freunden nicht täuschen, von Zweifeln an ihrer Bestimmung zur Frau heimgesucht worden. Dass sie nicht geheiratet hat, erklärt sich ganz gewiss nicht durch einen Mangel an Herren, die sich um eine Lebensgemeinschaft mit ihr bemüht hätten, sondern eher aus ihrem starken Willen zu einer unabhängigen Existenz. Wichtiger: Die Männer, die sie liebte und die sie als Partner akzeptiert hätte, waren nicht erreichbar. Man mag dies als die heimliche Tragik eines – alles in allem – trotz der schrecklichen Verluste und der bitteren Heimsuchungen so ungewöhnlich reichen, von Erfolgen und Erfüllungen bis ins hohe Alter getragenen Lebens empfinden.

Niemals aber hat sie inmitten ihrer maskulin bestimmten Umwelt – ob auf den heimatlichen Besitzungen oder hernach im Journalisten-Beruf – ihr Frausein als eine Behinderung, als eine Last oder als eine besondere Herausforderung empfunden. Sie konnte, das ist wahr, ihren weiblichen Charme als Instrument ihrer professionellen Ziele, womöglich auch ihres Ehrgeizes diskret ins Spiel bringen – in der Regel wohl eher unbewusst als mit kühler Kalkulation –, aber sie mochte mit gutem Recht darauf hinweisen, dass dies auch manchen Männern in ihrem Umkreis keineswegs fremd war. In den Redaktionen hatte sie Gelegenheit genug, strahlende junge Herren zu beobachten, die sich nur zu gut darauf verstanden, ihre maskulinen Vorzüge mit Verve und Routine zu nutzen.

Sie war zu klein, als der Vater am 9. September 1920 starb, dass eine Tochter-Beziehung zu August hätte gedeihen können, von der aristokratischen Enträcktheit der Eltern nicht zu reden, die sich zwei Generationen zuvor von ihren Kindern noch mit Sie anreden ließen (wie es in Frankreich in den sogenannten besseren Kreisen noch bis in unsere Epoche üblich gewesen ist). Der Schlossherr war, in seinen besten Jahren, ein fast schöner Mann, mit ebenmäßigen Zügen begabt, ein später Sohn übrigens, dessen eigener Vater noch im achtzehnten Jahrhundert zur Welt gekommen war und achtundvierzig Jahre zählte, als ihm die Zwillingssöhne geboren wurden, August mit einem Vorsprung von wenigen Minuten. Das Vorbild des Vaters bestimmte ihn, nach einer konventionellen juristischen Ausbildung, die er als Referendar an den Kammergerichten in den Städtchen Niederbarnim und Teltow abschloss, zu einer diplomatischen Laufbahn, zu der er nach dem Ende des Deutsch-Französischen Krieges und der Ausrufung des Kaiserreiches zugelassen wurde – die Proklamation des Zweiten Reiches, die dank des teutonischen Taktes seines Gründerkanzlers Bismarck im Spiegelsaal des Schlosses Versailles stattfand, sozusagen im Herzen Frankreichs. Die verletzten Gefühle des vermeintlichen Erbfeindes konnte der Vater August Graf Dönhoff als Attaché an der Pariser Botschaft zur Kenntnis nehmen. Später passierte er die preußischen Missionen Sankt Petersburg und München (in der Föderation des Reiches unterhielten die Mitgliedsstaaten Vertretungen in den jeweiligen Hauptstädten – so war der Großvater des späteren Bundespräsidenten und Marion-Freundes Richard von Weizsäcker württembergischer Gesandter in Berlin, ehe er zum Ministerpräsidenten in Stuttgart ernannt wurde).

Der Vater August gelangte über Wien und London 1879 schließlich nach Washington, damals ein Provinznest, von der subtropischen Sonne in den Sommermonaten paralysiert. Jeder kannte jeden, und es war nicht weiter erstaunlich, dass August Dönhoff dem langjährigen Senator von Missouri und Innenminister der Union Carl Schurz begegnete, den man ohne Übertreibung als den politisch bedeutendsten amerikanischen Politiker deutscher Herkunft bezeichnen kann (neben Dwight D. Eisenhower, der sich freilich seiner partiell deutschen Herkunft aus verständlichen Gründen nicht allzu gern entsann). Überraschend war eher, dass der junge deutsche Diplomat dem radikalen Demokraten und Freiheitskämpfer von 1848 ohne Vorbehalt gegenübertrat, ja dass er die Freundschaft des gebildeten, literarisch versierten und künstlerisch sensiblen Politikers gewann, dessen glänzendes Klavierspiel der brillante (und steinreiche) Historiker Henry Adams in seinen Briefen immer wieder rühmte, Enkel und Urenkel zweier Präsidenten der Vereinigten Staaten, mit Carl Schurz politisch liiert und menschlich eng verbunden.

Es mag sein, dass es Carl Schurz war, der August Dönhoff dazu einlud, den amerikanischen Westen kennenzulernen und sich mit den Problemen der Indianer und ihrer Reservate vertraut zu machen, für die er als Chef des Innenressorts verantwortlich war: Anwalt einer Integrationspolitik, die damals nicht allzu populär war, wie Marion Dönhoff in ihrer Skizze vom Leben des Vaters zutreffend feststellte. August Dönhoff geriet bei seinem Aufenthalt in Colorado in einen Konflikt der weißen Administratoren mit dem Stamm der Ute. Der Chef der «Indian Agency» wurde ermordet, seine Frau und seine beiden Töchter wurden entführt. Schurz, der sich in Denver aufhielt, wusste sehr genau, dass die Frau und die Kinder massakriert würden, wenn die Truppen der Union oder gar die Meute der Pioniere den Feldzug gegen die Ute begännen, ehe Verhandlungen über das Geschick der Verschleppten aufgenommen würden. Mit seinem Einverständnis machten sich der General Adams, ein vernünftiger Militär, und August Dönhoff mit einer kleinen Eskorte von dreizehn Reitern auf in die Berge, um das Lager zu finden, in dem die Frau und die Kinder gefangen waren. Sie hatten Glück. Nach einem strapaziösen Ritt von zehn Tagen fanden sie die Fluchtburg der Ute, und es gelang ihnen, den Häuptling zur Freigabe der Geiseln zu überreden. Ein amerikanischer Historiker fügte dem Bericht über die Expedition die realistische Bemerkung an, dass die Frau und die Mädchen gottlob nicht Opfer sexueller Gewalt geworden waren: Andernfalls hätte der weiße Mob die schrecklichste Rache genommen, ohnedies nur auf einen Vorwand wartend, um die Indianer zu dezimieren und immer tiefer in die Felswüsten der Rocky Mountains zu treiben, in denen sie schließlich verhungert wären.

Man mag sich denken, wie tief die Erzählung von diesem Abenteuer die Kinder Augusts beeindruckt hat, auch nach dem Tod des Vaters, als sie – wie alle jungen Leute ihrer Generation – fasziniert die Romane Karl Mays von den edlen Rothäuten und den eher skrupellosen Weißen (Old Shatterhand ausgenommen) lasen, aus denen sich der elementare Antiamerikanismus ganzer Generationen nährte. Bald nach seiner Rückkehr in die Hauptstadt kam August Dönhoff um Urlaub ein, zunächst für ein Jahr, weil er sich die Welt ansehen wollte. Dies setzte voraus, dass er über kein zu geringes Vermögen verfügte, das sich gewiss nicht nur aus dem Verkauf der Früchte des Feldes auf den diversen Gütern und aus dem Holzeinschlag in den Waldungen der Familie ergab, deren Besitzer der Legationssekretär seit dem Tod seines Vaters am 1. April 1874 war, sondern vor allem aus gewinnbringenden Anlagen. August sah sich in Japan und China um, vermutlich auch in Thailand und Burma, mit einiger Gründlichkeit in Indien. Der Urlaub wurde auf insgesamt zweieinhalb Jahre verlängert. Nach der Heimkehr reichte der Weltreisende seinen Abschied ein, der ihm – mit der Ernennung zum Legationsrat – ohne Umstand gewährt wurde.

Bleibende Spuren in der Diplomatie des Kaiserreiches hat August Dönhoff nicht hinterlassen. Immerhin scheint ihn Bismarcks

Wohlwollen begleitet zu haben, ja, man sagte, dass der Kanzler seine Tochter gern mit Dönhoff verheiratet hätte. Freilich schäumte der Alte nach seiner Entlassung auch gegen ihn, wie die Baronin Spitzemberg geborene Varnbüler in ihrem Tagebuch 1891 Bismarck zitierend vermerkte: «Der Kaiser hat mich wie einen Bedienten weggejagt; ich habe zeitlebens einen Edelmann in mir gespürt, den man nicht ungestraft beleidigt; dem Kaiser gegenüber kann ich keine Genugtuung fordern, so bleibe ich eben ferne, und von all denen, die glauben, ich suche wieder ans Ruder zu kommen, weiß keiner, wie unaussprechlich gleichgültig mir jetzt Hof- und Fürstengunst sind ...» Weiter, in ungezügeltem Zorn: «Was soll ich davon sagen, wenn ein Lumpenhund wie August Dönhoff einen großen Umweg auf der Straße macht, um Herbert» (dem Sohn Bismarcks) «nicht zu begegnen?! All diesen Leuten gegenüber habe ich nur das Gefühl des Götz von Berlichingen am Fenster in Möckmühl» (der Burg des Ritters bei Heilbronn im Schwäbischen); «selbst den Kaiser nehme ich nicht aus bei solcher Wertschätzung, ich fühle nichts mehr für ihn.»

Bei der Baronin, die den ostpreußischen Grafen offensichtlich wenig schätzte, wurde August mit einem zweiten Eintrag am 5. Dezember 1894 bedacht. Sie zitierte einen Ex-Kollegen des Legationsrates außer Diensten, der dem Herrn auf Friedrichstein aus Anlass des Streites um einen Handelsvertrag mit Russland in einem Brief zugerufen habe: «Da Sie so wenig Kreuz hinten haben, werden Sie wohl nun vorne eines kriegen.» – «Und dies», fügte Madame von Spitzemberg hinzu, «steckte jener stillschweigend ein!» Tatsächlich wurde August nur einen Tag später aus Anlass eines kaiserlichen Besuches in Ostpreußen der «Rote Adler-Orden 2. Klasse mit Eichenlaub und der Königlichen Krone verliehen».

Ihre offensichtliche Verachtung hinderte die Baronin nicht, am 15. März 1895 August als Tischherrn beim Souper des großen Balles im «Kaiserhof» zu akzeptieren. Der Graf erzählte ihr bei dieser Gelegenheit, ihm sei das Amt des Oberpräsidenten in Ostpreußen angeboten worden, das er freilich abgelehnt habe, weil er «sich zur Zeit für politisch unmöglich» halte – «mit vollem Recht», wie Frau von Spitzemberg bemerkte. Offensichtlich zögerte der Graf, sich im Konflikt um die Einfuhrzölle eindeutig auf die Seite der «Agrarier» zu schlagen (was sich aus seiner Weltkenntnis erklären ließe). Er regte an, dass an seiner Stelle Bill Bismarck, der zweite Sohn des Reichsgründers, mit dem Amt bedacht werde, der freilich nach Ansicht der Tagebuch-Autorin mit einer «schrecklichen Frau» gestraft war. «Doch wird» (der Vorschlag) «den alten Herrn sehr freuen», schrieb sie, offensichtlich gewillt, ihm den Hinweis unverzüglich zu hinterbringen, «und das ist gut».

August war, in der Nachfolge des Vaters, Mitglied des Preußischen Herrenhauses, das Konrad Adenauer (nach einer Anmerkung Marions), als Oberbürgermeister von Köln Mitglied der Versammlung, das Gremium «mit dem höchsten Niveau» genannt hat, das er jemals kennenlernte – ein kleiner Hinwies, notabene, dass die antipreußischen Vorbehalte des Rheinländers, die nicht völlig unbegründet waren, sehr wohl ihre Grenzen hatten. Doch August von Dönhoff ließ sich – und das bezeichnet Kilian Heck zu Recht als eher ungewöhnlich – für die konservative Fortschrittliche Volklandspartei in den Reichstag wählen.

Im Jahre 1890 brachte er zusammen mit dem Feldmarschall von Moltke, seinem ostpreußischen Standesgenossen Graf zu Dohna-Schlobitten, dem Reichsgrafen von Pückler und vielen anderen Herren von Adel und sogar einigen Bürgern den Entwurf eines «Heimstätten-Gesetzes» ein, von dem der «Reichsbauernführer» Richard Walter Darré im Dritten Reich voller Genugtuung schrieb, die Vorlage sei von «immer größerer Sorge» über «das um sich greifende kapitalistische Denken im deutschen Volksleben und vor allen Dingen die fortschreitende Entwurzelung des deutschen Bauernstandes» diktiert gewesen; überdies gebe das Dokument «überraschende Parallelen zum geltenden Reichserbhofgesetz» zu erkennen. Dem Grafen Dönhoff war nicht nur die Finanzhilfe bei der Gründung «ländlicher

Besitzungen von mäßiger Größe» wichtig, sondern mehr noch, dass eine Aufteilung des Besitzes unter mehreren Erben ausgeschlossen wurde – ähnlich, wie es die Fideikommiss-Regelung für die Rittergüter vorsah. Dem Entwurf war der Kommentar des Berliner Professors und Geheimen Justizrates Dr. Otto Gierke angefügt, der das Gesetz als einen «frischen Sproß am uralten Baume des deutschen Rechtes» rühmte: «Durch und durch ist es deutsch», rief der gelehrte Herr, der offensichtlich ganz auf der Höhe des Wilhelminischen Zeitalters dachte, denn «ihm liegt der in unserem Rechtsbewusstsein durch alle Vorherrschaft des römischen Rechts nicht ausgetilgte nationale Gedanke zugrunde, dass die Hofstätte mit ihrem Zubehör nicht bloß ein Vermögensstück oder gar eine Ware, sondern eine ‹Heimat›, die Basis eines Familienlebens und seiner wirtschaftlichen und ethischen Betätigung ist». Übrigens schrieb Gierke auch eine beachtliche Begründung des Widerstandsrechts.

Marions Vater wies sich durch seine prominente Beteiligung an dieser Initiative nicht gerade als der liberale Kopf aus, als den ihn die jüngste seiner Töchter wohl gern gesehen hätte. Er löste sich nach einigen Jahren von der kleinen Volklandspartei, danach auch von der konservativen Fraktion des Reichstages, und im Jahre 1903 verabschiedete er sich vom Parlament. Dafür wurde er Landeshofmeister von Ostpreußen – eine eher repräsentative Funktion, die ihn nicht allzu sehr von seinem Hauptinteresse ablenkte: der Kunstsammlung, von deren Reichtum der prächtige Bildband von Kilian Heck und Christian Thielemann zeugt. Graf August wurde bei seinen wohlbedachten Ankäufen vor allem von Wilhelm von Bode beraten, dem Gründervater der Berliner Museumskultur, dessen Werk mehr als sechzig Jahre nach der Vernichtung im Zweiten Weltkrieg eine so glanzvolle Auferstehung erlebte.

Wenn man denn August Dönhoff eine bedeutende Persönlichkeit nennen will, dann war er es gewiss nicht als Politiker, sondern als ein Anwalt der Künste, der immerhin dreiundzwanzig Jahre lang dem Verein zur Förderung des Kaiser-Friedrich-Museums vorstand.

Ihm lag, wie Tilmann von Stockhausen in seinem Essay über den Kunstsammler und Kunstkenner berichtete, vor allem die schöne Platzierung des Pergamon-Altars am Herzen. Er vermittelte, wann immer es notwendig war, eine Verständigung Bodes mit Wilhelm II., der – sozusagen der universale Amateur – von der Unfehlbarkeit seines Kunstgeschmacks überzeugt war und es nicht verbarg, wenn ihm «die ganze Richtung nicht passte».

Der Enthusiasmus für die Kunst – gleichviel welcher Epoche, ob er dem Kunsthandwerk, den Skulpturen der Antike oder der Malerei der Renaissance galt – zählte in der Summe von August Dönhoffs Leben gewiss mehr als sein spätes Engagement (man schrieb das Kriegsjahr 1917) in der Deutschen Vaterlandspartei, die der Weltläufigkeit des unermüdlich Reisenden so wenig entsprach: Es handelte sich immerhin um eine Vorläufertruppe der Deutschnationalen, denen hernach die Hauptverantwortung am Untergang der Republik von Weimar zukam.

Vielleicht war die Mitgliedschaft auch ein letzter Versuch, angesichts der drohenden Niederlage des Reiches von den bestehenden Verhältnissen zu retten, was noch zu retten war. (Immerhin unterstützte er auch eine «Armenküche» in Berlin.) Zwar traf auf den kultivierten und feinsinnigen August Karl Dönhoff gewiss nicht zu, was der Berliner Historiker Johann-Albrecht von Rantzau (unter dem Pseudonym Joachim von Dissow) in seiner geistreichen und partiell so brillanten Studie «Adel im Übergang» (1961) schrieb: Es sei nicht «abwegig, wenn der Adel so oft ‹beschränkt› genannt worden» sei, da er «sich bewusst beschränkt» habe, «indem er den uralten überkommenen atavistischen Lebensformen einer kriegerischen und jägerischen Gesellschaft anhing und eine auf sie gegründete Existenz auch innerhalb der modernen Zustände fortzuführen versuchte». Für August Dönhoff galt dies gewiss nicht.

Im Vorwort seines (autobiographisch akzentuierten) Buches kennzeichnete Rantzau-Dissow das Deutsche Reich von 1918 als einen «halbfeudalen Staat». Zum Beispiel wurden zu Beginn des Ersten

Weltkriegs «sämtliche achtzehn preußischen und deutschen Armeekorps» von «adligen Kommandeuren» geführt, «und alle Armeen rückten 1914 unter fürstlicher oder adliger Führung ins Feld. Darüber hinaus aber hielt der Adel fast alle wichtigen Posten in Regierung, Diplomatie und Verwaltung besetzt, sodass er Außen- und Innenpolitik nicht nur beeinflusste, sondern geradezu bestimmte.» Der Historiker führte eindrucksvolle Beweise für seine kritische These vor: Von 1871 bis 1917 gehörten sämtliche Kanzler des Reiches dem Adel an, ebenso die Majorität der Staatssekretäre. Die preußische Staatsregierung habe im letzten Friedensjahr sieben adlige und nur drei bürgerliche Mitglieder gezählt (denen – und dies kann als bezeichnend gelten – meist die Finanz- und Justizressorts anvertraut waren). Von dreizehn Oberpräsidenten in Preußen waren elf von Adel, und die Mehrzahl stammte aus dem alten Landadel. Von den sechsunddreißig Regierungspräsidenten rekrutierten sich zwanzig aus dem Adel; die bürgerlichen waren, wie Rantzau betonte, Söhne der hannoveranischen und rheinischen Provinzen, die im neunzehnten Jahrhundert von Preußen annektiert worden waren. Im Jahre 1914 fanden sich unter den zehn leitenden Beamten des Auswärtigen Amtes nur zwei Bürger. Unter den Diplomaten besaßen nur neun den Rang von Botschaftern: Sie alle waren von Adel, von den achtunddreißig Gesandtschaften waren (laut Rantzau) «nur vier bürgerlich besetzt». Das preußische Herrenhaus, dem auch Graf Dönhoff angehörte – es verfügte kraft seines Vetorechtes über eine beträchtliche Macht –, «bestand zu drei Vierteln aus Angehörigen des Adels, und im (preußischen) Abgeordnetenhaus» – das bekanntlich noch immer unter dem Gesetz des Dreiklassenwahlrechtes berufen wurde – «saßen unter 443 Mitgliedern 119 adlige», mithin mehr als ein Viertel. Rantzau beschloss sein kritisches Vorwort mit der fast bitteren Feststellung: «Was außerhalb von Königtum, Heer, Staat und Kirche lag, nämlich Wirtschaft, Wissenschaft, überhaupt das intellektuelle Leben und insbesondere die modernen Strömungen in der Politik und die neue soziale Wirklichkeit, wurde im Adel nur undeutlich wahrgenommen. All dies lag für ihn wie in einen Dämmer gehüllt ...»

Der vielgereiste und so kunstsinnige Vater Marion Dönhoffs machte durch die Weite seiner Interessen eine gewisse Ausnahme, doch seine politische Grundhaltung wich, soweit wir wissen, nicht zu sehr von den konservativen Grundpositionen seines Standes ab. Rantzaus nüchterner Blick auf die gesellschaftliche Wirklichkeit aber zeigt die Welt, in die Marion Dönhoff hineingeboren und von der sie in ihrer Kindheit (jenseits der Bewusstseinsschwelle) mitgeprägt wurde. Dies muss zur Kenntnis nehmen, wer ermessen will, wie radikal die Revolutionierung ihrer Lebensform war – und wie schmerzhaft tief die Veränderung der Verhältnisse in die Lebenswelt ihrer Eltern und ihrer älteren Geschwister einwirkte: durch den Krieg, der auch ihren Alltag nicht völlig verschonte, durch die Niederlage des Reiches, durch die Flucht des Kaisers und Königs von Preußen, durch die Republik und ihre chaotischen Anfänge, durch die sozialen Umwälzungen und Katastrophen der kommenden Jahre.

Wir tun also gut daran, uns wenigstens für einen Augenblick in die Welt vor 1914 einzufühlen, soweit es denn möglich ist – obschon sie für uns fast in eine Sphäre der Legenden und Gespenster entrückt ist, von unserer Epoche weiter entfernt, als es das knappe Jahrhundert anzeigt, das seit dem Ausbruch des Ersten Weltkriegs vergangen ist. Nur so können wir voller Staunen ermessen, welchen Weg Marion Dönhoff in der Spanne ihres Lebens hinter sich gebracht hat.

· Kapitel 4 ·

Szenen aus einer Gespensterwelt

Der Erste Weltkrieg scheint bei Marion – sie zählte im August 1914 noch keine fünf Jahre – nur geringe Spuren hinterlassen zu haben. Im Gespräch mit ihrem Neffen Christian Hatzfeldt erinnerte sie sich, dass sie in ihrem Kinderzimmer auf dem Topf saß und auf das rot-blau geblümte Linoleum starrte, als sich die Tür öffnete und jemand mit erregter Stimme rief: «Heute ist Mobilmachung!» Die Kleine verstand zwar nicht, wovon die Rede war, doch das Wort hörte sich bedrohlich an. Wenig später wurden die Söhne und Töchter Dönhoff nach dem Einbruch der russischen Armeen in Ostpreußen – die freilich in gnädiger Entfernung von Friedrichstein blieben – eilig zu Verwandten nach Sachsen geschickt, doch sie kehrten, als nach der Schlacht von Tannenberg die Gefahr gebannt war, unverzüglich in die Heimat zurück. Über die Aufregungen der großen Reise vermerkte Marion in ihren Kindheitserinnerungen nichts.

Man sagt, die Eltern hätten sich während der Kriegsjahre strikt an die karge Rationierung der Lebensmittel gehalten, die für das Stadtvolk in Berlin und anderswo galt: Zuteilungen, die nur eine Existenz am Rand des nackten Hungers erlaubten. Freunde berichteten, sie hätten die beiden am Ende des Krieges erschreckend abgemagert gefunden. Das würde der sogenannten altpreußischen Zucht entsprechen. Ganz gewiss erlaubte sich die Herrschaft auf

Friedrichstein in den Notjahren keinen Luxus und vor allem nicht das, was die Kleinbürger in Berlin eine «Fettlebe» nannten. Allerdings: Kinder vergessen Jahre des Mangels nicht so rasch, und in den Erinnerungen von Marion findet sich keine Andeutung einer Entbehrung – über die Bescheidung hinaus, die für die Erziehung der Sprösslinge großer Adelsfamilien, oft auch des puritanischen Bürgertums (gleichviel ob protestantischer, jüdischer oder katholischer Prägung), damals ganz selbstverständlich war.

Zum anderen berichtete sie lebhaft, der Haushalt auf dem Gut sei völlig autark gewesen: «Nichts wurde gekauft, alles selber produziert, Eier, Gemüse, Obst. Konsumiert wurde alles zu seiner Zeit … und so wurde eben wochenlang erst Spinat gegessen, dann kamen die Erbsen dran … Auch Fleisch wurde nie gekauft. Im Herbst und Winter gab es Wild, natürlich das ganze Jahr über Hammel- oder Kalbfleisch und alles, was der Hühnerhof zu bieten hatte.» Fische wurden aus den nahe gelegenen Seen geholt. In Gewächshäusern gediehen die prächtigsten Weintrauben, und im Sommer prangten vor dem Schloss die Zitronenbäumchen; im Winter wurden sie vor der so oft klirrenden Kälte in der «Orangerie» geschützt.

Nein, der kriegsübliche Mangel herrschte auf Friedrichstein kaum. Man darf eher annehmen, dass die Dönhoffs und ihr Personal der Verwandtschaft in den darbenden Städten mit nahrhaften Gaben durch die Hungerzeiten halfen. Es wäre nicht weiter erstaunlich, wenn der Graf oder die Gräfin einen frischerlegten Hasen und einige Pfund Butter bei ihren Reisen nach Berlin im Gepäck hatten. Natürlich erfüllten sie die «vaterländischen Pflichten». Auch sie gaben, wie zu vermuten ist, «Gold für Eisen», und sie zeichneten wohl auch Kriegsanleihen – nicht allzu viele, wie wir zu ihren Gunsten annehmen wollen, denn die Papiere waren hinterher nichts mehr wert und mancher Überpatriot über Nacht sein Vermögen los. Gewiss wurden warme Socken für die Soldaten gestrickt, wurde Kleidung gespendet, Metall gesammelt. In Löwenhagen blieben, wie zu hoffen ist, die Kirchenglocken hängen. Der Mutter Ria aber wurde die wohltätige Eingebung zuteil, im Gemeindehaus ein Heim für ein Dutzend Kriegsblinde einzurichten, für deren Versorgung Marions ältere Schwestern – die eine siebzehn, die andere achtzehn – die Verantwortung zu übernehmen hatten, wobei ihnen nur ein Putzmädchen zur Hand ging.

Der älteste Bruder Heini «eilte», wie man damals sagte, als Siebzehnjähriger noch «zu den Waffen», und er diente – es wurde erwähnt – nach der Demobilisierung bei einem «Freicorps» weiter, um das Baltikum vor dem «Bolschewismus» zu retten. Nach dem Tod des Vaters im September 1920 wurde Heinrich Botho Eugen Graf von Dönhoff, noch keine einundzwanzig Jahre alt (und damit, nach dem Gesetz jener Epoche, noch nicht einmal «volljährig»), der offizielle Herr auf Friedrichstein, doch das Regiment führte fürs Erste die Mutter – davon war die Rede –, beraten vom sächsischen Ex-Minister Freiherr von Falkenhausen.

Der Krieg wurde für die jüngeren Kinder wohl nur durch die Erzählungen der Urlauber und hernach der Heimkehrer zu einer halbwegs fassbaren Realität, die sie mitzuerleben vermochten. Es ist allerdings zu befürchten, dass – wie in den Soldatengeschichten üblich – die Elemente des Abenteuers und des Anekdotischen dominierten. Vom Grauen der «Stahlgewitter», vom Alltag in den Schützengräben, vom Dreck, vom Gestank, vom elenden Verrecken der «Gefallenen» (wie die Toten noch immer wirklichkeitsfremd und verklärend genannt werden), von den Schreien der Verwundeten, vom Gewimmer der Sterbenden war – um die Frauen und die Kinder nicht zu verstören – wohl so gut wie nie die Rede; auch nicht von der Erniedrigung der Feinde, von der Bedrücktheit der Gefangenen, von der Langeweile im Bereitschaftsdienst hinter den Fronten, wenn die Armeen zwischen den Schlachten erstarrten; nicht von der Einsamkeit der Männer, nicht von den Saufereien, nicht von den eiligen Visiten in den Militärpuffs; auch nicht von den Ressentiments und von den Hassgefühlen, die so oft zwischen den Kameraden schwelten – und mehr noch, das versteht sich, im

Verhältnis der geschundenen «Muschkoten» zu den Vorgesetzten, die als «Schinder» oder «Ordensjäger» gefürchtet waren und zugleich verachtet wurden: manche so sehr, dass sie «von hinten fielen», wie es im Landserjargon später hieß.

Der liebste Gast im Hause – vor und nach dem Krieg – war für die Kinder ohne Zweifel Otto von Hentig, der Diplomat «mit dem Cäsarenkopf», um den die Aura des Abenteurers schwebte, obwohl er von seinen Taten nicht zu viel dahermachte. Aber berichtete er den älteren Dönhoff-Kindern jemals ohne Beschönigung vom Alltag in den Kasernen, wie er ihn später in seinen Memoiren aus Kindheit und Jugend drastisch genug beschrieben hat? Von den deprimierenden Erfahrungen eines «Einjährig-Freiwilligen» (zu Deutsch: eines Reserveoffiziers-Anwärters) im ostpreußischen Kürassier-Regiment Nr. 3, angefangen bei den Kernsprüchen wie «Ein guter Hund, ein gutes Pferd ist mehr als hundert Weiber wert» oder, noch besser: «Mehr als Kürassier kann der Mensch nicht werden»? In Stall, Reitbahn oder auf dem Kasernenhof sei man «ein Nichts» gewesen, «nein, weniger als das – ein Rekrut», bemerkte der Autor, keineswegs schmunzelnd. Was Hentig mit genauem Blick vom «Trinkcomment» in den Kasinos erzählte (der ihm zuwider war), lässt mehr als eine Ahnung davon zu, dass der Militarismus (nicht nur) preußischer Prägung eine moralische Deformation, vielmehr: eine Beleidigung aller zivilisatorischen Standards war – Tiefpunkt der Entwürdigung das berüchtigte «Liebesmahl» zweimal im Monat, bei dem unter dem Geschmetter der Regimentsmusik bis zur Bewusstlosigkeit gesoffen werden musste, einzige Rettungsstation das Kotzbecken in der Toilette.

Das waren wohl kaum die Geschichten, mit denen Otto von Hentig die Neugier der Dönhoff-Kinder bei seinen regelmäßigen Besuchen in Friedrichstein weckte. Nach Marions Erinnerungen verbanden sich mit der Erscheinung des unkonventionellen Diplomaten eher solch magische Worte wie «Timbuktu» oder «Semipalatinsk». In der Tat hatte Otto von Hentig seine ungewöhnliche

Reputation als ein Abenteurer im Dienste Seiner Majestät durch jene geheimnisvolle Mission gewonnen, die ihn in den Kriegsjahren 1915/1916 über die persischen Wüsten ins «verschlossene Land» Afghanistan führte, zweifellos mit dem Auftrag versehen, die rebellischen Völker «hinten weit in der Türkei» zum Aufstand gegen die Briten anzustacheln. Weder den englischen noch den russischen Grenztruppen gelang es, den Sendboten auf seinen mühseligen Ritten (mit dem Pferd oder auf dem Kamel) durch die Grenzländer einzufangen. Die physischen Strapazen konnten ihn nicht bezwingen. Todesmutig und zäh zugleich durchquerte er die Wüste Gobi. In einem kleinen Ullstein-Buch erzählte er hernach von dem waghalsigen Unternehmen mit jener Nüchternheit, die Golo Mann «englisch» genannt hat.

Nicht ohne Stolz merkte der Sohn Hartmut später an, dass der Vater mehr Disziplinarverfahren auf sich gezogen habe als jemals ein deutscher Diplomat vor ihm und nach ihm. Aber auch eines nach der (angeblichen) Entführung seiner Kinder aus dem Schloss Bellentschin in Pommern, wo sie von der Mutter seiner ersten Frau Nita von Kügelgen versteckt worden seien, beide fast noch Babys, das jüngere ein Knäblein namens Hartmut, die Schwester Helga eineinhalb Jahre älter? Die alte Dame, schrieb eine Leserin an die «Zeit»-Chefin Marion Dönhoff, habe im Parterre den Kleinen gefüttert, als zwei Männer durchs Fenster geklettert seien, die Kinder an sich gerissen hätten, um blitzschnell mit den beiden zu verschwinden. Wenig später habe man die beiden mit dem Vater auf dem Schiff unterwegs nach Amerika gesehen, wo der Papa einen neuen Posten übernehmen sollte: das Generalkonsulat in San Francisco. Ein Berliner Scheidungsgericht habe die Kinder zwar der Frau zugesprochen, doch ihr anheimgestellt, sie in den Vereinigten Staaten abzuholen. Doch wie sollte sie das anstellen? Für die teure Reise hätten ihr die Mittel gefehlt. So wurde, falls sich alles so zutrug, der große Pädagoge Hartmut von Hentig, Marions vertrauter Freund, als Winzling das Opfer eines *kidnappings* aus Vaterstolz und

Liebe? Eine Mutter freilich gab es für Hartmut von Hentig nicht, wie er mit leiser Bitterkeit in seinen Memoiren bemerkt.

Die Gastfreundschaft in Schloss Friedrichstein, in dem Otto von Hentig, wenn er sich denn in Europa aufhielt, samt seinen Kindern aus erster und zweiter Ehe ein stets willkommener Hausgenosse war, auch für lange Sommerwochen: Sie hatte durch den Tod von Marions Vater kaum gelitten. Krieg und Inflation hatten freilich den Reichtum der Sippe gemindert. Es musste gespart, Personal entlassen, schließlich ein Teil des Besitzes verkauft werden, um flüssige Mittel zu beschaffen, die für die Erhaltung der Betriebe gebraucht wurden.

Erst als Bruder Heini und sein Nachfolger Dieter, der Zweitälteste, die Bewirtschaftung konsequent modernisiert und rationalisiert hatten, trugen sich die Agrarunternehmen selber. Nicola von Dönhoff hielt in ihrer Studie über «Friedrichstein 1920 bis 1945» fest, dass die Güter Borchersdorf und Ottenhagen an eine staatliche oder halbstaatliche Siedlungsgesellschaft veräußert wurden (der Erlös war bescheiden). Der Grundbesitz schrumpfte damit von 6250 Hektar um zwei Fünftel auf 3750 Hektar: noch immer ein stattlicher Besitz, doch nicht mehr ein Territorium, sozusagen ein Ländchen für sich. Als Marion später die schmucken Siedlungen, in denen sich auch einige Landarbeiter der Dönhoff'schen Güter ein kleines eigenes Anwesen schaffen konnten, als schönen Fortschritt rühmte, blickte die Mutter Ria, ganz eine Dame des neunzehnten Jahrhunderts, eher säuerlich drein.

Drei Monate nach dem Ende des Krieges wurden die Dönhoff-Töchter zum zweiten Mal evakuiert. Mutter Ria, die den Einfall deutscher Revolutionäre, vielleicht auch polnischer Expansionisten oder gar russischer Bolschewiken in Friedrichstein zu fürchten schien, wandte sich am 8. März 1919 in einem Brief mit ihrer großen, festen, markigen Handschrift an den «hochverehrten Herrn Generalleutnant» von Seeckt, damals Stabschef beim Oberkommando «Grenzschutz Nord», darum bittend, er möge doch Friedrichstein «unter seinen besonderen Schutz» nehmen. Sie bezog sich mit diesem Wunsch auf ein Schreiben des Generalfeldmarschalls von Hindenburg an den künftigen Kommandeur der Reichswehr, dem er «das liebe Friedrichstein» herzlich empfahl. Das Schloss, fügte die Gräfin hinzu, sei nur 21 Kilometer von Königsberg entfernt, und sie habe Warnungen erhalten, dass «plündernde Banden herauskommen würden».

Am 23. März bedankte sich die Gräfin für die Antwort des Generals, doch sie ersuchte ihn noch einmal dringend, in Friedrichstein eine «Maschinengewehr-Escadron der 3. Kürassiere» zu stationieren. Offensichtlich war die Dame über militärische Details recht genau informiert. Sie empfand es als besonders bedrohlich, dass sich «seit 5 Wochen ... eine Bäckerei- und Fleischereitruppe» auf dem Schlossgelände befänden, was sie gewiss als eine besondere Lockung für das räuberische Stadtpack betrachtete. Sie und ihr Mann – dem sein Augenleiden das Schreiben verwehrte – hofften sehr, dass die Fourageeinheiten an einen anderen Ort verlegt würden. Mit einem Zusatz wies sie den Generalleutnant darauf hin, die Plünderungen seien für den 25. und 26. März angekündigt. Also war Eile geboten. Wir wissen nicht, ob der Stabschef ihrer Bitte entsprechen konnte. Es finden sich in den Aufzeichnungen Marions oder den anderen (spärlichen) Zeugnissen aus Friedrichstein allerdings auch keine Nachrichten von Übergriffen oder gar von Überfällen.

Die Lage Ostpreußens freilich hat sich danach durch die Grenzen des Friedensvertrages von Versailles radikal verändert. Die Provinz wurde durch den sogenannten «polnischen Korridor» – das alte Westpreußen – vom Mutterland abgeschnitten. Danzig stand als «freie Stadt» unter der Aufsicht des Völkerbundes, der eine fragwürdige Vorstufe der Vereinten Nationen war, ohnmächtig und autoritätslos, da sich ihm die eigentliche Gründernation, nämlich die Vereinigten Staaten, eigensinnig fernhielt, gegen den erklärten Willen des Präsidenten Wilson, dessen Menschheitstraum sich mit dem Zusammenschluss der Staaten des Erdkreises erfüllen sollte. Indes verweigerte der konservative Senat dem kränkelnden Staatschef hartnäckig den Beitritt zu der Institution, die Woodrow Wilson im Namen Amerikas geschaffen hatte – wie der Kongress auch niemals den Vertrag von Versailles und die anderen «Vorortverträge» ratifizierte. Auch Russland gehörte dem Völkerbund nicht an. So fehlten zwei entscheidende Großmächte. Polen, das endlich wieder seine eigene Staatlichkeit gewonnen hatte, musste sich sein Territorium im Osten gegen die «Rote Armee» der Bolschewiken (unter dem Kommando Leo Trotzkis) erkämpfen. Umso wichtiger waren dem Marschall Piłsudski und seiner Regierung die Westgebiete, die ihm auf Kosten Deutschlands zugeschlagen wurden. Die neuen Grenzen schnitten hart ins Leben der alteingesessenen Bürger, gleichviel ob deutscher oder polnischer Herkunft, alle fast von Beginn an in fruchtlose, von Ressentiments und Vorurteilen diktierte «Volkstums»-Konflikte verbissen.

Wer immer von Ostpreußen ins «Reich» reisen wollte (und umgekehrt), musste nun – wenn man nicht den langen Seeweg wählte – den «Korridor» mit den lästigen und oft auch schikanösen Grenzkontrollen passieren. Marion beschrieb die Behinderungen in ihren Kindheitserinnerungen mit knappen Sätzen: dass die Vorhänge der Fenster geschlossen werden mussten, dass Reisende aus den Zügen geholt wurden, weil angeblich ihre Pässe nicht korrekt waren oder weil vermutet wurde, sie besäßen polnisches Geld (was offensichtlich verboten war). Es ist heilsam, auf diese Absurditäten nationalistischer Fanatisierung hinzuweisen, um deutlich zu machen, welchen Segen die Vereinigung Europas nach dem Zweiten Weltkrieg, zumal nach der Auflösung des sowjetischen Imperiums, unseren Völkern beschert hat.

Marion Dönhoff hielt sich in ihrem Kindheitsbuch nicht allzu lange bei den Verkrampfungen jener beschwerten Epoche auf. Vielleicht wollte sie bei der Niederschrift kein Salz in die – damals noch kaum verheilten – Wunden streuen, nicht in die deutschen, nicht in die polnischen. Vielleicht nahm sie damals die Behinderungen auch gelassener hin als die Erwachsenen. Immerhin verglich sie den Korridor mit der Berliner Mauer, und sie erinnerte in ihrem Brief an einen jungen Diplomaten im Jahr 1995 daran, dass man an den Grenzübergängen lange Stunden zu warten hatte, dass barsch kontrolliert worden sei und oft Leibesvisitationen befohlen wurden. Das habe die Leute gegen die Polen aufgebracht. Doch als Kind fuhr sie wohl nicht zu oft nach Berlin, anders als die älteren Geschwister, neben dem Bruder Heini vor allem auch die schöne Yvonne (obschon sie seit 1919 verheiratet und bald auch Mutter war): Sie wollten, sie konnten auf die Weltstadt mit ihren tausend Attraktionen, die Bars, die Boheme, die Theater, die Kunstszene, die schrägen Feste, kurz: die Mondänität der *roaring twenties*, keinesfalls verzichten, obwohl die Formel von den «goldenen zwanziger Jahren» nur für eine kleine Schicht der Privilegierten galt – nicht für den Mittelstand, der langsam zu verelenden schien, nicht für das Proletariat, das bald genug – dem Geschick der Massenarbeitslosigkeit preisgegeben – von schierer Not heimgesucht war.

Die älteren Dönhoff-Kinder nahmen von dieser Realität wohl nicht allzu viel wahr, und sie drang ganz gewiss nicht ins Idyll von Friedrichstein vor, wo das Mädchen Marion von den oft wechselnden Hauslehrerinnen – sie meinte in dem Erinnerungsgespräch mit dem Neffen Christian Graf Hatzfeldt, es seien zehn, im Kindheitsbuch, es sei ein Dutzend gewesen – wohl kaum das vermittelt wurde, was man eine solide Bildungsgrundlage nennen könnte, vom Ersatzpersonal nicht zu reden. Das eigenwillige und zuweilen wilde Geschöpf, das sich nichts aus Puppenspielen machte, sondern lieber mit ihrer Dorfbande durch die Heuschober tollte, querfeldein galoppierte oder zur Saison in grauer Morgenfrühe auf dem Hochsitz auf einen Rehbock wartete, vielleicht auch nur das Waldidyll genoss: Es schien kaum zu bemerken, was es versäumte.

Der Oberkutscher Grenda blieb der Hauptalliierte der Kinder, und die Zofe, später die Hausdame der Mama, das strenge Fräulein Quedenau, die stereotype Hauptfeindin, der Marion in ihren Erinnerungen nachsagte, sie habe «gepetzt». Das brachte ihr an die siebzig Jahre später einen bösen Brief ein: Eine Nichte der Gescholtenen, die in ihrer Jugend Marion noch flüchtig begegnet war, zitierte aus dem Etymologischen Wörterbuch von Friedrich Kluge, um Marion zu beweisen, dass sie die selige Frau Tante (die «Quedchen» oder schlichtweg «Quecke» genannt wurde) als «Verräterin» diffamiert hatte. «Das will 'ne Comtesse sein», rief die Schreiberin höhnisch wie einst Kutscher Grenda, dem sie obendrein nicht verzieh, dass er eine Geschwulst am Munde des Fräuleins Quedenau mit der boshaften Bemerkung kommentiert hatte, dass «jeder dort jestraft» werde, «wo er jesündigt» habe. Um der Comtesse ein so richtig schlechtes Gewissen in den Kopf zu walken, bemerkte die verärgerte (und offensichtlich eher humorlose) Dame, die bettlägerige Tante sei mit der Diakonisse des Ortes als Letzte vor dem Einmarsch der Russen fortgeschleppt worden, doch es sei ihr «wie Tausenden anderen Menschen ein Schicksal» widerfahren, «von dem kein Grab kündet». «Mehr habe ich nicht zu sagen, Gräfin Dönhoff! Steigen Sie von Ihrem Pferd; Sie befinden sich im neunten Jahrzehnt Ihres Lebens und sind angewiesen auf die himmlische Gnade und Vergebung – wie wir alle!» – Ja, was sollte man darauf antworten? Es seien schließlich die Betrachtungen eines Kindes, die sie wiedergegeben habe, schrieb Marion Dönhoff ein wenig rat- und hilflos. Sie hätte die komische Bemerkung Grendas auch zitiert, wenn sie einem ihrer Brüder gegolten hätte.

Das wilde Comtesschen, das den Brüdern bei Appellen an Mut niemals nachstehen wollte ... Nein, sie hockte selten brav an den Hausaufgaben, wenn es denn welche gab. Die Mutter Ria kümmerte die pädagogische Nachlässigkeit zunächst wenig: Vermutlich hatte sie eher eine gewisse Kontinuität der gesellschaftlichen Prominenz im Auge, zumal sie mit Cecilie, der Frau des Kronprinzen, eine enge Freundschaft verband. Die hohe Dame, die ihrem nicht allzu intelligenten Gemahl (der vor allem der Schürzenjagd lebte) aus Furcht vor der schieren Langeweile nicht ins holländische Exil gefolgt war, hielt sich oft zu Besuch in Friedrichstein auf, wohin sie später auch eine ihrer Töchter zum Erlernen der Kunst des Kochens und des Haushaltens schickte. Die Mama Ria, von Marion als streng und kühl (doch musikalisch und sangesbegabt) geschildert, war vermutlich davon überzeugt, dass die rudimentäre Bildung, die das Comtesschen zu Hause empfing, völlig genüge, wenn sie sich – wie zu hoffen war – zu gegebener Zeit standesgemäß verheiraten würde.

Die innere und äußere Situation Marions aber erfuhr durch ein dramatisches Ereignis eine radikale Veränderung. Ihre engsten Freunde, Heini und Sissi Lehndorff, die mit ihr zusammen unterrichtet wurden, waren von den Eltern ins Internat geschickt worden. Als neue Kameradin holte die Mama die Cousine Huberta Kanitz nach Friedrichstein. Marions ältester Bruder lud die Mädchen – beide um die fünfzehn – zu einem Ausflug an die Ostsee ein, den er mit einer Gruppe von Freunden unternahm. Er saß am Steuer des ersten Autos. Marion, die Cousine, ein kleiner Sohn des Grafen Coudenhove aus Wien (der Vater war ein Vorkämpfer der europäischen Einheit) und zwei junge Schweizer fanden in einem zweiten Wagen Platz, der von einem ortsunkundigen Chauffeur gelenkt wurde. Auf der Rückfahrt in der Nacht verfehlte der Fahrer in Königsberg eine Kurve; das Auto, ein geschlossenes amerikanisches Cabrio, stürzte in die Pregel. Offensichtlich sank das schwere Gefährt sofort wie ein Stein bis zum Grund des Flusses, etwa zehn Meter tief. Marion konnte sich nicht befreien. In ihrer Panik schluckte sie Wasser, und es war ihr, wenn die Erinnerungen nicht trogen, durchaus bewusst, dass sie nun sterbe, ja, sie sah im Gartensaal des Schlosses die Särge der fünf Kinder feierlich nebeneinander aufgebahrt. Dann, in äußerster Verzweiflung, zwängte sie sich durch einen Spalt zwischen Karosserie und Verdeck. Sie wurde, seltsam genug, nach oben gerissen, tauchte auf und hörte den Bruder ihren Namen rufen. «Ohne diesen Anruf», berichtete sie, wäre sie «sofort wieder untergegangen, denn alle Kraft war verbraucht, nur Schwindel beherrschte mich.» Es gelang ihr, bis zur Kaimauer zu paddeln und sich an einem Mantel festzukrallen, der herabgelassen worden war. Mit ihren letzten Energien klammerte sie sich an den Stoff, der von drei Männern nach oben gezogen wurde. «Ich war die letzte, die lebend herauskam», schrieb sie hernach, «nach etwa fünf Minuten, wie mein Bruder meinte. Die beiden schwächsten, Huberta Kanitz und der zwölfjährige Franz Coudenhove, wurden erst Stunden später geborgen.» Der Fahrer und die Schweizer Kinder hatten sich retten können. Anderntags standen zwei Särge im Gartensaal.

Marion betrachtete den Schock als das Ende ihrer Kindheit. Sie hatte zwar ein wenig Schwimmen gelernt, vermutlich in dem kleinen See von Friedrichstein, mit Hilfe von Binsen oder Schweinsblasen, die den Dorfkindern zur Sicherung dienten. Doch nach jener Katastrophe scheute sie das Wasser. Auch in den regelmäßigen Urlaubswochen auf Ischia, der schönen Nachbarinsel von Capri, auf der die Schwestern nach dem Zweiten Weltkrieg ein bescheidenes Ferienhaus erwarben, badete sie kaum je im Meer.

Um sie von dem Ort des Unglücks fernzuhalten, wurde sie von der Mama in ein Berliner Pensionat geschickt. Aber das war keine heilende Ablenkung, sondern ein zweiter Schock – zum ersten Mal befand sich das Mädchen allein in der Fremde. Überdies begann die reguläre Schulzeit mit einem Fiasko. Sie war von der Mutter in einer Klasse angemeldet worden, die wohl ihrem Alter, keineswegs jedoch ihrem Wissensstand entsprach. Bei der Aufnahmeprüfung platzierte sie auf den eineinhalb Seiten des französischen Diktats dreiunddreißig Fehler, im Geschichtsaufsatz verwechselte sie Friedrich den Großen mit dem Großen Kurfürsten, vier von den fünf Mathematik-Aufgaben begriff sie nicht, die fünfte verpatzte sie. Dennoch wurde sie – auf Probe – in die Klasse aufgenommen, vermutlich weil man ihr Versagen den Nachwirkungen des Unfalls zuschrieb. Indes, ihr Ehrgeiz war geweckt. Sie büffelte wie besessen, ließ sich von Nachhilfelehrern auf die Sprünge helfen – und es gelang ihr, sich zum Standard der Klasse hochzuarbeiten. Aber sie hasste das Pensionat in der Wilmersdorfer Martin-Luther-Straße Nr. 96, in dem sie untergebracht war: Alles war reglementiert und nichts erlaubt, was das Mädchen nach der Friedrichsteiner Freiheit bitter ankam. Sie fand es besonders lächerlich, dass die jungen Damen Tag für Tag in einer langen Zweierkolonne zur Schule marschieren mussten, gewiss zum Amüsement der Passanten.

Marion rebellierte, und sie stachelte die Leidensgenossinnen zur Aufsässigkeit an. Indes, die Pensionsvorsteherin tat das Klügste, das sie tun konnte: Sie ernannte die kleine Gräfin zur «Schul-Ältesten» und bürdete ihr damit die Verantwortung für Zucht und Ordnung auf. Immerhin sammelte sie dank einer Nichte der Oberin, Ursula Kanold hieß sie (der Bruder war Abgeordneter im Reichstag), ihre ersten politischen Erfahrungen: Im Frühjahr 1925 verteilte sie Flugblätter, die zur Wahl des Feldmarschalls von Hindenburg für das Amt des Reichspräsidenten warben, vor dem sie als Kind ihren Knicks gemacht hatte. Diese Aktion dürfte sie später bedauert haben. Indes hatte Ursula Kanold – die erste «intellektuelle Frau», der sie begegnete – das große Verdienst, sie zum Lesen anzuregen: «eine echte Inspiration und ein wahrer Trost in dieser ‹Zuchtanstalt›», schrieb sie später. Das war eine wichtige Zäsur. Künstler hatten sich, dank des musischen Interesses der Eltern, in Friedrichstein immer wieder eingefunden – Musiker wie Edwin Fischer, auch Kunstexperten; Literaten und Intellektuelle so gut wie nie (Otto von Hentig ausgenommen). Hier begann sich eine neue Welt zu öffnen.

Dennoch, am Ende des zweiten Schuljahres kehrte Marion dem verhassten Pensionat und damit Berlin den Rücken. Sie meinte sich bei der Niederschrift ihres Kindheitsbuches zu erinnern, dass sie sofort in Potsdam bei einer befreundeten Familie Zuflucht gesucht habe. Doch sie führte damals ein Tagebuch, von dem einundzwanzig Seiten erhalten sind. Wie diese, zusammen mit einigen späteren Aufzeichnungen, aus Ostpreußen nach Westen gelangten: Wir wissen es nicht. Alles in allem blieben die persönlichen und privaten Beobachtungen, die sie in unscheinbare Hefte schrieb, eher spärlich (von Reiseimpressionen abgesehen).

Aus den Notizen vom Herbst 1926 ergibt sich, dass sie zunächst in Königsberg aufs Realgymnasium ging. Sie bestand in der Tat darauf, gegen den Protest der Mutter, dass sie das Abitur machen wollte: Nach Meinung der Herrin des Hauses sollte eine junge Dame von Stand kochen lernen und heiraten, basta. Doch auf dem Gymnasium fand Marion, nach dem Zeugnis ihres Tagebuches, es gehe «grässlich langsam» voran, und manchmal fochten sie Zweifel an, ob das Streben nach einem Schulabschluss, der sie zum Studium berechtigen würde, eine kluge Entscheidung war. Dann nahm sie sich bei den Ohren und schrieb voller Trotz: «Aber nachdem ich auf so viel Opposition mit dieser Idee stieß würde ich sie nun auch selbst wenn es 5 Jahre dauerte durchführen.»

Ihr Stil war, wie sich nicht übersehen lässt, noch eher ungelenk und die Grammatik nicht allzu solide. Mit der Interpunktion verfuhr sie unbekümmert – und daran sollte sich, sosehr ihre Sprache an Reichtum und Formulierungskunst gewann, zeit ihrer Tage nichts ändern. Bemerkenswert auch, dass ihre Handschrift – sie war damals sechzehn Jahre alt – schon völlig ausgeprägt war, ein wenig leserlicher als hernach, in den Grundzügen freilich nicht anders als dreißig oder fünfzig oder siebzig Jahre später.

In jener Phase schien sie, wie es naheliegt (und wie die Tagebuchseiten beweisen), vor allem der Generationenkonflikt zu bewegen. «Es liegt eine ungeheure Tragik darin», notierte sie im August 1926 nicht ohne Pathos, «dass Eltern, das was ihnen das Liebste ist, ihre Kinder, doch nie, oder jedenfalls selten, wirklich besitzen. Meist liegt es an ihnen und daran, dass sie immer glauben, sie kennten ihre Kinder, und diese wollen sie nicht vom Gegenteil überzeugen, wollen sie nicht erschüttern und schweigen darum.» Es gebe Dinge, fügte sie hinzu, die sie eher mit einem Freunde besprechen würde als mit einem der nächsten Verwandten. Anfang September 1926 beklagte sie sich über die «phantasielosen Leute». Sie finde es dumm, «wenn Menschen sagten, sie gingen da und dort nicht hin, weil sich dort nur Ladenmädchen und Friseurjungens aufhielten». Das finde sie spießig. «Warum, auch diese Welt ist interessant und hat so viel Menschliches.»

In dieser Bemerkung verbirgt sich ein schönes Bekenntnis zur Neugier und wohl auch der Wille, die Grenzen ihrer Klasse zu durchbrechen – freilich auch ein ihr nicht bewusster Blick von oben herab: Siehe da, die kleinen Leute sind auch Menschen ... Dennoch, sie stellt in ihrem nächsten Eintrag die «Gewohnheit und die Konvention» in Frage. Man bringe nicht den Mut auf, «mal mit der Faust auf den Tisch zu schlagen», denn es könnte doch auch unbequeme Folgen haben. «Am Morgen vor meiner Einsegnung» (als Konfirmandin, das Zeremoniell fand nicht in der Kirche, sondern im Gartensaal des Schlosses statt, und es wurde durch den prominenten Hofprediger Doehring vollzogen) «habe ich gedacht, ich würde den Mut haben, einen Strich durch all diese Dinge zu machen (und) zu sagen, dass ich frei leben und an meinen Gott glauben will, nicht diese Formalitäten unterschreiben, von denen ich doch nichts halte. Aber ich war zu schlapp.» Keine ganz untypische Pubertätsrebellion, die sich unbefangen des Jargons der Zeit und ihres Milieus bedient. Danach zitiert sie ein Gedicht, das sie tief beeindruckt haben muss:

> «Ihr sagtet, unser Gott ist außer Raum und Zeit,
> und wollt ihn doch in dumpfe Tempel pressen
> und seiner Allmacht ewige Unendlichkeit
> mit eurer dürftigen Verstandesmacht ermessen.
> Hat euer Geist, von jedem Wunsch und Zweck befreit
> im Grenzenlosen ganz sich selbst vergessen,
> ich sage euch, dass ihr dem Schöpfer näher seid.»

Das Wesentliche, fügt sie mit der wolkigen Empfindung einer Sechzehnjährigen hinzu, sei «doch der Glaube an Gott, an die Idee, Religion als solche ist doch nur die Erscheinungsform. Es ist eine unerhörte Beschränkung des Göttlichen, es in enge Formen pressen zu wollen und von einer allein seligmachenden Religion zu sprechen ... Darum ist die Mission auch etwas so Unverantwortliches – man reißt einen Menschen aus seiner natürlichen Denkweise, seinem angestammten Glauben, ohne ihn durch das Neue auch nur einen Schritt näher zu Gott zu bringen.» Er sei nur entwurzelt und ein wahrscheinlich unglücklicher Mensch.

In der Notiz vom nächsten Tag wird deutlicher, woher der Wind des Protestes weht. «Ich finde auch, dass das Christentum eine ganz unnördliche Religion ist» – das einschlägige Adjektiv «nordisch» ist ihr offensichtlich nicht geläufig –, «man denke nur an die Zeit der Christianisierung der Germanen. Im Heiland hatte man Christus als einen Herzog mit einem kriegerischen Gefolge darstellen müssen, um diese Erscheinung der nördlichen Mentalität zu akklimatisieren.» Sie hängt einige Wochen später der Erinnerung an die Herbstnächte zu Hause nach, wenn die Wildgänse in «regelmäßigem Dreieck und mit ihrem eintönigen seltsamen Schrei» über den Himmel ziehen und wenn danach «der Sturm durch die alten Bäume braust». Sie hört am frühen Morgen die schweren Schritte der Holzträger auf den Treppen ... Heimweh. Seufzend setzt sie hinzu: «Jetzt werde ich bald 17 Jahre, ich finde das eigentlich ziemlich viel.» Sie schrieb diese Zeilen, als sie in Königsberg die Schulbank drückte – nur knapp zwei Dutzend Kilometer von Friedrichstein entfernt.

In einer poetischen Skizze Marions aus jenen Tagen klagt ein Jüngling im Dialog mit einem älteren Partner seine ungeduldige Sehnsucht nach Freiheit und nach einem sinngebenden Auftrag ein: «Ich habe zu Gott gefleht: Herr gib mir Taten, lass mich wachsen an deiner Größe! Aber der grausame Gott verhüllte sein Antlitz und es war finster um mich.» Die Einwürfe des Älteren streifen gelegentlich die Grenze der unfreiwilligen Komik. «Das All», raunt er, «gleicht einem blasenden Balg, leer und unerschöpflich ... Es ist das wie eine Vorbereitung auf das Große, das da kommen, das Schöpferische, das dann frei sein wird.» Der Jüngling: «Aber wann kommt es denn? Ihr habt uns immer vertröstet, uns immer hingehalten. Wo ist denn das wirkliche Leben? Wo gibt es die Menschen, die mit uns empfinden, die mit uns kämpfen und siegen wollen?» Und später braust er auf: «Und ihr seid schuld, dass wir so geworden sind, ihr und euer Jahrzehnt und euer Krieg, den ihr geführt habt ... In eurer verstaubten Konvention und spießbürgerlichen Moral sind wir aufgewachsen, ihr habt uns zu Mitgliedern jener pharisäerhaften Gesellschaft gemacht, durch die Menschen kleinlich geschäftig werden, die uns die Freiheit rauben will, um uns zu Sklaven der öffentlichen Meinung zu machen ... Ihr habt uns nie gesagt, wie das Leben wirklich ist ... Ihr habt uns nie gesprochen von all dem Elend unter den Menschen, habt uns nie gesagt, dass es arme Unglückliche zu Tausenden gibt, die ein Leben führen elender als ein Hund ..., dass in jenen dumpfen schmutzigen Kellerwohnungen, von denen wir uns keine Vorstellung machen konnten, arme kranke Menschen liegen, die vor Hunger und Kälte langsam zu Grunde gehen ... Wie ist es möglich, dass ihr solches Elend geduldet habt?»

Nein, der Ältere kann den Empörten mit seinen Allerweltsweisheiten nicht trösten. So zieht er sich langsam ins Dunkel zurück. Ein Wetter kommt auf, ein Sturm rauscht durch die Bäume, der Jüngling bleibt allein: «Ich kann nicht mehr an Gott und seine Allmacht glauben», spricht er zu sich selbst, «ich seh die Welt im eisigen Winterschlaf ... Ich habe den Glauben an mich selbst verloren, bin wie ein Schiff auf uferlosem Meer ... Kein Licht erstrahlt aus fernen Höhen, nur Lüge seh ich, nichts als Lüge – denn Gott werd ich doch niemals finden, den Gott des Seins, den Gott der Welt, mein eigenes Ich, mein ganzes Streben ... den Grund des Lebens und den Grund des Ichs wird es niemals, niemals ganz erfassen.»

Mit diesem pathetisch-expressiven Aufschrei enden die Aufzeichnungen: das Zeugnis einer leidenden, poetisch bewegten Seele, die vom Gefühlsüberschwang des bündischen Zeitgeists berührt zu sein schien – obschon Marion wohl niemals einem der jugendbewegten

Kreise zugehört hatte –, wohl mehr noch von der Nietzsche-Lektüre, von der sozialen Anklage, der sie im Berliner Theater oder in Büchern begegnet sein mag. So viel ist gewiss: Hier regte sich zum ersten Mal ein Talent, das zum Ausdruck drängt und ungeduldig erwartet, dass sich ihm die Welt und das Leben öffnen. Die Hofdame Ria, ihre strenge Mutter, hätte jene dichterischen Aufschwünge der Tochter, wären sie ihr vor Augen gekommen, mit blankem Entsetzen gelesen. Es hätte sie nicht milder gestimmt, dass Marion ihre Weltklage nicht als junge Frau ausgedrückt hat, sondern mit merkwürdiger Selbstverständlichkeit einem Jüngling zuschrieb.

Sosehr sie die Heimat, ihre Wälder, ihre Seen, die Jagd und vor allem ihre Pferde liebte: Königsberg war zu nahe an Friedrichstein. Vermutlich war sie an jedem Wochenende zu Hause und womöglich gezwungen, am Sonntag brav in der Kirche zu sitzen. Es ist nicht erstaunlich, dass die unruhige junge Seele fortstrebte. Wie immer sie es angestellt haben mag: Sie gewann das Einverständnis der Mutter, leichter wohl das des Bruders Heini, der nun ein Wort mitzureden hatte, für eine Übersiedlung nach Potsdam, das ein Hort konservativer Gesinnung und Gesittung war (anders als das angeblich so verderbte Berlin, wo sich Heini und Yvonne amüsierten). Eine befreundete Familie bot Unterkunft und Zuflucht. Die ehrgeizige junge Dame kam freilich nur in einer Jungenschule unter, um sich auf das Abitur vorzubereiten. Sie selber hielt sich gewiss nicht daran auf, dass sie das einzige Mädchen in der Klasse war. Auf eine mehrheitlich maskuline Welt hatten sie die Brüder in Friedrichstein vorbereitet. Sie fühlte sich – nicht anders als hernach in der Redaktion der «Zeit» – «as one of the boys», wie es ihre Freundin Christa Armstrong (geborene Tippelskirch) ausgedrückt hat. Rasch wurde sie als gleichberechtigt, ja als eine Art «Kumpel» akzeptiert, zumal sie eine Oberrealschule gewählt hatte, in der Naturwissenschaften und neue Sprachen mehr zählten als in einem humanistischen Gymnasium, in dem sie sich mit Griechisch und den Vorbereitungen zum Großen Latinum hätte schinden müssen, von bleichen, bebrillten, heimlich dichtenden und meist melancholisch-hochmütigen Jünglingen umlagert. In den Pausen schien sie mit einigen der (offensichtlich nicht völlig amusischen) Realschüler gern «eins zu singen», wie es einer der Klassenkameraden ausdrückte, aus dessen Brief sich überdies ergibt, dass sich Marion und ihre Freunde mit den Versen von Stefan George beschäftigten, von dem der Korrespondenzpartner schrieb, es gehe ihm mit dem Dichter wie ihr: Er fände zu ihm keine «innere Beziehung» – kein unwichtiger Hinweis, denn in den kommenden Jahren würde Marion von Mitgliedern des Georgekreises geradezu umringt sein. Der Freund bekannte, dass ihm Rilke näher sei, und er fragte schließlich, ob sie Remarques «Im Westen nichts Neues» gelesen habe.

Ein zufällig erhaltener Ausschnitt aus einer Potsdamer Zeitung bezeugt, dass Marion in der «Rudloff-Akademie» die Fechtkunst lernte. Das Foto zeigt sie (freilich nur von hinten) beim Florett-Duell mit einer der Rudloff-Damen: alle in Rokoko-Kostümen, die kleine Gräfin in Kniehosen (samt weißen Strümpfen), das reichbestickte Jackett aus schimmernder Seide, vor der Brust ein Spitzenjabot, die Haare weiß gepudert und in einem Mozartzopf locker zusammengebunden: die weitaus eleganteste Erscheinung unter den Abgebildeten.

Sie war, kein Zweifel, eine anziehende junge Frau. Einige Monate vor dem Potsdamer Schulabschluss schrieb ihr Kurt von Plettenberg – ein Verwandter des Mannes ihrer so früh gestorbenen ältesten Schwester – einen überaus noblen Entsagungsbrief, aus dem sich herauslesen lässt, dass ihm Marion nicht lange zuvor deutlich gemacht hat, warum sie sich auf seine (zögernden) Erwägungen einer Heirat nicht einlassen wollte: Vielleicht, sagte der scheue Mann, liege «in dem Gefühl, welches Sie jetzt treibt, sich für die nächsten Jahre die völlige Freiheit zu wahren, viel von Ihrem Besten». Er war, wie sich aus seinen Worten ergibt, sehr viel älter als «Mariönchen», die er seit fünf Jahren verehrte (sie war damals vierzehn) – so sehr, «verzeihen Sie die Trivialität, aber es ist keine Einbildung», dass ihm «das Herzchen hüpfte», wenn sie ins Zimmer kam. Er war Oberforstmeister der Dönhoff-Güter (und brachte es später zum Generalforstmeister in Berlin): wohl der Partner heimlicher Nachttritte und Jagdausflüge, für die Marion geweckt wurde, wenn der Nachtwächter an der Schnur zog, die sie um den Arm gebunden hatte und durchs offene Fenster bis zur Erde herabhängen ließ. Doch riss ihr der Kerl fast das Fleisch auf, da sie die Schnur durch eine Strebe ihres Messingbettes geführt hatte und nun der Arm am Gitter festgezurrt wurde ... Sitte und Anstand sind bei jenen Exkursen kaum bedroht worden – dies beweist der spröde Stil von Plettenbergs Brief (und nicht nur das «Sie» der Anrede). Ein rührender Brief, der nur sacht den Schmerz anzeigt, den der Verzicht für einen Mann «in meinem Alter» bedeutet, doch vor allem eine achtungsvolle Liebe für das junge Mädchen bezeugt. Nein, schrieb er ihr, nicht so sehr er habe «Ihre Entwicklung beeinflusst ... ich alter Esel, verzeihen Sie, möchte das umkehren: ich habe wohl sehr viel mehr durch Sie Freude und Schönheit im Leben erfahren als umgekehrt». Ihr Angebot, einander in Freundschaft zugetan zu bleiben, nahm er dankbar an.

Von Potsdam hinüber nach Berlin war's ein Sprung, schon damals. Das königliche Residenz- und Garnisonsstädtchen wurde ihr, so hübsch es war, sehr rasch zu eng: Jeder kannte jeden, wie sie später klagte, man trug Tratsch und Klatsch von Haus zu Haus, zumal in den «besseren Ständen». In der Hauptstadt aber konnte sich auch eine junge Dame, der man die aristokratische Herkunft ansah, halbwegs frei bewegen, und es ist anzunehmen, dass Marion die Gelegenheit nutzte, Heini, den vergötterten ältesten Bruder – und nun Chef der Familie –, so oft wie möglich zu sehen, da er, wie sie später meinte, in jenen Jahren mehr in Berlin als in Friedrichstein gelebt habe. Mittelpunkt seiner Aufmerksamkeit war die begabte und attraktive Schauspielerin Else Eckersberg, die zum Ensemble des Deutschen Theaters von Max Reinhardt gehörte, dem großen Regisseur (der die Salzburger Festspiele gegründet hatte). Übrigens schrieb sie auch selber Komödien, die mit einigem Erfolg aufgeführt wurden, und in den fünfziger Jahren ein Buch, das vor allem ihre Kollegin und Freundin Elsa Wagner aufs lebhafteste schildert, natürlich auch voller Zuneigung für den Meister Reinhardt selber (der sich dem Zugriff der Nazis durch die Emigration nach Amerika entzog, freilich in New York und in Hollywood nicht mehr die Erfolge ernten konnte, die er sich in Wien und Berlin mit einer frappanten Mischung von Genie und Fleiß erarbeitet hatte). Neben Reinhardt, dem das Buch gewidmet ist, porträtierte sie die prominenten Kollegen Hubert von Meyerinck, Paul Wegener, Otto Gebühr (ehe er nur noch Friedrich den Großen mimte), Emil Jannings und Gustaf Gründgens – manchmal ein wenig zu neckisch und zu anekdotensüchtig. Im Jahre 1927 brachte sie einen Sohn zur Welt, der es vorzog, ein brillanter Diplomat im Dienst der Bundesrepublik Deutschland zu werden, obschon ihm sein Talent auch eine Karriere als Schauspieler oder Theaterautor erlaubt hätte. Belustigt schilderte Else Eckersberg eine Gesellschaft in ihrem Haus, bei der es dem frechen Söhnchen gelang, den General von Seeckt – mit dem stets makellos sitzenden Monokel die Personifizierung des aristokratischen Offiziers – als Spielgenossen zu gewinnen, dem schließlich, dank fröhlichen Lachens, das feierliche Einglas aus dem Gesicht fiel. Die Mutter heiratete in zweiter Ehe Paul von Yorck, den älteren Bruder des Widerstandsmärtyrers Peter von Yorck; mit beiden verband Marion Dönhoff eine enge Freundschaft, mit Paul (von aller Welt «Bia» genannt) zuzeiten eine innige Beziehung.

Der Bruder Heinrich hatte in jenen Jahren das Studium längst hinter sich gebracht: partiell in Bonn, wie es die Tradition befahl, vom November 1919 bis zum Juli 1921, Mitglied des Corps Borussia wie schon der Vater und dessen Zwillingsbruder. Das gehörte sich nicht anders in Preußens besseren Kreisen. Zu den Mitgliedern dieser exklusivsten aller «schlagenden Verbindungen» zählten die

Bismarcks und die Dohnas, die Finckensteins und die Hohenlohes, die Lehndorffs und die Herzöge von Mecklenburg, ja die Preußenprinzen, der Kronprinz und SM Kaiser Wilhelm II. in Person. Nach Auskunft des Registers von 1928 fanden sich unter den 1039 Corpsbrüdern nur 113 Bürgerliche, ja man entdeckt zwei oder drei Namen, die auf eine jüdische Herkunft hindeuten (doch waren die Träger vermutlich getauft). Bruder Dietrich, der von 1922 bis 1925 in Bonn Jura studierte (und in Rekordgeschwindigkeit seine Promotion absolvierte), hatte einige Schmisse vorzuweisen, die demonstrierten, dass er harte «Mensuren» mit Bravour zu bestehen wusste. Gerd von Below, ein Corpsbruder von Christoph Dönhoff (in den Jahren 1924/25 «aktiv»), hinterließ die prächtigsten Erinnerungen vom «Paukboden», auf dem unter einer «meist vom Schweiß stinkenden Fechtmaske» die Hiebe und Deckungsmanöver gedrillt wurden. «Tiefquart» hieß der «Durchzieher auf der Backe», der die so männlich-deutschen Narben ins Gesicht zeichnete.

Das alte Wasserwerk am Rhein, in dem sich hernach für geraume Zeit der Bundestag versammelte, trug bei den Borussen den Namen «Bierkirche». Bei den «Kneipen» wurden die jungen «Füchse» von den «Chargierten» nach festen Befehls- und Gehorsamsregeln abgefüllt. Im Normalfall hatten sie «zehn Ganze» zu kippen, und wenn es hieß «Füchse stärken sich!», musste unweigerlich das Glas angesetzt werden. Erhebend die Fragestunde für die «Füchse»: «Was ist der Erste?» Chor der Füchse: «Der Erste soll sein ein feiner Hund,/der auch zur Not mit Damen umzugehen verstund.» – «Füchse, was ist der Zweite?» – «Der Zweite soll sein ein rauher Rülps,/so seinen Sabul an jedem Eckstein wetzet.» – «Füchse, was ist der Dritte?» – «Der Dritte soll sein ein rechter Tintenfisch,/womöglich jüdischer Eltern Kind.» – «Füchse, was ist ein Fuchs?» – «Ein Fuchs ist ein Stück rohes Fleisch,/ohne jeden Sinn und Verstand.» So bildete sich die deutsche Elite heran. Der Normalrausch, «bei dem man das Gefühl hat, sich um die Längsachse zu drehen», hieß das «kleine Rad»; beim «großen Rad» glaubte man, «sich um die Querachse zu drehen, was besonders schlimm war». Am 29. November 1924, erfahren wir aus den Aufzeichnungen Gerd von Belows, focht Toffy (oder Tofi) seine dritte «Rezeptionsmensur», die gottlob keine Spuren in die Züge des hübschen jungen Mannes zeichnete (der schon damals – wie sein ganzes Leben lang – ein Favorit der Damen war). Auch die Ehrenposition des «Fuchsmajors» wurde Marions jüngstem Bruder wenigstens zweimal zuteil.

Erlesene Gäste bei den Pflichtgelagen, die nicht weniger idiotisch und barbarisch waren als die Kasino-Saufereien der Offiziere, wurden zu «Bierzipfelburschen» ernannt – eine Auszeichnung, die mit gleichem Stolz vorgeführt wurde wie vor 1914 das Reserveoffiziers-Patent. Marion blieb es nicht völlig erspart, die Veranstaltungen «mit Damen» durch ihre Präsenz zu schmücken. Die Verbindungsfeste hatten, wie man wohl weiß, vor allem die Funktion eines Heiratsmarktes. Daran war Marion nicht interessiert – und überdies noch zu jung, als die Brüder «aktiv» waren. Nirgendwo hielt sie fest, dass sie jemals an einem «geselligen Zusammensein» der «Alten Herren» teilnehmen musste. Das war nicht ihre Welt.

Die Potsdamer Abiturienten führten wohl selten allzu passionierte Debatten über die Politik, die Parteien, den Reichstag oder die «Schwatzbude», wie das Parlament in bürgerlichen und aristokratischen Kreisen gern genannt wurde, zumal sich die Republik von Weimar in jenen Jahren gefestigt zu haben schien. Die Wirtschaft begann, sich nach den Erschütterungen des Krieges und der Inflation zu konsolidieren. Zwar lasteten noch immer die Reparationsverpflichtungen auf dem Land. Doch regte sich die Hoffnung, dass Kompromisse – dank amerikanischer Vermittlung – eine gewisse Entlastung bringen konnten. Die äußere Lage entspannte sich. Außenminister Stresemann war es in guter Kooperation mit seinem Pariser Kollegen Aristide Briand gelungen, den Krampf der angeblichen «Erbfeindschaft» zwischen Deutschland und Frankreich ein wenig zu lösen. Das große Projekt einer europäischen Zusammenarbeit gewann greifbare Konturen. Doch Gustav Stresemann, der

Garant der Verständigung, starb, noch ehe das Jahr 1929 zu Ende kam.

Zwei der Schulkameraden Marions in der Potsdamer Oberprima aber schwärmten, wie sie später erzählte, von «einer neuen Partei»: der Nationalsozialistischen Arbeiterpartei, «der ich unbedingt beitreten müsse». Die Kombination von «national» und «sozialistisch» klang nicht schlecht in ihren Ohren. Da eine Rede des Führers der NSDAP in Berlin angekündigt war, beschloss sie, den aufstrebenden Politiker in Augenschein zu nehmen. Der Österreicher Adolf Hitler gewann in der Tat wieder die Aufmerksamkeit der Deutschen, die er schon einmal, bei seinem Putschversuch am 9. November 1923 in München, für einen Augenblick gefangen hatte, ehe er in der bayrischen Feste Landsberg eine Haftstrafe unter höchst komfortablen Bedingungen absaß, die er nutzte, um sein krudes Bekenntnisbuch «Mein Kampf» zu diktieren. Seine Partei hatte allerdings bei den Reichstagswahlen 1928 nur 2,7 Prozent der Stimmen und damit zwölf Sitze im Parlament errungen.

«Die Versammlung fand irgendwo in einem obskuren Saal statt», schrieb Marion Dönhoff im Magazin der «Zeit» im Februar 1998. Hitler «sprach – nein, tobte und geiferte – mehr als eine Stunde, begleitet vom Jubel des Publikums. Ich saß nur etwa zehn Meter entfernt von ihm, konnte ihn also genau beobachten. Ehe er endete, stand meine Entscheidung fest: Nie wollte ich etwas mit ihm und seiner Gefolgschaft zu tun haben.» Sie zitierte ihren Freund Carl Jacob Burckhardt, den Schweizer Diplomaten und Schriftsteller, der ihr viele Jahre später zurief, man könne «lesen, was auf menschlichen Gesichtern geschrieben steht. Auf einem bestimmten Gesicht, an das wir beide ungern denken, steht Grauenhaftes geschrieben ...» Für sie, fügte Marion Dönhoff hinzu, sei «dieses Gesicht wie ein aufgeschlagenes Buch gewesen». Doch nicht nur die jungen Deutschen waren, wie sie klar genug erinnerte, «fasziniert von der Bewegung, die dieser Mann entfesselt hatte – oder vielleicht sprach er nur laut aus, was für viele in der Luft lag? Auch die Faschisten in Italien lebten wie in einem Rausch ...» Davon schien sie, an Ort und Stelle, nichts wahrzunehmen.

Zu Ostern 1929 wurde ihr das sogenannte Reifezeugnis ausgehändigt. Mit welchen Noten sie das Examen passierte, wissen wir nicht. Sie lagen wohl, wir dürfen es annehmen, über dem Durchschnitt.

· Kapitel 5 ·

Die «kleine Gräfin» im Wilden Westen und auf Safari

Im März 1929 warf Marion, das Abitur hinter sich, einen raschen Blick zurück. Beginn eines neuen Versuchs, Tagebuch zu führen. Sie notierte (ohne allzu gründliche Überlegung), dass der Schulabschluss «vielleicht der dickste Strich» sei, «den man in diesem Dasein zu ziehen hat». Sie sollte lernen, dass es tiefere Zäsuren gibt. Doch nicht ohne ein Gran Stolz stellte sie fest, dass ihre Wahrnehmung der Gesellschaft freier geworden sei. «Wie engherzig und kleingeistig ist doch unsere vielgepriesene Kaste!», rief sie sich selber zu. «Ich habe unter meinen Schulkameraden Menschen gefunden mit einem so unverfälschten Gefühl und einem so aufrichtigen Streben nach Wahrheit und Schönheit, mit einer so unglaublich großen menschlichen Bescheidenheit und offenen Warmherzigkeit, wie man sie wohl selten in den sogenannten ‹ersten Kreisen› findet.» Also hatte sie Glück mit den Jungs (vermutlich meist bürgerlicher Herkunft), unter denen sich die kleine Gräfin als einziges Mädchen mit einem erstaunlich sicheren Selbstverständnis zu behaupten vermochte.

Das Abitur wurde, ganz wie es den Konventionen «erster Kreise» entsprach, mit einer Reise nach Rom belohnt – allerdings in der Obhut der Frau Mama, die übrigens drei Jahre zuvor schon von Friedrichstein nach Barthen gezogen war, ein altes Dönhoff'sches Gut, nur acht Kilometer entfernt, das Marions Großvater von der

Familie Hensel-Mendelssohn wieder zurückgekauft hatte: Nun diente das Schlösschen als Witwensitz für Ria Dönhoff, die der Autorität ihres ältesten Sohnes Heinrich als Chef des Hauses durch ihre gebieterische Präsenz in Friedrichstein nicht mehr im Wege sein wollte. Zweifellos hatte auch Heini seinen Segen für die Italien-Reise der kleinen Schwester gegeben, die er vermutlich genauso liebte wie sie ihn.

Beim nächsten Eintrag ins Tagebuch am 3. April 1929 ist Marion schon unterwegs nach Süden, schaut sich einen Tag lang in Mailand um, das sie als eine «nichtssagende Stadt» empfindet, und sie bemerkt (sie war nicht die Erste), dass der strahlende Dom an Marzipan erinnere. Gleich nach der Ankunft in der Heiligen Stadt eine rasche Rundfahrt, bei der sie einen Blick auf die Basilika «Santa Maria Maggiore», auf das Nationaldenkmal (das alle Welt seines seltsamen Stiles wegen «Die Ziehharmonika» nennt) und auf den Pincio werfen konnte. Trotz Reifezeugnis: Die Comtesse ist, wie diese Notizen anzeigen, noch sehr jung. Mit den barocken Verzückungen der Bernini-Skulpturen in der Villa Borghese kann sie sich nicht befreunden – denn sie ist ein Kind des strengen Nordens, und es überrascht nicht, dass sie mit der allzu glatt geschliffenen, allzu harmonischen Klassizität Canovas nichts anzufangen weiß. Zum andern lauscht sie wenig später einem «Ave Maria» in «Maria Maggiore» und fragt, was sich jeder halbwegs empfindsame Erbe der Reformation bei der ersten Überwältigung durch die sensitive Macht und die üppige Kraft der katholischen Selbstdarstellung unweigerlich fragen muss: «Ich begreife nicht, warum unsere Kirche so trocken und nüchtern ist.»

Die römischen Wanderungen mit der Mama und einigen Begleitern, die in den Tagebüchern nicht vorgestellt werden, sind nicht immer ganz spannungslos. Gräfin Ria unterwirft sich gehorsam den Weisungen des «Baedeker», der ganzen Generationen von gewissenhaften Touristen deutscher Herkunft einen zuverlässigen Leitfaden bot – Marion aber eilt gern voraus, weil sie nur beschaut, was ihren Blick anzieht: eine Eigenwilligkeit, die zu Verstimmungen führt. Ach, klagt die Tochter, die «Menthalität» (sic) des Alters zeige «sich leider auch in diesen Dingen», und «eine diesbezügliche Gemeinschaft» werde rasch zu «bewußt empfundenem Zwang».

Überdies hatte sich der Gruppe ein Junge zugesellt – «Männlein» nennt ihn Marion. Wir freilich wissen nicht, wie und woher er in den Kreis ihrer Freunde geriet, doch wer immer er gewesen sein mag: Er war in der Schule sitzengeblieben; nach der Weisung seiner Eltern aber sollte die Reise nach Rom auch für ihn eine Belohnung fürs bestandene Abitur sein. Um diesem herben Verzicht zu entgehen, hatte der junge Mensch sein Zeugnis gefälscht. Doch nun erscheinen plötzlich die Eltern, die Unrat gewittert hatten, ohne jede Vorwarnung auf dem Plan – und Marion sieht zu Recht «ein débacle … im Anzug». «Eben war Männlein hier, schrecklich kaputt, nervös, und jammervoll anzusehen. Er steht vollständig unter katholischem Einfluß – das Kloster, in dem er gelebt hat und vor allem der Prinz Georg von Bayern haben ihn doch stark beeindruckt.»

Der Prinz war ein Sohn Leopold von Bayerns, ein Mann Ende fünfzig, einst ein kurzes Jahr mit der Erzherzogin Isabella von Österreich-Teschen verheiratet, dann wurde die Ehe – in Schönbrunn feierlich geschlossen – vom Vatikan annulliert; in einer zweiten Verbindung mit einer bürgerlichen Dame hatte der Prinz immerhin einen Sohn gezeugt, doch das hielt ihn nicht davon ab, das Sakrament der Priesterweihe zu nehmen. In seiner geistlichen Karriere brachte er es zum Apostolischen Pronotar und Domherrn von Sankt Peter.

Wie «Männlein» unter die Fittiche des prinzlichen Priesters geraten war, verrät Marions Tagebuch nicht. Nun wolle der junge Mann selber ins Kloster gehen, schreibt Marion. Doch sie sagt in ihrem Tagebuch auch klipp und klar, dass sie das für «vollständigen Wahnsinn» halte; die Zeit werde «ihn selber von dieser Idee abbringen». «Morgen früh», fügt sie hinzu, «wollen wir uns Lebewohl sagen, denn wir werden uns eine lange lange Zeit nicht sehen. Mir ist sehr traurig zumut, Männlein war mein bester Freund und in unserem Alter, wo man in ständiger Veränderung begriffen ist, ist Trennung identisch mit Entfremdung.»

Annoncierte sich in diesem Bekenntnis zur Freundschaft eine Art von Verliebtheit? Und in der aufgesetzten Altklugheit ihres Abschiedskommentars eine Art Selbstschutz? Unterdessen war auch der bayrische Prinz in Rom angelangt, und er scheint seinem Schüler gehörig den Marsch geblasen zu haben. Ihm, dem «Männlein», blieben nur drei Möglichkeiten, erklärte der hohe Herr: «Unterordnung unter eine absolute Autorität, also das Kloster, der Freitod oder die Laufbahn des Anarchisten und Revolutionärs!» «Männlein» meinte, er wolle sich innerhalb eines Jahres für eine der drei Möglichkeiten entscheiden. Marion, wiederum recht lebensklug, riet ihm, «den Prometheus von Goethe zu lesen und ... sich in eine wirklich intensive konzentrierte wissenschaftliche Arbeit zu stürzen. Und das wird er denke ich auch tun.» Sie lernte schließlich den Prinzen von Bayern selber kennen, doch begnügte sie sich mit der Feststellung, er sei «ganz anders wie (sic) ich ihn mir vorgestellt habe – ich weiß noch gar nicht was aus ihm machen.» Näheres über den Eindruck, den der Wittelsbacher bei ihr hinterließ, erfahren wir nicht.

Voller Eifer geben sich die beiden Damen, nach jenem Einbruch roher Probleme, den kunsthistorischen Studien hin. Michelangelo berührt Marion tiefer als jeder andere der Großen. Aber sie söhnt sich schließlich auch mit Raffael aus, dessen Bilder ihr zunächst ein wenig zu lieblich erschienen. Sie fotografierte viel (und gut) mit ihrer kleinen «Leica», was in jenen Jahren nicht nur für eine junge Dame eher ungewöhnlich war: Sie hatte – wie die Aufnahmen von späteren Reisen beweisen – ein gutes Bildgefühl, ein waches Auge für fotogene Szenen und offensichtlich auch die Geduld, die schönsten Stimmungen wie den Abendblick von der Tiberbrücke zur Engelsburg oder von der Engelsburg hinüber zum Vatikan einzufangen. Auf dem Forum Romanum blühten, zu Marions Entzücken, die Glyzinien, und draußen auf der Via Appia antica beobachtete sie fasziniert die «phantastische Beleuchtung», die sich mit der Bewegung der Wolken so rasch verändern konnte.

Die Damen wagten sich weiter hinaus in die Campagna, und sie fuhren in die Saliner Berge, die sich nicht «zerrissen und zerklüftet» darboten wie die Berge der Schweiz, nicht «ernst und grau und tot», sondern «weich in den Konturen und Farben». Die kleinen Dörfer freilich wirkten «namenlos armselig und trostlos», doch Marion glaubte zu erkennen, dass «die Bevölkerung ... trotz Armut, Elend und Degeneration einen ganz zufriedenen Eindruck» mache – wie übrigens auch die «immer fröhlichen braungebrannten Leute in ihren bunten Kleidern» drunten in den engen Gassen der Stadt. Natürlich liegt's am «immerwährenden Sonnenschein», dass auch in der Stadt keiner der «schmutzigen Höfe» mit der «flatternden Wäsche» so «elend, abstoßend, deprimierend und trostlos» wirkt wie droben im grauen Norden.

Arm, aber glücklich: Auch diese hellwache junge Frau entkommt dem Stereotyp nicht, dem jeder Deutsche auf der ersten Italienreise zu erliegen scheint. Die Leute: «was haben sie für einen Stil in ihrer Naivität und Einfachheit. Bei uns scheint sich jeder zu schämen das zu sein was er ist, jeder will für etwas Besseres gehalten werden. Das Küchenmädchen, die einfache Kuhmagd, alle müssen seidene Strümpfe und Stöckelschuhe tragen und sofort ist ihr eigentlicher Charme fort, sie wirken stillos, lächerlich und hässlich. Hier ist jeder was er ist mit Stolz und Freude sei er Kutscher, Kellner, Soldat oder sonst etwas ...»

Vom faschistischen Regime scheint Marion nichts wahrzunehmen. Keine Schwarzhemden. Kein Wort über die Omnipräsenz des Duce. Interessiert sich die Autorin des Tagebuches nicht für die Politik und ihre Repräsentation? Für die Herrschaft der einen Partei, die schließlich jeden Winkel des Daseins zu beherrschen schien? Über die auch in Deutschland so heftig diskutiert wurde? Freilich, die «besseren Kreise» Italiens und die hohe Aristokratie – sie hatten längst ihren Frieden mit dem Diktator Mussolini gemacht, und sie schienen zu leben, wie sie immer gelebt hatten. Niemand hinderte sie, sich den gesellschaftlichen Ritualen hinzugeben, von denen Mutter und Tochter Dönhoff eine Ahnung gewannen, als sie zum Tee bei den Prinzessinnen Boncompagni weilten. Marion musterte das fürstliche Milieu mit hochgezogener Stirn: «Eine Unzahl von Lakaien und ähnliche Auswüchse eines krankhaften Wohlstandes waren Wasser auf meine Mühle», notierte sie, «und ich nehme an auch die Ursache zu dem gewissermaßen feindlichen Ausgang unseres abendlichen Gespräches über Kapitalismus und Sozialismus.» Gespräch mit wem? Den Prinzessinnen? Kaum. Der Mutter Ria, die ihre Tochter entsetzt angestarrt haben mag?

Kapitalismus hin, Sozialismus her: Es blieb Marion nicht erspart, sich zunächst fast drei Monate lang auf einer gehobenen Haushaltsschule in Samedan bei St. Moritz in den Pflichten der höheren Töchter zu üben – ohne nennenswerte Folgen. Die Künste der Küche und das Arrangement von Gabelfrühstücken, Teestunden, von feierlichen Empfängen und rauschenden Bällen: Ihre Welt wurde das nie – oder doch höchstens als Gast, der sich sehr wohl zu amüsieren wusste, nicht so sehr als Gastgeberin, es sei denn in einem intimen Rahmen unter Freunden.

Wenn die Schule des Gesellschaftsschliffes eine Heimsuchung war – gewiss keine zu schlimme, denn die jungen Damen wussten für ihr Amüsement zu sorgen –, dann wurde Marion unverzüglich noch üppiger belohnt als nach dem Abitur. Ein Reiseplan der Firma Raymond & Whitcomb Co. in New York, der sich in Marions Nachlass fand, klärt uns darüber auf, dass sie zwischen dem 16. September und dem 11. November 1929, mithin knapp zwei Monate, in den Vereinigten Staaten unterwegs war: in jener Epoche wahrhaftig kein Ferienausflug; man flog nicht «mal eben» über den Atlantik, wie es für die jüngeren Generationen üblich geworden ist. Die Schiffsreise allein dauerte wenigstens zehn Tage, und sie war teuer, wenn man nicht dritter Klasse ins Unterdeck gepfercht werden wollte, zu den Auswanderern aus weiß der Himmel welchen balkanischen oder mediterranen Regionen – was womöglich für eine neugierige junge Frau amüsanter gewesen sein könnte als droben in der ersten Klasse unter öden Bankdirektoren nebst Gattinnen, Abend für Abend dazu gezwungen, sich zurechtzuputzen, womöglich – dank des Titels – einen Platz am Captain's Table einnehmen zu müssen, was geradezu eine Garantie für die gepflegte Langeweile war, die vielleicht, vielleicht durch einen Star der Theater- oder der Musikwelt ein wenig gelockert würde, mit dem man an der Bar ein Gläschen Champagner trinken, ein bisschen flirten und am Ende einen kleinen Foxtrott oder einen halbwegs verruchten Tango aufs Parkett legen konnte.

Wie auch immer: Die Reise nach Amerika war ein luxuriöses Unternehmen, das damals nur wenigen zuteilwurde – zumal, wenn ein privater Pullman-Wagen zur Verfügung stand, der an die großen Linienzüge angekoppelt wurde: eine bequeme Wohnung auf Rädern mit Salon, Schlafzimmern und Küche. Die Tour war laut «Itinerary» sorgsam für die «H. Riedemann Party» arrangiert – genauer: für den Vater ihrer Freundin Beatrice von Riedemann, betuchter Direktor der «Standard Oil Co.», der die beiden jungen Damen zu der großen Reise eingeladen hatte, mitsamt einem Vetter und, wie es sich schickte, einer *chaperonne*, die auf Sitte und Anstand zu achten hatte, die kleine Gesellschaft bekocht und umsorgt von zwei schwarzen Bediensteten.

Es ist merkwürdig: Keine Notiz Marions, kein Brief, nicht einmal ein Hinweis in dem Band «Amerikanische Wechselbäder», in dem sie 1983 «Beobachtungen und Kommentare aus vier Jahrzehnten» gesammelt hat, gibt einen Hinweis auf diese erste Begegnung mit der «Neuen Welt». In ihrem Vorwort erwähnt sie lediglich die *grand tour* des Jahres 1955, als sie acht Wochen kreuz und quer durchs Land reisen konnte, «was damals» – wohl wahr: auch noch damals – «eine Seltenheit war». «Amerika näher kennenzulernen», schrieb sie, war «geradezu eine Offenbarung». Allerdings hielt sie sich schon zuvor im Januar und Februar 1951 in New York, vielleicht auch in Washington auf. Davon zeugt ein «Zeit»-Artikel, der den Marshall-Plan und den Atlantik-Pakt als eine Absage an den traditionellen Isolationismus des westlichen Halbkontinents feiert.

Nirgendwo aber deutet sie in den Reportagen des Jahres 1955 ein Wiedererkennen oder ein Wiedersehen an. Erst in den Gesprächen mit Alice Schwarzer, die sich als eine talentierte und hartnäckige Fragerin erwies, schien sie sich des großen Erlebnisses zu entsinnen, und ihr gestand sie auch, dass die Freundinnen und der Vetter beim Aufenthalt in den großen Städten gern ausrückten, um den Glanz des Nachtlebens *à l'américaine* kennenzulernen.

Am Abend des 16. November 1929 um 9 Uhr 30 p.m. Abreise mit dem Linienzug plus angehängtem «Private Pullman Car» von Grand Central Station in New York durch die Nacht bis Buffalo, wo ein Automobil bereitstand, um die kleine Reisegesellschaft zu den Niagarafällen zu transportieren. Lunch sollte im Clifton-Hotel eingenommen werden; danach mit dem Elektrozug den Fluss entlang bis zur Einmündung in den Lake Ontario. An den Fällen sollten sie ihren Waggon mit dem Namen «Marco Polo» wiederfinden, der sie über Toledo nach Chicago zu befördern hatte. Hotelzimmer waren bei der Ankunft am frühen Morgen bereit, falls sie sich ausruhen wollten, freilich auch ein bequemes Automobil für eine *sightseeing tour* durch die Metropole des Mittleren Westens. Mr. Vincent, der Tour-Manager, setzte die Weiterreise für 11 Uhr 15 am Abend an. Die Nacht, den folgenden Tag und noch einmal eine Nacht rollte «Marco Polo» durch den Norden des Mittleren Westens – bis Mandan in North Dakota, wo ein Stamm der Sioux-Indianer in seiner Zeltsiedlung auf die Besichtigung wartete, darunter einige der Überlebenden der letzten großen Schlacht zwischen den «Rothäuten» und regulären weißen Truppen am Little Bighorn River in Montana, in der Oberstleutnant George Armstrong Custer – den Indianern verhasst, weil er bei der Jagd nach Gold in ein Gebiet vorgedrungen war, das durch Regierungsvertrag als ein «heiliger Jagdgrund» der Sioux geschützt sein sollte – die Krieger mit zweihundert Reitern angriff, ohne die angekündigte Verstärkung abzuwarten: hochmütiger Leichtsinn, der sich böse rächte. Von seinen Soldaten hat nicht ein einziger überlebt, und er selbst biss als einer der Ersten ins Präriegras. Nur ein Pferd mit dem Namen «Comanche» überstand die Bataille. Es wurde bis zu seinem Ende bei jeder Parade des 7. Kavallerie-Regimentes mitgeführt, gesattelt, doch ohne Reiter – ein Ritual, dessen sich die Organisatoren der Begräbnisfeier für Präsident John F. Kennedy entsannen, als sie anordneten, dass ein edler Rappe ohne Reiter dem Sarg auf dem Weg zum Arlington-Friedhof gegenüber der Hauptstadt Washington DC am anderen Ufer des Potomac-Flusses zu folgen hatte: ein Bild voller Pathos, das niemand vergisst, der es damals gesehen hat.

Die «H. Riedemann Party» reiste per Automobil weiter zum Yellowstone Park, dessen Wunder gründlich besichtigt werden konnten, natürlich auch der «Old Faithful Geyser», dazu eine alte Pioniersiedlung aus den Jahren der Eroberung des Westens und des Goldrausches. Von Montana über die kanadische Grenze nach Banff, einem Kurstädtchen mit heißen Schwefelquellen inmitten der Rocky Mountains, nicht weit von einem Buffalo Park, in dem noch Herden der amerikanischen Urtiere anzutreffen waren. An einer Station der transkanadischen Eisenbahn wurde der Pullman-Waggon «Marco Polo» wieder an einen regulären Linienzug angehängt: Ziel die schöne pazifische Hafenstadt Vancouver, von dort weiter mit der «Great Northern Railway» in zweitägiger Reise nach San Francisco, wo die Gesellschaft, es versteht sich, im Fairmount Hotel, dem besten Haus am Platze, untergebracht war.

Keine Sehenswürdigkeit wurde ausgelassen: der wilde, zerklüftete Yosemite Park konnte erkundet werden, danach ging es hinab zur Küste, wo der berühmte «Seventeen Miles Drive» zur Beobachtung von Seehunden und Seelöwen einlud, von den Klippen wieder hinauf zur altspanischen Missionsstation Carmel, die einige Jahrzehnte später ein Paradies der Reichen, der Schönen, der Kultur-Elite Amerikas wurde, lange Jahre unter dem strengen Regiment des Bürgermeisters Clint Eastwood, der keinerlei Vulgarisierung durch Reklame erlaubte, schließlich das Zentrum sommerlicher Bach-Wochen, bei denen sich die besten Interpreten des Thomas-Kantors einfinden.

Natürlich stand in Los Angeles auch eine Führung durch die Filmstudios auf dem Programm. Nach drei Tagen weiter zum Grand Canyon. Nächste Station – von der Santa Fe Line geschleppt – Adama in Arizona, in dessen Umkreis die «Versteinerten Wälder» («Petrified Forests») und die «Farbige Wüste» («Painted Desert») zu bestaunen waren. Von Gallup aus wagte sich die Expedition ins Land der Navajo-Indianer, das nur auf Pferderücken oder mit Pferdewagen passierbar war. Wie mag sich Marion im *Western saddle* mit den weit nach unten gezogenen Bügeln gefühlt haben, nach Cowboy-Art reitend, die nur zwei Gangarten kennt: Galopp oder Schritt (da allein der englische Sattel mit den kurzen Bügeln, den «englischen», nicht ausgesessenen Trab erlaubt)? Verachtete sie den Stil, der keiner ist, dafür aber die Bewältigung weiter Strecken – auf schwierigem Gelände – ohne zu große Ermüdung möglich macht? Sie hatte danach die Chance, die «Enchanted Mesa» zu sehen: jene Felszinnen hoch überm Tal, in denen die Indianer einst ihre unangreifbaren Behausungen angelegt hatten. Von Santa Fe aus eine Visite bei den Pueblo-People: Stämmen, die im Unterschied zu den nomadisierenden Jägern ihre Äcker und Gärten bestellten.

Fast sechzehn Tage «Wilder Westen» und Indianerland: ein Amerika-Erlebnis, das in jener Epoche wahrhaftig nur wenigen Europäern zuteilwurde. Es mochte den Bildern von Marions einstiger (und so passionierter) Karl-May-Lektüre wenig entsprechen. Umso wichtiger die Korrektur der konventionellen (und eher negativen) Vorstellungen von Amerika, die sich in die deutschen Gemüter eingestanzt hatten, zumal in den «besseren Kreisen». Wusste die junge Gräfin die Chance einer so intensiven Begegnung mit der Realität zu schätzen? Nutzte sie die lange Rückreise nach New York – nur in Chicago ein Aufenthalt von wenigen Stunden –, um die Fülle der Eindrücke zu ordnen? Notizen sind nicht erhalten. Es ist merkwürdig, dass sie die frühe Entdeckung Amerikas, auch die langen Reisen über den Atlantik, in ihren Büchern oder Artikeln mit keinem Satz erwähnt.

Nach der Heimkehr – sie zählte nun fast zwanzig Jahre – durfte sie mit der Aufnahme des Studiums nicht länger zögern. Sie wollte, wie ihr Neffe Hermann Hatzfeldt berichtet, «etwas Handfestes» studieren, das die Krisen der Zeit verständlicher mache: also Volkswirtschaft. Erst später ergab sich, dass sie dem vergötterten Bruder Heini bei der Verwaltung der Güter zur Hand gehen sollte. Sie strebte zuerst nach Kiel, wo damals noch Adolf Löwe lehrte, eine der hochrespektierten Kapazitäten auf diesem Gebiet. Doch es ist zu vermuten, dass die Stadt, in der die Revolution von 1918 ihre Initialzündung erlebt hatte, dem Familienrat denn doch zu rot gewesen sein mag, zumal sie ihre jungen und eher gefühlhaften Sympathien für den Sozialismus – siehe die Auseinandersetzungen mit Mutter Ria – keineswegs verborgen hielt. Also schrieb sie sich zum Sommersemester 1931 brav in Königsberg ein. Sie blieb, mit anderen Worten, im Schatten von Friedrichstein. Übrigens hörte sie nebenbei auch Jura und Geschichte.

Nach den Feststellungen von Christian Tilitzki (im «Jahrbuch für die Geschichte Mittel- und Ostdeutschlands», Band 49 von 2003) hielt sie sich schon im Wintersemester 1930/31 ein erstes Mal in Basel auf, wo sie ihren Bruder Dieter besuchte, der sie mit Edgar Salin bekannt machte, ihrem künftigen Doktorvater. Doch es hielt sie nicht zu lange in der schönen und so grundsoliden Bürgerstadt am Rhein, die dank der Nähe Frankreichs Anregungen genug bot. Der nächste Abschnitt des Tagebuches ist vom Januar 1931 datiert.

Christoph Dönhoff, der jüngste der Brüder (und Marion nur drei Jahre voraus), hatte sich unterdessen entschlossen, in Afrika die Gründung einer eigenständigen Existenz zu wagen, nicht ganz freiwillig, doch nach einem bitteren Konflikt mit der Familie von dem Wunsch getrieben, eine halbwegs unabhängige Existenz zu wagen – obschon er auch in Afrika auf die Finanzhilfe des Bruders Heinrich angewiesen blieb. Auf dem Schiff zwischen Genua und Port Said hatte er dem «kleinen süßen Mariönchen» sein Herz ausgeschüttet – aus dem «Gefühl unendlicher Liebe zu Dir hin». Sie habe ihm schon immer nähergestanden, «aber man hatte im Grunde doch das Gefühl einer Verpflichtung alle Geschwister gleich lieb zu haben. Jetzt hat die Zeit mir gezeigt, wie viel näher mein Jahrgang dem Deinen steht als dem ihren, und meine Liebe zu Dir hat sich verdoppelt.»

Eine «kleine triviale Geschichte» nennt er, was ihn umtreibt. So klein und so trivial war sie nicht: Er wollte eine junge Dame namens Vera heiraten – «und das hat zu Differenzen mit Friedrichstein geführt». Seufzend fährt er fort: «Ich schäme mich Dir zu schreiben wie ich hin und her getaumelt bin zwischen Vera und Friedrichstein» – «ein Kampf von Konvention und Leben», fügt er mit einigem Pathos hinzu. Heini, der älteste Bruder, habe gesagt, «viel höher als das Leben stünde der Verzicht darauf». In Klammern fragt Toffy: «Bevor man weiß, worauf man verzichtet?» Heinrich, das junge Familienoberhaupt, wusste es – nur zu gut. Aber davon ahnte der jüngere Bruder nichts. Und Marion? Dieter, berichtet Toffy in einem langen Brief an Marion, «wollte das Blut nicht mischen und behauptete, Vera sei jüdisch». Das war sie nun nicht, aber sie stammte aus einem bürgerlichen Hause: Das war der Stein des Anstoßes, auch für Heinrich, den Mann von Welt, der sich in Berliner Theater- und Künstlerkreisen bewegte, als sei er dort zu Haus. Und die Mutter? Gräfin Ria bestand darauf, dass sie sich, wenn Christoph eine Bürgerliche heirate, «vor der Provinz», das heißt: vor ganz Ostpreußen, «schämen müsse». Bei Marion hofft er darauf, dass sie in Potsdam «auch Menschen kennen gelernt und das Leben von einer anderen Seite gesehen» habe. Des Pudels Kern: Man habe «die ganze Flachheit und Hohlheit» der Argumente «mit rein materieller plumper Gewalt durchzusetzen» versucht. Die Mutter wollte ihn enterben, die Geschwister schienen bereit, ihn aufzugeben und ihm den Aufenthalt in Ostpreußen zu verbieten. Die Folge: Er musste sich «aus finanziellen Gründen vorläufig beugen» – ohne überzeugt zu sein. Dann fasste er Mut: «Begünstigt durch meine Besitzlosigkeit fühle ich, dass die Konvention, nicht nur die aristokratische sondern die bürgerliche Konvention an sich über die Unendlichkeit meines Lebenswillens keine Macht hat.» Schließlich meint er, Afrika werde lange dauern ... «Wie herrlich wäre es, wenn wir uns dort unten sehen könnten.»

Nach einigen Monaten der Einsamkeit in der Steppe, wenn er «Stunde um Stunde am Feuer» saß und grübelte, habe er sich von seiner «Sehnsucht ... nach dem Glück, dem wirklich starken, großen Glück» gelöst. Eine Frau habe ihm einmal gesagt, «das Leid sei das einzig wirklich aufbauende Element, man müsse das Unglück suchen». Damals habe er darüber gelacht. Nun empfinde er nur noch Wirrnis. Doch er wolle «lieber durch Arbeit das Menschentum von Gottes Gnaden erwerben», als – «treu dem ‹noblesse oblige› – durch die Zufriedenheit einer Kaste ein rechter Edelmann zu werden. Wenn diese Kaste den Gedanken des freien Menschentums nicht akzeptiert und vom Einzelnen den Verzicht darauf verlangt», so sei es nicht mehr nötig, «ihr ein Urteil zu sprechen». Ein Jahr später kann er dem «geliebten Mariönchen» einen herzlichen Willkommensgruß zurufen. Halbwegs eingerichtet, hatte er das Schwesterchen nach Afrika zu einer Safari eingeladen, und natürlich zögerte sie nicht, sich auf das Abenteuer einzulassen.

Im Dezember 1930, wenige Tage vor Weihnachten, bricht sie auf. Im Reisefieber wird sie, zum ersten Mal in ihrem jungen Dasein, von Zahnschmerzen heimgesucht, aber Zeit für eine Konsultation beim Zahnarzt bleibt nicht; zugleich spürt sie «Stiche dort, wo angeblich der Blinddarm sitzt – das kann reizend werden». Zwei Tage danach, unter der Datumszeile Genua, ist davon nicht mehr die Rede. Aus einer beiläufigen Bemerkung lässt sich schließen, dass

Bruder Heini sie bis zum Schiff begleitet hat – vermutlich reisten sie per Bahn. Die fremde Stadt beeindruckt sie zunächst wenig, von den schönen Renaissance-Palästen abgesehen. Die «so typisch engen dunklen und unerhört schmutzigen Gässchen mit flatternder bunter Wäsche» kennt sie schon vom Aufenthalt in Rom. Aber (ohne Aufsicht der Frau Mama): «Heini und ich haben noch rasch das Nachtleben in Genua erforscht – unerhört amüsant. Kurze Kleider und der Charleston beginnen jetzt hier ein wenig verspätet modern zu werden. Italienische Typen wie sie die verzweifelte Pointierung und die übertriebenste Phantasie des tollsten Schmierendirektors nicht ersinnen kann. Aber sie haben alle Humor und scheinbar eine nie versagende Freude am Leben.»

Am 21. Dezember in der Nacht legt das Schiff ab. Die Lichter der Stadt, die bis weit hinauf in die Berge glitzern, werden blasser. Die nächste Notiz aus Port Said, am 27. Dezember. Weihnachten überging sie wortlos, doch man darf sich darauf verlassen, dass es mit üppigen Mahlzeiten und köstlichen Weinen gefeiert wurde. Die Stadt, aus der ihr einst Brüderchen Toffy (oder Toffi oder Tofi oder Töfchen) seinen traurig-aufgewühlten Abschiedsbrief schickte, findet sie eine «gräuliche Stadt»; die «aufdringlichen Eingeborenen, in jeder Hinsicht durch die Zivilisation und die Fremden verdorben», strapazieren ihre Nerven, die sich freilich beim Ausblick auf das «seltsam blau-graue Land» hinter der Küste erholen. Den Suez-Kanal passiert das Schiff in der Nacht, am Morgen das Rote Meer unter blauem Himmel, von einem warmen Sturm aufgewühlt: «große Wogen», die «wie riesige Lawinen heranrollen bis sie hoch aufschäumend mit dumpfem Schock gegen das Schiff prallen».

Die Natur, die Landschaften, die Elemente beleben, damals schon, ihre Sprache. «Wunderbar ... die lauen Nächte, in denen kein fremder Laut ertönt.» Am liebsten hält sie sich ganz vorn auf, «zwischen Masten und Tauen», sie sieht nur den Bug, der «eintaucht in das flüssige Gold des Meerleuchtens», vor sich am Nachthimmel das «Kreuz des Südens, auf das wir nun schon seit Tagen hinsteuern». Sie hat Freunde an Bord gefunden, Blix und Dick, der eine Schwede mit einem «absolut nordischen Charakter» und der Schwerfälligkeit eines Farmers, der andere Engländer, «allem Metaphysischen durchaus abhold». Sie leidet ein wenig, weil sie das Englische noch nicht so geläufig spricht, wie sie es sich wünscht. Dennoch führen die drei, «beflügelt und inspiriert von der Weite und Endlosigkeit der Natur», philosophische Debatten. Die beiden erfahrenen Afrikaner beschwören sie, Toffy zu «persuadieren, nach Europa zurückzukehren», und sie sind «entsetzt von meiner Idee, eventuell auch draußen zu bleiben». Sie kennen das Land, dem sie entgegenstreben, seit langen Jahren, «seinen unerhörten Charme und die Schönheit des freien Lebens, aber auch seine Gefahren». Welche? Das hält sie nicht fest. Aber sie fügt seufzend hinzu: «vielleicht haben sie Recht».

«Immer näher rückt Mombassa und immer näher das Wiedersehen mit Töffchen. Fast habe ich Angst vor der Verwirklichung dieses Momentes, den ich mir so unzählige Male vorgestellt und ausgemalt habe. Manchmal ist mir zumute wie einem Kind am heiligen Abend, das sich überfreut hat ...»

«5/I/31. Ankunft in Mombassa um 5h morgens. Zum ersten Mal richtig Afrika, ein schöner Hafen, Palmen und grüne Ufer. Die Sonne geht orangerot am Horizont auf und wir steuern langsam auf den Quai zu an dem ein buntes Durcheinander von Arabern, Negern und Indern gestikuliert – dazu spielt die Musik, es ist wie im Kino ...» Dann die trockene Bemerkung: «Töffchen hatte keine Zeit herunterzukommen und ist nicht da, ich war sehr enttäuscht, aber es ist wahrscheinlich viel vernünftiger so.» Der zuverlässigste Partner ist er nicht, der geliebte Bruder, der zeit seiner Tage der tapferen Vernunft seiner Schwester sicher sein kann – und er weiß es, nur zu genau. Sie fällt ins Englische: «Tomorrow critical point: ... Abschied von Blix und Dick. Ich habe es ganz gern dieses: ‹ships passing by by night›», aber vielleicht sieht man sich wieder ...

«Cläuschen» stellt sich ein: Claus Thiele-Winkler, ihr Cousin (aus der mütterlichen Familie), der eine Farm in der Nähe von Nairobi verwaltete. Er hält Blix für einen Hochstapler. Warum? Wir erfahren es nicht. Doch am Ende scheinen sich alle zu vertragen. Jenes Cläuschen begleitet Marion auf der Reise – mit der Eisenbahn – hinauf ins Hochland nach Nairobi. Noch ein Blick zurück auf den Hafen. Ihr fällt der Vers ein: «Jetzt weicht der goldene Ball, und er versinkt in fernster Meere grünlichem Kristall». Den Dichter vermerkt sie nicht. Die Palmenwälder bleiben zurück, die Steppe breitet sich im Vollmond aus, «hohes trockenes Gras, Dornbüsche und einzelne Akazien, die wie japanische Federzeichnungen gegen den hellen Himmel stehen». Am Morgen wachen sie im «game reserve» auf: dem Wildpark, in dem die Giraffen, die Gazellen, die Antilopen den Zug furchtlos vorbeirollen lassen.

Nairobi, «staubig, heiß, trocken und irgendwie trostlos ... Amüsant sind die Kontraste, (denen) man auf Schritt und Tritt begegnet – die erstaunlichsten Wagen, neue dicke Packards, Chrysler, Rolls-Royce und daneben alte klapprige Fords mit dicken, etwas verschmutzten Farmersfrauen, die ihr Gemüse oder halb vertrocknete Blumen zum Markt fahren, Lorys» (recte lorries), «deren Räder von weitem wie abstehende Ohren aussehen und die begleitet sind von starker Rauchentwicklung (und) nähmaschinenartige Geräusche ausstoßen, moderne europäische Hotels und kurz dahinter Wellblechbuden ...» Die Motorisierung in der afrikanischen Großstadt scheint zu Anfang der dreißiger Jahre weiter fortgeschritten zu sein als in Deutschland.

Vier Stunden Autofahrt zur Farm von Toffy. Von den Gefühlen des Wiedersehens notiert sie nichts. Sie bestaunt, was der Bruder in einem Jahr geschaffen hat: «das Haus ist wirklich bezaubernd geworden. Nichtsdestotrotz lastet diese transplantierte europäische Atmosphäre irgendwie bedrückend auf mir ...» Verbirgt sich in diesem kleinen Seufzer der tiefere Kummer über den Bruder, der noch nicht einmal nach Nairobi gekommen ist, um die mutige kleine Schwester, die so tapfer zu ihm hielt, in die Arme zu schließen?

Am 23. Januar Aufbruch zur Safari: «endlich werde ich das wirkliche Afrika sehen». Der Lastwagen mit dreißig Zentnern Maismehl und tausend Dingen für einen Kramladen draußen im Land beladen, den Bruder Toffy beliefert (oder gehört er ihm?). Lange Fahrt durch eine baum- und strauchlose Steppe. In Kilgoris hat Toffy sein Camp aufgeschlagen, inmitten einer Parklandschaft, grün, von Hügeln durchzogen, Berge in der Ferne, kein geschlossener Wald – wie Marion sorgsam verzeichnet –, sondern Baumgruppen und Gebüsch: Siedlungsland der Massai, ein schöner, stolzer und selbstbewusster Menschenschlag, den Marion bewundern lernt – «ein viel besserer Typ als die anderen Eingeborenen» –, wie so viele Afrika-Pilger und -Pilgerinnen nach ihr, wenngleich nicht alle mit der Passion wie die alternde Filmregisseurin und Fotografin Leni Riefenstahl, die in den hochgewachsenen, muskulösen, braunen Burschen des Stammes der Nuba nach 1945 einen Ersatz für die arisch-blonde Heldenwelt ihrer Reichsparteitags-Filme gefunden zu haben scheint.

Von dem Haus, das sich Toffy dort draußen zu bauen gedachte, standen nur die Außenwände – das heißt: «eine Barrikade von Pfählen und Stöcken, die noch der Lehmumkleidung harren». Die Schwarzen empfingen ihren Chef mit freudigem Geschrei. Hernach bei den Hirten wurde Marion – in der Jagdkleidung nicht sofort als eine der ihren erkennbar – von den Frauen mit vergnügter Neugier untersucht, welchem Geschlecht sie wohl angehöre. Mit einem Freund und Toffy kampierte sie beim Schein einer Petroleumfunzel unter dem klaren Himmel, während im Feld eine Hyäne heulte und die Schwarzen mit ihrem «eintönigen Singsang» für eine «stilvolle Untermalung» sorgten.

Sie war, kein Zweifel, eine leidenschaftliche Jägerin, überwältigt, als sie bei ihren Exkursionen zum ersten Mal die «wunderbare Fährte» des Löwen erkennt, die sich neben «den flüchtigen Spuren der Antilopen und Gazellen» «wie für alle Ewigkeit in Stein gemeißelt» ausnimmt – «man spürt förmlich die Wucht und Mächtigkeit, die sie in den feuchten Sand gepresst hat». Der Respekt vor der Gewalt dieser Tiere wird nur von der Überwältigung bei der Beobachtung der Elefanten-Herden übertroffen, die sich durch den Lärm ankündigen, der aus dem Wald dringt, wenn sie «dicke Bäume brechen wie ein Streichholz» und «mit den riesigen Ohren klatschen». Die Tiere seien, meint sie, so gut wie blind, aber sie verfügten über ein «unerhörtes Witterungsvermögen». Dennoch, es gelingt Marion und ihren Begleitern, sich bis auf dreißig Schritt an eine Herde heranzuschleichen, die langsam vorüberzieht, stehen bleibt, um zu äsen und «sich geräuschvoll an den Bäumen zu schuppen». Plötzlich entdecken sie «einen riesigen Schädel», nur zwanzig Schritt entfernt, der sie «mit klappenden Ohren und pendelndem Rüssel interessiert betrachtet – ein prachtvolles gewaltiges Bild». Sie ziehen freilich den eiligen Rückzug dem majestätischen Anblick vor.

Am Abend, am Lagerfeuer, packen sie auf die dringenden Bitten der Schwarzen das Grammophon aus, das sie, weiß der Himmel warum, mit sich geschleppt haben. Richard Tauber, damals ein gefeierter Tenor, dem die Deutschen zu Füßen lagen (bis er, seiner jüdischen Herkunft wegen, zum Teufel gejagt wurde), schmettert die Operetten-Arie «Dein ist mein ganzes Herz …», doch der hochtönende Liebesschwur löst «statt Ehrfurcht und Ergriffenheit … brüllendes Gelächter» aus.

Anderntags wechseln sie das Camp. Unterwegs schießt Marion eine Impala, eine Schwarzfersen-Antilope mit prächtig geschwungenen Hörnern (bei den Männchen geringelt) – ein schönes Tier, von dem das Lexikon sagt, es werde an die zwei Meter lang und sei zu Sprüngen von zehn Metern fähig. Sie schleicht zusammen mit Toffy – in glühender Hitze – eine Herde der edelsten aller afrikanischen Antilopen-Arten an. Sie schießt aus einer Distanz von 150 Metern – daneben. Dafür erlegt sie später ein Exemplar der größten unter den Afrika-Antilopen. Sie schießt gern. Sie schießt auch Marabus, eine afrikanische Storchenart, Riesengeier, Hyänen («sie haben einen namenlos lächerlichen und watschelnden Gang») – nein, keine Elefanten. Respekt? Furcht? Oder sind die kostbaren Tiere – schon damals – geschützt?

Die erlegten Tiere werden sofort ausgenommen und zerlegt, gebraten (sofern essbar), vor allem aber werden bei den Antilopen die Schädeldecken ausgekocht und sorgsam gesäubert: Es sind die Trophäen, die den Jagdruhm beweisen – ja, die das eigentliche Ziel der Jagd sind. In glücklichen Ausnahmen auch die Felle. Es ist nicht anzunehmen, dass die Lust am Töten das entscheidende Element von Marions Jagdfieber ist. Obschon sich auch bei ihr ein kleiner Kitzel regen mag. Sie hat sich dazu nicht geäußert.

Des Nachts lösen sich Marion und Toffy bei der Wache ab. Als sie ein provisorisches Camp beziehen, fällt die erste Wache Marion zu. Sie schläft «trotz unbeschreiblicher Müdigkeit nicht ein». Man habe, schreibt sie später, ein Gefühl für das, was dort draußen vor sich geht – «selbst wenn man nichts sieht und hört». Zwanzig Schritt vor dem Lager ließen sie wie stets ein «Luder» (wie das Aas in der Jägersprache genannt wird): um die Räuber anzulocken und zugleich abzulenken. «Einmal hörte ich ganz weit ein kurzes Knurren, aber dann für Stunden nichts. Plötzlich ein dunkler Schatten, der sich schleichend dem Luder nähert. Ich hebe ganz langsam die Büchse, sehe im Glas sofort, dass es keine Hyäne ist, kann aber nicht genau sagen, was sonst. Halte es für eine Löwin, weil die Mähne fehlt. Entsetzlich aufregend, mein Herz klopft so, dass ich kaum den Abzug mit zittrigen Fingern finde. Dann eine Sekunde forcierter Ruhe, es knallt, ich repetiere irrsinnig schnell, trete Toffy in die Seite um ihn endgültig aufzuwecken, und wir hören ein tiefes Grunzen und Stöhnen, dann vollständige Stille. Es folgt eine entsetzliche ¼ Stunde, in der wir immer wieder debattieren, was es sein kann. Das Licht ist zu schlecht, man sieht nichts – Toffy hält fest an der Meinung, dass es doch eine Hyäne sei, aber mehr, um mich vor eventuellen Enttäuschungen zu bewahren. Schließlich nehmen wir jeder seine Büchse und eine Taschenlampe und nähern uns langsam dem Luder. Auf 10 Schritt sehe ich Flecken, und weiß Gott da liegt ein klotziger Leopard.»

Der Höhepunkt der ganzen Safari. Ein Leopard, fügt sie mit Waidfrauen-Stolz hinzu, sei viel seltener als ein Löwe. Als es Tag wird, lässt sie sich mit der Beute fotografieren: vermutlich die einzige deutsche Gräfin, die jemals – obendrein gerade erst volljährig geworden – die mithin edelste aller Raubkatzen erlegte. Voller Trauer verabschiedet sie sich wenige Tage später vom «Leben mit Töffchen im wirklichen Afrika» ... Von der Erinnerung werde sie lange zehren, hält sie fest. Im Jahre 1931 heiratete Bruder Christoph, dem Widerstand der Familie trotzend, seine Vera geborene Burkart. Die glücklichste Ehe wurde die Verbindung nicht.

Im Sommersemester nahm Marion das Studium in Königsberg wieder auf. Im Wintersemester wird sie in Frankfurt sein, später den Cousin Heinrich und die Cousine Sissi Lehndorff an ihrer Seite, beide mit ihr von Kind auf vertraut.

· Kapitel 6 ·

Im linken Winkel des «geheimen Deutschland»

Frankfurt: Marion logierte im Hause des Bankiers von Metzler, mit dem die Familie befreundet war, in einer der – damals noch – ruhigen Straßen des schönen Westends. Nach ihrer Ankunft am 1. November 1931 setzte sie ein anderes Mal zu einem Versuch an, Tagebuch zu führen. Mit einem hübschen Quant Selbstironie schrieb sie von den Beschwerlichkeiten der Anreise. In einem Bummelzug kam sie «von Linz herauf».

War sie in den Bergen, war sie in Wien? Wo immer sie sich aufgehalten haben mochte: Ihre Barschaft war aufgezehrt. Sie hatte noch genau eine Mark und fünfundsiebzig Pfennige in der Tasche, die sie für das Taxi in Frankfurt in Reserve zu halten gedachte. Indes, sie teilte bei der zwölfstündigen Reise das Abteil mit einer achtköpfigen Artistenfamilie (und ihrem Papagei), deren Mitglieder nicht nur laut waren, sondern unentwegt Scheiben von einer wohlgewürzten Salami absäbelten oder sich an einem «fürchterlich duftenden tschechischen Käse» labten. Sie hatte Hunger. Es blieb ihr nichts anderes, als sich mit «geringen Abfällen des Speisewagens» zu nähren. Wie soll man das verstehen? Leerte sie heimlich den Mülleimer aus? Verschlang sie, was die Gäste auf den Tellern gelassen hatten? Oder bestellte sie nur bescheiden Butter und Brot? Immerhin las sie, um sich abzulenken, in einem Buch Dostojewskis.

Die standesgemäße Vorfahrt bei ihren Gastgebern hätte es nicht gebraucht, denn die Metzlers waren nicht zu Hause. In den Tagen nach ihrer Ankunft erkundete sie auf langen Spazierwegen die fremde Stadt und ihren – in jenen Tagen – noch eher stillen Charme. Die ersten Eindrücke von der Universität scheinen sie freilich nicht beflügelt zu haben. Im nächsten Fragment des Tagebuches – ein kleines Bündel von losen Blättern, mehr ist es nicht – wurde ihr Gemüt von Melancholien überschwemmt: Wenn sie das Jahr, wenn sie ihr Leben überschaue, notierte sie an Silvester 1931, noch keine zwei Monate nach dem Frankfurter Anfang, in einer fahrigen, kaum lesbaren Schrift, dann ergreife sie das Gefühl namenloser Leere, nicht mehr Finsternis und Verzweiflung wie manchmal früher, nein, nur noch grausame Leere und Müdigkeit. Wenn sie einst nächtelang mit ihren «unreifen» Gedanken – sie selbst setzte die Anführungszeichen – über Gerechtigkeit, «Weltordnung» und Wahrheit gekämpft und gerungen habe, so ergreife sie jetzt ein furchtbarer Zweifel. Ob es wirklich das Reiferwerden sei, das diese Probleme lösen könne – oder ob einfach das «Stumpferwerden» drohe, vor dem sie immer gezittert habe? Sie fürchte, es sei Müdigkeit und nicht Reife – das «Senken der Waffen»: «mir scheint, ich fange an, Konzessionen an das Leben und seine soziale Ordnung und die ‹ehernen Gesetze› zu machen ...» Sie beginne, sich «dieser Welt zu assimilieren und mich ihrer Ungerechtigkeit zu beugen».

Am Neujahrstag fuhr sie fort: Sie glaube, dass diese Jahreswende eine Zeitenwende sei, eine Geisteswende. Denn was seien Wirtschaftskrise, Geldkrise, Währungskrise samt ihren Konferenzen und Kongressen, gemessen an der «Krise des Menschen»? «Die Atmosphäre ist voller Hochspannung widerstreitender Polaritäten.» Es gehe so nicht weiter, es müsse zu einer Klärung kommen, zu einer Erneuerung, «sonst gehen die Menschen in kürzester Zeit zugrunde. Man kann ja förmlich spüren ... wie es einen allmählich zerfrißt und zerbröckelt.»

Marion verzeichnete nicht, wo sie diese (etwas unbeholfenen) Worte einer schmerzlichen Erregung niedergeschrieben hat. War sie für die Weihnachtsferien nach Friedrichstein gereist? Oder in Frankfurt geblieben? Feierte sie – soweit ihr nach Feiern zumute war – bei Freunden? Der geliebte Vetter Heinrich Lehndorff und die Cousine Sissi kamen erst 1932 nach Frankfurt, Heini, um sich an der Universität umzusehen, Sissi, um Krankenpflege zu lernen. Beide brachten ein Stück Heimat an den Main. Mit beiden war sie von Kind auf innig vertraut. Von Heinrich Lehndorff darf man sagen, dass er eine der großen Lieben ihres Lebens war. Aber in jener Silvesternacht: Fühlte sie sich einsam? War eine Liebe, eine Freundschaft zerbrochen?

Frankfurt: Sie wollte vor allem die volkswirtschaftlichen Kollegs von Adolf Löwe hören, der aus Kiel zum Institut für Sozialwissenschaften übersiedelt war, das Max Horkheimer aufgebaut hatte. Beide wurden 1933 ins Exil gezwungen, Löwe wirkte als Adolph Lowe an der Neugründung des Instituts in Kalifornien mit. (Marion schrieb ihm eine Laudatio, die ihr gemeinsames Thema, die Zähmung des Kapitalismus, kräftig akzentuierte.) Indes, nicht nur Löwe besetzte das Zentrum ihrer Interessen. Sie hörte bei Max Horkheimer, dem hochgebildeten, listig-amüsanten (und sehr wohlhabenden) Schwaben, hörte bei Hendrik de Man und bei Karl Pribam.

Je öfter Marion Dönhoff Jahrzehnte später den Blick auf ihre Anfänge zurückwarf, umso kräftiger setzte sie den Akzent auf die beiden Studienjahre in Frankfurt, von denen sie meinte, dass sie für ihre Entwicklung entscheidend gewesen seien: Dort, davon war sie überzeugt, erfuhr sie ihre politische Prägung. Die Universität der alten Geld- und Handelsstadt war jung: erst im Jahre 1912 gegründet, gestützt auf ein selbstbewusstes Bürgertum, das sich für neue Strömungen der Wissenschaft und für die Signale der Moderne womöglich offener zeigte, als es die traditionellen Residenzen der Gelehrsamkeit sein konnten – das nahe Heidelberg, vor dem Ersten Weltkrieg die Hauptstadt der deutschen Geisteswissenschaften, das romantische Tübingen oder Göttingen, das in mancher

Hinsicht als ein Kind der englischen Aufklärung betrachtet werden konnte.

Eine evangelisch-theologische Fakultät gab es 1931 in Frankfurt nicht (die Katholiken hatten ihre eigene Hochschule): Also berief das Rektorat Paul Tillich, den Begründer der sozialen Theologie (der bisher in Marburg gelehrt hatte), kurzerhand als Ordinarius in die philosophische Fakultät. Der geistige Vater des «christlichen Sozialismus» sammelte auch in Frankfurt rasch einen Kreis von hochtalentierten, zugleich dem Leben freundlich zugewandten Menschen um sich, ermutigt von seiner Frau Hannah, einer ebenso intelligenten wie unterhaltenden Dame, die den jungen Harald Poelchau aus der schlesischen Provinz, der bei ihrem Mann promovierte, seiner ländlichen Unschuld wegen (der vermeintlichen) zärtlich ihren «Wiesenprinzen» nannte: ein merkwürdiger Titel für den Mann, der hernach – als Gefängnispfarrer in Berlin-Tegel – eine zentrale Figur des Widerstandes im Kreis um den Grafen Helmuth von Moltke werden sollte, überdies der unerschrockene Helfer und Retter von weiß Gott wie vielen untergetauchten Juden, die ein Dach über dem Kopf, Essen, Kleider und Geld brauchten. Aus einem Brief Hannah Tillichs an Marion Dönhoff aus dem Jahre 1976 lässt sich schließen, dass die beiden einander in Frankfurt begegnet sind. Marion lernte vermutlich auch ihren Mann kennen, der mit seiner überwachen erotischen Witterung jede attraktive Frau in weitem Umkreis wahrzunehmen pflegte. Indessen scheint die Begegnung flüchtig gewesen zu sein. Zum inneren Kreis Tillichs gehörte sie nicht.

In der Umgebung des unkonventionellen Theologen hätte Marion in der Tat manchen bemerkenswerten Kopf angetroffen, zum Beispiel jenen Doktoranden, dessen blitzender Intellekt und dessen stupende Bildung sie womöglich eingeschüchtert haben würden (wie es so vielen erging): Theodor Wiesengrund, der unter dem Namen Adorno hernach Weltruhm gewinnen sollte. Er schrieb in jenen Jahren seine Habilitationsschrift, die Tillich mit seinem raschen Witz kommentierte: «Natürlich großartig, Herr Wiesengrund, doch – ehrlich gesagt – habe ich kein Wort verstanden» – eine Szene, der nach Adornos Rückkehr aus dem Exil eine ironische Wiederholung beschert war. Als er das Referat eines seiner talentiertesten Studenten mit just diesen Worten kommentierte: «Brillant – leider habe ich kein Wort verstanden», blieb der junge Mensch, anders als Wiesengrund, nicht stumm. «Das glaube ich Ihnen gern, Herr Professor», erwiderte er rasch, mit einem unüberhörbaren ostpreußischen Akzent und einem kleinen, etwas schiefen Lächeln. (Es war Joachim Kaiser, einer der bedeutendsten Musik-, Theater- und Literaturkritiker der Nachkriegsepoche.)

Es ist nicht sicher, ob sie regelmäßig die Vorlesungen von Max Horkheimer hörte, vielleicht auch an seinen Seminaren teilnahm: einer der Sterne am intellektuellen Firmament der deutschen Linken, übrigens damals noch Anhänger der kommunistischen Partei. Auf Spuren stießen wir nicht. Sie hätte bei Karl Mannheim hören können, und vielleicht wäre sie auf dessen brillantesten Schüler Richard Löwenthal aufmerksam geworden, zuzeiten Vorsitzender des kommunistischen Studentenbundes, in der englischen Emigration durch Stalins «Säuberungen» zum Sozialdemokraten bekehrt, nach dem Krieg Korrespondent des «Observer» in Bonn, schließlich Professor an der Freien Universität in Berlin: ohne Zweifel einer der bedeutendsten deutschen Intellektuellen des zwanzigsten Jahrhunderts, ohne den die geistige Formung der SPD nach 1945 nicht denkbar ist.

Dies wären interessante Gesprächspartner gewesen, wenn es sie in der Tat so heftig «zu den Roten» zog, wie sie in der Neige der Jahre wohl allzu entschieden betonte: ein selbstgerechter Philister, der ihr das ankreiden wollte, da jeder unter uns, der die Strömungen der Zeit mit halbwegs sensibler Offenheit aufnimmt, die eigene Biographie weiterformt. Sie nahm an linken Studententreffen teil, und natürlich hatte Marion Dönhoff mit den «Rechten» an der Universität nichts zu schaffen. Es versteht sich, dass sie vom antisemitischen Pöbel in der Studentenschaft angewidert war. Gewiss zögerte sie auch nicht, sich in kommunistischen oder sozialdemokratischen Versammlungen umzuschauen, um ihre Abneigung gegen die Nazis bestätigt zu sehen. Man sah sie auch im «Café Laumer» an der Bockenheimer Landstraße, das in jenen Jahren gern «Café Marx» genannt wurde (woran sie sich, sechzig Jahre später, in der Korrespondenz mit einem einstigen Kommilitonen genau erinnerte).

Durch ihren Hausherrn Metzler lernte sie Kurt Riezler kennen, den Kurator der Universität, einst Diplomat und Berater des Reichskanzlers Bethmann Hollweg, verheiratet mit einer Tochter des großen Malers Max Liebermann. Riezler wurde von den beiden Professoren Walter F. Otto und Karl Reichhardt angeregt, Ernst Kantorowicz nach Frankfurt zu holen: den strahlenden Stern unter den jungen Historikern, der durch seine – von poetischem Elan getragene – Biographie des brillanten und so vielfältig gebildeten Stauferkaisers Friedrich II. hellen Ruhm (aber auch manch feindselige Kritik) geerntet hatte: des großen Herrschers, von dem der Autor selber in einem seiner Gedichte sagte, er habe des «Morgenlandes ungeheuren Traum/Weisheit der Kabbala und Römerwürde» in sich vereint.

Riezler und seine Frau luden die junge Gräfin zu den Abendmahlzeiten mit Kantorowicz. Die beiden fanden rasch Gefallen aneinander, zumal «Eka» (wie Kantorowicz von seinen Freunden genannt wurde) ein Mann «von fast berückender Liebenswürdigkeit war». Ein Berliner Kollege schilderte ihn als eine Art «Dandy in Kleidung und Auftreten», «in faszinierender Weise exotisch», mit eher «lateinischen» als «jüdischen» Zügen begabt, wie ein Spanier wirkend. Es ist durchaus denkbar, dass Edgar Salin ein paar empfehlende Zeilen an Ernst Kantorowicz geschickt hatte: Beide gehörten sie zum engeren Kreis der Jünger Stefan Georges, des priesterlichen Poeten, der das deutsche Geschick – untergründig und für den raschen Blick kaum sichtbar – tiefer mitgeprägt hat als wohl jeder andere Dichter seit den Zeiten der Klassik. Nur dass der «George-

Kreis» nach Auskunft von Kennern kein Kreis war, sondern eine Lebensprozession der «Jünger» in wechselnder Gefolgschaft, von stillen Hierarchien bestimmt, die einander ablösten – ganz wie es Gunst und Ungunst des Meisters verlangten. Kantorowicz glückte in seinem frühen George-Buch aus dem Jahre 1920 in einer Fußnote eine ironische Präzisierung des George-Kreises ex negativo: «Ein sicheres Zeichen dafür dass einer nicht ihm angehört ist, wenn er sich rühmt ihm anzugehören ...»

Gewiss las Marion später Edgar Salins Bekenntnisbuch «Um Stefan George» (aus dem Jahre 1948), in dem es – zumal für einen Professor der Nationalökonomie – machtvoll poetisch rauscht: «Heidelberg», schrieb er von seiner Zeit mit dem Meister, «war in den Jahren vor dem ersten Weltkrieg die geheime Hauptstadt des geheimen Deutschland ...» Von der ersten Begegnung berichtete er: Gundolf (der große Literaturwissenschaftler, damals Haupt- und Lieblingsjünger des Meisters) «nahm die Petroleum-Lampe und stellte sie auf den Schreibtisch, nah dem äußern Rand, so daß vom Fenster her der ganze Raum ein mattes Licht empfing. Derweil wir seinem Tun mit den Augen folgten, ward fast unhörbar die Tür in unserem Rücken geöffnet und wieder verschlossen. Nur an leisem Atmen hinter uns wurden wir gewiss, daß wir nicht mehr mit Gundolf allein im Raum waren und wandten uns um, sehr langsam, sehr furchtsam. Vor uns stand Stefan George. George ging mit schnellen Schritten zum Schreibtisch und wandte sich uns zu: ‹Sie sind Gundolfs Schüler?› Wir bejahten, – nein, wir sprachen ein ‹Ja›, vor dessen Klang wir selbst erschraken. In der Stille des Zimmers, in welcher das laute Pochen des Herzens der einzig vernehmbare Ton zu sein schien, fiel unser ‹Ja› aus einer Lage der Stimme und der Brust, die wir selbst nicht kannten, und schwebte im Raum, solange des Dichters Blick freundlich-ernst und forschend auf uns ruhte ...»

Der hohe Ton muss Marion, die unsere Welt und die Menschheit in der Regel nüchternen Sinnes gemustert hat, eher fremd gewesen sein. Indes, die Sprache der Zeit war in den «gehobenen Kreisen» und ihrer Literatur alles in allem noch aufs Höhere gestimmt – entgegen der «Neuen Sachlichkeit», der ironischen Gebrochenheit Döblins, der herben Gesänge Bertolt Brechts, der zynisch-sentimentalen Sprache eines Tucholsky oder der spottenden Melancholie eines Kästner. Beschlich sie nicht bei der Lektüre von Salins Konfessionen ein leises Gefühl der Peinlichkeit? Hatte sie die George-Nähe in seinen volkswirtschaftlichen Kollegen und Seminaren gar nicht wahrgenommen?

Auch Ernst Kantorowicz war von Hause aus Nationalökonom und Wirtschaftshistoriker – darin Edgar Salin verbunden. Er gehörte zu den Vertrauten, die sich im Jahre 1919 in Heidelberg um den kranken George kümmerten, der damals von den ersten Symptomen des Blasen- oder Prostata-Krebses heimgesucht wurde (dessen Folgen er schließlich erlag): ohnedies eine bittere Zeit für den Meister, da sich sein vertrautester Schüler, der Literaturhistoriker Friedrich Gundolf, um einer Frau willen von ihm gelöst hatte (George hat ihm die Heirat, die er dem Jünger streng zu verwehren versuchte, niemals verziehen, und er hielt Gundolfs frühen Tod im Sommer 1931 im Alter von 51 Jahren wohl für die gerechte Strafe für seinen Rückzug aus dem heiligen Bund). Ein anderer aus der «ersten Reihe» des Kreises, der Chemie-Industrielle Robert Boehringer, schrieb in seinen Erinnerungen, George habe Kantorowicz einen «chevalier» genannt, wie man ihn nicht mehr sehe: «Geschmeidig und doch männlich fest, weltmännisch, elegant in Kleidung, Geste, Sprache ...» Er habe etwas von einem Florettfechter gehabt. «Sein durchdringender Verstand paarte sich mit einer erstaunlichen Fähigkeit des Zusammensehens.» Darauf beruhe «seine großartige und lebendige Anschauung und Darstellung der Geschichte».

Nein, es ist nicht erstaunlich, dass dieser unprofessorale Professor Marion Dönhoff tief beeindruckte. Der «Linken» konnte Kantorowicz freilich nicht zugeordnet werden, und man zögert, ihn einen

Liberalen zu nennen. Der Kriegsfreiwillige Kantorowicz war mit dem Eisernen Kreuz ausgezeichnet worden, und er hatte es bis zum Vizewachtmeister gebracht; er bekannte sich ohne langes Fackeln dazu, dass er als Mitglied eines der nationalistischen «Freicorps» 1919 die polnischen Freischärler in seiner Heimat Posen, die «Spartakisten» in Berlin und das «Räteregime» in München bekämpft hatte: ohne Zweifel ein flammender Patriot von deutsch-nationaler Gesinnung.

Marion scheint sich daran nicht aufgehalten zu haben. Sie wurde von den Herren der Abendgesellschaft, zu der auch der Finanzwissenschaftler Albert Hahn gehörte, zärtlich-ironisch «Stud» gleich Studentchen genannt, zechte kräftig mit, und sie unternahm mit «Eka» gern gemütliche Ausflüge zu den Weindörfern über dem Rheintal und drüben in der Pfalz. Eine kluge alte Dame in München, die den Nachlass von Max Kommerell verwaltet, des glänzenden Literaturwissenschaftlers und Dichters (der bis 1931 zu den Favoriten unter Georges Jüngern zählte), meinte beobachtet zu haben, dass Marion in den gutaussehenden Professor Kantorowicz, damals ein Mann Mitte dreißig, ganz und gar «verschossen» gewesen sei, allerdings in scharfer Konkurrenz mit einer Baronesse von Wangenheim, die einen teuren amerikanischen Sportwagen fuhr, während Marion sich nur ein altes Opel-Cabrio leisten konnte, das sie zusammen mit Heinrich Lehndorff für zweihundert Reichsmark erstanden hatte: kein sehr zuverlässiges Gefährt, weshalb sie stets ihr Fahrrad aufs Verdeck schnürte, mit dem sie im Notfall ans Ziel gelangen oder einen Mechaniker herbeiholen konnte.

Man hat später versucht, Kantorowicz und seine Freunde aus dem George-Anhang der «konservativen Revolution» zuzuweisen (der George-Biograph Thomas Karlauf berichtet davon): jenen irisierenden Geistern im Umkreis von Hans Zehrers Zeitschrift «Die Tat», zu denen der Historiker Hans Freyer gezählt wird, neben ihm so differente Erscheinungen wie Reichskanzler von Papens Ghostwriter Edgar Jung (der bei der blutigen «Säuberung» im Juni

1934 ermordet wurde), aber auch der «Nationalbolschewist» Ernst Niekisch, der Jurist Carl Schmitt (der für den ersten großen Mord des Führer-Regimes die staatsrechtliche Rechtfertigung geliefert hat), auch Moeller van den Bruck, der den Begriff des «Dritten Reiches» in die Welt gesetzt hatte, der «Stahlgewitter»-Autor Ernst Jünger, der damals an der nationalbolschewistischen Zeitschrift «Der Widerstand» mitwirkte, dazu sein lyrisch begabter Bruder Friedrich Georg Jünger.

Eine personelle Berührung zwischen dem George- und dem «Tat»-Kreis indes existierte: In Georges letzten Lebensjahren war der junge Bildhauer Frank Mehnert zu einem der Lieblingsjünger avanciert, ein Bruder von Klaus Mehnert, der zu den Getreuen Hans Zehrers zählte, freilich auch den Brüdern Strasser nahestand, die mit Hitler um die Führung der Nazi-Partei konkurrierten. Gregor Strasser wurde, man weiß es, im Gefolge des «Röhm-Putsches» liquidiert. Otto Strasser flüchtete nach Kanada. Auch Klaus Mehnert zog sich aus dem Machtbezirk des «Dritten Reiches» zurück, zunächst als Korrespondent nach Moskau, danach in die Vereinigten Staaten. Er lehrte an der Universität von Hawaii europäische Geschichte und wanderte vor dem Beginn des pazifischen Krieges via Tokio weiter nach Schanghai, wo er eine deutsche Propaganda-Zeitschrift in englischer Sprache herausgab.

Die Amerikaner schickten Klaus Mehnert schließlich nach Deutschland zurück, wo er sich als Chefredakteur der Wochenzeitung «Christ und Welt» des Widerstandsmannes Eugen Gerstenmaier etablieren konnte – zweifellos dank der Nähe seines (1943 in Russland gefallenen) Bruders Frank zu Claus und Berthold von Stauffenberg, die mit ihm zusammen Totenwache an der Bahre des Dichters hielten, als George am 4. Dezember 1933 im Schweizer Asyl durch Stillstand des Herzens starb. (Der Autor dieses Buches hat – im Jahre 1949 oder 1950 – eine schwere Bronze-Büste Claus Stauffenbergs, die von Frank Mehnert stammte, in einem großen Blumenkorb versteckt mit der S-Bahn unter den Augen der kontrollierenden «Volkspolizei» von Ost-Berlin nach West-Berlin transportiert, was kein ganz ungefährliches Unternehmen war: nicht Stauffenbergs wegen, sondern weil der Schmuggel von Buntmetallen mit der schwersten Strafe geahndet wurde. Die Büste steht seitdem in Stauffenbergs Schule, dem Eberhard-Ludwigs-Gymnasium in Stuttgart.) Man sagte übrigens von dem Bildhauer Frank Mehnert, er habe unter dem niederschmetternden Eindruck der Mordserie am 30. Juni 1934 mit der Axt eine Büste Hitlers zertrümmert, die sein eigenes Werk war.

Mit den politisch-ideologischen Irrungen und Wirrungen der Zirkel um Hans Zehrer oder Ernst Jünger hatten George und sein Anhang wenig zu schaffen. Der «bündische Geist» aber berührte beide Sphären. Im George-Kreis hatte sich der homo-erotische Hauch, der die gesamte Jugendbewegung durchwehte, zu einer Feier der – pädagogisch sublimierten oder auch weihevoll praktizierten – Päderastie verdichtet, die für den Meister die Erfüllung edelster Liebe, ja (laut Thomas Karlauf) die «höchste geistige Daseinsform» zu sein schien. Dem Meister hübsche, graziöse, begabte Knaben zuzuführen («sS», wie sie im internen Jargon genannt wurden, gottlob nicht in Runenschrift geschrieben, was zu den «sehr Süßen» nicht so recht gepasst hätte) – diese Art der Edel-Kuppelei gehörte zu den bedeutendsten Pflichten der privilegierten Großjünger (eine Aufgabe freilich, der sich Kantorowicz niemals unterzog).

Marion stieß später unfreiwillig auf einen Zeugen jenes Kultes: Hermann Speer, der ältere Bruder des Führer-Intimus, Architekten und Rüstungsministers Albert Speer, versuchte bei der «Zeit»-Herausgeberin Interesse für seine eigenen Memoiren, vor allem aber für seine Korrektur eines «Spiegel»-Artikels zu wecken. In seinem sehr offenherzigen und etwas redseligen Brief berichtete er von seinen frühen Verbindungen zu den George-Freunden Friedrich Gundolf, Edgar Salin, Edith und Julius Landmann. Er glaubte sich zu erinnern, wie sie, Marion Dönhoff, in Basel «unter den Bäumen des Münsterplatzes» herumgehuscht sei, «in einer Art Windjacke». Sie habe «nach Pferden und Acker» ausgesehen, doch sich offensichtlich in der Schweiz wohlgefühlt. Dann gestand er: «Ich hatte eine sehr intensive und direkte Begegnung mit George im Frühjahr 1921 ..., an deren Ende mein besorgter Vater mich in die Psychiatrische Klinik Heidelberg einlieferte, wo ich den Ärzten ... das Erlebnis zu erklären versuchte, die mich wegen der vollständigen Unzugänglichkeit meines Weltbildes als schizophren diagnostizierten, was sich nicht ganz bestätigt zu haben scheint.» Nach einer Studie von Dan van der Vat («Der gute Nazi») war es freilich der Dichter, der dem Jungpoeten Hermann Speer «den Laufpass gegeben» hat – und Hermann habe danach geklagt, durch die Affäre sei seine Jugend zerstört worden. Albert Speers älterer Bruder scheint alles in allem nichts von der Lebenstüchtigkeit bewiesen zu haben, über die der Jüngere im Übermaß gebot. Aus seinem Studium wurde nichts. Einen rechten Beruf fand er nicht. Albert scheint ihn immerhin vor der Einberufung zur Wehrmacht bewahrt zu haben. Schließlich schlug er sich als Industrie-Fotograf durch, und er beteiligte sich an der Herausgabe einiger Fachbücher. Vermutlich hätte er gern an den Erfolgen Alberts partizipiert, die dem «Leibarchitekten» nach der Entlassung aus dem Kriegsverbrechergefängnis von Spandau dank des hingebungsvollen Engagements seiner Ghostwriter Wolf Jobst Siedler und Joachim Fest zuteilwurden. Die Antwort der Gräfin auf seine Briefe, ohnedies wegen einer Reise sehr verspätet, fiel unverbindlich aus. Auch beim Verleger Siedler hatte er kein Glück, der übrigens von seinem Autor Albert in betonter Feierlichkeit nur als von «Ihrem Herrn Bruder» sprach.

Das hohe Pathos, mit der die George-Elite und vor allem der Meister selbst die magische Idee des «Reiches» zelebrierten, demonstrierte eine gewisse Nähe zur «konservativen Revolution», wenn auch keinesfalls eine Identität. George hat sich gehütet, das Dritte Reich des Braunauers als die Erfüllung seiner mythischen Hoffnungen zu preisen: Die Nazis waren ihm, um es so brüsk wie möglich zu sagen, zu ordinär. Seine «Führer»-Idee wurzelte in der geistigen

Hoheit der Dichter und Denker. Die jüdischen Freunde beweisen, dass er vom Rassenwahn des «Führers» nichts hielt, obwohl er sich zu einem öffentlichen Bannfluch gegen die Ächtung der Juden nicht entschließen konnte. Immerhin weigerte er sich, 1933 ein Ehrenamt in der gesäuberten Akademie der Künste zu übernehmen, und er zog es vor, in der Schweiz zu sterben und begraben zu werden. Schon zu Anfang der dreißiger Jahre hatte er – laut der Studie von Manfred Riedel über «Stefan George und die Brüder Stauffenberg» – düster prophezeit, wenn der Nationalsozialismus zur Macht komme, werde «in Deutschland jeder mit einer Schlinge um den Hals herumlaufen, um ihn aufknüpfen zu können; und wer das nicht wolle, werde gleich aufgehängt». Hinter Hitler, stellte der Meister fest, stehe weder «das Kapital» noch «das Militär», sondern «der Galgen»; die Deutschen, fuhr er fort, wüssten gar nicht, «wie klein der Hund ist, auf den man kommen kann». Laut Riedel verbot er seinen Jüngern den Beitritt zu nationalsozialistischen Organisationen. Daran haben sich nicht alle Gefolgsleute gehalten. Manche wichen später ihren jüdischen Gemeindegenossen lieber aus.

Der Führerkult in Georges Gefolgschaft wurde von manchen Bewunderern am Rande in naivem Enthusiasmus dennoch auf den Führer des Dritten Reiches übertragen. In Wahrheit entsprach Adolf Hitler kaum Max Webers Einsicht, dass «Charisma» das Wesen und die Wirkung des Führertums bestimme. Das Wunderkind der Germanistik, der kleine Max Kommerell aus Münsingen auf der Schwäbischen Alb – «Maxim» für die Eingeweihten –, verstand Webers Botschaft vom Charisma sehr genau: 1928 hatte er, gerade sechsundzwanzig Jahre alt, mit seinem Buch «Der Dichter als Führer in der deutschen Klassik» frühen Ruhm gewonnen. Natürlich war der Essay auch eine Huldigung an George, dessen Nähe sich dank des Schulfreundes Berthold Stauffenberg ergeben hatte. Berthold und Claus hatten 1924 dem Meister in Berlin ihre Aufwartung gemacht. Das Foto von jener Begegnung zeigt einen verzückt schwärmenden

Berthold und einen reservierteren Claus. Die Freundschaft der Brüder mit Max Kommerell zerbrach, als sich der Literaturwissenschaftler von George zurückzog und damit – in den Augen des Meisters wie seiner Jünger – zum «Verräter» wurde und eine untilgbare Schuld auf sich lud. Er wurde von nun an vom Meister, auch seiner Kleinwüchsigkeit wegen, nur noch «die Kröte» genannt. Die beiden Stauffenbergs reagierten auf kein Zeichen der Verbundenheit, das ihnen Kommerell von Zeit zu Zeit zukommen ließ.

Claus, der die Offiziers-Karriere gewählt hat, trug die Botschaft Georges vom «Geheimen Deutschland» durch sein Leben bis zum dramatischen Ende: Ihm galt der letzte Schrei vor dem Hinrichtungskommando im Hof des Oberkommandos des Heeres in der Berliner Bendler-Straße, der von unkundigen Zeugen zunächst als der Ruf «Es lebe das heilige Deutschland!» missverstanden wurde – eine rätselhafte Formel angesichts der Verbrechen des Dritten Reiches, von denen Claus Stauffenberg wusste, ja, die ein essenzielles Motiv seiner Tat waren, wie jüngst gefundene Dokumente beweisen. Das Pathos des «Geheimen Deutschland», zu dem sich der Attentäter angesichts des Todes bekannte, ist uns freilich genauso fremd geworden wie Georges «hoher Ton» insgesamt, die Feierlichkeit seiner (im Unterschied zur Poesie Hofmannsthals) nicht allzu musikalischen Verse, der hohepriesterliche Anspruch, der das Gesicht des Meisters in jeder der hundert Fotografien zeichnet, die Boehringer für den Anhang seines Buches zusammengetragen hat: nicht *ein* Bild, auf dem George lacht oder auch nur lächelt.

Die Brüder Stauffenberg hatten Ernst Kantorowicz auf seiner Studienreise nach Italien (zur Vorbereitung der Friedrich-Biographie) begleiten können, von der immensen Bildung des Gelehrten profitierend. Vielleicht war es «Eka», der am Sarkophag des Stauferkaisers Friedrich II. im Dom von Palermo einen Kranz mit einer Schleife niederlegte, auf der geschrieben stand: «SEINEN KAISERN UND HELDEN. DAS GEHEIME DEUTSCHLAND». Die Formel freilich war älter. Nach der Auskunft der Kantorowicz-

Experten Robert L. Benson und Johannes Fried war es der George-Gefährte Karl Wolfskehl, der im Jahre 1910 in den «Blättern für die Kunst und die neueste Literatur» geschrieben hat: «Denn was heute unter dem wüsten Oberflächenschorf noch halb im Traume sich zu regen beginnt, das geheime Deutschland, das einzig lebendige in dieser Zeit, das ist hier, nur hier zu Wort gekommen. Dass dies geheime Deutschland nicht verdorrt ist, dass es ... herauf will ans Licht, das gibt uns die tiefe Zuversicht für die Zukunft ...» Wie mag Wolfskehl, der in Neuseeland Zuflucht vor den nazistischen Schergen gesucht hat (und dort auch, sehr einsam, gestorben ist), über jene mythische Wegweisung angesichts des mechanisierten Massensterbens in den «Materialschlachten» des Ersten Weltkriegs gedacht haben? Und was, als er – aus der antipodischen Ferne – nur zu genau konstatierte, wozu dieses unheimliche (und keineswegs mehr geheime) Deutschland fähig war?

Es wäre denkbar, dass Marion Dönhoff im Umkreis von Kantorowicz den beiden Stauffenbergs begegnete. Sie hat dies nirgendwo ausdrücklich vermerkt, obschon sie später mehr als einmal darauf hinwies, sie habe die beiden Stauffenbergs, die sich im Widerstand geopfert haben, früh kennengelernt (den dritten, den überlebenden Bruder habe sie weniger gut gekannt). Es ist seltsam, dass sie die erste Berührung und die späteren Kontakte niemals genau geschildert hat.

Doch die Botschaft des «Geheimen Deutschland» trug auch sie mit sich fort – obwohl Frauen im engeren Umkreis der George-Gemeinde nichts zu suchen hatten. Spätestens bei dem makabren und zugleich so hochgestimmten Abschied von Kantorowicz von der Frankfurter Universität prägte sich ihr die Formel ein für alle Mal ins Gedächtnis. Sie beobachtete mit Entsetzen, dass nur wenige Wochen nach der «Machtergreifung» Hitlers beim «Großreinemachen» an der Universität (wie die «Frankfurter Zeitung» schrieb, gewiss mit einem parodistischen Unterton) die jüdischen und marxistischen Professoren vor die Tür der Universität gesetzt wurden. Von der «Säuberung» waren zunächst nur die «Frontkämpfer» des Ersten Weltkriegs ausgenommen. Kantorowicz wäre damit vor der Entlassung geschützt gewesen. Doch sein Stolz befahl ihm, am 20. April 1933 – zu Führers Geburtstag – beim Preußischen Ministerium für Wissenschaft, Kunst und Volksbildung seine Beurlaubung zu beantragen. Seine Begründung verdient es, zitiert zu werden: «Denn solange ein deutscher Jude – wie in der gegenwärtigen Zeit der Umwälzung – schon durch seine Herkunft fast für einen ‹Landesverräter› gelten kann; solange jeder Jude als solcher rassenmäßig für minderwertig erachtet wird; solange die Tatsache, überhaupt jüdisches Blut in den Adern zu haben, zugleich einen Gesinnungsdefekt involviert; solange jeder deutsche Jude sich einer täglichen Antastung seiner Ehre ausgesetzt sieht ...; solange ihm als Studenten das akademische Bürgerrecht versagt, der Gebrauch der deutschen Sprache nur als ‹Fremdsprache› gestattet wird ...; solange daher jeder deutsche wahrhaft national gesinnte Jude ... seine nationale Gesinnung eher schamhaft verbergen muß, als dass er sie unbefangen kundtun dürfte; solange erscheint es mir als unvereinbar mit der Würde eines Hochschullehrers, sein nur auf innerer Wahrheit begründetes Amt verantwortlich zu versehen ...»

Die Empfänger jenes Schreibens, von denen manche wohl schon das «Bonbon» der NSDAP-Mitgliedschaft am Beamtenrock trugen, dürften sich bei der Lektüre dieser erstaunlichen Zeilen die Augen gerieben und sich heimlich gewundert haben, zu welch virtuoser Steigerung sich das Deutsche als «Fremdsprache» fähig erwies. Übrigens scheint George den Entwurf des Briefes gesehen und gebilligt zu haben. Kantorowicz' Abschiedsvorlesung, bei der er kein Blatt vor den Mund nahm, war in der Tat eine Feier des «Geheimen Deutschland», die nicht alle Studenten, hoch getönt, wie sie war, verstanden haben dürften. Marion Dönhoff, die dem Professor mit aufmerksamer Liebe lauschte, nahm die Botschaft auf und trug sie mit sich durch die Jahrzehnte. In einer Anthologie von Gedichten, die Freunde von Carlo Schmid – diesem Monument linksliberalen

Bürgergeistes – mit eigener Hand für einen Geschenkband zum achtzigsten Geburtstag aufschrieben, wählte Marion Dönhoff die Verse aus dem «Stern des Bundes»: «Wer je die flamme umschritt / bleibe der flamme trabant, / wo er auch wandert und kreist / wo noch ihr schein ihn erreicht / irrt er zu weit nie vom ziel. / Nur wenn sein blick sie verlor / eigner schimmer ihn trügt / fehlt ihm der mitte gesetz / treibt er zerstiebend ins all.»

In seinem Dankesbrief bekannte Carlo (wenn es denn stimmte, er flunkerte gern), dies seien die ersten Verse gewesen, die er – zwölf Jahre alt – auswendig gelernt habe. Mit quasi-georgischem Pathos fügte er hinzu: «Wir beide sind, wenn auch nicht Arm in Arm, so doch demselben Ziel zu auf der gleichen Straße gegangen. Dass wir gegenseitig zu den alten Freunden gehören – und alter Freund ist wie alter Wein: die Steigerung der Düfte und Kräfte, die im gärenden Jährling stecken ...»

Kantorowicz ließ sich Zeit, ehe er Deutschland verließ. Er hatte das Glück, dass ihm Albrecht Graf Bernstorff in seiner Berliner Wohnung und auf dem Familienschloss Stintenburg Unterschlupf bot. Der aufrechte Diplomat, im November 1933 aus dem Dienst geschieden, machte aus seiner Verachtung für das Regime keinen Hehl, und er half Verfolgten, so gut er es vermochte. Als Bankier gelang es Bernstorff, wie Eckart Conze in seiner großen Studie über die Familie berichtet, «jüdisches Kapital ins Ausland zu transferieren und vor dem Zugriff des Regimes zu retten». Nach langer Haft wurde der tapfere Mann wenige Tage vor Kriegsende von der Gestapo ermordet. Marion Dönhoff hat Kantorowicz bei Graf Bernstorff dann und wann gesehen, ehe der Lehrer Deutschland schließlich den Rücken kehrte. Er übernahm eine Professur im kalifornischen Berkeley, wo er 1946/47, während die ersten Wellen der antikommunistischen Hysterie Amerika überschwemmten, sich mit der gleichen Hartnäckigkeit, wie er sie 1933 bewies, standhaft geweigert hat, den geforderten Loyalitätseid zu schwören. Wiederum war ihm das Glück günstig, und er wurde in das Institute for

Advanced Study in Princeton berufen – eine Art Krönung der universitären Existenz in Amerika, denn er musste keinerlei Lehrverpflichtung auf sich nehmen, sondern war frei, zu bedenken und zu erforschen, was er für wichtig hielt. Nicht lange nach dem Ende des Krieges nahm Marion Dönhoff die Verbindung zu dem Freund wieder auf.

· Kapitel 7 ·

Schwarzweißroter Adel, braun gefärbt

Nach der Zäsur des Jahres 1945 notierte Marion Dönhoff – wie üblich ohne Datum – im Rückblick auf das Ende der Republik von Weimar die seltsamen Worte: «Ohne Dichter hat ein Staat keinen Bestand. Die Macht muss durch Überhöhung gebändigt werden und das Sachlich-Positivistische muss durch Mythisch-Symbolisches kompensiert werden, sonst versinkt alles in Oberflächlichkeit und in gesellschaftlichen Interessen-Konflikten.»

War das ein ferner Nachglanz der Idee des «Inneren Reiches», das hinter den Schlüsselworten vom «Geheimen Deutschland» aufleuchten mochte? Der nächste Satz, den die immer noch junge Frau aufschrieb: «Geist als Korrelat der Politik – nach Wilhelm II. Stefan George.» Es war kein Zufall, dass sie am Ende der Seite festhielt: «Im Mai 1930 stimmte die Hälfte der Studentenschaft für die Nazis ...» Sie fügte als Erklärung hinzu: «Sehnsucht nach einer neuen Gemeinschaft und sinnvoller Ordnung, nach Aufbruch und Erlebnis. Das war damals der Krieg und ein neuer Messias, ein wirklicher Führer wurde herbeigesehnt.» Und sie zitierte Ernst Jünger: «Das Erscheinen eines Führers entspricht einem Naturereignis, es ist nicht vorauszusehen und lässt sich nicht beeinflussen. Ihm jedoch die Wege zu bahnen, ist die höchste Aufgabe des Frontsoldatentums.»

Nein, der Triumph der braunen Kohorten am Jahresbeginn 1933

war für Marion Dönhoff keine Überraschung, doch sie deutete in jener knappen Niederschrift nicht an, ob sie die Argumente des schnarrenden Rechtsliteraten Jünger, der sich wie ein heroisch erstarrter Mythos in Feldgrau gerierte, für das hielt, was sie waren: prätentiöser Unsinn. Sie registrierte wohl auch ohne zu großes Staunen die Flut der Beitrittsanträge, mit denen die Parteibüros der NSDAP nach den Märzwahlen 1933 überschwemmt wurden, obwohl die Nazis – trotz des Verbots der kommunistischen, partiell auch der sozialdemokratischen Presse, trotz der Verhaftung prominenter Kommunisten und anderer Gegner der Partei – nur 44 Prozent der Stimmen gewonnen hatten (und damit fürs Erste auf die Unterstützung durch die Deutschnationalen angewiesen waren). 1932 zählte die Partei schon über eine Million Mitglieder. Mit dem Ansturm der sogenannten «Märzgefallenen» oder, mit etwas subtilerer Ironie formuliert, der «Märzveilchen» schwoll die Zahl bis Mai 1933 auf zweieinhalb Millionen an.

Der Anteil der adligen Parteigenossen lag, zumindest in Preußen, ganz gewiss nicht unter dem des Bürgertums oder des Kleinbürgertums. Es trifft eher das Gegenteil zu, obschon Stephan Malinowski, der die Verstrickung des Adels in das nazistische Regime genauer erforschte als jeder andere Historiker, dafür keine allgemein schlüssigen Zahlen anführt, sondern nur Segmente anzeigt. Immerhin wurde ermittelt, dass vor der «Machtergreifung» im Januar 1933 schon etwa achtzig Mitglieder fürstlicher Häuser das Parteiabzeichen der NSDAP tragen konnten (1941 waren es 270). Der deutsche Kronprinz hatte seine Sympathien für das braune Regime frühzeitig zu erkennen gegeben – auf eine Weise, die seinen intellektuellen Verhältnissen entsprach: Er gratulierte dem Führer zu seiner «fabelhaften Bewegung», in der die Hohenzollern-Sippe durch den Bruder August Wilhelm, der es zum SA-Gruppenführer bringen sollte, angemessen vertreten war. «Kaiserin Hermine», die zweite Frau Wilhelms II., machte aus ihrer Bewunderung für die Hitler-Partei keinen Hehl, und sie verbarg nicht, dass sie eine rabiate Antisemitin war. In den Listen der Nazi-Partei findet sich nahezu jede der großen Adelsfamilien, ob mit einem Drittel oder gar vierzig Prozent der Namensträger, ausgenommen der süddeutsch-katholische Altadel und einige wenige preußische Familien wie die Caprivis, die Kagenecks, die Kardorffs, die Putbus und die Seeckts.

Der Kleinadel – durch die Niederlage im Ersten Weltkrieg, die Inflation und die Wirtschaftskrise weithin verarmt, da die Offiziers- und die Beamtenkarriere nicht länger eine halbwegs zuverlässige ökonomische und soziale Basis boten – begegnete der Republik mit bittern Ressentiments: Die kleinen «Von» machten in der Regel die «November-Verräter» und das «Sozialistenpack» für ihren Abstieg verantwortlich. Es kam sie hart an, sich als Sektverkäufer oder Versicherungsvertreter durchs Leben zu schlagen. Ihre Anfälligkeit für den rassistischen Hexenglauben («Rasse und Adel sind verwandte Begriffe», rief Erhard Graf von Wedel) war womöglich noch stärker ausgeprägt als im hohen Adel, der nicht anders als das Großbürgertum zu einem Teil «jüdisch versippt» war – oft (freilich nicht nur) aus naheliegender ökonomischer Berechnung: um die verschuldeten Güter mit Hilfe der Mitgift oder Apanagen reicher jüdischer Häuser über Wasser zu halten. So und nicht anders war Bismarcks taktlos-flotte Bemerkung zu verstehen, er sehe es nicht ungern, wenn sich adlige Hengste mit jüdischen Stuten paarten. Freilich war das – dies muss hinzugefügt werden – nicht immer das wichtigste oder das einzige Motiv der «Mischehen»: Sie gründeten sich im Glücksfall auf Liebe und vor allem auf kulturelle Interessen, die einander entsprachen oder sich anregend ergänzten.

Die antirepublikanischen Impulse des Besitzadels, zumal in Preußen, wurden zudem durch die umstrittenen Elemente der sogenannten «Osthilfe» zu Beginn der dreißiger Jahre angespornt. Die «Entschuldungsverordnungen» der Reichsregierung des Zentrum-Kanzlers Heinrich Brüning, einem Mann von wahrhaft «stramm nationaler Gesinnung», sollten den notleidenden Agrarbetrieben auf die Beine helfen. Allerdings nahmen die Berater des Reichspräsidenten von Hindenburg, der (wie vor allem auch sein Sohn Oskar) die Debatte aus familiären Gründen interessiert verfolgte, an der vorgeschlagenen Regelung Anstoß, dass Güter, die nicht mehr entschuldet werden konnten, gegen eine Entschädigung oder den Preis einer Zwangsversteigerung ins Eigentum des Staates übergehen sollten: als Landreserve für das Siedlungsprogramm (dem – man erinnert sich – etwa ein Drittel des Dönhoff-Besitzes anheimfiel). Es gab in der Tat ernsthafte rechtliche Bedenken gegen jene Verordnung, die eher unfair mit den Gläubigern als mit den überschuldeten Gutsbesitzern zu verfahren drohte. Trotzdem peitschte sie die Stimmung der Rechten – und vor allem des Adels – gegen die Regierung der Notverordnungen auf. Die Regelung wurde in einer wüsten Hetzkampagne als «Agrarbolschewismus» denunziert. Da der Kommissar für das Osthilfe-Programm Hans Schlange-Schöningen und der Arbeitsminister Adam Stegerwald (der aus der katholischen Gewerkschaftsbewegung stammte) die Ablehnung ihres Entwurfs mit dem Rücktritt beantworten wollten und Hindenburg überdies die Entlassung des Innenministers Groener forderte (der ihm – weil Ex-General und dennoch kein Mann der Rechten – ein Dorn im Auge war), stürzte die Regierung Brüning, die der Republik noch einen halbwegs zuverlässigen Halt verschafft hatte, zumal es ihr nach langen Verhandlungen dank amerikanischer Hilfe endlich geglückt war, eine Minderung der erdrückenden Reparationslasten zu erreichen.

Zum Nachfolger nach der kurzen Kanzlerschaft des Generals von Schleicher berief Hindenburg den «Herrenreiter» Franz von Papen, einen Mann des rechten Zentrums, dem jener ironische Titel zufiel, weil ihn die Kenner der Verhältnisse für einen eher «leichten Kavalleristen» hielten. Ein in der Wolle gefärbter Republikaner und ein glaubwürdiger Demokrat war er gewiss nicht. Er war es denn auch, der mit Hitler im Haus des Bankiers von Schroeder Geheimgespräche führte (und ihm damit den Weg zur Macht bahnte), und er vor allem war es, der in einer Art Staatsstreich das Land Preußen, eine

Bastion des sozialdemokratischen Widerstandes gegen den Nazismus, gleichschalten ließ. Papens windige Erscheinung machte überdeutlich, was man ohnedies wusste: dass die Republik von Weimar auf die Staatstreue der alten Elite nicht bauen konnte.

Stephan Malinowski merkt in seiner Studie an, dass den Mitgliedern des Adels, die sich zur Republik bekannten, oft genug der hohe Preis der Ächtung durch die Standesgenossen auferlegt wurde. So setzten sich die Unterzeichner eines Aufrufs von Rochus von Rheinbaben, Abgeordneter der Deutschen Volkspartei Gustav Stresemanns, der schärfsten Kritik aus. Seinen Standesgenossen hatte Rheinbaben ins Gewissen geredet, sie sollten nicht «auf das Kommen eines Diktators warten», sondern selber Hand anlegen «an die Führung des Staates» und die «Regierung bei ihrem schweren Werke ... unterstützen». Der Appell wurde immerhin von Trägern großer Namen wie Klaus von Bismarck-Varzin, Freiherr von Cramm, Fürst zu Fürstenberg, Christian Kraft Fürst zu Hohenlohe, Manfred Graf Lehndorff-Preyl und Graf Lubbert von Westphalen unterschrieben. Der einstige Generalmajor Paul Freiherr von Schoenaich wiederum legte sich für eine Renaissance der Führungsschicht nach englischem Vorbild ins Zeug, und er hatte dabei die Kooperation der Labour-Führung mit den besseren Köpfen des liberalen Bürgertums und des konservativen Adels im Auge. Ohne Zweifel war es eine – zuletzt tödliche – Mangelkrankheit der deutschen Gesellschaft, dass sie keinen Kopf wie den großen englischen Revolutionsgegner Edmund Burke vorweisen konnte, den man den Gründer des aufgeklärten und demokratisch integrierten Konservativismus in Großbritannien nennen darf. Genau das fehlte in Deutschland. Ohne einen demokratisierten Konservativismus war eine stabile Republik undenkbar.

Marion Dönhoff hat jene – eher spärlichen – Regungen der Sympathie einiger Standesgenossen für den Staat von Weimar gewiss mit Zustimmung beobachtet, und zweifellos hätte sie Malinowskis Feststellung mit Befriedigung registriert, dass in der Liste der aristokratischen NSDAP-Mitglieder (übrigens auch der stockreaktionären und prononciert antisemitischen «Deutschen Adels-Gesellschaft») die Namen Dönhoff nur viermal und Lehndorff nur einmal aufgeführt wurden. Dennoch: Zwei der Parteigenossen waren ihre Brüder. Dieter Dönhoff trat der NSDAP, einen Monat vor seiner Heirat mit Karin «Sissi» Lehndorff, am 1. Mai 1933 bei. Seine Nachkommen pochen darauf, dass er sich sozusagen für die Familie geopfert habe, denn einer habe ja «dabei sein» müssen, um Schaden von den Dönhoffs und ihrem Besitz fernzuhalten. Das mag so sein. Der Sippenälteste Heinrich war offensichtlich nicht willens, sich zu kompromittieren. Dieter wohnte zu jener Zeit noch in Berlin, doch ein Jahr später kehrte er nach Ostpreußen heim und übernahm die Bewirtschaftung des Dönhoff-Gutes Skandau.

Bruder Christoph schloss sich im Januar 1935 der Auslandsorganisation der Partei an. Die Deutschen draußen in den ehemaligen Kolonien gaben sich in der Regel noch gedankenloser als ihre Brüder und Schwestern zu Haus der Illusion hin, die Nazis würden das «Reich» machtvoll auferstehen lassen und vor allem den einstigen Kolonialbesitz wieder – wenn es denn anging: mit friedlichen Mitteln – zurückerobern. Doch es ist nicht ausgeschlossen, dass sich Toffy, nach der harten Auseinandersetzung mit der Familie über den Bruch der Konvention durch seine bürgerliche Heirat, von Hitlers «Bewegung» eine Erneuerung der Gesellschaft erhoffte: Die Braunen, man übersieht es leicht, hatten zwar am «Tag von Potsdam» ihren Willen zur Aussöhnung mit Preußen und seinen Traditionen demonstriert, doch sie verkündeten zugleich das Ideal der «Volksgemeinschaft», in der sich die Klassen auflösen sollten, und sie versprachen dann und wann, dass sie die Privilegien der «Adelskaste» und der («verjudeten») Erz- und Großkapitalisten beiseitefegen würden. Den Teufel taten sie. Selbst Joseph Goebbels, der sich in seinen Anfängen als Gauleiter von Berlin gern als «Sozialist» gerierte, mäßigte seine Ressentiments gegen die «Herrenschicht», als er seine Magda, die lukrativ geschiedene Schwiegertochter des Hauses

Quandt, zum Standesamt führen durfte. Immerhin, der Nazihass auf die «Reaktion» (die Horst Wessel in seiner SA-Hymne samt der «Rotfront» «erschossen» sehen wollte) provozierte erste Regungen des Widerstandes in der Aristokratie und im Großbürgertum, das den «Aufstand der Plebejer» und die Brutalität der «braunen Jakobiner» zu fürchten begann. Trotz gegen die Ablehnung seiner Heiratspläne durch die älteren Brüder und vor allem die strenge Mutter und der Protest gegen den Hochmut des Großadels könnten Motive für die erste Hinwendung von Christoph Dönhoff zu den Nazis gewesen sein. Im Gang der Jahre lebte er sich nicht nur tiefer in die Phraseologie der Nazis, sondern auch in ihre simplen Denkmuster ein. Dafür liegen Zeugnisse vor.

Marion Dönhoff scheint sich nichts weiter aus dem Anschluss der Brüder an die Partei gemacht zu haben. In den wenigen Zeugnissen der Gedanken und Gefühle, von denen sie vor 1945 gelenkt wurde, findet sich kein Kommentar zum braunen Engagement der Brüder, und sie erwähnte auch später die Zugehörigkeit Dieters und Christophs zur NSDAP mit keinem Wort: weder gegenüber den Freunden, auch nicht den engsten, noch gegenüber den jüngeren Mitgliedern der Familie, nicht gegenüber den Kollegen in der «Zeit»-Redaktion und schon gar nicht in der Öffentlichkeit. Unter den Geschwistern scheint dieses schwierige Kapitel nach 1945 hartnäckig beschwiegen worden zu sein – wie in Millionen deutscher Normal-Familien auch. Erst recht stellte sie die Funktionen, die Toffy von 1940 an in der Partei übernommen hatte, niemals zur Debatte.

Der älteste Bruder Heini blieb zeit seiner Tage der Mensch, den sie liebevoller verehrte als jeden anderen Mann, doch ihre zärtliche Zuneigung gehörte Toffy, der ihr nur drei Jahre voraus war. Konsequent hat sie seine Verstrickungen gedeckt und aus der Welt geschwiegen – so unerbittlich sie sonst mit ausgemachten Nazis verfahren konnte (zu denen Bruder Christoph in ihren Augen nicht zählte), angefangen mit ihrem Onkel Bogislav, einem Ex-Diplomaten, der das Schloss Quittainen bewohnte und offensichtlich nicht zögerte, seine Nichte bespitzeln zu lassen und zu denunzieren. Sie benannte ihn, wann immer sich die Gelegenheit ergab, als den Übelnazi, der er wohl war. Was die Brüder angeht: Von Heuchelei mag man nicht reden, eher von der gelinden Schizophrenie, die nach 1945 zum Charakter-Bild der Deutschen gehörte: Nazis? Das waren immer nur die anderen ... Bei Marion Dönhoff aber war das bestimmende Element der Zusammenhalt der engeren Familie, den sie niemals in Frage stellte. Geschwisterliche Loyalität besiegte jeden Widerstand der Gesinnung. Das ist umso erstaunlicher, da sie die Welt der Nazis von der ersten Konfrontation an als eine böse und gefährliche Gegenwelt gehasst, ja verachtet hat.

In ihrem Porträt des Basler Lehrers Edgar Salin berichtete sie, dass sich ihr der Tag der «Machtergreifung» unauslöschlich eingeprägt habe. «Ich kam mit meinem Rad von der Universität, bog ein in die Bockenheimer Landstraße, die in diesem Moment ... vollkommen menschenleer und still dalag. Plötzlich hörte ich jenes Geräusch, das man damals zu allen Tages- und Nachtzeiten auf den Straßen vernahm ... Rums, Rums, Rums ..., den Marschtritt genagelter Stiefel auf dem Asphalt ... Der ferne Marschtritt kam immer näher, wurde immer lauter, schien ganz unausweichlich, hypnotisierend ... Schließlich war die Kolonne auf meiner Höhe, eine Hundertschaft der Braunen zog an mir vorüber: steinerne Gesichter, zu allem entschlossen. In diesem Augenblick stand das Kommende plötzlich deutlich vor mir: Diese Stiefel würden alles, was ich liebte und achtete, zertreten. Ich beschloss, sobald wie möglich Deutschland zu verlassen, um im Ausland weiterzustudieren.»

Marion Dönhoff meinte sich später zu erinnern, dass sie in der Tat sehr rasch nach der «Machtergreifung» und dem Exodus der jüdischen und antinazistischen Professoren nach Basel unter die Fittiche von Edgar Salin geflohen sei. Ihr Zeitgefühl drängte sich freilich retrospektiv ein wenig zusammen. Sie schloss zunächst ihr Frankfurter Studium mit dem Ende des Wintersemesters 1933/34 als diplomierte Nationalökonomin oder «Volkswirtin» ordnungsgemäß ab. Zu Beginn des Sommersemesters 1933 fand sie freilich an der Universität ein «fürchterliches Durcheinander» vor, da niemand wisse, wer von den Professoren zurückkomme und wer prüfe. «Fest steht nur», seufzte sie, «daß ich es dumm gemacht habe, indem ich nur bei Leuten gearbeitet habe, die bestimmt fort sind, bei den Zurückbleibenden nicht einmal eine Vorlesung belegt habe ...» Albert Hahn war nun, wie sie in einem ihrer Briefe an Edgar Salin anmerkte, der wichtigste unter ihren Professoren geworden. Sie spielte sogar mit dem Gedanken, das Studium in Frankfurt abzuschließen und die Diplomarbeit (wie es nicht unüblich war) zu einer Dissertation auszuweiten. Vermutlich fühlte sie sich, wenigstens für eine gewisse Zeitspanne, durch die Depression der Wirtschaft dazu angetrieben, die Universität so rasch wie möglich hinter sich zu bringen.

In einem Brief an Salin, der die deutschen Entwicklungen sorgsam beobachtete, schilderte sie lebhaft die Finanzprobleme der Landwirtschaft und vor allem die Überschuldung der Güter. «Es ist trostlos zu sehen», schrieb sie (schon im Sommer 1931), «wie immer mehr erstklassiges Material an den hoffnungslosen Schwierigkeiten dieser Zeit zu Grunde geht, immer deprimierter wird man und allmählich böse wie ein Kettenhund.» 250 000 Morgen seien im Jahr 1930 in Ostpreußen zwangsversteigert worden, die Gesamtschulden der Agrarwirtschaft in der Provinz türmten sich auf 1,4 Milliarden, davon etwa die Hälfte kurzfristige Kredite, die mit 20 Prozent verzinst werden müssten. 60 Prozent aller Wechsel seien innerhalb des nächsten Monats fällig, dazu die Verzugszuschläge von 120 Prozent bei den Steuern: «Weiß Gott wie das weitergehen soll.» Mit einem merkwürdigen Pathos fügte sie hinzu: «Und doch hat das deutsche Volk eine Leidensfähigkeit die irgendwie in der östlichen Mentalität begründet liegt.» Wirtschaftliche Schwierigkeiten allein hätten wohl noch nie zum Untergang geführt, und sie behauptete, «daß das deutsche Volk moralisch und seiner menschlichen Qualität nach, trotz allem noch immer auf der Höhe ist ...» Der Dönhoff-Besitz schien sich alles in allem gut behauptet zu haben. Dennoch verzichtete Marion Dönhoff in jenem Sommer auf eine Reise ins Ausland; sie trug sich vielmehr mit dem Gedanken, bei einer Bank in Königsberg zu arbeiten. Es scheint bei der Absicht geblieben zu sein: Nirgendwo ist verzeichnet, dass sie sich auf jenes Experiment tatsächlich eingelassen hat.

Immerhin war sie damals schon mit den Salins vertraut genug, um sie – auch im Namen ihrer Brüder – zu einem Besuch in Friedrichstein einzuladen. Während ihres ersten Aufenthaltes in Basel arbeitete auch Dieter Dönhoff in der Stadt am Dreiländereck: als Vermögensverwalter der Familie Thiele-Winkler, einer steinreichen Grafenfamilie, in die Ria Dönhoffs Schwester eingeheiratet hatte. Dieter, der unterdessen die Verwaltung von Skanden übernommen hatte, ließ sich in den Briefen der Schwester bei den Salins «gehorsamst empfehlen». Auch Marion Dönhoff schloss ihre Mitteilungen noch lange mit den damals gängigen umständlich-steifen Formeln der äußersten Höflichkeit.

Der Professor fand sich übrigens erst im Herbst 1933 im Schloss ein: unterdessen für den Gelehrten jüdischer Herkunft eine mutige Exkursion, trotz des Schweizer Passes, denn die rassistischen Hasskampagnen der Nazis konnten ihm nicht entgangen sein. In den Augen der braunen Barbaren wäre der Makel der Herkunft durch sein so unerschütterliches Bekenntnis der Zugehörigkeit zur deutschen Kultur gewiss nicht gelöscht worden. Vierzig Jahre später erinnerte ein Freund Marion Dönhoffs aus den Basler Studententagen in einem Brief aus Israel daran, Salin habe ihm, dem Flüchtling aus dem Dritten Reich, beim Vorstellungsgespräch (in dem sich entscheiden sollte, ob ihn der Professor in seinem Seminar akzeptiere) zunächst «eine kleine Predigt über sein Deutschtum gehalten». Der Geist wehe, sagte der Professor, wo er wolle, ja, er habe ihn gefragt, warum er «nicht in solch schweren Zeiten in Deutschland bleibe». Der Freund, Gidal hieß er, erzählte Salin, dass er aus einer russisch-jüdischen Familie stamme, deren männliche Mitglieder mit einiger Regelmäßigkeit in den Pogromen der Kosaken umgebracht worden seien, und er habe sich als ein leidenschaftlicher Zionist zu erkennen gegeben. Professor Salin täusche sich vielleicht über die wahre Lage, und er fragte ihn, wie er wohl reagieren würde, wenn er in Deutschland lebte und man seinen Kindern «Judenbankert» hinterherrufe. «Salin erbleichte. Es gab einige Minuten Schweigen. Ich merkte, wie er mit sich kämpfte, ob er mich hinauswerfen solle. Dann sagte er: ‹Ich nehme sie.› Das war großartig, und ich habe es ihm nie vergessen.»

Gidal fügte in seinem Brief an Marion Dönhoff hinzu, dass Georges Hymne «Wer je die Flamme umschritt» für die jungen Zionisten seines Schlages «das zentrale Bekenntnis zu unserem Leben» gewesen sei: jene Verse, die Marion Dönhoff hernach Carlo Schmid in sein Geburtstagsbuch schrieb. Später verging Gidal freilich die Verehrung des Meisters, und er wandte sich Rilke zu. Von Salin sagte Gidal, er habe «eigentlich immer an ihm gehangen», und es sei mit ihm «wirklich eine Epoche zuende gegangen, die zu einem Teil meine Epoche war». Gidal wurde ein glänzender Fotograf, von dem Marion Dönhoff viel gelernt hat.

Nicht mit allen Kommilitonen gewann sie ein solch entspanntes Verhältnis wie mit Gidal. Partiell trug die Schuld der Professor, der es sich nicht abgewöhnen wollte, seine aristokratische Schülerin auch im Seminar oder Kolleg «Gräfin» zu nennen. Später erinnerte sie sich daran, dass dies den egalitär gestimmten Eidgenossen gegen den Strich ging: Sie beschlossen, durch Pfiffe oder lauten Einspruch zu protestieren, wenn sie noch einmal mit ihrem Titel angeredet werde. Vermutlich beugte sich Salin ihrem Wunsch, er möge auf die «Gräfin» oder «Comtesse» verzichten. Kurz nach seinem Tod fand zu seinen Ehren ein Symposion statt, bei dem die schönste Lobrede von dem großen französischen Soziologen und politischen Chronisten Raymond Aron formuliert wurde: Nur wenige seien in der Lage, Salin auf allen seinen Wegen zu folgen – seinem Hunger nach Entdeckungen, der einer einzigartigen Kultiviertheit gedient habe, seiner Neugier auf die Zukunft, die sich aus der Lektüre der griechischen Philosophen wie moderner Dichter nährte; jeder kenne wohl nur ein Fragment des wahren Salin – den Rest habe er für andere reserviert oder für sich selber behalten, «um uns durch das Schauspiel seiner Reichtümer in Verlegenheit zu bringen». In der Tat war es für einen Ökonomen ungewöhnlich, dass er Platon übersetzte (und dafür den Beifall der Fachwelt fand), ein Buch über «De civitate Dei» des heiligen Augustinus schrieb, über Nietzsche und Jacob Burckhardt publizierte und, natürlich, über Stefan George, den Meister seiner jungen Jahre. In seinem eigentlichen Bereich etablierte sich dieser Universalist durch seine «Politische Ökonomie – Geschichte der wirtschaftspolitischen Ideen von Platon bis zur Gegenwart», die 1923 erschienen war.

Marion Dönhoff bescheinigte ihm ein großes Talent zur Freundschaft, aber in ihrem Porträt, das sie nach seinem Tode schrieb, verschwieg sie auch nicht, dass er «hochmütig, ja verletzend» sein konnte, doch sie bewunderte, dass sich bei ihm Wissenschaftlichkeit und die Offenheit für alles Musische keineswegs ausschlossen. Es versteht sich, dass sie bestrebt war, diese ungewöhnliche Persönlichkeit in den Kreis der Familie zu ziehen. Sie wollte, dass er auch Heini, den Familienchef, kennenlerne: Umso herzlicher hatte sie auf seinen Besuch in Friedrichstein gedrängt. Dachte sie daran, dass dies für den gebürtigen deutschen Juden im Jahre 1933 nicht unproblematisch war?

In der Tat, wie mag dem Gelehrten bei seiner Reise durchs braune Deutschland zumute gewesen sein? Er hatte eine Erkundigung nach der «Kleiderordnung» im Schloss Friedrichstein vorausgeschickt. Marion Dönhoff beantwortete in einer Notiz vom 18. September 1933 die Frage nach der angemessenen Garderobe mit dem Hinweis, das einzig Wichtige seien «dicke Stiefel und sehr warme Sachen». Sonst brauche es nur einen dunklen Anzug: «Frack ist ein Möbel, das man hierzulande fast nur noch aus den Erzählungen der Altvordern kennt und auch der Smoking wäre eine unnütze Belastung.»

Trotz ihres Entschlusses, in Frankfurt bis zum Diplom auszuharren, verwarf sie die Möglichkeit, dort auch zu promovieren: Sie wollte für die Dissertation zu Edgar Salin zurück, obwohl der Schweizer Doktortitel, wie sie in einem ihrer Briefe anmerkt, in deutschen Wissenschaftskreisen nicht so viel gelte wie der heimische. Sie wollte über Marx arbeiten; der Professor wollte sie über das Siedlungswesen in Ostpreußen schreiben lassen, doch ihre ersten Erkundungen ergaben, dass dieses Thema «heute besonders schwierig» sein würde: vor allem, weil die Probleme «weitgehend politisch und weltanschaulich» belastet seien. Bei seiner schließlichen Visite in Friedrichstein konnte Salin einen unmittelbaren Einblick in die Materialien zum Thema gewinnen, auf das er sich mit seiner Studentin geeinigt hatte: «Entstehung und Bewirtschaftung eines ostdeutschen Großbetriebes. Die Friedrichsteiner Güter von der Ordenszeit bis zur Bauernbefreiung» – so der offizielle und endgültige Titel.

Mit den Vorbereitungen begann sie in den langen Ferien, während sie noch in Frankfurt immatrikuliert war: Es waren einschüchternde Gebirge von Akten und Korrespondenzen, die sie im Dachgeschoss des Schlosses, in allen möglichen Verschlägen und unter dicken Staubschichten aufstöberte. Niemand hatte sich jemals die Mühe gemacht, die Tonnen alten Papiers auch nur flüchtig zu ordnen. Damit war sie ein gutes Jahr lang beschäftigt, immer wieder abgelenkt von den gesellschaftlichen Pflichten – und Vergnügungen –, von denen sie sich nicht ungern von der Arbeit fortlocken ließ (noch nicht die Autorin mit der unerschütterlichen Disziplin, die wir später bewundern lernten): Freunde, Bekannte, Verwandte zu Dutzenden mussten beherbergt, beköstigt und unterhalten, die Pferde mussten «bewegt», die Böcke und Wildsäue und Hasen und sogar die Auerhähne mussten erlegt werden: «Ich war eben noch wider bessere Vorsätze ein paar Tage in Pomerellen» (das zu Polen gehörte) «zur Hahnenbalz und habe einen sehr starken Hahn geschossen, dessen Sprungfedern ich zur versöhnenden Entschuldigung anstatt der versprochenen ‹Gänsekiele› mitbringen werde.»

Sie war, kein Zweifel, eine passionierte Reiterin, die am liebsten lange Stunden durch die Wälder trabte und über die Wiesen galoppierte, und sie war eine leidenschaftliche Jägerin, sie tanzte gern, versäumte wohl auch keinen halbwegs achtbaren Flirt, ließ sich nur zu rasch in die Ferne locken (wenn sie zum Beispiel mit Schwester Yvonne nach Ungarn «auf einen Hirsch eingeladen» wurde) – nein, sie war in jenen Jahren keineswegs die verbissene Arbeiterin, als die sie später bei der «Zeit» mit Respekt und oft einer Spur von Ressentiment gerühmt wurde (da sie ein so unerreichbares Vorbild zu sein schien). Es brauchte nicht viel, um sie zu zerstreuen. Auch bei der Ordnung des Archivs las sie sich lieber in amüsanten Korrespondenzen der Ahnherrn und Ahnfrauen fest, mit besonderer Lust in einem «politischen Tagebuch aus Paris und Versailles während der Jahre 1756 bis 1790» (das heißt: vom Siebenjährigen Krieg bis ins erste Jahr der Revolution, von einem unbekannten Franzosen, vielleicht von einem geflohenen Aristokraten verfasst) – statt sich auf die Kataster-Akten und die Wirtschaftspapiere zu konzentrieren. Bei Salin konnte sie auf Verständnis rechnen: Er war ja, wie beschrieben, in den Geisteswissenschaften, der Geschichte, der Literatur, den Künsten genauso zu Haus wie in der Ökonomie.

Wenn sie in den Papieren kramte, dann war sie oft zehn Stunden pro Tag am Werk: eine «Sauarbeit», wie sie mit ungewöhnlicher Deftigkeit bemerkte. Mit dem eigentlichen Werk, nämlich der Niederschrift, konnte sie erst 1934 beginnen: «Ein Wust von Material liegt auf meinem Tisch», klagt sie, «und mich überkommt eine gähnende Müdigkeit, wenn ich es nur von weitem ansehe ...» Ihr fehle halt die Geduld für solche Dinge – und es gehe so unsagbar langsam. Nachdem sie die ersten Kapitel skizziert hatte, überkommen sie Zweifel, ob es nicht fragwürdig sei, die Arbeit fortzusetzen. «Ich persönlich finde sie ausgesprochen schlecht, langweilig (wenigstens für mich!) und unsicher im Aufbau.»

Als sie eine zweite und nun ausführlichere Fassung vorlegt, schreibt sie mit etwas aufgesetzter Keckheit: «Über den Ärger mit meiner Arbeit tröstet mich nur die Schadenfreude, daß Sie diesen ganzen Unsinn lesen und corrigieren müssen – ein hartes Stück in Anbetracht dessen, daß die ganze Sache viel zu lang geworden ist ...» Ihr gefalle das Werk nun besser, abgesehen von dem etwas «unwissenschaftlichen Plauderton». Übrigens sei sie «negativ angeregt» worden durch «die Ausführungen von Herrn Darré» – des «Reichsbauernführers», der nicht müde wurde, sich zur Institution des «Erbhofes» öffentlich zu äußern. Er bezog sich in einem Artikel – darauf wurde hingewiesen – auch auf eine Gesetzesvorlage im Reichstag, die von Marion Dönhoffs Vater mit unterzeichnet worden war.

Dennoch, das lange Warten auf eine Reaktion Professor Salins bedrückte sie: «Aus ihrem Schweigen schließe ich, daß Sie die Arbeit ebenso schlecht finden wie ich, was mich auch gar nicht überrascht.» Sie brauche mehr Zeit, wolle den Sommer zur Überarbeitung nutzen und erst im Wintersemester nach Basel kommen. Schließlich erreicht sie ein beruhigendes und ermutigendes Telegramm. Es habe dieses Zuspruchs bedurft, antwortete sie dankbar, «sonst fände ich nicht den Mut, jetzt nach Basel zu kommen.» Ob sie nun doch im Frühjahr aufbrach oder erst im Herbst, ergibt sich aus ihren Briefen nicht, die sie keineswegs immer mit einem Datum versah: eine Unbekümmertheit, die man auch eine Unsitte nennen könnte, der sie bis zum Ende ihrer Tage in den handschriftlichen Äußerungen nicht entsagte – genauso wenig wie ihre Schwester Yvonne, die eine Zeitangabe prinzipiell für überflüssig hielt.

Zunächst der Abschluss in Frankfurt. Das Abgangszeugnis, ausgestellt am 2. Mai 1934, bestätigte mit teutonischer Behördenkorrektheit, dass über ihre «Führung ... Nachteiliges nicht bekannt geworden» sei. Sie hatte zu jenem Zeitpunkt allerdings schon eine Adresse in Basel: in der Amselstraße 20 bei Rintilin. Wer immer sich hinter jenem Namen verbergen mochte: Die Salins nahmen sie als Gast auf – genauer als Mieterin, mit der sie freundschaftlich verbunden waren. Die Sommerpause aber nutzte Marion Dönhoff in der

Tat, um mit der Arbeit voranzukommen. Im September 1934 zog sie hinüber auf das Gut ihrer Mutter (die sich wohl in der Schweiz aufhielt), «mit einer Wurst und einem Stück Käse bewaffnet» – in ein «mehr oder weniger uneingerichtetes Haus mit einem sehr reizenden Garten» –, um sich auf die Dissertation zu konzentrieren. In einem wiederum undatierten Brief – vermutlich schon aus dem Jahr 1935 – vermeldete sie aufatmend, sie sei froh, dass Salin mit dem «happy end» einverstanden sei. Die Korrektur – eine Tätigkeit, die sie langweilte, ja ihr zuwider war – brachte sie dank des Professors «ermunternden Marginalien, Ausrufungszeichen und boshaften Aperçus» glücklich hinter sich. Es war an der Zeit, denn die Basler «hohe Fakultät» hatte sich ob ihres Säumens schon beschwert und mit den «ihr zu Gebote stehenden Strafen gedroht», wenn sie die Endfassung nicht endlich abliefere.

Die Arbeit ist kein Zeugnis schriftstellerischer Brillanz – aber von welcher Dissertation ließe sich das behaupten? Doch dank der Einblicke in die Familiengeschichte, auch dank der Ausblicke in die generelle historische Lage der Generationen ist der Text keineswegs so spröde, wie der Laie, dessen Interesse an der Agrarpolitik eher begrenzt ist, fürchten zu müssen glaubt. Eine der zentralen Thesen: Großgrundbesitzer wie die Herren auf Friedrichstein hätten ihr Eigentum und ihr Vermögen nicht durch das sogenannte «Bauernlegen» gemehrt – jene ruchlose Praxis, die kleinen Bauern in die Verschuldung zu treiben, um ihnen danach ihr Stück Land abzunehmen: ein Schicksal, das ihnen keine andere Wahl ließ, als sich danach ihr Brot als Knechte, als Landarbeiter oder, im schlimmsten Fall, als Leibeigene zu verdienen. Im Gegenteil, argumentierte Marion Dönhoff, die Herren auf Friedrichstein hätten fünf Holländer-Dörfer gegründet, mit anderen Worten: fünf Ansiedlungen von Einwanderern aus den übervölkerten, von Religionskämpfen zerrissenen Niederlanden geschaffen. Es lag im Interesse der Gutsbesitzer, in ihrem Herrschaftsbereich möglichst vielen Bauern zu Haus und Hof zu verhelfen, um Land urbar zu machen, das dem

Wald und den Sümpfen abgewonnen werden musste, um damit den zivilisatorischen und wirtschaftlichen Standard der Region zu bessern – und sich gleichzeitig gewisse Arbeitsleistungen zu sichern. Die Autorin führt an, dass im gesamten 19. Jahrhundert insgesamt 1,6 Millionen landwirtschaftliche Betriebe geschaffen worden seien – eine Zahl, die sich kaum nur auf Preußen beziehen kann, sondern vermutlich für das ganze Territorium des Bismarck-Reiches gilt. Sie weist auch nach, dass der Bau eines prächtigen Schlosses wie Friedrichstein keineswegs durch die Ausbeutung der Bauernschaft, auch nicht durch die Erträge der Güter finanziert worden sei, sondern durch die Einkünfte aus den lukrativen Ämtern, die der Bauherr, Otto Magnus von Dönhoff, versehen durfte: zum Beispiel als erster preußischer Gesandter am kaiserlichen Hof, als Geheimer Staats- und Kriegsminister, als Preußischer Vertreter beim Friedenskongress von Utrecht, als Generalleutnant, als Gouverneur von Memel und so weiter und so fort. Übrigens hielt der Guts- und Gerichtsherr im Jahre 1715 noch einen Vogelfänger in festen Diensten, überdies natürlich einen Schützen, der neben seinem Gehalt für den Abschuss eines Wolfes oder eines Wildschweins jeweils zwei Gulden, für einen Elch gar fünf Gulden kassieren durfte. Zum Deputat der Bediensteten – eine überraschende Beobachtung – zählte kein Posten für Weizen, der damals offensichtlich in Ostpreußen nicht angebaut wurde: Es gab nur Roggen, Gerste und Hafer.

Fast kritiklos verzeichnete Marion Dönhoff die Autarkie-Wirtschaft Friedrichs II., vor allem aber seine Grundentscheidung, nur dem Adel den Erwerb von Rittergütern zu erlauben (was unter seinem Vater und unter dem Regiment des Großen Kurfürsten in beschränktem Maße auch bürgerlichen Untertanen gestattet war). Sie schien nicht zu erkennen, dass Friedrichs Prinzip, die Autorität der Krone ganz auf die Sonderstellung des Adels zu stützen, den Niedergang des so machtvoll expandierten Staates geradezu herbeigezwungen hat. Allerdings vergaß sie nicht, die geharnischte Beschwerde anzuführen, die ihr Ahnherr im zweiten Jahr des Siebenjährigen Krieges an den König schickte, um diesen darauf aufmerksam zu machen, dass er und seine Güter durch das «Plündern und Marodieren» der eigenen Armee «considerablen Schaden» erlitten hätten; besonders die «Schwarzen Husaren» hätten in einigen Dörfern übel gehaust: «Türen erbrochen, die Leute verprügelt, gestohlen, die Gebäude zum Teil muthwillig demoliert und alles requiriert ...» Es steht dahin, ob Friedrich der Große geantwortet hat (vermutlich nicht) und ob auch nur ein Teil der Verluste ersetzt wurde (was eher unwahrscheinlich ist).

In ihrem Schlusskapitel kündigte die Autorin eine Fortsetzung an, in der sie die Folgen der Bauernbefreiung und «das allmähliche Hineinwachsen der Landwirtschaft in den marktwirtschaftlichen Mechanismus» untersuchen wollte. Auch wollte sie in einem zweiten Band – dachte sie an eine Habilitationsschrift? – die «unerhörte Revolutionierung der gesamten Produktion ... durch den technischen und wissenschaftlichen Fortschritt» erörtern. Ja, sie stellte fest, dass in diesem «erweiterten Rahmen ... die hier abgeschlossene Arbeit erst ihren eigentlichen Sinn» gewinne.

«Die preußische Niederlage des Jahres 1806», schrieb sie, «hatte unter ihren Trümmern das ruhmreiche 18. Jahrhundert begraben, und die Reformen der Jahrhundertwende legten darauf den Grundstein zu der neuen Ära einer bürgerlich-liberalen Wirtschaftsepoche.» Die Privilegierung des Adels durch Friedrich II. rechtfertigte sie von neuem mit der Notwendigkeit, «gesonderte Lebensbedingungen» für jenen Stand zu schaffen, «der außerhalb der Sphäre bürgerlicher Ökonomie lebte und der unabhängig war von der Spekulation händlerischen Geistes». Sie zitierte eine konservative Stimme des Widerstandes gegen die Hardenberg- und Stein'schen Reformen, die warnte: «Wir nehmen ihm (dem Bauern) sichere Hilfe und Unterstützung und geben ihm dagegen Schulden und Zinsen, sein Gut wird von einer Hand in die andere gehen, bis es durch Tausch und Schacher aus den Händen des Fleißes in die Hände des Wuchers gekommen und aus der Vormundschaft des Gutsherrn in die Abhängigkeit von Juden übergegangen ist.» Immerhin zitierte sie auch die Entgegnung von Albrecht Daniel Thaer, dem Erfinder der Fruchtwechselwirtschaft und ersten Agrarwissenschaftler, der kurzerhand feststellte, «daß auch der Wucher den Fleiß ansporne und durch den Wechsel von Kauf und Verkauf sowohl der Wert wie die Produktion stiegen». Marion Dönhoff freilich entschuldigte den Reformgegner Marwitz – er war der Autor des antimodernistischen und antisemitischen Protestes – mit der bitteren Heimsuchung, dass er «die Pfeiler des friderizianischen Staatsgebäudes – in dem einst die Größe Preußens begründet war – stürzen» sah.

Da wir die Briefe und Notizen Edgar Salins nicht kennen, wissen wir auch nicht, was der (eher konservative) Gelehrte von Marion Dönhoffs Veredelung der friderizianischen Staatsidee dachte. Was auch immer: Die Promotion wurde mit dem Prädikat «summa cum laude» bedacht. Die angekündigte Fortsetzung aber schrieb Marion Dönhoff nie. Zwar träumte sie noch gelegentlich von einer akademischen Karriere, doch vom Familienchef Heini zur Mitverwaltung der Güter bestimmt, wandte sie sich ohne Klage der praktischen Arbeit zu. Überdies genoss sie die Freiheit einer attraktiven und – dank der guten Wirtschaft des Bruders – nicht gerade armen jungen Frau. Sie begriff sehr wohl, dass sie Glück hatte. Ein gutes Jahr zuvor noch hatte sie bei Salin angeklopft, ob er nicht Mittel und Wege wisse, einen Schweizer Kredit für die Umschuldung des heruntergewirtschafteten Besitzes ihres Schwagers Kuenheim und ihrer geliebten Schwester Yvonne zu beschaffen. Offensichtlich war keine deutsche Bank mehr bereit, den Kuenheims unter die Arme zu greifen. Salin winkte ab. Doch der Schwager hielt sich bis zur Vertreibung auf dem Gut. Wie er es angestellt hat, verriet uns Marion Dönhoff nicht.

Die Freundschaft zu Salin wurde durch dessen Absage einer Ferienreise nach Ostpreußen nicht beschädigt. Bei ihrem Aufenthalt im Basler Haus des vielbegabten, grundgebildeten und universell interessierten Mannes schienen sich die beiden sehr nahe gekommen zu sein. So ist es aus dem Brief vom März 1935 zu schließen, in dem Marion begründet, warum sie es vorzieht, den Lehrer weiterhin mit «Professor» anzureden: «Seien Sie nicht böse ob der hartnäckig beibehaltenen Anrede aber seit ich – nicht ganz ohne Ihre Schuld! – meine konservative Ader entdeckt habe fällt es mir schwer mich an etwas anderes zu gewöhnen.» (Mit den fehlenden Kommata hatte sich Salin vermutlich, wie alle anderen Korrespondenten auch, längst abgefunden.) «Zumal», fügte sie hinzu, «ich diesen Titel nicht als Attribut von ‹dero Magistralität› empfinde sondern der Meinung bin, daß es so etwas wie ‹Bedeutungswandel› oder besser ‹Regression› individueller (pardon!) Art, Gott sei Dank zuweilen noch gibt.» Inständig bat sie, die ««gleiche Münze»» (mit der er wohl gedroht hatte) «zurückzunehmen, da die obige, etwas unklar formulierte Argumentation hierauf keine Anwendung findet».

Wahrhaftig: Unklar bleibt der Rede Sinn. Schrieb sie tatsächlich «Regression»? Oder «Repression»? Beide Lesarten sind möglich, doch die Wolken der Unverständlichkeit lichten sich weder mit der einen noch der anderen Vokabel. Sie fährt denn auch fort: «Wenn ich die zurückliegende Zeit überdenke, so fällt es mir schwer, das in Worte zu fassen was mich bewegt und mit traurigem Herzen muss ich die Diskrepanz feststellen die zwischen meinem mangelnden Mitteilungsvermögen und der Intensität meiner Gedanken besteht.»

Es ist anzunehmen, dass ihr Salin angeboten hatte, ihn beim Vornamen zu nennen. Wenn wir uns nicht sehr täuschen, dann hatte die Studentin zum zweiten Mal die (eher schüchterne) Liebe eines Gelehrten gewonnen, der ihr – wie Kantorowicz – um fast zwei Jahrzehnte Leben voraus war. Mit einem Quant charmanter Ambiguität, die ihr nicht fremd war, flehte sie den Lehrer an, sie nun bitte keineswegs mit ihrem Familiennamen oder gar mit dem Titel anzureden. Er werde vielleicht viel eher ermessen können, als sie es jetzt vermöge, was diese Zeit in Basel für sie gewesen sei, «aber wofür ich Ihnen heute schon danken möchte, ist dieses, daß ich glaube, die Spur von dem gefunden zu haben, was ich in all den Jahren gefühlt habe – vielleicht ist es einstweilen nur die Spur zu dem eigenen Selbst, von dem Sie schreiben, und für das die ‹Lockungen der Ferne› oft nur der unendlich mühevolle Weg sind, den es zurückzulegen gilt.» Dann glühen ihre Worte für einen Augenblick «georgisch» auf: «Vielleicht aber ist es auch mehr – vielleicht ist es das Ahnen jener ‹Flamme›, die es zu suchen und festzuhalten (sic!) gilt ...» Manchmal erscheine ihr die Basler Zeit «wie ein nicht zu Ende gesprochener Satz». Dann folgt ein Bekenntnis, das mehr von ihrer Persönlichkeit und vor allem von ihrem Eros offenbarte, als ihr bewusst zu sein schien: «Und doch ist es wohl so, daß das Nicht-Erfüllte die meiste Zukunft hat – und dann bin ich eigentlich auch wiederum froh, weil ich etwas Furcht hatte vor dem abgeschlossenen Satz.» Sie merkt an, dass sie andere ungern «in sich hineinsehen» lasse: «Es ist dies vielleicht keine hinreichende Motivierung – aber ich bin halt ein wenig schwerfällig in diesen Dingen und es ist vielleicht besser, wir lassen es dabei ...»

Dieser Brief war, wenn wir ihn recht lesen, eine (verhüllte) Liebeserklärung und zugleich eine Verweigerung. Sie wird im Gang der Jahre wohl noch den einen oder anderen Brief von ähnlicher Beschaffenheit schreiben. Übrigens war sie, als der Brief entstand, zusammen mit Bruder Heini im Ski-Urlaub – und im Begriff, am Wochenende nach St. Moritz zu übersiedeln.

· Kapitel 8 ·

Unzähmbare «Wanderlust» und agrarischer Alltag

Dann und wann dachte Marion Dönhoff über die (eher begrenzten) Reize einer wissenschaftlichen Karriere nach, und sie schickte der versäumten Chance hernach manchmal sogar einen kleinen Seufzer hinterher, doch in Wirklichkeit hatte sie klar entschieden, dass sie nach dem Abschluss der Dissertation Bruder Heini bei der Bewirtschaftung der Güter zur Hand gehen würde, um möglichst rasch die Verantwortung für den Besitz übernehmen zu können, wenn es so weit sei ... Wenn, mit einem Satz, Hitler den Krieg herbeizwingen würde, den er plante. Dass er den Krieg wollte, dessen waren sich die Geschwister sicher. Die Brüder würden an die Front kommandiert – also würde es die Aufgabe Marions sein, das Dönhoff-Erbe zu verwalten.

Es gab Tage, Wochen, vielleicht sogar Monate, die ein Aufatmen erlaubten. Selbst in den Köpfen der Skeptiker regte sich ab und an die leise Hoffnung, dass sich am Ende die Vernunft behaupten und den Menschen eine Wiederholung des mörderischen Wahnsinns ersparen würde, der zwischen 1914 und 1918 von den Völkern Europas solch namenlose Blutopfer gefordert hatte. Der braune Kanzler hatte im Herbst 1933 den Austritt Deutschlands aus dem Völkerbund erklärt, doch im Januar 1934 schloss er einen Nichtangriffs- und Freundschaftspakt mit Polen, von dem alle Welt annahm, dass es das erste Opfer seines Willens zur Revision des Vertrages von Versailles sein würde. Gut ein Jahr später verkündete der Diktator, dass er die Rüstungsbeschränkungen, die dem besiegten Reich auferlegt wurden, nicht länger respektiere, und er führte die allgemeine Wehrpflicht ein. Ehe sich die Welt von dem Schock erholte – Frankreich immerhin schloss mit der Sowjetunion einen Beistandspakt ab –, trafen Großbritannien und die Nazi-Regierung ein Abkommen, das die deutsche Seerüstung auf fünfunddreißig Prozent des britischen Flottenbestandes limitierte.

Wenig später hielt sich Marion Dönhoff für einige Wochen in Oxford auf, und sie registrierte in der englischen Gesellschaft einen gewissen Stimmungswandel, der dem Frieden eine Chance gab. In London schien man es eher sorglos hinzunehmen, dass es dem deutschen Kanzler geglückt war, die englische und die französische Deutschland-Politik fürs Erste auseinanderzudividieren – eine Einsicht, die sich nicht so recht zu Marion Dönhoffs wachsender Bewunderung für die pragmatische Vernunft der Briten fügte. Sie nutzte die Pause vor dem Beginn ihres beruflichen Engagements in Friedrichstein, um die Schönheit der englischen Landschaften kennenzulernen. Es beeindruckte sie, dass weite Gebiete nicht der Kultivierung nach kontinentaler Gewohnheit unterworfen waren, sondern sich selbst überlassen blieben, ob Wiesen oder Wälder, und sie knüpfte daran die etwas flotte Frage, ob die Menschen nicht doch mehr zur Jagd und zur Fortbewegung auf Pferderücken als zum biederen Ackerbau geschaffen seien. Es kam ihr nicht in den Sinn, dass sich für die Engländer eine Agrarwirtschaft im herkömmlichen Sinne kaum lohnte: Die Lebensmittel wurden billiger aus den unermesslichen Ländereien des Empire importiert, ob aus Kanada, Australien, Afrika oder Indien.

Bei Professor Salin meldete sie sich im Oktober 1935 überraschend aus – Belgrad. Sie bat ihn, die Reise in die jugoslawische Hauptstadt «vertraulich zu behandeln (wie es so schön heißt)». Leider sei ihre Mission nach einem Aufenthalt von zwei Tagen schon erfüllt, und sie werde noch heute die «36 stündige Heimfahrt antreten». Aber wer hatte sie in die balkanische Metropole entsandt? Was trieb sie dorthin? Eine geschäftliche Spekulation des Bruders? Kurierdienst für Flüchtlinge aus dem Reich? Oder ein inoffizieller Auftrag ihrer Freunde, die – trotz ihrer Opposition gegen die Parteiherrschaft – diese und jene Regierungsämter besetzten? Sie äußerte sich darüber nirgendwo, auch nicht beiläufig in einem der erhaltenen Briefe.

Aber sie nutzte die Stunden vor der Abreise, um dem Basler Freund einige Fragen zur Finanzstrategie des Dönhoff'schen Unternehmens zu stellen (die sie, der Zensur wegen, in Deutschland einem Brief womöglich nicht anzuvertrauen wagte). Was, wollte sie wissen, sollte man heutzutage mit Bar-Überschüssen anfangen – woraus man schließen darf, dass in Friedrichstein unter dem rationalen Regiment des Bruders Gewinne erwirtschaftet wurden. Sie riet sich selber davon ab, Schulden vorzeitig zu tilgen, denn das wäre «in Anbetracht des notwendig weiter sinkenden Geldwertes» verfehlt. Das aber hieß: Sie teilte den Eindruck vieler kritischer Beobachter, dass die ungehemmte Ausgabenwirtschaft des Regimes, zumal für die Rüstung, eines Tages zum finanziellen Debakel des Reiches führen werde (das nach Maßgabe der Experten in der Neige des Jahres 1939 auch vor der Tür stand und nur durch den Krieg verhindert wurde). Sie hielt es auch nicht für angebracht, das Geld für Bauten zu verwenden, da sie meinte, die absinkende Baukonjunktur (außerhalb der Rüstungsindustrie) werde, wenn sie auf einem Tiefpunkt angelangt sei, die Behörden dazu zwingen, auch private Projekte durch Zuschüsse zu fördern. Sie selber neigte, wie sie schreibt, eher zu Investitionen im Betrieb, wo sich «eine Steigerung des Produktionsumfanges erzielen lässt, Drainage, Wiesenmelioration etc …» Hier könne man nach den vorliegenden Erfahrungen schon nach einem Jahr mit einer Verzinsung und vielleicht sogar «mit einer 100% Amortisierung» rechnen. Außerdem gelte es, «die hohe (Junggesellen-)Einkommensteuer zu vermeiden»: Sie selber habe keinen eigenen Anteil an den Gewinnen, den sie anlegen konnte, doch Bruder Heinrich war 1935 noch nicht verheiratet.

Schließlich fragte sie, was Salin von städtischem Grundbesitz halte, in Süddeutschland, vielleicht in München? «Oder soll man ... eine liquide Barreserve halten und wenn in welcher Form?»

Am Ende entschuldigte sie sich bei dem Freund für den «langweiligen Brief». In Wirklichkeit schmeichelte es wohl ihrem Stolz, dass sie sich durch die sachlich-fachliche Abhandlung über die Finanzlage als eine gelehrige Schülerin des gefeierten Wirtschaftswissenschaftlers ausweisen konnte. In der Tat trug sie schon im Herbst für eine Weile die Verantwortung für den Betrieb ganz allein, weil Bruder Heini für vier Wochen zum Reiterregiment in Insterburg für eine Wehrübung eingezogen wurde. «Er genießt diese Zeit wie ein Schuljunge seine Ferien», fügte sie hinzu, und an anderer Stelle betonte sie, er sei «wirklich mit Leib und Seele Soldat was man ja bei ihm nicht so ohne weiteres» annehme. Dieter, der zweite Bruder, sei nicht ganz so glücklich, schrieb sie nach Basel, er sei «wegen des großen Andranges» bei der Kavallerie nicht angenommen worden, und nun werde er «als Gefreiter bei den Rastenburger Jägern geschliffen». Politisch sehe es in der Provinz ganz ruhig aus – «abgesehen von der (antisemitischen) Streicher-Propaganda»; diese Welle sei «erst jetzt in den Osten gedrungen».

Sie berichtete ferner, dass sie bei Professor Otto, dem großen Gräzisten, den sie aus Frankfurt kannte, in Königsberg eine Vorlesung über Nietzsche höre. Walter F. Otto hatte die Professur in Marion Dönhoffs Heimatprovinz entgegen ihren Warnungen übernommen. Der Universität in Königsberg bescheinigte sie das «primitivste Niveau», und dem «Lehrkörper» stellte sie, von Ausnahmen abgesehen, kein gutes Zeugnis aus. Der Kontakt mit Ottos Schwiegersohn Max Kommerell, dem sie zuvor in Frankfurt begegnet war, entwickelte sich zuzeiten lebhaft. Von «Maxim» stammt – nach einem Besuch im Sommer 1934 in einem Brief an seine Schwester notiert – die wohl schönste Beschreibung von Friedrichstein, die wir kennen. An «einem luftig-warmen Vormittag» hatte er sich zu einem Besuch im Schloss aufgemacht: «... ein ungepflegter, sandiger, hellbrauner, breiter Weg mit tiefen Furchen, nicht gerad, sondern in bequemer Krümmung, gesäumt durch eine mir unvergessliche Weidenallee. Aber nicht Weiden wie wir sie kennen (in Schwaben), sondern ein wahres Riesengeschlecht, das hier zur Höhe sehr alter Silberpappeln gedeiht, aber mit dem charakteristischen rissigen ungestalten dicken Stamm ... Die Allee öffnet sich. Man geht ein Stück weit zwischen Wassergräben, in denen es klatscht von zahllosen kleinen Fröschen, und die mit einem beinah das Wasser erstickenden Pflanzenleben bedeckt sind: größere herz- und nierenförmige Blätter, Algen, Moose, Linsen, gelbe Blüten, zuletzt auch noch die schönen runden Blattformen einer Seerose, die im Frühling blüht. Dann streicht langsam – ein merkwürdiger Anblick – ein Segel oder Mast durch die Wiesen. Man sagt sich: der Fluß (auf) gleicher Ebene mit den Wiesen ist ganz nah, obwohl man ihn nicht sieht. Und nun ist man da, und besteigt ein Boot, das ein Ruder hat. Ich sehe mich um, die kleine Gräfin stochert ein wenig hin und her ...»

Beharrlich nannte er Marion Dönhoff die «kleine Gräfin». Ein törichtes Feuilleton-Klischee, das er vermutlich der eigenen Kurzwüchsigkeit schuldete. Von ihrem Zimmer sagte er, es sei «sehr nett, ganz in rot gehalten. Ein großer Kamin, darauf hat sie zwei Greco's stehen. Sogleich fällt ins Auge ein Leopardenfell ... Sie hat ihn selbst geschossen, in Englisch-Ostafrika, wo einer ihrer Brüder eine Jagdconcession in einem Gebiet hat, das nicht kleiner als ganz Ostpreußen ist ...» Das imponierte dem genialischen Literatur-Gelehrten, doch mit großen Augen schaute er sich auch in den oberen Stockwerken des Schlosses um, den Räumen, die niemals fertig gebaut wurden: «Der rohe Backstein der Mauer, ohne Verputz. Da liegt alles durcheinander, Akten, alte Bücher, Musikinstrumente, kostbare Möbelstücke, die Trümmer einer Bibliothek mit großen Kostbarkeiten des deutschen Barock, und auf einem Billardtisch ein Haufen Tierschädel ...»

Beim Rundgang erzählte ihm Marion Dönhoff diese und jene Episode aus ihrem jungen Leben: «Auch in New York war sie, und bei den Indianern. Zeigte mir Bilder, die sie gemacht hat, von den Lehmhäusern mit mehreren Stockwerken übereinander, kahl, rechtwinklig, von außen mit Leitern zu ersteigen, durch Stangen zusammen gehalten. Wie eine moderne Wohnkolonie ... Auch in Südfrankreich war sie, in England, und weiß Gott wo noch. Dabei ist sie fleißig und hat mir oben auf den Speichern in großen Fächern die ganzen von ihr geordneten Akten gezeigt, sodass die Geschichte des großen Besitzes zum erstenmal deutlich wird.»

Es ist, als habe sich dem jungen Gelehrten eine Zauberwelt eröffnet: «Überhaupt die Räume. Evi (seine Frau) und ich wohnen in einem großen sehr hohen Raum, dessen Fenster auf einen Karpfenteich, die kleinen Buchten, und die vorspringenden und zurückweichenden Baumgruppen hinausgehen, auf den schönen Rasen davor, und auf eine Mühle. Ein herrlicher großer Schrank, wo Fach um Fach mit vollplastischen Schnitzereien bedeckt ist ... Die beiden Betten sind verdeckt durch einen riesigen Wandschirm von schwarzem Linoleum, in den mit Gold allerlei Chinesisches hineingraviert ist.» Er bestaunt die Galerie der Ahnen: «die Männer meist in herrischer Pose, die eine Hand an die Hüfte gelehnt, die Frauen mit einem Fächer, oder keck sich zur Seite drehend, manche ernst und asketisch vor sich hinblickend, unten ist gar ein alter Herr mit riesigem Hut zu sehen, der 130 Jahre alt wurde ... Die untern Räume sind viel größer, besonders schön sind die Porzellan-Öfen, einige auch ganz grazil, mit blumigen Formen und minarettartigen Zuspitzungen ... Die ganzen Zimmerfluchten laufen aus auf einen Wandteppich im Kabinett der alten Gräfin, das schönste, was ich in dieser Wohnung sah. Er ist vlämisch ... Die Dinge wachsen zusammen zum Raum, der Raum legt sich vertraulich um die wirklich schönen Menschen, die hindurchgehen, es ist nichts für sich und nichts von heute. Man geht durch Glastüren zum Balkon, und ein ganz breiter, rein-grüner Rasen ist vor der Schlossfassade entrollt. Man sieht noch einen dunkleren Kreis, wo ehedem der Springbrunnen stand. Aber der junge Graf ließ alles entfernen, was die

Einheit dieser Fläche störte. Sie verengt sich, stufenweise, durch die immer näher aneinanderrückenden alten Buchen und Linden, bis sie zuletzt nur noch einen schmalen Ausgang lassen, in die freie Weite ...»

Fast erschrocken hielt der Briefschreiber schließlich inne: «Ich spüre, wie innig ich auf einmal sehe – jeden Baum, jeden Naturmoment, wie ich jeden menschlichen Blick auffange, wie der Geist eines Zimmers sich auf mich senkt. Ja, ich bekomme jetzt erst ein Auge für die Welt. Ist es nicht zu spät? Ich bin 32!! Sag was! Wie prahlerisch-isoliert, wie geradezu hochstaplerisch kommt mir meine frühere Existenz vor. Mit den dicken Büchern. Sag was! Ist es nicht zu spät? Und ich sitze fest – im Beruf und langwierigen Geschäften. Siehst Du, auch mich holt es ein! Dass ein neues Leben kommt, und die alten Bedingungen schmerzen. Aber besser, als sie würden uns nicht zum Schmerz ...»

Das könnte ein Liebesbrief sein – in Wahrheit gar nicht an die Adresse der Schwester gerichtet, sondern an die «kleine Gräfin», die dem jungen Professor eine Welt geöffnet hat, ohne es recht zu wissen. Er scheint sich mit einigen enthusiastischen Seiten bei ihr für die Tage in Friedrichstein bedankt zu haben. Der Brief ist nicht erhalten, nur ihr verspäteter Dank, der eine Herzlichkeit anzeigt, die sie nicht zu oft ans Taglicht treten ließ. Sie erkundigte sich, wie Max und seiner Evi die Fotoporträts gefallen hatten, die eines Morgens bei der Mühle entstanden seien: «Ich finde beide sehr nett und eigentlich ganz so wie Sie sind, oder besser wie ich Sie sehe.»

Der Fotografie galt in jenen Jahren eine keineswegs beiläufige Neigung Marion Dönhoffs. Von der Qualität ihres Bildgefühls und von ihren technischen Fertigkeiten vermittelt der Band «Reisebilder», den der Großneffe Friedrich Dönhoff kurz nach ihrem Tod herausgab, die schönsten Eindrücke, zumal bei den Aufnahmen von der heimatlichen Landschaft, den Alleen im Sommerlicht, den poetischen Feldwegen, den verschilften Seen, den halbnackten Soldaten einer Pionierabteilung, die ihre Pferde durch ein Flüsschen treiben, den Doppelkähnen, die mit frisch geernteten Heubergen hoch beladen sind, Mann und Frau jeweils ein Ruder führend, die Bäuerin mit dem hellen Kopftuch tiefer verschleiert als die konservativste türkische Mutter im heutigen Berlin-Kreuzberg.

In der Tat wusste Marion Dönhoff die Leica, ein Geschenk fürs bestandene Abitur, meisterhaft zu führen. Eindringlich die Porträts der Geschwister: Toffy, das volle schwarze Haar glatt zurückgekämmt, das Gesicht mit den schönen, in jenem Augenblick ein wenig melancholischen Zügen, auf die Hände gestützt; Heini mit einem bäuerlichen Hut und ländlicher Joppe, gelassen lächelnd, im reifenden Gerstefeld; Dieter – ein Elegant mit Menjou-Bärtchen – auf einer Steintreppe posierend; die schöne Yvonne, die großen, ein wenig slawisch-schräg geschnittenen Augen lächelnd, lockend und zugleich ironische Abwehr annoncierend, der große Mund halb geöffnet, in weißer Bluse, trotz der offensichtlich sommerlichen Temperaturen das Haar mit einer hohen Kosakenmütze bedeckt (vermutlich während der Balkanreise aufgenommen): Man versteht sehr wohl, warum Yvonne von Kuenheim zu den umschwärmtesten Frauen der Gesellschaft jener Tage zählte.

Schon im Januar 1936 hatte Marion Dönhoff in einem Brief an Salin angedeutet, dass sich in ihr «die Sehnsucht nach fremden Ländern und neuen Stätten» wieder zu regen beginne. Kleinere Unfälle – meist mit den Pferden – dämpften ihre Unruhe nicht: Als sie Salin von den Reiseplänen schrieb, war ein Auge zugeschwollen, dank eines Huftritts, und nur wenige Wochen zuvor hatte sie sich bei einem Sturz den Arm gebrochen. Ihre «Wanderlust», von der sie selber sprach, zähmten derlei Zwischenfälle nicht.

Im Vorfrühling 1936 fuhr sie mit Schwester Yvonne in ihrem kleinen weißen Cabrio mit dem Kennzeichen «I C 41010» Richtung Südosten los. Von Ostpreußen wurde es ein langer Weg quer durch Europa bis nach Albanien: damals wahrhaftig ein abenteuerliches Unternehmen, denn südlich von Klagenfurt waren die wenigsten

Straßen für Automobile angelegt. Oft wurden die Wege grundlos. Tankstellen gab es nicht viele, also mussten die Strecken genau berechnet werden (und oft genug ging, wie Marion Dönhoff später angedeutet hat, die Rechnung nicht auf). Jede Panne war eine Herausforderung des Schicksals: Mechaniker herbeizulocken verlangte Phantasie und keinen geringen Aufwand an Charme. Die muslimischen Hirten und Bauern in Bosnien, Montenegro und Albanien schauten mehr als überrascht, ja ungläubig auf zwei junge, schöne, unverschleierte Frauen ohne männlichen Schutz, der Landessprachen nicht kundig, vorbeibrausend oder am Wegrand rastend zu sehen, womöglich Zigaretten rauchend. Erstaunlich: Unbill scheint den beiden nicht widerfahren zu sein. Marion deutete im Gespräch mit Großneffe Friedrich keine bedrohlichen Situationen an. Das Reisegeld verwahrte sie in einem Umschlag, den sie – schon damals zur Vergesslichkeit neigend – gelegentlich unter dem Kopfkissen ihrer Herberge liegenließ, von der ehrlichen Wirtin im letzten Moment vor der Abfahrt mit Geschrei und heftigen Gesten aufgehalten. Tirana, die dürftige Hauptstadt des armen Königreiches der Skythen, galt nicht als der sicherste Ort der Welt. Bäuerliche Händler dominierten das Straßenbild unter den hoch aufragenden Minaretten und vor den dicken Säulen der hastig erbauten Staatspaläste.

Braun gebrannt und voller Geschichten kehrten die beiden nach gut acht Wochen heim. Das Fernweh, das sich in Marion Dönhoffs Gemüt immer wieder regte, war freilich niemals für lange Fristen besänftigt. Die Unruhe, die nach draußen, ins Freie, in die Welt drängte, widersprach der genauso stark ausgeprägten Heimattreue und Anhänglichkeit. Die Spannung beider Elemente war gewiss eines der prägenden Elemente ihrer Persönlichkeit – und ein entscheidender Antrieb ihres journalistischen und schriftstellerischen Talents, wie es sich später zeigen sollte. Ein unstillbares Bedürfnis nach Unabhängigkeit schien mit ihrer unbeirrbaren Anhänglichkeit und Treue zu den Nächsten zu kollidieren – und entsprach ihr in

Wahrheit, dank der humanen Dialektik, die manchen Menschenkindern geschenkt ist.

Dennoch, immer wieder erhoben sich auch leise Zweifel, ob ihre Entscheidung für Friedrichstein die rechte war. Zunächst prüfte sie die Verwaltung der «Nebengüter» wie Groß Barthen, dem Witwensitz der Mutter. Aber das könnten andere ebenso gut wie sie, klagte sie Salin. Sie sei allemal froh, wenn sie abends wieder über ihren Büchern sitze «und das betreibe was mich interessiert. Aber Interessen, die man zum hauptamtlichen Beruf erhebt, hören ja gewöhnlich damit auf interessant zu sein – so wie eine Zeitschrift sobald man sie abonniert, schlecht wird ...» Dieser Anfall resignativer Altklugheit hätte Salin, der so stolz auf seine Schülerin war, ein wenig verstören können: Das Studium der Ökonomie, schrieb sie ihm nicht allzu taktvoll, habe ihr «nicht nur die theoretische sondern auch die praktische Ökonomie gründlich verleidet». Wenn sie viel Geld hätte, würde sie der «Erzeugungsschlacht» – eine gängige Propaganda-Parole jener braunen Tage – «ein Schnippchen schlagen» und «einen ganz großen Sumpf oder ein Bruch mit etwas Heide, Moor und Wald kaufen» – mit der Maßgabe, dass «kein Mensch dort je etwas anbauen oder pflanzen dürfte». Sie würde «ein paar Schafe halten, Pferde, auf die Jagd gehen und eine herrliche Bibliothek haben. Wäre das nicht schön?» Am Ende schämt sie sich des «Geschmiers» ein bisschen und weist entschuldigend darauf hin, dass sie jeden Morgen um sechs Uhr aufstehe – «woran ich mich bis heute noch nicht ganz gewöhnt habe.» Doch immerhin ein tröstender Ausblick: «Wir sind alle von ca. 1–14 Aug. für (die) Olympiade in Berlin.»

Welche Eindrücke sie vom «Fest der Völker» gewann, lässt sich nirgendwo nachlesen, aber die Atempause einer partiellen Humanisierung des Regimes konnte sie vermutlich nicht täuschen. Sie dürfte die kurze Phase der Internationalisierung Berlins durch die Gäste aus aller Herren Länder (ausgenommen, versteht sich, die Sowjetunion) und allen Winkeln der Welt als eine Wohltat empfunden haben. Doch es wird ihr kaum entgegangen sein, dass sich der

«Führer» weigerte, dem dreimal mit Gold ausgezeichneten schwarzen Sprinter Jesse Owens aus den Vereinigten Staaten die Hand zu reichen, obschon der Rekordläufer ein Liebling der Massen war, denen seine «nicht-arische» Hautfarbe gleichgültig zu sein schien. Indes, seit dem 15. September 1935 war das «Gesetz zum Schutz des deutschen Blutes und der deutschen Ehre» in Kraft: so die pathetische Umschreibung des Auftakts zur Austreibung und zur Vernichtung einer Minorität, in Wahrheit aber die Ouvertüre des deutschen Abschieds aus der Zivilisation des Westens und der Selbstvernichtung einer Kultur. Der Nazismus entledigte sich bald genug wieder der Tarnung, und die Mehrheit der Deutschen beobachtete die fortschreitende Diskriminierung der jüdischen Nachbarn in der Regel ohne zu große Anteilnahme, wenn nicht mit Schadenfreude (wie die teutonische Vokabel lautet, für die sich in keiner anderen Sprache eine Entsprechung findet) und mit einem wachen Auge für die Chance der Bereicherung. Die Nazis machten, das erwies sich spätestens am 9. November 1938 mit erschreckender Klarheit, aus den Deutschen in SA-, SS-, Partei- und Polizei-Uniform eine Bande von Vandalen, Dieben, Erpressern und Ausbeutern, ehe sie die Verfolgten und Verfemten im Krieg den Mördern der Exekutionskommandos und den buchhalterisch exakt operierenden Vollstreckern der Vernichtung preisgaben.

Dennoch – dies wurde von der Nachwelt zu rasch vergessen – gab es so etwas wie einen Alltag des Dritten Reiches, in dem die dramatischen Veränderungen der Gesellschaft (und ihre moralische Verluderung) kaum wahrgenommen wurden. Marion Dönhoff hatte – ein Glücksfall – die Chance, von Zeit zu Zeit draußen, jenseits der Grenzen Atem zu schöpfen. Sie bemühte sich, durch die Vorlesungen in Königsberg, die sie besuchte, durch die Freundschaft mit anregenden Geistern, durch die lebhafte Geselligkeit in den Kreisen des Adels, durch die Jagden, die sie so offensichtlich liebte, der Routine des Dritten Reiches immer von neuem zu entkommen. Darum hieß sie auch einen seltsamen Gast willkommen, der sich auf den ersten (und auch den zweiten) Blick im Milieu von Friedrichstein eher fremd ausnahm: den Historiker Otto Weber-Krohse, den man – ohne sich einer Übertreibung schuldig zu machen – einen Dreiviertel-Nazi nennen konnte. Ein Mann von intellektuellem, aber auch politischem Ehrgeiz, deutschnational und großpreußisch im Geiste Treitschkes geprägt, des prussifizierten Sachsen, der mit seinen wilhelminischen Mythen und seinem rabiaten Antisemitismus das Geschichtsbild ganzer Generationen deutscher Schulmeister aufs unglückseligste geprägt hat (zumal er ein talentierter Stilist und Erzähler war). Weber-Krohse, aus Ostholstein stammend, hatte sich ohne zu großes Glück als Journalist und Zeitungsverleger versucht. Mit seinem Buch «Sieben Preußen», erschienen 1935 in dem obskuren Graf von Schlieffen-Verlag in Berlin, später von Bertelsmann in Gütersloh übernommen, hatte er sich ein gewisses Renommee verschafft: eine Sammlung von Porträts so unterschiedlicher Charaktere wie dem Großen Kurfürsten, dem Soldatenkönig Friedrich Wilhelm, dem Grafen Hertzberg (den man den Hauptminister Friedrich des Großen nennen könnte), General von Yorck, des Rebellen von Tauroggen, dem hannoveranischen König Ernst August von Cumberland (der freilich ein Brite und durchaus kein Preuße war), Bismarck natürlich und dem Botschafter von Schweinitz. Eine seltsame Mischung, doch die Stücke zeugen von einem gewissen Elan der Sprache, freilich von keinem allzu kritischen Scharfsinn, doch sind sie reich an Fakten.

Als Weber-Krohse die Verbindung mit dem Hause Dönhoff aufnahm, war er als Schreib- und Denkgehilfe des ostpreußischen Gauleiters Erich Koch engagiert, der als einer der intelligenteren und offeneren unter den Parteisatrapen Hitlers galt, vermutlich auch in jenen Jahren schon in Maßen korrupt, doch noch nicht der prunkende Feudalfürst, der Besitz- und Reichtümer häufte, als im Krieg unter seinem Sklavenregiment in Polen, in den baltischen Staaten und in Weißrussland Hunderttausende von Juden exekutiert oder einem elenden Tod durch Hunger und Seuchen und

Kälte ausgeliefert wurden. Fritz-Dietlof Schulenburg, der konservative Freund Marion Dönhoffs, hatte sich, von seiner frühen Nazi-Begeisterung gründlich geheilt, schon längst aus der Umgebung des Gauleiters zurückgezogen, als sich Weber-Krohse (mit dem offiziellen Titel eines Gauamtsleiters) an Erich Koch verdingte. Koch schien, wenn wir die Studie von Christian Tilitzki (im «Jahrbuch für die Geschichte Mittel- und Ostdeutschlands» von 2003) recht gelesen haben, für eine Art osteuropäischer Föderation unter der Aufsicht des Deutschen Reiches zu werben: ein Konzept, das eher die Assimilierung der Slawen als ihre bedingungslose Unterwerfung anstrebte und damit den ostpolitischen Vorstellungen in der Umgebung des Chefmythologen Alfred Rosenberg widersprach: «Kultur statt Rasse» und «Raumpolitik statt Lebensraumpolitik», so ließen sich, laut Tilitzki, seine elementaren Einsichten formulieren, in denen es freilich keinen Platz für die Präsenz der Juden gab. Dennoch, der Gegensatz zur offiziellen Nazistrategie war offensichtlich. Koch sah sich denn auch wenig später dazu gezwungen, sich von seinem Ghostwriter wieder zu trennen.

Sein Parteiamt ließ Weber-Krohse Zeit genug, in Friedrichstein das Material für ein aufwendiges Werk über Marion Dönhoffs Großvater, den preußischen Diplomaten August Dönhoff, zu sammeln, den Ahnherrn, den die Enkelin tiefer bewunderte als jeden anderen ihrer Altvordern. Mit jener Arbeit – die als ein vierbändiges Typoskript erhalten blieb – wollte sich Weber-Krohse habilitieren.

Die Gräfin, die ihm dabei kritisch über die Schulter sah, schien – obwohl sie ihn streng auf Distanz hielt – die Nähe eines immerhin anregenden Geistes zu schätzen, zumal sich Weber-Krohse als ein guter Reiter erwies, der sie auf ihren langen Ritten durch die Wälder und das Wiesenland der Region oft begleiten durfte. Von einer begrenzten Vertrautheit, die bei ihr rasch in Ärger, Ungeduld und einen gewissen Hochmut umschlug, zeugt der lebhafte Briefwechsel.

In der Korrespondenz herrschte freilich kein Gleichgewicht. Seine maschinengeschriebenen und engzeiligen Episteln breiten sich gelegentlich über sechs Seiten aus, auf denen er sie beharrlich «liebe Marionette» tituliert – kein allzu geistreiches Wortspiel, das sie sich (es ist merkwürdig) gefallen ließ, vielleicht, weil es weniger auf das Puppentheater als auf Marie-Antoinette hindeuten sollte. Er bemerkte denn auch einmal scherzhaft: «Wahrscheinlich würden Sie, wenn Sie unsere Queen wären, auch mich einsperren ...» Wichtiger war ihr die Begründung seines Engagements für ihre Familiengeschichte: «Was stellt Friedrichstein denn schließlich anderes dar als ein Gleichnis der Jahrhunderte, ein bisweilen nicht nur reizvolles, sondern in der Schwere seiner Imponderabilien drückendes Gleichnis, wie denn wohl alles Liebenswerte zugleich leidenswert ist?»

Immerhin regte sich in dem eher verklemmten Mann ein wacher Instinkt – so, wenn er fast aus heiterem Himmel den Namen von Bia (Paul) von Yorck, des älteren Bruders von Peter (dem Mann des Widerstandes), mit dem ihren verbindet. Auch Otto von Hentig zählte zu seinen Ideal-Preußen, und von ihm zitierte er, voller Freude an der Formulierung, das Wort über Bismarck, der ein «vibrierender Koloss» gewesen sei. Marion Dönhoff war vermutlich ein wenig geschmeichelt, vielleicht auch ein bisschen irritiert, als er ihr – wie Hentig und Yorck – den «kleistschen Funken» zuschrieb.

Die Gespräche der beiden waren vielseitig. Mit welcher Heftigkeit warf sie sich für Hofmannsthal ins Zeug, dessen Werk ihr wohl aus den George-nahen Studententagen tief vertraut war! In ihm sei, ruft sie dem Historiker zu, die «ganze abendländische Dichtung seit den Troubadours lebendig», und in ihm werde «visionär die große deutsche Vergangenheit sichtbar» – während sich «der revolutionäre Geist» (wie sie den Nationalsozialismus umschreibt) nur aus dem «Ressentiment des Bourgeois» speise. Ihr literarischer Geschmack machte an den preußischen Grenzen keineswegs halt – und um die nazistischen Vorbehalte gegen den österreichischen «Halbjuden» Hofmannsthal (der nur als Librettist von Richard Strauss noch geduldet wurde) kümmerte sie sich nicht im Geringsten.

Sie wagte in ihrem Briefwechsel mit dem Historiker eine erstaunliche Offenheit, was keineswegs ungefährlich war, trotz der wachsenden Regime-Kritik des Beinahe-Freundes, dem nach der Entlassung aus seinem Parteiamt die Ausweisung aus Ostpreußen drohte (die sein einstiger Mentor, der Gauleiter, denn doch zu verhindern wusste). Niemals aber gewinnt sie gegenüber dem eher geschwätzigen Partner jene Unmittelbarkeit der Gefühle, die ihr Brief an Salin aus den Apriltagen des Jahres 1937 bezeugt: eine Antwort auf ein Schreiben des Professors, das eine tiefe Krise andeutete, vielleicht ein unheilbares Zerwürfnis in der Ehe. «Ich bin tief erschüttert», schrieb sie dem Freund (der er war und zeitlebens blieb), dessen Zeilen «Dunkles ahnen» ließen und «schweres Schicksal» kündeten. «Unfasslich erscheint mir alles und nur dies empfinde ich, ein unendliches Bedürfnis Ihnen helfen zu wollen und kann doch nichts tun und stehe mit leeren Händen da und habe kaum noch die Kraft diesen Prozess der Auflösung und des Zerfalls, der sich allenthalben vollzieht sehenden Auges mitzuerleben.» Sie ließ ihn wissen, dass sie und Heini die Tochter Brigitte gern in Friedrichstein aufnehmen würden. Sie selber sei allerdings erst nach Pfingsten zurück von einer Reise – wohin? –, die sich nicht verschieben lasse, «weil das Datum der Rückkehr aus technischen Gründen nicht verlegt werden» könne. Bis dahin könne das Mädchen bei ihrer Mutter, der Gräfin Ria, bleiben. Brigitte, der Marion Dönhoff (nach ihren eigenen Worten) mit einer gewissen Strenge begegnete – «weil gerade in diesem Alter die Gefahr der Überschätzung der eigenen Wirklichkeit und des eigenen Schicksals so groß ist» –, war nicht allein, sondern mit ihrem jüngeren Bruder Lothar gekommen. Beide blieben bis Mitte August. Die Tochter Salin reiste dann nach England weiter.

· Kapitel 9 ·

Regierungswechsel im Hause Dönhoff

Manchmal griff Marion Dönhoff, vermutlich eher achtlos, nach dem bedruckten Papier des Bruders Heini, wenn sie einen Augenblick der Muße fand, um auf die Briefe ihrer Freunde zu antworten. Freilich blieben auch einige Bögen erhalten, die links oben die gedruckten Initialen «MD» aufweisen, in Jugendstilmanier zu einem Kreis geschlossen, darüber ein Krönchen mit fünf Zacken schwebend. Es ist anzunehmen, dass es sich um das Geschenk eines Verehrers handelte, denn es widerspräche ihrer bescheiden-selbstsicheren Nachlässigkeit in allen Fragen des Prestiges, wenn sie für den prätentiösen schriftlichen Auftritt auch noch selber bezahlt hätte. Einen zu dicken Stapel des kostbaren Papiers hatte der Gönner kaum bestellt, denn sonst wären uns vielleicht nicht so sparsam wenige dieser Blätter überkommen: außer dem einen Brief, der an den Professor Salin gerichtet war, und zwei Briefen an Otto Weber-Krohse hernach eher offizielle Schreiben an den Botschafter Schulenburg oder Carl Jacob Burckhardt.

Für die letzten Jahre vor dem Zweiten Weltkrieg ist die Korrespondenz mit dem Sonderling Otto Weber-Krohse das wichtigste Zeugnis, das die Epoche der Zerstörung überdauert hat: ein etwas einseitiger Austausch, der von dem einstigen Bediensteten des Gauleiters Koch (darauf wurde hingewiesen) kein geringes Maß an Leidensfähigkeit verlangte. Im Oktober 1937 setzte Marion Dönhoff –

in einem Schreiben ohne Anrede – dem Beinahefreund ein Urteil über seine Manuskripte vor (vermutlich handelte es sich um die erste Fassung seiner Habilitierungsarbeit), das ein nicht ganz so tief ergebener Partner kaum ohne eine zornige Antwort hingenommen hätte; jeder halbwegs stolze Bürger, jeder Historiker von einigem Ansehen, vor allem aber ein nicht ganz erfolgloser Schriftsteller – und all das war der Partner – hätte sich den anmaßenden Ton verbeten: doch Otto Weber-Krohse scheint von masochistischen Neigungen nicht frei gewesen zu sein, anders lässt sich seine demütige Haltung kaum erklären.

Sie müsse bekennen, rief ihm die junge Gräfin schon im zweiten Satz des Briefes zu, dass ihr die Lektüre «einige Schwierigkeiten» bereitet habe. «Es fällt mir schwer mich an die Art der häufig wiederkehrenden (seien Sie nicht bös) journalistischen Bilder zu gewöhnen sondern auch der Stil ganz generell ist mir fremd.» Das zitierte Beispiel (es stand in einem komplexen Zusammenhang, der nicht weiter interessiert) war in der Tat eine verrutschte Metapher, die laut Marion allenfalls in einem «Leitartikel der Frankf. Ztg» über die russische Revolution stehen könnte. Sie fügte forsch hinzu: «Sie sollten einmal keine Zeitung lesen, keine politischen oder wirtschaftlichen Berichte der Parteistellen, keine Reden ... Sie sollten vielmehr Bismarck lesen oder Metternich oder auch ein Buch wie den F. II» (womit sie Kantorowicz' Biographie des Stauferkaisers Friedrich II. meinte – eine etwas überraschende Empfehlung, da sie Jahrzehnte später in einem Brief an den Widerstandshistoriker Peter Hoffmann bemerkte, der Autor habe sich schon 1933 mit dem Buch nicht mehr identifiziert, ja, man habe ihn gar nicht darauf ansprechen dürfen: «Ich glaube, ihm wäre am liebsten gewesen, er hätte es nie geschrieben.»). Doch plötzlich schien ihr bewusst zu werden, dass sie dem Partner vielleicht eine zu kräftige Abreibung verpassen mochte, und sie fiel sich ins Wort, wie üblich ohne Punkt und Komma: «Ich muß immer wieder um Pardon bitten für die dozierenden und schulmeisterlichen Ermahnungen und Ratschläge dieses Briefes für den es nur eine Rechtfertigung und Erklärung gibt nämlich die wirklich aufrichtige und freundschaftliche Absicht mit der er geschrieben wurde.» Aber im nächsten Atemzug holt sie von neuem aus: «Ich habe wirklich manchmal das Gefühl, daß Sie ein zu unstetes und verhetztes Leben führen, mit zu viel heterogenen Menschen und Lebenskreisen umgehen und daß Sie zu viel durcheinanderlesen – alles Dinge die bis zu einem gewissen Stadium des eigenen Lebens und Wachsens gut und notwendig sind aber auf die Dauer und insbesondere für den Historiker keine fruchtbare Basis abgeben.»

Dann unversehens der Hinweis, ohne erkennbaren Zusammenhang mit der Gardinenpredigt: «Mir fiel übrigens eben ein Band Heine in die Hände bitte lesen Sie ‹Zur Geschichte der Religion und Philosophie in Deutschland› vor allem das 3. Buch – Sie werden staunen!» Sie wollte die Aufmerksamkeit des Fast-nicht-mehr-Nazis auf die seitdem so oft zitierten prophetischen Sätze des Dichters lenken, mit denen er seine französischen Leser vor den Gefahren jenseits des Rheines warnte: «Der deutsche Donner ist freilich auch ein Deutscher und ist nicht sehr gelenkig, und kommt etwas langsam daher; aber kommen wird er, und wenn ihr es einst krachen hört, wie es noch niemals in der Weltgeschichte gekracht hat, so wißt: der deutsche Donner hat endlich sein Ziel erreicht ... Es wird ein Stück aufgeführt werden in Deutschland, wogegen die französische Revolution nur wie eine harmlose Idylle erscheinen möchte.» Damals, hundert Jahre nach der Niederschrift 1834, hatte die abschließende Mahnung des Dichters eine erschreckende Aktualität gewonnen: «Jedenfalls rate ich Euch, ... auf Eurer Hut zu sein. Es mag in Deutschland vorgehen, was da wolle, es mag der Kronprinz von Preußen oder Doktor Wirth zur Herrschaft gelangen, haltet Euch immer gerüstet, bleibt ruhig auf Eurem Posten stehen, das Gewehr im Arm. Ich meine es gut mit Euch, und es hat mich schier erschreckt, als ich jüngst vernahm, Eure Minister beabsichtigten, Frankreich zu entwaffnen.»

Die Empfehlung der Heine-Lektüre legt die Vermutung nahe, dass Marion Dönhoff dem Ex-Gauamtsleiter ein gewisses Vertrauen entgegenbrachte, denn die Anzüglichkeit des Textes und der Bannfluch, mit dem der jüdische Autor längst aus den Bibliotheken vertrieben war, hätten Anlass genug zu einer Denunziation bei der Gestapo sein können.

Der kritische Brief trägt das Datum des 26. Oktober 1937. Die flüchtige Phase einer (vorgetäuschten) Liberalisierung des Regimes während der Olympischen Spiele war mit der Abreise der Gäste aus aller Welt rasch wieder verdrängt worden. Schon Ende August 1936 wurde die Dienstzeit in der Wehrmacht auf zwei Jahre verlängert. Im September verkündete der «Führer» auf dem Nürnberger Reichsparteitag einen «Vierjahresplan», der in Wirklichkeit vor allem eine Beschleunigung der Rüstungsanstrengungen bedeutete. Im Herbst jenes Jahres wurde mit dem deutsch-italienischen Vertrag die nazistisch-faschistische «Achse» geschmiedet, die künftig den Kontinent dominieren sollte – siehe die Anerkennung der Putschregierung des Generals Franco in Spanien, dessen Kampf gegen die Republik durch die Bombengeschwader der deutschen «Legion Condor» und durch italienische Bodentruppen unterstützt wurde. Das militaristische Japan, das einen mörderischen Kolonialkrieg gegen China führte, wurde Partner des «Antikominternpaktes»: einer Allianz, die nicht nur gegen die Präsenz des sowjetischen Imperiums in Ostasien, sondern latent auch gegen die fernöstlichen Interessen Großbritanniens und der Vereinigten Staaten gerichtet war. Mit anderen Worten: Der Kriegskurs des deutschen Diktators verschärfte sich. Wenige Wochen nach Marion Dönhoffs Brief – am 5. November – schenkte Adolf Hitler in seiner Alpenresidenz Obersalzberg den Chefs der Streitkräfte und dem Reichsaußenminister (es war immer noch der halbwegs biedere Konstantin von Neurath) klaren Wein über seine Pläne ein: Die «Raumnot» der Deutschen werde er durch die Expansion nach Osten lösen; zunächst aber stünde die «Befreiung» Österreichs und die Besetzung der Tschechoslowakei auf seinem Programm, das im sogenannten «Hoßbach-Protokoll» seines Chefadjutanten festgehalten wurde.

Mit der wachsenden Härte des außenpolitischen Kurses nahm auch die Pression des Überwachungsstaates im Inneren zu. Umso eindrucksvoller Marion Dönhoffs Mut, einen schwankenden und irrlichternden Geist wie Otto Weber-Krohse mit der düsteren Warnung Heines vor dem deutschen Weltgewitter zu konfrontieren (und er mag nicht der Einzige gewesen sein, den sie damals auf die furchterregende Vision des Dichters hinwies). Der gescholtene Historiker schob die politische Herausforderung beiseite und antwortete auf ihre herbe Kritik mit einem ausführlichen Versuch der Rechtfertigung. Er räumte ein, dass ihm – da er vom Schreiben erschöpft gewesen sei – die Bilder durcheinandergerieten. Doch er möchte die Anleihe «weder der Frankfurter Zeitung noch dem Völkischen Beobachter gönnen, in denen ich ... früher leider Gottes Artikel schrieb» (den Qualitätsunterschied der beiden Blätter erwähnte er nicht). Er verzichtete im Hinblick auf ihre Generalkritik seines Stiles auf die ebenso naheliegende wie billige Replik, dass ihr brieflicher Verriss auch nicht gerade als ein Höhepunkt der Sprachkunst bezeichnet werden konnte. Immerhin verzichtete er nicht auf einen winzigen Stich: Er hoffe noch immer, dass sie mit der versprochenen Fortsetzung ihrer Promotionsarbeit über die Wirtschaftsgeschichte des Hauses Dönhoff seine eigenen Bemühungen um eine Art Biographie ihres Großvaters August überflüssig mache. Ein wunder Punkt. Sie wusste sehr wohl, dass sie den zweiten Band kaum je schreiben werde.

Selbst seine Lektüre verteidigte Weber-Krohse. Den Kantorowicz habe er zweimal gelesen, das erste Mal hingerissen, das zweite Mal denn doch ein wenig verstört von der «vielfach gekünstelten», ja «schauspielerhaften» Sprache. Bismarck kenne er «auf das Genaueste», und er «empfinde ihn neben Thomas Mann – so seltsam ihre Nebeneinanderstellung auch klingen mag – als den größten Meister der Stilistik». Nur Luther setze er noch höher, «aber dessen Deutsch vermögen wir Schwachgewordenen nicht mehr zu sprechen». Apropos Metternich warf er ihr, ein wenig gewunden, den fahrlässigen Umgang mit Fremdwörtern vor. Sie verdecke damit manchmal «sehr unglücklich die Natürlichkeit und Menschlichkeit, mit der sie sich von anderen Damen ... so sympathisch unterscheide».

Dann fasste er sich ein Herz: Aus ihrem Brief spreche «sehr ehrlich und darum dankbar anerkannt», dass er ihr «gelegentlich oder ... ziemlich regelmäßig auf die Nerven gehe». So war es. Doch es ist keine Äußerung Marions erhalten, in der sie auf den Vorwurf reagierte. Aber was ihre Vermutung betraf, er bewege sich in «zu heterogenen Kreisen» – was ging sie das eigentlich an? –, entgegnete er wortreich, dass er seinen Umgang immer in einer «ziemlich weitgefassten konservativen Welt» gesucht habe. Doch er als «Außenseiter und Autodidakt mit allen störenden Eigenschaften eines solchen» müsse eben auch durch die «Täler dieses Lebens wandern». Seine persönlichen Beziehungen würden sich auf sehr wenige Menschen beschränken, und er bewege sich «ausschließlich in einer konservativen Welt». Er sprach freilich auch von Otto von Hentig und Bia von Yorck. Der Brief verrät nicht, woher er die beiden kannte: Peter von Yorcks älteren Bruder und Hentig, den Urfreund des Hauses Dönhoff. Vielleicht hat sich der Weg zu Marion Dönhoff über diese beiden geöffnet?

Übrigens schrieb er die lange Epistel sozusagen auf gepackten Kisten, denn Gauleiter Koch scheint ihm – den Pressionen aus dem Umkreis des Großideologen Alfred Rosenberg gehorchend – nun doch nahegelegt zu haben, Ostpreußen zu verlassen. Dies blieb Weber-Krohse am Ende erspart, da sich Koch offensichtlich umstimmen ließ. Weber-Krohse zog von Lapsau im unmittelbaren Umkreis von Königsberg nach Behlendorf um, einem Dorf in der Nähe von Preußisch-Holland. Er rückte damit Friedrichstein ein gutes Stück näher.

Es entging ihm nicht, dass sich im Schloss der Dönhoffs Veränderungen vorbereiteten, die tief in die Existenz seiner verehrten, wenn

1 Die kleine Marion Dönhoff in ihrem Paradies: dem Pferdestall

2 Die Mutter Ria Dönhoff

3 Der Vater August Dönhoff

4 Die Dönhoff-Orgelpfeifen: Marion, Maria, Christoph, Dieter, Yvonne, Heinrich, Christa

5 Schloss Friedrichstein

6 Auf den Dönhoff'schen Gütern

7 In ungewohnter Rolle: Marion Dönhoff (rechts) beim Fechten im edlen Rokokokostüm, Potsdam 1928

8 Mit dem ältesten Bruder Heinrich, 1930

9 Mit Bruder Toffy und dem von ihr erlegten Leoparden in Kenia, 1931

10 Schwester Yvonne, aufgenommen von Marion während der Balkanreise 1936

11 Als Studentin in Basel, 1934

12 Adam von Trott zu Solz (links) mit David Astor, dem Chef des «Observer»

13 Heinrich Lehndorff, von den Nationalsozialisten nach dem 20. Juli 1944 hingerichtet

14 Peter Yorck von Wartenburg auf dem Weg zum Volksgerichtshof, August 1944

15 Marion in den Zeiten des Krieges

nicht geliebten, zweifellos aber gefürchteten intellektuellen Zuchtmeisterin einschnitten. Die Mutter Ria, zu der Marion eine eher kühle Beziehung unterhielt, war längst hinübergezogen ins Gutshaus von Groß Barthen, das – mit einer kurzen Unterbrechung – seit Jahrhunderten zum Dönhoff'schen Klein-Reich zählte: ein nicht allzu aufwendiger Witwensitz, immerhin geräumig genug, eine Schar junger Damen aufzunehmen, unter ihnen eine Tochter der Kronprinzessin und Marions hernach so vertraute Freundin Christa von Tippelskirch, die unter der Aufsicht der Gräfin die Führung eines standesgemäßen Haushalts und die Direktion über die Küche lernen sollten.

Oft ritt Marion hinüber, um nach dem Rechten zu sehen: Friedrichstein war, in der Luftlinie, nicht weiter als fünfzehn Kilometer entfernt. Der Tochter oblag die Kontrolle der Wirtschaft in Barthen. Einmal wies sie die Mama darauf hin, dass sie der Verwaltung dreihundert Reichsmark schulde: eine Feststellung, von der die Altgräfin in blankes Entsetzen gestürzt wurde, wie einer ihrer Briefe – in ihrer fast männlich-markigen Handschrift – mit den lebhaftesten Beteuerungen ihrer Unschuld demonstriert. Die Reisen, die sie gern unternahm – in die Schweiz, nach Berlin, zu den Residenzen der Freunde und Verwandten –, widersprachen ihrer prinzipiellen Sparsamkeit nicht.

In Friedrichstein wurde überhaupt recht streng aufs Geld geachtet, obwohl (oder eher weil) Bruder Heini beträchtliche Summen für die sorgsame Restaurierung des Schlosses nach den Ratschlägen prominenter kunst- und architekturhistorischer Experten ausgab. Aus den Überschüssen, die er erwirtschaftete, ließ sich das aufwendige Unternehmen nicht finanzieren: Also verkaufte er einige Kunstwerke aus der Sammlung des Vaters. Das freundliche Chaos, das Marie Luise Kaschnitz, die mit ihrem Mann, dem Archäologen Guido Kaschnitz von Weinberg, seit 1932 in Königsberg lebte, nach einem Besuch in Friedrichstein in den knappen Skizzen ihres Tagebuches beschrieb, ordnete sich nur langsam: «Kinderpastelle in

Goldrahmen mit Schleifchen, Matrosenanzüge, weiße Kleidchen, Fürstenphotographien, afrikanische Büffelhörner, Renaissanceholzrelief von einem florentinischen Portal überm Kamin, Harmonium mit falschen Orgelpfeifen, Albums. In meinem Zimmer Holzfeuergeruch, Papageientapete, hellblaue Wolldecke, leerer Glasschrank. Vom Fenster sieht man die Fachwerkscheune und den Teich ...»

Spätestens zu Beginn des Jahres 1938 zeichnete sich ein Wechsel in der Führung des Hauses ab. Heinrich hatte sich zu einer – an den Friedrichsteiner Traditionen gemessen – geradezu exotischen Heirat entschlossen. Die Umworbene war Dorothea Gräfin von Hatzfeldt, eine schöne und hochgewachsene junge Frau aus einem der großen, einst reichsunabhängigen Geschlechter des Rheinlandes, zwanzig Jahre zuvor in dem mächtigen Renaissanceschloss Crottorf zur Welt gekommen, das sich eine gute Stunde östlich von Köln in den Forsten des Bergischen Landes verbirgt. Eine angesehene, reiche Familie – freilich katholischen Glaubens, in dem die junge Dorothea («Dodo» gerufen) tief verwurzelt war. Es stand für sie außer Frage, dass sie nur nach katholischem Ritus heiraten und – so verlangt es die römische Kirche – dass sie auch ihre Kinder nach katholischem Glauben taufen und erziehen lassen würde.

Die konfessionelle Zugehörigkeit wurde in jenen Jahrzehnten noch bitterernst genommen. Die sogenannten einfachen Leute ließen von den überkommenen Vorurteilen nicht ab – für die Evangelischen waren alle Katholiken «falsch», für die Katholiken alle Lutheraner finstere Ketzer. Der Besitzadel hielt an den Traditionen fest, die sich seit der Reformation in die Gemüter eingegraben hatten – und in Preußen waren die Herren von Stand, vom einst österreichischen Schlesien abgesehen, nun einmal protestantisch. Es war im Jahre 1938 offensichtlich noch undenkbar, dass der Familienchef des Hauses Dönhoff eine Katholikin heimführe und das Erbe katholischen Kindern übergeben werde. Der Familienrat beschloss, Heinrichs Entscheidung für die Liebe zu respektieren. Die Mutter und die Geschwister akzeptierten zugleich sein Angebot, auf das

Privileg des Erstgeborenen zu verzichten. Auch Marion, die den Bruder abgöttisch liebte, scheint sich dem Votum der Mehrheit angeschlossen zu haben, obschon man ihr kaum nachsagen konnte, dass sie eine beinharte Protestantin gewesen sei. Die morgendlichen Andachten, zu denen sich die Kinder und das Gesinde einst um das Harmonium der Mutter Ria versammelt hatten, führte Marion Dönhoff nicht fort. Auch las sie wohl kaum regelmäßig im Herrnhuter Losungsbüchlein, das in so gut wie keinem evangelischen Haushalt fehlte: mit der täglichen Weisung der Bibel, jeweils ein Wort aus dem Alten und ein Zitat aus dem Neuen Testament, dazu die Empfehlung eines des klassischen Choräle.

Ihre Mitgliedschaft in der Bekennenden Kirche – durch ein Ausweispapier vom 9. September 1935 bezeugt – bewies nicht nur ihre Solidarität mit dem Pfarrer Gollnick von Löwenhagen, der zu den Gefolgsmännern Martin Niemöllers zählte (was für seine Berufung durch den Patronatsherrn Heinrich Dönhoff wohl den Ausschlag gab) und am Ende jedes Gottesdienstes die Namen der verhafteten Pastoren verlas. Vier Jahre später, nur drei Tage vor dem Einfall in Polen, schrieb sie einen zornbebenden Brief an einen Nachbarn, von dem wir lediglich – dank der Anrede – den Vornamen Adalbert kennen. Sie hatte ihn bei einem Jagdausflug mit Berichten konfrontiert, dass er den Pfarrer Weder – wohl der Nachfolger in Löwenhagen (der hernach die Trauerpredigt für den Bruder hielt) – mit üblen Geschichten anschwärze. Das habe er glattweg geleugnet und sein «sehr großes und positives Interesse für alle kirchlichen Dinge» betont – den Namen Weder aber habe er «nur einmal in irgendeinem belanglosen Zusammenhang gehört». Die Behauptung, er habe Weder beim Konsistorium angezeigt, sei glatt erfunden: so weit Adalbert. Sie aber prüfte, was es damit auf sich hatte – und siehe da, es habe «sich alles so zugetragen, wie es erzählt wird». Er habe ein Telefongespräch Weders zur Anzeige gebracht. Sie schrieb dem Nachbarn ohne Umschweif, dass er sie «in wirklich krasser Weise belogen» habe. «Wenn man glaubt, aus irgendwelchen Gründen zu einer Handlungsweise wie der Deinen berechtigt oder verpflichtet zu sein», dann müsse man «auch wenigstens den Schneid aufbringen, dazu zu stehen». «Ich muß daraufhin annehmen», fuhr sie insistierend fort, «daß auch die Geschichten, die Dich als Denunzianten Deiner Standesgenossen kennzeichnen zutreffen ... Dabei ist, so viel ich weiß, gerade Dir und Deiner Familie der Begriff des Standes so außerordentlich wichtig.» Dann dürfe er aber nicht nur die gesellschaftlichen Vorteile in Anspruch nehmen, sondern müsse auch «seine inneren Gesetze und seinen tieferen Sinn» achten.

Der Herr, den sie durch den Vorwurf des «Lavierens» und der «Standpunktlosigkeit» deutlich genug als einen Opportunisten kennzeichnete, hat sich diesen Brief gewiss nicht hinter den Spiegel gesteckt. Ihn zu schreiben, forderte eine schöne Portion Courage, denn sie konnte sich ausrechnen, dass sich Adalbert durch eine weitere Denunziation rächen würde. Wer lässt sich schon gern bescheinigen, er betreibe eine «Mischung von Wichtigtuerei und Unaufrichtigkeit»? Sie schloss: «Vielleicht erweise ich Dir einen Dienst, wenn ich Dir das sage.» Ohne Gruß: «Marion Dönhoff».

Man nimmt dieses erstaunliche Zeugnis zivilen Mutes mit Respekt, aber auch mit einer Spur von Unbehagen zur Kenntnis. Marion saß, mit Verlaub, bei der Zurechtweisung, die gewiss verdient war, auf einem sehr hohen moralischen Ross. Hätte sie am Leben ihrer Kirche nicht nur mit ethischer Entschlossenheit, sondern mit der lutherischen Einsicht in die Unausweichlichkeit der Versündigung teilgenommen – «pecca fortiter», «sündige tapfer!», so der Wahlspruch des Reformators –, dann hätte sie dem Nachbarn Adalbert vielleicht zugerufen, dass er ein armer Teufel sei. Glauben lehrt – hat das die Preußin je interessiert? – noch etwas anderes als «Haltung». So nahm sie vermutlich, wie aus einer Seitenbemerkung in einem ihrer Briefe hervorgeht, ohne zu großen Aufwand an Emotionen an den sogenannten «Evangelisationsabenden» teil, mit denen der Geist christlicher Bekenntnistreue, wenn nicht christlicher Resistenz gegen den weltanschaulichen Totalitätsanspruch des

Nazismus wachgerüttelt und gestärkt werden sollte. Sie wies später auch darauf hin, dass sie oft unterwegs gewesen sei, um für die finanziell bedrängte Bekenntniskirche Geld zu sammeln, und sie war hell empört, als Jahrzehnte danach in einem «Zeit»-Artikel zu lesen war, die Bekennende Kirche habe es versäumt, mit der gebotenen Klarheit den Schutz auch der nicht-getauften Juden zu fordern. Sie musste sich freilich von dem wohlinformierten Autor darüber belehren lassen, dass Dietrich Bonhoeffer noch ein einsamer Rufer war, als er zu Beginn des «Kirchenkampfes» auf den dringenden Ernst der «Judenfrage» aufmerksam machte. Karl Barth selber habe nach der Lektüre der großen Bonhoeffer-Biographie von Bethge nicht mit dem Geständnis gezögert, dass er – der Hauptverfasser der «Barmer Erklärung» (und damit des Gründungsdokuments der Bekennenden Kirche von 1934) – «es längst als eine Schuld betrachte, ... sie (die Verfolgung der Juden) nicht ebenfalls als entscheidend geltend» gemacht zu haben.

Der zweite Bruder Dietrich, der zuvor das Gut Skandau verwaltet hatte, übernahm die Führung der Geschäfte in Friedrichstein: immerhin 36 Jahre alt, seit dem Sommer 1933 mit der Cousine Karin Gräfin Lehndorff verheiratet, Marions geliebter Freundin Sissi. In jenen Gesprächen über den Führungswechsel in Friedrichstein wurde beschlossen, dass Marion vom Frühsommer 1939 an den Besitz Quittainen bewirtschaften sollte: ein stattliches Gut von etwa achttausend Hektar, gut einhundert Kilometer westlich von Friedrichstein gelegen, näher an Danzig als an Königsberg, in eine sanft hügelige Landschaft eingebettet, über einem Flüsschen und dem obligaten Weiher das klassizistische Herrenhaus, in das sie freilich hernach nicht einziehen konnte und wollte, denn im Schlösschen nahm ein ungeliebter Verwandter Quartier – ein Onkel (weiß der Himmel welchen Grades) aus der Linie Dönhoff-Krafftshagen: Otto Magnus Karl Arthur Bogislav Graf von Dönhoff mit vollem Namen, damals 57 Jahre alt, Parteigenosse seit dem März 1932, somit fast ein «Alter Kämpfer», zuletzt Generalkonsul in Bombay, nach der Rückkehr bei Kriegsanfang frühzeitig aus dem diplomatischen Dienst ausgeschieden. Als Kurator der Familienstiftung durfte er ein Wohnrecht in Quittainen beanspruchen. Doch der schwierige Herr prozessierte ausdauernd mit seinen Verwandten aus dem Hause Friedrichstein – durch alle Instanzen bis hinauf zum Reichsgericht in Leipzig. Onkel Bogislav verlor sämtliche Verfahren – worüber auch immer gestritten worden sein mag. Die Niederlagen stimmten ihn nicht freundlicher.

Marion freilich neidete ihm den feudalen Sitz keineswegs. Sie beschied sich gern mit einer kleinen gemütlichen Behausung im Rentamt. Von dem streitsüchtigen Nachbarn hielt sie sorgsam Distanz: Er war ein geeichter Nazi, und sie zögerte niemals, ihn auch öffentlich so zu nennen (im Unterschied zu anderen Familienmitgliedern, die sie eher als formelle Mitglieder des braunen Regimes betrachtete und darum in ihren Äußerungen schonte). Den Onkel Bogislav aber hatte sie im Verdacht, dass er ihre Abneigung gegen die Naziherrschaft, die sie keineswegs sorgsam tarnte, genau zur Kenntnis genommen hatte und sie von seinem Beobachtungsstand im Schloss aus überwachte, so gut er's konnte. Sie nahm an, dass er pünktlich registrierte, welche Gäste kamen und gingen. Vermutlich zögerte er auch nicht, den gesellschaftlichen «Verkehr» der Gutsherrin an die interessierten Behörden zu melden.

Ihre Rechte und Pflichten als «Rentmeister» der «Gräflich Dönhoff'schen Familien- und Armen-Stiftung zu Quittainen», gegründet durch die Gräfin Amelie von Dönhoff im Oktober 1789 (dem Jahr der Französischen Revolution), waren in einem Vertrag, unterzeichnet von Bruder Heinrich, detailliert beschrieben. Sie bezog ein jährliches Gehalt in bar von 3900 Reichsmark, dazu eine Dienstaufwandsentschädigung von 360 Mark. Ihr standen eine freie Wohnung einschließlich Beleuchtung, Stallung und Gartennutzung zu, 45 Raummeter Holz nebst Anfuhr und Zerkleinerung, 130 Zentner Ess- und Futterkartoffeln, zehn Zentner Frühkartoffeln, sechs Zentner Weizen, 24 Zentner Roggen, zehn Zentner Gerste, zehn Zentner

Hafer und fünf Zentner Erbsen. Ferner freie Weide und Futter für drei Kühe oder wahlweise die Lieferung von zwölf Liter Vollmilch täglich und vier Pfund Butter in der Woche. Schließlich wurden ihr freie Arztwahl und freie Kur- und Arzneimittel zuerkannt. Bei Dienstfahrten mit dem eigenen Wagen wurde ihr ein Kilometergeld von dreizehn Pfennigen gewährt.

Auch in Quittainen blieb ihr der Fast-Freund Otto Weber-Krohse treu, das versteht sich. Nach Friedrichstein hatte er ihr noch einen Engel geschickt: wohl ein Putto, von einem Kunsthandwerker der Region geschnitzt (Genaues sagt ihr Dankesbrief nicht). Indes, sie sandte die Gabe zurück und bat darum, sie wieder an den Nagel zu hängen, an den sie gehört hatte. «Es stünde dem Engel schlecht an», schrieb sie dazu, «wenn Sie ihn mit Zorn aufnehmen würden nachdem er mich sehr beglückt hat.» Ins Haus des Spenders passe er sehr viel besser als in ihr «wenig kongeniales Büro». Überdies seien «Geschenke nun einmal dazu praedestiniert, gute Freundschaften zu stören –wenigstens mir geht es so. – Das mag sehr spießig sein oder vielleicht auch einem übertriebenen Unabhängigkeitsdrang entspringen – jedenfalls ist es nun einmal so.» Sie dachte nicht zeitlebens mit gleicher Strenge, nur an den Porsche zu erinnern, den ihr der Konkurrent und Kollege Rudolf Augstein zu einem hohen Geburtstag, mit einer festlichen Schleife umgürtet, in Hamburg-Blankenese vor die Tür stellen ließ: eine grandiose, fast schon wieder rührende Taktlosigkeit, die sie keineswegs als solche rügte. Sie gab das kostbare Gefährt schließlich zurück, doch die kühle Distanzierung, die sich Otto Weber-Krohse gefallen lassen musste, blieb Rudolf Augstein erspart.

Der Historiker nahm auch diese Zurückweisung hin. Vielleicht tröstete ihn, dass sie genug Vertrauen in ihn – oder doch in den Reitersmann – setzte, um ihn zu bitten, eines ihrer Pferde von Friedrichstein nach Quittainen zu reiten: ein Unternehmen, das wenigstens drei Tage kostete und ein wenig mühsam war, wie Hartmut von Hentig bezeugen mag, der einige Jahre später einen ähnlichen

Auftrag erfüllte. Unverdrossen schrieb Weber-Krohse seine langen Bekenntnisbriefe – mit denen er auch Bia von Yorck, Peter von Yorcks älteren Bruder, und gelegentlich Otto von Hentig bedachte: Freunde, in denen er, wie er mehr als einmal sagte, den «kleistschen Funken» erkannte, den er auch bei Marion wahrzunehmen glaubte – was immer er darunter verstehen mochte: den genialen Impuls, die Passion, die moralische Unbedingtheit? Gewiss nicht die Symptome geistiger Wirrnis, die Goethe mit seiner ängstlichen Witterung für kranke Seelen an dem jungen Preußen wahrnahm – und ihn darum von sich fernhielt (wie den leuchtenden Schwaben Hölderlin auch).

Die kulturhistorischen und kulturphilosophischen Spekulationen, mit denen Weber-Krohse die eher nüchterne Partnerin heimsuchte (ihre romantische Ader, die sie auch hatte, zeigte sie ihm nicht) – nein, seine langen Episteln zeichneten sich in der Regel nicht durch bestechende Klarheit aus. Geistiger «Größe», die er herbeisehnte, glaubte er eher in fernen Jahrhunderten zu begegnen, nicht in der Gegenwart, die er oft mit jenem Hochmut musterte, der so nahe an der tiefen Unsicherheit seines Selbstgefühls wohnte. Größe in dieser Zeit billigte er nur einer Handvoll von Menschen zu, die er als ebenbürtig betrachtete: Otto Hentig, Bia Yorck, Helmuth von Moltke – und, natürlich, seiner «Marionette» und ihrem Bruder Heini. Marion antwortete auf seine «voluminösen und problemfreudigen Briefe» meist nur knapp – sie hatte anderes zu tun: «Es liegt mir völlig fern, meine hiesige Arbeit zu überschätzen», antwortet sie auf ein vorwurfsvolles Schreiben, «aber es ist tatsächlich so, dass sie morgens um 8 Uhr anfängt und meist ziemlich ohne Unterbrechung bis zum Abend durchgeht (Mittag nur in den seltensten Fällen und meist in Gestalt von zwei Salzeiern, die ich irgendwann in der Küche verzehre) und nach dem Abendbrot haben sich dann wieder 1000 Dinge angefunden oder irgendwelche andere Verpflichtungen die man auch nicht vergessen kann wie in dieser Woche 3 Evangelisationsabende in der Kirche. Hinzu kommt daß ich meiner Mutter alle 8 Tage über ihre Hühner und Kaninchen berichten muß und Heini alle 14 Tage einen detaillierten Wirtschaftsbericht bekommt. Für die nächste Woche sind bereits 3 Tage für Behörden-Abschlußgespräche in Kbg (Königsberg) vorgesehen und 2 Tage Wirtschaftsprüfung und daneben muß der laufende Kram doch auch irgendwie erledigt werden und (der) kumuliert sich natürlich wenn ich wie eben für eine Woche nach Polen fahre.»

Kein Zweifel: Sie hat einen Beruf, der (fast) alle ihre Energien fordert, und man glaubt ihr wohl, dass sie «in den letzten Monaten nur 1 Buch gelesen» hat. Kein Wunder, dass sich ein blaues Heft, das ihr Otto Weber-Krohse anvertraut hat, für einige Wochen unter den Aktenbergen vergräbt: für ihn eine eher beunruhigende Erfahrung, denn das Heft enthält ein von ihm verfasstes Drama, von dem es keine Abschrift gibt. Als sie es endlich wiederfindet, preist sie das Stück natürlich, schon um ihr schlechtes Gewissen zu besänftigen, als «ganz vorzüglich» – «sowohl im Aufbau wie auch in der Durchführung und vor allem dem gedanklichen und geistigen Inhalt samt (?) Hintergrund». Ganz ohne Kritik geht es trotzdem nicht. Sie stören «gewisse Äußerlichkeiten und Verletzungen der Form, vielmehr der Gestaltung der einzelnen Persönlichkeiten» – aber dies hänge wohl damit zusammen, «daß wir in dieser entzauberten und an wirklicher Größe so armen Zeit die große Geste und das Pathos vergangener Jahrhunderte ... zu bewußt sehen». Schließlich obsiegt der Wille zur Wiedergutmachung: Sie habe «bei der Lektüre etwas von jenem Gefühl gespürt ..., das einen immer dann überkommt wenn man von irgendwoher einen Blick in diese Welt tut die über der unseren liegt und in der alle Dinge und Vorgänge unseres Lebens in entmaterialisierter Form ablaufen».

Es steht dahin, ob Gerhart Hauptmann, Hugo von Hofmannsthal, ob Arthur Schnitzler oder gar Bertolt Brecht ihre dramatischen Intentionen in dieser ein wenig verdünnten Idealisierung wiedererkannt hätten. Leider klärt uns der Briefwechsel nicht darüber auf, von welchem Drama und welcher Epoche die Rede war. Das Ver-

zeichnis der Hinterlassenschaft von Weber-Krohse im Preußischen Staatsarchiv nennt nur ein 1925 unter dem Pseudonym Jürgen Uhde verfasstes dramatisches Werk: «Der Dodesvogt. Ein groteskes Trauerspiel aus Norddeutschland in fünf Akten ...»
Nur gut zwei Monate später die kalte Dusche. In Friedrichstein setzte Marion Dönhoff – dieses Mal mit der Schreibmaschine – einen knappen Brief auf, der sich zu einer Neuauflage des Hauptwerkes von Weber-Krohse, «Die sieben Preußen», äußert. Es sei ihr nach seinen Ausführungen nicht recht klar geworden, ob er in die neue Version ein Kapitel Dönhoff aufnehmen wolle. Sie wäre darüber «nicht sonderlich glücklich», denn das Manuskript, das sie kenne, sei doch «zunächst nur ein gewisses Rohmaterial», das «noch des Öfteren durchkorrigiert, gekürzt und ergänzt werden müsste». Er möge ihre «Kritik» nicht falsch verstehen, das Manuskript sei «ausgezeichnet, allerdings noch in keiner Weise veröffentlichungsreif». Bei «vermehrter Sorgfalt und erneuter Überarbeitung» aber könne daraus «etwas wirklich Außerordentliches» werden.

Die Debatte über die Qualität seiner Arbeit war nicht der letzte Konflikt. Als sie erfuhr, dass er einen Originalbrief von Humboldt – Wilhelm oder Alexander? Das schrieb sie nicht – aus dem Dönhoff-Archiv ohne Erlaubnis an Dritte weitergegeben hatte, wurde sie – zu Recht – fuchsteufelswild. Sie beklagte den Bruch des Vertrauens. Er antwortete verletzt, dass er wie ein Hauslehrer behandelt werde. Sie replizierte mit der spitzen Bemerkung: «Um Ihren letzten Brief richtig zu beantworten müßte ich eigentlich beginnen ‹Sehr geehrter Herr!› usw. Ich muß allerdings zugeben daß wir offenbar total verschiedene Vorstellungen haben von dem was man Freundschaft nennt und wir darum schlecht zusammenpassen – es mag dies weitgehend eine Frage des Temperamentes sein.» Und später, wiederum ohne Anrede: «Sie schreiben manchmal Briefe wie eine gekränkte Primadonna.» Danach erklärte sie mit bemühter Sachlichkeit, dass sie ihm keine Unterlagen über die Familienstiftung aushändigen werde, denn «der ganze Fragenkomplex der mit der Stiftung zusammenhängt ist gerade in diesem Moment gefährliches Terrain ...»

Damit deutete sie an, dass die Geschwister im Begriff waren, die Fideikommiss-Verfassung des Dönhoff-Besitzes aufzulösen. Die Änderung hing zweifellos mit dem Ausscheiden des Bruders Heini aus dem Stiftungsverband zusammen. Die «Betonung ihres sozialen Charakters» könne sich bei der Aufhebung für die Geschwister nachteilig auswirken, fügte sie hinzu. Sie wolle die Interpretation der «juristisch so komplizierten und feingesponnenen Machination» nicht dem «Kreisbauernführer oder der NSV (der Nationalsozialistischen Volkswohlfahrt) überlassen ...»

· Kapitel 10 ·

Dem Krieg entgegen

Marions Ausflüge nach Berlin wurden seltener, seit ihr Freund Kantorowicz nach Amerika abgereist war: rechtzeitig genug, um dem bösen Spektakel der Reichspogrom-Nacht zu entgehen. Doch trotz der sich zuspitzenden Krisen ließ sie sich nicht davon abhalten, meist zusammen mit Schwester Yvonne, ausgedehnte Reisen zu unternehmen. Sie war im Juli 1938 in Prag (wie sich aus einer Nebenbemerkung in einem der Briefe ergibt). Vermutlich wollte sie die schöne Stadt kennenlernen, ehe Hitlers Furor über die Tschechoslowakei hereinbrach, obwohl sich die Spannungen in den verschärften «Volkstumskonflikten» im Sommer jenes Jahres schon klar genug erkennen ließen.

Immer wieder stellt sich die Frage, wie sie es zuwege brachte, sich die Visa zu besorgen und die Devisen zusammenzukratzen, kurz, jener Probleme Herr zu werden, die damals einem leichtfüßigen Tourismus im Wege standen (zumal sie die Reisen stets in ihrem kleinen Sportwagen unternahm). Jagdausflüge nach Polen ergaben sich vermutlich aus altnachbarlichen Beziehungen. Die Schwestern durften sogar die eigenen Jagdwaffen mitnehmen, wie eine Einfuhrbescheinigung der polnischen Zollbehörde für eine zwölfkalibrige Büchse der Marke Sauer und Sohn für die Schwester Yvonne von Kuenheim beweist (die sich dank eines absurden Zufalls erhalten hat). Bei einem dieser Unternehmen wurde Marion die Handtasche samt Geld, Schmuck und Papieren gestohlen, zum schieren Entsetzen von Mutter Ria, die sich zum Jahresanfang 1939 in Meggen bei Luzern aufhielt, als Gast ihrer Schwester, der Gräfin Thiele-Winkler, die dort ein herrschaftliches Haus bewohnte. Manche der Unternehmungen Marion Dönhoffs mochten von der reichen Tante finanziert sein. In ihrem Schreckensbrief an das «geliebte Mariönele» beklagte die Mama vor allem den Verlust der «reizenden Uhr» und des «Cigaretten Etuis!! War es denn Dein Goldenes?». Sie fügte hinzu: «Meinen geliebten Kindern wird es hoffentlich eine Lehre sein künftig mehr Vorsicht zu üben, namentlich in Polen ...»

Übrigens war einer der Jagdgäste Carl Jacob Burckhardt, der Hohe Kommissar des Völkerbundes in der Freien Stadt Danzig, die im Vertrag von Versailles den unmittelbaren Ansprüchen der Deutschen und Polen entzogen, internationalisiert und gewissermaßen neutralisiert worden war – dennoch (oder gerade darum) eine Region permanenter Konflikte, zumal die Nazis längst die Mehrheit in den Gremien des Stadtstaates erobert hatten. An der Entschlossenheit des Diktators, die alte Hansestadt für das Dritte Reich zu kassieren (und womöglich den sogenannten Korridor dazu), war kaum ein Zweifel mehr möglich, zumal seit der frühere Senatspräsident Hermann Rauschning, einst selber ein enthusiastischer Nazi, 1938 in Paris ein Buch drucken ließ, das seine Gespräche mit dem «Führer» in den Jahren 1932 bis 1934 dokumentierte: eine schockierende Lektüre, da sich die zivilisierte Menschheit zum ersten Mal mit den Plänen von der Unterwerfung Europas, von der Instrumentalisierung des Terrors, vom gnadenlosen Kampf gegen Slawen und Juden, ja vom Willen zur Weltherrschaft konfrontiert sah. In einem Brief vom Juni 1997 meinte Marion Dönhoff sich daran zu erinnern, dass sie das Buch bei einem Aufenthalt in Paris erworben habe, ja, dass sie versuchen wollte, es in Deutschland drucken zu lassen: «Aber alle Bemühungen scheiterten, kein Verlag fand sich bereit, was begreiflich ist, denn dies wäre ein sehr gefährliches Unternehmen gewesen.» In der Tat. Sie konnte damals kaum so naiv sein, auch nur den Versuch einer Publikation innerhalb der großdeutschen Grenzen zu wagen. Hätte der Zollbeamte bei der Heimreise ins Dritte Reich das Buch entdeckt: Die Schmugglerin solch zersetzend-staatsfeindlicher Literatur wäre nicht ungeschoren davongekommen.

Und Carl Jacob Burckhardt? In ihrer Basler Studienzeit hatte sie sich mit seiner Schwester angefreundet, die mit einem Herrn von der Mühll verheiratet war. Sie war hernach nicht mehr gewiss, ob sie den eindrucksvollen Bruder schon damals kennenlernte oder erst in seinen Danziger Jahren. Vielleicht war auch ihre Schwester Yvonne dem gutaussehenden Diplomaten, Historiker und Schriftsteller aus dem alten Basler Patrizier- und Gelehrtengeschlecht zuerst begegnet, und sie hatte sich, dank ihres geübten Blickes für attraktive Männer, mit dem Achtundvierzigjährigen befreundet. Burckhardt, der den Stil eines Gentleman-Diplomaten des 19. Jahrhunderts kultivierte, war in der Tat ein *homme à femmes,* dessen erotische Karriere nach dem Krieg in seiner Affäre mit Lady Diana Cooper, der Frau des britischen Botschafters in Paris, ihre mondäne Erfüllung fand: Sie war eine der großen Schönheiten der Zeit und ihrerseits sehr wohl eine *femme à l'hommes,* die sich der glänzendsten Eroberungen rühmen durfte.

Marion fühlte sich von dem Literaten und Weltmann Burckhardt angezogen, der sich in den Jahren nach dem Ersten Weltkrieg, als er der Botschaft seines Landes in Wien zugehörte, mit Hugo von Hofmannsthal befreundet hatte: der großen Gegenfigur zu Stefan George, aus dessen Bannkreis die Mehrzahl ihrer schreibenden Freunde stammte. Es war für sie zweifellos von besonderem Interesse, einen bedeutenden Kopf aus dem Milieu des genialen österreichischen Spätromantikers kennenzulernen, der sich, damals noch ein Jüngling, so klug der Macht des Meisters entzogen hatte. Überdies hatte sie, wie alle neugierig-empfindsamen Geister jener Epoche, die «Weltgeschichtlichen Betrachtungen» des alten Jacob Burckhardt gelesen, aus dessen Einsichten sich der sublimere Kulturpessimismus der Epoche nährte. Unter den Opponenten des Dritten Reiches ging vor allem das warnende Wort von den «simplificateurs terribles» um, den «schrecklichen Vereinfachern», das sich in den Reden des «Führers» und der Propaganda seines Ministers Goebbels so fatal erfüllte.

Carl Jacob Burckhardt, ein Großneffe des alten Jacob, hatte zu jener Zeit gerade den ersten Band seiner Richelieu-Biographie publiziert: sein Hauptwerk, das er erst 1967 mit dem Erscheinen des dritten Bandes abschließen konnte. Im ersten Brief Marions an den Diplomaten, der uns überkommen ist – datiert vom Dezember 1937 –, sprach sie von dem plötzlichen Tod eines Freundes, den auch der Diplomat gekannt haben muss: der einzige, wie sie gestand, «der seit vielen Jahren mein Leben begleitet und irgendwie mitgestaltet hat». Sie schüttete dem Diplomaten mit einer ungewöhnlichen Offenheit ihr Herz aus: «Es ist so sinnlos zu denken, daß ein solcher Mensch an dieser lähmenden und zugleich zersetzenden Krankheit in irgend einem Spital einer im Grunde fremden Stadt stirbt und man weiß nichts davon ...» Wer mag der Freund gewesen sein? Weder Marions Korrespondenz noch ihre Bücher geben einen Hinweis.

Fast zwei Jahrzehnte später notierte die Dichterin Marie Luise Kaschnitz in ihrem Tagebuch, Carl Jacob Burckhardt sei bei ihr zu Tisch gewesen und man habe sich über deutsche Literatur in Frankreich unterhalten. «Hofmannsthal sei so gut wie unbekannt. Der ‹Schwierige› unmöglich ... Prinz von Homburg war ein großer Erfolg» – dank Gérard Philipe in der Titelrolle –, «aber Egmont fiel durch ...» Die Rede kam auf Burckhardts Danziger Zeit, die «schrecklich und schön» gewesen sei. «Erinnerungen an die Jagden im (polnischen) Korridor, über Marion Dönhoff und ihren Bruder, Geschwisterliebe, über Marion D.s Zusammenbruch angesichts eines alten Schimmels und eines kleinen ostpreußischen Mädchens auf einer Hamburger Straße ...» Die Szene entschlüsselt sich später nicht. Es bleibt uns verborgen, was den Zusammenbruch ausgelöst haben mag: das Mitleid mit dem alten Gaul (wie es einst Friedrich Nietzsche in Turin heimgesucht hat) oder der Anblick des kleinen Mädchens, das Marion an ihre Kindheit unter Pferden erinnert haben mag. Auch Burckhardts Stichwort «Geschwisterliebe» wurde von der Tagebuchautorin nicht kommentiert.

In ihren ostpreußischen Jahren war Marie Luise Kaschnitz selber dann und wann in Friedrichstein zu Gast. Sie hielt einen «Spaziergang mit dem jungen Dönhoff» fest: «Vor der Mitte des Schlosses, dem Säulengiebel, öffnet sich ein großer Rasenplatz, der sich dann absatzweise zusammenschließt und endlich in einer Waldschneise den Pregelwiesen zu ausläuft ...» Das Bild, wie es die Poetin in knappen Strichen entwarf, schien für die irdische Ewigkeit gemacht. Nichts, so schien es im Jahre 1936, als sie diese Eindrücke aufschrieb, werde sich jemals verändern.

Die Korrektur des Idylls stand vor der Tür. Zwei, drei Jahre später hatte sich die Lage Deutschlands und Europas dramatisch verändert, für Marion und ihre Freunde der Horizont böse verfinstert. Vielleicht konnte sie den Blumenfeldzug im März 1938, mit dem der «Anschluss» Österreichs an das Dritte Reich vollzogen wurde, mit einem etwas gequälten Lächeln noch halbwegs gutheißen. Doch schon Ende Mai unterrichtete der «Führer» die Chefs der Wehrmacht von seinem Entschluss, die Tschechoslowakei zu «zerschlagen» – ein Plan, der den gesellschaftlichen Zirkeln um die hohe Generalität in Berlin gewiss nicht verborgen blieb, zumal die führenden Militärs, aber auch der deutschnationale Reichsaußenminister von Neurath, ihre Bedenken angemeldet hatten. Sie waren allesamt keine Freunde des kleinen Vielvölker-Staates mit seinen deutschen und ungarischen Minderheiten, dessen tschechische Majorität nicht immer frei von nationalistischen Anfechtungen war – so wenig wie seine deutschsprachigen Bürger, vom großdeutschen Hypernationalismus nicht zu reden. Aber für die Beseitigung des Ärgernisses einen Krieg riskieren? Das wollten die Militärs nicht verantworten. Also entschloss sich der Diktator, die Warner loszuwerden.

Marion Dönhoff schilderte im Januar 1984 in einem «Zeit»-Artikel die monströsen Intrigen, deren sich Göring und Himmler bedienten, um die Generalität zu neutralisieren. Der Reichskriegsminister von Blomberg hatte – der «Führer» war Trauzeuge – im Januar 1938 eine Dame geheiratet, die in den Akten der Sittenpolizei verzeichnet war. Also blieb dem Oberbefehlshaber der Wehrmacht nichts anderes, als zurückzutreten. Sein Ministerium wurde aufgelöst, das Oberkommando der Wehrmacht unter der Leitung des willfährigen Generals Keitel, genannt «Lakeitel», dem Reichskanzler unmittelbar unterstellt. Nur zwei Wochen später konfrontierte Hitler den Oberbefehlshaber des Heeres, Generaloberst von Fritsch, mit einer alten Akte, in der ihm eine homosexuelle Beziehung – damals noch ein strafwürdiges Verbrechen – unterstellt wurde. Fritsch bestand auf einem Ehrengerichtsverfahren, das ihn völlig entlastete. Göring und Himmler hatten sich der Aussage eines Strichers bedient, der einst einen Hauptmann von Frisch zu erpressen vermochte. Dennoch, Generaloberst von Fritsch schied aus dem Amt. Er suchte an der polnischen Front in den Reihen seines «Ehrenregimentes» den Tod: eine kaum getarnte Form des Selbstmords. Neurath wich dem nassforschen Ribbentrop, bisher Botschafter in London (wo er nicht in hohem Ansehen stand). Alarmierender: Der Generalstabschef Beck, der fähigste Kopf im Kreis der latent oppositionellen Militärs, reichte im Sommer des Jahres 1938 seinen Rücktritt ein, weil er Hitlers Kriegskurs nicht länger mitverantworten wollte.

Nach den lärmenden Volkstumskonflikten – die immer nach dem gleichen Muster inszeniert wurden – erzwang der Diktator die Abtretung der mehrheitlich deutsch besiedelten Sudetengebiete an der tschechoslowakischen Grenze. Benito Mussolinis Vermittlung machte es Neville Chamberlain, dem Regierungschef Großbritanniens, und Édouard Daladier, dem französischen Premierminister, ein wenig leichter, sich im «Münchner Abkommen» der Erpressung Hitlers zu beugen – nicht nur, weil sie damit auch dem Friedenswillen ihrer Völker gehorchten, die das Entsetzen der Schlächtereien des Ersten Weltkriegs keineswegs vergessen hatten, sondern auch, weil ihre Armeen für einen Kampf auf Leben und Tod mit der Wehrmacht des Dritten Reiches noch nicht gerüstet waren. An ihrer Kapitulation scheiterte die – nicht allzu verlässliche – Verschwörung einer Gruppe der deutschen Generalität, den «Führer» im Falle eines Kriegsausbruchs durch einen Staatsstreich zu stürzen.

«München» aber wurde zum historischen Kennwort für die Bereitschaft der Demokratien, ja der Zivilgesellschaften insgesamt, vor den Drohungen violenter Terroristen oder gewaltbereiter Regimes in die Knie zu gehen. Als hätte das Zurückweichen der europäischen Mächte vor den Drohungen «Großdeutschlands» (wie das Dritte Reich seit der Angliederung Österreichs genannt wurde) die Hemmschwellen der Humanität auch innerhalb der Grenzen des nazistischen Staates mit einer fatalen Automatik beseitigt, entledigte sich das Regime der letzten Skrupel gegenüber der jüdischen Minderheit: Joseph Goebbels, der Propagandaminister, entfesselte mit dem Sturm des braunen Mobs auf die jüdischen Geschäfte und den sorgsam vorbereiteten Brandanschlägen auf die Synagogen die gemeinsten Instinkte, die in den Kellerlöchern eines sogenannten Kulturvolkes darauf gewartet hatten, endlich die Straßen zu erobern. Deutschland wurde in der «Reichskristallnacht» zu einem Land der Totschläger, der Diebe, der Plünderer, der tobenden Vandalen. Wir wissen nicht, wo sich Marion Dönhoff am 9. November 1938 aufgehalten hat. Nach Friedrichstein oder Quittainen drang die braune Meute nicht vor. Ein jüdischer (oder, wie damals die Formel hieß, «halbjüdischer») Freund, der bei den Dönhoffs Unterkunft und Arbeit gefunden hatte, blieb bis zum Ende des Krieges unbelästigt.

Im März 1939 befahl der «Führer», das Münchner Abkommen brechend, die Tschechoslowakei zu besetzen. Böhmen und Mähren wurden dem Reich als «Protektorat» zugeordnet und die Slowakei in einen Vasallenstaat verwandelt. Es war deutlich, dass damit für die Westmächte eine Schmerzgrenze erreicht sein musste: Jeder weiteren Aggression des nazistischen Deutschlands würden sie mit der

Kriegserklärung begegnen. Es konnte kein Geheimnis sein, dass Polen als das nächste Opfer ausersehen war. Die Spannungen in den Grenzgebieten wuchsen. Wohl aus dem Frühjahr 1939 stammt ein – wie so oft undatierter – Brief an Salin in Basel, in dem Marion Dönhoff berichtete: «Wir werden hier ... immer mehr zur Insel – seit Anfang Februar muß der ganze Frachtverkehr über See bewältigt werden was natürlich mit dauernden Verzögerungen verbunden ist und auch der Personenverkehr ist wegen der Transfer-Schwierigkeiten auf das Minimum beschränkt.»

Dennoch machte sich Marion Dönhoff im Frühjahr 1939 auf den Weg, um noch ein wenig die Luft der Freiheit zu atmen. Ihr nächster Brief an Carl Jacob Burckhardt – nach einer missglückten Silvester-Verabredung – wurde in Paris geschrieben: Absender c/o Madame Schévitch, Nr. 6 avenue Daniel Lesueur im siebenten Arrondissement. Die kleine Parallelstraße zur rue de Sèvres war eine durchaus noble Adresse. Sie wolle noch ein paar Tage nach England, schrieb sie, «um Freunde zu besuchen». Und um Abschied zu nehmen vor dem heraufziehenden Krieg? In seiner Antwort vom 3. Mai bedauerte Burckhardt, dass Marion Dönhoffs Nachricht viele Irrfahrten hinter sich bringen musste, ehe sie ihn erreichen konnte. Er habe, «der lästigen Journalisten wegen», seine Spur verwischt, sei längere Zeit in Belgien gewesen, dann «ganz verborgener Weise in Paris – wahrscheinlich noch gleichzeitig mit Ihnen». Nun schrieb er aus einem Winkel des Kantons Vaud. Über Marions und Yvonnes Plan, nach Rumänien zu fahren, war er offensichtlich schon informiert, und er meinte, wenn sie aus Gründen der Weltlage auf die rumänische Reise verzichten würden, dann wären er und seine Frau Elisabeth entzückt, sie bei sich zu sehen – falls man ihn in Ruhe lasse «und nicht plötzlich als verstaubte Schachfigur» wieder hervorhole. Er traue dem Frieden nicht so recht. Es ist nicht deutlich, wohin er diese Zeilen geschickt hat, denn er betonte, dass er nach Deutschland «aus verschiedenen Gründen zur Zeit lieber nicht» schreibe.

Schon aus dem Jahr 1937 soll jener umstrittene Brief an Marion Dönhoff stammen, abgedruckt in den «Memorabilien», die drei Jahre nach seinem Tod (er starb im März 1974) beim Münchener Callwey Verlag erschienen sind. Darin drückte er – nach einer langen jagdpoetischen Ouvertüre – zunächst seinen Abscheu gegen ein «bestimmtes Gesicht» aus, auf dem «Grauenhaftes» geschrieben stehe, «*unten* – in der Mundpartie ...»» Dann sprach er von der «opferbereiten, kühnen Stellung, die Sie einnehmen, den Widerstand, der von Ihren Freunden ausgeht, bewundere ich». Er riet ihr, Vorsicht walten zu lassen, und er sagte voraus, dass auf sie große Aufgaben warteten. Und weiter: «Die Frage, die mich täglich beschäftigt: Kann ein Gewaltregime, das nach einem verlorenen Krieg, einem schlechten Friedensschluss und einer unerfahrenen demokratischen Episode sich durchsetzt, durch andere Mittel überwunden werden als durch eine erneute internationale Katastrophe? Nach dieser Katastrophe – verbrecherischer Übertreibung des Autoritätsprinzips – wird dann jede Autorität bis zur letzten in Frage gestellt sein ... Ich fürchte, daß der russische Diktator, dem heute wie morgen eine Orthodoxie zur Verfügung steht, die (auf schwachen romantischen Anschauungen beruhende) Unternehmung Hitlers zuerst durch lockende Solidaritätsangebote in das kriegerische Abenteuer hineinstoßen wird, um dann im Verlauf eines für Deutschland aussichtslosen Kampfes den Spieß umzudrehen. Wahrscheinlich wird H. ihm dazu in seiner Verblendung, nach einigen Scheinsiegen, massive Vorwände zum Herumwerfen des Steuers bieten.»

Das waren die Sätze, auf die es Burckhardt wirklich ankam in diesem Brief, wann immer er ihn geschrieben hat, ob 1937, 1938 oder erst Jahre später, worüber in einer unseligen Kontroverse zwischen der FAZ-Redaktion und Marion Dönhoff mit frappierender Erbitterung gestritten wurde. Carl Jacob Burckhardt hatte sie am Ende seines Schreibens – «sollte es mir gelingen, diesen aus tiefster Besorgnis skizzierten Brief auf sicherem Weg zu Ihnen gelangen zu lassen» – beschworen, das Schreiben sofort zu verbrennen.

Marion Dönhoff scheint den Brief erst vor der Verleihung des Friedenspreises des Deutschen Buchhandels im Jahre 1971 zur Kenntnis genommen zu haben: So schrieb sie Dr. Paul Stauffer im Mai 1985, damals Botschafter der Schweiz in Warschau, der sich in einem höflichen, ja geradezu altmodisch eleganten Schreiben bei ihr erkundigt hatte, ob es sich nicht um eine später verfasste Reminiszenz handle. In ihrer Antwort versicherte Marion Dönhoff, dass er jenen Brief – aus Gründen der Vorsicht – damals nicht abgeschickt habe. Ulrich Schlie, der Herausgeber des Briefwechsels Burckhardt–Dönhoff, ist davon überzeugt, dass es mit der zeitlichen Zuordnung durch den Autor seine Richtigkeit habe. Ob er ihr zuvor – in einer Kopie, die bei einem Kollegen Burckhardts hinterlegt war, oder doch schon vor dem Krieg im Original (wie sie Alice Schwarzer erzählte) – vor Augen gekommen war, wird sich kaum mehr klären lassen. Gegen die frühe Niederschrift spricht vor allem das Stichwort «Widerstand», das sich nach dem Beispiel der französischen *résistance* erst sehr viel später im generellen Sprachgebrauch festsetzte: Bis in die Kriegsjahre war in Deutschland in der Regel von der «Opposition» die Rede.

Die Redakteure der «Frankfurter Allgemeinen Zeitung», die meinten, mit der Gräfin ein Hühnchen rupfen zu müssen (aus welchen Gründen auch immer), hätten ohne einen zu großen Aufwand an Phantasie wahrnehmen können, dass auf Marion Dönhoffs Gedächtnis – wie es fast jedem von uns widerfährt – in den fortgeschrittenen Jahren nicht immer Verlass war und dass ihr manches durcheinandergeriet, was man der älteren Dame mit einigem Großmut nachsehen mochte: Vor allem aber hätten sie – ein natürliches Maß an Sensibilität bemühend – auf die Idee geraten können, dass ihre Loyalität gegenüber den Lebensfreunden nur noch von der unverbrüchlichen Solidarität für die Mitglieder ihrer Familie übertroffen wurde. Darum hatte sie sich zuvor schon in der Schweizer Presse mit solcher Passion für den toten Freund ins Zeug gelegt.

In Frankfurt freilich hätte man ihr bei dieser Gelegenheit nur zu gern nachgewiesen, dass sie dazu neige, ihre scharfe und tapfere Opposition gegen das Regime zur Legende zu verklären. Doch sie hat, was die eigene Beteiligung an der Verschwörung und an den Vorbereitungen des Staatsstreichs anging, sich niemals Leistungen zugerechnet, die ihr nicht zukamen: Es ging ihr darum, dem Widerstand, der in den ersten Jahrzehnten nach dem Krieg von einer Mehrheit der Deutschen abgelehnt, als «Verrat» verdächtigt oder doch mit Skepsis beurteilt wurde, jenen Rang in der Geschichtsschreibung zu sichern, den er verdiente. Sie wollte vor allem das Opfer der Freunde, von denen so wenige überlebt hatten, nicht von pedantischen Kleinhistorikern in Grund und Boden argumentieren lassen. Es sage keiner, diese Gefahr sei niemals gegeben gewesen. Dem nachgeholten Widerstand der 68er (die der Republik heimzahlten, was die Eltern gegenüber den Nazis versäumt hatten) entsprach eine fragwürdige und seltsam naive Tendenz, die Risiken der Opposition und die Notwendigkeit der tausend Kompromisse im Alltag des totalitären Regimes, der sich auch die Gegner zu beugen hatten, mit dem Hochmut der Spätgeborenen zu unterschätzen. Als Fritz Stern, der eminente amerikanische Historiker, der einst in Breslau zu Haus war, mit dem Friedenspreis des Buchhandels geehrt wurde, hielt er in der Paulskirche eine bemerkenswerte Dankesrede, die in der «Frankfurter Allgemeinen Zeitung» abgedruckt wurde – bis auf die Elogen an die Adresse seiner Freundin Marion Gräfin Dönhoff, die der redaktionelle Rotstift kurzerhand beseitigte: eine kleinliche Zurechtweisung, für die sich das Herausgeber-Gremium lauthals hätte entschuldigen müssen (was niemals geschah).

Die für alle Beteiligten so peinliche Polemik hatte sich – siehe den Brief aus Warschau – an der kritischen Arbeit des Schweizer Historikers und Ex-Diplomaten Paul Stauffer entzündet, der es sich zur Aufgabe machte, die Gestalt und das Werk Carl Jacob Burckhardts dem Prozess einer gründlichen Entmythologisierung zu unterziehen, wie es die Nüchternheit der – zuweilen vielleicht allzu helvetisch-herben – Vernunft verlangte. Der jüngere Kollege mochte es nicht dulden, dass der späte Patrizier Burckhardt, von poetischen Nebeln umhüllt, den entsetzlichen Realitäten des 20. Jahrhunderts gleichsam entschwebt war. Er versuchte vielmehr den Nachweis, dass Burckhardts visionäres Hitler-Zitat (aus einer Unterredung am 10. August 1939), in dem der Diktator angeblich seine große Strategie mit einer schockierenden Offenheit umrissen hat, ein Produkt der Phantasie des Politiker-Literaten gewesen sei: nämlich Hitlers Bekenntnis, er werde ein Bündnis mit Stalin schließen, um Polen ungehindert in drei Wochen «erledigen» zu können, doch er hoffe noch immer darauf, dass die Westmächte, gegen die er keinerlei territoriale Forderungen erhebe, sich dem Konflikt fernhielten; sein eigentliches Ziel sei und bleibe, im Kampf mit dem russischen Bolschewismus den Deutschen jenen «Lebensraum» zu gewinnen, der ihnen zustehe und den sie brauchten.

Die Authentizität dieser Äußerung wurde von Stauffer nach einer genauen Prüfung der Quellen bestritten. Er meinte, dass Burckhardt diese Konfession als Stütze für seine eigene Hoffnung gebraucht habe, den Frieden im Westen am Ende doch noch zu retten – und damit (aber davon sprach er nicht) dem «Führer» freie Hand für den späteren Krieg mit den Sowjets zu lassen. In diesem Sinn konnte auch der Widerstands-Brief an Marion Dönhoff verstanden werden. Er ist außerdem – wann immer geschrieben – von jenem (problematischen) Gerechtigkeitswillen diktiert, der Burckhardts entlastende Argumente für den Staatssekretär Ernst von Weizsäcker im Nürnberger Wilhelmstraßen-Prozess der Alliierten bestimmt hat: das um «Fairness» bemühte Zeugnis eines konservativen Geistes, der niemals so ganz verstand (und vielleicht nicht verstehen wollte), dass der Nazismus jeden Rest europäischer Bürgergesinnung mit der gleichen Radikalität auszulöschen im Begriff war, die man dem Stalinismus nachsagte.

Burckhardt war, als Präsident des Internationalen Komitees des Roten Kreuzes, sehr früh und recht genau über die mörderische Arbeit der nazistischen Vernichtungsindustrie im europäischen Osten informiert. Dennoch konnte er sich niemals entschließen, seine Organisation zu einem Appell an die Weltöffentlichkeit zu ermutigen. Die Gründe für jene Reserviertheit bleiben unklar. Es mag sein, dass er wie Pius XII. die Befürchtung hegte, ein Protest vor aller Welt werde den Vernichtungswillen des Diktators nur bestärken und die (so eng) begrenzten, ja dürftigen Rettungsversuche unterlaufen. Das mochte so sein. So oder so: Das Argument war verfehlt. Man weiß nun genau genug, dass es Hitlers Satrapen – wenn nicht dem «Führer» selber – keineswegs völlig gleichgültig war, was die Welt von ihnen hielt, denn die «Botschaft» von draußen, zumal die der katholischen Kirche, hätte schließlich auch die Deutschen erreicht, deren Stimmung sehr genau erforscht wurde (wie die SD-Berichte beweisen) und damit so manches Mal den Diktator zur Rücksicht zwangen – siehe die Abkehr von den «Deutschen Christen» im Kirchenkampf oder den Verzicht auf die «Euthanasie», das heißt: die Tötung «lebensunwerten Lebens» nach den Protesten der Bischöfe Graf Galen und Theophil Wurm, die von einer Beunruhigung im Volk getragen wurden (die freilich den jüdischen Mitbürgern versagt blieb).

Es mag Burckhardt, es mag auch seinem Freund Ernst von Weizsäcker und den vielen konservativ-liberalen Geistern der alten Elite nicht bewusst gewesen sein: Sie wollten, sie konnten die Tiefe des «Zivilisationsbruches» durch die nazistische Vernichtungsideologie in ihrer Totalität nicht zur Kenntnis nehmen. Sie klammerten sich vielmehr an die Fassade bürgerlicher Lebensformen, die in Wahrheit schon in den menschenfressenden «Materialschlachten» des Ersten Weltkriegs böse beschädigt worden war; durch die Massenexekutionen in Polen und Russland und schließlich durch die Vernichtungslager wurde sie unrettbar zerstört. Das galt genauso für die bürgerlich-moralische Fassade der Kirche: Darum scheute sich der Papst, sich vor aller Welt der Wahrheit des großen Mordes zu stellen, die er hätte sichtbar machen müssen. Das blieb auch nach 1945 die anhaltende Schwierigkeit des neuerstandenen Bürgertums und der überlebenden Eliten. Müssten nicht die Mitglieder der älteren Generationen um der Wahrhaftigkeit willen bezeugen, dass es Jahrzehnte brauchte, bis sie bereit waren, die ganze Wirklichkeit des Holocaust zu akzeptieren? Das bestimmte wohl auch Marion Dönhoffs Scheu, die Stätten der Vernichtung aufzusuchen, obschon sie der Realität alles in allem furchtloser ins Auge schaute als die Mehrheit ihrer Landsleute.

Ein Edelmann vom Schlage Burckhardts, der zwischen Hofmannsthal'scher Empfindsamkeit, Rilke'scher Melancholie, dem Pathos klassischer Bildung, seiner eigenen literarischen Ambition, der Gelehrsamkeit des Historikers, den Salons internationaler Diplomatie, den Forderungen humanitären Engagements, aber auch den Boudoirs schöner Damen und dem Erlebnis der Jagdlust in hehrer Bergwelt durch das entsetzliche Jahrhundert wandelte – ein später Großbürger seiner Art konnte die Wirklichkeit der Judenvernichtung nicht in ihrer ganzen Abgründigkeit zur Kenntnis nehmen, auch wenn er früher und genauer als jeder andere Zeitzeuge außerhalb des Dritten Reiches über den industrialisierten Mord informiert, auch wenn er den Organisatoren des Todes wie Himmler, Heydrich und Kaltenbrunner im direkten Gespräch begegnet war. Verhielte es sich anders, wären ihm die gelegentlichen Rückfälle in die Klischees des «bürgerlichen Antisemitismus» kaum widerfahren, die Stauffer so bedrückend nachgewiesen hat.

Burckhardt war ein Fremder in der Realität des 20. Jahrhunderts – vielmehr: Er hatte sich aus dem 19. Jahrhundert in eine Welt verirrt, deren Unmenschlichkeit er zwar manchmal in dichterischen Visionen beschwor, doch zugleich von sich fernhielt. Womöglich war es dieser historische Exotismus des Gentleman-Diplomaten, des Politiker-Schöngeists, des poetisierenden Professors, des mythenüberglänzten Patriziers, den Marion Dönhoff an ihm liebte, denn er entsprach einigen Zügen – mehr aber auch nicht – des eigenen Wesens. Mit den redaktionellen Eingriffen von Willy Bretscher, des grundklugen Chefredakteurs der «Neuen Zürcher Zeitung», in die

Danziger Memoiren Burckhardts, wie Stauffer sie nachgezeichnet hat, wäre sie vermutlich einverstanden gewesen. Der Journalist und Politiker Bretscher, auch er ein liberal-konservativer Geist, hat Burckhardt in der Tat vor fatalen Fehlinterpretationen der schrecklichen Tatsachen bewahrt. Diesen Korrekturen verdankt der Patrizier die Rettung seines Renommees (und er schien dies wenigstens zuzeiten begriffen zu haben). Doch womöglich hatte Marion Dönhoff jene Passagen in Stauffers Buch in ihrem heiligen Zorn über die Angriffe auf den Freund gar nicht gelesen – genau genug gewiss nicht.

Die Schatten, die über Europa heraufgezogen waren, ließen sich nicht mehr verdrängen, als Marion und Yvonne im Mai 1939 Richtung Südosten aufbrachen. Sie erkundeten den Böhmerwald, die Wachau und die ungarische Ebene, machten vorher in Wien Station. Einen knappen Brief an Weber-Krohse, datiert vom 21. Mai, schrieb Marion auf dem Papier des «Grand Hotel Hungaria» in Budapest. Es sei fraglich, teilte sie dem Fastfreund mit, ob sie ihr Ziel erreichen würden: die Donaumündung. Am 31. Mai meldete sie sich aus Bukarest – der Anlass waren Probleme mit Weber-Krohses Manuskript –, und sie gestand voller Heiterkeit, sie und Yvonne erlebten «solch herrliche Tage unter der endlich entschleierten balkanischen Sonne», dass «alle Verantwortlichkeit und jegliche Schwere aus Vergangenheit und Zukunft» von ihr gewichen seien. Sie seien durch «die unglaublich großartige Bergwelt der transylvanischen Alpen gefahren – auf Straßen, die ursprünglich für Maulesel und Fußgänger angelegt waren und die den Anforderungen der motorisierten Reisenden keineswegs entsprachen». Sie hätten «herrliche Klöster mit wunderbar erhaltenen byzantinischen Fresken» gesehen und «köstliche Pfingsttage in den Siebenbürger schwäbischen Gemeinden erlebt». Nun strebten sie zum Schwarzen Meer.

Mutter Ria meldete in einem langen Brief, dass Toffy – zurück aus Kenia – bei einer Untersuchung im Tropen-Institut ein «selten gesunder Organismus» attestiert worden sei. Heute – «ein Himmelstag», schrieb Ria Dönhoff – sei sie zum Muttertag von der Partei eingeladen worden, «um das Ehrenkreuz vom Führer gestiftet in Empfang zu nehmen für meine vielen Kinder!! Es war sehr nett alles, und der Leiter bedankte sich immer wieder für mein Erscheinen». Sie zeichnete: «In grosser, grosser Liebe Euer altes Mütterling».

Am 24. August 1939 bedankte sich Marion in einer kurzen Notiz bei Weber-Krohse für die «Hirtennovelle» (eine sentimentale, ganz auf fromme Innerlichkeit gestimmte Erzählung Ernst Wiecherts), doch sie fügte die sanfte Rüge hinzu, dass er offensichtlich «unsere Vereinbarung über zu unterlassende Geschenke ganz vergessen» habe. Dann die Bemerkung: «im ganzen» habe nun auch sie «das Gefühl, daß es doch ernst wird».

Das wurde es in der Tat. Im März hatte das Dritte Reich von Polen die Rückgabe von Danzig gefordert. Am Ende jenes Monats verpflichteten sich die Regierungen Frankreichs und Großbritanniens, die Existenz Polens in den bestehenden Grenzen zu garantieren. Einen knappen Monat danach kündigte Hitler das deutsch-britische Flottenabkommen und den deutsch-polnischen Nichtangriffspakt. Der Kurs des «Führers» war klar: Er wollte den Krieg.

Unterdessen hatte Marion Dönhoff ihr Amt als Chefin in Quittainen angetreten. Die Zeit des Einarbeitens und der Gewöhnung empfand sie als eine Art Atempause. An den Freund Salin schrieb sie (wieder ohne Datum), es sei schön, «nach diesen Jahren intensiver Hochspannung noch ein paar ruhige und einsame Wochen zu erleben ehe das große Unwetter losbricht. Wunderbar schön und still ist das Land hier und der Sommer so klar und groß wie ich ihn eigentlich noch nie erlebt habe aber es ist ein wehmütiger Duft über dem Land von verblühten Linden und trocknendem Heu, der von weit her kommt.»

Am 23. August wurde der deutsch-sowjetische Nichtangriffspakt abgeschlossen. Dies hieß: Stalin gab dem deutschen Diktator die polnische Beute frei (und wurde dafür mit dem Anspruch auf die östliche Hälfte des so oft geteilten Landes belohnt) – ganz wie es Burckhardt vorausgesagt hatte. Der rote Zar gewährte Hitler überdies die erhoffte Rückenfreiheit für den Konflikt im Westen, der – entgegen den beschwörenden Mahnungen des Hohen Kommissars in Danzig – unvermeidbar geworden war.

Am 25. August schickte Marion noch ein paar knappe Zeilen an Salin nach Basel: «Ich weiß nicht, wie lange man noch wird schreiben können, darum will ich schnell einen Gruß schicken lieber Professor. Dieter ist schon weg. Die anderen werden wohl bald folgen. Leben Sie wohl und auch den Kindern alles Liebe. Marion».

Alle Vermittlungsversuche in letzter Minute zwischen dem Diktator in Berlin und den Regierungen Frankreichs und Großbritanniens, die hinter ihre Garantie für Polen nicht mehr zurückwichen, waren zum Scheitern verurteilt. Wenige Tage vor dem Ende des Monats August lief der deutsche Kreuzer «Schleswig-Holstein» zu einem «Flottenbesuch» in die Gewässer von Danzig ein und positionierte sich vor der «Westerplatte», die von den Polen zu einer Festung ausgebaut worden war. Bei einem Empfang im Hause des Hohen Kommissars vertraute der Kommandant des Kreuzers Burckhardt an, dass er einen furchtbaren Auftrag habe, den er vor seinem Gewissen nicht verantworten könne.

Dennoch, am 1. September 1939 um vier Uhr morgens führte er den Befehl trotz aller Skrupel gehorsam aus und begann mit der Beschießung der polnischen Festungsanlage. Wenige Stunden später wurde der Vertreter des Völkerbundes aus Danzig ausgewiesen. Burckhardt fuhr, seinen Wagen selber steuernd, zunächst zu einem Treffen mit Heinrich Dönhoff – wo, das wissen wir nicht – und danach über die Grenze nach Kaunas. Im Hause des britischen Gesandten sah er anderntags das Telegramm des Außenministers Halifax, das den Eintritt Großbritanniens in den Krieg ankündigte. Die Katastrophe nahm ihren Gang.

· Kapitel 11 ·

Das deutsche Schweigen

So hatten sie es kommen sehen, Marion Dönhoff, ihre Geschwister, die Mehrzahl ihrer Freunde: Krieg. Er begann mit Adolf Hitlers bombastischer Lüge in der Sitzung des Reichstags am 1. September 1939: Nach einem – fingierten – polnischen Angriff auf den Reichssender Gleiwitz werde seit vier Uhr früh «zurückgeschossen», verkündete er den sogenannten Abgeordneten, die nichts anderes mehr waren als eine nazistische Claque. Wenige Tage später erreichte auch Heinrich, den ältesten Bruder, der Einberufungsbefehl. Dietrich, sein Nachfolger im Amt des Familienchefs, war schon einige Tage zuvor zu seinem Regiment beordert worden.

Über dem Land lag eine bleierne Stille. Kein brausender patriotischer Jubel wie im August 1914. Keine Regung nationalistischer Hysterie, die beim Ausbruch des ersten der Jahrhundertkriege nicht nur die Deutschen berauschte. Eher die lastende Erinnerung an die Millionen Opfer und das unverschmerzte Leid des Ersten Weltkriegs. Indes, die Wehrmacht, die Beamtenschaft, die Partei funktionierten. Keine Regung des Widerstandes. Kaum offen geäußerte Angst. Aber auch keine Begeisterung. Deutschland gehorchte, gleichviel ob in Berlin oder in gefährdeten Grenzregionen wie Schlesien oder Ostpreußen.

Christoph, der jüngste der Dönhoff-Brüder, blieb von der Rekrutierung verschont. Da er fast ein Jahrzehnt in Afrika gelebt hatte und erst einige Monate zuvor zurückgekehrt war, hatte er keinen Wehrdienst geleistet. Er zählte dreiunddreißig Jahre, und nach den Untersuchungen des Tropeninstitutes, das ihm eine glänzende körperliche Verfassung bescheinigte, hätte er – nach normalen Maßstäben – durchaus als frontdiensttauglich gegolten, obwohl er in englischer Gefangenschaft geltend machte, er sei «wegen Tropenkrankheiten und Gehörschwäche» nicht kriegsverwendungsfähig gewesen. Er gab an, er habe sich nach Kriegsausbruch etwa zwei Monate lang im Tropeninstitut in Tübingen aufgehalten, danach habe er bis April 1940 eine «Nachkur» in Ostpreußen absolviert. Da seine beiden Brüder «bereits im Felde standen», habe er die Verwaltung des väterlichen Gutes übernommen (was in Wahrheit Marions Aufgabe war). Bei einer Musterung sei er als «garnisondienstverwendungsfähig» eingestuft worden (so auch bei einer Nachmusterung im Jahre 1941). Da er aber eine «kriegswichtige» Tätigkeit ausüben sollte, sei er als Referent für koloniale Forst-, Jagd- und Naturschutzfragen ins Reichsforstministerium berufen worden (eine Behörde, die dem «Reichsjägermeister» Hermann Göring unterstand). Noch im Jahre 1940 wurde er im Zuge einer Umorganisation als «Kolonialreferent» von der Auslandsorganisation der NSDAP unter der Führung des Gauleiters Bohle übernommen, übrigens für das bescheidene Grundgehalt von fünfhundert Reichsmark, das später auf 550 Mark erhöht wurde; zugleich bezog er, als «Auslandsdeutscher», eine «Flüchtlingszulage» von hundert Mark im Monat.

So weit Christophs Schilderung seines Geschicks seit der Rückkehr aus Kenia (nach den Aufzeichnungen der Schweizer Behörden im Mai 1945). Es ist offensichtlich, dass Toffy nicht das geringste Interesse bewies, sich für «Führer und Vaterland» an den Fronten zu schlagen, sondern den Dienst an der «Heimatfront» vorzog, was ihm nicht zu verdenken ist. Es kann ihm darüber hinaus ein ungewöhnliches Geschick im Umgang mit den Musterungskommissionen und mit den Behörden des nazistischen Apparates, gleichviel ob des Staates oder der Partei, bescheinigt werden.

Dieter hat, wie einem kurzen Brief Marions an Weber-Krohse zu entnehmen ist, am Feldzug in Polen teilgenommen; Heini war Ende September noch im ostpreußischen Angerburg stationiert. Von sich selber sagte Marion, dass sie dankbar für ihre «so absorbierende Tätigkeit» sei und «keine Zeit zum Nachdenken und für die Be-Sinnung» finde. Anfang November fuhr sie nach Berlin, um Bruder Heini noch einmal zu sehen, der nach Westen versetzt wurde. Sie besuchte auch Otto von Hentig, der – so schrieb sie an Weber-Krohse – «wie alle Leute außerordentlich pessimistisch» gewesen sei: «überhaupt war die allgemeine Depression so umfassend daß ich froh war nach 2 Tg wieder in der Pausenlosigkeit meiner hiesigen Tätigkeit untertauchen zu können». Der rasche Sieg über Polen scheint weder ihre Melancholie noch die angstvoll-resignierte Stimmung unter den Freunden verscheucht zu haben.

Am 15. Dezember schickte sie eine ungewöhnlich offenherzige Notiz an Weber-Krohse, über den sie sich so oft geärgert hatte: «Es bleibt uns nichts erspart, auch diese letzte Ironie nicht: Weihnachten zu ‹feiern› unter dem Schutz von aufgepflanzten Bajonetten und aufgefahrenen Kanonen! Gott verzeihe uns unsere Gedankenlosigkeit und alle Unaufrichtigkeit.» Am Weihnachtsabend, dem sie mit großer Traurigkeit entgegensah, war sie drüben in Groß Barthen bei der Mutter, die dem «geliebten, süßen Marionele» in der Nacht einen Brief von ungewöhnlicher Herzlichkeit schrieb (als habe sie geahnt, dass dies die letzte Weihnacht sei, die sie zusammen feierten): «Wenn ich Dich heute mit meinen Geschenken etwas verwöhne, so tue ich das meinem Benjamin gegenüber mit gutem Gewissen! Deine Arbeit für Andere, Dein Denken immer an Andere und nie an Dich selbst rechtfertigen eine kleine Verwöhnung, mein Liebling ... Du liebst dies Bändchen mit seinem Kreuz, trage es oft und denke an Dein altes Mütterchen, die Rubinen sind Herzbluttropfen, die jedes Kreuz, und keinem bleibt es erspart, Dir abnehmen und tragen helfen möchten!» Dann ein Bekenntnis, das beweist, dass die täglichen Andachten der Schlossherrin kein bloßer Traditionsdienst waren, sondern einer tiefen Frömmigkeit entsprachen: «Gott segne uns Allen und Dir im Besonderen dies ernste Weihnachtsfest, dessen Glanz nichts aus der Welt löschen kann ... Wenn wir uns klar machen, dass heute vor fast 2000 Jahren Jedem einzelnen persönlich der Heiland geboren ist, der Alles auf sich nimmt was Dich und mich bedrückt, der fühlt den Engelsgruß des Friedens und es wird still in uns ... Gott segne Dich! Dein altes Mütterchen». Maria Gräfin Dönhoff geborene von Lepel zählte damals genau siebzig Jahre.

Übrigens hatte sie auch dem Kaiser Wilhelm «treue Neujahrswünsche» ins holländische Exil geschickt, worauf der Ex-Monarch mit einigen liebenswürdigen Zeilen auf einer Postkarte antwortete, die ihn mit seinem Urenkel, dem Prinzen Friedrich Wilhelm, auf dem Arm zeigte. Aufmerksam äußerte er seine Anteilnahme an der Erkrankung des zweiten Sohnes Dieter, der in Polen vom Fleckfieber heimgesucht wurde. Auch das verdunkelte Marions Stimmung, die sich vor allem Dieters Frau, ihrer Cousine und Herzensfreundin Sissi Lehndorff, so eng verbunden fühlte. Dieter lag in Köln, wo ihn die Schwester für einen Tag besuchte, was sie zwei Nachtreisen von Berlin und nach Berlin mit jeweils sieben bis fünf Stunden Verspätung kostete. Dem Professor Salin schickte sie am Vorabend von Silvester «in der Feierlichkeit dieser noch dunklen Jahreswende» ein Zeichen der Verbundenheit – manchmal von der Hoffnung berührt, dass «‹die Lebensbahnen wieder gemeinsame Fahrt erlauben› aber dann scheint das alles unendlich fern und unwirklich ...»

In der Neige des Januar an Weber-Krohse eine freundliche Nachricht: «Endlich ist neues Leben in das alte Friedrichstein eingezogen – am 25.1. hat ein kräftiger, heiter lächelnder Sohn ‹das Licht› dieser düsteren Welt erblickt!» Die Frau des Bruders Heinrich kam mit Christian nieder, der hernach den Namen Hatzfeldt führen sollte. (Er heiratete in erster Ehe in die Sekt- und Champagner-Familie von Mumm ein und verband sich in zweiter Ehe mit einer Freiin von Harder und von Harmhove, mit der er lange in Mexiko und in Nepal lebte.) Eineinhalb Jahre später wurde Hermann geboren, hernach für Marion der engste Partner in der Familie. Er wurde wie seine Geschwister nach dem Tod der Mutter im April 1945 ihrer Vormundschaft anvertraut, und auch er trug dank Adoption von 1955 an den Namen eines Grafen Hatzfeldt-Dönhoff. Als junger Mann begleitete er Tante Marion auf vielen Reisen, und sie nannte ihn in einem der späten Briefe ihr «alter ego». Schließlich wurde Hermann Schlossherr in Crottorf, wo sie sich in seiner Obhut zum Sterben niederlegte und wo sie begraben ist.

Ende März 1940 meldete sie Weber-Krohse, dass ihr Bruder Christoph, der sich bis jetzt in der Tat in Friedrichstein aufgehalten hatte, endgültig nach Berlin übersiedelte, «um dort eine Chance wahrzunehmen, die sich in dem ihm eigenen Kolonial-Bereich bietet». Sie fügte hinzu – ein wenig erstaunlich, da ihr die Aussichtslosigkeit aller kolonialen Träume und Ansprüche des Dritten Reiches bewusst sein mussten –, sie freue sich, «daß er auf diese Weise seine teuer erkauften 10jährigen Erfahrungen an den Mann bringen kann aber für mich ist es natürlich ein großer Verlust». Zu Salin bemerkte sie, der «afrikanische Bruder», der sie während eines kurzen Urlaubes vertreten habe, sei «in diesem Winter eine große Stütze und ein wirklicher Trost» gewesen. Sie merkte an, dass von «Eka» (Ernst Kantorowicz) gute Nachrichten vorlägen.

Sie erwähnte nicht, was sich erst aus einem späteren Brief an Salin ergibt: dass sie im April 1940, mithin noch vor der großen West-Offensive, den Botschafter Schulenburg in Moskau besucht hat (wofür sich freilich weder in den Akten des Auswärtigen Amtes noch im Nachlass dieses umsichtigen Architekten der deutsch-sowjetischen Kooperation Bestätigungen oder weitere Anhaltspunkte finden ließen). Die Reise war ein touristisches Unternehmen, das von der schieren Neugier diktiert war, die russische Hauptstadt und die Metropole des roten Imperiums kennenzulernen, solange sich dazu die Gelegenheit bot. Einige spätere Briefe, die ihr der

Botschafter schrieb, deuten auch nicht darauf hin, dass der Aufenthalt in Moskau ein Freundesbesuch bei dem Diplomaten gewesen sein könnte, der hernach von den Verschwörern des Zwanzigsten Juli – neben Ulrich von Hassell – als ein möglicher Außenminister des hitlerfreien Deutschland betrachtet wurde: der beste Kandidat, ohne Zweifel, für Friedensgespräche mit der Sowjetunion, für die er sich mit Hilfe des Generals Henning von Tresckow durch die russischen Linien schmuggeln oder gar mit dem Fallschirm hinter der Front absetzen lassen wollte ...

Im März 1940 hatte das kleine Finnland, Ende November 1939 von der Roten Armee überfallen, nach zähem Widerstand mit der sowjetischen Regierung einen bitteren Frieden geschlossen, der den Verzicht auf Karelien forderte, und nicht lange danach, am 9. April 1940, marschierten deutsche Truppen in Dänemark ein und besetzten zugleich die wichtigen norwegischen Häfen. Die Briten kamen mit der Landung in Narvik zu spät.

Von einer Krise der russisch-deutschen Allianz konnte zu jenem Zeitpunkt keine Rede sein. Verstimmungen regten sich erst im November, als Außenkommissar Molotow bei einem Besuch in Berlin verlangte, Finnland und Bulgarien (damit zugleich das mit dem Dritten Reich verbündete Rumänien) der sowjetischen Einflusssphäre zu überlassen. Marion Dönhoffs Moskauer Visite war vermutlich doch politisch motiviert, was sie natürlich verbergen musste, da sie Schulenburg vor der Moskauer Begegnung kaum oder gar nicht kannte.

Auch Fritz-Dietlof Schulenburg, der ex-nazistische Freund aus ostpreußischen Tagen, war mit dem Botschafter – als ein Neffe zweiten Grades – wohl nicht allzu vertraut. Es ist nicht anzunehmen, dass er den Besuch arrangiert hat. Die Schreiben ihres Moskauer Gastgebers – ganz in alt-höfischem Stil an die «hochgeborene gnädigste Gräfin» gerichtet – deuten nicht darauf hin, dass sich die beiden früher begegnet waren, aber der Ton lässt vermuten, dass sie zu einer freundlichen Beziehung gefunden hatten. Es ist in der Tat nicht undenkbar, dass Marion Dönhoff bei ihrem Besuch tastende Gespräche über die Haltung des Botschafters geführt hat. Könnten ihr Berliner Freunde – womöglich Mitarbeiter der «Abwehr», die unter der Führung des Admirals Canaris ein Hort oppositioneller Geister war (von denen Marion Dönhoff diesen und jenen kannte) – zu dem Moskauer Exkurs geraten haben? Wer immer an ihren Reisen Anteil nahm: Der Gedanke liegt nahe, dass hilfreiche Hände diese und jene Wege geebnet haben. War Otto von Hentig – noch immer im Dienst des Auswärtigen Amtes – am Werk? Oder doch eher Carl Jacob Burckhardt, wie sich Hermann Hatzfeldt aus den Erzählungen Marion Dönhoffs zu erinnern meint? Weder dafür noch für eine Intervention aus Widerstandskreisen bieten ihre schriftliche Hinterlassenschaft oder die erhaltenen Akten, weder die Literatur der Zeitzeugen noch die Studien der Historiker auch nur den geringsten Anhaltspunkt.

Immerhin drängen sich Fragen auf. Aus einem späteren Brief des Jahres 1940 ergibt sich, dass sich der Botschafter und sein Gast über die Chancen einer ausgedehnteren Russland-Reise unterhalten hatten, zum Beispiel ins Gebiet der unteren Wolga, wo Marion und ihre Schwester nach dem Dorf «Dönhoff» hätten suchen können, das ein Mitglied der Sippe im 18. Jahrhundert während der Siedlungskampagne Katharinas der Großen gegründet hatte. Aber wusste sie damals schon von den Russland-Abenteuern eines entfernten Verwandten zu Zeiten der Großen Katharina?

Vielleicht hatte Marion Dönhoff am Ende nur im Sinn – nach der Eliminierung des polnischen Staates durch Hitler und Stalin –, den Nachbarn Russland kennenzulernen. Rasch richtete sich der Blick wieder nach Westen. Am 10. Mai brachen Hitlers Panzercorps in Belgien und Holland ein, Anfang Juni begann die Großoffensive gegen Frankreich. Durch die Stationierung der beiden älteren Brüder in den besetzten Gebieten rückte der angebliche «Erbfeind» näher. Aber auch Amerika behielt sie im Blick. Eine halbwegs regelmäßige Korrespondenz mit Ernst Kantorowicz, der inzwischen an der angesehenen kalifornischen Universität Berkeley Arbeit und Unterkunft gefunden hatte, schien zu jenem Zeitpunkt noch möglich zu sein. Freilich ist nur ein Brief von «Eka» erhalten, datiert vom 17. Juni 1940, eine lange Epistel, geschrieben mit einer gewissen Sehnsucht nach dem «Stüdchen», dem geliebten aus ihren Frankfurter Studententagen. Es nimmt sich fast gespenstisch aus, dass er ihr – inmitten aller «Bekümmertheit, Schwierigkeit und mancher Sackgassigkeit Ihres Daseins» – attestieren zu können meint, sie wäre «eine der wenigen, die dieses unforcierte Gleichgewicht ... bewahrten, wenn man sie zum Galgen führte. Sie sind klarsichtig genug, um schicksalsfromm zu sein, und dieses, ein ‹amor fati› ... hat man entweder aus religiösem Fühlen heraus oder aus klarem Sehen ...»

Leicht hätte sich dieser Brief auf die bedenklichste Weise als prophetisch erweisen können. Wahrhaftig, ein langer Brief (auf der alten deutschen «Erika»-Reiseschreibmaschine des Professors getippt), partiell philosophisch dem sogenannten Zeitgeist auf der Spur, in manchen Passagen eminent politisch: eine umfassende Analyse der Weltlage, die von den Mitlesern gewiss mit höchster Aufmerksamkeit zur Kenntnis genommen wurde – und Mitleser gab es, wie die Stempel auf der Rückseite des Umschlags beweisen: «Oberkommando der Wehrmacht – Geöffnet».

Mit der Zensur musste der Professor in Berkeley, auch wenn er ein bisschen weltfremd gewesen sein mag, bei einem Brief aus Amerika rechnen. Es war vermutlich ein Glück, dass die Abwehr und nicht die Gestapo mitgelesen hat. Zwar beurteilte er die Kriegschancen der Alliierten durchaus kritisch, «weil sie sich zu sehr an den Aberglauben klammerten, dass sich die Ereignisse des Ersten Weltkriegs wiederholen würden». Selbst das Potenzial Amerikas schätzt er – 1940! – denkbar gering ein: Es dauere mehr als ein Jahr, «bis Amerika halbwegs gewaffnet ist», außerdem habe es nur 120 Millionen Einwohner, d. h. so viel wie Großdeutschland und weniger als dieses mit Italien zusammen. Wenigstens 65 Prozent der jungen Leute seien gegen die Wehrpflicht. Unter «Opfer», das im Kriege wohl gebracht werden müsste, verstünden die Menschen nur «charity» – kurzum: Er sah den «Führer» überall im Vorteil. Die Zensoren mögen es nicht ungern gelesen haben: So war der Text eher geeignet, Marion Dönhoff zu entlasten. Aber Kantorowicz nannte auch Namen, freilich nur Vornamen; selbst das war leichtfertig genug, was auch einem «zerstreuten Professor» hätte ein- und auffallen müssen. Dass «unser Freund Adam» der Widerstandsdiplomat Trott zu Solz sein musste und der Mittelsmann «Albrecht» entweder Graf Bernstorff oder Albrecht Haushofer, ließ sich so schwer nicht entschlüsseln, wenn man sich in den Berliner Personallisten ein wenig auskannte. Marion konnte von Glück sagen, dass ihr nach dem Erhalt des Briefes nicht einige ernste Fragen gestellt wurden.

Auch Salin und seine Denkschrift wurden von «Eka» genannt: Aber das ließ sich verantworten, denn der Freund residierte im sicheren Basel. Ihm rief Marion zwölf Tage nach dem Beginn des «Frankreichfeldzuges» zu, es sei «schwer erträglich sein Leben hier mit den alltäglichen Sorgen und Aufgaben weiterzuleben während da draußen das Schicksal Europas sich entscheidet und Ströme von Blut fließen. Man ist hier auch so weit vom Schuß, daß man sich gar keine Vorstellung machen kann von dem was dort vorgeht. Heini und Dieter sind auch dabei.»

Im Frühjahr 1940 scheint auch Weber-Krohse Soldat geworden zu sein. Am 27. Mai, siebzehn Tage nach der Invasion der Wehrmacht in die neutralen Nachbarstaaten Holland und Belgien und dem bald darauf erfolgten Durchmarsch nach Nordfrankreich, bedankte sie sich für einen Abschiedsgruß. Zwei Monate später schickte sie dem schwierigen Fast-Freund einen erstaunlich offenen und bewegten Kommentar zu den Ereignissen des Sommers, von denen sie sagte, dass sie das «Gesicht der Welt ... total verändert» hätten. «Noch kann man das Ausmaß und die Tragweite ... nicht recht ermessen, aber ich glaube kaum, daß etwas ähnlich erschütterndes seit der Eroberung Roms im Jahr 410 geschehen ist». Sie hatte, kein Zweifel, den Fall von Paris und den kaum fassbar raschen Zusammenbruch Frankreichs im Auge: «Es vollzieht sich jetzt all das was Jak. Burckhardt vor 2 Menschenaltern so unheimlich deutlich gesehen hat und allmählich fügt sich zum Bilde, was er in immer neuen Skizzen entworfen hat. – Wie Schuppen fällt einem jetzt die Erkenntnis von den Augen, daß mit dem Ende des Individuums auch das Staats-Individuum illusorisch werden musste und die Welt mithin reif und bereit war für ein neues Imperium.» Seufzend fährt sie fort: «Die neuen Ordnungen werden vieles von dem was uns wichtig und wesentlich war zerstören werden aber zugleich in vieles einen neuen Sinn legen und neue Möglichkeiten eröffnen. Im Ganzen wird es wohl so eine Art internationalen Ameisenhaufen geben – die Humanitas wird jedenfalls diesem Staatengebilde entwöhnt sein.»

Der Kulturpessimismus des Schweizer Historikers mischte sich hier seltsam mit den Visionen des immer noch modischen Oswald Spengler, jenes preußischen Gymnasialprofessors, von dem im Abstand fast eines Jahrhunderts gesagt werden kann, dass er in seiner seltsamen Mixtur von universeller Vision, historischem Detailwissen und seiner nationalkonservativen Ideologie alles in allem über seine Verhältnisse gedacht und geschrieben hat: ein hochstapelnder Pedant, um es krass zu sagen. Die nazistischen Weltanschauungsapostel hätten, bei einer wohlmeinenden Lektüre der Epistel, vielleicht ihre «neue europäische Ordnung» bestätigt gesehen, obschon ihnen zugleich die Formel vom «Ameisenstaat» hart aufgestoßen wäre, der man hernach bei Ortega y Gasset begegnete. Vom Ende des 20., vom Anfang des 21. Jahrhunderts her gesehen erfüllte sich die schwarze Vision vom Untergang des Individuums nicht – trotz des namenlosen Grauens, das die Völker Europas seit 1914 und zumal seit 1933 im Zeichen der totalitären Regime zu erdulden hatten. Die Idee der Persönlichkeit überlebte, fast triumphierend – und sie wird in der Gesellschaft des Westens seit dem Zusammenbruch des braunen Imperiums und dem Verlöschen des roten tiefer respektiert als vielleicht jemals zuvor in der Geschichte.

Marion Dönhoff fügte in ihrem Schreiben an Weber-Krohse hinzu, Dieter sei in der Nähe von Biarritz stationiert, Heini nördlich der Loire, werde aber in den nächsten Tagen dienstlich nach Paris kommen: Man würde dann «Näheres über seinen Feldzug» hören, «dessen jagdliche Seite er anscheinend sehr genossen hat». Es steht dahin, ob sie zu jener Zeit schon den Bericht des Bruders über seinen Vorstoß durch die französischen Linien zur Sicherung einer Loire-Brücke kannte (angeblich auf direkten Befehl aus dem Führerhauptquartier unternommen): ein flott geschriebenes Protokoll der riskanten Überraschungstaktik, die der Schlüssel war zu den Siegen der mobilen deutschen Truppen über die (trotz der Warnungen des jungen Obersten Charles de Gaulle) zu starr organisierten und zu unbeweglich operierenden Armeen Frankreichs und Großbritanniens. Heinis Stil ist durchaus den PK-Berichten des begabten Luftwaffen-Reporters Jupp (Josef) Müller-Marein angemessen («Hölle über Frankreich. Unsere Luftgeschwader im Angriff»), der eineinhalb Jahrzehnte später Marions Vorgänger in der Chefredaktion der «Zeit» werden sollte. In der Tat sind Heinis Schilderungen von den forschen Tönen eines «frisch-fromm-fröhlichen» Krieges nicht völlig frei. Das Wort von der «jagdlichen Seite» wäre Marion vielleicht nicht in die Feder geflossen, hätte sie die vorletzte Passage des Berichtes gekannt: «Leutnant Kayser und ein Unteroffizier der Panzerjäger waren ... so schnell an dem Panzer dran, dass Lt. Kayser eine Handgranate durch die noch offene Luke hineinwerfen konnte. Durch sie wurde die Besatzung erledigt, durch eine zweite ging der Panzer in Flammen auf.» Mit anderen Worten: Die französische Besatzung ist bei lebendigem Leibe verbrannt. C'est la guerre. In der Tat.

Im September 1940 wurde Heini Dönhoff dank des Primats der «Erzeugungsschlacht», wie das nazistische Schlagwort für die landwirtschaftliche Produktion großmäulig hieß, aus der Wehrmacht als «unabkömmlich» entlassen. Marion, die den Bruder mit innigster Freude willkommen hieß, konnte sich wieder ganz auf ihre Aufgaben in Quittainen konzentrieren. Sie durfte sich auch freier fühlen, von Zeit zu Zeit die Freunde in Berlin zu besuchen, und vor allem: die geplante zweite Reise nach Moskau vorzubereiten.

Sie hatte schon im Mai dem Botschafter Schulenburg (den sie mit dem Titel anredete) nicht nur für eine Riesenbüchse mit köstlichem Kaviar gedankt, sondern zugleich auch bei ihm sondiert, ob seine Frau auf ihrer Rückreise von Deutschland nicht in Friedrichstein Station machen könnte, um dort ihren Mann, den Botschafter, zu treffen, damit sie dann gemeinsam nach Moskau fliegen könnten. Allerdings fiel sie sich sofort selber ins Wort: «Die Zeiten sind ja wohl solchen Plänen nicht sonderlich günstig», denn noch war die Schlacht um Frankreich nicht beendet. Sie fuhr fort, angesichts der rauschenden Siege mit einer bemerkenswert gedämpften Stimme: «Ich finde, es hat etwas Unwirkliches und Beängstigendes so abseits zu stehen von dem großen Geschehen, zu wissen, daß es da draußen um die Entscheidung über die Zukunft Europas – wenn es diesen Begriff dann noch gibt – geht.» (Übrigens hatte sie für diesen Brief wieder einen Bogen des Papiers mit ihren Initialen und dem Krönchen geopfert.) Dem Botschafter, der offensichtlich ein Waffensammler war, schickte sie einen Versteigerungskatalog – er bedankte sich artig und ließ sie wissen, dass er auf einen «Stoßdegen» bieten lasse.

Das immerhin vertrug sich mit seinem heiklen diplomatischen Amt, bei dem ihn ohne Zweifel immer öfter die Ahnung quälte, der «größte Feldherr aller Zeiten» könnte versucht sein, seine strahlenden Siege im Westen in nicht zu ferner Zeit zu nutzen, um über den Überraschungs-Alliierten im Osten herzufallen (den er stets als den wahren Erzfeind betrachtet hatte). Der Botschafter war in der Tat keineswegs gewiss, was in Berlin gedacht und geplant wurde: Niemand hatte ihn, den geduldigen Architekten des Stalin-Hitler-Paktes, zunächst von den geheimen Vertragszusätzen unterrichtet, die nicht nur Polen zum vierten Mal, sondern das gesamte Mittel- und Osteuropa zwischen den beiden Imperien teilten.

Die zweite Moskau-Reise war, wie sich aus einer Bemerkung zu Weber-Krohse schließen lässt, für den Oktober geplant, doch Schulenburg musste absagen. Offensichtlich zögerte das Kommissariat für Auswärtige Beziehungen, Yvonne von Kuenheim einreisen zu lassen. Doch am 30. Oktober vermerkt das Journal des Auswärtigen Amtes, die sowjetische Botschaft sei angewiesen, die Visen zu erteilen. Indes, Moskau sollte nur eine Zwischenstation der Reise sein, das eigentliche Ziel war Persien.

Über diese Expedition berichtet ein Tagebuch von neunzehn Seiten, das sich im Nachlass auf Schloss Crottorf fand, hastig mit Bleistift in eine Kladde gekritzelte Notizen, nur mit geduldiger Mühe zu entziffern, da Marion Dönhoff offensichtlich nicht die Zeit hatte, ihre ohnedies schwierige Handschrift auch nur halbwegs zur Ordnung zu zwingen. Dies hat das Studium mit der Lupe ergeben:

Drei Tage lang war der Flugverkehr von Königsberg nach Moskau unterbrochen, doch am 18. November konnte die kleine Maschine endlich starten: Marion Dönhoff, die wieder mit ihrer Schwester Yvonne reiste, nahm es mit großer Erleichterung zur Kenntnis, denn die Weiterreise nach Teheran sollte, so hörte sie, nach dem 20. November nicht mehr möglich sein, warum auch immer. Sie konnte aus der Luft den Park von Friedrichstein sehen, sie glaubte sogar «Franz Schwarz, den alten Säufer», zu erkennen und das Wirtshaus, den «Roten Krug». Dann hörten die rotbedachten Dächer auf, nur noch verstreute Höfe, Sand und schwarze Moorböden, Seen und Wälder. Zwischenlandung in dem (bis zum September 1939 polnischen) Białystok, «wo die russische Zollkontrolle durchgeführt wird, im Gegensatz zu unseren Eisenbahnerlebnissen (im Frühjahr) geht alles erheblich schneller vor sich ... Unsere Gespräche besonders schonungsvoll. Als dann einer der Besatzung unter einem Sitz eine in Papier gewickelte Flinte herausholt um seinen ... Kumpanen mit dieser neuen Acquisition zu imponieren und ich sie für ihn zusammensetzte weil er die beid. Teile nicht zusammenbringen konnte, war ihre Freude groß.»

Weiterflug. Die mäandernden Flüsse zeichnen für ihr Auge arabische Schriftzeichen in die schwarzen Wälder. Nebelschwaden. Der «Apparat bäumt sich ungeduldig im Kampf gegen den Sturm». Glatte Landung. Anderntags zuerst in die Tretjakow-Galerie, wo Marion im Frühjahr eine besonders eindrucksvolle Ausstellung gesehen hatte (was gezeigt wurde, erfahren wir nicht), die nun leider geschlossen war. Besichtigung der Kreml-Kirche. Frühstück mit den wichtigen Mitgliedern der Botschaft, aber die Zeit reichte nicht «zu einem richtigen Gespräch». Um sechs Uhr Empfang beim rumänischen Gesandten, «sehr kultivierter Mann, seine Frau Französin. Um acht Uhr Anna Karenina im Künstlertheater.» Nach der Vorstellung zu dem Grafen (von der Schulenburg), «dessen 65. Geburtstag gerade angebrochen war». Briefe schreiben bis halb vier Uhr früh, weil an jenem Tag der Kurier nach Berlin reiste.

Um 12.30 Uhr Abfahrt des Zuges vom Südwest-Bahnhof, «auf dem sich allerlei seltsames Volk tummelt». Von den reservierten Plätzen mussten Unbefugte vertrieben werden, die das Abteil usurpiert hatten. Vom Speisewagen schrieb Marion Dönhoff, er gleiche «einer Kaschemme in Marseille oder Genua». Am Abend des zweiten Tages Rostow, schon tief im Süden. Von nun an registrierte sie «auf den häufigen Stationen ... immer dunklere Gesichter». Die Passagiere besorgten bei den Aufenthalten vor allem heißes Wasser (für den Tee) und Proviant. «Wenn sich der Zug ... ohne irgendeine Warnung wieder in Bewegung setzt fliegt alles mit Einkäufen beladen auf die Trittbretter ...»

Mit einer Verspätung von zweieinhalb Stunden – eine halbe Stunde nach Mitternacht – Ankunft in Baku am Kaspischen Meer. «Der Zug hält auf einem Nebengleis, wir stolpern im Dunkeln mit allem Gepäck über viele Schienen» (wobei sich prompt eine alte Dame das Bein bricht) «und landen dann in einem recht prunkvollen Wartesaal.» Bei «Intourist» zunächst die Auskunft, es gebe keine Zimmer mehr und auch kein Taxi. «Dann arrangiert sich alles.» Zwei Uhr früh. Andern Morgens präsentiert sich ihr die Stadt – etwa

200 000 Einwohner – nicht gerade allzu attraktiv mit ihren kleinen hässlichen Flachdach-Häusern und ihren, wie sie notiert, ebenso hässlichen modernen Hochbauten. Doch es fällt ihr auf, dass die Menschen hier besser angezogen sind als in Moskau.

Das Schiff sollte mittags gehen, «doch es ist irgendwo hängen geblieben» – Zeit für eine Besichtigungsfahrt, die sie bis zu den Bohrtürmen führt, doch «die Hauptölfelder sind für Fremde nicht zugänglich». Um neun Uhr abends sticht das Schiff endlich in See.

Anderntags um zwei Uhr versucht der Kahn, in den persischen Hafen Pahlevi einzulaufen, doch setzt er sich in dem flachen Gewässer auf einer Sandbank fest, kommt aus eigener Kraft wieder frei, doch beim Versuch, am Quai anzulegen, reißt ein Seil. Beim neuen Anlauf gräbt sich das Schiff ein zweites Mal in den Sand. Nach zwei Stunden gelangen die Passagiere schließlich mit einer Barkasse an die Pier. Die Formalitäten werden durch einen Beamten, der Deutsch und Französisch spricht, ohne Umstand erledigt. Weiterfahrt Richtung Teheran, doch nach vier Stunden steigen sie in einem «pompösen Hotel» ab, «das dem Shah gehört» – sie sind die einzigen Gäste.

In der Hauptstadt essen sie mit einem deutschen Herrn zu Abend, dessen Name sich nicht entziffern lässt – der Gesandte Ettel war es nicht. Schon nach zwei Tagen weiter nach Isfahan, gut zweihundert Kilometer tiefer im Süden. Sie begegnen Kamelkarawanen und entdecken einen «wirklich köstlichen Basar». In Arkadan, dem nächsten Ziel, leiden die Damen ein wenig am Schmutz und der Unruhe des Hotels, wo mitten in der Nacht an alle Türen geklopft wurde (was ihnen wohl doch ein wenig unheimlich war), ärgern sich über das dürftige Frühstück, aber sie werden durch die Schönheit von Persepolis, der alten Hauptstadt des Reiches, mehr als getröstet. Zuvor bewunderten sie das Grab von Kyros dem Großen in seiner grandiosen Einsamkeit. Shiraz bezaubert sie durch seine «herrlichen Moscheen».

Am 2. Dezember wieder zurück in Teheran. «Heute ist mein Geburtstag. Gleich am Morgen bekommen wir das Telegramm mit der Nachricht, dass die Mutter am 30. XI. sanft entschlafen ist» – im Königsberger Krankenhaus. «Und es gibt keine Möglichkeit, vor dem 4. Dezember abzufahren weil das Schiff von Pahlevi nur 2× in der Woche geht.» Das Kabel, an «Diplogerma Teheran» gerichtet, unterzeichnet Eisenlohr – ein Schwager ihres alten Freundes Otto von Hentig. An Salin schrieb Marion Dönhoff am 20. Dezember 1940, sie sei, als die Mutter starb, «fort und vollkommen unerreichbar gewesen». Wo sie sich aufhielt, schrieb sie nicht.

Am Tag nach der Todesnachricht ritt Marion Dönhoff mit Frau Diekmann (?) und mit Schwester Yvonne hinauf in die Berge über Teheran: «ein ziemlich wilder Ritt über steinigen Boden Berg und Tal zurück 15 km in einer ¾ Stunde ohne ein einziges Mal in Schritt zu verfallen alles Trab und Galopp ...» Am 4. Dezember langten die Schwestern nach einer strapaziösen Fahrt unter strömendem Regen im Hafen Pahlevi an. Das Hoteldach offensichtlich nicht dicht, das Wasser läuft über die Treppen, aber «die Betten sind gut und unsere Müdigkeit groß». Anderntags Sturm, das Hotel steht unter Wasser, der Wind so stark, dass Marion meint, man könnte sich «auf der See jetzt (nicht) aufrecht halten». 5. Dezember: Obwohl der Wind schwächer wurde, ist «an Abfahrt nicht zu denken». Das Schiff liegt seit vier Tagen vor dem Hafen. «Wir sind verzweifelt ... Ich kann weder schlafen noch lesen noch schreiben.» Die Schwestern «spielen mit stumpfen Augen und gleichgültigen Händen irgendein Kartenspiel». Selten in ihrem langen Leben schrieb Marion so deprimiert und so traurig.

Am 6. Dezember lief das Schiff endlich ein, und am Nachmittag machte es sich schaukelnd auf den Weg. Am Abend feierte die Besatzung den «Verfassungstag», der schon am 5. fällig gewesen wäre. Der junge Kapitän begrüßt die «Gäste aus dem befreundeten Ausland», worauf ein Herr namens Walter mit einem Toast antwortet. Dies könnte der Botschaftsrat Gebhardt von Walther, die rechte Hand des Botschafters Schulenburg, gewesen sein. Vielleicht hat er Marion und Yvonne auf der gesamten Reise begleitet? Es wird eine sehr russische Nacht. Jeder will mit den Gästen anstoßen, und «jeder verlangt ein bis auf den Grund geleertes Glas». Es werden kaukasische Tänze getanzt und revolutionäre Lieder gesungen. Es sei «eine wohl kindliche und rührende Fröhlichkeit die alle erfüllt».

Marion Dönhoff galt immer als recht trinkfest, und ihre Resistenz scheint sich hier zu bewähren. Sie bemerkt nichts von einem Kater, aber sie nimmt wahr, dass um fünf Uhr früh das Schiff «mit einem Knall» an der Pier in Baku anlegt. Der Generalkonsul erwartet sie, und er nimmt die Kurierpost entgegen, doch die Abfertigung der (immerhin) 27 Gepäckstücke dauert so lange, dass sie den Zug nach Moskau nicht mehr erreichen. «Der Tag in Baku vergeht unendlich langsam», doch früh am 8. Dezember sitzen sie schließlich im Zug. In Moskau Ankunft am Abend gegen neun Uhr. «Der rührende Graf» von der Schulenburg empfängt sie am Bahnhof. Wohl in der Nacht gleiten noch einmal die Eindrücke der Landschaft zwischen dem Kaukasus und der Sonne von Baku über die endlos schwarze Erde der Ukraine bis zur winterlichen Hauptstadt an ihr vorüber. Doch dann brechen die Aufzeichnungen ab, mitten in der Seite und mitten im Satz. Fünf Blätter mit den Daten zur Geschichte Persiens fügte sie hinzu. Vor der Reise oder nachher geschrieben? Die Schrift etwas gesammelter, musterhaft die Aufreihung, als habe sich die Reisende auf ein Examen vorzubereiten. Auch bei ihren späteren journalistischen Reisen gab sie sich zunächst mit einem nahezu abiturientenhaften Eifer diesen Vor- und Nachbereitungen hin.

Das Tagebuch beantwortet freilich nicht die Frage, was die beiden jungen Frauen nach Persien getrieben hat. War es die schiere Reiselust, die Marion Dönhoff zeit ihrer Tage nicht verlassen hat? Die Lockung des Fernwehs? Das Verlangen, der Festung des nazistischen Deutschland für einige Wochen zu entkommen? In der Regel war im zweiten Kriegsjahr kaum jemandem nach touristischen Abenteuern zumute. Geld für ein solch aufwendiges Unternehmen hatte Marion genug, denn auch die Dönhoffs profitierten ohne Zweifel von der Entschlossenheit des Dritten Reiches, die Landwirtschaft Ostpreußens aufzurüsten: Die Subsidien flossen reichlich. Aber woher nahm Marion die Devisen, mit denen die Reichsbank seit Beginn der Naziherrschaft knauserte? Wie begründete sie die Neugier auf Persien? Der Iran ein politisch vermintes Gelände: als eine der Hauptölquellen der Welt eine Zone der Begehrlichkeit aller Großmächte – von 1941 an aus guten Gründen in russische und britische Interessensphären aufgeteilt, zumal der zuvor regierende Schah eine Annäherung an die «Achsenmächte» versucht hatte, um den Einfluss der Briten und der Sowjets zurückzudrängen. (Und in Berlin bastelte man an der Planung einer militärischen Expedition nach Afghanistan, vermutlich um von dort aus das Tor nach Indien aufzubrechen.)

Fünfunddreißig Jahre später, im September 1975, schrieb Marion Dönhoff auf dem Papier des «Royal Teheran Hilton» ein Briefchen an Schwester Yvonne, in dem sie an die Reise im Herbst 1940 erinnert: «Liebchen – Teheran ist eine riesige, ziemlich gefährliche Großstadt wie viele andere. Noch mehr Verkehr. Noch mehr Wirbel. Also alles anders als zu unserer Zeit. Anstelle staubiger Straßen *highroads*, die wie Schlangen sich über- und untereinander winden. Und doch würdest Du das Wesentliche sogleich wiederentdeckt haben: das phantastische Gebirge im Nord/Osten – diese unglaublichen Farben über denen stets ein Schleier liegt und die uralten Elefanten ähneln. Unsere Berge sind *parvenues* dagegen – diese kommen wirklich von Ewigkeit. – Ich habe an Dich gedacht und an den Tag, an dem wir erfuhren, daß die Mutter gestorben sei und wir oben hinauf in die Berge fuhren und dort in die Ewigkeit schauten ... Sei umarmt Marion». Waren die Schwestern damals nur in die auch seinerzeit – freilich in anderer Hinsicht – gefährlichste Metropole des Mittleren Ostens gereist, um die grandiose Landschaft und die historischen Stätten des einstigen persischen Reiches zu bewundern?

Für die Lenker der Außenpolitik des Dritten Reiches lag es damals nahe, einen geeichten Nationalsozialisten als Gesandten nach Teheran zu entsenden: Im Februar 1940 hatte Erwin Ettel die Geschäfte übernommen, seit 1932 Parteimitglied, in den folgenden Jahren während seiner kaufmännischen Engagements in Lateinamerika Leiter der dortigen Orts- und Landesgruppen, nach der Rückkehr 1935 Gauamtsleiter in der Auslandsorganisation der Partei, 1936 in den diplomatischen Dienst übernommen (trotzdem wirkte er als Landesgruppenleiter in Italien), seit 1937 auch Mitglied der SS, in der er bis zum Rang eines Brigadeführers aufstieg. Nach seiner Rückberufung im November 1941 wurde er damit beauftragt, alle «Angelegenheiten der Auslandsorganisation der NSDAP im Auswärtigen Amt» wahrzunehmen. Im Jahre 1943 wurde ihm eine besonders problematische Aufgabe zugewiesen: Ihm oblag die Betreuung des Mufti von Jerusalem, der ein zentrales Medium der antizionistischen Hetze in den letzten Kriegsjahren war, auch das geistliche Oberhaupt der islamischen SS-Brigade – die gab es! –, deren Mitglieder nach der Eroberung Jugoslawiens in Bosnien rekrutiert worden waren (was die deutsche Öffentlichkeit – wohl auch die Mitglieder des Auswärtigen Amtes – in den balkanischen Konflikten nach dem Zusammenbruch des Tito-Reiches völlig verdrängt hatte).

Man darf annehmen, dass Ettel den Bruder Christoph Dönhoff kannte. Es wäre auch erstaunlich, wenn er Marion Dönhoff während ihres Aufenthaltes in Teheran nicht begegnet wäre. Jahrzehnte später erfuhren die Leser der «Zeit» durch eine Studie aus der Feder des Historikers Frank Bajohr in den «Zeitläuften» auf der allerletzten Seite des Blattes, dass der Mitarbeiter Ernst Krüger, der insgesamt mehr als 560 Artikel im ersten Jahrzehnt für «Die Zeit» geschrieben hatte, kein anderer war als Erwin Ettel, der einstige Gesandte in Teheran. Kannte Marion die Identität des Autors? In den wenigen Briefen an seine Adresse, die erhalten sind, redete sie ihn als «Herr Krüger» an. In ihrem Schreiben an Gerd Bucerius vom November 1954, in dem sie sich über den wuchernden Einfluss der Rechten vom Schlage des Fast-Nazis Carl Schmitt und des Ribbentrop-Propagandisten Paul Karl Schmidt beim Verleger bitter beklagte (und damit ihren zeitweiligen Rückzug aus dem Blatt ankündigte), bemerkte sie sarkastisch: «Die überzeugendsten und amüsanten Schreiber wie Friedländer und Jacobi haben wir eingebüßt, und geblieben sind ausgerechnet Ernst Krüger und drei magenkranke, krätzebefallene, immer giftiger werdende alte Männer.» Das lässt nicht auf eine freundliche Beziehung zu dem Autor Krüger schließen (der seine Gesinnung in den Artikeln durch eine sanft westkritische, doch alles in allem neutrale Farblosigkeit zu tarnen pflegte). Aber wie war er zur «Zeit» gelangt? Durch die Vermittlung seines einstigen Kollegen Christoph Dönhoff? Wir wissen es nicht.

Für Marion Dönhoff war es damals, im Dezember 1940, ein «trauriges Heimkehren», wie sie an Edgar Salin schrieb. Ende Februar bekennt sie dem Basler Freund: «Man glaubt eine Mutter zu haben, die man kennt, die irgendwo ein manchmal sehr fernes, manchmal unglaublich nahes Leben führt, die einen liebt und für die man selber ein wenig sorgt weil sie immer älter wird, die in einem fest umgrenzten Lebensraum steht, der zugleich ein Stück Heimat ist ... – und dann eines Tages wenn das alles nicht mehr ist, dann ahnt man plötzlich daß etwas ganz anderes aus der Welt gegangen ist, und daß es unendlich viel mehr war, was man verlor.»

Von Heini erzählte sie, dass er den Winter über zu Haus gewesen sei, aber er werde nun wohl wieder eingezogen – bis dahin vergingen noch vier Monate, ehe er im Schatten des bevorstehenden Angriffs auf die Sowjetunion von neuem an die Front kommandiert wurde. Sie konnte sich unterdessen auf die Geschäfte in Quittainen konzentrieren, die ihr Sorgen genug machten, wie ein Bericht demonstriert, den sie mit der nüchternen Feststellung überschrieb: «Das Jahr 1942 steht innerhalb des agrarischen Sektors im Zeichen des Abbaus der Intensität». Sie begründete die düstere Voraussage – nach den üppigen Jahren der Blüte – vor allem mit der Knappheit des «Betriebsstoffs» und des «Angespanns» (da viele Pferde zur Armee geholt worden waren). Ferner hatte sich die Qualität des Kunstdüngers gemindert und das Saatgut verschlechtert. Bei der Viehwirtschaft fehlte das Kraftfutter. Aus eigener Produktion durften pro Pferd nur 15 statt 28 Zentner, für Bullen nur 4 statt 18, für Kälber nur 2 statt 6, pro ausgewachsenem Schwein nur 3 statt 9 Zentner verfüttert werden: «Alles andere ist nach Abzug von Saat und Deputat unter Androhung schwerster Strafen abzuliefern.» Der Milchertrag der Kühe, schrieb sie, habe in den ostpreußischen Großbetrieben schon in den ersten beiden Kriegsjahren um fünfzehn Prozent abgenommen. Er werde 1942/43 wesentlich unter 3000 Liter sinken (1938 waren es noch 4000 Liter). Die Rohölknappheit nennt sie katastrophal. Viele Trecker, die zwanzig Stunden pro Tag laufen müssten, stünden still. Jeder verlorene Tag beim Pflügen der Winterfurche werde die Ernte des kommenden Jahres mindern.

Doch zuvor hatte sie den schönen, trockenen Herbst genutzt, um zusammen mit ihrer Schwägerin, Lieblingscousine und vertrauten Freundin Sissi Masuren mit dem Pferd zu durchwandern, alles nötige Gepäck – selbst die Mäntel – hinter dem Sattel aufgeschnallt oder in den Satteltaschen verstaut. Sie reisen im Waggon nach Allenstein, reiten durch das Städtchen, verlassen die Hauptstraße, durchqueren ein Dorf, «erklimmen ... zwischen alten Holzhäusern einen steilen, sandigen Hang, und dann liegt vor uns, in allen Farben leuchtend, der riesige Komplex der südostpreußischen Forsten, in die wir jetzt eintauchen werden. Links ein blauer See, gesäumt von dunklen Fichten, rechts ein paar Kartoffelfeuer, deren Rauchsäule steil zum Himmel ansteigt, wie ein Gott wohlgefälliges Opfer, und davor eine Birke in der letzten Vollkommenheit ihrer herbstlichen Schönheit.» Man könnte, man möchte weiter und weiter zitieren aus dem vielleicht schönsten Stück Prosa, das sie jemals geschrieben hat (es war vor allem für den Bruder Dieter bestimmt, der damals an der Front war). Fast immer steigerte sich ihre Sprache in der Betrachtung von Landschaft und Natur. Die gut fünfzehn Seiten des Tagebuches sind ein fast klassischer Text geworden, immer von neuem gedruckt, von dem sich denken ließe, dass er nicht nur als Erinnerung an einen verzauberten Erdenfleck im alten Europa von

Heimwehtouristen nachgelesen, nachgewandert, nachgeritten wird, sondern Eingang in künftige Schulbücher findet, nicht nur deutsche, sondern auch polnische.

Mit einem umso tieferen Seufzer mag sie sich danach an den landwirtschaftlichen Lagebericht gesetzt haben, den sie zunächst dem Bruder Heini vorgelegt hat. Immerhin fand sich dann und wann Gelegenheit (ob Vorwand oder Pflicht), nach Berlin zu reisen, wo sie engere Verbindungen zu Peter von Yorck gewann, auch zu Marion von Yorck, seiner bedeutenden Frau, promovierte Juristin bürgerlicher Herkunft (nach dem Krieg wirkte sie lange Jahre als Richterin in der geteilten Stadt, für ihre Strenge gefürchtet). Auch Peter von Yorck hatte in Bonn und Breslau Rechts- und Staatswissenschaften studiert, leistete in einem der schlesischen Lager unter der intellektuellen Anleitung des großen Soziologen Rosenstock-Huessy freiwilligen Arbeitsdienst (mit Menschen aus allen Schichten der Gesellschaft, zumal den Arbeitslosen): Sozial-konservativ in seiner politischen Haltung, zögerte Yorck nicht, moderne Sozialeinrichtungen auf dem Gut zu etablieren, das seiner Verantwortung anvertraut war, baute Wohnhäuser, richtete einen Kindergarten ein, und er befürwortete die Mitbestimmung beim Einsatz der Agrararbeiter. Dennoch wählte er eine Karriere in der Wirtschaftsverwaltung, zuletzt als Oberregierungsrat beim Reichskommissar für die Preisbildung. Ein höherer Rang blieb ihm versagt, weil er sich beharrlich weigerte, in die Partei oder eine ihrer Organisationen einzutreten: Dies verbot dem grundfrommen Mann seine Hingabe an die wahre Kirche Christi (lutherischen Bekenntnisses), die für ihn Kompromisse mit dem sittenwidrigen Regime ausschloss. Als seine Stellung im Zivildienst unhaltbar wurde, trat er als Offizier in den «Wirtschaftsstab Ost» (beim Oberkommando der Wehrmacht) ein: ein Wirkungsfeld, das ihm erschreckende Einblicke in die Verbrechen im Hinterland der Fronten gewährte – und ihn damit erst recht in seinem Willen zum Widerstand bestärkte.

Sein Freund Helmuth James von Moltke war der intellektuell

überragende Geist des Kreisauer Kreises (der sich auf seinem Besitz gleichen Namens in Schlesien freilich nur dreimal zusammenfand), auch er Jurist, mit staats- und völkerrechtlichen Problemen befasst (im Dienst des Oberkommandos der Wehrmacht), der mit einer Gruppe von Freunden über den Aufbau Deutschlands und Europas nach der unabwendbaren Katastrophe nachdachte. Wie Yorck war er von den Soziallehren seines Professors und Freundes Rosenstock-Huessy und von der Erfahrung des freiwilligen Arbeitsdienstes geprägt, durch die Familie seiner südafrikanischen Mutter, sein Studium und die langen Aufenthalte in England liberaler und welthafter, als es sein konservativerer Freund Yorck sein konnte. Aber auch er war ein bekennender Christ, freilich voller Passion auf die Vereinigung der Konfessionen drängend: Darum zählten zu seinen engsten Partnern nicht nur die beiden eminenten protestantischen Theologen Eugen Gerstenmaier und der tapfere Tegeler Gefängnispfarrer Harald Poelchau, sondern auch der weltoffene Jesuiten-Pater Delp, einer der besten Köpfe seines Ordens.

Yorcks und Moltkes Zukunftsordnung entsprach zwar nicht dem Grundgesetz der Bundesrepublik Deutschland, doch die entscheidenden Elemente waren präsent: die Freiheit und Würde der Person, die Garantie des Rechtsstaates, die Begrenzung der zentralistischen Regierungsmacht durch ein föderalistisches System, das auch die europäischen Staaten in einer gemeinsamen Ordnung miteinander verbinden sollte. Helmuth von Moltke und Peter von Yorck dachten schon damals darüber nach, ob und wie man die Morde an den Juden, aber auch den Polen, den Russen, den Ukrainern, ob und wie man die Verheerungen der osteuropäischen Länder wiedergutmachen könne. Eugen Gerstenmaier, der einer frommen Arbeiterfamilie in Kirchheim unter Teck entstammte, und Harald Poelchau wurden damit beauftragt, eine erste Studie zu diesem bittersten aller Probleme auszuarbeiten.

Peter von Yorck, ein stiller, oft in sich gekehrter Mensch, wurde etwas zu vereinfachend das «Herz» der Gruppe genannt. Weil er wenige Zeugnisse hinterließ, ist man nach dem Urteil der Historiker allzu rasch geneigt, seinen intellektuellen Einfluss zu unterschätzen. Gerstenmaier bezeichnete ihn als einen «konservativen Geist im besten Sinne» (womit er auch seine eigene – spätere – Haltung umriss) – im Gegensatz zu Marion Dönhoff, die seine Haltung als eine modernere wertete. (Yorcks Witwe neigte Gerstenmaiers Urteil zu.) Da sich Yorck und Moltke von jedem Kastendenken und vor allem von jedem aristokratischen Dünkel radikal befreit hatten (der auch Freya von Moltke zutiefst fremd gewesen wäre), machten es sich manche der jüngeren Historiker mit der konservativen Typisierung zu einfach. Zum Beispiel dachten Yorck und Moltke durchaus Elemente der Mitbestimmung und des Miteigentums voraus. Beiden lag es besonders am Herzen, Sozialdemokraten wie den Pädagogen Adolf Reichwein oder den – von langer Haft gezeichneten – Julius Leber in die Debatten einzubeziehen (Leber sollte in einer freien Regierung das Amt des Vizekanzlers und Innenministers übernehmen). Carlo Mierendorff, der dritte prominente Sozialdemokrat des Kreisauer Kreises, kam am 4. Dezember 1943 bei einem Luftangriff auf Leipzig ums Leben.

Stauffenbergs Wunsch, Verbindung zu den Kommunisten zu gewinnen – ein Auftrag, der Leber zugeordnet wurde (der ihn nicht ohne Bedenken erfüllte) –, wurde zu einer Todesfalle für die sozialdemokratischen Freunde: Die Untergrund-KPD war von Gestapo-Spitzeln durchsetzt. Nach Lebers Verhaftung holten die Häscher Helmuth von Moltke (noch im Jahre 1943) ab, vermutlich denunziert von dem Arzt Paul Reckzeh, der sich als Spitzel in den oppositionellen Gesprächszirkel um Otto Kiep, den Exdiplomaten, Hanna Solf und Elisabeth von Thadden eingeschlichen hatte. Moltke hatte Kiep die Warnung zukommen lassen, dass er beobachtet werde. Dies wurde ihm vermutlich zum Verhängnis.

Marion Dönhoff wechselte von Zeit zu Zeit Briefe mit Peter von Yorck, die sich meist – soweit sich die Winzschrift Yorcks entziffern lässt – auf religiöse und philosophische Fragen konzentrierten (neben dem Austausch über die Geschicke vor allem der gemeinsamen Freunde). In dem schönen Porträt, das sie von Peter von Yorck in ihrem Gedenkbuch für den Widerstand entwarf, berichtete Marion, dass sie – wie Moltke und seine Frau Freya (auch sie aus dem Bürgertum stammend, der rheinisch-großbürgerlichen Familie Deichmann), wie Eugen Gerstenmaier und seine Frau Brigitte, wie so viele andere – bei ihren Berliner Aufenthalten in dem gastlich bescheidenen Haus in der Lichtenfelder Hortensienstraße oft ein Nachtlager gefunden habe. In die Gesprächszirkel der «Kreisauer» (von der Gestapo so benannt – in der Regel fanden die Treffen im Yorck'schen Hause statt) wurde sie freilich niemals einbezogen. Es mag sein, dass sie – mit dem Blick auf die Verantwortung für die Familie und den Besitz, den sie zuzeiten stellvertretend für die Brüder verwaltete – deutlich gemacht hatte, dass sie eine gewisse Distanz wahren müsse. Es ist aber auch denkbar, dass einige Freunde im Widerstand – an das Engagement des jüngsten Bruders Christoph im Parteiapparat denkend – ihr nicht zumuten wollten, in einen Gewissenskonflikt zu geraten.

Trotzdem, die Briefe Peter von Yorcks zeugen von einer großen Vertrautheit, auch wenn er sich wohl kaum der Illusion hingab, Marion Dönhoff berge eine ähnlich leidenschaftliche Frömmigkeit in ihrem Gemüt, wie sie ihn selber immer stärker zu erfüllen schien. Wir kennen freilich Marion Dönhoffs Antwortbriefe nicht.

Der treueste Korrespondent blieb, auch nach seiner Einberufung, Otto Weber-Krohse. Vor ihrer Neigung, den Freund (den sie in Wahrheit kaum als einen ebenbürtigen Partner betrachtete) wegen seiner Ungeschicklichkeiten und Taktlosigkeiten schulmeisterlich herunterzuputzen, schützte ihn auch die Uniform nicht. Als er ihr, vermutlich während eines Urlaubs, auf einer Postkarte antrug, sie im Hause ihrer verstorbenen Mutter zu treffen, bürstete sie ihn mit dem Hinweis ab, dieses Haus habe außer ihr und ihren Geschwistern noch niemand betreten und dabei werde es einstweilen auch bleiben. Noch einmal betonte sie – im April 1941 –, sie und ihre

Schwester legten «einen gewissen Wert auf Unabhängigkeit und Freiheit von andern», und darum geschehe es rasch, «daß man die Freundschaft anderer dann leicht als Bedrückung empfindet, wenn sie zu intensiv in ihren Ansprüchen ist». Sie schloss jene Abreibung mit der schroffen Bemerkung: «So und nun werfen Sie nicht gleich wieder die Türe zu, sondern denken Sie einmal darüber nach, ob ich nicht Recht habe. Auf Wiedersehen.»

Im August jenes Jahres – sechs Wochen nach dem Einfall in die Sowjetunion – vermutete sie, er stehe «nun wohl tief drin in diesem finsteren Lande». Sie erwähnte den Tod ihres Neffen Heini Kuenheim – ein Verlust, der für ihre Schwester Yvonne und ihren Schwager nie mehr zu verwinden sei. «Einer nach dem andern geht dahin und meist sind es die Besten – es ist als sollte nichts aus der alten Welt in die neue Zeit hinübergerettet werden ... Dieser Krieg wird die letzten Vertreter der alten Ordnungen vernichten und die Bahn freimachen für den Sturmlauf der Massen.» Ganz hat sie sich auch später im Prozess ihrer Demokratisierung und Liberalisierung als Bürgerin der Bundesrepublik von dem modisch-elitären Kulturpessimismus nicht befreit, trotz der späten Freundschaft mit dem amerikanisch-deutschen Historiker Fritz Stern, der sein bestes und wichtigstes Buch über die politische Fatalität jenes Phänomens geschrieben hat.

Sie schloss jenen Brief melancholisch, poetisch und – aus dem Blickwinkel des Adressaten, der draußen sein Leben riskierte – nicht allzu taktvoll: «Vielleicht ist Soldatsein noch die einzig erträgliche Existenz und vielleicht sollte man dankbar sein für jedes Grab über das da draußen die Wolken und Winde nach ewigen unangetasteten Gesetzen ziehen ... Ihnen alles Gute und sehr herzliches Gedenken.»

Vielleicht war dies das letzte Zeichen, das Weber-Krohse erreichte, ehe er am 5. Oktober 1941 an der Front südwestlich von Leningrad den Tod fand. Der Witwe Sophita schrieb sie in der «Erinnerung an die Ritte in Quittainen und Friedrichstein, an lange Kaminabende und deren Gespräche», und sie bescheinigte ihrem Mann (was er wohl nie von ihr gehört hatte), dass er «wie nur ganz wenige den tieferen Zusammenhang des heutigen Geschehens kannte ... Was soll nur aus dieser Welt werden, wenn die Besten, die Einzigen, die ihr Sinn und Inhalt wieder zu geben im Stande gewesen wären, alle nicht wiederkehren?» Sie fügte hinzu: «Wenn dies doch das Ende der europäischen Humanitas und aller abendländischen Kultur wäre und das Chaos unser aller Schicksal? Ja dann, sollten wir dann nicht dankbar sein, daß dies zu erleben denen erspart bleibt ...» Ein rechter Trost waren diese Sätze für die Witwe wohl kaum.

Auch Heini Dönhoff schrieb aus Friedrichstein, wo er sich wohl für einen kurzen Urlaub aufhielt, einen (eher konventionellen) Beileidsbrief. Er war zum Glück – als Hauptmann und Bataillonskommandeur – nicht allzu weit von Ostpreußen stationiert. Wann immer er konnte, kam er für ein paar Tage nach Friedrichstein herüber, um seine junge Familie zu sehen: seine schöne, oft ein wenig melancholische Frau und die drei Kinder: Christian, der 1940 zur Welt gekommen war, Hermann, der eineinhalb Jahre später folgte, und schließlich Christina, die im September 1942 geboren wurde. Zu ihrer Taufe kam er nach Berlin. Um die allzu knappe Frist wenigstens um einen Tag zu verlängern, besorgte ein Freund einen Platz in einer Kuriermaschine. Am 15. November 1942 stürzte dieses Flugzeug mit Heinrich von Dönhoff kurz vor seinem Zielort ab. Der Freund, Oberleutnant Graf Berg, wartete auf dem Flugfeld von Kowno vergebens. Schließlich, als keine Hoffnung mehr war, rief er in Friedrichstein an: Er «fürchtete, dass Du am Apparat sein würdest – um Heinis Ankunft zu hören. Ach, Marion, und ich besorgte diesen Flugplatz – wie so oft – damit Heini noch 1 Tag (!) länger bei Euch sein konnte. Zum Wahnsinnigwerden!»

Es war der härteste Schlag des Schicksals, der Marion je in ihrem Leben getroffen hat, vergleichbar nur mit der Hinrichtung ihres geliebten Vetters Heinrich Lehndorff nach dem 20. Juli 1944.

· Kapitel 12 ·

Bruder Heinrichs Tod

Der Tod eines Nächsten: Das ist zuerst, anders als es so oft beschworen wird, kein Sturz in eine lähmende Stille, in der alles Leben für lange Tage, für lange Nächte erstarrt. Vielmehr reißt ein Wirbel der Geschäftigkeit die Trauernden, ob sie es wollen oder nicht, von ihrer Sehnsucht fort, mit dem Toten allein zu sein, in Tränen oder stummer Zwiesprache, in dem wir das Ungesagte zu sagen versuchen. Telefonate, die wir nicht alle zurückweisen können, da die Anrufenden oft genug – in schöner Unschuld – ausgerechnet von uns ein Wort des Trostes erwarten. Besucher, denen wir nicht die Tür weisen können: Denn sie geben ja nicht uns, den sogenannten Hinterbliebenen, die Ehre, sondern dem Toten – so sagen und so meinen sie es. Lästig, zeitraubend, entnervend: Formalitäten, denen die Bürokratie zu gehorchen hat und wir der Bürokratie.

Die Vorbereitung des Gottesdienstes, den für Heinrich Graf Dönhoff nicht der Patronatspfarrer, den Heini berufen hatte – vielleicht war auch er an der Front –, sondern ein Amtsbruder hielt, sieben Tage nach dem Tod. «Wir alle sind angerührt», sagte der Pfarrer Weder, «ob der unfassbaren Nachricht, daß er, der noch vor zwei Wochen hier mit euch eurer gefallenen Brüder und Söhne gedachte, nun selber zu der großen Schar derer getreten ist, die ihr Leben nicht teuer erachtet haben im Ringen unseres Volkes.» War er sich dessen so sicher, der Pastor: dass sie ihr Leben «nicht teuer erachtet hatten»?

Der Sohn der Schwester Yvonne, ihr einziger, der schon im Jahre zuvor gefallen war, der Letzte in jener Linie der Kuenheims? «Alle Häuser stehen leer», hatte Marion im Jahr zuvor an den Freund in Basel geschrieben: «Spanden, Podangen, Preyl ohne Erben».

Was hätte für die Toten «teurer» sein können – außer, vielleicht, das Leben eines geliebten Nächsten? Sonst hielt sich der Pfarrer – Marion Dönhoff war ihm dafür gewiss dankbar – von der Phraseologie der Epoche fern, auch von der theologischen. Bewegend sagte er: «Für unser Leben, und das stärkste Leben in uns ist die Liebe, ist solch Sterben immer etwas Sinnloses. Und darum ist Trost nur dort, wo es klar wird, daß das Sterben unseren Lieben nichts anhaben kann, daß der Tod sie nicht aus unserem Leben hinausführen kann, sondern sie nur viel tiefer hineinnehmen soll. Denn getröstet werden, ist zuletzt: ein neues, stärkeres, inneres Leben mit denen beginnen, die wir tot nennen ...» Ja, der Pastor sprach mit dem Blick auf Heinrich Graf Dönhoff vom «edelsten Gut unserer Zeit: jene geistige und geistliche Unabhängigkeit, die freimacht von Vorurteilen und von den verschiedenen Arten der Furcht. Die Bindung an Gott gibt das herzhafte Misstrauen gegen die Gewalt der Phrase und die Fähigkeit zum ehrfürchtigen, mittragenden Schweigen ...»

Die Formel von der «geistlichen Unabhängigkeit» war der einzige, verborgene Hinweis auf die katholische Konfession von Heinis Frau Dorothea, die – auch in den erhaltenen Briefen Marion Dönhoffs – seltsam unsichtbar bleibt, obschon sie zu jener Zeit in Friedrichstein lebte. An einen «ökumenischen Gottesdienst», wie er mehr als ein halbes Jahrhundert danach völlig üblich geworden ist, wagte damals noch niemand zu denken. Heini selbst schien oft an eine Konversion gedacht zu haben, angeregt von Gesprächen mit dem berühmten Theologen Romano Guardini, der ein enger Vertrauter seiner Frau seit ihrer Studienzeit in Fribourg war. Er hatte Heinrich und Dorothea getraut und ihre Kinder getauft.

Unter der Flut von Briefen, die Marion Dönhoff nach der Todesmeldung erreichten, hat sich gewiss einer tiefer in ihr Gedächtnis eingegraben als alle anderen: Der Absender war Paul Yorck, der ältere Bruder von Peter (unter insgesamt zehn Geschwistern). Die Anrede lässt darauf schließen, dass «Bia» mit Marion inniger vertraut war als die meisten der Freunde. In ihrem Porträt Peters merkte sie an, sie habe ihn und Paul schon in Studententagen gekannt, da beide an den Universitäten Bonn und Breslau immatrikuliert waren.

«Mein geliebtes, liebes Wesen» begann Bia seinen Brief. Immer habe ihm der Tag – da die Todesnachricht von Heini kam – vor Augen gestanden, seit er seinen Bruder Hans verloren habe, und «mit Bangen habe er in seinem (Heinis) Gesicht zu lesen versucht», sooft er ihn gesehen habe. Er berichtete von der Fürstin, die seine Gedanken ausgesprochen habe (es ist anzunehmen, dass er Heinis Schwiegermutter Maria, die Fürstin von Hatzfeldt, zitierte): «Ich fürchtete für ihn, er war mit seinen Gedanken schon gar nicht mehr hier, er war wie ein Fremder, das Haus hielt ihn nicht, er schied mit einer abwesenden Leichtigkeit und alles hat er auf Jahre hinaus geordnet. Ach, Marion, die Fürstin sprach da etwas aus, das zu seinem Wesen, zu seinem großen Zauber gehörte. Heini war von seinen Augen, ja seinem Leben nicht gehalten, er war immer zwischen den Welten ...»

Der Brief wurde ihm schwer. Er wisse nun, schrieb Bia, «daß Dein Schmerz eines anderen Gegenwart gar nicht verträgt und daß es viel ist, wenn Du Dir von mir sagen lässt, daß keines anderen Mannes Tod mich noch treffen könnte, wie dieser mich trifft». Dennoch: Zwischen Heini und ihm sei immer eine «dünne Wand» gewesen, «und doch wußte ich dunkel von seinem Geheimnis, das unsere Leben verband. Wir liebten zweimal dieselbe Frau, und schließlich traf ich auf Dich, seine Schwester und mein Herz ward von Dir ergriffen. Ich liebte Eure Liebe, obwohl sie ja alles ausschloss, auch mich mit meinem Gefühl, ich liebte sie, weil ich bei jedem von Euch ohnehin den anderen mitliebte. Und wieder fühlte ich diese Schicksalsverflechtung, als es um Heinis Religionswechsel und um seinen Verzicht ging. Mein ganzes Herz war damals bei ihm. Bia Yorck hatte im Mai 1940 die Reinhardt-Schauspielerin Else Eckersberg geheiratet (in einem bitteren Konflikt mit seiner Familie, der nichts mit Standesvorurteilen, eher mit der Konfessionsfrage zu tun hatte): in den zwanziger Jahren die Berliner Freundin Heini Dönhoffs, bis 1935 die Frau des österreichisch-ungarischen Barons Schey von Koromla, der in den Verdacht geraten war, nicht unanfechtbar arischer Herkunft zu sein. Sein offizieller Sohn musste darum auf- und eingenordet werden. Bia Yorck, selber von Beginn an im Preußischen Bruderrat der «Bekennenden Kirche» engagiert, war, was die Rassenfrage anging, offensichtlich zu herben, freilich nicht unberechtigten Schlüssen über die Haltung der protestantischen Kirchen gelangt. Er wusste wohl auch, dass Pastoren jüdischer Herkunft kurzerhand geschasst wurden und nur noch karitative Dienste (zum Beispiel in der Hilfsorganisation Heinrich Grübers) verrichten durften. Für Bia waren diese bestürzenden Einsichten Anlass der Feststellung, die Protestanten dürften sich nicht mehr auf das reformatorische Bewusstsein berufen: «Wir sind der Wahrheit um nichts mehr näher als Rom.» Er übersah, dass auch die meisten Mitglieder des hohen katholischen Klerus, auch die Mehrheit der Priesterschaft dem Nazismus nicht mit mustergültiger Abstinenz oder gar handelnder Abwehr begegnet waren. Das Sündenregister war da wie dort peinlich genug.

Es steht dahin, ob Marion Dönhoff in ihrer Trauer für die missionarische Botschaft des Vertrauten ein offenes Ohr hatte. Ihre langjährige Mitarbeiterin Edith Heise berichtete, Marion Dönhoffs Gesicht sei in jenen Tagen versteinert gewesen. Sie sprach mit niemand über den Bruder. Die Schwägerin Dodo von Hatzfeldt war mit den Kindern schon nach Westen gezogen. Doch es berührte Marion, wenn Bia in einfachen Worten bekannte, er möchte «in jedes seiner Worte sein Herz legen können, daß irgendein Schimmer, ein winziger wenigstens, in das Dunkel Deiner Einsamkeit fiele ... Laß uns die dunkle Zeit miteinander ausharren, einander helfen.

Du hast mich erst kürzlich in dieses Leben zurückgeleitet, das ich so gern hinter mich gebracht hätte, und aller Zauber, dessen diese Erde fähig ist, und alle Versprechungen, an denen sie reich ist, lagen in Deiner Hand, als Du mich aufrichtetest. Ich habe dies nicht zu bieten, nur eine arme, unbeirrbare Liebe ... Sei umarmt, Marion, ich bitte um Kraft für Dich. Gib mir ein paar Worte, sobald Du kannst. Gott schütze Dich. Bia».

Ein Trauerbrief, ein Liebesbrief, ein Bekenntnisbrief. Bia Yorck war im Winter 1941/42 beim Rückzug der Infanteriespitze, die nur noch vierzig Kilometer von Moskau entfernt war, mit einem Schulter-Durchschuss verwundet worden. Er hatte Glück: Kameraden schleppten ihn zu einem Feldlazarett, und – was ihn zum wahren Glückspilz machte – er konnte, dank seines illustren Namens, in der Maschine des Marschalls von Kluge nach Ostpreußen ausfliegen. Im Königsberger Lazarett aber erlitt er eine Sepsis, an der er fast gestorben wäre. Zur Erholung wurde er nach Friedrichstein geschickt, vielleicht auch nach Quittainen, wo er einen Rückfall mit hohem Fieber erlitt; eine tiefe Depression folgte. Marion Dönhoff scheint ihn mit Hingabe gepflegt zu haben. Darauf bezog sich sein dankbarer Hinweis, sie habe ihn «zurückgeleitet ins Leben», auch das Wort von ihrem «Zauber» und von den «Versprechungen», die in ihrer Hand gelegen hätten.

Paul Yorck, der nicht lange zuvor mit seinem Bruder Peter irgendwelche Rechtshändel ausgetragen hatte, in denen Helmuth Moltke vermittelte, gehörte nicht zum «Kreisauer Kreis», ob aus eigener Entscheidung oder weil er dem einen oder anderen der Beteiligten ein fremder Geist zu sein schien. Er war in den Jahren vor 1933 für kurze Zeit Nationalsozialist gewesen, freilich ein Anhänger des linken Strasser-Flügels und kein Gefolgsmann des Braunauers: Klein-Öls, der schlesische Familienbesitz, galt damals als Treffpunkt der SA-Prominenz jener Region. Nach dem sogenannten Röhmputsch (der keiner war) erzwang Bia seinen Parteiausschluss, wozu es kein geringes Maß an Mut brauchte. In jener Krise ergab sich seine Bindung an die «Bekennende Kirche». Nach dem 20. Juli wurde auch er verhaftet – ein Opfer der Sippenhaft. Er saß in Moabit in den Fängen der Gestapo, die ihm allerdings keine aktive Widerstandsarbeit nachweisen konnte. Schließlich wurde er nach Sachsenhausen deportiert, wo er – von neuem schwer erkrankt – von norwegischen Häftlingsärzten operiert werden durfte: Er galt als «Polizei-Gefangener», das heißt: als möglicher Zeuge, und er sollte darum am Leben bleiben. Bei Kriegsende schlug er sich nach Marienbad durch, wo die Familie Zuflucht gefunden hatte. Auch der 18-jährige Sohn, aus der Gefangenschaft entlassen, stellte sich bei den Seinen ein. Der Kurort war von den Amerikanern besetzt (das benachbarte Karlsbad von den Russen). Da er rasch Verbindung zu einem amerikanischen Verwandten in der Armee aufnehmen konnte, der sofort für Bia von Yorck intervenierte, wurde die Familie mit einigem Inventar auf zwei Lastwagen vor der Räumung des Gebietes durch die Amerikaner nach Tutzing transportiert.

Nach Bias Genesungsaufenthalt bei Marion Dönhoff hatte Peter Yorck die Korrespondenz mit der Pflegerin des Bruders begonnen: ein Austausch meist über die philosophisch-religiösen Fragen, die der Krieg vor allem ihm auf die Seele zwang, in vorsichtiger Umschreibung über die politische und militärische Lage, über Landschaften, manchmal über die Landwirtschaft – seine Briefe mit der Einladung verbunden, bei ihm und ihrer Namensschwester in der Lichterfelder Hortensienstraße zu wohnen, solange das Häuschen stehe (in dem auch Helmuth Moltke und Eugen Gerstenmaier mit seiner baltischen Frau Brigitte Unterschlupf gefunden hatten).

In ihrer Antwort auf ein Trauerbillett von Edgar Salin in Basel vom 20. Dezember 1942 berichtete Marion Dönhoff, dass der Anruf des Grafen Berg, der ihr den Tod des Bruders meldete, aus Smolensk gekommen war: Die Kuriermaschine sei zwischen Wilna und Kowno zur Notlandung gezwungen worden (wohl aufgrund eines technischen Defektes) und dabei «zu Stück» gegangen. «Auch ich wusste», schrieb sie, «daß er eines Tages nicht wiederkommen würde, über jedem Abschied stand zitternd die Frage: wird dies der letzte sein? – und dann das lange Warten auf Nachricht, das Hoffen und Fürchten – und doch war auch die Sorge schön, die doch irgendwie noch ein Besitztum ist.» Ein seltsamer Satz, der Liebe als eine Art Besitz begreift, selbst im Verlust.

«Und wenn es dann eingetreten ist», fuhr sie fort, «dieses Unvorstellbare, dann ist doch wieder alles ganz anders – nicht so wie bei den anderen, die dort draußen unter fremdem Himmel ruhen und deren Tod wie eine dunkle Nacht alles Gewesene und Gemeinsame zudeckt so daß nichts zurückbleibt als Hoffnungslosigkeit, Armut, Verlassenheit und Verzweiflung. Bei ihm ist es anders – diese große Gelassenheit und die Sicherheit die er im Leben hatte, dieses wunderbare Vertrauen und die Gewissheit – dies alles ist so stark gewesen daß er es uns als ein Vermächtnis zurückgelassen hat. Ich habe nie gedacht, daß es so etwas gibt, eine so unverlierbare Zusammengehörigkeit ein so unzerreißbares Verbundensein auch über die Grenzen dieser Erscheinungswelt hinaus. Er gehörte zu den wenigen, die diese Zeit nicht unstet und fahrig gemacht hat – von Mal zu Mal erschien er mir geschlossener und konzentrierter, bei diesem letzten Zu-Haus-Sein war er eigentlich schon ganz entrückt und ohne Schwere und weit hinaus über die Dinge dieser Welt – nur Friedrichstein, das war noch seine Welt, wie hat er an allem hier gehangen und jeden Baum geliebt und jedes Tier und all die Menschen die sich stärker um ihn als ihr Haupt und ihre Mitte vertrauensvoll zusammenschlossen. Wie vieles bleibt da nun unvollendet, ungetan und unausgeschöpft.»

Die «Entrückung», die man auch als eine Art Verschlossenheit oder doch ein In-sich-gekehrt-Sein verstehen konnte, hatte ihre schmerzlichen Gründe. Es war wohl nicht nur die Vorahnung des eigenen Todes, die Heini bedrückte. Weber-Krohse begegnete Heinrich Dönhoff im Umkreis des litauischen Fleckens Bauske, und er wurde Zeuge, wie Marions Bruder sich vor eine Gruppe «tödlich verängstigter Juden» stellte, die ein SS-Offizier wohl zur «Liquidierung» abtransportieren lassen wollte, wie dies hunderttausendfach hinter der Front geschah. Der SS-Scherge ließ offensichtlich mit sich reden und berichtete «Grauenhaftes» von seinem Auftrag: der Vernichtung der Juden. (Man weiß, dass im Umfeld von Riga viele aus Berlin und anderen Städten des Reiches verschleppte Juden ermordet wurden.) Spätestens mit jener Erfahrung wurde Heinrich – wie übrigens auch Weber-Krohse – der Abgrund des Verbrechens deutlich, das sich Tag um Tag und Nacht für Nacht im Vernichtungskrieg des Regimes vollzog.

Christian Tilitzki deutet in seiner Studie an, es falle auf, dass Marion Dönhoff sich niemals auf die schrecklichen Beobachtungen ihrer Brüder berufen habe (auch Dieter war Offizier in einer Einheit der «Heeresgruppe Nord»), und er schloss daraus, dass die «Endlösung» auch für sie kein entscheidendes Motiv für das Engagement im Widerstand gewesen sei. Das ist ein voreiliger Schluss. Viele der tätigen Verschwörer verwiesen klar genug auf das Entsetzen des großen Mordes, das sie zur Tat zwang, doch es muss hinzugefügt werden, dass es Marion Dönhoff wie so vielen Kindern unserer Zivilisation – übrigens auch vielen jüdischen Bürgern – schwer, ja fast unmöglich war, das in der Tat unfassbare Grauen des nazistischen Vernichtungswillens völlig zu begreifen: als vollziehe sich das Verbrechen außerhalb der Realität, in der sie lebten. Wie konnten sie von dem reden, das zu schrecklich war, um in das tägliche Bewusstsein Einlass zu finden? Verhält es sich bei den nachgeborenen Generationen so viel anders? Ist die nazistische Vernichtungsmaschinerie nicht längst durch die Mythisierung in der sogenannten Erinnerungskultur und als Studienobjekt einer akademischen Industrie ins Abstrakte befördert und damit in gewisser Hinsicht neutralisiert worden? Zweifellos gab es unter den Männern und Frauen des Widerstandes – selbst wenn sie selber vom traditionell deutsch-nationalen Antisemitismus geprägt waren – kaum je einen Zweifel, dass es ihre Pflicht sei, das Regime zu beseitigen, das den Deutschen durch seinen Vernichtungswillen eine solch untilgbare Schuld auflud und sie zugleich den Katastrophen einer totalen Niederlage auslieferte, vor der sie ihr Land bewahren wollten – wenn es denn noch möglich wäre. Die Einsicht, dass er auch in der Uniform eines Wehrmachtsoffiziers im Dienst eines kriminellen Regimes stehe, lag wie ein Schatten wohl auch über Bruder Heini – wie über so vielen, die nach einer Verwundung oder einem spärlichen Urlaub von den osteuropäischen Fronten für ein paar Wochen in die Heimat zurückkehrten.

Danach berichtet Marion Dönhoff von einer langen Aufzeichnung, in der Bruder Heinrich für jedes Gut «auf Jahre hinaus ... die Richtlinien der Weiterentwicklung» festlegte. Für wen? Die Russen? Die Polen? Hatte nicht auch Heini, wie die Schwester immer wieder betonte, im Innersten klar gewusst, dass mit dem Krieg auch Ostpreußen für die Deutschen verloren sein würde? Als er den Tod fand, war Stalingrad eingekesselt, der Vorstoß der Wehrmacht in den Kaukasus (Richtung Ölquellen) gescheitert: Damit hatte sich die «Wende» im Krieg an den russischen Fronten mit unaufhaltsamer Macht vollzogen. Am 7. November – Heini hielt sich noch in Friedrichstein auf – war ein britisch-amerikanisches Expeditionscorps in Marokko und Algerien gelandet, die Truppen Marschall Rommels wurden in der Schlacht von El Alamein zum Rückzug gezwungen. In völliger Klarheit trat zutage (für jeden, der sehen wollte), dass Hitlers Krieg verloren war.

Die Denkschrift Heinrich Graf Dönhoffs, die Marion in ihrem Brief an Salin erwähnte, liegt nicht mehr vor. Aber es hat sich jene – zuvor zitierte – Quittainer Arbeit aus ihrer Feder erhalten, die den sachlich-skeptischen Titel trägt: «Das Jahr 1942 steht innerhalb des agrarischen Sektors im Zeichen des Abbaus der Intensität». Das Schriftstück scheint für den engeren Verwandten- und Bekanntenkreis bestimmt gewesen zu sein, denn die Autorin rügte mit gefährlicher Offenheit die Unfähigkeit der Bürokraten, die meist von der Partei in ihre Ämter gehievt worden waren. Sie beklagte freilich auch, dass ihr zwei Monate lang die Zuteilung von russischen Gefangenen für die Ernte verweigert worden sei: Sie habe genug Hilfskräfte, wies man sie zurecht, da sie die Männer sogar verwende, um Wege reparieren zu lassen. Sie habe sich die Russen schließlich direkt über den «Stablack» besorgt: eine Abkürzung, die für die Wehrmachtsverwaltung der Kriegsgefangenenlager steht.

Man darf sich mit dem Gedanken trösten, dass die ausgehungerten Menschen in Quittainen wenigstens ausreichend ernährt wurden, da selbst die Aufseher nach kräftigem Zureden begriffen, dass essen muss, wer hart arbeiten soll. Die Chefin konnte freilich ihre Augen nicht überall haben. Es war – angesichts der Größe des Betriebs – manchmal ihren Blicken entzogen, wie die Inspektoren mit dem Personal verfuhren. Aus der Nachkriegszeit liegt immerhin der harsche Brief einer Frau vor, die als blutjunges Mädchen zusammen mit ihrer Mutter auf dem Gut zu arbeiten hatte – und sie beklagte sich bitter über den Hochmut und die brutale Strenge der Aufseher, die hinter dem Rücken der Herrschaft mit den Leuten verfuhren, wie sie es in ihrer Willkür für angebracht hielten: Man möge, beschwerte sich die Frau, das Dasein auf den großen Gütern nicht für ein Idyll halten, wie es die Erinnerungen der Gräfin manchmal nahelegten – und dabei «gehörten ‹die Dönhoffs› nach Aussage meiner Eltern noch zu den liberalen Adelsfamilien, aber wie viel wussten sie davon ..., wie zum Beispiel die Kämmerer und Inspektoren die von den Grafen und Gräfinnen übertragene Macht über die Untergebenen ausnutzten?» Der Einwand war nicht unbillig. Marion Dönhoff erzählte im Wesentlichen von der Harmonie zwischen «oben» und «unten», von der gegenseitigen Verantwortung, vom familiären Gefühl der Zusammengehörigkeit jenseits der Hierarchien. Von den Härten des Daseins der «Unteren» redete sie selten. «Sie schufteten wie die Sklaven, sagt meine heute fast 80-jährige Mutter immer wieder, für Pfennigslohn ...», schrieb die Leserin. Ihre Eltern hätten gehofft, dass «Hitler sie aus diesem System heraušholt. Wenn das ein Trugschluss war, dann vergessen Sie nicht, wie lange auch adlige Männer die Hitlersche Uniform trugen ...»

Es ist tröstlich, dass in sehr viel größerer Zahl anders gestimmte

Briefe auf den Hamburger Schreibtisch der Gräfin gelangten: Aus Lübeck zum Beispiel schrieb eine Schwester Felicitas mit der Bitte, Marion Dönhoff möge doch ihr Ostpreußenbuch an Janina Wróbel in der ul. Osinskiego 4 Mlybari woj. Elblag schicken: Die Frau sei damals als ein Mädchen von neun Jahren mit ihrer Mutter nach Quittainen (oder Kwiteinen, wie es nun korrekt hieß) zur Feldarbeit geschickt worden. Es habe dem Verwalter überhaupt nicht gefallen, dass die Frau Gräfin anordnete, das Kind dürfe nicht arbeiten, und wenn der Verwalter sie trotzdem disponierte, sei sie sofort zur Stelle gewesen und habe «sehr streng mit ihm verhandelt». So habe Janina später immer gesagt: «Gräfin Dönhoff war so gut zu mir, sie war mir eine richtige Mutter.» Dennoch: Auch ihre Augen konnten nicht überall sein.

Von Heinis Frau, die samt ihren drei Kindern in Friedrichstein mit Marion unter einem Dach lebte, solange ihr Mann an der Front war, sind uns aus dieser Zeit der Heimsuchung nur wenige Zeugnisse überkommen. Sie hat sich, ohnedies von leidenschaftlicher Frömmigkeit, vermutlich noch tiefer in den Schutz ihres Glaubens zurückgezogen. Doch am Tage vor Weihnachten, am 23. Dezember 1942, gute fünf Wochen nach Heinis Tod, setzte sie in St. Margarethen eine Verfügung auf, die sie als «L.W.» (Letzten Willen) bezeichnete. Die Abschrift von der Hand Marion Dönhoffs trägt den Hinweis, das Original befinde sich in Garmisch-Partenkirchen bei Baronin Veltheim, Haus Duisberg.

Der Text: «Ich wünsche, daß nach meinem Tode die Erziehung meiner drei Kinder durch meine Schwägerin Marion fortgeführt wird. Ich bitte Marion, insoweit es Erziehung des religiösen Lebens ist, (sie) nach bestem Willen und Wissen in vollem Einvernehmen mit meiner Mutter zu besorgen.

Ich bitte meine Mutter, sich der Entfaltung des religiösen Lebens meiner Kinder in besonderer Weise anzunehmen, – jedoch immer nur insoweit es im Einverständnis mit meiner Schwägerin Marion geschieht und im Einverständnis mit ihrer direkten Familie.

Im Fall Marion stirbt, übernimmt mein Schwager Dieter die Fortführung der Erziehung, falls er nicht mehr lebt, meine Schwägerin Yvonne. – Im Fall meine Mutter stirbt, bitte ich meine Schwester Ursula, sich des religiösen Lebens meiner Kinder anzunehmen ... Falls Ursula stirbt, bitte ich Marion rsp Dieter rsp Yvonne, einen Menschen katholischen Glaubens auszusuchen, der ihnen liegt und der Familie nahe steht, und ihn zu bitten, die religiöse Erziehung zu übernehmen ...

Ich bitte Prof. Guardini, soweit es ihm möglich ist, das religiöse Wachstum meiner Kinder im Auge zu behalten und seinen Rat zu geben ... Worauf es mir in der Hauptsache ankommt, ist, daß aus meinen 3 Kindern fromme Christen werden, im Schoße der Heiligen Kirche wohl geborgen, daß alles, was in Menschen Kraft steht, getan wird, die Gnadenquellen der Kirche ihnen und ihre Herzen den Gnadenquellen der Kirche zu erschließen. Die sie Erziehenden aber sollen im Geiste der Liebe untereinander leben. Solange der Geist der Liebe und des Sich-Verstehen-Wollens innerhalb der Familie gewahrt bleibt, ruht der Segen Gottes auf ihr ... *Jeder* Verzicht in irdischen Dingen, auch sehr weittragender Verzicht, ist möglich. Nur der Verzicht auf *das Leben mit Gott* ist nicht möglich, darf auf keinen Fall – auch dem der augenblicklichen Einheitlichkeit der Familie – gefährdet werden.» Sie endete mit zwei biblischen Zitaten: «Suchet zuerst das Reich Gottes – und alles andere wird Euch hinzugegeben werden.» Und: «Ihr Kindlein liebet einander, so wie ich Euch geliebt habe.» Schließlich ein Nachwort: «Dieser letzte Wille ist im Bewußtsein geschrieben, daß er im vollen Einklang steht mit der Art und Weise, wie Heini zeit seines Lebens gedacht hat und wie er es jetzt in der Ewigkeit für gut heißen würde. Dorothea Gräfin Dönhoff».

Ein ungewöhnliches Dokument. Es beweist zunächst ein fast grenzenloses Vertrauen in die Schwägerin Marion und auch die aufrichtige Bereitschaft, sich in die starke Sippe der Dönhoffs einzufinden, doch zugleich den ehernen Willen, dass ihre Kinder ganz in die katholische Tradition eingebunden bleiben – mit der liebevollen Bitte, daran die Gemeinschaft nicht scheitern zu lassen. Der Deutsch-Italiener Professor Romano Guardini, der Religionsphilosophie in Berlin gelehrt hatte, bis er im Jahre 1939 in den Zwangsruhestand geschickt wurde, war die eindrucksvollste Persönlichkeit, die sie für ein katholisches Wächteramt aufzubieten vermochte. Seine Verbannung aus Berlin änderte nichts an seinem Einfluss auf die katholische Bildungswelt in Deutschland, den er zunächst als eine der prägenden Persönlichkeiten der katholischen bündischen Jugend (vor allem der «Quickborn»-Gefolgschaft) gewonnen hatte.

Einen glanzvolleren Namen konnte Dorothea Dönhoff nicht ins Feld führen: deutsche, romanische, europäische Bildung, hohes geistliches Ansehen und dazu der Charme seiner Italianità und ein Hauch des Intellektuell-Mondänen.

Das völlige Vertrauen in Marion bestätigte Dorothea wenige Wochen vor ihrem Tod in dem Testament, in dem sie die Schwägerin zur Testamentsvollstreckerin berief, die «nach ihrem freien Ermessen ... die Auseinandersetzung zwischen den Erben ... vornehmen soll». Von den 23 000 Reichsmark Barvermögen auf ihrem Konto möge sie «10 000 RM zur Hilfe für notleidende Menschen verwenden». Gleichzeitig berief sie Marion zum Vormund ihrer drei Kinder. Sollte Marion an der Ausübung ihres Auftrags gehindert sein, wollte sie beide Ämter an die andere Schwägerin Yvonne von Kuenheim übertragen wissen. Dorothea Gräfin von Dönhoff geb. Gräfin von Hatzfeldt-Wildenburg unterzeichnete dieses Testament in Crottorf/Rheinland am 2. Februar 1945. Sie starb am 19. April, zwanzig Tage vor der Kapitulation der deutschen Wehrmacht in Berleburg, einem nahe gelegenen Kurstädtchen im Landkreis Siegen. Die genaue Ursache ihres Todes blieb im Dunkeln.

Es darf freilich nicht übersehen werden, dass die Witwe Heinrich von Dönhoffs einen Namen unter den Geschwistern nicht genannt hat: den Christophs, der 1942 aus seinem Berliner Kolonialreferat bei der Partei in die Pariser Vertretung der Auslandsorganisation der

NSDAP versetzt wurde – als Leiter der Rechtsabteilung, zuständig vor allem für die Rückführung deutscher Staatsbürger «heim ins Reich» (was eher eine Aufgabe der Botschaft, des Konsulates oder der Polizei gewesen wäre, doch die Wege und Irrwege bürokratischer Kompetenzen waren in der angeblich so wohlorganisierten Diktatur womöglich noch verschlungener und mehr noch von Machtkämpfen überwuchert als in einer der angeblich so unordentlichen Demokratien).

Aber warum fühlte sich Dorothea Dönhoff geborene Hatzfeldt so rasch nach dem Tode ihres Mannes gedrängt, Vorsorge für den Fall ihres Abschiedes aus der Welt zu treffen? Trug sie damals schon spürbar und erkennbar den Kern ihrer Krankheit mit sich, der sie wenige Tage vor Kriegsende erlag? War sie nach dem Tod ihres Mannes trotz der Liebe zu den Kindern und trotz ihrer tiefen Verwurzelung im Glauben einfach des Lebens müde, von einem tiefen, unstillbaren Heimweh «nach drüben» erfüllt?

Dieter wurde aus der Wehrmacht entlassen, um den Bruder Heini als «Wirtschaftsführer» bei der Verwaltung der kriegswichtigen Güter zu ersetzen. Marion siedelte sich wieder drüben in Quittainen an, kümmerte sich um die Wirtschaft, hielt den Nazi-Onkel Bogislav auf Distanz, traf sich, wenn denn Zeit war, mit den Königsberger Freunden wie dem großen Gräzisten Professor Walter F. Otto und mit den Nachbarn, mit denen sie vertrauensvoll reden konnte – vor allem mit dem Fürsten Alexander zu Dohna-Schlobitten, Ostpreußens größtem Waldbesitzer, der das prächtigste der Schlösser bewohnte, die den Königen als Quartier dienten (in den bizarren Ruinen wuchert nun Gebüsch, ja wachsen kräftige Bäume, und nur ein alter Kamin ragt hoch in den Himmel, von einem Storchennest gekrönt). Der Nachbar war ein gescheiter, jovialer, nüchterner Zeitgenosse, mit dem sie sich des Öfteren auf ein Gespräch mitten im Forst auf der Grenze ihrer Güter verabredete – beide kamen zu Pferde, wo sie vor allen Lauschern sicher sein und frei sprechen konnten. Marion Dönhoff begann wohl im Gange dieses Jahres, diskrete Botschaften zwischen den Freunden zu vermitteln, die sich ihr als Gegner des Regimes zu erkennen gaben.

Doch vor allem standen, neben den regelmäßigen Fahrten nach Berlin, zwei Reisen an. Die wichtige: Marion wollte zum Grab des Bruders, der bei Kowno auf einem Soldatenfriedhof lag. Doch der zuständige Gesandte der Reichsregierung beim litauischen Vasallenstaat lehnte ihr Gesuch rundweg ab. Es bedurfte einer Fürsprache durch den einstigen Moskau-Botschafter Schulenburg bei seinem Kollegen Windecker, das mit einem markigen «Heil Hitler!» schloss, um ihr die Erlaubnis dennoch zu verschaffen. Leider blieb uns kein Zeugnis, das die Eindrücke der Trauerfahrt nach Kaunas – so der ursprüngliche und heutige Name der litauischen Stadt an der Memel – festgehalten hätte.

Edgar Salin, dem treuen Freund in der Schweiz, hatte sie schon lange angekündigt, dass sie gern noch einmal ihre Tante, die Gräfin Thiele-Winkler, in Meggen bei Luzern aufsuchen würde, bei der Ria, ihre Mutter, so oft Erholung und ein wenig Abwechslung vom ostpreußischen Alltag gesucht hatte. Unterdessen war die Gräfin gestorben. Ihr Tod bot den offiziellen Anlass für einen Reiseantrag, denn Marions Schwager Bruno Freiherr von Dellingshausen hatte, so stand es in ihrer Eingabe an die Schweizer Fremdenpolizei, der Gräfin Thiele-Winkler beziehungsweise deren Bevollmächtigtem, einem Herrn O. E. Eichmann in Lugano, 1929 ein Darlehen von 40 000 Reichsmark gewährt. Seit dem Krieg waren keine Zinsabrechnungen mehr zu den Dellingshausens gelangt. Das bedurfte einer Klärung: Vierzigtausend Mark waren damals ein beträchtliches Vermögen. (Marion kümmerte sich um die Söhne, die beide gefallen sind.)

Die Ausreisegenehmigung der deutschen Behörden erhielt sie ohne große Schwierigkeit, da sie die Bescheinigung der «Reichsbankhauptstelle Königsberg» vorweisen konnte, die mit doppeltem Stempel bestätigte, die «Gräfin Dr. Marion Dönhoff reise in unserem Auftrag nach der Schweiz zur Regelung einer Nachlassangelegenheit, die im Reichsinteresse liegt ...» Die Reisezeit wurde vom 29. Dezember 1943 bis zum 5. Januar 1944 datiert.

Marion Dönhoff hatte auch die Absicht, nach Genf weiterzureisen, um ihren Freund Burckhardt zu sehen, der dort als Präsident des Internationalen Komitees des Roten Kreuzes amtierte. Ein Brief vom 9. November, in dem sie ihr Kommen ankündigte, erreichte ihn zu spät. Bei ihm hatte, wie er in einem kurzen Schreiben vom 27. November angab, die Schweizer Fremdenpolizei schon zwei Wochen davor angefragt, ob es mit dem Gesuch der Gräfin Dönhoff seine Richtigkeit habe: Die eidgenössischen Kontrolleure bezogen sich dabei auf einen ersten Antrag für eine Einreisebewilligung, die abgelehnt wurde, weil die Notwendigkeit nicht ausreichend begründet sei. Marion Dönhoff hatte, wie es ihrer ungeduldigen Neigung zur Flüchtigkeit in bürokratischen Formfragen entsprach, die Schreiben nicht vorschriftsgemäß kuvertiert. Burckhardt freilich gestand ihr in einem knappen Schreiben, er habe der Polizei «wahrheitsgemäß» die Auskunft erteilt, ihm sei von Besprechungen, die sie mit ihm zu führen habe, nichts bekannt. «Ich will bei nächster Gelegenheit mündlich und persönlich bei der Behörde auf die Sache zurückkommen und hoffe, etwas erreichen zu können.»

Was für einer Eselei – anders mag man seine Reaktion nicht nennen – er sich schuldig gemacht hatte, musste ihm deutlich werden, als Marion ihm den eigentlichen Grund ihrer Schweizer Exkursion offenbarte: Sie war, wie sie in ihrem Erinnerungsbuch an den Zwanzigsten Juli fast beiläufig bemerkte, darum gebeten worden, Burckhardt über den geplanten Staatsstreich zu informieren, damit er die Engländer und Amerikaner sofort nach dem Attentat ins Bild setzen könne – ohne Zweifel, um ihre Bereitschaft zu einem Sonderfrieden zu erkunden (trotz der Forderung einer «bedingungslosen Kapitulation», die Winston Churchill und Franklin D. Roosevelt bei ihrer Konferenz in Casablanca am 24. Januar 1943 zum offiziellen Kriegsziel erklärt hatten). Man darf annehmen, dass Allen Dulles,

Mitgründer des OSS (Office of Strategic Services) – gewissermaßen der Mutter der CIA –, der in Bern sein europäisches Hauptquartier aufgeschlagen hatte, die erste Anlaufadresse für Burckhardts Mittlerdienste gewesen wäre. Allen Dulles bot die Garantie, dass nicht nur der demokratische Präsident in Washington, sondern auch der innere Zirkel der Republikanischen Partei durch seinen Bruder John Foster, den späteren Außenminister Dwight D. Eisenhowers, unterrichtet würde.

Man hätte bei einem Mann von Burckhardts Sensibilität vermutet, dass er bei der Ankündigung von Marions Besuch sofort erkennen würde, dass sie Wichtiges auf dem Herzen habe. Außerdem musste ihm gegenwärtig sein, dass ihr seine Freundschaft mehr am Herzen lag, als es den gesellschaftlichen Üblichkeiten entsprach. Dies mochte er der Melancholie des Briefes entnehmen, den ihm Marion vor ihrer Ausreise schrieb: Es werde wohl lange nicht mehr möglich sein, einen Gruß zu schicken, rief sie ihm zu. «Dies», fuhr sie fort, «ist eigentlich das erste Mal, daß es mir schwer wird, nachhaus zu fahren, vielleicht klammert man sich darum so besonders an jeden Tag und alles was einem hier lieb ist. Jedenfalls werde ich noch oft in diesem sinkenden Schiff an unsere Gespräche bei Kirsch und spießgebackenem Käse denken ...»

Daraus lässt sich schließen, dass der Weltmensch Burckhardt die unverwöhnte Dame mit Raclette traktiert hatte, einer walisischen Spezialität – die vermutlich unverdaulichste Speise, die Europa zu bieten hat, nur mit Hilfe von übermäßigem Schnapskonsum zu überleben, was für gewöhnlich eine elende Nacht nicht verhindert. Marion Dönhoff schien eine eiserne Konstitution zu besitzen – sie beklagte keine bösen Folgen. Dann erinnerte sie ihn an ihre persönliche Bitte: dass er sich – vermutlich für die Interessen der Ihren – ins Zeug werfen möge, wenn es zu einem Streit über das Erbe (vielleicht mit Vera Dönhoff, Christophs Frau) kommen sollte. Vor allem möge er ihre «diesbezüglichen Confessionen» niemandem gegenüber erwähnen.

Der nächste Brief, in Hamburg mit dem Bleistift geschrieben, trägt das Datum des 31. Dezember 1946: Dazwischen vollzog sich der Untergang einer Welt.

· Kapitel 13 ·

Jahre der Dunkelheit

Am 13. März 1943 kehrte Dieter nach Friedrichstein zurück, nach Heinrichs Tod «unabkömmlich (uk) gestellt», wie es die Regelung für die Führung großer landwirtschaftlicher oder industrieller Betriebe vorsah (während Christoph, der jüngste der Brüder, weiter seine Parteiarbeit im Pariser Außenamt der NSDAP versah).

Heinis Witwe suchte, in aller Stille, mit ihren Kindern Zuflucht im heimatlichen Hatzfeldt-Schloss Crottorf im Bergischen Land (und damit bot sich die legitime Chance, einige der wertvollen Kunstwerke – zum Beispiel die schönste der Tapisserien und eine Reihe von Porträts aus der Ahnengalerie – nach Westdeutschland zu schaffen, ohne den Argwohn der Behörden zu wecken, die voller Misstrauen jedes vermeintliche Signal von Defätismus registrierten).

Marion Dönhoff, die in der dunklen Zeit der ersten Trauer die gesamte Verantwortung für den Besitz trug – eine Aufgabe, die ihr nicht über den Kopf wuchs, so fordernd sie war –, konnte sich nach Dieters Heimkehr wieder ihrer eigentlichen Aufgabe als Chefin des Gutes Quittainen zuwenden. Sie gewann damit auch eine gewisse Bewegungsfreiheit zurück. Sie konnte mehr reisen. Sie sah die Freunde in Berlin etwas öfter, zumal den Exbotschafter Ulrich von Hassell, der einer ihrer engsten Vertrauten unter den Opponenten des Regimes war. In den Jahren zuvor schien die Beziehung zu dem jungen Lorenz von Hassell eine gewisse Intensität gewonnen zu haben, einem Neffen des Botschafters: Das lässt sich aus einem merkwürdigen und langen Brief schließen, den die Witwe Lorenz von Hassells – Raimute (geborene von Caprivi), stellvertretende Direktorin des «International Information and Documentation Centre» im Haag – im Dezember 1966 an die Gräfin geschickt hat, die damals in einer Schweizer Klinik lag, durch einen schweren Skiunfall, der sie fast unrettbar paralysiert hätte, für viele Wochen zu absoluter Ruhe verdammt.

Wann immer sie Artikel von Marion Dönhoff lese, schrieb ihr Raimute von Hassell, oder sie im Internationalen Frühschoppen von Werner Höfer am Bildschirm sehe, rege sich bei ihr – «so unverständlich das auch klingen mag» – immer eine sehr lebendige Verbindung zu ihrem Mann. «Sie wissen ja selbst am besten», sagte sie mit schöner Offenheit, «wie nahe Sie ihm gestanden haben, und dass es eigentlich nur daran gelegen hat, dass er Ihnen damals zu unreif war, dass er mich geheiratet hat.» Sie fügte hinzu, ihr Mann habe «immer darauf gehofft, dass Sie eines Tages die Existenz seiner Frau und seines Sohnes zur Kenntnis nehmen würden ...» Leider habe Marion Dönhoff darauf bestanden, ihn stets an «anderen Orten» zu treffen; sie habe ihn zum Beispiel in Duisburg – wo er vermutlich in einem der Industriebetriebe tätig war – «nur im Hotel sehen wollen». Ein einziges Mal, im Jahre 1943, habe es die Chance gegeben, «zu einem persönlichen Verhältnis zu Ihnen zu kommen». Damals suchte Marion Dönhoff, so ist zu vermuten, die Witwe – etwa gleichen Alters wie sie – in Berlin zu einem Kondolenzbesuch auf. Die Begegnung war keine allzu glückliche. Die Wohnung Raimute von Hassells war bei einem Bombenangriff beschädigt worden. Vermutlich stand die Frau unter Schock. Sie habe sich, schrieb sie nun, damals wohl «nicht sehr nett benommen», darunter leidend, dass ihr kleiner Sohn durch ihre Schuld (wie sie meinte) verletzt worden sei, denn sie habe angenommen, dass die Bomben, wenn sie denn das Haus träfen, «ganze Arbeit leisten» würden, deshalb habe sie, obschon im obersten Stockwerk wohnend, den Luftschutzkeller nicht aufgesucht. Dem dreijährigen Jungen hätten Glassplitter eine Beinsehne durchschnitten – und sie selber habe (was sie bei Marion Dönhoffs Besuch noch nicht wusste) durch herabstürzende Balken einen Schädelbruch erlitten: So sei sie «sicher geistig etwas weggetreten» gewesen. Gespenstische Erinnerung.

In jenem Jahr 1943 schien Marions Kontakt zum Exbotschafter Ulrich von Hassell von besonderer Herzlichkeit zu sein. Die beiden sprachen gewiss nicht nur über den Krieg und die politischen Probleme. Hassell war ein vielseitig interessierter und grundgebildeter Mann. Die beiden tauschten sich über Bücher, die Kunst, philosophische Fragen aus: Sujets, für die Marion im Umkreis von Quittainen wohl nicht zu viele Gesprächspartner fand. Freilich, die Ereignisse entließen sie niemals zu lange in die Zeitlosigkeit ihrer musischen Neigungen. In der Neige des Jahres 1942 und in den ersten Monaten des Jahres 1943 wurde Hitlers Reich von schockierenden Schlägen heimgesucht, die von den Widerstandsfreunden die höchste Aufmerksamkeit verlangten, weil jeder Sieg der Alliierten drastisch demonstrierte, dass die Zeit zum Handeln drängte, wenn noch ein lebensfähiger deutscher Staat aus dem Chaos der totalen Niederlage gerettet werden sollte. Man konnte von einer Wende an allen Fronten reden. In der Tat hatte sich die Lage des Reiches dramatisch verändert: Das Regime sah sich in die Defensive gedrängt.

Am 31. Januar 1943 kapitulierte – entgegen den kategorischen Befehlen des «Führers» – die 6. Armee im Kessel von Stalingrad, nach unendlichem Leiden hüben und drüben, dem Tod von fast 150 000 deutschen Soldaten und gewiss ebenso vielen Kämpfern der Roten Armee. Die Avantgarde der Wehrmacht, die weit in den Kaukasus vorgedrungen war (ohne die Ölquellen zu erreichen), zog sich in wilder Flucht bis zum Don zurück. Anfang März drangen die Armeen Stalins bis zum Dnjepr vor. Die rumänischen und die finnischen Machthaber senden erste Signale an die Alliierten, dass sie für ihre Völker dem Krieg ein Ende machen wollen. Die Operationen

Marschall Rommels in Nordafrika, der fast bis zu den Toren Kairos gelangt war, brachen schon im Herbst 1942 in der Schlacht von El Alamein zusammen. Reste des Afrika-Corps und italienischer Verbände ziehen sich auf einen Brückenkopf in Tunesien zurück. Englische und amerikanische Verbände landen in Sizilien, wenig später in Kalabrien. Der Duce wird vom Großen Faschistischen Rat gestürzt und verhaftet. Sein Nachfolger, der Marschall Badoglio, nimmt Waffenstillstandsverhandlungen mit den Alliierten auf. Italien wechselt die Fronten.

Die Deutschen in der Heimat aber wurden nach der Katastrophe von Stalingrad von einer tiefen Depression heimgesucht. Kaum eine Familie, schon jetzt, die nicht einen Toten zu beklagen hatte. Die Dimension der Verluste, die der Krieg forderte, wurde erschreckend deutlich. Jedem halbwegs nüchternen «Volksgenossen» drängte sich der Verdacht auf, dass Hitlers Krieg verloren sei. Der Stimmungsumschlag zwang zum Beispiel den immer machtvoller agierenden Propagandaminister Goebbels, den offenen Protest einiger tausend Frauen gegen die Verhaftung ihrer jüdischen Männer mitten in Berlin zu dulden, ja die Gefangenen, die durch ihre «Mischehen» geschützt waren, wieder freizulassen: Er wagte es nicht, die Frauen mit offener Gewalt zu verjagen, sie festnehmen zu lassen, ihren Widerstand durch Prügel oder Schüsse zu brechen. Diese (in seinen Augen) schmähliche Konzession an die Menschlichkeit, die generelle Beunruhigung der Bevölkerung, die ersten brutalen Schläge der britischen und amerikanischen Luftflotten auf die deutschen Städte – das alte Lübeck erlitt den verheerenden Auftakt –, aber auch die Forderung des amerikanischen Präsidenten Franklin D. Roosevelt und des britischen Premierministers Winston Churchill einer «bedingungslosen Kapitulation» der Achsenmächte (am 24. Januar 1943 in Casablanca): Die Verdüsterung der Lage des Reiches trieb den Chefpropagandisten an, die Deutschen durch die Proklamation des «totalen Krieges» aus ihrer Resignation hochzureißen, unter dem tosenden Jubel der Parteigenossen und Soldaten, die nach sorgsamer Auswahl am 18. Februar 1943 zum Berliner Sportpalast delegiert worden waren.

Das Gebot der bedingungslosen Kapitulation galt freilich nicht nur für die nationalsozialistische Reichsführung, sondern für jede Regierung, und sie musste darum auch als eine indirekte Absage an die innere Opposition der Deutschen verstanden werden, die auf manchen Kanälen – vor allem durch die Bemühungen von Adam Trott zu Solz, des besten außenpolitischen Kopfes der Verschwörer – beharrlich die Möglichkeit einer psychologischen Unterstützung durch die Alliierten erkundet hatte. Dennoch unternahm eine Gruppe von Militärs um den Oberst Henning von Tresckow im März 1943 zwei Versuche, Hitler durch Bombenattentate zu töten: Beide Male entkam der Diktator den Anschlägen, einmal durch das Versagen des Zünders der Bombe, die in seinem Flugzeug explodieren sollte, das zweite Mal durch seine Witterung für Gefahren, die ihn einen Besichtigungstermin im Berliner Zeughaus, bei dem sich Rudolf-Christoph von Gersdorff mit dem «Führer» in die Luft sprengen wollte, nach wenigen Minuten abbrechen ließ.

Es versteht sich, dass über diese Unternehmen außer den unmittelbar Beteiligten niemand informiert war. Hernach wurde Tresckow unterstellt, neben Claus von Stauffenberg der aktivste Geist der Verschwörung, dass er schon während der Vorbereitung zur Invasion in Russland über den mörderischen Auftrag der «SS-Einsatzgruppen» und Polizeiformationen ins Bild gesetzt worden sei. Allerdings berichtete sein Vertrauter Gersdorff, Tresckow habe nach der Lektüre des «Kommissarbefehls» (der die sofortige Erschießung der gefangenen Polit-Offiziere der Roten Armee verlangte) und der Weisungen für die Operationen im Rücken der Front beim Befehlshaber der Heeresgruppe Fedor von Bock interveniert und ihn beschworen, sofort beim «Führer» zu protestieren. Wenn es nicht gelänge, die Aufhebung dieser Befehle durchzusetzen, dann werde «dem deutschen Volk eine Schuld aufgeladen, die uns die Welt in Hunderten von Jahren nicht vergessen wird. Diese Schuld betrifft nicht nur Hitler,

Himmler, Göring und Genossen, sondern Sie und mich, Ihre Frau, meine Frau, Ihre Kinder und meine Kinder ...» Er forderte, die Chefs sämtlicher Heeresgruppen sollten dem «Führer» mit ihrem geschlossenen Rücktritt drohen: Das werde sich der Diktator kurz vor dem Beginn des Sturmlaufs nicht leisten können (so nachzulesen in Joachim Fests Buch «Der Staatsstreich»).

Die «Wannsee-Konferenz», auf der unter dem Vorsitz von Reinhard Heydrich die «Maßnahmen» zur «Endlösung» koordiniert wurden, fand erst ein halbes Jahr nach dem Einfall in die Sowjetunion statt. Die Massenexekutionen der jüdischen Bevölkerung in den eroberten Gebieten aber hatten schon wenige Tage nach dem Sturm über die Grenzen begonnen. Man weiß unterdessen gut genug, dass der «Wappenschild» der Wehrmacht keineswegs so blank war, wie es das Gros der Überlebenden nach 1945 uns (und sich selber) einreden wollte. Generale wie der von Ehrgeiz zerfressene Erzmilitarist Walter von Reichenau unterstellten sich und ihre Armeen in Wort und Tat dem Vernichtungswillen des Regimes. Es trifft gewiss zu, wie Jan Philipp Reemtsma in einer bitteren Auseinandersetzung mit Marion Dönhoff und Richard von Weizsäcker feststellte, dass Tresckow «in seiner Eigenschaft als Erster Generalstabsoffizier der Heeresgruppe Mitte im Jahre 1942 einen Bericht über die Ermordung (‹Sonderbehandlung›) von 134 198 Menschen abgezeichnet hat». Darüber gingen die Gräfin und der Alt-Bundespräsident in ihrem Protestartikel gegen die erste Version der «Wehrmachtsausstellung» des Hamburger Instituts für Sozialforschung (von Jan Philipp Reemtsma) zu eilig hinweg. Doch das Kürzel Tresckows auf dem Dokument – dessen nackte Unmenschlichkeit in der bürokratisch exakten «Erfassung» (wie die einschlägige Vokabel hieß) jeder einzelnen Leiche erst deutlich wird – besagt nichts über seine Reaktion auf das Verbrechen. Ist es nicht denkbar, dass dieser unerschrockene Mann darin eine Bestätigung seiner schlimmsten Erwartungen sah, die ihn in seinem Willen, dem kriminellen Regime ein Ende zu setzen, nur bestärkten? Dass er dies auch vor seinen Kameraden nicht verbarg? Dass er mit seinem Zeichen die Kenntnis von den Vernichtungsaktionen der Einsatzgruppen bewusst dokumentierte? Es ist freilich nicht ausgeschlossen, dass Tresckow im grausamen Kampf mit der Partisanenbewegung, eine wachsende Gefahr im Rücken der Front, die Härte der «Vergeltung» (wenn es denn eine war) gebilligt hat. Zugleich war ein Mann seines Schlages klug genug, mit der gebotenen Klarheit zu erkennen, dass Terror am Ende nur den Gegenterror stärkt. Auch wenn er von Hause aus womöglich nicht völlig frei von den antisemitischen Ressentiments deutschnationaler Konvention gewesen sein mag (wie so manche der Verschwörer und Opponenten): Den Massenmord an Frauen und Kindern und Greisen hat er zur Kenntnis genommen, doch – wie die Zeugnisse der überlebenden Kameraden besagen – weiß Gott nicht gebilligt. Auch die willkürlichen Erschießungen uniformierter Gegner, den Hunger-, Kälte- und Seuchentod, dem Hunderttausende, wenn nicht Millionen sowjetischer Gefangener preisgegeben waren (unter den Augen der Wehrmachtführung und von ihr, nicht von der SS verantwortet): Die Kriminalisierung des Krieges verletzte das Ehrgefühl der Offiziere, die ihr Gewissen nicht dem Regime geopfert hatten; sie widersprach der Tradition, die Männer wie Tresckow repräsentierten, und der General täuschte sich – im Unterschied zu vielen seiner sogenannten Kameraden – kaum darüber hinweg, dass sie ihnen den Rest der zivilisatorischen Würde raubte, die sie auch in Hitlers Krieg zu behaupten hofften. Vergebens.

Für dieses «Vergebens» haben sie mit ihrem Tod gebüßt, und sie wussten, warum sie – wie vorauszusehen – die Folter und einen grausamen Tod von der Hand der Scharfrichter des Regimes zu riskieren hatten – wenn sie es nicht vorzogen (wie Henning Tresckow), dem Henker durch Selbsttötung zu entkommen. Die späten Kritiker machten es sich in der Tat zu einfach, wenn sie den Protagonisten des Widerstandes in der Wehrmacht vorwarfen, ihre Auflehnung gegen den Vernichtungswillen des Regimes sei erst wach geworden, als die Niederlage des Reiches unabwendbar schien: Dagegen sprechen viele Zeugnisse. Marion Dönhoff wiederum reagierte allzu emotional, wenn sie der «Wehrmachtsausstellung» in einem eiligen Brief an Richard von Weizsäcker pauschal die schiere «Verunglimpfung» vorwarf.

Hätte sie den gründlichen Aufsatz von Christof Dipper aus dem Jahre 1983 über den «Deutschen Widerstand und die Juden» zur Kenntnis genommen, wäre ihre erste Reaktion weniger heftig gewesen. Der damals sehr junge Historiker machte mit der angebrachten Behutsamkeit und keineswegs taktlos deutlich, dass die national geprägten Generationen der Verschwörer von den antijüdischen Vorurteilen nicht frei waren, die seit dem Ende des 19. Jahrhunderts, zumal seit der offenen Hetze des sächsischen Großpreußen Heinrich von Treitschke («Die Juden sind unser Unglück!») in der konservativen Gesellschaft Deutschlands wucherten.

Marion Dönhoff war, dank der jüdischen Lehrer und Freunde in Frankfurt und Basel, von rassistischen Vorurteilen, die sich auch unter ihren Brüdern dann und wann regten, selber kaum berührt. Sie kannte sich in Polen halbwegs aus. Ihr dürfte nicht entgangen sein, dass schon nach dem Sturm im September 1939, der die militärische Gegenwehr des Nachbarn in wenigen Wochen niedergemäht hatte, die SS sich der ersten Massenmördereien unter der jüdischen Bevölkerung und des gezielten Terrors gegen die polnischen Intellektuellen schuldig gemacht hatte: Gräuel, gegen die der Oberbefehlshaber Ost, der Generaloberst Johannes Blaskowitz – übrigens ein ostpreußischer Landsmann –, mit seltenem Mut protestierte. Er wurde denn auch nach wenigen Monaten abgelöst (und übernahm ein Armeekommando im Westen). Danach hatte der zivile Chef des sogenannten Generalgouvernements, der korrupte und größenwahnsinnige Hans Frank, der als eine Art Vizekönig im Wawel von Krakau residierte, nahezu freie Hand, das besiegte Volk nach Willkür und zugleich mit planvollen Ausbeutungs- und Vernichtungsaktionen zu terrorisieren: durch Zwangsarbeit und die Verschleppung von Millionen Sklaven in die Rüstungskonzerne des Reiches, die systematische Unterdrückung der Intelligenzschicht, die ausgerottet werden sollte, die Etablierung von Ghettos, in denen die jüdische Bevölkerung – soweit sie die Massenexekutionen überlebt hatte – zusammengepfercht und ausgehungert wurde, bis man schließlich die Entkräfteten in die Vernichtungslager abtransportierte: Auschwitz ist nur einen Sprung weit von Krakau entfernt.

Marion Dönhoff versicherte nach dem Kriege völlig glaubhaft, dass sie jenen Namen vor der Kapitulation des Reiches niemals gehört hatte – wie die meisten Deutschen, die von der Arbeit der Mordmaschinen nur vage Gerüchte kannten. Doch über den täglichen Terror des Regimes in den besetzten Ostgebieten wussten Millionen Bescheid, denn die Soldaten, die verwundet oder für einen kurzen Urlaub nach Hause kamen, hielten keineswegs allesamt den Mund. Sie berichteten oft genug ihren Frauen, ihren Vätern und Müttern von den Horrorszenen, die sie mit eigenen Augen gesehen hatten. Hans von Dohnanyi und der Oberst Helmuth Groscurth, Mitarbeiter der «Abwehr», trugen laut Dipper schon im Oktober 1939 Material über die Verbrechen zusammen, um die Generäle, deren oppositionelle Grundhaltung sie kannten, von der Notwendigkeit eines massiven Protestes oder eines Umsturzes zu überzeugen – vergebens. Auch im Auswärtigen Amt wurden heimlich Beweise für den kriminellen Charakter des Regimes gesammelt, zumal bei den Brüdern Erich und Theodor Kordt, die dafür sorgten, dass Informationen über die Ausschreitungen nach draußen gelangten. Die klarste Haltung gegen die Vernichtungsaktionen zeigten von Beginn an Helmuth Graf Moltke, der niemals um ein Jota von den Geboten christlicher Moral und weltbürgerlich-ziviler Humanität zurückwich, und sein engster Vertrauter Peter Graf Yorck, der tief in seinem evangelischen Glauben verwurzelt war. Er dürfte seine schrecklichen Einsichten Marion Dönhoff bei ihren Besuchen in Berlin so wenig verschwiegen haben wie seinen engsten Freunden, dem unerschrockenen Eugen Gerstenmaier und dem Gefängnispfarrer Harald Poelchau, der Juden im Berliner Untergrund mit

Geld und Nahrung, gefälschten Ausweisen, Lebensmittelmarken, halbwegs sicheren Verstecken, manchmal mit Arbeitsstellen zum Überleben half – die mutigste und menschlichste Form des Widerstandes, die geleistet werden konnte.

Helmuth von Moltke schrieb im Oktober 1942 seiner Frau Freya mit nahezu fahrlässiger Offenheit, er habe es bisher nicht geglaubt, aber er habe sich überzeugen lassen: In «Hochöfen» würden täglich sechstausend Menschen «verarbeitet». Durch Moltke und Theodor Steltzer, hernach auch durch den jungen Diplomaten Georg Ferdinand Duckwitz wurden die Dänen vor der geplanten Deportation ihrer jüdischen Bürger gewarnt – und damit die Zeit zur Rettung in einer vergleichslosen Aktion der Solidarität gewonnen: Fast alle der Gefährdeten entkamen mit Hilfe dänischer Fischer bei Nacht und Nebel an die schwedische Küste.

Ulrich von Hassell, der ehemalige Botschafter in Rom – er wurde 1938 abgelöst –, vermerkte schon Anfang November 1941 in seinem Tagebuch, der Befehl zu den Massenexekutionen im Osten komme «von Hitler selbst». Es ist nicht mehr festzustellen, wann und wo Marion Dönhoff dem eigenwilligen Diplomaten zum ersten Mal begegnet ist – vermutlich erst im Herbst 1942 in Berlin. Vom 29. Oktober jenes Jahres datiert eine kurze Mitteilung des Botschafters – in großen, energischen Lettern geschrieben –, in der er ihr zurief, sie brauche keine Sorge zu haben, dass sie von ihm nun «in einen langen Briefwechsel verwickelt» werde. Der «schriftliche» möge durch den «mündlichen Verkehr» ersetzt werden. Er bitte sie, möglichst rasch wieder nach Berlin zu kommen, denn er habe «den großen Wunsch, schleunigst unser Gespräch fortzusetzen»: dies die Antwort auf ihre Nachricht und der Dank für den «lebendigen Bericht über den Inspektionsritt» – er meinte wohl ihre Aufzeichnung über den masurischen Reitausflug mit der Schwägerin Sissi –, den er «heute früh, von dem Morgenritt durch den goldenschimmernden Herbst im Tiergarten zurückkommend», gelesen habe. Er fügte den poetischen Satz an: «Eine Harmonie, die schnell wie die Morgensonne über den Gipfeln aus den Wolken bricht, gehört doch zu den schönsten Freuden des Lebens.»

Kein Zweifel, der Ex-Diplomat, Marion Dönhoff um 28 Jahre voraus, war von der gescheiten und hübschen jungen Frau bezaubert. Alle seine Briefe drängen fast stürmisch auf ein Wiedersehen, und er suchte gewiss nicht nur die politische Aussprache. Die freilich auch. Nach dem Tod ihres Bruders Heini rief er ihr zu: «... es gibt noch die Sorge um Deutschland. Ich habe von früh auf Deutschland in glühendem Herzen getragen und ein Vierteljahrhundert draußen dafür gearbeitet und gekämpft. Wenn man das tut, dann muß die Liebe zu Deutschland entweder erlöschen oder erstarken. Bei vielen erlischt sie heute. Neulich sagte mir ein famoser Mann, ich sei doch ein Bindestrich-Christ (weil ich nämlich nach seiner Ansicht mein Christentum in den deutschen Zusammenhang stelle). Ich glaube, er verwechselt Ziel und Richtung: das christliche Ziel ist absolut, aber die Richtung ergreift alle irdischen Beziehungen. Meine Sorge bleibt Deutschland. Nicht, weil mir die Deutschen besser gefielen als andere. Im Gegenteil, sie reizen mich oft zu zitterndem Zorn; ihr Großstadtpöbel (und Kleinstadtpöbel), der sich natürlich nicht nach Klasse oder Schicht bestimmt, ist widerwärtig. Aber das Deutsche ist doch das Herz der Welt, der Welt, die Sie in Ihren Briefen malen, des wüsten Chaos, aus dem aber gerade das Heilige geboren wird ... Eine alte Russin sagte meinem Sohn: ‹Gott ist fortgegangen!› Sie schreiben dasselbe, aber Sie sind selbst lebendige Zeugin für seine Gegenwart ...»

Der hohe Ton dieser Briefe bezeugt nicht nur die starken religiösen Impulse, die Ulrich von Hassell wie so viele Menschen des Widerstandes bewegten. Er kaschiert zugleich, wenn nicht alles täuscht, sein passioniertes Interesse an der klugen jungen Frau, um nicht zu sagen: seine Verliebtheit – und, was wichtiger ist, er camoufliert die Gespräche über die Chancen und Pflichten der Gegner des Regimes, die von den beiden geführt wurden. Für Ulrich von Hassell war in der künftigen Regierung nach dem Staatsstreich eine wichtige Funktion vorgesehen – sowohl von den militärischen Verschwörern um den Grafen Stauffenberg wie im Kreis der Vertrauten des umtriebigen (und wohl ein wenig zu geschwätzigen) Carl Friedrich Goerdeler, des einstigen Oberbürgermeisters von Leipzig, der nach seinem Rücktritt im Jahre 1937 bei dem liberalen Stuttgarter Unternehmer Robert Bosch eine berufliche Unterkunft gefunden hatte (wie so viele Opponenten des nazistischen Reiches, unter ihnen Theodor Heuss, der erste Präsident der Bundesrepublik): Ulrich von Hassell galt bei den Schlüsselfiguren des Widerstandes als der fähigste Kandidat für das Amt des Außenministers. Für ihn traf kaum zu – trotz des nationalen Überschwangs in seinen ersten Briefen an Marion Dönhoff –, was Joachim Fest in seiner Geschichte des Widerstandes mit dem Blick auf Goerdeler bemerkte, der sich nach seinen eigenen Worten bei den Plänen für das künftige Deutschland durch westliche Beispiele «nicht beirren lassen» wollte: dass «eine geistige Abgeschlossenheit in allen Lagern streng genommen nie überwunden wurde». Nein, für Ulrich von Hassell galt dies nicht in gleichem Maße wie für Goerdeler (und gewiss am wenigsten für Helmuth von Moltke oder für den weltkundigen Theologen Dietrich Bonhoeffer).

Schon im November 1938 (nach der Reichspogromnacht) hatte Hassell in seinem Tagebuch notiert, dass die «niederträchtige Judenverfolgung» nicht nur das Ansehen Deutschlands draußen in der Welt schädige, sondern vor allem «unser inneres moralisches Leben» unterminiere (wie Hans Mommsen in seinem Aufsatz «Die moralische Wiederherstellung der Nation» im Sommer 1999 zitierte). Anders als Goerdeler beklagte Hassell vor allem den Schaden, den die Deutschen an ihrer Seele nahmen, während der Kanzler-Kandidat niemals die Wirkung nach draußen aus den Augen verlor (und nach Dippers – vermutlich allzu prononcierter – Meinung an einem «Rassedenken» festhielt, das den Juden nur zögernd die gleichen Rechte wie allen anderen deutschen Bürgern gewähren wollte). In seinem letzten Memorandum schrieb Goerdeler: «Über die Ungeheuerlichkeit der planmäßig und bestialisch vollzogenen Ausrottung der Juden ist kein Wort zu verlieren; daß aber die moralischen und politischen Auswirkungen nicht einmal von der Außenpolitik in Rechnung gestellt wurden, kann man nur als Wahnsinn bezeichnen» – eine Formulierung, die am Ende vielleicht eher eine sprachliche Unbeholfenheit des Verfassers als eine bewusste Relativierung des Verbrechens anzeigte.

Hassell teilte seine Zeit zwischen Berlin und seinem Landsitz im bayrischen Ebenhausen, seit der Entlassung aus dem diplomatischen Dienst als Berater des Instituts für Wirtschaftsforschung tätig – eine Verpflichtung, die ihm Zeit genug für historische Studien und gelegentliche Vorträge ließ, zum Beispiel über den Prinzen Eugen, den überragenden französisch-europäischen Feldherrn des alten Reiches, dem sich seine besonderen Sympathien zugewandt hatten. Manchmal seufzte er, die konzentrierte Lektüre falle ihm in diesen unruhigen Zeiten schwer, aber als er dies schrieb, hatte er den Homer zur Hand. Er las fast immer einen der philosophischen oder poetischen Klassiker, zitierte Eichendorff, mühte sich durch die «Paideia», eine gelehrte Abhandlung des Philosophen Werner Jaeger über den Bildungsbegriff der Griechen.

In diesem Zusammenhang notierte er als «Aufgabe des Adels»: «Verewigung seiner Idee in dem schicksalhaften Augenblick ihrer höchsten Gefährdung durch neue Mächte der Zeit und die Einverleibung seiner sozial aufbauenden Kräfte in den allgemeinen Besitz der Nation». Meinte er mit dieser abstrakten und ein wenig wolkigen Definition den Adel der Antike – oder den seiner Epoche, in der die Aristokratie kaum mehr die bestimmende Funktion besaß, die ihr zugekommen war, ehe das Bürgertum zur prägenden Kraft der Gesellschaft aufstieg (um kurz nach ihrer Etablierung als die herrschende Macht von der kleinbürgerlich-proletarischen Revolution des Dritten Reiches beiseitegefegt zu werden)? Helle Geister wie Helmuth von Moltke, aber auch Claus von Stauffenberg hatten längst verstanden, dass die Pflicht zum Widerstand keineswegs das moralische Privileg des Adels, sondern die Pflicht aller gewissenhaftwachen Seelen in allen Schichten war, ob deutsch-national-konservativer oder liberaler oder sozialdemokratischer, oft auch kommunistischer Gesinnung.

Marion Dönhoff hatte dies seit ihren Studententagen begriffen. Konnte das einer der Gründe sein, die ihr zu einer gewissen Zurückhaltung gegenüber dem alten Feuerkopf Hassell rieten? Der letzte (erhaltene) Brief, der sie erreichte, vom 22. Mai 1944, war eine ironische Schelte: Er zieh sie der «offenbaren Untreue», doch «noch trauriger» sei seine «haltlose Schwäche», ihr «trotzdem zu schreiben». Ihre Schwester Yvonne habe ihm zwei reizende Briefe geschickt, allerdings ihn während ihres Aufenthaltes in Berlin «geschnitten». So sei er «mit dem Schwesternpaar ziemlich zerfallen». Dennoch, er schlug ihr ein Abendessen vor «in zitternder Hoffnung auf Ihr Kommen».

Dann unterbrach ihn die Luftschutzsirene. «Es wird immer schwerer, noch an etwas anderes zu denken» als an die Bombardements, von denen die Stadt immer häufiger heimgesucht wurde. Hassell erwog, ganz nach Ebenhausen zu übersiedeln. Doch noch immer waren die Restaurants der Elite – das «Horcher», das «Borchardt», das «Adlon» – geöffnet, und der Botschafter schien auf den Morgenritt durch den Tiergarten noch immer nicht verzichten zu müssen (nachdem er Schwierigkeiten mit einem Knie auskuriert hatte). Keine Andeutung, dass Entscheidungen bevorstanden, die den zitierten Zuruf einer italienischen Freundin, man müsse versuchen «sopravivere» – nämlich zu überleben –, höchst unmittelbar in Frage stellen konnten. Zwei Monate später das Attentat, acht Tage danach seine Verhaftung. Nein, nicht der Hauch eines konspirativen Tones. Hassell, der in seinem Tagebuch zu einer geradezu drastischen Wahrhaftigkeit bereit war – wodurch es zu einem der wichtigsten Zeugnisse des Widerstands wurde –, schien in seinen Briefen jedes Risiko von Marion Dönhoff fernhalten zu wollen.

Ihm wäre es kaum in den Sinn gekommen, der Freundin eine Notiz zu senden, die jedem nicht ganz begriffsstutzigen Mitleser den Verdacht aufdrängte, hier werde ein merkwürdiges Spiel gespielt. Während eines Aufenthalts in Berlin schickte Fritz-Dietlof von der Schulenburg, Freund aus den ostpreußischen Tagen des Grafen, Marion Dönhoff ein Briefchen, in dem er ihr vorschlug, anderntags nach Potsdam zu kommen: «Ich schlage als Treffpunkt vor 9 Uhr im Park von Sanssouci zwischen den beiden Häuschen die unterhalb der Allee liegen, die den Blick auf das Schloß umrahmt.» Die Notiz trug kein Datum. Sie mag, wie die anderen Briefe, die in Crottorf aufbewahrt werden, aus dem Jahre 1944 stammen. Fritzi Schulenburg, Offizier in der Potsdamer Adelseinheit I. R. 9, absolvierte im März in einer ungenannten Großstadt – es konnte Brüssel oder Paris sein – einen Kursus, und dort erst wurde ihm, wie er schrieb, durch den «erschütternden» Gegensatz deutlich, «wie leer und zerstört Berlin ist». Doch er fügte – etwas leichtfertig – hinzu: «Unsere Armut und Not, die sich nach dem Krieg erst wahrhaft offenbaren wird, ist mir lieber als dieser falsche Trödel (?), an dessen Dauer ich auch nicht mehr glaube». Im Juni kam er nach Ostpreußen und wohnte einige Tage bei Marion Dönhoff in Quittainen. Zweck der Reise war es ohne Zweifel, die Mitverschworenen auf das nun fest geplante Attentat und den Staatsstreich durch die Operation «Walküre» vorzubereiten: zumal den Grafen Heinrich Dohna-Tolksdorf, der von Stauffenberg als Politischer Beauftragter – oder «Landesverweser», wie der Kreisauer Titel besagte – für den «Wehrkreis I Ostpreußen» vorgesehen war, Heinrich Graf Lehndorff als Verbindungsoffizier zum Oberkommando des Heeres an seiner Seite.

Die beiden für den Staatsstreich zu gewinnen, war die einzige konkrete Aufgabe, zu der sich Marion Dönhoff später bekannt hat. Vermutlich war sie von Peter Yorck, vielleicht auch von Stauffenberg selber gebeten worden, diesen Dienst zu übernehmen. Der Auftrag zeigte an, dass sie des vorbehaltlosen Vertrauens der Verschwörer gewiss sein konnte. Vielleicht leistete sie darüber hinaus manche diskreten Sondierungs-, Vermittlungs- und Botendienste. Sie war nach unserem Wissen das einzige aktive weibliche Mitglied der Widerstandskreise um Yorck und Stauffenberg, neben den großen Frauen des innersten Zirkels wie Freya von Moltke und Marion von Yorck, beide stets die wichtigsten Berater ihrer Männer.

Peter von Yorck führte bei seinem Aufenthalt in Friedrichstein im Juli 1943 die von Marion Dönhoff begonnenen Gespräche weiter, die Gedanken seines Kreises gründlich erörternd. Ganz gewiss verbarg er weder vor Marion Dönhoff noch vor Heinrich Dohna oder Heinrich Lehndorff, dass seine Auflehnung gegen das Regime wesentlich – wie ihm Roland Freisler vor dem «Volksgericht» sarkastisch bestätigte – durch den antisemitischen Terror der «Reichspogromnacht» am 9. November 1938 und, entschiedener noch, durch die Ausrottung der Juden in Polen und hernach in Russland bestimmt war.

Marion Dönhoff hat in ihrem Porträt Peter von Yorcks den Versuch der systematischen Vernichtung des europäischen Judentums als ein entscheidendes Motiv des Widerstandes sichtbar gemacht, die Zweifel der allzu dogmatischen «Entmythisierer» unter den jüngeren Historikern souverän widerlegend. Sie zitierte eine Aufzeichnung des Generalstabsoffiziers Helmuth Stieff vom 21. November 1939, der nach der Beobachtung der ersten Massaker in Polen von einer «organisierten Mörder-, Räuber- und Plünderbande» sprach und wörtlich schrieb: «Ich schäme mich, ein Deutscher zu sein!»

Es versteht sich, dass Marion Dönhoff den moralischen Protest ihrer Freunde teilte, dem sich auch die konservativ-deutschnational geprägten Gegner des Regimes nicht entzogen, die sich – wie Fritzi von der Schulenburg oder ihr Vetter Heini Lehndorff – von antisemitischen Vorurteilen womöglich nicht völlig befreit hatten. Gleichwohl war es Lehndorff, der den Feldmarschall von Bock voller Empörung über eine von ihm beobachtete «Hinrichtungsorgie» in dem Städtchen Borisow unterrichtete. Der Kommandeur zeigte sich – ausnahmsweise – zu energischem Handeln bereit: Er forderte (so nachzulesen bei Joachim Fest) «den zuständigen Zivilkommissar Wilhelm Kube auf, sich umgehend bei ihm zu melden und ihm den verantwortlichen SS-Führer zur kriegsgerichtlichen Aburteilung zu überstellen. Aber Kube antwortete nur knapp, der Feldmarschall könne sich ebenso gut zu ihm bemühen, und er denke nicht daran, ihm den SS-Einsatzleiter auszuliefern. Nicht einmal seinen Namen konnte die Heeresgruppe feststellen. Der Kommandant von Borisow, dem die Heeresgruppe zum Vorwurf machte, das Vernichtungswerk nicht verhindert zu haben, nahm sich das Leben.» Aber – dies fügte Fest nicht hinzu, weil es sich leider fast von selbst verstand – der Generalfeldmarschall von Bock zog keine Konsequenzen, sondern nahm die Unverschämtheit des Gauleiters Kube und die Missachtung seiner Autorität achselzuckend hin.

Die moralischen Konflikte der Offiziere wie Heinrich Lehndorff blieben Marion Dönhoff gewiss nicht verborgen. Sie selber zwang sich freilich nach außen eine disziplinierte Zurückhaltung auf. So gebot es – auch nach der Einsicht der Freunde – ihre Verantwortung für die Führung der Geschäfte auf den Dönhoff'schen Gütern. Zum anderen mag ihre bedingungslose Loyalität gegenüber der Familie – eines der wichtigsten Motive ihrer Existenz, wenn nicht das wichtigste überhaupt – zu einer gewissen Behutsamkeit geraten haben, genauer, die Rücksicht auf die beiden Brüder: Dieter, nominelles Mitglied der NSDAP, der sich von allen politischen Debatten fernzuhalten schien, aber auch den geliebten Christoph, der seit der Rückkehr aus Afrika im Dienst der Auslandsorganisation der Partei stand, seit 1942 in Paris Leiter der Rechtsabteilung in der dichtbesetzten Außenstelle.

Für Heini Lehndorff, ihren geliebten Vetter, Kindheits- und Jugendgespielen, war besondere Vorsicht geboten: Die Bunkerstadt des Führerhauptquartiers «Wolfsschanze» verbarg sich in den Wäldern nicht weit von Steinort, wo auch das Oberkommando des Heeres im «Mauerwald» Quartier bezogen hatte. Der Reichsaußenminister von Ribbentrop wiederum hatte sich das Lehndorff-Schloss als ostdeutsche Dienstfiliale und Residenz ausgesucht, dem «Führer» so nahe wie möglich. Es ließ sich ausrechnen, dass der ausquartierte Hausherr mit besonderer Aufmerksamkeit kontrolliert wurde. Weder Vetter Heinrich Lehndorff noch Heinrich Dohna nannten nach ihrer Verhaftung bei den intensiven und scharfen Verhören Marion Dönhoffs Namen. Kein Mitglied der Familie Dönhoff ist in den Kaltenbrunner-Berichten erwähnt: den ausführlichen und, alles in allem, erstaunlich sachlichen Memoranden des RSHA-Chefs über die Ermittlungen gegen die Verschwörer, die für den Reichsleiter Martin Bormann, Hitlers mächtigen Stabschef, täglich verfasst wurden, ohne Zweifel zur Vorlage beim Führer.

Fritzi Schulenburg, der sich rastlos um die Verbindungen des Stauffenberg-Kreises zu Männern seines Vertrauens in den Berliner Ministerien, aber auch draußen in den Provinzen zu Militärs, Beamten, auch zu diesem und jenem der sogenannten Wirtschaftskapitäne kümmerte, besuchte Anfang Juni 1944 seinen Freund Axel von dem Bussche, der – nach seiner schweren Verwundung, die ihn ein Bein kostete – in einem ostpreußischen Lazarett lag. Danach quartierte er sich – davon war die Rede – für einige Tage bei Marion Dönhoff in Quittainen ein, zweifellos, um Heinrich Lehndorff und Heinrich Dohna wissen zu lassen, dass vermutlich sehr bald die Operation «Walküre» – so das Code-Wort für die Alarmierung des Ersatzheeres – ausgelöst würde. Sie müssten sich bereithalten, die ihnen zugewiesenen Aufträge zu übernehmen. Von seinem sanguinischen Temperament immer wieder zu einem fahrlässigen Verzicht auf alle Umsicht verführt, verabschiedete sich Schulenburg von anderen Freunden aus seinen ostpreußischen Jahren mit dem vorlauten Scherz: «Jetzt seht ihr mich nur als Minister oder ohne Kopf wieder!» (So berichtete es Detlef Graf von Schwerin 1991 in seiner Studie über «Die junge Generation im deutschen Widerstand».)

Am 8. Juni 1944 bedankte sich Fritzi Schulenburg in einem Brief, den er in der Nacht schrieb, für die Tage in Quittainen. «Sie ahnen vielleicht», rief er ihr zu, «wie sehr ich das ganze Ostpreußen, Land und Menschen liebe ... Wie schön, dass Sie von Quittainen mit

Ihrem ganzen Inneren Besitz ergriffen haben, auch ohne Eigentümerin zu sein.» Er wünschte sich eine Fortsetzung der Gespräche und fügte hinzu, er habe – «in brüderlichem Vertrauen zu Ihnen» – sein «ganzes Herz mit Hoffnungen und Zweifeln vor Ihnen ausgeschüttet. Ich bereue es nicht, denn ich fürchte nicht, daß ich Sie geödet habe. Ich glaube aber, daß es gut für Sie ist, zu wissen, daß auch andere schwer zu ringen haben, in dem Bestreben, wahrhaft vor allem gegen sich selber zu sein. Und ich glaube, daß Sie im tiefsten Gemüt mit mir einig sind, daß Gott dies Volk noch einmal segnen wird.»

Was für eine fast jünglinghafte, fast pubertäre Naivität sich in diesen Sätzen darbietet, die ein immerhin 42-jähriger Mann mit beträchtlicher Lebenserfahrung der Freundin zurief, diktiert von einem geradezu unschuldig-frommen Nationalismus, der von der Ferne den Stauffenberg-Idealen des «Geheimen Deutschland» der Stefan-George-Elite entsprechen mochte. Von der europäischen Öffnung im Gedankengefüge Helmuth von Moltkes waren Schulenburg und wohl auch Hassell oder Goerdeler noch weit entfernt. Keiner von ihnen hatte erkannt, dass der Nationalismus, zumal in der kriminellen Exaltation durch den nazistischen Rassenwahn, keineswegs ein Degenerationsprodukt des (angeblich) «gesunden Nationalbewusstseins» war, sondern seine allzu konsequente, ja unvermeidliche Steigerung. (Was kann am «Nationalbewusstsein», das seit seiner ideologischen Verhärtung im System der Nationalstaaten weniger ein Ausdruck der «Identität» als des Willens zur Separation war, in Wahrheit «gesund» und «natürlich» sein?) Moltke dachte fast allen Mitverschworenen weit voraus, als er im April 1941 in einer Denkschrift für das nachnazistische Deutschland die Richtpunkte setzte: «a) das Ende der Machtpolitik, b) das Ende des Nationalismus, c) das Ende des Rassengedankens, d) das Ende der Gewalt des Staates über den Einzelnen» – mit diesen lapidaren Geboten charakterisiert ihn sein Biograph Günter Brakelmann.

So kühn, so aufgeklärt, so visionär über das Ende des Dritten Reiches hinausdenkend war Fritzi Schulenburg, der einstige Anhänger Gregor Strassers, ganz gewiss nicht. Wiederum diktierte ihm eine Art von frommer Unschuld die Hoffnung: «Hinter dem tobenden Wirbel unserer Zeit» nehme er wahr, «wie sich die guten Kräfte zusammenfügen und wie trotz Sturm und Not, trotz allem, was wir noch an Menschen und Dingen verlieren werden, eine wahre Ordnung tief im Innern wie in den Zügen der staatlichen Ordnung im Werden ist». Dabei sei es gleichgültig – so zitiert ihn Hans Mommsen –, «ob mich das Schicksal zu einer Aufgabe erwählt oder als Opfer fordert. Es kommt nur darauf an, daß ich meinem Gewissen folge, durch das Gott zu mir spricht.» Mommsen bescheinigte ihm in seinem Porträt, seine Haltung bei den Vernehmungen in der Prinz-Albrecht-Straße und im Prozess hätte «keinen Anflug von Schwäche erkennen lassen». Freisler, «der gefürchtete Präsident des Volksgerichtshofs», sei «ihm nicht gewachsen gewesen. Schulenburg war der robusteste Verschwörer des 20. Juli.» Bezeichnend für ihn sei gewesen, «daß er niemals persönliche Macht angestrebt» habe und in der Planung des Staatsstreiches «das Reichsinnenministerium bereitwillig Julius Leber überlassen hatte», dem Sozialdemokraten, dem Stauffenberg mit dem gleichen Respekt begegnete wie Moltke oder Yorck.

Auch Marion Dönhoffs engsten Vertrauten unter den Männern des Widerstandes, den Vetter, Kindheitsgenossen und Lebensfreund Heinrich Lehndorff, hatte Peter von Yorck überzeugen können, dass es notwendig sei, für die künftige Regierung eine breite Basis zu schaffen «unter Einbeziehung der Arbeiterschaft bis zum linken Flügel der Sozialdemokratie», wie der Kaltenbrunner-Bericht dokumentierte. Sein jüngerer Bruder, der Opposition enger verbunden als Heini, war schon zu Beginn des Russlandkrieges gefallen. Nach dem Zeugnis von Marion in ihrem Gedenkbuch «Um der Ehre willen» war für den «eher unpolitischen» Heinrich das Judenmassaker von Borisow «der letzte Anstoß, sich ganz in den Dienst der Widerstandsbewegung zu stellen», obschon ihm hernach in den Kaltenbrunner-Berichten eine «grundsätzlich antisemitische» Haltung bescheinigt wird, zugleich aber auch, dass er «die Art der Durchführung aller auf die Ausschaltung des *Judentums* gerichteten Maßnahmen nicht bejahen» konnte, wobei «seine persönliche *kirchliche* Bindung stark mitspricht».

Im Sommer 1944 war, wie Marion Dönhoff schrieb, Heini Lehndorff beurlaubt, um sich um den landwirtschaftlichen Betrieb zu Haus zu kümmern. Am 19. Juli soll er – wiederum laut Kaltenbrunner-Bericht – durch Stauffenbergs Freund und Adjutanten Werner von Haeften telefonisch gebeten worden sein, sich anderntags beim Wehrkreiskommando in Königsberg einzufinden. Der Wagen, der ihn zu seinem künftigen Dienstsitz bringen sollte, sei ihm durch den Mitverschwörer General Fellgiebel, den Chef des Nachrichtenwesens im Oberkommando der Wehrmacht, zur Verfügung gestellt worden.

Mit einem etwas leichtfertig formulierten Telegramm hatte Marion Dönhoff Fritzi Schulenburg davon unterrichtet, dass sie «ceteris paribus» anderntags, nämlich am 20. Juli, in Berlin sein würde und bei Peter (von Yorck) wohne.

Der lateinische Vorbehalt meinte, so beschrieb sie es in ihrem Erinnerungsbuch an die Freunde im Widerstand, eine dramatische Veränderung an der Front, denn der russische Vormarsch habe Ostpreußen schon überschritten (hier eilte sie den Ereignissen voraus, denn erst im August stießen die sowjetischen Truppen auf ostpreußisches Territorium vor). Das Telegramm hat Schulenburg nicht erreicht, denn er hielt sich schon am 19. Juli nicht mehr in seiner Wohnung auf. Marion Dönhoff fürchtete, dass es der Gestapo direkt in die Hände gefallen sein müsse. Aber das ist nicht ausgemacht: Der Bote trug das Telegramm – so entspricht es der Üblichkeit – vermutlich als «unzustellbar» wieder ins Postamt zurück. Es ist nicht wahrscheinlich, dass sämtliche unzustellbaren Kabel von der Gestapo geprüft wurden. Der Austausch von Nachrichten zwischen den Familien war in den Ängsten und Ungewissheiten des

Bombenkrieges so lebhaft, wie es die Verhältnisse zuließen. Die Post hat, dank der kriegsbediensteten Helfer, meist Frauen, erstaunlich lange erstaunlich gut funktioniert.

Marion Dönhoff scheint am 20. Juli nicht in die Hauptstadt gereist zu sein, denn ihr Bericht besagt, sie habe «nach dem 20. Juli ... natürlich in Ostpreußen keine Ruhe» gehabt und sei nach Berlin gefahren. *Nach* dem Staatsstreich also. Wir wissen nicht, wie sie den Tag erlebte, dem auch sie so lange entgegengefiebert, entgegengezittert hatte.

· Kapitel 14 ·

Abmarsch in den Untergang

Nein, wir wissen nicht, wie Marion Dönhoff den 20. Juli erlebt hat. Sie hat es nirgendwo aufgeschrieben. Sie hat es niemandem erzählt. Jedenfalls keiner Seele, von der sich die Erinnerung an jenen Tag noch erfragen ließe. Also fragen wir uns selber (es bleibt nichts anderes), wie es gewesen sein mag. Hat ihr der Vetter und geliebte Freund Heini Lehndorff einen Wink zukommen lassen, ehe er sich – erst im Schutz des Waldes das Zivil gegen die Uniform tauschend, um die Späher des Ribbentrop-Stabes in seinem eigenen Hause nicht zu alarmieren – am Morgen des 20. Juli auf den Weg nach Königsberg zum Wehrbezirkskommando machte? Kaum. Alle Regeln der Konspiration sprachen dagegen. Beide, Marion Dönhoff und Heinrich Lehndorff, waren sicher, dass ihre Telefone überwacht wurden. Also darf man vermuten, dass die Chefin in Quittainen ihrer Arbeit nachging wie immer, vielleicht seit dem Besuch von Fritzi Schulenburg in einer chronischen Anspannung, da ihr der Freund zu verstehen gegeben hatte, dass der Tag der Entscheidung nahe sei. Überdies war der Ort des Dramas, die «Wolfsschanze», nur einen Sprung weit von ihrem Anwesen entfernt. Dennoch: Sie hat, wie Millionen andere, wohl erst durch die offizielle Nachricht aus dem Führerhauptquartier von dem Attentat erfahren – und zugleich, dass Hitler überlebte.

Der Schlag muss bitter gewesen sein, zumal es niemanden gab, der sie in ihrer Enttäuschung trösten, niemanden, mit dem sie ihre Ängste teilen konnte, denn ihr (wie allen Beteiligten) war deutlich genug, dass die Häscher der Gestapo nach einem missglückten Staatsstreich nicht lange warten würden und dass die Rache der Schergen des Regimes entsetzlich sein werde. Sie rechnete – das Telegramm bedenkend, mit dem sie Peter Yorck ihr Kommen angekündigt hatte – in jedem Augenblick damit, dass auch sie verhaftet würde.

In den folgenden Tagen und Wochen konnte sie nur ein vages Bild der Ereignisse gewinnen, das sich aus den Nachrichten – zum Beispiel über die Festnahme des Grafen Stauffenberg und seiner engsten Mitverschworenen noch am Abend des Attentats und ihre standrechtliche Erschießung im Hofe des Bendlerblocks –, aber auch aus den Gerüchten nährte, die unter den Angehörigen umgingen, von den Angaben der (wenigen) direkten oder indirekten Zeugen, die nicht zuverlässig sein mochten, vielleicht auch nur von den Äußerungen der Wichtigtuer, die bei jedem dramatischen Ereignis auf den Plan treten, vielleicht von spärlichen Stichworten, die aus den Zellen der Häftlinge nach draußen gedrungen waren. Den Tegeler Gefängnispfarrer Harald Poelchau, einer der wenigen, die Zugang zu manchen der Verhafteten hatten, kannte sie nicht. Sie hätte es später wohl erwähnt, wenn sie ihm bei Peter und Marion Yorck in der Lichterfelder Hortensienstraße begegnet wäre.

Indes, das Protokoll ihrer Vernehmung am 19. Mai 1945 durch den Amerikaner Jayes H. Hatcliff jr., der als «Special Agent CIC» zeichnete – nur elf Tage nach der Kapitulation des Reiches! –, ist ein Beweis, dass sie von den Details des Attentats und des versuchten Staatsstreichs damals nur verschwommene Vorstellungen hatte. Das erstaunliche Dokument (das der Historiker Axel Frohn in einem amerikanischen Archiv unter den vertraulichen Dossiers aus Krieg und Nachkrieg gefunden hat) besagt, dass Stauffenberg nach Marion Dönhoffs Vermutung die Bombe in einem Aktenkoffer mit geheimen Lageberichten ins Führerhauptquartier geschmuggelt habe, für den es – so wurde ihr hinterbracht – nur zwei Schlüssel gab, von denen einer im Oberkommando des Heeres (also bei Stauffenberg), der zweite von Hitler selber verwahrt wurde. Der Oberst, durch die Amputation einer Hand und drei Finger der zweiten, ferner den Verlust eines Auges schwer behindert, habe bei der Lagebesprechung am späten Vormittag des 20. Juli den Aktenkoffer auf dem Kartentisch zurückgelassen, um ohne Aufsehen sofort nach Berlin zurückfliegen zu können. Als der «Führer» seine Sekretärin angewiesen habe, den Koffer mit seinem Schlüssel zu öffnen, sei die Bombe gezündet worden. Freilich sei ihre Explosivwirkung vermindert gewesen – dies traf zu –, da die Konferenz nicht wie üblich im Führerbunker mit seinen meterdicken Betonwänden, sondern ausnahmsweise in einer Holzbaracke stattgefunden habe, in der die Sprengkraft zum guten Teil verpufft sei: Diesem Umstand habe Hitler zu verdanken, dass er den Anschlag überstand. Sie wusste auch (darüber war im Rundfunk und in den Zeitungen berichtet worden), dass Major Remer, der Kommandeur des Wachbataillons, der Goebbels festsetzen sollte, von dem geistesgegenwärtigen und kaltblütigen Reichspropagandaminister telefonisch direkt mit dem «Führer» verbunden worden war und sich davon überzeugen konnte, dass sein Oberster Befehlshaber – entgegen Stauffenbergs Versicherung – noch lebte. Nur von ihm und vom Minister, sagte Hitler dem Offizier, habe er Befehle entgegenzunehmen. Marion berichtete dem Amerikaner weiter, dass etwa zweihundert junge Offiziere im Oberkommando den Soldaten Remers entschlossen Widerstand geleistet hätten und im Kampf getötet worden seien. Dies traf nicht zu, wie wir heute wissen, sondern entsprach eher dem Wunsch nach einer heroischen Verklärung der Ereignisse.

Wir wissen nicht, wie der amerikanische Geheimdienst so rasch auf die Spur von Marion Dönhoff gestoßen ist. Zufall? Oder war der Agent von einem ihrer amerikanischen oder britischen Freunde beauftragt, nach Marion Dönhoff zu suchen? Die Vernehmung fand auf dem Gut der Gräfin Görtz in Brunkensen bei Hildesheim statt (die Hausherrin war ins Konzentrationslager Theresienstadt verschleppt worden), auf dem Marion Dönhoff am Ende ihres «Rittes nach Westen» Zuflucht gefunden hatte – in Anwesenheit des «Tennisbarons» und einstigen Weltchampions Gottfried von Cramm, der zu den entschiedenen Gegnern des Dritten Reiches gehörte.

In den folgenden Monaten, als die ersten Kontakte zwischen den Familien der Verschwörer unter Mühen wieder geknüpft werden konnten, gewann Marion Dönhoff rasch ein klareres Bild von den Entscheidungsstunden in Berlin. Sie musste zur Kenntnis nehmen, dass die Operation «Walküre» trotz Stauffenbergs unerschütterlicher Behauptung, Hitler sei durch die Bombe getötet worden, schon in den ersten Ansätzen zusammenbrach. Sie war gescheitert, als es nicht gelang, die Reichsrundfunk-Stationen in Berlin zu besetzen und das Regime damit seines wichtigsten Instrumentes zur Lenkung der Bevölkerung zu berauben.

Aber wie erfuhr Marion Dönhoff, was in ihrer nächsten Umgebung in der ostpreußischen Heimat mit dem engsten ihrer Freunde geschah? Wann fand sie die Lehndorffs und wo? Wir wissen es nicht. In ihrem Widerstandsbuch berichtet sie, der Vetter Heinrich Lehndorff sei am Abend des 20. Juli nach Steinort zurückgekehrt – zu Pferd und wieder in Zivil (nachdem er sich auf einem Vorwerk des Gutes umgekleidet hatte), um kein Aufsehen zu erregen. Versuchte er dann, sich mit ihr in Verbindung zu setzen? Vermutlich nicht – die Vorsicht sprach dagegen. Am nächsten Tag habe er durchs Fenster beobachtet, schrieb Marion Dönhoff hernach, dass ein Wagen der Gestapo an der Auffahrt des Schlösschens vorfuhr. Innerhalb von Sekunden sei er verschwunden – vermutlich mit einem Sprung aus dem ersten Stock. Er rannte durch den Park und dann den kleinen See entlang dem Wald zu, partiell im flachen Wasser, in dem die Hunde, die ihm später nachhetzten, seine Spur verloren. Viele Stunden danach habe er von einem weit entfernten Vorwerk angerufen und sich von seiner Frau abholen lassen: Die Furcht vor dem

Leid, das der Familie durch die «Sippenhaft» widerfahren würde, hatte ihn dazu überredet, sich den Häschern zu stellen.

Doch der Freiheitswille bäumte sich noch einmal in ihm auf, als er nach Berlin überführt wurde: Er sprang aus dem Polizeiwagen, der ihn in der Gestapo-Zentrale in der Prinz-Albrecht-Straße abliefern sollte, und entkam in die Berliner Nacht. Kurz danach wurde, wie Marion berichtet, die Familie verhaftet, die Frau ins Gefängnis gesteckt, wo sie eine Woche später ihr viertes Kind zur Welt brachte; die drei Töchterchen – eine von ihnen die kleine Vera, die zwei Jahrzehnte danach als die große «Veruschka» Weltruhm im irreal-realen Reich der Mode, der Kunst, des Films erringen sollte – wurden unter anderen Namen in Heimen untergebracht. Sie sollten ihre Familie vergessen. Es war schwierig für die Mutter, sie nach der Befreiung wiederzufinden. Heini Lehndorff schlug sich, bei Tag in den Wäldern verborgen und nachts wandernd, bis nach Neustrelitz in Mecklenburg durch. Da man ihm bei der Verhaftung die Schnürsenkel abgenommen hatte, lief er sich in den schlabbernden Halbschuhen die Füße wund. Am vierten Tag konnte er nicht mehr weiter. Im Zustand völliger Erschöpfung klopfte er bei einem Förster an, der tat, was ihm die Angst riet: Er übergab den Flüchtling der Polizei (nachdem er ihm ein kräftiges Frühstück serviert hatte).

Es grenzt an ein Wunder, dass niemals ein unmittelbarer Verdacht auf Marion Dönhoff fiel, obwohl es der Gestapo kaum entgangen sein konnte, dass sie manchen der Verschwörer zu ihren Freunden und Vertrauten zählte: nicht nur Heinrich Lehndorff, sondern vor allem auch Peter Yorck, der am Abend des 20. Juli zusammen mit seinem Freund Eugen Gerstenmaier in der Bendlerstraße an der Seite Stauffenbergs festgenommen wurde, überdies Fritzi von der Schulenburg, den Botschafter Ulrich von Hassell und viele andere.

Der Onkel Bogislav Graf Dönhoff im Schloss Quittainen, den sie als einen «eingefleischten Nazi und Duzfreund des Gauleiters Erich Koch» beschrieb, hatte dem Postamt im Ort die Anweisung gegeben – so berichtet sie in ihrem Buch «Um der Ehre willen» –, genau zu notieren, mit wem sie korrespondierte. Dazu hatte er natürlich kein Recht, aber vielleicht verfügte der Schlossherr auch im Dritten Reich noch über die Autorität, den Postbediensteten seine Wünsche aufzuzwingen. Es versteht sich, dass er (soweit möglich) auch ihre Besucher registrierte. Da auf seinen Listen die Namen von manchen der Verdächtigen standen, fuhr der Nachbar nach dem 20. Juli mit seinen Papieren zur Gauleitung in Königsberg – und prompt machten sich ein paar Gestapoleute auf den Weg nach Quittainen.

Sie wurden vom Forstmeister, der die Funktion eines Ortsgruppenleiters versah (und offensichtlich kein zu strammer Nazi war), zunächst zu einem Bierchen eingeladen, aus dem wohl mehrere wurden. Die Herren verschoben ihre Visite bei Marion Dönhoff auf anderntags, und sie vernahmen am Morgen zuerst die Bediensteten des Betriebs, die allesamt die «soziale Gesinnung», die Hilfsbereitschaft und vor allem die harte Arbeit der Gräfin lobten. Schließlich kutschierten sie mit Marion Dönhoff nach Königsberg, wo sie einige Stunden lang verhört wurde – von eher wohlwollenden Beamten, die ihr Gelegenheit gaben, sich über den denunzierenden Onkel zu äußern. Sie schlossen aus ihren Hinweisen, dass es sich bei der Anzeige wohl um den Versuch einer Rache für die verlorenen Prozesse im Familienstreit handle und dass die Anschuldigungen darum nicht zu ernst genommen werden mussten. Sie durfte nach Hause fahren und wurde in Ruhe gelassen.

In der Tat hatte sie Glück: Sie war auf keiner Liste der Verschwörer als Anwärterin für ein Amt oder die Übernahme einer Aufgabe nach dem Staatsstreich vorgemerkt. Seltsam indes: Ein Verzeichnis der Verhafteten, das von der Abteilung IV im Reichssicherheitshauptamt (zu der die Gestapo gehörte) angelegt worden war, fand nach 1945 seinen Weg in die Stasi-Akten der DDR – und auf jener Liste steht der Name des Bogislav Graf von Dönhoff (zugleich Freiherr von Krafft), Generalkonsul a. D., freilich mit dem Berliner Wohnsitz Budapester Str. 23 (in unmittelbarer Nähe des Zoos). Vielleicht war Marions Feind vorübergehend arretiert – zu einer Vernehmung, einer Zeugenaussage, aufgrund einer Verwechslung? Oder hat die Ironie des Geschicks dafür gesorgt, dass er durch seine Anzeige für einen Augenblick selber in den Kreis der Verdächtigen geraten war? Das Rätsel wird sich kaum mehr lösen lassen, zumal der Onkel Bogislav nach dem Krieg in Buenos Aires wie so viele alte Nazis eine neue Heimat gesucht hat, wo er im Februar 1962 das Zeitliche segnete.

Marion indes musste ertragen, dass man einen um den anderen ihrer Freunde vor den Volksgerichtshof des geifernden Fanatikers Roland Freisler schleppte (der übrigens selber an der sogenannten Wannsee-Konferenz teilgenommen hatte, auf der über die «praktischen Probleme bei der Durchführung» der «Endlösung», das heißt: der Ausrottung des europäischen Judentums unter dem Vorsitz Heydrichs, entschieden wurde). «Nichts», schrieb sie, «konnte schlimmer sein, als alle Freunde zu verlieren und allein übrig zu bleiben.» Anfang September 1944 reiste sie nach Berlin – zum ersten Mal nach dem Attentat? –, und sie wagte sich in die Höhle des Löwen: Im Volksgericht drang sie bis zu dem Reichsanwalt Schulze vor, der für die Anklage gegen die Verschwörer des 20. Juli zuständig war. Sie wollte die Genehmigung für einen Besuch bei Heinrich Lehndorff erbitten (unter dem Vorwand, landwirtschaftliche Probleme seines Besitzes mit ihm bereden zu müssen).

Als der Parteigenosse Schulze endlich die Akte fand, erledigte er ihren Wunsch mit dem knappen Hinweis, der Graf Lehndorff sei vor zwei Tagen (nämlich am 4. September) in Plötzensee hingerichtet worden – auf Befehl des «Führers» am Fleischerhaken und Würgestrick erhängt wie alle seine Schicksalsgenossen. Heini Lehndorffs langer Abschiedsbrief an seine Frau, von dem sich eine Kopie in Marion Dönhoffs Nachlass befindet, war von dem gleichen brennenden christlichen Glauben erfüllt wie die letzten Worte so vieler anderer, zumal des so aufrichtig frommen Peter von Yorck oder des ökumenisch so offenen Protestanten Helmuth von Moltke (den Marion Dönhoff – sein religiöses Bekenntnis mit dem der südafrikanischen Mutter verwechselnd – versehentlich der Bewegung des «Christian Science» zugeordnet hat).

Gewiss las sie mit besonderer Bewegung von dem Verfahren gegen Ulrich von Hassell, der wenige Tage später, am 8. September, von Freisler zum Tode verurteilt und noch am selben Tag hingerichtet wurde. Die Witwe Ilse von Hassell (geborene von Tirpitz) schrieb aus Ebenhausen am 5. Mai 1946 an Helmut Schmidt in Hamburg-Wandsbek einen Brief, der besagte, sie habe von Herrn Günther von Ahlefeld erfahren, dass Schmidt bei dem Verfahren gegen ihren Mann zugegen gewesen sei. Dies traf zu. Helmut Schmidt, damals Flakoffizier in Berlin, war – zur Abschreckung – wie viele andere Soldaten als Zuschauer zu jenem Schauprozess kommandiert worden, in dem in der Tat der Ex-Botschafter von Hassell von dem Blutrichter an den Pranger gestellt wurde. «Sollten Sie Zeit dafür haben», bat ihn die Witwe, «wäre ich für eine kurze Schilderung auch der Haltung und Vernehmung der anderen mit ihm Verurteilten außerordentlich dankbar. Mir wurde gesagt, dass die Zuschauer gerade von diesen Vernehmungen sehr beeindruckt gewesen seien. Ich weiß, dass, wenn Sie meinen Mann dort erlebt haben, Sie begreifen werden, dass eine unendliche Dankbarkeit mich erfüllt für mein wunderschönes Leben an der Seite dieses Ritters ohne Furcht und Tadel.»

Helmut Schmidt, in jenem ersten Nachkriegsjahr Student der Volkswirtschaft bei Professor Karl Schiller und Mitglied der Jungsozialisten, hat der Witwe, die in ihrem Schreiben eine solch bewundernswerte Haltung zeigte, mit der gebotenen Sorgsamkeit geantwortet. Ilse von Hassell bedankte sich einen guten Monat später für seinen Bericht, der ihr bestätigte, was sie «immer hoffte», dass «die ‹Verachtung› meines Mannes Herz mit einer schützenden Mauer umgeben hat. Ich muss es meinem Mann gönnen, dass das Urteil unmittelbar nach der Verkündung auch vollstreckt wurde.» Sie fügte hinzu: «Der 20. Juli war spät, und doch nicht zu spät, um der Welt zu zeigen, dass ein anständiges Deutschland da war, das versucht hatte, den Verbrecher zu beseitigen, der uns dem moralischen und tatsächlichen Abgrund zuführte.»

Helmut Schmidt hatte ihr auch einen Aufruf von Ricarda Huch geschickt, der großen Historikerin, Schriftstellerin und Vorkämpferin der Emanzipation, die – damals noch von Jena aus – Material für ein Buch über den deutschen Widerstand zusammenzutragen begann, das sie am Ende, nach der Übersiedlung aus der sowjetisch besetzten Zone ins amerikanische Frankfurt, nicht mehr zu schreiben vermochte. Ilse von Hassell teilte gleichsam nebenbei mit, dass ihr Mann «bereits 1941 Aufzeichnungen in der Schweiz geborgen» habe und dass es ihr geglückt sei, «auch die letzten Hefte ... dem Zugriff der Gestapo zu entziehen». Sie hoffe, dass es möglich sein werde, diese Aufzeichnungen zu veröffentlichen «und damit vielleicht auch die weitere Aufklärung von Illusionisten zu fördern». Es sollten lange Jahre vergehen, bis für die Tagebücher, eine Geschichtsquelle ersten Ranges, ein Verlag gefunden wurde. Aber welch merkwürdige Fügung, dass der einstige Flakoffizier und Nachkriegsstudent Helmut Schmidt nach seinem Abschied aus dem Amt des Bundeskanzlers an der Seite der Hassell-Freundin Marion Dönhoff die Herausgabe der «Zeit» übernehmen sollte: Dank dieser Büro-Nachbarschaft gelangten die Briefe Ilse von Hassells in den Nachlass der Gräfin.

In ihrem Erinnerungsbuch gedachte Marion Dönhoff auch des Grafen Heinrich Dohna, der für seine Bereitschaft, das Amt des Politischen Beauftragten für Ostpreußen nach dem Sturz des Nazi-Regimes zu übernehmen, mit der Todesstrafe zu büßen hatte. Sie sprach, ein wenig ungelenk, von ihrer besonderen Bedrückung, weil Heinrich Dohna, der sich durch ihre Mitwirkung der Verschwörung angeschlossen habe, hingerichtet worden sei, «obgleich er doch viel weniger beteiligt war als ich und auch weniger wusste». Sein Neffe, ihr einstiger Nachbar Alexander Fürst zu Dohna-Schlobitten, nutzte einen Geburtstagsbrief, den er Marion im November 1994 schrieb, für eine Richtigstellung: Onkel Heini, der für ihn gewissermaßen «der Stellvertreter seines Vaters» gewesen sei (der starb, als Alexander achtzehn Jahre zählte) – er habe den Nationalsozialismus schon 1932 scharf abgelehnt. Mit schöner Offenheit merkte er an, dass er selber sich 1933 noch zu einem «Ja für Hitler» entschieden habe. Erst nach der Röhm-Affäre 1934 habe er umzudenken begonnen. Dann fügte er den etwas herben Satz hinzu: «Du brauchst Dir also keine Gedanken darüber zu machen, daß Onkel Heini durch Dein Zutun hingerichtet wurde: er gehörte viel länger zu den Nazigegnern als Du.»

Marion Dönhoff hatte, dessen darf man ziemlich gewiss sein, rechtzeitig dafür gesorgt, dass keine – sie selber oder andere – kompromittierenden Papiere in die Hände der Gestapo geraten würden, wenn es je zu einer Hausdurchsuchung käme. Es ist in der Tat erstaunlich, dass sie unbehelligt blieb, obwohl sie durch ihren Besuchsantrag für Heinrich Lehndorff klar zu erkennen gegeben hatte, dass sie dem Kreis der Verschwörer verbunden war. Hielt am Ende Bruder Christoph – oder wer sonst? – eine schützende Hand über sie? Besaß er dafür genügend Einfluss? In Paris finden sich nicht viele Spuren seiner Aktivitäten als Leiter des «Rechtsamtes» der «Landesgruppenleitung Frankreich» in der Auslandsorganisation der NSDAP.

Im Jahre 2005 legte freilich die Emigrantin Helga Cazas geborene Treuherz – Tochter eines jüdischen Vaters, der in Berlin ausharrte, durch seine Ehe mit einer «arischen» Französin vor der Deportation halbwegs geschützt – einen Bericht über das Abenteuer des Überlebens im besetzten Paris vor. Mit der Hilfe sympathisierender deutscher Ärzte und Soldaten gelang es ihr und ihrer Mutter durch alle möglichen Tricks, der drohenden «Rückführung» ins Reich zu entgehen. Im Februar 1944 wurde sie aufs Neue von der «Landesgruppenleitung» vorgeladen. Sie wurde vom Grafen Dönhoff «höflich, aber kühl» empfangen. Dies hatte er mitzuteilen: «Wir haben bisher große Geduld mit Ihnen gehabt, aber jetzt ist die Frist abgelaufen, und Sie werden ohne weiteren Aufschub nach Deutschland zurückkehren.» Helga Cazas: «‹Herr Graf von Dönhoff›, sagte ich und blickte ihm direkt in die Augen, wir standen beide, jeder auf seiner Seite des Schreibtisches, ‹Sie sind ein stolzer Mensch, der weiß, was Ehre bedeutet. Aber auch ich bin stolz. Ich gehöre nicht zu denen, die die andere Backe hinhalten, wenn man sie auf die eine geschlagen hat. Hier in Paris kann ich erhobenen Hauptes herumgehen, in Deutschland aber bin ich ein Mensch zweiten Grades ohne Ehre. Dieser Gedanke ist mir unerträglich! Und ich weiß, dass Sie mich verstehen. Darum bitte ich Sie, wenn Sie irgendwie können, wenn Sie irgendeinen Weg wissen, helfen Sie mir!› Ich schwieg. Meine Worte hatten ihre Wirkung nicht verfehlt ... Der Graf war bleich. Er war unsicher geworden. Er stammelte: ‹Fräulein Treuherz, was ich Ihnen jetzt sagen werde, bleibt unter uns. Dieses Gespräch hat nie stattgefunden. Verstehen Sie mich? Es gibt einen Weg, der Sie vor dem Zurückschicken schützt. Sie müssen eine Arbeit finden, die Sie für den Krieg unabkömmlich macht. Auf Wiedersehen.› Er hatte mir also so weit geholfen, wie es in seiner Macht stand ...» In der Tat fand die junge Frau eine «kriegswichtige» Tätigkeit als Laborantin in einem Lazarett, in dem drei Wissenschaftler mit einem Programm beschäftigt waren, das unter dem – für die junge Frau zunächst mysteriösen – Titel «Die Erforschung der Wirkung von Neutronenstrahlen auf den Organismus» firmierte. Sie bedienten sich dabei des Zyklotrons von Professor Joliot-Curie im «Collège de France», der selber zu seiner Erfindung keinen Zugang mehr hatte, doch offensichtlich von den deutschen Forschern mit Respekt behandelt wurde. Dort harrte sie bis zur Befreiung aus, die – dies nebenbei – für Helga Cazas nicht unproblematisch war, denn nun geriet sie wegen ihrer engen (und schützenden) Beziehung zu dem Luftwaffensoldaten Peter aus Oberschlesien, der die Nazis nicht weniger hasste als sie selber, in den Verdacht der Kollaboration.

Über Christoph Dönhoff sagt seine Parteiakte aus, dass er im Juni 1944 – kurz nach der alliierten Invasion in Frankreich – zur

Waffen-SS eingezogen worden sei. In den Dossiers verliert sich hier seine Spur. Doch man weiß – dank eines Vernehmungsprotokolls vom 27. März 1946, das der Recherchen-Experte des «Spiegel» in Washington gefunden hat (Fritjof Meyer, der prominente Redakteur des Blattes, schickte es 1997 loyal an Marion Dönhoff weiter) –, dass Bruder Toffy vom Auslandsnachrichtendienst (Abteilung VI) des Reichssicherheitshauptamtes engagiert wurde. Zunächst war er – noch in Frankreich – damit beauftragt, alliierte Kriegsgefangene zu verhören. Später sah ihn Walter Schellenberg, Chef des Amtes VI (und seit der Verhaftung des Admirals Canaris auch der militärischen «Abwehr»), für einen Beobachtungsposten in der Schweiz vor. Ohne Zweifel sollte er dem jüngsten SS-General bei seinen Bemühungen helfen, die Chancen eines Sonderfriedens zwischen seinem Chef Heinrich Himmler (ausgerechnet!) und den Westmächten zu erkunden.

Doch erst Ende März 1945 durfte Christoph Dönhoff – von seiner Familie begleitet – nach Zürich reisen, um sein Tarnamt als Vizekonsul anzutreten, das ihm sein Schulfreund Steengracht verschafft hatte, der seit 1943 als Nachfolger des geschassten Ernst von Weizsäcker zum Staatssekretär in Ribbentrops Auswärtigem Amt avanciert war. Schwester Marion verwies in ihrem ersten Gespräch mit einem amerikanischen Geheimdienstoffizier denn auch auf den diplomatischen Rang des Bruders, den sie – zu Recht! – als einen Glückspilz betrachtet haben mag, da es ihm im letzten Augenblick gelungen war, das sinkende Schiff samt Frau und Kindern zu verlassen und sich in die Schweiz zu retten, die von den Deutschen als die Insel der Seligen betrachtet wurde, auf die sich alle – ob Nazi oder nicht – gern geflüchtet hätten.

In ihrem Dankesbrief an den Kollegen vom «Spiegel» schrieb Marion am 14. August 1997 fast leichthin, sie nehme an, dass die meisten der Angaben des Berichtes richtig seien, ihr Bruder sei «ganz begeistert von den Nazis» gewesen, und «später, als er in Südafrika lebte, auch von der Apartheid. In beiden Fällen waren wir total verschiedener Meinung, was aber unserer Liebe keinen Abbruch tat, weil er nie aggressiv seine Meinung vertrat, sondern immer tolerant meine Angriffe zur Kenntnis nahm. Er war ein ungewöhnlicher Typ: mit 16 Abitur, mit 21 Referendar und mit 23 Dr. jur. Gar kein Realitätsgefühl, sehr charmant und gut aussehend, ‹ein Liebling der Götter›, wie die Leute sagten.» Sie hatte keine Skrupel, entgegen ihrer üblichen Empfindlichkeit gegenüber alten und neuen Nazis, Toffy in die Dienste der «Zeit» zu nehmen, für die er Hunderte von braven Artikeln schrieb. Gegenüber ihren Freunden in der Redaktion und im Verlag oder auch den jungen Verwandten verlor sie – wie schon vermerkt – kein Wort über die Vergangenheit des Bruders. Da sich Christoph keines Verbrechens schuldig gemacht hatte, sah sie dazu offensichtlich keinen Anlass. Für sie schien die Solidarität der Familie oberstes Gesetz zu sein.

Im Jahre 1944 hätte Christophs Arm kaum weit genug gereicht, die Schwester zu schützen, wenn sie bei den Spezialkommandos der Gestapo für die Verfolgung der Verschwörer um Stauffenberg, Goerdeler und Moltke in ernsten Verdacht geraten wäre. Selbst Schellenberg hätte sie – falls Toffy damals schon über unmittelbare Kontakte zu Heinrich Himmlers Favoriten verfügte (was nicht ausgeschlossen ist) – vor dem Zugriff der Häscher nur im Glücksfall retten können: vorausgesetzt, er erreichte das Ohr des Reichsführers, oder es gelang ihm, die Fürsprache des finnischen Masseurs zu gewinnen, dem Himmler beinahe jeden Wunsch erfüllte. Aber ahnte Christoph überhaupt etwas von Marions Verbindungen zum Widerstand? Wussten ihre Freunde von der Existenz des Nazibruders? Fragen, für die es keine Antwort mehr gibt.

Hartmut von Hentig – Sohn des bewunderten Familienfreundes Otto von Hentig, überdies der Patensohn des Botschafters Ulrich von Hassell –, dieser liebenswürdige und kluge junge Mann war in jenem dunklen Jahr der vertrauteste Partner in Marions Alltag. In seinen Erinnerungen erwähnt er den Bruder Toffy mit keinem Wort. Schon während seiner Ausbildung als Soldat und Fahnenjunker im

Insterburger Reiterregiment kam er, wann immer ihm – nachdem er die Grundausbildung abgeschlossen hatte – ein Wochenend-Urlaub genehmigt wurde, nach Friedrichstein, das er von Kind auf kannte, oder nach Quittainen. Er konnte mit dem Verständnis des Regimentskommandeurs Oberst von Busse rechnen. Busse war, wenn nicht vieles täuscht, der Mann, den Marion Dönhoff meinte, als sie im November 1944 in einem langen Brief an Professor Walter F. Otto schrieb, der «Partner ihrer Zukunftspläne» liege «seit zehn Wochen mit einem üblen Lungenschuss im Lazarett – inzwischen aber ist er außer Gefahr und auf dem Weg der Besserung, ich habe ihn neulich besucht und fand ihn leidlich wohl – jedenfalls versichert der Arzt, dass nichts zurückbleiben würde und so kann man einstweilen nur hoffen, dass die Heilung nicht allzu rasch voranschreitet.» Diese letzte Bemerkung ist den heimlichen Mitlesern, wenn es sie gab, offensichtlich entgangen. Sie hätte genügt, die Briefautorin wegen Defätismus und «Wehrkraftzersetzung» (so der Nazi-Terminus) vor den Volksgerichtshof zu schleppen.

Bei Hartmut von Hentig, damals neunzehn Jahre alt, wurde im Frühjahr 1944, am Ende seiner Ausbildungszeit, eine Unterfunktion der Schilddrüse festgestellt. Vom Krankenhaus in Jena wurde er von einem vernünftigen Mediziner zur ambulanten Behandlung nach Garmisch-Partenkirchen geschickt, wo die Eltern Zuflucht gefunden hatten. «Als die Amerikaner am 6. Juni 1944 in der Normandie landeten, sagte der Chefarzt, es lohne nicht mehr, mich für diesen Krieg gesund zu machen ... Er war entschlossen, mich nicht wieder an die Front gehen zu lassen.» Hentig verweigerte die Überlebenschance, in seinem Pflichtgefühl ganz wörtlich gekränkt. Der Arzt meinte schließlich: «Gut, sterben Sie den Heldentod – aber vorher verschreibe ich Ihnen einen zweimonatigen Genesungsurlaub.» Es ließ sich arrangieren, gewiss auch dank des Zuredens der Eltern, dass Hartmut sich in Quittainen unter der Aufsicht Marion Dönhoffs auskurieren konnte.

Er genoss, wie er in seinen Erinnerungen berichtet, die leichte

Gartenarbeit «mit Louis, dem mir so vertrauten französischen Kriegsgefangenen, schloss eine Art von Kinderfreundschaft mit Sylvana von Hirschfeldt, einer Cousine von Marion, bildschön und zu jedem Streich aufgelegt, den sie ihren Nazieltern antun konnte (vorgetäuschte Überfälle auf das Schloss seitens der durchziehenden Flüchtlinge!), und genas dabei tatsächlich». Zu seinen Pflichten gehörten freilich auch die fast täglichen Ritte mit Marion Dönhoff, die er oft als eine Heimsuchung empfand, da sie streng jede Nachlässigkeit im Sitz und in der Führung des Pferdes korrigierte – so unerbittlich wie ein unwaidmännisches Verhalten bei der Jagd, die Hartmut von Hentig, dem die Leidenschaft für die Pirsch eher fremd war, zuweilen als eine Pein betrachtete. Er registrierte, dass Marion Dönhoff eine gerechte und humane Herrschaft führte, aber auch, dass mit ihr nicht gut Kirschen essen war, wenn sie Schlamperei und Faulpelzerei, Aufsässigkeit und schierer Dummheit begegnete.

Sie muss mit den Reitkünsten Hartmut von Hentigs ganz zufrieden gewesen sein – andernfalls hätte sie ihn nicht beauftragt, ihr Lieblingspferd Alarich von Friedrichstein (im Osten der Provinz) nach Quittainen (im Westen) herüberzureiten. Sein Urlaubsschein erlaubte ihm, sich auf den Weg nach Insterburg zu machen – die Kontrollen durch die gefürchtete Feldgendarmerie waren unerbittlich, und umso härter, je näher die Front heranrückte (und in der Tat drangen sowjetische Truppen im August über die Grenze vor, in den eroberten Dörfern mit der Grausamkeit hausend, die der Vernichtungswut der SS und partiell auch der Wehrmacht in den besetzten Regionen ihrer Heimat entsprach). Hartmut war berechtigt, in Löwenhagen, dem Friedrichstein zugehörte, Station zu machen. Das gab ihm die Chance, den braven Fuchs, den Marion als Fluchtpferd ausgewählt hatte, «auf abgelegenen Wegen nach Quittainen zu reiten. Marion hatte die Route geplant, drei Tagesetappen von dreißig Kilometern, vier Übernachtungen auf Ostpreußens schönsten Gütern. Wie ein mittelalterlicher Ritter kam ich mir vor, sang mir meine Lieder, führte Alarich, lange Strecken neben ihm gehend,

Kopf an Kopf, und versuchte mit dem gescheiterten Attentat auf Hitler fertig zu werden. Keine Familie, bei der ich einkehrte, war von dem Ereignis unberührt; keine redete darüber; alle lebten das gewohnte und geordnete Leben weiter. Und eben das verband uns stärker als irgendein ‹Gespräch›.»

Seinen Reisebericht nahm Hartmut von Hentig im Jahre 2000 in den schönen Band «Fahrten und Gefährten» auf – just so, wie er ihn damals für Marion aufgeschrieben hatte, beginnend in Friedrichstein, von dem er sagte: «Das Schloss hat keine Seele mehr ... Die Menschen sind ohne Mitteilung, jeder in sich verschlossen, eingefroren. Man setzt sich zu Tisch, telefoniert, legt sich schlafen. Früh geht ein Mädchen durch die Räume, öffnet die Läden und zieht die weißen Gardinen zu. Abends wird wieder verdunkelt. Mehr geschieht eigentlich nicht – und ich verstehe, was Rilke meinte, wenn er von einem Haus sagt, es sehe beleidigt aus, wenn jemand in ihm verstorben ist ... Und Alarich? Nein, wir sind nicht gleich Freunde, nicht einmal gute Kameraden. Aber doch Partner in einem Abenteuer.» Das Pferd ließ sich auf die Aventüre nicht ohne Widerstand ein. Es protestiert. Es bockt. Es steigt. Es will zurück. Hartmut steigt ab, klug genug, und geht lange Stunden neben Alarich her. Als er das Pferd beschlagen lässt, erlebt er den Wutanfall eines polnischen Arbeiters, der sich durch Hartmuts Uniform einschüchtern lässt. In klarer Vorausahnung notiert der junge Autor: «Wenn eines Tages der hier aufgestaute Hass entfesselt über unser Land kommt, dann gnade uns Gott.»

Im Idyll von Schloss Wildenhoff – allein der Name klingt nach Roman oder nach einem romantischen Ufa-Film – schreibt er für Marion auf, das Haus sei voll anmutiger Menschen, es nehme alle Spannungen des Tages fort und stimme ihn heiter. Doch er fällt sich ins Wort: «Begreifend müsste ich verzweifeln an meiner kindlichen Sorglosigkeit ... – während draußen die Freunde sterben. Immer wieder muß ich an Dich denken, Marion. Die Verluste, die Enttäuschungen, die Niederlagen machen Dich hart. Du verschließt

Dich. Von den Freunden erwartest Du vor allem eins: Disziplin. Wer die Dinge nicht sieht, wie sie sind, hat nicht mitzureden ... Wo andere von ‹Deutschlands Tragik› reden, siehst Du verdiente Strafe. Du trägst schwer an allem. Vor Dir schäme ich mich meiner Lebensfreude. Während meine Gedanken unbekümmert wie ein Lied über die Felder ziehen, gibt es Menschen, die halten ein letztes Gericht.»

Hartmut von Hentig entwarf in diesen Sätzen ein klares, eindringliches Porträt der Herrin in Quittainen. Die Formel von der «verdienten Strafe» zeigt an, dass Marion Dönhoff sich der Verbrechen des Regimes und seiner ungezählten Söldlinge wohl bewusst war. Sie kannte die Felder der Vernichtung, die Deutschlands Armeen im Osten zurückließen. Vielleicht verbot ihr die Scham lange Jahre, vom Mord an den Juden (und nicht nur an ihnen) als einem der entscheidenden Motive des Widerstandes zu reden. Später holte sie das nach. Damals wurde, auch unter Freunden, von dem fast Unaussprechlichen in der Tat nur geflüstert. Im August meldete sich Hartmut von Hentig als «genesen» bei seiner Truppe zurück, und er wurde zum Regimentsstab irgendwo hinter Krakau abkommandiert.

Der Gräzist Walter F. Otto, damals schon ein älterer Herr, der das Recht auf Emeritierung längst erreicht hatte, war Marion Dönhoff in den Jahren des Krieges, in denen sie die Korrespondenz mit den einstigen Lehrern Salin und Kantorowicz entbehren musste, immer vertrauter geworden. Sie besuchte ihn (und seine Vorlesungen), sooft es anging, in Königsberg, und er kam mit seiner Frau immer wieder heraus nach Friedrichstein oder nach Quittainen. Wenn der Professor in den Sommern nach Westen reiste, gab er ihr seine «Schätze» (die Anführungszeichen waren die seinen) zur Aufbewahrung: seine offensichtlich kostbare Geige und vor allem einen dicken Packen von Manuskripten, «aus denen bald etwas werden» sollte.

Von Marion Dönhoff wiederum ist ein Brief erhalten, der das Datum des 1. November 1944 trägt. Er traf den Gelehrten gewiss nicht mehr in Königsberg an, der wohl schon früher im Herbst eine halbwegs sichere Unterkunft im Westen gesucht hatte. Die Partei- und Polizeischergen erlaubten wenigstens den Menschen seines Alters die Abreise. Marion Dönhoff vertraute ihm ihren Schmuck an, den er in einem Schließfach der Deutschen Bank in Weimar verwahrte. Nun schrieb sie aus der Spätherbst-Melancholie, von einem Ritt zu den Vorwerken des Gutes zurückkehrend, einen langen Brief, der den Abschied vorausnahm: «Was man an Hoffnungen und echtem Besitztum noch sein eigen nennt, weiß man ja merkwürdiger Weise immer erst dann, wenn es verloren gegangen ist.» All das sei «zu Stück gegangen», seit sie sich das letzte Mal gesehen hätten. Es sei «so vieles anders geworden, so vieles infrage gestellt, so viele Menschen, die wichtig waren und unersetzlich, sind nicht mehr». Das «Elend im Land und auf den Straßen», fuhr sie mit erstaunlicher Offenheit fort, sei «unvorstellbar – der Strom der Flüchtlinge reißt nicht ab und schleicht wie ein tausendfüßiger Wurm gen Westen von einem eisigen Ostwind getrieben und seit Tagen von Regen überschüttet. Es ist ein trostloser, sehr östlicher Anblick diese ungezählten Fuhrwerke: offene hochbepackte Leiterwagen mit abgetriebenen Pferden davor und vielen Frauen und neugeborenen Kindern darauf und einigen zu Fuß marschierenden Greisen oder französischen Kriegsgefangenen dahinter, zuweilen auch eine Kuh oder ein paar Schafe die müde und stumpf hinterherwandern. Das geht nun schon sehr lange so, jede Nacht eine andere Invasion; gestern kam ein Treck von Bekannten mit 70 Pferden und 200 Menschen hier durch, sie hatten vor 10 Tagen ihren Besitz mitten in der Nacht, ohne alle Vorbereitung und ohne Nachdenken räumen müssen – in letzter Sekunde, die Panzer standen auf 800 Meter und das Gut lag schon im Infanteriefeuer ...» Im Juli seien die Weißrussen nach monatelanger Wanderung durchgekommen «mit ihren kleinen leichten Planwagen und struppigen Pferden unter dem Krummholz», dann wochenlang die Litauer «und jetzt seit etwa 14 Tagen Deutsche ...» Beim Bruder (Dieter) in Skandau sei alles gepackt, in Friedrichstein sei es noch ruhig, aber das sei «eine Frage der Zeit». Sie hatte unterdessen versucht, die wertvollsten Bücher aus Ottos Bibliothek aus Königsberg nach Westen zu verfrachten. Ob sie den Professor je erreichten, steht dahin.

Schließlich schrieb sie von den eigenen Plänen: Sie wolle versuchen, wenn Friedrichstein geräumt werden müsse, die Leute (etwa 500 Menschen) «per Treck bis in die hiesige Gegend zu führen» – dazu kam es nicht –, «dann die hiesigen Betriebe auf den Weg zu bringen und dann, weil ich es für hoffnungslos halte wenn die ganze Provinz erst einmal unterwegs ist, überhaupt noch vorwärts-, geschweige denn über eine der Brücken, zu kommen, dann also mich mit dem Reitpferd zu verselbständigen und allmählich gen Westen zu reiten – hoffentlich zusammen mit meiner Schwester».

So hat sie längst vorausgesehen, dass der Treck keine Chance hatte, das andere Weichselufer zu erreichen. Die Entscheidung, sich nach dem großen Aufbruch von den Quittainern zu trennen, brauchte keine lange Überredung: Sie war schon Wochen zuvor in ihren Erwägungen vorbereitet, wie der November-Brief an Walter F. Otto anzeigt.

Sie meldete sich bei dem Freund noch einmal aus der Heimat, am 14. Januar 1945, exakt zehn Tage vor dem Aufbruch. «Seit heute früh», berichtete sie, «hören wir nun wieder den fernen Donner der Geschütze und harren der Dinge, die da kommen; man tut das eigentlich völlig wunsch- und leidenschaftslos und mit dem Gefühl dessen der einer Feuersbrunst zusieht und genau weiß, daß die Flammen alles vernichten ...» Wenn sie durch die Räume in Friedrichstein gehe und darüber nachdenke, «was man eines Tages zurücklassen wird, scheint es mir gar nicht so viel, weil ich das Gefühl habe, dass die einzige Realität dieser Welt in den paar Bänden beschlossen liegt, die auf meinem Regal stehen und noch einigen, die dort fehlen». Bei einer Schlittenfahrt durch die sternklare Winternacht fiel ihr «die Szene aus Krieg und Frieden ein, wie Bolkonski verwundet auf dem nächtlichen Schlachtfeld liegt und zu den Sternen aufsieht, als plötzlich Napoleon gestikulierend und schwätzend wie ein schlechter Komödiant über diese große Bühne reitet». Wer damit gemeint war, wusste der Freund so gut wie die Schreiberin. Aber dann überwältigt sie das Bewusstsein des Verlustes: «Ich habe all meine Freunde verloren, manche haben mein Leben seit zwei Jahrzehnten begleitet und erfüllt und sie waren wichtiger als alles andere. Ich vermag nicht mehr um sie zu trauern und wünsche die Toten nicht zurück in diese dumpfe Welt – nur dies wünsche ich mir, daß ... ich nie einen Tag lang vergesse woran sie geglaubt und wofür sie gekämpft haben.»

Die nächste Nachricht war ein Telegramm, datiert vom 19. Februar 1945 an Prof. Otto Ellmau Post Klais (bei Garmisch-Partenkirchen): «MEINE GESCHWISTER UND ICH REITEND IN TEMPLIN EINGETROFFEN GEHEN WEITER NACH BÜCKEBURG GEORGSTR 6 = Marion.»

· Kapitel 15 ·

Die Gräfin reitet fort

Am Abend des 21. oder des 22. Januar 1945 rief Gräfin Dönhoff von einem der Güter, die zum Besitz von Quittainen gehörten, bei der Kreisleitung in Preußisch-Holland an und erbat die Genehmigung für eine Zugfahrt nach Königsberg, um sich von dort nach Friedrichstein durchzuschlagen, wo sie noch einmal «nach dem Rechten sehen» wollte, wie sie schrieb. Genauer: Sie plante, mit ihrem Bruder Dieter die letzten Vorbereitungen zum Treck der etwa fünfhundert Menschen zu treffen, die im Umkreis des Schlosses lebten. Sie sollten zunächst nach Quittainen und von dort weiter nach Westen ziehen. So war es verabredet. Der Parteigenosse in Preußisch-Holland aber fragte sie bei jenem Telefongespräch knapp, ob sie nicht wisse, dass der Kreis Preußisch-Holland bis Mitternacht geräumt werden müsse. Nicht lange zuvor hatten die Funktionäre der NSDAP – Gauleiter Koch war zum Reichsverteidigungskommissar der Provinz ernannt worden – jede Fluchtplanung als Defätismus, ja als Sabotage denunziert, sie hatten alle praktischen Maßnahmen mit harten Strafen bedroht, hatten die Gutsherrin verwarnt, als ihnen hinterbracht wurde, dass sie die Arbeiter dazu anhielt, Leiterwagen für den Transport halbwegs winterfest zu machen.

Der befohlene Aufbruch in letzter Minute warf alle sorgsame Planung über den Haufen. Marion Dönhoff packte das Nötigste in einen Rucksack und in die Satteltaschen ihres Fuchses Alarich, aß mit der Köchin und den beiden Sekretärinnen noch rasch ein paar Bissen. Dann brach sie auf, ohne das Geschirr und das Silber abzuräumen, ohne das Haus abzuschließen – wozu? Eisglatte Straßen. Der Treck brauchte sechs Stunden für die elf Kilometer in die Kreisstadt. Die Parteifunktionäre hatten sich längst davongemacht. Das von schweren britischen Bombenschlägen verheerte Königsberg wurde als Festung deklariert. Am 30. Januar schloss sich der Belagerungsring um die Stadt, die erst am 9. April kapitulierte. Gauleiter Koch überließ die hungernde Bevölkerung und die zermürbten Soldaten ihrem Schicksal und suchte auf sorgsam vorbereiteten Fluchtwegen das Weite, nicht anders als seine Genossen in Westpreußen und in Schlesien, die exakt wie der größenwahnsinnige Eisenbahner (das war Kochs erlernter Beruf) mit Terror und Standgerichten die Verteidigung «bis zum letzten Mann» erzwungen hatten – und sich selber in Sicherheit brachten. Koch, vermutlich der korrupteste aller braunen Bonzen, gelang es – dank seiner Reserven an Bestechungsmitteln? –, bis zum Mai 1949 in Schleswig-Holstein unterzutauchen. 1950 lieferten ihn die Briten an Polen aus. Das Todesurteil wurde «wegen Krankheit» nicht vollstreckt; erst im November 1986 starb er im Gefängnis Barczewo, im wackeren Alter von neunzig Jahren.

Als die Gräfin nach einem Erkundungsgang in das Städtchen zum Treck zurückkam – sie hatte mit Friedrichstein telefoniert, aus dem Bruder Dieter im letzten Augenblick aufbrach –, fand sie ihre Gefährten aus Quittainen bei 20 Grad Kälte «durchgefroren und verzweifelt». Sie hatten beschlossen umzukehren – und künftig halt für die Russen zu arbeiten. «Und noch etwas anderes hatten sie alle miteinander inzwischen beschlossen: dass ich versuchen sollte, mit meinem Pferd nach Westen durchzukommen, denn mich würden die Russen bestimmt erschießen.»

Es brauchte keine lange Überredung. Wie ihr Brief vom 1. November 1944 an Walter F. Otto aufzeigt, hatte sie genau diese Lage vorausgesehen, und sie war längst bereit, sich allein auf den Weg zu machen. «Kein großer Abschied. Ich bestieg rasch meinen Fuchs ...»

Es begann der lange Ritt nach Westen, von dem sie, in gedrängter Form, in einem ihrer ersten Artikel für die «Zeit» noch im Gründungsjahr berichtet hat: ein klassisches Dokument der Völkerwanderung am Ende des Krieges, das einen Platz in den Geschichtslesebüchern verdient, eine zeithistorische Reportage von einer noch immer ergreifenden Unmittelbarkeit, der Beweis auch des unbesiegbaren Lebenswillens einer jungen Frau, die nur noch einmal für einen Augenblick in Versuchung geriet, trotz aller Warnungen selber zurückzukehren – nach Friedrichstein, wenn es denn anging.

Aber nach Osten waren alle Wege versperrt. Ihre Handschuhe wurden gestohlen. Sie behalf sich mit ein paar Wollsocken, die sie kaum schützten. Die Haut brach auf. Später nähte sie sich aus festem Vorhangstoff einen Ersatz. Die Kolonne der Flüchtlinge bewegte sich im Tempo von nur zwei oder drei Kilometern in der Stunde vorwärts. Sie beschloss, sich mit ihrem jungen Begleiter, der das Handpferd ritt, von den Trecks zu lösen. Die beiden wollten versuchen, sich auf kleinen Nebenstraßen von Gut zu Gut durchzuschlagen.

Etwa zwei Wochen waren sie in klirrender Kälte unterwegs, ehe sie das Bismarck-Gut Varzin in Hinterpommern erreichten, einst der bevorzugte Aufenthalt des Reichsgründers, ehe er sich grollend in den Sachsenwald von Friedrichsruh bei Hamburg zurückzog. In Varzin war alles zum Aufbruch bereit – bis auf die Schwiegertochter des Kanzlers, «eine kleine, feingliedrige, höchst amüsante uralte Dame, die in ihrer Jugend Anlass zu allerlei Stirnrunzeln gewesen war ...» Sie wollte bleiben. «In ihrer Umgebung war alles wie immer. Der alte Diener, der auch nicht wegwollte, servierte bei Tisch. Es gab einen herrlichen Rotwein nach dem anderen – Jahrgänge, von denen man sonst nur in Ehrfurcht träumt.» Die alte Dame aber hatte im Park ihr Grab ausheben lassen, «weil dazu nachher niemand mehr Zeit haben würde».

Nach zwei Tagen ritt Marion Dönhoff weiter. An der Oder wich sie nach Norden aus, zur Küste hinter Stettin, ritt über die Inseln

Usedom und Wollin, durch Vorpommern, die Uckermark. Sie hatte gehofft, Dieters Frau Sissi und die Kinder auf einem Gut bei Prenzlin zu finden, doch die Familie war schon weitergezogen. So brach auch sie wieder auf.

Nach einem Ritt von knapp zwei Monaten langte sie schließlich bei den Metternichs an, alten Freunden, die im westfälischen Vinsebeck zu Haus waren. Dort fand Alarich, der sie so getreulich über tausend Kilometer getragen hatte, ein friedliches Auskommen, bis Marion Dönhoff, viele Jahre danach, den Gastgebern die Last nicht mehr zumuten wollte und das alte Tier verkaufte. Viel wird es für den greisen Fuchs nicht gegeben haben.

Sie blieb nicht allzu lange in Westfalen. Ihr Ziel war das Gut der Gräfin Görtz in Brunkensen, das offensichtlich als letzter Treffpunkt für die Geschwister verabredet war. Die Kapitulation erlebte sie dort. Sie nutzte die Tage, in denen Deutschland – bis auf die unablässigen Flüchtlingsströme im Zustand hilfloser Lähmung – seine Stunde null erwartete (die keine war), um ein Manifest aufzusetzen, das in einem vorzüglichen Englisch (mit nur wenigen Umständlichkeiten) geschrieben ist; vielleicht war der Nachbar Gottfried von Cramm, der berühmte Tennisbaron, bei der Korrektur behilflich – er beherrschte zu jenem Zeitpunkt die Sprache der Sieger souveräner als Marion Dönhoff. Dies war das erste Manifest des deutschen Widerstands, dem die Siegermächte unmittelbar nach der Kapitulation begegneten.

Zu Anfang stellte die Autorin mit strenger Entschlossenheit fest: «Die erklärte Absicht des Oberkommandierenden der alliierten Streitkräfte, den Nazismus auszulöschen, sollte jedem anständigen Deutschen ganz und gar willkommen sei. Darüber hinaus sind jene Deutschen, die sich seit langem in einer geheimen Kriegführung gegen Hitler und sein verbrecherisches System engagiert haben, von dem brennenden Wunsch erfüllt, aktiv an diesem Bestreben mitzuarbeiten. Es ist freilich geboten, nicht nur die Nazi-Herrschaft zu beseitigen, sondern auch alle Spuren der Nazi-Ideologie im Gemüt eines Volkes auszulöschen, das von Natur aus gesetzestreu, autoritätshörig, gewiss nicht mit politischer Vernunft ausgestattet und nur allzu gutgläubig ist, nationale Eigenschaften, die jahrelang auf durchtriebene Weise von einer unentwegten Propaganda ... genutzt wurden, um die tatsächliche Lage systematisch zu verbergen. Die Institutionen, Klassen und Persönlichkeiten, die dazu geschaffen sind, die Massen zu führen, wurden terrorisiert, unterdrückt und rücksichtslos ausgerottet.»

Die Folge sei, fuhr sie fort, dass «eine demoralisierte, zur Unterscheidung von Gut und Böse nicht mehr fähige Masse ein gefügiges Instrument in den Händen einer Bande von Demagogen und Verbrechern» geworden sei. In den höheren und niederen Rängen der Armee und der Verwaltung habe das Regime die blinde Loyalität und die Bindung an den Eid schamlos missbraucht – «noble Qualitäten, die freilich eher ein Beweis der Disziplin als des unabhängigen Denkens» seien. Die deutsche Mittelklasse sei am anfälligsten für die idealistischen Phrasen des Nazismus gewesen, und man habe bis zum Schluss an den absurden Mythos vom Halbgott Hitler geglaubt, der schließlich doch siegen werde. Sie betonte, dass gerade dieser Teil der Deutschen in die Lage versetzt werden müsse, selbst zu einem Urteil zu finden. «Sie müssen in jedem Detail die wahren und unleugbaren Tatsachen über das ruchlose Hitler-Regime erfahren, müssen die ganze Geschichte der Korruption, der Verbrechen, der Grausamkeit und der Morde, der gigantischen Lügen ... kennenlernen, auch der schrankenlosen Schrecklichkeiten, die innerhalb und außerhalb des Landes begangen oder angezettelt wurden.» Sie betonte, dass die Aufklärung nicht den Anschein wecken dürfe, sie werde den Deutschen von außen aufgezwungen, vielmehr müssten die inneren Kräfte an dieser Aufgabe teilhaben können.

Dies war der Kern der Botschaft: Dem ignoranten Teil des Volkes sollte die Einsicht vermittelt werden, dass «die besten ihrer Landsleute schon lange einen heroischen, doch erfolglosen Kampf gegen den Irrglauben und seine Künder» geführt und sich der «Pervertierung aller geistigen Errungenschaften der deutschen Nation» entgegengestellt hätten, die ihre fast völlige Zerstörung bewirkte. Die deutsche Öffentlichkeit, so Marion Dönhoff, sollte alles über die «unaussprechlichen Schrecken der Konzentrationslager» erfahren, über «die Schauprozesse und die empörenden Urteile, die offen oder verdeckt von den übelsten aller Instrumente der Diktatur, den Volksgerichtshöfen», verhängt worden seien. Keine Anstrengung dürfe gescheut werden, die Dokumente dieser üblen Institutionen zu finden und die Aussagen der Überlebenden sorgsam zu registrieren.

Soweit die Verbrechen an deutschen Staatsbürgern begangen worden seien, sollte auch eine deutsche Mitwirkung erlaubt sein (wenn die Täter zur Rechenschaft gezogen würden). «Ich denke dabei vor allem an die Patrioten des 20. Juli 1944, dem Datum des erfolglosen Versuchs, Hitler zu töten. Ich hatte lange Jahre die Ehre, nicht nur mit vielen dieser Männer freundschaftlich verbunden, sondern an ihrem Werk beteiligt zu sein. Darum weiß ich, dass sie sich jahrelang darum bemüht haben, eine neue Form der Regierung zu schaffen und eine Liste sorgfältig ausgewählter Männer zusammenzustellen, die ein weites Feld von Ämtern besetzen könnten ... Die Besten der Nation wurden zusammengeführt, aus allen Provinzen und Klassen des Landes. Die deutsche Arbeiterschaft stellte ihre besten Vertreter zur Verfügung. Die fähigsten und erfahrensten der Vorkriegs-Botschafter wie Ulrich von Hassell und Graf von der Schulenburg, Minister und Staatssekretäre wie Popitz, Schacht, Erwin Planck, drei Feldmarschälle, eine Reihe herausragender Generale und ungezählte junge Offiziere hatten sich entschlossen, der Stimme des Gewissens zu gehorchen – und nicht dem Eid, den sie auf Adolf Hitler geschworen hatten. Neben ihnen stand ein großer Teil des landbesitzenden Adels, keine heruntergekommenen und bankrotten Figuren wie die Männer, die 1933 die Macht an sich rissen, sondern Namen wie YORCK, MOLTKE, HARDENBERG, SCHWERIN, DOHNA und LEHNDORFF, seit Jahrhunderten

mit der Geschichte ihres Landes verbunden. Diese Männer wussten, dass sie nicht nur ihre Köpfe riskierten, sondern auch die Erde, die ihnen von ihren Vorvätern vermacht worden ist, seit Jahrhunderten die Heimat ihrer Sippen. Allein in den westlichen Provinzen wurden Familiengüter mit einer Fläche von mehr als 100 000 Hektar konfisziert und ihre Eigentümer hingerichtet.»
Das deutsche Volk, schrieb sie weiter, sollte endlich die Vorstellungen seiner Besten kennenlernen, sollte erfahren, was sie planten, was sie taten, was sie erlitten. Das Volk sollte wahrnehmen, dass die Männer des 20. Juli nicht eine «kleine Bande von Verrätern» gewesen seien, «sondern die Auslese der Nation, echte Deutsche, bereit, Verantwortung und Opfer auf sich zu nehmen ..., um weitere Verbrechen gegen die Menschheit und die Nation zu verhindern und sie vor der vollständigen Katastrophe zu bewahren», die nun eingetreten sei. Sie fuhr fort: «Westeuropa hatte das Glück, nicht durch eigene Erfahrung die Terror-Maschine ... Hitler-Deutschlands kennenzulernen.» (Sie konnte damit nur Großbritannien und die Vereinigten Staaten, gewiss nicht die besetzten und unterworfenen Staaten des Kontinents gemeint haben.) Der Westen aber gebe sich dem Glauben hin, dass «die gesamte deutsche Nation mit diesen Methoden zu identifizieren sei, weil keine Opposition sichtbar geworden ist und die Bedeutung des Zwanzigsten Juli falsch interpretiert wurde ... Nur wer jahrelang unter einem System des permanenten Terrors und der Überwachung gelebt hat, von Spionen und Denunzianten durchsetzt, kann die enormen Schwierigkeiten beurteilen, die ... der Organisation einer breiten Gegenbewegung im Wege standen», und nur wer das Nazi-System aufs intimste kenne, werde verstehen, dass das deutsche Problem nicht durch den Tod einiger führender Nazis oder des «Führers» selbst gelöst werden konnte. Die Vollständigkeit der Kontrolle aller Zweige des öffentlichen Lebens durch die Parteimaschine hätte sich nicht durch einen Staatsstreich beseitigen lassen, sondern nur durch eine gründliche und «sozusagen legale Revolution». Nur so hätte die Unterstützung

der Armee gewonnen werden können, die als einzige Macht imstande gewesen wäre, die Macht der Partei zu brechen.

«Kaum einer dieser tapferen Männer» des Widerstandes «ist noch am Leben – die einzigen Helden in diesem Krieg, die wirklich für die deutsche Sache kämpften.» Einige wenige könnten noch in den Polizei-Kerkern in der Lehrter Str. Nr. 3 oder der Prinz-Albrecht-Str. Nr. 9 schmachten, aber «viele Tausend wurden hingerichtet». Sie wies auf die dringliche Aufgabe hin, die Dokumente der Verhöre und Verfahren zu finden und sicherzustellen. Sie selber würde sich glücklich schätzen, wenn sie dabei helfen könnte, diese Dokumente zu finden und auf der Basis der Überzeugungen, die sie hier dargelegt habe, mitzuarbeiten.

Diese Erklärung könnte, isoliert betrachtet, den Verdacht nähren, Marion Dönhoff habe sich mit dem energischen Versuch, die Aufmerksamkeit der Sieger auf die Widerstandsbewegung vor allem des 20. Juli zu lenken, um eine Art Ehrenrettung der großen Adelsfamilien bemüht. Die Vertreter der Arbeiterschaft wurden von ihr nur beiläufig erwähnt, obwohl sie für Helmuth Moltke, aber auch für Peter Yorck und für Stauffenberg wichtige Partner ihrer Gespräche und ihrer Planungen waren. Von den Verbrechen des Regimes in Polen, in Russland, in der Ukraine sprach sie nur indirekt, von der Vernichtung der Juden – deren Ausmaß damals noch nicht zu erkennen war – mit keinem Wort (obwohl sie über die Massenexekutionen in Polen und hinter der Front in Russland und der Ukraine informiert war). Doch sie hatte schon ausgerechnet, wie viel Land die oppositionelle Aristokratie im Westen des Reiches durch die Beschlagnahme ihres Eigentums verloren hatte – eine etwas abenteuerliche Kalkulation.

Das Sendungsbewusstsein, das ihr von der ersten Stunde an den Kampf um die Anerkennung des Widerstandes gegenüber den Siegermächten wie in der deutschen Öffentlichkeit aufgetragen hat, schien sie zunächst ein wenig überwältigt zu haben. Diese frühen Äußerungen könnten die fragwürdige Formel jüngerer Historiker belegen, dass «der Widerstand des 20. Juli ... ein Widerstand der Eliten» gewesen sei – was womöglich implizierte, dass die Überlebenden danach trachteten, den elitären Status ihres Standes zurückzugewinnen. Es zeugte freilich von keinem geschärften Blick für die Wirklichkeit, wenn zugleich gesagt wurde, dass selbst die Vertreter der Arbeiterschaft in der Widerstandsbewegung schon «in der Weimarer Republik hohe Funktionen, bis hin zum Minister, wahrgenommen» hätten. Welche Vertreter der Linken konnten Moltke oder Stauffenberg aufspüren, als sie Verbindung zu Sozialdemokraten und Gewerkschaftsführern, später auch zu Kommunisten suchten (was Julius Leber und anderen zum Verhängnis wurde)? Sie wandten sich selbstverständlich Männern wie Leber und Reichwein, wie Mierendorff, Haubach und Leuschner zu, die sich in der Tat schon in der Weimarer Republik einen Namen gemacht hatten. Sollten sie in die geheimen Widerstands- und Sabotage-Zellen bei Siemens oder in den Treptower Stahlwerken vordringen (was nicht einmal der Gestapo immer gelang)?

Marion Dönhoff begriff nach den ersten Gesprächen mit britischen und amerikanischen Offizieren rasch, dass die Alliierten die «deutsche Gefahr» und den Kern des deutschen Übels nicht nur bei den ausgewiesenen Nazis und zumal bei den SS-Schergen suchten, sondern auch in der militaristischen Tradition Preußens. Der Feind: Das wären nicht nur die ausgemachten Verbrecher in den kackbraunen Uniformen und unter den Totenköpfen der SS, sondern auch die «Junker», aus denen sich in der Regel die Generalität der deutschen Armee rekrutierte und die sie für die latente Kriegsbereitschaft, ja die Kriegslüsternheit der Deutschen verantwortlich machten.

Marion Dönhoffs Preußen-Bild war ein anderes – fast ein vorbismarcksches, wenn nicht gar friderizianisches. In ihrer ersten Schrift zum Gedenken des 20. Juli 1944, die sie im Jahre 1945 schrieb und im Jahre 1946 durch den kleinen Hamburger Verlag Hans Dulk (bei der Druckerei Maaks in Winsen an der Luhe) in einer Auflage von –

nicht zum Verkauf bestimmten – 160 Exemplaren in schlichter und würdiger Form herstellen ließ (für mehr reichten das Geld und das rationierte Papier nicht): In dieser frühesten Würdigung des Widerstandes nannte sie unter den Forderungen der Verschwörer als einen Programmpunkt die «Auflösung des Staates Preußen» und die «entsprechende Neugründung verschiedener Länder». Es ist anzunehmen, dass sich in diesen Stichworten eher die Planungen des Kreisauer Kreises als der Gesprächszirkel um Goerdeler, der zum Kanzler vorgesehen war, um den ehemaligen preußischen Finanzminister Popitz oder den Botschafter von Hassell anzeigten. Immerhin annoncierten sie, dass Marion Dönhoff die Zeichen der Zeit verstanden hatte.

Es brauchte lange, bis ihr Bild des Widerstandes von der Mehrheit der Deutschen aufgenommen und gewürdigt wurde, und es vergingen Jahrzehnte, bis die Partner und Verbündeten in der Europäischen Union und der Atlantischen Allianz bereit waren, den Opfergang der Verschwörer um den 20. Juli oder den Kreisauer Kreis auch nur wahrzunehmen, mehr als ein halbes Jahrhundert, bis Claus von Stauffenberg den Weg nach Hollywood (und damit in die Weltöffentlichkeit) fand und Philipp von Boeselager, einer der letzten Zeugen aus dem Kreis der Verschwörer um Tresckow, vom französischen Staatspräsidenten stellvertretend für die deutsche Résistance mit der Mitgliedschaft in der Légion d'honneur ausgezeichnet wurde.

Kurz nach der Kapitulation fand Marion Dönhoff Gelegenheit, ihr Memorandum einem Assistenten des Air Marshalls Cunningham von der Royal Air Force zu übergeben. Das Papier wanderte, zusammen mit einem zweiten Memorandum, durch die Büros der politisch aufmerksamen Offiziere der britischen Besatzungsmacht, und damit entschied sich, ohne dass sie es ahnte, das berufliche Geschick der jungen Gräfin, wenngleich ein Jahr vergehen sollte, bis sich die praktischen Konsequenzen ergaben. Nach den Briten klopfte in Brunkensen ein Amerikaner an: Am 17. Mai begehrte der

CIC-Agent Jayes H. Hatcliff jr. (der sich kaum mit diesem Titel vorgestellt haben dürfte) die Gräfin Marion Dönhoff und den Baron Gottfried von Cramm zu sprechen: für Marion die zweite Chance, einen Vertreter der Siegermächte auf die Verschwörung des 20. Juli aufmerksam zu machen. Dies betrachtete sie, kein Zweifel, als die wichtigste Aufgabe, die ihr nach der Flucht gestellt war: für das Vermächtnis der toten Freunde zu zeugen.

Nein, es ging ihr dabei kaum um die Rettung der gesellschaftlichen, der politischen, der moralischen Reputation des Adels. Auch nicht – siehe ihre Gedenkschrift – um eine Ehrenrettung Preußens, das nach ihrem Urteil in der Degeneration des wilhelminischen Reiches zugrunde gegangen war, wenn nicht schon mit der Reichsgründung (immerhin antwortete sie, nicht nur ironisch, auf die Frage nach ihrer Staatsangehörigkeit dann und wann, sie sei Preußin). Indes, sie wusste noch vor der offiziellen Auflösung des preußischen Staates durch einen Beschluss der Alliierten am 1. März 1947, dass die Welt ihrer Herkunft zerbrochen war, ein für alle Mal. Die Zerstörung hatte in Wahrheit schon 1932 begonnen, als fast die Hälfte aller Bürger Ostpreußens bei den Reichstagswahlen der NSDAP ihre Stimme gab. Niemand kannte das Ausmaß der Verheerung, als Marion Dönhoff am Ende ihres Fluchtweges angekommen war. Von Ostpreußens 2,5 Millionen Seelen ging – wie eine Studie von Andreas Kossert nachweist – fast ein Viertel durch den Krieg, durch den Nazi-Terror, durch die Ermordung der Juden, durch Flucht und Deportation zugrunde; manche sind schließlich verhungert oder erfroren.

Marion Dönhoff hegte niemals die geringste Illusion, dass die Trennung von der Heimat keine endgültige sein könnte. Der Untergang des Dritten Reiches bedeutete für sie, auch das war ihr deutlich, den Beginn eines anderen Lebens. Die Zäsur markierte sie, eher beiläufig, durch den Verzicht auf zwei Elemente, die zu ihrer alltäglichen Existenz als Gutsherrin und Mitglied der alten Aristokratie gehört hatten: Die leidenschaftliche Reiterin setzte sich niemals mehr auf ein Pferd, und die passionierte Jägerin beteiligte sich nie mehr aktiv an einer Jagd.

Ihr zweites Dasein begann: das der Bürgerin Marion Dönhoff. Sie hielt zwar an dem Titel «Gräfin» bis zum Ende ihrer Tage fest – aus Treue zu ihrer Familie, wohl auch als Ausdruck ihrer Individualität und vermutlich, weil er ein handliches Instrument war, sich im Alltag und im Beruf, in der Fremde vielleicht noch mehr als in Deutschland, von vornherein eine Spur von Respekt zu verschaffen und für eine gewisse Distanz zu sorgen. An der bürgerlichen Prägung ihres neuen Daseins und an dem wachsenden bürgerlichen Bewusstsein änderte das nichts – Bürgerlichkeit natürlich nicht als bourgeoise Gesinnung (und erst recht nicht als verhockte Spießbürgerlichkeit) verstanden, sondern als die deutsche Entsprechung des «citoyen», der ohne den republikanischen Impuls der Französischen Revolution nicht denkbar ist.

Marion Gräfin Dönhoff war als Verkörperung dieses Wandels nicht allein – siehe den Geist der Reform beim Aufbau einer neuen deutschen Armee ein Jahrzehnt nach der totalen Niederlage der Wehrmacht: Es war Graf Baudissin, Sohn einer alten preußischen Familie hugenottischer Herkunft, der zusammen mit dem Grafen Kielmansegg das Konzept des «Bürgers in Uniform» geprägt hat, das eine radikale Absage an das pervertierte Prinzip des absoluten Gehorsams verlangte. Die Richtpunkte der «Inneren Führung» – so die Formel des Reformkonzepts – forderten vielmehr die Unterwerfung der Streitkräfte unter die Normen der Rechtsstaatlichkeit, das Bekenntnis zum Primat der zivilen und demokratischen Autorität über die militärische, alles in allem: die Abkehr von der so unheilvollen Tradition des Militarismus und damit eines verkommenen Preußentums. Mithin: Es waren Söhne der Aristokratie, die sich als die Avantgarde eines neuen Bürgergeistes in der demokratischen Armee ausgezeichnet haben, den amerikanischen «citizen in uniform» vor Augen.

Der CIC-Agent, der sich am 17. Mai 1945 in Brunkensen einfand, glaubte Marion Dönhoff die leidenschaftliche Gegnerschaft zum totalitären Regime, dem sie just entkommen war. Kein Zweifel: Sie begriff schon damals den Tag der Kapitulation als einen Tag der Befreiung, auch für die Deutschen – eine Wahrheit, die ihr Freund, der Bundespräsident Richard von Weizsäcker, erst vierzig Jahre später öffentlich formulieren konnte. Es musste in der Tat fast ein halbes Jahrhundert vergehen, bis die Mehrheit seiner Landsleute diese Einsicht akzeptiert hatte.

Mr. Hatcliff begegnete Marion Dönhoff nicht nur höflich, sondern mit Achtung: Davon zeugt seine Niederschrift. Sie lenkte das Gespräch rasch zum Widerstand. Ob Mr. Hatcliff sie missverstand? In seinem Bericht, ausgefertigt am 19. Mai, schrieb er ihr eine «führende Rolle» in der Verschwörung zu, die sie nicht hatte (und auch nicht beanspruchte), und er hielt ferner fest, es habe sich beim Versuch eines Staatsstreichs um ein «gänzlich von Zivilisten inspiriertes» Bestreben gehandelt, die Nazi-Tyrannei abzuschütteln; die «Wehrmachts-Offiziere» seien «nur beteiligt worden, weil es eine völlige Unmöglichkeit» gewesen sei, «einen Staatsstreich ohne die Hilfe der Armee» zu wagen.

Marion Dönhoff und Gottfried Cramm erklärten, so Hatcliff, den sehr späten Zeitpunkt des Unternehmens durch die unentwegten Friedensbeteuerungen Hitlers, die auch die «intelligenten Schichten eingeschläfert» hätten. Auf die Kriegspläne in «Mein Kampf» hingewiesen, betonten sie, dass «praktisch niemand in Deutschland dieses langweilige und dicke Buch gelesen» habe. Erst gegen Ende der dreißiger Jahre seien die «intelligenteren Deutschen» durch die Aufrüstung alarmiert worden, deren wirkliches Ausmaß dem Volk durch die beschworene Geheimhaltungspflicht der Beteiligten und durch die Drohungen der Gestapo gegenüber den Arbeitern verborgen geblieben sei. Die Gestapo habe bei jedem regierungskritischen Wort zugegriffen.

Cramm meinte, der Führer habe gehofft – «obwohl ihn danach verlangte, ein neuer Napoleon zu sein» –, er könne durch Bluff à la

München ganz Europa unter seine Kontrolle bringen. Cramm selber habe sich im Sommer 1939 von Anthony Eden sagen lassen (der aus Protest gegen die Appeasement-Politik des Premierministers Neville Chamberlain im Frühjahr 1938 von seinem Amt als Außenminister zurückgetreten war), dass England kämpfen werde, wenn das Dritte Reich Polen überfalle. Als er dies dem General von Reichenau berichtet habe, damit er Hitler informiere, sei ihm ins Gesicht gelacht worden. Der deutsche Außenminister Ribbentrop, «ein vollkommener Narr», habe Hitler häufig die Wahrheit der Ergebnisse seiner diplomatischen Erkundungen vorenthalten. Ribbentrop habe auch die Bedingungen für Verhandlungen mit Polen dem – um Vermittlung bemühten – britischen Botschafter Henderson so schnell vorgelesen, dass der kein Wort verstehen konnte: So hätten die Polen niemals erfahren, was die Deutschen von ihnen erwarteten.

Die Gräfin Dönhoff wies darauf hin, so Hatcliff, der Kriegsausbruch sei für die Deutschen eine solche Überraschung gewesen, dass Tausende von Soldaten nicht einmal begriffen hätten, dass sie sich schon im Krieg befänden. Der Widerstand der anständigen Deutschen sei keineswegs erst durch die drohende Niederlage geweckt worden, sondern durch die offenen Angriffe der Nazis auf die christlichen Kirchen.

Der Einfall in Russland habe die anständigen Deutschen empört, weil er eine flagrante Verletzung des Nichtangriffspaktes gewesen sei. Es hätten sich nun Zellen zu formen begonnen, wobei extreme Vorsicht geboten gewesen sei. Die Bewegung habe sich zunächst auf die zivile Gesellschaft beschränkt, weil jede Verschwörung gegen die Regierung für Mitglieder der Armee den sofortigen Tod bedeutet hätte. Marion Dönhoff – oder war es Gottfried von Cramm? – betonte noch einmal, das Militär sei nur in den Widerstand einbezogen worden, weil es keine Hoffnung gegeben habe, den Nazis Halt zu gebieten, wenn die Armee nicht ihren Part übernehme: «die Unterstützung durch den Militarismus» sei nach Meinung der Verschwörer das kleinere von zwei Übeln gewesen.

Mit dieser Bemerkung kam sie ohne Zweifel den Deklarationen der Siegermächte entgegen, die – siehe oben – immer wieder betonten, dass nicht nur der Nazismus, sondern auch der deutsche, der preußische Militarismus die Geißel der zivilisierten Welt gewesen sei. Beschwichtigend erklärte sie ferner, man habe auch Verbindung zu Führungspersönlichkeiten der Sozialdemokraten und der Gewerkschaften aufgenommen. Himmler und nicht nur Hitler sollte durch ein Attentat getötet werden – möglichst beide zusammen. Der Vernehmer fügte dieser Aussage in Klammern die Bemerkung hinzu, dies entkräfte jene Zeitungsberichte, die behaupteten, dass Himmler von der Verschwörung gewusst und mit der Idee gespielt habe, sich selber an ihr zu beteiligen. Die exzessiven Vorsichtsmaßnahmen aber, so fuhr Marion Dönhoff fort, hätten es unmöglich erscheinen lassen, beide, Hitler und Himmler, zusammen zu erledigen. Also habe man beschlossen, zunächst Hitler allein umzubringen. Pläne für die Besetzung aller Regierungsämter und der zivilen und militärischen Verwaltung der Provinzen seien vorbereitet gewesen. Doch kein Mitglied der Verschwörung habe den Namen auch nur eines einzigen amerikanischen oder britischen Agenten in Deutschland gekannt, auf dessen Hilfe man rechnen konnte, obwohl die Alliierten gewusst hätten, dass irgendetwas im Gange sei – und sie hätten gehofft, dass es sich um eine zivile und nicht um eine militärische Verschwörung handle.

Gottfried von Cramm warf hier ein, dass die Alliierten offensichtlich niemandem in Deutschland vertrauten, und er habe das Gefühl, dass die Alliierten bei den Versuchen, mit den Verschwörern in Schweden Kontakt zu gewinnen, nicht die nötige Vorsicht bewiesen hätten. (Cramm spielte hier vermutlich auf die Stockholmer Gespräche des Widerstandsdiplomaten Trott zu Solz an.)

Es war wohl vor allem Marion Dönhoff, die nun die Vorgänge des 20. Juli nach ihren damaligen Einsichten schilderte, einschließlich des (vermeintlichen) Kampfes der aufständischen Offiziere gegen die loyalen Wehrmachtseinheiten im Berliner Oberkommando. Sie gab an, dass die Gestapo in den folgenden Tagen Hunderte der Verschwörer verhaftet habe (sie schätzte deren Zahl auf 2000). Zwischen 3000 und 10 000 Menschen seien hingerichtet worden. In diesem Zusammenhang erwähnte sie, dass einer der Hauptverschwörer, Kurt von Plettenberg in Bückeburg (ihr Verehrer aus Jungmädchentagen), so lange unbehelligt geblieben sei, weil sein Name auf keiner Liste gestanden habe. Doch auch er sei aus unbekannten Gründen noch sechs Wochen vor der Kapitulation festgenommen worden, und er habe sich im Berliner Gestapo-Gefängnis das Leben genommen. Der Bericht zählte danach die Namen der Hauptverschwörer auf.

Zur Person der Gräfin Dönhoff notierte der Agent noch einmal, dass ihr eine führende Rolle in Ostpreußen bei der Auswahl der Verantwortlichen einer neuen Regierung zugefallen sei. «Sie ist 35 Jahre alt, nicht verheiratet, hochintelligent und idealistisch.» Sie habe vor ihrer Flucht beim Vormarsch der Russen eines der reichsten Güter in Ostpreußen verwaltet, und ihr Vater sei einer der reichsten Männer in Deutschland gewesen. Ihr Bruder Heinrich sei als Major der Infanterie ums Leben gekommen, der Bruder Dieter lebe mit ihr in Brunkensen, der Bruder Christoph sei Konsul in der Schweiz, sie habe außerdem eine Schwester namens Yvonne. Die Gräfin habe ein bemerkenswertes Statement vorbereitet, das die wahren Gefühle der wenigen zeige, die gegen den Nazismus gekämpft hätten. Eine Kopie sei diesem Bericht angefügt.

Über den Baron von Cramm hielt Mr. Hatcliff fest, dass er früher einer der größten Tennisspieler der Welt gewesen sei. Jetzt lebe er auf dem Familienbesitz in Bodenburg. Vor dem Krieg sei er Pazifist gewesen, und er habe es nur seinem prominenten Namen und guten Beziehungen zu verdanken, dass er sein Leben vor den Nazis habe retten können. 1939 sei er wegen «sittlicher Vergehen» sechs Monate verhaftet gewesen: Anschuldigungen, die laut Hatcliff von Gestapo-Agenten fabriziert wurden. Jene Gestapo-Funktionäre, die sich nun in alliierter Hand befänden, hätten bestätigt, dass Cramm einer der führenden Antinazis in Deutschland gewesen sei. Dank der fortgesetzten Interventionen von Göring, mit dem Cramm täglich Tennis gespielt habe (was zweifellos geflunkert war), sei er schließlich freigekommen, danach zur Armee eingezogen, doch 1942 wieder entlassen worden, um die Bewirtschaftung des Familiengutes und der Schnapsfabrik seiner Mutter zu übernehmen. Obwohl er den Kommunismus verabscheue, habe er den russischen Zwangsarbeitern in seinem Dorf mit Lebensmitteln geholfen. Es ist zu vermuten, dass diese krude Kausalität von Hatcliff, nicht von Cramm stammte, der selber einräumte, dass seine Rolle in der Verschwörung gering gewesen sei, aber nach dem Attentat sei auch er verhaftet und verhört worden, doch man habe keine Beweise gegen ihn vorzulegen vermocht. Nach dem Staatsstreich wäre ihm die Aufgabe zugefallen, Verbindungen zu den Briten herzustellen. Kontakte habe es auch während des Krieges gegeben, und die Briten hätten ihm vertraut. Diese Angaben könnten beim britischen Kriegskabinett geprüft werden.

Der Agent Hatcliff hielt in einer persönlichen Anmerkung fest, dass die Aufrichtigkeit der beiden Informanten kaum in Frage zu stellen sei. Die Gräfin, früher eine der reichsten Frauen in Deutschland, habe durch den Einmarsch der Russen alles verloren, doch sie sei nicht bitter. Beide sagten, der Tod vieler tausend Menschen, die mit der Verschwörung verbunden gewesen seien, müsse als ein schwerer Schlag «für den Anstand in Deutschland» betrachtet werden, denn buchstäblich alle Führer der Verschwörung hätten die Wahrheit der Anschuldigungen gegen Deutschland gekannt, und sie wären bereit gewesen, jede Wiedergutmachung zu leisten, die überhaupt möglich sei. Die beiden Zeugen hätten von der «schrecklichen Belastung» gesprochen, die es bedeute, wenn die Söhne und die Freunde in einem Krieg zu kämpfen hätten, der so sehr gegen alle Gerechtigkeit verstoße, dass man jeden Tag darum bete, die eigene Seite möge verlieren. Stauffenberg, «einer der anständigsten Patrioten», habe bewusst die kämpfende Front geschwächt, weil er gewusst habe, dass Deutschland in Wahrheit verliere, wenn es den Krieg gewinnen würde. Die Geschichte des Widerstandes müsse bekannt werden, um den Alliierten bei der Regeneration Deutschlands zu helfen: indem sie den Deutschen zeige, dass die wahren Führer (des Widerstandes) sich der Untaten des Naziregimes bewusst gewesen seien. Aber, so Hatcliff, die beiden hätten auch der Meinung Ausdruck gegeben, dass ihre Landsleute nicht wahrgenommen hätten, was in den Konzentrationslagern wirklich vor sich ging und welche Schrecklichkeiten außerhalb Deutschlands verübt wurden. Die Deutschen selber müssten an der Aufgabe beteiligt werden, der Wahrheit den Weg zu bahnen, damit die einfachen Leute die Berichte nicht als (Feind-)Propaganda abtun könnten. Die beiden hätten eingeräumt, dass das deutsche Volk sich der deutschen Kriegsschuld nicht im Geringsten bewusst sei, aber von diesem Krieg mehr als genug habe. Dennoch sei zu fürchten, dass sie wieder kampfbereit sein würden, wenn in 25 Jahren die Militärkapellen aufspielten und die Paraden begännen. Was von der Bewegung, die Hitler stürzen wollte, noch übrig sei, müsse aufgefunden und den Alliierten bei ihrem Bemühen der Umerziehung zur Verfügung gestellt werden – und dies auf zweierlei Weise: Zunächst müssten die Deutschen begreifen, dass sie selbst für all den Horror und die Zerstörung moralisch verantwortlich seien, und zum Zweiten müssten sie auf den Pfad des Anstands zurückgeführt werden. Die Zeugen böten ihre Dienste «in jeder Weise an, in der sie den Alliierten von Nutzen sein könnten». Es sollten alle Anstrengungen unternommen werden, um die Gerichtsprotokolle der Prozesse gegen die Mitglieder des Widerstandes zu finden.

In Brunkensen fanden sich, neben der Familie des Bruders Dieter, alte und neue Freunde zusammen, so Axel von dem Bussche, der bereit gewesen war, sich mit Hitler in die Luft zu sprengen, später auch Richard von Weizsäcker und Hartmut von Hentig, der von Marion angeworben wurde, die Nichten und Neffen in Brunkensen zu unterrichten. Er war Marion auf dem Rathausplatz von

Garmisch-Partenkirchen über den Weg gelaufen (wo seine Familie Zuflucht gefunden hatte): Weiß der Himmel, wie sie es zuwege gebracht hatte, die weite Reise aus der Region Hildesheim bis zu den Alpen zu bestehen. Der Eisenbahnverkehr war sporadisch, die Züge zum Bersten überfüllt, und man hatte Glück, wenn man auf den Puffern zwischen den Waggons oder auf dem Zugdach einen Platz fand. Sie suchte im Süden ihren Freund, den Oberst Joachim von Busse, der im Lazarett von Partenkirchen lag, um den Lungensteckschuss auszuheilen. Später quartierte er sich bei einer Frau von Duisberg ein, und schließlich betrieb er einen Gutshof bei Rosenheim. Sein Sohn – damals erst ein Bub von vier Jahren, die Mutter war früh gestorben – erinnert sich, dass ein Foto Marion Dönhoffs bis zum Tod des Vaters auf seinem Schreibtisch im Arbeitszimmer stand, doch es blieb ihm verborgen, woran die Pläne für eine gemeinsame Zukunft, die Marion im Herbst 1944 in einem Brief an Walter F. Otto angedeutet hatte, schließlich gescheitert seien. Aber die beiden, meinte der Sohn, seien wohl zeit ihrer Tage in Verbindung geblieben; die Beziehung müsse eine tiefe gewesen sein. Der Vater hat nicht wieder geheiratet. Im Nachlass Marion Dönhoffs hinterließ er keine Spuren.

· Kapitel 16 ·

Das zweite Leben – Rettung aus der Niemalszeit

Die Tür zur neuen Existenz der Gräfin öffnete sich nicht so leicht und nicht so rasch. Manchmal, in verzagten Augenblicken – es gab sie, auch wenn sie nichts davon erkennen ließ –, mochte sie die Furcht heimsuchen, sie taumle ins Nichts. Der schreckliche und so leuchtende Frühling 1945 verhieß die Erlösung von Diktatur und Krieg und opferte zugleich den Statthaltern des Todes in dem Finale des Grauens noch einmal das Leben von Hunderttausenden: in den Schlächtereien der russischen und deutschen Armeen im Osten und vor Berlin, unter den Gefangenen, die auf den Todesmärschen von Lager zu Lager gescheucht wurden, in den Konzentrationslagern, in denen die Verhungernden und Kranken starben wie die Fliegen (Zehntausende noch nach der Befreiung), im letzten Hinrichtungs-Furor der SS, in den Flüchtlingskolonnen, die sich in elender Langsamkeit nach Westen wälzten, unter den Zurückgebliebenen, die meinten, in der Heimat ausharren zu können.

Die fünfunddreißigjährige Marion Dönhoff, vor wenigen Monaten noch die Herrin eines prangenden Besitzes, besaß nichts mehr als die robusten Kleider, die sie auf dem Leibe trug, einige Bündel Bargeld, die sie in die Jacke eingenäht und in den Satteltaschen vergraben hatte – und Alarich, ihr braves Pferd, das sie über zwölfhundert Kilometer von Ostpreußen bis nach Westfalen getragen hatte und das nun auf den Wiesen der Metternichs weiden konnte.

In Brunkensen nicht weit von Hildesheim auf dem Gut der Gräfin Görtz fand sie wie verabredet die Schwester Yvonne mit Tochter und Mann, fand den Bruder Dieter und seine Frau Sissi, ihre vertraute Gefährtin seit den Tagen der Jugend, samt ihren Kindern. Die Familie, sagte man später zu Recht, sei die einzige Institution gewesen, die dem Zusammenbruch aller Ordnungen, der Katastrophe des Millionenmordes, dem moralischen Chaos des «Zivilisationsbruches» widerstanden hat. Marion Dönhoff konnte es bezeugen. Sie hatte überdies, auf ihrem Fluchtritt von Gut zu Gut, noch einmal die Solidarität ihres Standes erfahren: in der Selbstverständlichkeit, mit der sie beherbergt, zu Tisch geladen, mit der ihr Pferd gefüttert worden war – eine Welt, die hinter ihr für immer versank, wenn sie davonritt. Die Selbstpreisgabe an die Diktatur, die Opfer im Krieg, die nazistische Vernichtungsjustiz, schließlich die Austreibung und Enteignung haben die historische und gesellschaftliche Macht des Adels gebrochen. Auf die westdeutschen Besitztümer, die geblieben sind, gründet sich kein Anspruch auf eine prägende Funktion im Gefüge des demokratischen Staates. Darüber täuscht die Fassade nicht hinweg, die dann und wann im Licht der Fernsehscheinwerfer noch einmal aufglänzen mag – mit einem Hauch von Talmi, selbst dort, wo sie echt ist.

Marion Dönhoff hat die Tiefe der Zäsur von 1945 geahnt – auch wenn Jahre darüber vergingen, bis sie sich der radikalen Veränderung völlig bewusst wurde. Ihre Mission, die Deutschen – und die Siegermächte – immer wieder mit der Botschaft des Widerstandes und des Blutopfers ihrer Freunde zu konfrontieren, machte sie für die Unkorrigierbarkeit der geschichtlichen Wende nicht blind. Manchmal fürchtete sie in der Tat, sie sei in einem Niemandsland ausgesetzt. Die Besatzungsmacht – nach den Beschlüssen der Konferenz von Potsdam die einzig legitime Autorität – griff im Westen, zumal in der britischen Zone, in der Regel eher zögernd, manchmal erstaunlich realitätsfremd und gelegentlich auch brutal in die schüchternen Regungen eines öffentlichen Lebens ein. Trotz der Anfechtungen von Zweifeln und Resignation, trotz der kulturpessimistischen Dunkelheiten des alten Jacob Burckhardt, die sie immer wieder in ihren Briefen heraufbeschwört, bewies die landlose Comtesse dennoch ihren Willen, am Aufbau eines besseren Deutschland mitzuwirken. Als die Vertreter der Siegermacht wenige Tage nach der Kapitulation bei ihr anklopften, lag – davon war die Rede – das erste Memorandum in englischer Sprache parat. Auch danach schickte sie den Militärbefehlshabern dann und wann ihre kritischen Beobachtungen und ihre Vorschläge zur politischen, wirtschaftlichen und sozialen Organisation des daniederliegenden Landes – zunächst ohne erkennbare Reaktionen, doch nicht ohne Folgen, wie sich wenige Monate später erweisen sollte.

Sie behielt die Realität im Auge, obschon sie mit fast religiösem Eifer den Freunden predigte, man dürfe keinesfalls zu der Parteienwirtschaft der Republik von Weimar zurückkehren, man sollte sich aus der Gefangenschaft im materialistischen Denken lösen, man sollte sich dem Sog der Massengesellschaft entgegenstellen – und sich auf die «wahren Werte des Menschen» und auf Gott besinnen. Nein, sie entkam dem Pathos nicht, das aus den Tagungsstätten der rasch gegründeten evangelischen und katholischen Akademien, von den Kanzeln der vollen Kirchen, von den Kathedern der ersten Universitäten, die sich öffneten, und von den Lippen der Dichter, die ihre Gemeinden in dürftigen Behausungen um sich scharten, auf das hungernde, heimatlose, orientierungslose, oft hoffnungslose Volk herniederströmte, auf die Millionen, die von den Bauern einen Laib Brot zu erhandeln versuchten, die auf dem Schwarzmarkt ein Stück Schmuck gegen einige Scheiben Speck versetzten, um ihre Kinder vor dem Verhungern zu bewahren, die für sich und die Ihren vor allem irgendein Dach über dem Kopf zu finden versuchten.

Schuld? Ihre Köpfe waren von der Not besetzt und vom Versuch zu überleben. Sie spürten wohl, dass Gerichtstag war. Aber sie verstanden das Grauen nicht, mit dem sie in den dünnen Zeitungen der Alliierten, in ihren Radiobotschaften, bei den Zwangsvisiten in den Konzentrationslagern konfrontiert wurden – begriffen es auch dann nicht, wenn sie selber an den Verbrechen beteiligt oder ihre Zeugen waren (was für Hunderttausende galt): Sie wollten es nicht begreifen und wollten es nicht wahrhaben, weil es für sie – aus dem Bann des Regimes entlassen – nicht mehr fassbar, weil ihr Gewissen ausgelöscht oder taub und das Gefühl der Verantwortung im Räderwerk der Diktatur zermahlen war. Außerdem: Wer hungert, spürt nichts als Hunger.

Manche gewannen im Gang der Jahre eine Spur von Gewissen und Verantwortung zurück. Andere nicht. Es brauchte lange, bis die Einsicht der Schuld zutage trat. Der Nazismus hatte nicht nur das Judentum in Europa nahezu vernichtet, ganze Völker wie die Polen und Russen versklavt und geschunden und dezimiert, er hatte nicht nur an die zehn Millionen Soldaten (vielleicht auch mehr) in den elenden Tod auf den Schlachtfeldern getrieben, er hatte nicht nur Osteuropa verheert und das eigene Land der Zerstörung preisgegeben: Er hat überdies die Seele, das Gewissen, die Traditionen, die sogenannte Kultur, die Geschichte des deutschen Volkes bis zum Ersterben verletzt. Das Pathos der Akademien hatte keine heilende Kraft. Es ging fast ohne Echo unter. Deutschland war im schrecklichsten Sinne des Wortes in der Tat ein «Niemandsland» geworden. Man könnte das, was später «die Stunde null» genannt wurde (die es nicht gab), vielleicht auch als die «Niemands-», die «Niemalszeit» bezeichnen.

«Um der Ehre willen» überschrieb Marion Gräfin Dönhoff knapp fünf Jahrzehnte später ihre «Erinnerungen an die Freunde vom 20. Juli». Hätte sie auch 1945 diesen Begriff der «Ehre» gewählt? Daran mag man zweifeln. Ihre Freunde im Widerstand starben nicht für einen abstrakt und schal gewordenen Begriff der «Ehre». Der war, wenn er denn jemals jenes Gewicht hatte, das ihm die preußische Elite zuschrieb (und nicht nur sie), vermutlich schon in den Schlächtereien des Ersten Weltkriegs verreckt; oder untergegangen in der Verlogenheit der «Dolchstoßlegende», des «Im Felde unbesiegt», im Terror der Freicorps; schließlich am 30. Juni 1934 verraten, als die deutsche Generalität den offenen Mord an der Führung der SA, der braunen Parteiarmee (die als Konkurrenz betrachtet wurde), und den Mord an einigen ihrer Kameraden wie General von Schleicher stillschweigend, ja befriedigt hinnahm, vor dem «Führer» und «Obersten Gerichtsherrn der Nation» gehorsam, oft dankbar salutierend.

Nein, die Männer und Frauen des Widerstandes starben nicht für die «Ehre», sondern weil sie sich zu dem späten und verzweifelten Versuch verpflichtet fühlten, die Mordmaschine aufzuhalten, das Tor zum Frieden – und sei es durch eine rasche Kapitulation – aufzusprengen, um Menschenleben, einen Rest von Menschlichkeit und, wenn das Wort nicht zu groß ist, von Menschenwürde zu retten. Marion Dönhoff ahnte wohl, dass sie 1945 und in den Jahren danach mit dem Begriff «Ehre» nicht viel ausgerichtet hätte. Dafür gab es damals keinen Kanten Kommissbrot. Sie hat in ihren späten Jahren, was verständlich und verzeihlich ist, die Wirklichkeiten jener «Niemalszeit» im «Niemandsland» ein wenig aus den Augen verloren.

Was immer sie damals plante, was immer sie anstrebte, was immer sie unternahm: Das wichtigste und letztlich entscheidende Element ihrer Existenz war die Familie. Wir wissen nicht, wann sie die Nachricht vom Tode ihrer Schwägerin Dorothea von Hatzfeldt, der Witwe des Bruders Heinrich, erreicht hat. Dodo, eine eher zarte Natur, war im April 1945 in einem kleinen Krankenhaus in der Nachbarschaft von Schloss Crottorf einer Lungenentzündung erlegen. Ihre Todesahnung hatte ihr nach dem Absturz von Heinrich Dönhoff das Testament diktiert, das Marion zum Vormund ihrer drei Kinder bestimmte. Die Schwägerin nahm die Pflicht, die ihr auferlegt wurde, liebend gern auf sich – im ganzen Sinne des Wortes. Sie wurden ihr, das Mädchen Christina vielleicht nicht in gleichem Maße wie die beiden Buben Christian und Hermann, genauso wichtig, als seien es ihre eigenen Kinder, zumal Hermann, der engste Partner in den späteren Jahrzehnten, den sie manchmal ihr «Alter Ego» nannte.

Es brauchte nicht den mahnenden Zuruf, den ihr Bia von Yorck im November 1945 aus Tutzing schickte, wo er sich seit sechs Wochen in einem Kloster von einer weiteren Operation zu erholen versuchte – ein Eingriff, der zeitweilig die linke Gesichtshälfte zu lähmen schien. Die Leiden der Haft wirkten lange nach. Marion hatte ihn unterdessen vom Tod ihrer Schwägerin Dorothea und von ihrer Verantwortung für die Kinder unterrichtet. «Immer war ihr früher Tod um sie», antwortete Bia. «Mir schien, als könne sie nichts festhalten, als hätte sie kein Zuhause und sei überall Gast. Daß sie Dir ihre Kinder anvertraute, freut mich unendlich.»

Dann rief er ihr zu: «Aber Du verzeihst, wenn ich Dich bitte Dein Herz zu öffnen für die katholische Lebensform und Deine Kinder hierin nicht allein zu lassen.» Es sei nur natürlich, dass sie ihnen etwas vom Wesen ihres Bruders Heini zu vermitteln versuche. «Doch zugleich sind diese Kinder ein Vermächtnis der Mutter und um sie ist Leiden von Anbeginn.» Er erinnerte Marion daran, dass sie an dem «unseligen Verzicht auf Recht und Heimat», der Heini nach der katholischen Heirat auferlegt wurde, auch ihren Anteil hatte. Darum sei es nun ihrer Liebe anheimgegeben, die Kinder in die Heimat der katholischen Kirche zu führen, ja, er drängte sie, möglichst rasch zu den Kindern nach Crottorf zu ziehen. Er sagte ihr auch, der Mensch sei «ohne Gott ein Grauen», man könne «nur wählen zwischen der Welt und ihm». «Wie glücklich ich bin allen halben Wahrheiten entronnen zu sein, und nun nichts mehr hören zu müssen von Tradition und Staat und Preußentum und all dem Unfug, in dem sich Dienst mit Hoffart mischt, Ethos mit materiellen Vorteilen, und letzten Endes alles auf Macht hinausläuft.» Herbe Einsichten.

Aus den frommen Betrachtungen seines Briefes könnte herausgelesen werden, dass Paul von Yorck selber zum Katholizismus konvertiert war – was nahegelegen hätte, denn seine Frau Else und ihr Sohn Alexander waren katholisch. Indes, er blieb Protestant, doch er fühlte sich dem Katholizismus nahe. Nicht lange danach engagierte ihn Eugen Gerstenmaier, einer der engsten Freunde und Widerstandsgefährten seines Bruders Peter, als Vertreter des Evangelischen Hilfswerks in Baden-Baden – jener mächtigen Organisation, die der vitale Schwabe nach der Befreiung aus dem Zuchthaus innerhalb von wenigen Monaten aus dem Boden stampfte, nachdem er sie schon im Gefängnis von Tegel gemeinsam mit dem Anstaltspfarrer Harald Poelchau geplant hatte. Das Hilfswerk hat in den Jahren der bittersten Not Hunderttausenden von Menschen das Leben gerettet, es hat weiß der Himmel wie viele tausend Tonnen von Lebensmitteln verteilt, es hat die Frierenden gekleidet, es hat für die Flüchtlinge, die «Ausgebombten» Notunterkünfte geschaffen, es hat Produktionsstätten eingerichtet, es hat später Siedlungen gebaut, ja Dörfer und Städte gegründet: eine Leistung, von der so gut wie nichts im Gedächtnis der Deutschen haftengeblieben ist. Eine Organisation dieser Größenordnung war auf eine enge Zusammenarbeit mit den Besatzungsmächten angewiesen. Bia von Yorck wurde von Gerstenmaier damit beauftragt, das Evangelische Hilfswerk bei der französischen Militärregierung in ihrem Hauptquartier Baden-Baden zu vertreten.

Marion Dönhoff konnte sich trotz der Ermahnungen des Freundes nicht dazu entschließen, ins abgelegene Crottorf zu übersiedeln. Gewiss bemühte sie sich, so bald es nur anging, die Kinder im Bergischen Land zu sehen, die bei ihrer Großmutter in guten Händen waren. Das Reisen war von einer heutzutage kaum mehr vorstellbaren Mühsal. Niemand außer einer Handvoll Privilegierter besaß ein Auto oder auch nur ein Motorrad. Man war aufs Fahrrad angewiesen (für das es keine Ersatzteile und vor allem keine Schläuche oder Reifen gab, die darum immer wieder geflickt werden mussten, so gut es anging). Für die Eisenbahn brauchte es eine Reisegenehmigung der alliierten oder untergeordneten deutschen Behörden, die Züge fuhren unregelmäßig und waren stets zum Bersten überfüllt. Überdies wurden die gesprengten Brücken so rasch nicht repariert – also schleppte man sein Gepäck über die Stege von einem Flussufer zum anderen, oft genug über weite Strecken. Man konnte es «per Anhalter» auf den Autobahnen versuchen. Manchmal hatte man Glück (was eher jungen Frauen blühte) und wurde von einem Jeep oder Truck der Besatzer aufgeladen, trotz des «Fraternisierungsverbotes», das den privaten Umgang zwischen den Soldaten der Siegermächte und den Deutschen bis ins Jahr 1946 untersagte. Natürlich wurde es täglich (und nächtlich) tausendfach durchbrochen, vor allem in der Besatzungszone, in der es am strengsten beachtet werden sollte: der amerikanischen. Die GIs ließen sich, wie die Erfinder der törichten Diskriminierung mit einem kleinen Aufwand an Menschenkenntnis leicht hätten ahnen können, den Umgang mit den «Fräulein» nicht verbieten, die auf ihre Weise der sogenannten Völkerverständigung unschätzbare Dienste erwiesen. Die Soldaten ließen sich auch nicht durch die drastischen Warnungen vor VD (veneral diseases) abschrecken – ein Kürzel, das gern mit dem ironisch-selbstironischen «Veronika dankeschön» übersetzt wurde. Überdies wuchsen neben den flüchtigen Begegnungen erstaunlich viele dauerhafte Bindungen, die von 1946 an legitimiert werden konnten, als die «Fräulein» zu «Kriegsbräuten» avancierten.

Mit der selbstverständlichen und Respekt fordernden Autorität, die Marion Dönhoff ausstrahlte, konnte sie – wenn sie es denn tat – ohne Gefahren per Anhalter reisen. Sie reiste, trotz aller Mühsal, erstaunlich viel. Sie war mit zwei Freunden, die sich unterdessen in Brunkensen eingefunden hatten, während des ersten Kriegsverbrecher-Prozesses gegen Göring und Co. in Nürnberg: an ihrer Seite Axel von dem Bussche, jener verhinderte Attentäter, der sich mit Hitler in die Luft sprengen wollte – nach einer schweren Verwundung beinamputiert –, und der junge Jurist Richard von Weizsäcker. Später erzählte sie gern, die beiden hätten beim Anblick eines amerikanischen Tanks vor dem Gerichtsgebäude mit einem kleinen Lachen bemerkt: «Die Besatzung raus – wir rein», nein, nicht um die Chefkriminellen der Nazis zu befreien, sondern weil sie glaubten, sie hätten das Recht, zusammen mit den Alliierten über die Verbrecher Gericht zu halten.

Marion Dönhoff wagte sich im Fortgang des Jahres 1945, wie aus einer beiläufigen Bemerkung zu schließen ist, sogar hinüber in das sowjetische Besatzungsgebiet, das ein wenig später im Alltagsjargon nur noch «die Zone» heißen sollte. Vermutlich passierte sie die «grüne Grenze». Sie war in Leipzig – was immer sie dort suchen mochte. Vor allem bemühte sie sich, ihren von Freund Walter F. Otto in einer Weimarer Bank aufbewahrten Schmuck aus dem Bankfach zu holen. Das Schließfach war – als einziges – nicht aufgebrochen worden. Der Direktor der Filiale hatte die Schatulle verwahrt, und er übergab sie der jungen Frau, nachdem sie sich als die Besitzerin ausgewiesen hatte.

Bruder Dieter bemühte sich unterdessen, die Verwaltung eines Gutshofes zu übernehmen: Das war der Beruf, den er gelernt hatte. In Brunkensen konnten die Flüchtlinge nicht für immer bleiben. Es war davon die Rede, dass der Besitz aufgeteilt werden sollte. Außerdem mussten die Kinder in die Schule. Zwar hatte Marion Dönhoff den jungen Hartmut von Hentig im Oktober 1945, nachdem sie sich in Garmisch wiedergefunden hatten, als eine Art Hauslehrer für die Familie in Brunkensen engagiert; er sollte den Kleinen Latein, Mathematik oder auch nur die Grundregeln der Rechtschreibung beibringen (wie er in seinen schönen Memoiren berichtet hat) – doch ihm bot sich, als er in Göttingen auf der Durchreise Station machte, überraschend die Chance, mit dem Studium zu beginnen. Auch der Mann der Schwester Yvonne, Alexander von Kuenheim, der inzwischen fast 63 Jahre zählte – ein älterer Herr nach den Begriffen jener Zeit –, suchte ein Unterkommen in der Landwirtschaft.

Marion Dönhoff selber erwog, mit den Geschwistern und Freunden eine «Kolchose» im Rheinland zu gründen, wie sie Professor Otto schrieb – am liebsten im linksrheinischen Gebiet, wo sie sich ein wenig sicherer vor Stalins Armeen gefühlt hätte. Dem Frieden traute damals fast niemand, denn vor dem Zusammenbruch des Dritten Reiches – zumal nach dem Tod Franklin D. Roosevelts – hatten sich nicht nur die nazistischen und nationalistischen Großstrategen an die abwegige Hoffnung geklammert, dass die Amerikaner den dringenden Wunsch hegten, sich mit den Deutschen zu verbünden, um mit ihnen gemeinsam Stalin aufs Haupt zu schlagen: Phantasien, die aus der Verzweiflung geboren waren, obwohl sich rasch genug Konflikte um das Geschick Osteuropas abzeichneten und der in den konservativen Schichten der Vereinigten Staaten tiefverwurzelte Antikommunismus sich bald wieder zu regen begann. Überdies hatten viele der Intellektuellen, oft gerade die von der Linken geprägten, den Terror der stalinistischen «Säuberungen» nicht vergessen, und sie registrierten voller Entsetzen die Expansion des Polizeistaates unter den eben erst befreiten Völkern Osteuropas.

Noch lange nach ihrem Eintritt in die Redaktion der «Zeit» meldete sich in Marion Dönhoffs Gemüt immer wieder die Sehnsucht nach dem Leben auf dem Lande. Sie hatte mit ihrem Vetter Kanitz verhandelt, ob sie sich im zerbombten Schloss Nassau ansiedeln und die Verwaltung seines dortigen – arg verstreuten – landwirtschaftlichen Besitzes übernehmen sollte. Aber Nassau lag in der französischen Zone, aus der man nicht zu viel Gutes hörte. Sie hatte auch, was die «Kolchose» anging, «einige Fäden schon gesponnen», und sie schrieb an Walter F. Otto, «die Sache ließe sich jetzt verwirklichen». Sie fügte freilich hinzu: «... so ein normales Bauernhof-Leben als Tagelöhner ohne Bücher ohne Freunde und ohne geistige Kost ist doch schwer zu ertragen, und ein Leben mit all diesem Zubehör ganz ohne Bäume, Wiesen, Himmel und Heuduft ist auch unvorstellbar». Kein Plan war zu verwegen, der damals nicht erwogen wurde – und jede Möglichkeit, dem elenden und (wie so viele fürchteten) von jeder guten Zukunft abgeschnittenen Deutschland zu entkommen, wurde ins Auge gefasst. Marion Dönhoff erwähnte, dass es in Tasmanien, der nicht allzu wirtlichen Insel hinter Australien, eine Chance gebe, vielleicht angeregt durch die zeitweilige

Hoffnung des Bruders Toffy, bei australischen Verwandten seiner Frau Zuflucht zu finden. Auch einige Monate später fragte sie den Freund Salin in einem der ersten Briefe, ob sie nach Australien auswandern sollte, das sich bereit erklärt hatte, an die zehntausend Deutsche aufzunehmen. «Rein verstandesmäßig», schrieb sie an Salin, «ist die Frage für mich ziemlich klar denn ich bin überzeugt daß dieses Land, nein dieser Kontinent in unserem Sinn keine Zukunft mehr hat. – Für unsere Lebenszeit wird das Chaos bzw. die provisorische ‹Ordnung› die Jacob Burckhardt so genau gesehen hat, wohl bleiben ...»

Wann erfuhr sie vom Geschick des geliebten Christoph? Nach der Kapitulation wähnte sie ihn noch als Konsul in der Schweiz. Diese Rolle hatte er nur wenige Wochen lang spielen können – im Generalkonsulat ließ er sich in Wahrheit nur selten blicken. Die Behörde wurde von der Züricher Polizei pünktlich am 8. Mai 1945 geschlossen und versiegelt. Bei der Durchsuchung bestätigte sich, was man vermutlich auch vorher wusste: dass der gesamte Aktenbestand verbrannt worden war. Es blieb, wie das einschlägige Dossier vermerkt, nur ein Ordner mit antideutschen Schmähbriefen erhalten. Dr. Christoph Dönhoff wurde am 11. Mai 1945 zur Stadtpolizei zitiert. Zuvor hatte er die Behörden schriftlich davon unterrichtet – wie alle anderen Bediensteten des Konsulates auch –, dass er nicht nach Deutschland ausreisen könne und wolle (obwohl er sein Amt offiziell erst am 28. März angetreten hatte). Nein, so rasch mochte er den geradezu absurden Glücksfall, dass er seine Familie und sich selber im letzten Augenblick ins neutrale Nachbarland, diese Insel der Seligen, retten konnten, auf keinen Fall preisgeben. Indes, ein Ausweisungserlass des Berner Bundesrates lag schon vor.

Graf Dönhoff machte in der Vernehmung geltend, dass sich sein fester Wohnsitz in Britisch-Ostafrika befinde und dass er seit Mitte des Krieges im diplomatischen Dienst tätig gewesen sei. (Zunächst wohnte er, nobel genug, im Hotel Bellerive au Lac am Utoquai, hernach in dem bescheideneren Hotel Sonnberg an der Aurorastraße). Weiter sagte er aus, er habe unterdessen – mit dem Ziel der Auswanderung – mit seinem Schwager, dem englischen Staatsbürger A.J.P. Walter in Melbourne (Australien), Verbindung aufgenommen. Seit 1934/35 sei er «einfaches Parteimitglied» gewesen, «niemals in der SA oder SS», 1940/41 habe er im «Kolonialwesen» in Berlin gearbeitet. Die ganze Wahrheit und nichts als die Wahrheit war das nicht. Aber das konnten die helvetischen Polizisten nicht wissen.

Zwei Konsulatskollegen reisten in der Tat am 25. Mai 1945 nach Deutschland zurück. Toffy aber begab sich ins Rotkreuzspital – mit welchen Krankheitssymptomen, das hielt der Bericht des Polizeiinspekteurs, der ihn im Hospital verhörte, nicht fest. Der Amtsarzt Dr. Pfister registrierte: «Die jetzige Erkrankung, wenn man von einer solchen sprechen kann, führt Expl. auf eine nervöse Erschütterung anlässlich eines im Februar 1945 erfolgten Berliner Bombenangriffs zurück»; nach der Explosion einer Luftmine im Nachbarhaus habe er an Gleichgewichtsstörungen und Hörproblemen gelitten.

In einem weiteren Brief an die Bundesanwaltschaft hatte er zuvor die Aufhebung des Ausreisebefehls oder doch seinen Aufschub beantragt. Er sei von Staatssekretär von Steengracht, einem Bundesbruder aus dem Studentencorps, wegen des schlechten Gesundheitszustandes seiner Frau in die Schweiz geschickt worden, «ohne Fürsprache von Parteiseite», im Gegenteil: Die Gestapo hätte ihn nicht ausreisen lassen, wenn sie von seinem Auftrag gewusst hätte, da sein Schwager und drei seiner besten Freunde im Zusammenhang mit dem Attentat des 20. Juli hingerichtet worden seien. Welcher Schwager? Namen nannte er nicht. Es drohe Gefahr, dass man ihn in die russische Okkupationszone überstelle, wo er zwar nicht «wegen seiner politischen Einstellung», aber wegen seiner «sozialen Stellung und Zugehörigkeit zum Adel das Schlimmste» für sich und seine Kinder befürchten müsse. Ausreichende Mittel «zur Erhaltung» stünden zur Verfügung.

In jener Vernehmung bestritt Christoph Dönhoff noch einmal

entschieden, dass er im Auftrag der Abwehr oder des Auslandsnachrichtendienstes des SD ins Land geschickt worden sei. Er sei im Januar 1945 freilich von den «zuständigen Herren des Amtes VI» im Reichssicherheitshauptamt RSHA – nämlich dem Chef der «Abteilung Westeuropa», dem SS-Standartenführer Steimle, dem Frankreich-Referenten SS-Obersturmbannführer Bernhard und dem England- und Amerika-Referenten Paeffgen – mit dem Auftrag versehen worden, «Verbindungsmöglichkeiten zu de Gaulle, zu Bidault» – dem Chef der christlich-demokratischen Résistance, der später Ministerpräsident und Außenminister der Vierten Republik war – «und überhaupt zur französischen Führung zu finden, da man hoffte, über Frankreich mit England ins Gespräch zu kommen». Daher sei bei seinen «Arbeitskameraden» im Generalkonsulat der Eindruck entstanden, er sei mit einem «Sonderauftrag» des SD oder der Abwehr versehen (wohl nicht völlig zu Unrecht). Angesichts der Verhältnisse aber sei es ihm unnütz erschienen, im Sinne des Auftrags tätig zu werden. Wiederum aber betonte er, dass er nicht zum SD und nicht zur Abwehr gehörte.

In einem Asylantrag von Anfang Juni 1945 sagte er mit dem damals üblichen Brustton der Überzeugung und nicht eben wahrheitsgetreu, dass er «politisch niemals für die Nazis» gewesen sei; er gehöre überdies «zu einer Familie, die gegen alles Verwerfliche in Deutschland klar in Opposition stand und von der einzelne Angehörige sogar hingerichtet worden sind». Er habe es auch «nicht nötig gehabt, sich bei den Nazis anzubiedern», da er «als Privatmann eine selbständige, von Nazi-Gunst oder Missgunst relativ unabhängige und wirtschaftlich unangreifbare Existenz» gehabt habe. Der Antrag wurde abgewiesen. Bei den Schweizer Behörden hatte sich der Verdacht festgesetzt, Graf Christoph Dönhoff sei in Wirklichkeit eben doch vom Nachrichtendienst in ihr Land geschickt worden.

Seiner Frau, die in der Tat zu kränkeln schien, und den drei Kindern blieb die Ausweisung aus humanitären Gründen erspart. Sie mietete – mit Genehmigung der Ausländerbehörde – eine Ferienwohnung in Valbella-Lenzerheide und entging damit der Internierung (im Zweifelsfall in Davos, das in jenen Jahren eine Art reichsdeutscher Exklave zu sein schien – was eine ironische Fügung genannt werden könnte). Christoph hatte bei seiner Vernehmung dargelegt, dass er dank «der Versorglichkeit der Gesandtschaft oder des Generalkonsulats» schon sein Gehalt bis Ende August erhalten habe; überdies seien bei einer Tante in Meggern unweit von Luzern einige Wertgegenstände deponiert; damit sei das Auskommen der Familie fürs Erste gesichert. (Tatsächlich kam seiner Frau, die bis ins Jahr 1947 in der Schweiz ausharren konnte, ein Teil der Erbschaft zugute – immerhin bezog sie zuzeiten 2000 Franken im Monat –, die 1943 den offiziellen Anlass für Marion Dönhoffs Reise zu den eidgenössischen Freunden geboten hatte.) Vera zog später nach Flims, wo sie sich mit ihrem Vermieter anlegte, weil sie – nach helvetischem Urteil – nicht gründlich genug putzte. Sie scheint sich bei ihren Nachbarn, bei den Behörden, schließlich auch bei ihren Ärzten nicht allzu beliebt gemacht zu haben. Man warf ihr «arrogantes Auftreten» vor. Die Kantonspolizei verfügte ihre Abschiebung zum März 1947. Die Möbel wurden im September jenes Jahres nach Deutschland spediert. Freilich scheint sie, da sie im September 1951 im Schweizer «Polizeianzeiger» ausgeschrieben wurde, vor der Abreise nicht alle ihre Schulden beglichen zu haben.

Christoph Dönhoff aber konnte im Sommer 1945 die Behörden dazu überreden, ihn nicht in die französische Besatzungszone Deutschlands auszuweisen; er fürchtete, dass er wegen seines Pariser Amtes dort mit einer harschen Behandlung zu rechnen habe. Darum zog er es vor, die Grenze nach Italien zu passieren. Doch wurde er prompt von der britischen Armee verhaftet und zunächst in einem Lager in Rom, dann in Ancona festgesetzt.

Von dort berichtete er im November 1945 Carl Jacob Burckhardt, inzwischen Präsident des Internationalen Roten Kreuzes, in Winzschrift auf kleinen Papierschnitzeln (die vermutlich aus dem Camp geschmuggelt wurden), die Zustände seien «erschütternd»: «ein

Zeltlager auf freiem Feld, Schlafen im Winter auf nassem lehmigem Ackerboden ohne Stroh mit 2 dünnen Decken», den Menschen seien fast alle warmen Sachen abgenommen worden, «dazu minimale Rationen und für Hunderte von Menschen kein Stuhl, kein Tisch, keine Teller, kein Löffel». Die Verbindung zu den Familien und zur Außenwelt überhaupt werde unterbunden, ebenso jede geistige und körperliche Betätigung. Es gebe keine individuelle Begründung für «diese unmenschliche, straflagermäßige Behandlung», und an die Eröffnung eines regulären Gerichtsverfahrens sei nicht zu denken. Die Hoffnungslosigkeit sei für die meisten «der 600 Insassen (Offiziere, Mannschaften und Zivilisten verschiedener Nationen) seelisch wie körperlich lebensgefährlich».

Die Verhältnisse in Ancona unterschieden sich freilich kaum von der Härte des Daseins in den Massenlagern der deutschen Kriegsgefangenen, gleichviel in welcher der Besatzungszonen, aber auch in Frankreich und in Belgien, von Russland, von Sibirien nicht zu reden, schon gar nicht von den Internierungslagern für einstige Nazis. Die Hungerrationen und die mehr als notdürftige Behausung entsprachen am Beginn zweifellos dem generellen Mangel, der die Menschen auch außerhalb des Stacheldrahtes quälte. Sie hatten später zugleich den Charakter einer Strafaktion. Freilich fiel es keinem der Betroffenen, ja kaum einer Seele in Deutschland ein, die Zustände mit dem Massensterben zu vergleichen, dem die sowjetischen Kriegsgefangenen – von der Wehrmacht – ausgeliefert waren: eineinhalb Millionen Tote, nach vorsichtiger Schätzung, vom Elend in den Lagern der Zwangsarbeiter, von den Konzentrationslagern zu schweigen.

Dennoch tat Christoph Dönhoff recht daran, um die Intervention des Internationalen Roten Kreuzes zu bitten – allerdings fügte er für Burckhardt den Wink hinzu: Er tue dies auch «im Namen der Freundschaft zwischen ihren Familien». Vermutlich beggnete das Rote Kreuz zunächst gewissen Schwierigkeiten, weil das Camp Ancona kaum ein reguläres Kriegsgefangenenlager, sondern eher ein

Internierungslager für politisch Verdächtige oder mögliche Kriegsverbrecher gewesen sein dürfte. Doch scheint der Delegierte Biaggi schließlich das Lager besucht und Christoph Dönhoff gesehen zu haben. Er vermerkte, dass Graf Dönhoff wohl zur Repatriierung nach Hamburg geschickt werde. Carl Jacob Burckhardt dürfte Wege gefunden haben, seine Informationen an Marion Dönhoff oder ihre Schwester weiterzuleiten. Marion schrieb in ihrem Brief vom 1. Juni 1946 an Walter F. Otto, Toffy habe «eine sehr schwere Zeit in Italien hinter sich, die er gesundheitlich nachdem er 50 Pfund abgenommen hatte, nur gerade so noch überstanden hat».

Vera Dönhoff, die sich für ihren Mann beharrlich ins Zeug warf, scheint den Schweizer Bundesanwalt Dr. Werner Balsiger Anfang März 1946 dazu überredet zu haben, dem britischen Gesandten in Bern einen Brief zu schreiben, in dem er um Auskunft bat, ob «die persönlichen Verhältnisse des Grafen Dönhoff abgeklärt seien und infolgedessen seine Entlassung aus dem Lager verfügt werden konnte». Weiter ersuchte er um eine «Benachrichtigung vor der Entlassung aus dem Lager, damit wir Graf Dönhoff die direkte Fühlungnahme mit seiner in der Schweiz verbliebenen Familie ermöglichen können zum Zwecke der Vorbereitung ihrer Auswanderung». Zweieinhalb Wochen später erreichte Balsiger ein Memorandum des Vernehmungsoffiziers Paul C. Blum, das nicht von Wohlwollen zeugte. Das «geheim» gestempelte englische Protokoll vom 27. März 1946 (das auch seinen Weg in die amerikanischen Archive gefunden hat) begann mit der nicht gerade schmeichelhaften Feststellung: «Dönhoff ist ein unerfreulicher preußischer ‹Aristokrat›, der nach eigenem Geständnis plant, das sinkende Schiff Deutschland zu verlassen. Seine Aktivitäten gegenüber alliierten Kriegsgefangenen» – Toffy, der ein akzentloses Englisch sprach, hatte sich in Frankreich in der Tat an den Verhören britischer Soldaten beteiligt – «versuchte er zu verbergen, und er ging über seine Kontakte zum Sicherheitsdienst hinweg, da sie keine Bedeutung gehabt hätten. Doch er sollte offensichtlich für lange Frist in der

Schweiz ‹implantiert› werden, und er hat vermutlich nicht über alle Details seiner Aktivitäten gesprochen. Er wird als gefährlich betrachtet.»

Nach einer knappen und nicht sehr präzisen Skizzierung der Stationen des Weges von Christoph Graf Dönhoff, zumal im Krieg, hielt der Vernehmer fest, Dönhoff sei im Juni 1944 von der Pariser Außenstelle des Amtes VI im Reichssicherheitshauptamt beauftragt worden, alliierte Gefangene zu politischen Problemen zu verhören. Er habe damit keinen Erfolg gehabt, obwohl er Lockspitzel auf die Soldaten angesetzt habe. Auch habe er versucht, einen Agenten ins Vereinigte Königreich zu schleusen. Im Oktober 1944 habe Dönhoff, der den drohenden Zusammenbruch Deutschlands voraussah, den Versuch unternommen, in den diplomatischen Dienst einzutreten. Man habe sich schließlich darauf geeinigt, dass Dönhoff als «Repräsentant des Amtes VI» (Auslandsnachrichtendienst des RSHA) doch offiziell als Diplomat in die Schweiz geschickt werden sollte.

Auf seinen nachrichtendienstlichen Auftrag sei Dönhoff in Berlin und in Waldburg vorbereitet worden, aber man habe ihm «keine besondere Aufgabe» zugewiesen. Doch er erklärte, dass er von Schellenberg (dem Chef des Amtes VI und der Abwehr) in einem Gespräch aufgefordert wurde, er möge beobachten, ob er Tendenzen gewisser hoher Nazi-Kreise begegne, die Zukunft Deutschlands den Russen zu überlassen. (Dies war, laut Schellenberg, der Geheimplan des Gestapo-Chefs Müller und auch Martin Bormanns, des mächtigen Chefs der Reichskanzlei. Zweifellos spekulierte der junge SS-General – und in jenem Verhör wohl auch Toffy Dönhoff – auf die Hellhörigkeit der West-Alliierten, was diese Gefahr anging.) Christoph Dönhoff selber bestritt energisch, dass er in die Schweiz geschickt worden sei, um Kontakte für Friedensvorschläge zu knüpfen. Er meinte vielmehr, dass er als ein «nicht-kompromittierter» Agent betrachtet worden sei, der dem Sicherheitsdienst später nützlich sein könne. Ergänzt wurde dieses Protokoll durch den

Verweis auf Schellenbergs Aussage, dass er Dönhoff in jener Unterredung eine umfassende Skizze seiner eigenen politischen Einsichten vermittelt und ihn gebeten habe, sich daran zu orientieren. Überdies sagte Schellenberg aus, Dönhoff habe ihm von der harten Behandlung alliierter Kriegsgefangener und von den strengen Verhörmethoden der Deutschen berichtet. In einem weiteren Zusatz «für Washington» wurde darauf hingewiesen, dass eine Schwester der Gräfin Dönhoff in Australien lebe und bei der Bundespolizei angefragt habe, ob sie nach Italien reisen dürfe, um ihren Schwager bei seinen Auswanderungsplänen zu beraten.

Eine Kopie dieses Protokolls erreichte Marion Dönhoff im August 1997 durch einen Redakteur des «Spiegel». In ihrer Antwort bestätigte sie, dass es sich in der Tat um ihren Bruder Christoph handle. Sie nehme an, dass die meisten Angaben richtig seien. «Er war als Afrikaner», schrieb sie, «der die beginnende Naziwelt von außen wahrnahm und plötzlich als Deutscher wieder respektiert wurde, ganz begeistert von den Nazis ...» Aus dem Brief wurde bereits zitiert (S. 302 f.). Es schien Marion Dönhoff nicht zu beschweren – darauf wurde hingewiesen –, dass sie die bewegte und angebräunte Vergangenheit von Toffy in den langen Jahren seiner Mitarbeit bei der «Zeit» – zeitweise stand er im Impressum, und später war er für die (kurzlebige) südafrikanische Ausgabe verantwortlich – gegenüber ihren Mitarbeitern und Freunden in der Redaktion, auch im privaten Kreis der Vertrauten, selbst gegenüber den jungen Verwandten niemals erwähnt hat. Gewiss nutzte sie alle ihre Verbindungen, um dem Bruder – nachdem er im Frühjahr 1946 aus Italien endlich nach Hamburg expediert wurde – so rasch wie möglich in die Freiheit zu helfen. Es ist anzunehmen, dass Toffy dabei Marions Beziehungen zu den englischen Presseoffizieren zugutekamen.

Christoph Dönhoff fand, wie seine Frau dem Bundesanwalt Balsiger Anfang 1948 schrieb (die beiden schienen sich angefreundet zu haben), eine Anstellung beim Biologischen Institut der Hamburger

Universität, freilich auf der Insel Spiekeroog stationiert. Doch seine Familie kam in einer Hamburger Drei-Zimmer-Wohnung nach den Verhältnissen jener Zeit halbwegs komfortabel unter.

Marion Dönhoff war nicht allzu lange vor Bruder Toffy in Hamburg angelangt: Zu ihrer eigenen Überraschung konnte sie am 9. März 1946 dem Freund Otto auf dem gedruckten Briefpapier der Wochenzeitung «Die Zeit» berichten, dass sie seit dem Beginn des Monats Mitarbeiterin jenes Blattes sei, das damals im alten, von den Bomben angeschlagenen Haus der Druckerei Broschek (einst «Hamburger Fremdenblatt») notdürftig hauste. Eines ihrer Memoranden, in denen sie die Fehler der Besatzungsmacht freimütig kritisierte, sei «durch irgendwelche komischen Zufälle» (wie sie es später ausdrückte) an die Gründer des geplanten Wochenblattes in Hamburg gelangt. Karl-Heinz Janßen ermittelte die Zusammenhänge für seine Geschichte der «Zeit» präziser: Marion hatte einem Bekannten des Berliner Vertriebsexperten Ewald Schmidt (einst bei den Verlagshäusern Ullstein und Mosse) bei einem Besuch in Brunkensen ein kritisches Papier für die Militärregierung in die Hand gedrückt. Der gab es Schmidt, der es an seine Kollegen Tüngel, Lorenz und Bucerius weiterreichte. Das Gründerquartett war so tief beeindruckt, dass es der Autorin sofort ein Telegramm mit der Einladung zur Mitarbeit in der Redaktion nach Brunkensen schickte.

Marion Dönhoff war einige Monate zuvor schon von Gottfried von Cramm zu einem Exkurs in die verheerte Stadt mitgenommen worden. Cramm stellte sie seinem Freund Erik Blumenfeld vor, der in der späteren Warburgstraße hauste, einen Sprung von der Außenalster entfernt: Der gutaussehende junge Herr, mit der liebenswürdigen Sibylla verheiratet, war dem Lager Auschwitz entronnen, in das er – partiell jüdischer Herkunft – noch im Herbst 1944 deportiert worden war. «Wir fanden gleich Gefallen aneinander», schrieb Marion mehr als vier Jahrzehnte später in einem Brief zu Blumenfelds 75. Geburtstag, «und Ihr schlugt mir vor, bei Euch zu wohnen, falls ich je nach Hamburg ziehen wollte». Als die Depesche der «Zeit» bei ihr anlangte, erkundigte sie sich telefonisch bei Blumenfeld (er gehörte zu den Glücklichen, die über einen Anschluss verfügten), ob das Angebot noch gelte. Es galt. Also machte sie sich auf den Weg: «teils zu Fuß, ein Stück im offenen Kohlewagen, gelegentlich von einem Bauernfuhrwerk mitgenommen ..., dann wieder zu Fuß». Brunkensen liegt vierzig Kilometer südlich von Hannover. Sie war «einen Tag, eine Nacht und noch einen halben Tag» unterwegs.

Fast wäre sie in die Gründungsredaktion der «Welt» geraten, die im gleichen Gebäude Obdach gefunden hat. Statt bei der Administration des Wochenblattes anzuklopfen, bei der sie ihren Vertrag ausfertigen lassen sollte, verirrte sie sich in das Zimmer von Hans Zehrer, dem «Welt»-Chefredakteur in spe, einst Spiritus Rector der einflussreichen Zeitschrift «Die Tat», die in der Republik von Weimar die unruhigen Geister der «konservativen Revolution» um sich sammelte, gegen Ende der Weimarer Republik Chef der «Täglichen Rundschau» in Berlin, die der Reichswehr und dem Kanzler General von Schleicher nahestand. Ein Bündnis der Reichswehr mit den Gewerkschaften und dem Anhang von Gregor Strasser, dem dissidenten Links-Nazi, der den Machtkampf gegen Hitler verloren hatte, sollte nach Zehrers Plänen den Machtantritt des Braunauers verhindern. Daraus wurde nichts. Zehrer zog sich danach in sein einsames Häuschen auf Sylt zurück, das er vermutlich seiner Frau aus dem jüdischen Hause Mosse verdankte, die es freilich vorzog, so rasch wie möglich zu emigrieren. Den Nazis reichte Zehrer nicht den Zipfel eines Fingers; vielmehr schrieb er Unterhaltungsromane für den Rowohlt Verlag. Auch er bot, nach der Lektüre von Marion Dönhoffs Memorandum, der jungen Gräfin einen Vertrag an. Doch Richard Tüngel fing sie noch rechtzeitig ab. (Zehrers Ambitionen in der «Welt» scheiterten übrigens wenig später am Einspruch der Sozialdemokraten, die nicht völlig zu Unrecht erklärten, er und sein «Tat-Kreis» gehörten zu den geistigen Wegbereitern des Dritten Reiches. Erst als die Briten das Blatt Axel Springer überließen, konnte Zehrer das einst für ihn vorgesehene Amt übernehmen.)

Ob Marion Dönhoff schon nach Hamburg gelangt war, als am Donnerstag, dem 21. Februar 1946 die erste Ausgabe der «Zeit» erschien, steht dahin. Von der Blumenfeld-Adresse – damals noch Klopstockstraße/Ecke Fontenay, hernach die Warburgstraße – schrieb sie einem Freund, es habe sie «allerlei Überwindung gekostet …, dem ehrenvollen Ruf zu folgen». Die Tätigkeit mache ihr Freude – trotz ihres «Horrors vor dem Journalismus», vor allem weil die Leute «sehr nett» seien und «wir im Großen und Ganzen alle einer Meinungsrichtung sind» und «da im Übrigen die nicht gelernten Zeitungsleute überwiegen». Sie fügte an, man müsse «ja wohl auch zugeben, daß die Presse heute in Deutschland ganz andere und wirklich wichtige Aufgaben» habe.

Ihr Einstand musste bis zur fünften Ausgabe warten: Sie schrieb eine kleine Betrachtung, in der sie – mutig genug – der Kriegstoten gedachte: ein Stück, das zunächst von den Briten zurückgewiesen wurde – der Lizenzträger Tüngel rettete es mit der Notlüge, für eine Änderung sei es zu spät, das Blatt werde schon gedruckt. Das zweite Stück war eine kurze Fassung ihres «Ritts nach Westen» – das Protokoll ihrer Flucht, das zum Fundament ihres Ruhmes als Autorin werden sollte.

· Kapitel 17 ·

«Wir beschlossen, deutsch zu sein»

Die erste Seite der ersten «Zeit», erschienen am 21. Februar 1946 «unter Zulassung Nr. 6 der Militärregierung», darf als ein klassisches Dokument in der Geschichte des Journalismus betrachtet werden. Sätze wie in Stein gehauen. Unter einer Graphik des genialen Karikaturisten Mirko Szewczuk – drei Männer im Sturm auf einer Eisscholle kauernd – die knappe Feststellung: «15 Millionen Menschen irren durch Deutschland oder haben nur ein dürftiges Notquartier gefunden, Flüchtlinge aus den bombenzerschlagenen Städten, aus den kriegsverheerten Gauen, aus anderen Besatzungszonen oder Ausgewiesene aus Nachbarländern. Das ist fast ein Viertel der deutschen Bevölkerung überhaupt.»

Das Pathos der Zeichnung und die verbale Präsenz der «Gaue» deuten an, dass zwischen dem Untergang des Dritten Reiches und der Premiere des Blattes noch kein Jahr ins hungernde und frierende Land gegangen war. Der Chefredakteur Ernst Samhaber zeichnete als «Hauptschriftleiter» – auch dieses ein Signal der Nähe des Gestern (bis die Briten eine Änderung erzwangen). Er schloss seinen Leitartikel mit dem Appell: «Der Friede ist unteilbar! Das ist die große Erkenntnis, die der letzte Krieg den Menschen geschenkt hat. Für diese Wahrheit sind vielleicht alle die unendlichen Opfer gebracht worden, und vielleicht sind sie diese Erkenntnis wert.» Es muss freilich hinzugefügt werden, dass der britische Zensor den ersten Entwurf Samhabers zurückgewiesen hatte, vermutlich weil er für seinen Geschmack allzu wuchtig formuliert war. Nüchtern dagegen der Blick des schreibenden Verlegers Gerd Bucerius auf die Renaissance der Parteien: «Unverkennbar ist heute schon der Fortschritt gegenüber dem Viel-Parteien-System der Weimarer Demokratie. Zunächst hatte die Zurückhaltung in der Zulassung von Parteien durch die Besatzungsmacht die Aufsplitterung in kleine und kleinste Parteien und Gruppen verhindert. Die ersten Wahlen in der amerikanischen Zone legen aber den Schluss nahe, dass eine noch stärkere Konzentration dem Willen der Wählerschaft entspricht. Zwei große Parteien sind sichtbar hervorgetreten: die Sozialdemokraten, die in Hessen führen, und die Christlich-Demokratische Union, die in Bayern an der Spitze der Wahlergebnisse steht.»

In der programmatischen Erklärung, ins Zentrum der Seite gerückt, die vermutlich von Richard Tüngel aufgesetzt war, des wortmächtigsten der vier Lizenzträger, flammte das Pathos ein anderes Mal auf: «Es gilt heute, Trümmer nicht nur in den Straßen der zerbombten Städte wegzuräumen, sondern auch geistige Belastungen einer untergegangenen Epoche, und das kann nur geschehen, wenn wir den Mut haben, ungeschminkt die Wahrheit zu sagen, selbst wenn sie schmerzlich ist, und das wird sie leider häufig sein. Nur in der Atmosphäre unbestechlicher Wahrheit kann Vertrauen erwachsen.»

Ferner stand in jener ersten Ausgabe eine der Reportagen von Jan Molitor alias Josef Müller-Marein, dem einstigen «PK-Mann» in den Diensten der großdeutschen Luftwaffe, in Wirklichkeit ein gelernter Kapellmeister, der im Lübecker Opernhaus die musikalische «Truppenbetreuung» für die Briten organisierte, ehe er von den Herausgebern der künftigen «Zeit» entdeckt und in die redaktionelle Pflicht genommen wurde. Ohne eine Spur von falschem Sentiment, doch umso eindringlicher schrieb er über die «Bunkermenschen», die keine andere Bleibe hatten als die überfüllten Schlafsäle hinter den meterdicken Betonmauern, die den Bomben widerstanden. Müller-Marein, der immer heiter-gelassen wirkende Rheinländer (der keineswegs nur die Frohnatur war, als die er sich gab, sondern oft von Melancholien belagert war) – dieser freundliche Zeitgenosse richtete sich wie manch andere aus der ersten Equipe im kaum bewohnbaren Dachgeschoss des halbzerstörten «Pressehauses» am Speersort ein, in dem Redaktion und Verlag eine neue Unterkunft gefunden hatten, dank Bucerius, der im Hauptberuf Bausenator der Freien und Hansestadt Hamburg und Treuhänder jenes Anwesens war. Noch keine vierzig Jahre zählte er damals, der Herr Senator; als kleiner bis mittlerer Anwalt hatte er sich durchs Dritte Reich geschlagen, ein nervös-umtriebiger Mensch, dessen jüdische Frau knapp vor dem Krieg nach England entkommen konnte, weil sie es willig auf sich nahm, zunächst als Dienstmädchen und hernach als Fabrikarbeiterin ihr Brot zu verdienen. Bucerius aber war der Uniform entgangen: Da er sich nicht scheiden ließ, war er dank seiner «Mischehe» «wehrunwürdig». Als Advokat trat er den Nazi-Behörden mutig und listig zugleich entgegen, wie es seiner Natur entsprach, und von den gleichgeschalteten Gerichten ließ er sich in der Regel nicht den Mund verbieten.

Im Dachgeschoss des Pressehauses – ein mächtiger Klinkerbau aus den zwanziger Jahren, durch die großzügigen Kolonnaden zu ebener Erde architektonisch halbwegs attraktiv – kroch auch Richard Tüngel unter, der zunächst für das Ressort Feuilleton verantwortlich zeichnete: einst Hamburger Stadtbaurat, 1933 entlassen, danach fristete er in Berlin als Buch- und Drehbuch-Autor sein Dasein. Bucerius war er gelegentlich in der Hauptstadt begegnet.

Als ihn im Mai oder Juni 1945 bei einem Spazierweg an der Außenalster der Einfall überkam, eine Zeitung zu gründen, zog er unverzüglich seinen Freund Lovis H. Lorenz ins (herbeigeträumte) Boot, vordem Chef eines illustrierten Blattes in Berlin. Als Verleger in spe gesellte sich zu den dreien Ewald Schmidt, der nach dem Krieg den Namen der Mutter dem seinen anfügte und sich

Schmidt di Simoni nannte (was entschieden mehr dahermachte). Er hatte einst den Vertrieb der «Frankfurter Zeitung» und danach des «Kölner Stadtanzeigers» geleitet, bis ihm die Nazis den Beruf verboten. Auch er war mit einer Jüdin verheiratet, doch er hatte bei der Kriegsmarine Zuflucht gefunden, obwohl er, wie Bucerius, nach Nazi-Weisung als «wehrunwürdig» gelten sollte, ja er verstand es, den Einfluss hoher Admiräle zu mobilisieren, um seine Frau und deren Mutter vor der Deportation zu schützen. Auch Schmidt bezog, samt Familie, ein Notlager im Pressehaus.

Schließlich hauste auch Erika Müller (hernach Gräfin Eka von Merveldt), die beim Scherl-Konzern in Berlin das redaktionelle Handwerk von der Pike auf gelernt hatte (und lange Zeit die Einzige in der Equipe war, die etwas vom Umbruch verstand), dort droben unterm undichten Dach des Pressehauses, dessen erste Bewohner wohl der Journalist Hans Rudolf Berndorff und die Seinen waren, der erfolgreiche Boulevard- und Illustrierten-Reporter, der es gottlob vorzog, dem Freund Tüngel mit seinen Zeitungsplänen rasch den Rücken zu kehren und sich lieber vom britischen Nachrichtendienst «German News Service» unter besseren Bedingungen anheuern ließ. Den Weg hatte ihm Sefton Delmer vom «Daily Express» geebnet, in den ersten Nazi-Jahren der Star unter den ausländischen Korrespondenten, die in der Reichshauptstadt geduldet wurden, ein (im wörtlichen Sinn) hemdsärmeliger Urjournalist, der sich von den Partei- und Propaganda-Bonzen nicht einschüchtern ließ, ja einer der wenigen, denen der pressescheue «Führer» ein Interview gewährt hatte. Während des Krieges war Delmer die robuste Seele der britischen «Soldaten-Sender», die den Landsern jeden Tag ein Licht über die Schurkereien des Nazi-Systems und oft genug über die Korruption ihrer unmittelbaren Vorgesetzten aufsteckten: die Sendungen ein anziehendes Gemisch von seriösen Nachrichten, Gerüchten, gelegentlichen Verleumdungen und amüsantem Klatsch, in einer Sprache serviert, die auch die schlichteren der (heimlichen) Zuhörer verstanden.

Ein Glücksfall, dass die Redaktion den Mitarbeiter Berndorff schon vor dem Erscheinen ihres Blattes verlor. Welcher Segen dies war, erwies sich spätestens zwölf Jahre nach den Gründungstagen, als Tüngel und sein Freund Berndorff gemeinsam ein Buch auf den Markt schickten, das den aufschlussreichen Titel trug: «Auf dem Bauche sollst Du kriechen ... Deutschland unter den Besatzungsmächten», erschienen bei Christian Wegner in Hamburg. (Eine Neuauflage unter dem neutral gezähmten Titel «Stunde Null» publizierte Matthes und Seitz 2004 in Berlin.) Tüngels Part in dieser merkwürdigen Reminiszenz steht an dieser Stelle nicht zur Debatte. Doch es lohnt die Erwähnung, dass Berndorff in jenem Memoirenband ausführlich von seinem Auftrag erzählte, für den «German News Service» vom ersten KZ-Prozess in Lüneburg und vom «Inferno von Belsen» zu berichten. Aber in den Erinnerungen steht so gut wie nichts vom großen Sterben in dem Lager und von der mörderischen Gleichgültigkeit der Wachmannschaften und ihrer SS-Kommandeure, die an die 40000 Häftlinge am Hunger und an Seuchen verrecken ließen, sofern sie nicht mit eigenen Händen nachgeholfen hatten: Vielmehr schilderte er mit bitterer Empörung, welche Schikanen er, der deutsche Journalist in britischen Diensten, durch arrogante Offiziere und brutale Sergeanten der Besatzer zu erdulden hatte, und er erzählte voller Genugtuung von den Tricks, mit denen er, der deutsche Underdog und Kollektivschuldige, die Konkurrenz der alliierten Reporter im Rennen um den «scoop» zu übertölpeln wusste. Indes, seine Niederschriften zeugen von einer unerträglichen Eitelkeit. Nicht eine Minute lang schien ihn der Gedanke anzufechten, dass die Geschicke des Journalisten B., angesichts des Entsetzens, mit dem er in Bergen-Belsen konfrontiert war, nur von minderem Interesse sein könnten. Mit anderen Worten: Er hatte nichts begriffen und nichts gelernt.

Sein Protektor Sefton Delmer wurde freilich bald wieder nach London zurückgerufen, der «German News Service» ging in deutsche Hände über, und er wurde die Kernzelle zunächst der «DENA» (der «Deutschen Nachrichten-Agentur») und danach von «dpa», der mächtigen «Deutschen Presse-Agentur». Berndorff wurde mit der Berichterstattung über den Nürnberger Prozess gegen die Hauptkriegsverbrecher beauftragt. Ein Tüngel-Zitat in diesem Zusammenhang lässt sich denn doch nicht umgehen. Er führte in dem gemeinsamen Buch, gleichsam zum Geleit seines Vertrauten, einen Antrag der Verteidiger an, die das Gericht ersuchten, «von international anerkannten Völkerrechtsgelehrten Gutachten über die rechtlichen Grundlagen ... dieses Prozesses einzuholen». Tüngel fügte hinzu: «Nichts von dem, was die Verteidiger vorgebracht hatten, war in Deutschland veröffentlicht worden. Wir wurden damals nicht anders behandelt als unter Hitler: die Alliierten ließen uns nur die Nachrichten zukommen, die für sie und ihr mitunter frevelhaftes Vorhaben günstig waren.» Ihn schien niemals der Gedanke zu streifen, was den Deutschen wohl widerfahren wäre, hätten sich die Alliierten den Vernichtungswillen Hitlers, seiner Mordspezialisten und seiner Kriegsmaschinerie zu eigen gemacht. Die Deutschen im Osten hatten bitter genug erlitten, was den Besiegten insgesamt gedroht haben könnte, wenn die Siegermächte im Westen – den mythisierten Morgenthau-Plan hin oder her – nicht trotz aller Härte gewisse Grundregeln der Vernunft und der Menschlichkeit respektiert hätten.

Sehr früh schon – spätestens seit der wegweisenden Stuttgarter Rede des amerikanischen Außenministers James Byrnes im September 1946 – war deutlich, dass sich die Vereinigten Staaten nicht noch einmal in eine isolationistische Haltung zurückziehen würden, mit anderen Worten: dass es kein zweites «Versailles» geben werde. Der konstruktive Wille bestätigte sich durch die Ernennung von George Marshall im Januar 1947 zum neuen Außenminister, der seinem Land während des Zweiten Weltkriegs als Chef des Vereinigten Generalstabes gedient hatte. Für ihn entwarf der Diplomat George F. Kennan die «Strategie der Eindämmung», die der Expansion des Kommunismus klare Grenzen setzte (die sogenannte Truman-Doktrin), und der geniale Staatssekretär Dean Acheson (nach einer Vorlage Kennans) die Grundlinien des «Marshall-Planes», der Europa – Siegern wie Besiegten – wieder auf die Beine helfen sollte. Man hat kaum den Eindruck, dass der cholerisch-erzpatriotische Binnendeutsche Tüngel den Wandel spürte, der sich hier zu vollziehen begann.

Die markigen Worte Tüngels apropos Nürnberg lassen nicht allzu direkt darauf schließen, dass dieser quirlige Geist – vor seiner Abwanderung in die Publizistik Direktor der neuen Kunstschule Hamburgs – ein Mann von Charme war, wenngleich einem leicht zerzausten, ein wenig schrulligen Charme – witzig, gebildet, cholerisch und meist unter Hochspannung agierend. Er scheute sich nicht, frühe oder späte Besucher in seiner provisorischen Behausung droben im Pressehaus «in einem wallenden weißen Flanellnachthemd und einer Nachtmütze auf dem kahlen Schädel» zu empfangen – so auch den hochtalentierten und vor allem ironiebegabten Volontär Claus Jacobi, aus dessen Feder die launige Skizze stammt: «Er war frei von der Furcht vor Lächerlichkeit, ein seltenes Phänomen im Volk der Wichtigtuer», konstatierte der spätere Chefredakteur des «Spiegel» und (noch eine Frist später) der Hausintellektuelle und Hauptberater von Axel Springer.

Im «Kinderzimmer» der Jungredakteure fand sich neben Jacobi die liebenswürdige und grundgescheite Christa von Tippelskirch ein, die Marion Dönhoff aus den Vorkriegsjahren kannte, als die junge Dame bei der alten Gräfin Ria auf ihrem Witwensitz die Künste der Küche und die Kniffe einer aristokratischen Haushaltsführung lernen sollte. Marion Dönhoff, erzählte sie Dieter Buhl, war gelegentlich vorbeigeritten und hatte die jungen Dinger (zu denen auch eine Tochter der Kronprinzessin Cecilie zählte) mit einem leicht spöttischen Blick gemustert. Christa von Tippelskirch hatte zuvor als Sekretärin bei Karl Silex gearbeitet, dem ersten Chefredakteur der (nicht allzu langlebigen) «Hamburger Allgemeinen», den die Briten vor die Tür setzten, vermutlich weil er lange die

«Deutsche Allgemeine Zeitung» in Berlin dirigiert hatte, bevor er es für angebracht hielt, sich vor den Kontrolleuren des Goebbels-Ministeriums zur Kriegsmarine zurückzuziehen. Die junge Landsfrau aus Ostpreußen war eine der wenigen Kolleginnen, zu denen Marion Dönhoff ein völlig entspanntes Verhältnis hatte: Sie kamen sozusagen «aus dem gleichen Stall» und betrachteten sich als «Kumpel». Christa von Tippelskirch – von Tüngel engagiert, den sie einen «rührenden Menschen» nannte – blieb freilich nur ein Jahr. Dann ließ sie sich, während eines Erholungsaufenthaltes in der Schweiz, von der britischen Nachrichten-Agentur «Exchange Telegraph» engagieren – und reiste, als sich die Chance bot, nach New York weiter, wo sie sich eher mühsam durchschlug, bis sie von Hamilton Fish Armstrong, dem Chef der legendären Monatsschrift «Foreign Affairs», entdeckt und geheiratet wurde.

Ihre Residenz war hernach einer der wichtigsten amerikanischen Stützpunkte Marion Dönhoffs, von der sie fünfzig Jahre später – die alte Dame nahm kein Blatt vor den Mund – im Gespräch mit Dieter Buhl unverblümt feststellte, sie sei «auf Frauen nicht gut zu sprechen» gewesen, denn sie habe immer – eine etwas zu schlichte Erklärung – «die Konkurrenz gefürchtet». Das tat sie kaum. Sie hielt nur, was auch nicht immer angebracht war, Männer für die besseren Gesprächspartner.

Mitten unter ihnen trieb eine geradezu mythische Mitbewohnerin der Dachboden-Gesellschaft ihr Wesen (oder Unwesen): die riesige Ratte «Amanda», die sich nicht allein an den knappen Brotvorräten der Mieterschaft fett gefressen haben konnte. Nein, ein biedermeierliches Ruinen-Idyll à la Spitzweg war die merkwürdige Notgemeinschaft nicht. Sie hatten allesamt Hunger, die dort droben hausten, den knurrenden Magen meist nur mit Kartoffeln und Rüben abgefüllt, stets gierig auf die Zigaretten und die Tabaksbeutel schielend, die von den englischen Presseoffizieren gespendet wurden (auch Marion Dönhoff war in jenen Jahren noch eine passionierte Raucherin, die allemal jubelte, wenn ein Zigarettenpäckchen aus der Schweiz ankam). Nur an Schnaps schien es selten zu fehlen.

Die «Zeit»-Gründer konnten allesamt blütenweiße Fragebögen vorweisen. Keiner war ein Nazi. Doch im Rückblick darf festgestellt werden, dass die Grundstimmung der Mannschaft deutsch-national war – Bucerius ausgenommen, der seinen liberal-konservativen Überzeugungen eher treu blieb, und neben ihm, wie sich erst im Gang der Jahre mit zunehmender Deutlichkeit erwies, Marion Dönhoff, die sich erstaunlich rasch in dem fremden Journalistengewerbe zurechtfand.

Sie kannte – anders als die Kollegen (Samhaber ausgenommen) – ein großes Stück Welt, sie hatte sich in Amerika, in England, in Frankreich, in ganz Europa bis in die entferntesten balkanischen Winkel, sie hatte sich selbst in der Sowjetunion umgesehen (und in Afrika Leoparden geschossen). Sie nahm auch die britischen Kontrolleure und Zensoren nicht nur als Besatzungsoffiziere wahr: Vor dem Krieg war sie in ihren Häusern, in den Salons und auf den Landsitzen ihrer Elite zu Gast. Ihre Weltläufigkeit, der zwanglose Umgang mit der englischen Sprache und ihr hübsches Französisch, der Titel einer Gräfin und obendrein einer Doktorin der Nationalökonomie (damals eine Rarität), ihre Erfahrung in der Leitung großer Betriebe: All dies gab ihr eine gewisse Selbstsicherheit, auch wenn sie damals so arm und hungrig wie ihre Kollegen war. Richard Tüngel, der ihre Talente rasch erkannte, nahm sich ihrer mit besonderer Herzlichkeit an.

Vielleicht hat auch sie das Bekenntnis unterschrieben, das die Redaktion den Lesern aus Anlass des fünfjährigen Bestehens der Zeitung mit dem Blick auf den Anfang vorlegte: «Wir beschlossen, als wir die ZEIT gründeten, deutsch zu sein». Was immer das heißen mochte. Widerstand gegen die unvernünftigen und unmenschlichen Maßnahmen der Besatzung? Aber das ist sozusagen die Pflicht der Besiegten, ob deutsch oder nicht (und wichtiger ist allemal der Wille zu einem produktiven Arrangement). Die verbale Verteidigung der in Wirklichkeit längst zerschlagenen Einheit des Bismarck'schen Reiches? Nun ja: «deutsch» in diesem recht abstrakt gewordenen Sinne – die Einheit existierte nur auf dem Papier der Siegerverträge, um die sich im fortschreitenden Kalten Krieg niemand mehr scherte –, das mochte hingehen. Es kostete nichts, und es brachte nichts, aber es war immerhin besser als «großdeutsch». «Kulturdeutsch?» Das war ein weiter, ein dehnbarer und schöner Begriff, der auch die Deutschen der Emigration hätte einschließen müssen. Überdies kam der Begriff der «Kulturnation» erst später auf.

«Deutsch» als Kampfparole? Bucerius registrierte damals bei einem Gespräch mit Kurt Schumacher geradezu schockiert die klirrend nationalistische Sprache des so schwer geprüften Ersten Mannes der wiedererstandenen Sozialdemokratie, den die zehnjährige Lagerhaft tief gezeichnet, ja verkrüppelt hatte. Schumacher, der die Nation nicht ein anderes Mal der «Rechten» überlassen wollte, sträubte sich gegen jede reale oder auch nur eingebildete Gefährdung des Anspruchs auf die deutsche Einheit durch eine zu enge Bindung an die Westmächte. Bucerius aber war ein Europäer von Beginn an und darum ein natürlicher Verbündeter Konrad Adenauers, des starken Mannes der neugegründeten Christlich-Demokratischen Union, der ein Arrangement mit Frankreich als den Schlüssel zur schließlichen Befreiung Deutschlands (oder doch seiner westlichen Regionen) aus seiner verzweifelten Isolierung betrachtete.

Das trotzige «Deutschsein» hieß für die politische Kernmannschaft der Gründer denn doch vor allem: Einspruch gegen die Torheiten, die Ungerechtigkeiten, die Willkür der Besatzungsmächte. Anders: das Aufbegehren gegen die vier «D's», die Hans Habe, der Chefredakteur der amerikanischen «Neuen Zeitung» (die ein vorzügliches Blatt war), zuvor als die Grundziele der Besatzungspolitik definiert hatte: Denazifizierung, Demilitarisierung, Demontage, Demokratisierung. Es war ein Gebot der Vernunft, darauf hinzuweisen, dass die dritte der vier Weisungen den Zielen eines zivilisierten und lebensfähigen Gemeinwesens widersprach. Doch

Widerstand gegen die Besatzung war – so konnte, so musste man Samhaber und Tüngel verstehen – auch eine Charakterfrage: Wollte man sich ein anderes Mal vorwerfen lassen, vor den Mächtigen auf die Knie gesunken zu sein? Fast jede Redaktion der «Lizenzpresse», deren Blätter damals zur Welt kamen – ob «Christ und Welt», die Wochenzeitung des Hilfswerkchefs und Widerstandsmannes Eugen Gerstenmaier in Stuttgart, ob «Die Gegenwart», die in Freiburg die Überlebenden der alten «Frankfurter Zeitung» zu sammeln bestrebt war, ob das «Sonntagsblatt» des lutherischen Bischofs Hanns Lilje in Hannover, dessen Chef Hans Zehrer wurde, der Ideologe des einstigen «Tat»-Kreises –, betrachtete die Kritik der Besatzungspolitik und ihrer Irrtümer als eine ihrer natürlichen Aufgaben. Mit anderen Worten: Sie übten sich in der Opposition.

Die «Zeit» freilich schlug die weitaus schärfsten Töne an, wenn sich der Chronist recht erinnert, der damals jedes gedruckte Blatt Papier gelesen hat, das ihm, dem Volontär in der Redaktion von «Christ und Welt», vor Augen kam. Man darf ohne Übertreibung feststellen, dass die «Zeit» damals zu den rechts-nationalen Publikationen zählte, unbeschadet einiger liberaler Querströme, wie sie vor allem in den Reportagen von Müller-Marein spürbar wurden. Auf eine knappe Formel gebracht: die Kernmannschaft von «Christ und Welt» rekrutierte sich aus bekehrten Nazis – die der «Zeit» aus unbekehrten Deutsch-Nationalen. Der Chefredakteur Ernst Samhaber ging zunächst – er hatte die Macht der Vorzensur kennengelernt – mit einiger Behutsamkeit zu Werk. Er war in Chile zur Welt gekommen, hatte lange Jahre als Südamerika-Korrespondent für deutsche Blätter gearbeitet, doch er war mitten im Krieg (vermutlich via Spanien) zurückgekehrt. Freilich behielt er seinen chilenischen Pass.

Wie so viele Auslandsdeutsche zeigte Samhaber eine gewisse Anfälligkeit für ein nationalistisches Pathos. In seinen Leitartikeln rebellierte er ganz zu Recht gegen den Widersinn der Demontagen – die sich später eher als ein Segen erwiesen, da sie die deutschen

Industrien zu einer gründlichen Modernisierung zwangen, während sich die Sieger noch lange mit ihren überalterten Beutemaschinen plagten: Aber das sah damals keiner voraus. Es wäre freilich kein Schade gewesen, wenn Samhaber und seine Kollegen gelegentlich ins Bewusstsein ihrer Leser gerückt hätten, mit welcher Brutalität die Deutschen die Industrien Frankreichs, Belgiens und Hollands geplündert hatten, von der Vernichtung der polnischen, der ostrussischen, der ukrainischen Wirtschaft nicht zu reden.

Der Hunger und die akute Not der Millionen schien nahezu jede Gewissensregung zu ersticken. Im Übrigen war man – auch in den sogenannten informierten oder «gebildeten» Kreisen – der Meinung, die Sowjets hätten durch die Gewaltorgien bei der Eroberung Ostdeutschlands, die Briten und Amerikaner durch ihren radikalen Bombenkrieg sozusagen für einen moralischen Gleichstand gesorgt. Das war ein Irrtum, zumal sich Verbrechen nicht gegen Verbrechen und schon gar nicht gegen den Willen zur Vernichtung ganzer Völker aufrechnen lässt. In seiner Anklage gegen den Schwarzmarkt und seine wohlgenährten Profiteure warnte Samhaber zum Beispiel (etwas allzu schrill), dass «die Unterwelt die bürgerliche Ordnung zu überwältigen» drohe, wörtlich: «daß wir von reißenden Tieren umgeben sind und daß, wer sich im Dschungel halten will, selbst zum Raubtier werden muß ...»

Man war es in jener Epoche gewohnt, zwischen den Zeilen zu lesen. Samhabers Zorn zielte, klar erkennbar, auf die «Banden» aus den Camps der Displaced Persons, in denen – wie er wohl wusste – vor allem Überlebende der Konzentrationslager und verschleppte Arbeitssklaven bis zu ihrer Auswanderung untergebracht waren: Menschen, die das Schrecklichste erduldet hatten und sich, auch das ist wahr, für ihre Leiden des Öfteren gewaltsam zu entschädigen versuchten. Mit anderen Worten: Der Chefredakteur der «Zeit» appellierte, in oberflächlicher Camouflage, an das Ressentiment, das die Grundschwäche der Besiegten – und vor allem der moralisch Besiegten, der Schuldigen – ist. Er selber konnte, wie seine Herausgeber auch, einen weißen Fragebogen vorzeigen. Dennoch sorgten die Briten dafür, dass Samhaber vor einen deutschen «Entnazifizierungsausschuss» treten musste, der ihn – da er von 1933 bis 1937 für den «drahtlosen Dienst» des Reichspropagandaministeriums gearbeitet hatte (und später ein fester Mitarbeiter von Goebbels' Renommierblatt «Das Reich» war) – nach den Vorschriften des Alliierten Kontrollrates sanktionierte. Prompt wurde er seines Amtes bei der «Zeit» enthoben (und es war zu spät, als ihn hernach die Berufungsgremien entlasteten).

Man sagte, hier sei die Ranküne des britischen Presseoffiziers Peter de Mendelssohn am Werk gewesen, eines Mannes der Emigration, der hernach für den «Monat» glanzvolle Essays schrieb, unter anderem über das Kriegstagebuch Ernst Jüngers, das unter dem Titel «Strahlungen» erschien: eine der wahrhaft brillanten Kritiken, die in deutscher Sprache verfasst wurden, dem Gegenstand durchaus angemessen. Mendelssohn (mit der österreichisch-englischen Schriftstellerin Hilde Spiel verheiratet) schrieb den ersten Band einer Thomas-Mann-Biographie (von weit mehr als tausend Seiten), aber auch eine Geschichte des S. Fischer Verlags, den man getrost die Wiege der «klassischen Moderne» der Literatur deutscher Sprache nennen kann, und er edierte die Tagebücher Thomas Manns, bis ihm ein zu früher Tod die große Aufgabe aus der Hand nahm (die danach von Inge Jens mit bewundernswerter Sorgfalt zu Ende geführt wurde).

Nach der Entlassung Samhabers schäumte Tüngel, sein Nachfolger, dass sein Vorgänger weder «1923 zur Feldherrnhalle marschiert» noch dass er 1933 «an dem Fackelzug teilgenommen» habe, dass er im Reichstag «nicht für das Ermächtigungsgesetz gestimmt» habe, dass er kein SA-Mann, kein SS-Mann, kein Denunziant, kein Antisemit gewesen sei. Es traf zu, dass Samhaber in der «Deutschen Rundschau» des konservativen Nazigegners Rudolf Pechel 1941 eine Skizze über den Diktator Francisco Solano Lopez publiziert hatte, «des wahnbesessenen Tyrannen von Paraguay in seinen Großmachtträumen», der sein eigenes Volk ausbluten ließ – ein historisch camoufliertes Psychogramm des «Führers», wie es so manche gab (angefangen bei Friedrich Sieburgs Robespierre-Biographie). Aber kein Antisemit? Samhaber hat sich in dem einen oder anderen Artikel für die Presse des Dritten Reiches sehr wohl der rassistischen Phraseologie der Nazis bedient, vielleicht aus Gründen konformistischer Geschwätzigkeit, vielleicht auch nicht. Tüngel faselte auch von Samhabers «verbotenen Büchern», nach denen ihn die Entnazifizierer nicht gefragt hätten. Wir konnten in den einschlägigen Publikationen keine entdecken. Peter de Mendelssohn verfügte über eine genaue Witterung für die Gefahren des Ressentiments. Darum ließ er mit einer – vielleicht – übertriebenen Härte durchgreifen.

Was die schwarz-weiß-rote Grundierung der Gesinnung angeht: Der Nachfolger Tüngel ließ so klar durchschimmern wie sein Vorgänger, dass sein Geschichtsbewusstsein von dem allzu flächigen Kulturpessimismus des gefeierten Großschwarzmalers der Nation, des preußisch-quasisozialistischen Oberschulmeisters und Künders vom «Werden und Vergehen» der Kulturen Oswald Spengler geprägt war. Hätte Tüngel zum anderen dem Stuttgarter Bekenntnis des Rates der Evangelischen Kirchen Deutschlands zugestimmt? Es sagte im Oktober 1945 mit schöner Klarheit, man wisse sich «mit unserem Volk nicht nur in einer großen Gemeinschaft, sondern auch in einer Solidarität der Schuld» verbunden ... «Mit großem Schmerz sagen wir: Durch uns ist unendliches Leid über viele Völker und Länder gebracht worden, was wir in unseren Gemeinden oft bezeugt haben. Das sprechen wir jetzt im Namen der ganzen Kirche aus ... Aber wir klagen uns an, daß wir nicht mutiger bekannt, nicht treuer gebetet, nicht fröhlicher geglaubt und nicht brennender geliebt haben.»

Die «Zeit» war weiß Gott nicht das einzige unter den neuen Blättern, dessen Kommentatoren der Versuchung erlagen, über der beklagenswerten, ja oft bis ins Unerträgliche gesteigerten Not und der

Anklage gegen den Unverstand und die Härte der Besatzer sich in einer Neigung zur Selbstgerechtigkeit, in schierem Zynismus oder, noch schlimmer, dem Selbstmitleid zu verlieren.

Es war ein Segen, dass sich dem Führungsteam noch vor dem Ende des ersten Jahres Ernst Friedländer zugesellte: dank der ungeplanten Vermittlung Marion Dönhoffs. Der hochgewachsene Herr (er war ein Herr) mit dem schönen Gelehrtenkopf – Sohn eines jüdischen Arztes und einer ostpreußischen Aristokratin – hatte sein Berufsfeld in der Industrie gefunden (was ihm weder auf den ersten noch auf den zweiten Blick anzusehen war), als Repräsentant der IG Farben in den Vereinigten Staaten, zuletzt in Liechtenstein residierend. Jetzt war er nach Hamburg gekommen, um mit dem Claassen-Verlag zu verhandeln, der zwei Schriften aus seiner Feder publizierte: die Essays «Deutsche Jugend» und «Von der inneren Not». Graf Kanitz, ein Freund (der in der Schweiz lebte), hatte ihn angeregt, in Hamburg seine Cousine Marion Gräfin Dönhoff aufzusuchen, die dort (wie Friedländer später schrieb) «bei irgendeiner Zeitung» arbeite.

So geriet er in die «Zeit». Marion Dönhoff machte ihn mit Tüngel bekannt und der neue Chefredakteur vermutlich mit den anderen Lizenzträgern. Der Gast reiste mit dem Angebot nach Vaduz zurück, in die Redaktion einzutreten. Es war weiß Gott ungewöhnlich, in jenem Elendsjahr 1946 aus der freundlichen Geborgenheit von Vaduz ins düstere Deutschland zu übersiedeln (Willy Brandt, dem eine glänzende Karriere in Norwegen offengestanden hätte, war ein anderer, der sich zu einem ähnlichen Wagnis entschloss). Die Begründung hat Friedländer selber in einem schönen Satz geliefert (den Heinrich Leippe in seiner Studie über den Anfang der «Zeit» zitierte): «Deutschland ist den Deutschen immer zu sehr ein Programm und eine Parole gewesen und zu wenig eine Selbstverständlichkeit.»

· Kapitel 18 ·

«Die Zeit» stand rechts – ein Blatt der nationalen Opposition

Friedländer übernahm im Oktober 1946 das Amt des stellvertretenden Chefredakteurs, doch zugleich beteiligte er sich – um seine Zugehörigkeit und seinen Anspruch auf Gleichrangigkeit sozusagen materiell zu untermauern – mit fünf Prozent am Kapital des Unternehmens, kurz: Er wurde – wenn auch bescheidener – Mitgesellschafter. Der Senat wies ihm ein skandinavisches Holzhaus, das einst dem Gauleiter als Gästequartier gedient hatte, weit draußen im Duvenstedter Brook zu, in dem es im eisigen Winter 1946/47 an Kohle und Holz mangelte – wie in allen Häusern und Wohnungen und Büros.

Nur Marion Dönhoff hatte, was dies anging, mehr Glück, denn die Familie ihres Vermieters Blumenfeld war im Kohlenhandel engagiert, und so wurde es dem Hausherrn etwas leichter, Heizmaterial zu beschaffen. In der Redaktion hockte sie freilich wie die Kollegen in all ihre warmen Sachen und einen Mantel vermummt – und sie schrieb mit klammen Fingern. Hunger litt sie wie all die anderen auch. Den Übergang ins Jahr 1947 erlebte sie im Zustand tiefer Depression. Am Ende eines Silvesterbriefes an Edgar Salin schrieb sie: «Mit wie viel Bangen und Hoffnungslosigkeit sieht man dem neuen Jahr entgegen. Die letzten 12 Jahre in denen jeder Einsatz lohnte weil man glaubte, daß es noch ein ‹danach› gäbe waren leichter zu ertragen ...»

Als sie in ihrem Zimmer in der Klopstockstraße / Ecke Fontenay von geisterhaften Erscheinungen heimgesucht wurde (wie sie den Kollegen berichtete), vermutete Tüngel zu Recht, die Gesichte könnten die Folgen einer Dehydrierung sein. Er verordnete ihr einen dringend notwendigen Urlaub auf dem Gutshof, dessen Verwaltung unterdessen Bruder Dieter übernommen hatte. Die Landluft, kräftiges Essen, genügend Schlaf, das Zusammensein mit Sissi, der Urvertrauten, und dem Bruder richteten sie rasch wieder auf. Nach einer Woche schon kehrte sie gekräftigt nach Hamburg zurück.

Friedländers Präsenz wirkte entspannend in der nervösen Redaktion, deren Stimmung vor allem durch Tüngels Neigung zu heftigen Eruptionen selten dem Zustand der permanenten Beunruhigung entkam. Die Weltkenntnis des stellvertretenden Chefs, seine Vertrautheit mit Wirtschafts- und Finanzproblemen, vor allem aber seine helle, aufgeklärte Vernunft, seine abgewogene Sprache und sein ruhiger Patriotismus kamen dem Blatt – als Kontrast zu den Aufgeregtheiten Tüngels – in jeder Ausgabe zugute. Vor allem aber setzte Friedländer ein großes Ziel, das in den Debatten der Redaktion zuvor keine Prominenz genoss (und in späteren Jahren zu oft zu einer Schattenexistenz verurteilt war): Er wollte, dass Deutschland seine Aufgabe, seine Sicherheit, sein Gedeihen, ja seine Heimat in einem vereinten Europa finde – und er war es schließlich, der Bundeskanzler Adenauer nicht lange nach der Gründung des Bonner Staates eines seiner großen Interviews schrieb (Fragen wie Antworten), das dem Alten Herrn den historischen Auftrag eines europäischen Baumeisters (neben Robert Schuman, Paul-Henri Spaak, Alcide De Gasperi und vor allem Jean Monnet) zuwies.

Als Assistentin brachte Friedländer – als «Mädchen für alles» (wie sie selber sagte) – seine schöne und kluge Tochter Katharina mit, die hernach in der Kanzlerschaft Willy Brandts Parlamentarische Staatssekretärin im Kanzleramt (vor allem für die Europa-Politik verantwortlich) und schließlich Bundesministerin für Jugend, Familie und

Gesundheit war – obschon sie einst «als eine schüchterne höhere Tochter zur Politik gekommen» war (wie sie Dieter Buhl gestand) und sich vielleicht gerade darum der Sozialdemokratie anschloss. Marion Dönhoff begegnete ihr in jenen kargen ersten Jahren freundlich und kollegial – vermutlich schon aus Gründen des Respekts vor dem Papa –, doch Freundinnen wurden die beiden nicht. Marion Dönhoff scheute eine gewisse Kameraderie im täglichen Umgang keineswegs – mit Männern unbefangener als mit Frauen –, doch zu Vertraulichkeiten war sie niemals aufgelegt. Stets blieb eine gewisse Distanz: die «Glashaut», von der Ralf Dahrendorf später schrieb. Über ihr sogenanntes Privatleben wollte sich Katharina Focke auch nach Marion Dönhoffs Tod nicht äußern – diskret und taktvoll bis ins hohe Alter, wie es ihrer Natur und ihrer Erziehung entsprach –, doch immerhin deutete sie an, dass es an Verehrern nicht mangelte, die von der sehr eigenen Komposition der Persönlichkeit Marion Dönhoffs angezogen wurden: jener Mischung von nüchterner Gescheitheit, Distinguiertheit (die niemals ins «Hoheitsvolle» entriet), der ahnbaren Romantik (die sie lieber verbarg) und dem Jungmädchen-Charme, der ihr bis zum Ende ihrer Tage treu blieb. Nur: Nie gab sie zu erkennen, ob sie einem ihrer Bewunderer die Tür zur völligen Privatheit geöffnet hat.

Marion Dönhoff, die als Journalistin und Redakteurin ihre ersten Erfahrungen sammelte, fand in Friedländer einen zweiten Lehrmeister neben Tüngel, vielleicht eher einen dritten, denn Josef Müller-Marein, der rasch so etwas wie die Seele der Redaktion wurde, hat gewiss auch ihr (wie vielen Dutzend jungen Kollegen in späteren Jahren) beim Erlernen des Handwerks auf die Sprünge geholfen. Die Mixtur der Themen, die sie übernahm (oder die ihr aufgeladen wurden), war bunt: Nach dem großen Erlebnisbericht «Ritt nach Westen» schrieb sie einen fachlich versierten Lagebericht über die «Gesteuerte Landwirtschaft», danach eine kleine, eher wohlgemeinte als überzeugende Predigt zum Schulanfang über die «Erziehung zum Menschen», ein hübsches Feuilleton über «Pferde im Frühling», in dem sie ihre Sehnsucht nach den Gefährten nicht völlig verbirgt, obschon sie mit überraschender Ironie darauf verweist, dass «die Verbindung mit dem Pferd, vom Menschen so heiß ersehnt, ... von diesem ... ängstlich vermieden wird. Das Pferd ist, abgesehen davon, daß es im Allgemeinen dumm ist, von Natur ängstlich – ein Tatbestand, über den nur die Fähigkeit des Menschen, gewisse Dinge zu romantisieren und zu idealisieren, hinwegtäuscht ...»

Schon in der nächsten Ausgabe meldete sie sich zu den «Problemen des Weltluftverkehrs» zu Wort, danach – das lag näher – zur Bodenreform, von der sie dank einer einfachen, aber einleuchtenden Kalkulation feststellte, dass auch bei einer Aufteilung aller Höfe über einhundert Hektar im ganzen deutschen Westen nicht mehr als gut 27 000 Kleinbetriebe geschaffen werden könnten, die etwas mehr als 130 000 Menschen aufnehmen würden (falls man die Mittel aufbrächte, genügend Wohnungen zu bauen). Sie gelangte zu dem – für ihre Standesgenossen beruhigenden, doch selbst für links gestimmte Zeitgenossen überzeugenden – Schluss, dass es keine Reform der Besitzverhältnisse, sondern der Betriebsverhältnisse brauchte. Jeder Großbetrieb, der nicht die «volle Marktleistung» erreiche, sollte unter Aufsicht und Zwangsverwaltung gestellt werden (was einer kalten Enteignung gleichkäme).

Im Juli 1946 war ihr großes Thema, es versteht sich: der Widerstand, dessen tragische Geschichte sie unter dem Titel «Das heimliche Deutschland» nacherzählte – noch nicht unter dem des «geheimen Deutschland» der Stefan-George-Jünger, dem der letzte Schrei des Grafen Stauffenberg galt, ehe er im Feuer des Erschießungskommandos starb. Sie schrieb über die Londoner Konferenz der Großmächte, bei der die Zukunft des Suez-Kanals verhandelt wurde, über die «Demokratisierung der Türkei», die das eigentliche Ziel des Reformdiktators Kemal Atatürk gewesen sei, und sie schrieb über die «Einheitliche Wirtschaftspolitik» der Benelux-Länder, die einen Vorausblick auf die paneuropäische Union erlaube.

In der übernächsten Ausgabe ist Marion Gräfin Dönhoff als Autorin einer sachlichen, freilich auch ein wenig langatmigen, langweiligen Abhandlung über das «Problem Palästina» ausgewiesen, deren Verfasser in Wirklichkeit – wie die Honorar-Zettel beweisen – Bruder Christoph Dönhoff war. Warum musste sich «Toffy» einer Region zuwenden, deren Geschick so stark vom Holocaust bestimmt war – ohne dass jener Begriff (den man damals noch nicht kannte), ohne dass Auschwitz, ohne dass der Millionenmord auch nur genannt wurde? Toffy war kein Nahost-Experte. Dennoch schrieb er ein anderes Stück (auf Seite eins) über die «Sozialen Konflikte im Nahen Osten», in dem er die nicht allzu einleuchtende Möglichkeit erörterte, linke Araber und linke Juden könnten sich im Kampf gegen die Briten zusammenschließen. Zog das Problemfeld den einstigen Parteigenossen und Mitarbeiter des Reichssicherheitshauptamtes (gleichviel in welchem Rang) zwanghaft an? Zwei weitere Artikel zum Thema, der letzte erschien im März 1947, tragen den Namen der Schwester, doch sie stammen in Wahrheit aus seiner Feder.

Wussten Tüngel, Bucerius, Friedländer davon? Wenn es so gewesen sein sollte, dann deckten sie die Kollegin, deren just aus britischer Haft in Italien entlassener Bruder ein kleines Zubrot in der Tat dringend brauchte. Hätte freilich die britische Militärregierung in Hamburg seine nazistische Vergangenheit gekannt, dann hätte er kaum eine Chance gehabt, in einem Lizenz-Blatt zu publizieren. Erst im August 1948 wagte er es, mit seinem Namen auf den Plan zu treten, zunächst mit so harmlosen Themen wie dem Naturschutz in England oder der Ausstellung «Wald und Holz» in Hamburg, die er zum Anlass nahm, die angeblich so produktive, weil schnell wachsende Fichte zu beschuldigen, sie sei ein gewaltiger Säufer, der in trockenen Jahren rasch verdurste, durch seine Nadeln kein Unterholz aufkommen lasse, den Boden übersäure und bald nur noch dürftige Erträge liefere.

Insgesamt schrieb er – teils unter seinem Namen, teils unter dem

Pseudonym Christoph Dohlen, dem Kürzel C. D. oder M. van der Merve (aus Südafrika) bis zum Mai 1965 110 Artikel für die «Zeit».

Sie selber beschäftigte sich in ihren Artikeln oft und ausführlich mit den Fragen der – damals so genannten – Dritten Welt. Selten, dass sie sich den drängenden und näherliegenden Problemen zuwandte, die sie unmittelbar angingen: so im März 1947, als sie unter dem Titel «Arbeiten und nicht verzweifeln» zum «Problem der Vertriebenen» schrieb (deren Zustrom noch nicht versiegt war). Klar genug und völlig zutreffend stellte sie fest, dass Deutschland zweifellos nur als «kapitalintensiver, hochindustrialisierter Staat leben und seinen Beitrag zur Weltwirtschaft leisten» können wird. Das einzige Kapital aber, über das Deutschland derzeit verfüge, sei seine Arbeitskraft, aber die sei, zumal in der britischen Zone, zu wenig genutzt; die Vertriebenen seien «an der Schwelle zum dritten Jahr des Exils» noch nicht einmal nach Berufsgruppen geordnet – und es sei sträflich, einen Feinmechaniker als Holzfäller einzusetzen. Damit hatte sie gewiss recht. Es sollte freilich auch vermerkt werden, dass sie noch vom «Exil» sprach: ein Begriff, durch den sich eine gewisse Hoffnung auf Rückkehr, auf Heimkehr anzeigte.

Es war auch für sie noch ein weiter Weg, bis sie die Endgültigkeit der Flucht und Austreibung in der Tiefe ihres Gemütes akzeptieren konnte, so hellsichtig sie und ihre Freunde schon im Krieg – nach Marion Dönhoffs eigenem Bekunden – den Verlust der Heimat vorausgeahnt haben mochten. Doch noch im Januar 1949 schrieb sie, mit kaum verhaltenem Zorn, unter dem Titel «Polen annektiert Ostdeutschland», dass der Ministerrat in Warschau das für die Gebiete östlich der Oder-Neiße zuständige Sonderministerium aufgelöst habe und diese Gebiete in die reguläre polnische Verwaltung eingegliedert habe. «Das Gesetz tritt sofort in Kraft und wird nach den Parlamentsferien vom Sejm nachträglich genehmigt werden – womit denn die demokratischen Formen des Selbstbestimmungsrechts der Völker in eindrucksvoller Weise gewahrt wären!» Voller Hohn fuhr sie fort: «Man kann den ungebrochenen Optimismus, mit dem der gleiche Stalin» – der einst die Geheimabkommen mit Hitler abschloss – «heute glaubt, die 700-jährige Geschichte der deutschen Ostprovinzen auslöschen zu können, nur bewundern.» In der Tat, der Weg war noch weit bis zum Bekenntnis zu Willy Brandts «Ostpolitik», obwohl sie schon damals kaum daran zweifeln konnte, dass weder die Vereinigten Staaten noch Großbritannien (von Frankreich nicht zu reden) für die Revision der Oder-Neiße-Grenze auch nur einen Finger rühren würden.

In ihren Artikeln aus dem Jahre II der «Zeit» (und ihrem zweiten Jahr als Journalistin) richtete sie den Blick noch das eine oder andere Mal nach Osten, zumal in einer eigenwilligen Skizze der historischen Beziehungen Deutschlands – vielmehr des Reiches und hernach Preußens – zu Osteuropa und zu Polen. Sie gab den ergreifenden Brief einer deutschen Frau aus Quittainen in Druck, der in schlichten Worten die elende Sklavenexistenz der Zurückgebliebenen schilderte, die nahezu täglich auf die Ausweisung nach Westen warteten. Öfter noch wendete sie den Blick von Europa ab, am liebsten nach Indien hinüber, das in jener Epoche seine Unabhängigkeit gewann, doch zugleich – nach entsetzlichen Massakern in der Auseinandersetzung zwischen der hinduistischen Mehrheit und der islamischen Minderheit – die Teilung des Subkontinentes und die Abspaltung Pakistans hinnehmen musste.

Auch sie rückte den Palästina-Konflikt immer wieder in den Gesichtskreis der Leserschaft. Im November 1947 schrieb sie – ohne einen unmittelbaren Bezug auf den Versuch der Vernichtung des europäischen Judentums durch das nazistische Deutschland –, dass Palästina für einen jüdischen Nationalstaat neben der eingesessenen arabischen Bevölkerung schlechthin zu klein und darum das Problem unlösbar sei: «Es sei denn, man schaffte irgendwo auf der Welt einen zusätzlichen jüdischen Siedlungsraum ...» Spukten hier noch die absurden Ideen aus «jenen Jahren», zum Beispiel von einem jüdischen Madagaskar? Sie fügte freilich hinzu: «Wenn unter dieser Voraussetzung der jüdische Palästinastaat unter Bürgschaft der UNO sich verpflichten würde, jede weitere Einwanderung nach Palästina ab sofort zu unterbinden, so könnte man sich wohl vorstellen, daß die Araber bereit wären, die Teilung zu akzeptieren.»

Im Frühjahr 1948, als sich die Krise zu einer Art Bürgerkrieg zuspitzte – Juden gegen Araber und beide gegen die englische Kontrollmacht –, suchte sie in der Erwartung des 15. Mai (dem Tag, an dem das britische Mandat erlosch) die Horrorvision heim, dieser Krieg, der bereits jetzt ohne Schonung der Frauen und Kinder oder der seit zweitausend Jahren heiligen Stätten geführt werde, könnte am Ende «dem Vernichtungskampf im Warschauer Ghetto nicht unähnlich sein». Immerhin wich sie hier dem Bezug zur Tragödie des europäischen Judentums nicht aus (obschon offenblieb, wer das Opfer des zweiten «Warschau» sein würde).

Ihr Urteil fiel freilich von Kommentar zu Kommentar härter aus. Anfang August 1948, während des zweiten Waffenstillstandes in jenem Krieg, in dem der Staat Israel seine Existenz erzwang, schloss sie ihre Betrachtung mit der Feststellung, der «Einfluß der sich immer faschistischer gebärdenden jüdischen Terrorgruppen» werde wachsen und der offiziellen jüdischen Regierung «ähnliche Schwierigkeiten» machen «wie seinerzeit der britischen Mandatsmacht». Das war in der Sache nicht völlig falsch. Doch weder die Autorin noch ihre Redakteure scheint der Gedanke gestreift zu haben, dass der Verweis auf den «faschistischen Charakter» deutschen Journalisten nicht allzu gut zu Gesicht stand.

Sie ging Ende September 1948 in einem Kommentar unter dem Titel «Völkischer Ordensstaat Israel» noch weiter. Sie witterte, aufmerksam genug, die Gefahren eines Zwitterstaates zwischen Laizismus und religiöser Bindung (unter denen Israel bis zum heutigen Tage zu leiden hat). Der Tod des UN-Vermittlers Graf Bernadotte von der Hand jüdischer Fanatiker hatte sie – wie jeden halbwegs sensiblen Zeitgenossen – aufgeschreckt. Aber wieder ließ sie ihr sonst ausgeprägtes Taktgefühl im Stich, als sie die «Stern»-Gruppe ins Zwielicht «einer Mischung von Romantik und Brutalität, von Zynismus und ‹völkischem› Idealismus» rückte und fortfuhr: «All das kennen wir in Deutschland zur Genüge aus der Zeit der Fememorde bis zu den Ordensburgen Adolf Hitlers.» Sie sprach vom «krankhaften Nationalismus» der Bürger des jungen israelischen Staates, der Anlass zu «wahrscheinlich immer abwegigeren Handlungen» gebe, da es schon Mode geworden sei, dass alle Personen des öffentlichen Lebens «ihre Familiennamen ‹hebräisierten›, indem sie Namen aus dem Alten Testament oder der Landschaft Palästinas annehmen».

Ging ihr nicht durch den Kopf, dass es ein natürliches Bedürfnis vieler Juden war, die artifiziellen und oft ridikül wirkenden Namen loszuwerden, die ihnen von stumpfsinnigen oder judenfeindlichen preußischen und österreichischen Beamten in den Jahren der Säkularisierung angehängt worden waren? Schließlich: «Man kann nur hoffen, daß der Schock, den der Tod des Grafen Bernadotte für die verantwortlichen Männer der Regierung Israels bedeutet, sie für einen Moment wenigstens innehalten und bestürzt erkennen lässt, wie weit sie auf jenem Weg bereits gelangt sind, der erst vor kurzem ein anderes Volk ins Verhängnis geführt hat».

Die Autorin litt damals, könnte mit einer Prise Ironie behauptet werden, am Syndrom eines zu guten Gewissens – wie so viele ihrer Landsleute, die sich zu virtuosen Leistungen in den Techniken des Verdrängens und Vergessens fähig zeigten, seltener freilich die Frauen und Männer, die vom Widerstand gezeichnet wurden und gerade darum nicht geneigt waren, Vergleiche mit dem – in jeder Hinsicht unvergleichlichen – Nazi-Regime in die Debatte zu werfen (ganz gewiss nicht, wenn es um jüdische Belange ging). Eine Art von moralischer Überproduktion, zu der Marion Dönhoff zeit ihrer Tage neigte, warf manchmal ihr sonst so ausgeprägtes Gefühl für Takt und Bescheidung über den Haufen.

Und dennoch wäre es grundfalsch, hinter diesen Kommentaren eine latente Feindseligkeit Marion Dönhoffs gegenüber den Juden «schlechthin» zu vermuten (wozu hernach die Kinder einer Generation von glattgeschliffenen Moralisten neigten): Dagegen zeugen

ihre vertrauten jüdischen Freunde, die allesamt entsetzt gewesen wären, wenn man ihnen unterstellt hätte, Marion Dönhoff könnte sich ihrer zur Camouflage bedient haben, unter dem heuchlerischen und sprichwörtlichen Motto «Some of my best friends ...».
Zum andern muss konstatiert werden, dass sie die verzweifelte Lage der überlebenden Juden Europas lange Jahre nicht zu begreifen schien – und sie verstand auch nicht allzu rasch, dass die Davongekommenen nicht zu Unrecht fürchteten, der große Mord des Dritten Reiches werde sich in einer antisemitischen Kampagne des Stalinismus fortsetzen – ein Horror, der sich wenig später mit den Prozessen in Prag und Budapest, vor allem aber mit der sogenannten Ärzteverschwörung im Kreml in die Wirklichkeit zu übersetzen begann.

Ihr nächster bedeutender Kommentar zur Lage in Nahost (mit der sie nicht aus unmittelbarer Anschauung vertraut war), erschienen im März 1949 unter dem Titel «Israels Erfolge», geriet ihr gerechter und ausgeglichener. Sie verstand sich immerhin zu dem Satz: «Der tausendjährige Traum dieser Heimatlosen ist also Wirklichkeit geworden.» Noch im gleichen Jahr 1949 beklagte sie mit äußerster Schärfe den «ersten großen antisemitischen Skandal seit 1945» – nämlich die Abwahl eines jüdischen Leiters der Frauenklinik zugunsten eines «arischen Bewerbers». In Offenbach, schrieb sie, scheint es «noch nicht allgemein bekannt zu sein, daß die Zeit der Nürnberger Gesetze endgültig vorbei ist». Und weiter: «Wir können in der Frage des Antisemitismus gar nicht wach genug bleiben ... Weder im Inland noch im Ausland darf ein Zweifel darüber aufkommen, daß wir die sechs Millionen ermordeter Juden nicht vergessen haben ...» Diese Einsicht hielt sie nicht davon ab, einen Kommentar, geschrieben im Dezember 1949, mit dem resigniert-ironischen Hinweis abzuschließen, dass die Teilung Palästinas als Fait accompli anerkannt worden sei, «ohne daß Anklage wegen Führung eines Angriffskrieges erhoben worden» sei.

Aus den Visa-Stempeln in ihren Pässen ergibt sich, dass sie in den frühen fünfziger Jahren fast sämtliche arabischen Staaten in Nahost und in Nordafrika bereist hat, ehe sie die Chance nutzte, Israel und sein Aufbauwerk kennenzulernen – und vor allem ihre Freunde wiederzusehen, die den jungen Staat zu ihrer Heimat gemacht hatten. Freilich ist zu bedenken, dass es damals eines zweiten Passes bedurfte, um Israel *und* arabische Staaten bereisen zu können, denn weder der Libanon noch Syrien, weder Ägypten noch der Irak und keiner der nordafrikanischen Staaten (soweit sie die Unabhängigkeit schon erkämpft hatten) akzeptierten einen Pass, der einen israelischen Stempel trug. In einem Artikel aus dem März 1957 – immerhin ein Jahrzehnt später – berichtete sie zwar, nach einer Nahost-Reise, auch über die Lage aus der Sicht Israels. Aber das ist kein schlüssiger Beweis, dass sie sich damals im Land umsah. Erst im Jahr 1963 finden sich zwei Artikel, die aus Tel Aviv datiert sind, überdies eine Reportage über das Leben im Kibbuz, die von aufmerksamer Sympathie für eine Lebensform zeugt, die sie unmittelbar nach dem Krieg einige Wochen oder Monate für sich selber, für ihre Familie, für ihre Freunde erträumt hatte. Nein, sie hat den Staat der Juden nicht gemieden, aber es brauchte lang, bis sie den Boden Israels betrat.

An eine Reise nach Palästina hätte im Jahre 1947 kein (nicht-jüdischer) Deutscher auch nur zu denken gewagt. Aber was für ein Glück, dass sich Marion Dönhoff in der Neige des Jahres 1947 überhaupt wieder die Türen nach draußen öffneten: Dank des Ansehens, das sie bei den britischen Presseoffizieren genoss, durfte sie als Korrespondentin zur Außenminister-Konferenz in London reisen, an deren Ende beschlossen wurde, dass die drei Zonen der Westmächte sich ans Aufbauwerk machen sollten, ohne noch länger auf eine Einigung mit der Sowjetunion über eine gemeinsame Planung für das gesamte besetzte Deutschland zu warten, die man so lange vergebens erhofft hatte. Wichtig, dass nun auch die französische Regierung Bereitschaft zeigte, sich den Entscheidungen der Amerikaner und Briten zu beugen und sich einer Erweiterung der deutschen

«Bizone» zur «Trizone» nicht länger verweigerte. Natürlich nutzte Marion Dönhoff die Gelegenheit, Bekannte und Freunde aus früheren Tagen wiederzusehen und sich mit der englischen Existenz im Nachkrieg vertraut zu machen, von der sie rasch feststellte, dass sie mit Sorgen beladen war – nicht nur politischen, sondern den einfachen des täglichen Lebens. Sie begriff, dass Großbritannien den Zweiten Weltkrieg nur mit einer äußersten Anstrengung überlebt hatte und für seinen Widerstand gegen die nazistische Expansion einen bitteren Preis bezahlte.

Marion Dönhoffs Abreise nach England war überstürzt, vermutlich weil die notwendigen Papiere, lange erwartet, plötzlich dann doch parat lagen, wie es bei den Militärbürokratien üblich ist. Doch in ihren Berichten ist ein tiefes Aufatmen spürbar. Nach der Rückkehr – wieder in der Silvesternacht – schrieb sie an Edgar Salin, sie habe es «halt einfach genossen einmal wieder unter Menschen zu sein und festzustellen daß es deren drüben doch noch eine Menge gibt, was man hier zuweilen vergessen kann». Sie schrieb dem Freund freilich nicht, dass ihr in London ein Mirakel widerfahren war, an das sie selber nicht so recht zu glauben wagte: Sie hatte sich verliebt. Natürlich kam darüber kein Sterbenswort in ihre Feder, auch nicht in den Briefen an Christa von Tippelskirch. Sie traute dem Wunder nicht.

Was für eine Wandlung ihres Lebensgefühls seit jenem kummervollen Brief an Salin aus München, in dem sie Christa von Tippelskirchs Abschied von Hamburg beklagte. Damals hockte sie in einem «kümmerlichen Hotelzimmer», draußen regnete es, München fand sie «so unpersönlich und einsamkeitsbeschwörend wie noch nie und die ganze Ausweglosigkeit der Situation überwältigt einen mit lähmender Last». Es ist zu vermuten, dass sie dem Lehrer und Freund Salin danach irgendwo in Deutschland begegnet sein muss (er hielt sich von Zeit zu Zeit in Heidelberg und Tübingen auf): Im Neujahrsbrief redete sie ihn zum ersten Mal mit «Du» an. Dazu brauchte es bei ihr – wie das Exempel zeigt – für gewöhnlich einen langen Anlauf. Ihren Doktorvater kannte sie immerhin seit 1932 – mithin mehr als fünfzehn Jahre.

Unter den englischen Begegnungen beeindruckte sie freilich auch ein langes, intensives und zugleich unterhaltsames Gespräch mit Lord Pakenham, dem für Deutschland zuständigen Minister der Labour-Regierung, der mit schöner Unbefangenheit von seinen Sympathien für die Deutschen sprach – was in jenen Jahren nicht selbstverständlich war –, doch zugleich mit liebenswürdigem *understatement* die Deutschen um Verständnis für die mitunter sehr schwierige Lage Großbritanniens bat, das ja nicht nur in Deutschland und im Kalten Krieg, sondern vor allem mit der Liquidierung eines Weltreiches und der Konstruktion eines freiwilligen Zusammenschlusses der einstigen Kolonien und Protektorate zu einem *Commonwealth of Nations* beschäftigt war.

Im Februar des neuen Jahres 1948 – das ein Jahr der Wende werden sollte – meldete sie sich bei Salin aus Nürnberg. Man darf annehmen, dass es vor allem der «Wilhelmstraßen-Prozess» war, der ihr die Reise zum Schauplatz des Kriegsverbrechertribunals nahegelegt hat, genauer: die Anklage gegen Ernst von Weizsäcker, von März 1938 bis zum Juni 1943 Staatssekretär im Auswärtigen Amt, an dessen Geschick Marion Dönhoff besonders lebhaften Anteil nahm, seit der Sohn Richard von Weizsäcker – vielfach verwundeter Offizier im Potsdamer Traditionsregiment IR 9, seit 1945 Jurastudent in Göttingen – zum Kreis ihrer engen Freunde zählte. In Nürnberg diente er, an der Seite des berühmten Anwalts und späteren Bildungspolitikers Hellmut Becker, beharrlich und klug der Verteidigung des Vaters, der angeklagt war, an der Vorbereitung von Hitlers Angriffskriegen mitgewirkt und später Dokumente, mit denen die Deportation von Juden aus Frankreich und anderen eroberten Gebieten nach Auschwitz verfügt wurde, ohne Protest abgezeichnet zu haben.

Der Fall Weizsäcker ist zu komplex, um hier auch nur halbwegs gerecht ausgeleuchtet zu werden. Marion Dönhoffs lebenslange Vorbehalte gegen die Rechtsprechung von Nürnberg waren zum guten Teil in diesem fragwürdigen Verfahren verankert, obschon sie vom Nürnberger Beginn an der Meinung war, in dem Tribunal müssten deutsche Richter vertreten sein und die Angeklagten müssten (und könnten) nach geltendem deutschen Recht abgeurteilt werden, mit anderen Worten: Sie missbilligte, dass die Urteile auf neugeschaffenem Recht basierten und rückwirkend gültig sein sollten – eine Methode, die nicht nur ihrem Gerechtigkeitsgefühl, sondern auch den internationalen Rechtsgewohnheiten widersprach. Die Grundkritik an Nürnberg hatte sich so tief in ihr Denken eingegraben, dass sie in der mehr als vier Jahrzehnte später von ihr wiedergegründeten «Mittwoch-Gesellschaft» – von 1863 bis zum Erlöschen in der Nazi-Diktatur ein Zirkel der politischen und kulturellen Elite in Berlin – das Thema noch einmal aufgenommen hat.

Damals fanden ihre Beobachtungen und Gespräche in Nürnberg keinen unmittelbaren Niederschlag in der «Zeit» (dafür sollte Salin einen Bericht in einem Schweizer Blatt unterbringen). Vermutlich wollte sie die Kreise des offiziellen «Zeit»-Korrespondenten nicht stören, zumal es zwischen ihnen, was dies anging, keinerlei Meinungsverschiedenheit gab: Hans-Georg von Studnitz, dem kein Unrecht geschieht, wenn ihm nachgesagt wird, dass er fürs amerikanische, fürs englische, fürs französische Kino die Idealbesetzung des «preußischen Junkers» hätte sein können (und fürs deutsche das eines Mitglieds des House of Lords und eines Londoner Salonlöwen obendrein) – hochgewachsen, die Züge scharf geschnitten, vor allem die Mundwinkel tief ins Gesicht gezeichnet, teils aus Gründen des Hochmuts und einer eher robusten Menschenverachtung, zugleich aber auch dank eines in deutschen Landen seltenen Talents zur Ironie. Er konnte dröhnend lachen, auch über sich selber, die Stimme schnarrend, als sei sie von Kind an auf den Kasinoton eingestimmt worden (in Wahrheit war Studnitz niemals beim Militär). Er formulierte brillant, schriftlich und mündlich, und war ein Quell der köstlichsten Anekdoten. Gesinnung, wohlwollend ausgedrückt:

konservativ, böswilliger gesagt: stockkonservativ, feindselig auf einen Nenner gebracht: reaktionär. Unvergesslich seine launige Bemerkung über die einstigen Kollegen im Auswärtigen Amt (die selbstredend allesamt Widerstand geleistet hatten): «Nun ja, das sind die Herren, die zwölf Jahre gegen Hitler gefrühstückt haben ...»

In seinen Erinnerungen (unter dem angemessen spöttischen Titel «Seitensprünge») erzählte Studnitz, es sei ihm «vom ersten Tage an klar» gewesen, «dass Kempner (der Chefankläger) meiner Nürnberger Mission ein schnelles Ende setzen konnte, wenn er erfuhr, daß ich während des Krieges in der Presseabteilung des Auswärtigen Amtes eine leitende Stellung bekleidet hatte. Ich beschloß, den Stier bei den Hörnern zu packen, und machte Kempner meine Aufwartung, ... unterrichtete ihn über meine Tätigkeit nach 1933 und stellte ihn vor die Wahl, mich entweder frei arbeiten oder gleich wieder umkehren zu lassen.» Nach einer Bedenkzeit von zwei Tagen teilte ihm der Chefankläger mit, Studnitz habe ihn nicht belogen, anders als so viele seiner einstigen Kollegen aus dem «AA». Seine Angaben stimmten: «Sie können bleiben.»

Der Burgfriede wurde eingehalten. Studnitz nannte Kempner hernach eine «tragische Gestalt, wogegen er sich verwahrte». Doch er zitiert ihn mit dem Selbstzeugnis: «Seit Jahren stehe ich theoretisch und praktisch im Kampf für Gerechtigkeit und gegen Verbrechen. Es macht für mich keinen Unterschied, ob diese Verbrechen von Deutschen, Franzosen, Japanern oder Amerikanern begangen werden.» Seine Eltern, die Ärzte gewesen seien, hätten auch keinen Unterschied gemacht, ob sie die Tuberkulose in Deutschland oder in Albanien oder in den Vereinigten Staaten bekämpften. Studnitz schonte Kempner nicht (mit dem ihn später eine Art Freundschaft verband, die ihre Familien einschloss; Kempner scheint besonders Vera Studnitz, die liebenswürdige und schöne Frau von «HG», geschätzt zu haben). Und er ließ ihn auch nicht dafür büßen, dass Tüngel vom amerikanischen Hohen Kommissar John J. McCloy in einem «Zeit»-Artikel verlangte, Kempner des Landes zu verweisen –, und dies unter einem Titel, der geradewegs aus dem «Völkischen Beobachter» oder dem «Schwarzen Korps» stammen konnte: «Einem Schädling muß das Handwerk gelegt werden».

Mit besonderer Härte war der Fall Weizsäcker umkämpft. Für Marion Dönhoff war der Staatssekretär das Zentrum des zivilen Widerstandes, und sie scherte sich wenig um den entschiedenen Widerspruch des alten Familienfreundes Otto von Hentig, der bezeugte, Weizsäcker habe sich ihm gegenüber mehr als einmal als entschlossener Parteigänger Ribbentrops gezeigt und er habe die SS-Uniform, die ihm «ehrenhalber» verliehen worden sei, öfter getragen als notwendig. Außerdem sei es unmöglich gewesen, mit dem Staatssekretär auch nur ein Wort über die «Judenfrage» zu wechseln. Als Hentig ihn nach einer Beteiligung des Reiches an der Flüchtlingskonferenz von Evian im Jahre 1938 fragte (ein alles in allem blamables Unternehmen, da sich keiner der beteiligten Staaten – die Dominikanische Republik des Diktators Trujillo ausgenommen – bereit zeigte, jüdische Flüchtlinge aus Deutschland, Österreich und der Tschechoslowakei aufzunehmen) und ihn nicht ohne List darauf aufmerksam machte, dass der rasche Abzug der Juden doch des Führers Wunsch entspreche, sei der Staatssekretär «völlig aus der Rolle gefallen» und habe seinen Vorschlag «in beleidigendster Form» zurückgewiesen. Mit dem Botschafter von Hassell sei er nicht freundlicher verfahren.

Der Ankläger Kempner aber wollte an Ernst von Weizsäcker das Exempel statuieren, dass nicht der Diktator der Kern des deutschen Unheils war, sondern der in jeder Lage und bis zuletzt funktionierende Apparat der Beamten (und Offiziere). Marion Dönhoff hingegen meinte, effektive Resistenz sei nur aus dem System heraus möglich gewesen. Das traf zu. Weizsäcker selbst bestätigte diese Einsicht durch das erstaunliche (und recht tapfere) Wort in einer sehr höflichen Vernehmung durch Kempner (der einst selber deutscher Staatsanwalt war): «Ich bin lieber vor diesem Gericht, als daß ich mich (aus dem Amt des Staatssekretärs) zurückgezogen hätte.»

Doch auch das ist wahr: Ohne seinen gehorsamen Beamtenstaat (und das meist strammstehende Offizierscorps) hätte der «Führer» wenig auszurichten vermocht. Er brauchte das reibungslos funktionierende Staatswesen, und er brauchte auch den absoluten Gehorsam der Wehrmacht, nicht nur, um seine Kriege zu führen, sondern auch, um seine Vernichtungsmaschine ihr Todeswerk verrichten zu lassen. Übrigens nannte Ernst von Weizsäcker den «Tag von München» 1938, an dem der Friede noch einmal (für eine kurze Frist) gerettet zu sein schien, den «letzten glücklichen Tag» seines Lebens. An «diesem glücklichen Tag», den vor allem sein diplomatisches Geschick möglich machte, scheiterte die Verschwörung der Generale, die auf das Signal des Krieges gewartet hatten, um den Diktator mit einem Staatsstreich zu entmachten. Übrigens führte Marion Dönhoff ein nicht unfreundliches Gespräch mit Kempner, aus dem sie (wie sie Salin schrieb) den Eindruck davontrug, dass «die Anklage etwas den Boden unter den Füßen verliert. Der Wandel vom Morgentau (sic!) zum Marshallplan geht eben auch dort nicht ganz spurlos vorüber.» Dennoch: Ernst von Weizsäcker wurde am 14. April 1949 zu sieben Jahren Haft verurteilt, doch schon ein Jahr später freigelassen. Er starb nach einem Jahr Freiheit am 4. August 1951, erst 69 Jahre alt.

In ihren Vorbehalten gegen Nürnberg ging Marion Dönhoff so weit, selbst den Feldmarschall von Rundstedt mit seinem fotogenen Adlergesicht – in Wahrheit einer der charakterlosesten unter den uniformierten Stars von Hitlers Generalität – vor dem geplanten Verfahren gegen die Wehrmachtsführung in Schutz zu nehmen, obschon ihr bewusst war, dass jener Rundstedt der Vorsitzende des «Ehrengerichts» sein musste, das sämtliche Mitglieder der militärischen Verschwörung aus der Wehrmacht ausgestoßen und damit zur Aburteilung durch den Volksgerichtshof des Blutrichters Freisler freigegeben hatte. Außerdem war Rundstedt nicht der einzige, aber der willfährigste der hohen Militärs, der sich vom «Führer» durch beträchtliche Geldgeschenke und die Überschreibung von prächtigen Ländereien bestechen ließ. Studnitz wiederum schrieb in sein Erinnerungsbuch die ressentimentgeladenen und eher unterbelichteten Sätze: «Wollte der Morgenthau-Plan Deutschland in eine Ziegenweide verwandeln, so sollte Nürnberg die Elite des deutschen Volkes treffen und die Deutschen zu einer führungslosen Herde machen, die sich in jeden Pferch treiben ließ, den die Besatzungsmächte aufmachten.» Wenn wir uns der Mitglieder jener «Elite» recht erinnern, dann muss Studnitz die Deutschen für ein Volk gehalten haben, das sich mit einer Existenz weit unter dem Standard der europäischen Zivilisation abgefunden hatte. Zum anderen scheute sich Studnitz nicht, in einem wahrhaft vernichtenden Bericht «Aus der Praxis des Rassenwahns» (im März 1948) die entsetzliche Demütigung und die Qualen nicht nur der Juden, sondern auch der Polen ohne jede Beschönigung darzustellen. Dies war in jenen Jahren keineswegs populär.

Es versteht sich, dass Studnitz sich des vollen Einverständnisses von Tüngel gewiss war, während Ernst Friedländer bei der einen oder anderen verbalen Entgleisung die Stirn heben mochte, obschon sich Dahrendorf nicht täuschte, als er Friedländer, den einstigen Weltkriegsoffizier, als einen eher konservativen Geist typisierte – ein linksliberaler Querkopf war er gewiss nicht, und Dahrendorf hatte auch vollkommen recht, wenn er von Marion Dönhoff sagte, sie sei in jenen Tagen keineswegs schon «die rote Gräfin» gewesen (das war sie in Wirklichkeit nie, obwohl sie es nicht ungern hörte, wenn sie so genannt wurde). Dahrendorf wies der «Zeit» jener Tage eine Position rechts von der CDU zu. Auch die Engländer konstatierten die nationalistischen Anfälligkeiten, Major Thomas ausgenommen, der das Blatt und sein intellektuelles Niveau entschlossen verteidigte, auch weil er selber im Grunde seiner Seele eher konservativ, ja ein schwarz-weiß-roter deutsch-nationaler Patriot und zugleich ein entschiedener und getreuer britischer Tory war, der sein Erinnerungsbuch beziehungsvoll genug mit dem Titel «Deutschland-England über alles ...» versah.

Dennoch, der Haussegen zwischen Friedländer und Tüngel begann, schief zu hängen. Nur einer der beiden konnte den Kurs bestimmen. Tüngel zog nach Friedländers Geschmack zu viele einstige Nazis zur Mitarbeit heran. Das musste sich ändern. Also verlangte er die Position des Chefredakteurs. Doch sein Machtanspruch konnte sich nicht auf eine Mehrheit der Redaktionsmeinung stützen. Tüngel drohte mit der Kündigung. Marion Dönhoff machte deutlich, dass sie ihrem Lehrherrn folgen werde. Sie meinte später – kein allzu überzeugendes Argument –, sie habe es als stillos empfunden, dass sich jener Gesellschafter, der sich als letzter dem Gründerkreis angeschlossen habe, nun ganz nach vorn drängte. Friedländer schied aus und nach ihm rasch auch der Lizenzträger Lovis Lorenz. Die Anteile wurden unter die drei verbleibenden Gesellschafter aufgeteilt. Bucerius zahlte seinen Anteil sofort, die beiden anderen – eher klamm – ließen die Summe stunden.

Von nun an fühlte (und benahm sich) der behände Bucerius als Mehrheitseigner: ein zumindest juristisch etwas fragwürdiger Anspruch, was den Anwalt wenig kümmerte. Tiefere Sorgen bereitete es dem wachsam-unruhigen Geist, dass die Auflage der «Zeit» seit der Währungsreform im Sommer 1948 mit erschreckender Konsequenz gen Boden sank. Bei der Währungsreform im Sommer 1948 verkaufte die «Zeit» noch etwa 110 000 Exemplare pro Woche. Die Auflage minderte sich bis zum Sommer 1949 auf 90 000, bis zum Sommer 1950 auf 80 000 Exemplare. Im Jahre 1955 war die Marke von 50 000 unterschritten.

Bucerius hätte das Blatt, in dem sein publizistischer und politischer Ehrgeiz verankert war, kaum zu halten vermocht, hätte er sich nicht 1949 die Chance verschafft, Anteile des Henri-Nannen-Verlages und damit des erfolgreichen «Sterns» zu erwerben. Indes entdeckte der Erfinder, Chefredakteur und Gesellschafter des «Sterns» rasch genug, dass die «Zeit» – sozusagen am Rande der Legalität – Dienstleistungen beim «Stern» abgeschöpft hatte und dass die Eigentümer des renommierten Wochenblattes auf einem Berg von Schulden hockten (unter anderem beim Druckhaus Broschek). Nahezu verzweifelt bemühten sich Bucerius und seine neue Lebenspartnerin Ebelin, Geld zusammenzukratzen, wo immer sie eine Chance sahen. Robert Pferdmenges, der (protestantische) Kölner Bankmann, überdies der engste Berater und Freund Konrad Adenauers, den Ebelin Bucerius mit tränenerstickter Stimme spät am Abend um Hilfe angefleht hatte, rückte 20 000 Mark heraus. Ein Mitarbeiter Ludwig Erhards besorgte – so ermittelte Ralf Dahrendorf – billiges Papier. Der Bundeswirtschaftsminister selber, im Begriff, das wohlgenährte Symbol des «deutschen Wunders» zu werden, warb für Bucerius bei einem Augsburger Bürger 30 000 Mark ein. Dennoch, die Krise spitzte sich zu. Schmidt di Simoni meldete Bucerius – der auf Reisen war – telefonisch, dass nichts anderes bleibe, als das Blatt zu verkaufen. Doch in letzter Minute garantierte ein Mann – wer? – aus der Umgebung des Ministers Erhard 100 000 Mark. Bucerius erklärte sich bereit, für die Rückzahlung eines weiteren Darlehens von 100 000 Mark persönlich geradezustehen.

Rettung in höchster Not. Sie verschaffte Bucerius die Autorität, die Mitgesellschafter Schmidt di Simoni und Tüngel zu einer Umverteilung der Kapitalanteile zu zwingen. Er verfügte nun – im Besitz von 67,5 Prozent der Anteile – eindeutig über die Mehrheit. Wichtiger war für ihn die Entwicklung beim Nannen-Verlag. Schmidt di Simoni und Bucerius hatten es zuwege gebracht, 1950 zu Geschäftsführern des Unternehmens bestellt zu werden, das den «Stern» so erfolgreich unters Volk brachte. Henri Nannen, zweifellos mit einer beträchtlichen Portion Schlauheit begabt (die er durch seine imponierende Erscheinung als Idealtypus des germanischen Heros attraktiv zu tarnen vermochte) – dieser listenreiche Pressekommandeur hatte sich zuvor unbedacht eine Bürgschaft in Höhe von 300 000 Mark für den «Zeit»-Verlag aufschwatzen lassen. Für diese Leichtfertigkeit musste er nun büßen. Sein Versuch, die Verpflichtung zu löschen, lief bei den «Zeit»-Gesellschaftern auf Grund. Um Druck auszuüben, kündigten Nannen und Richard

Gruner, sein junger Partner und Freund, den Dienstleistungsvertrag, der sie mit der «Zeit» verband. Bucerius und Schmidt boten nun dem gereizten «Stern»-Recken eine Verdoppelung seines Chefgehalts, doch forderten sie zugleich sechs Prozent Provision für die Verwaltung der Anzeigengeschäfte. Nannen kündigte, unterdessen wutentbrannt, seinen Vertrag als Chefredakteur. Bucerius ließ ihn – so Hermann Schreiber in seiner Nannen-Biographie – «wie beiläufig» wissen, er müsse sich als Gesellschafter auf eine Ausschlussklage «aus wichtigem Grund» gefasst machen. Der – im Vergleich mit Nannen – fast knirpsige und koboldhafte Verleger erwies sich als der überlegenere Spieler.

Was aber mag der «wichtige Grund» gewesen sein, der Nannen solche Angst einjagte? Er fürchtete wohl kaum Enthüllungen aus seinem braunen Vorleben als schreibender NS-Kunstwart, als Kriegsberichter (der im «Völkischen Beobachter» gedruckt wurde), als Zeuge der Gräuel des Vernichtungskrieges im Osten, als Propaganda-Redakteur der großdeutschen Luftwaffe in Italien und Erfinder des Magazins «Südstern». Um sich gegen alle Überraschungen zu sichern, überschrieb Nannen seine Anteile von 37,5 Prozent am Verlag an seine (damalige) Frau Martha.

Zunächst scheiterte Bucerius mit dem allzu advokatenschlauen Angebot, Nannen möge seine 50 Prozent übernehmen (was der Chefredakteur nicht konnte) oder ihm die 37,5 Prozent aus dem Besitz von Madame verkaufen und als Gesellschafter ausscheiden (so nach der exakt recherchierten Darstellung Hermann Schreibers). Gruner, obwohl damals noch blutjung, beteiligte sich nun selber mit 12,5 Prozent am Nannen-Verlag und erwies sich als weltklug genug, die Händel zu vertagen. Doch «Buc» – wie ihn unterdessen manche Freunde nannten – war entschlossen, nicht nur seine schönste, seine politisch gewichtigste, seine in Wahrheit einzig schmückende und reputierliche Kreation, die «Zeit», unter allen Umständen zu retten – und überdies an dem Kraftakt auf keinen Fall zu verarmen.

Im Fortgang des Jahres 1951 ging er aufs Ganze. Durch die Vermittlung von Pferdmenges, seines Parteifreundes in der CDU und seines Zimmergenossen im Bonner Bundestag – beide hatten sich zur Wahl für die Erste Volksvertretung der zweiten deutschen Republik gestellt –, gelang es ihm, einen kräftigen Kredit in Höhe von 450 000 D-Mark aufzunehmen. Nannen aber hing noch immer mit der Bürgschaft von 300 000 Mark fest. Bucerius bot ihm nun an, ihn aus der Haftung zu entlassen, und für die Anteile von Frau Martha, von der Nannen unterdessen geschieden war, nach Abzug der Steuern 375 000 Mark zu zahlen. Nannen konnte dieser Versuchung nicht widerstehen, obschon sein «Stern» inzwischen eine Auflage von mehr als einer halben Million erreicht hatte. Schon damals hätte ihm deutlich sein können, dass seine Zeitschrift «unter Wert» gehandelt wurde oder – um es altmodisch zu sagen –, dass er «über den Löffel balbiert» worden war: ganz gewiss gemessen an dem Vermögen, das der «Stern» dem agilen und wunderlichen «Zeit»-Verleger im Gang der Jahrzehnte in den Schoß warf.

Henri Nannen, den man in der Hansestadt Hamburg mit ihrem *faible* für alles (angeblich) Englische gern «Sir Henri» nannte (Marion Dönhoff nicht ausgenommen), obschon er nicht allzu exakt dem Urbild des *gentleman* entsprach (und erst recht nicht dem des geadelten) – auch er starb nicht als ein armer Mann, und er lebte als absoluter Herrscher des «Sterns» – Redaktionsstatute hin oder her – zeit seines Regimes so aufwendig, wie es einem hanseatischen Neu-Patrizier anstand. Seine Mittel flossen reichlich genug, ihm den Aufbau einer eindrucksvollen Kunstsammlung (vor allem von deutschen Expressionisten) und den Bau eines (nach ihm benannten) Museums in seiner Heimatstadt Emden zu erlauben, zu dessen Eröffnung denn auch alles herbeiströmte, was in Deutschland Rang und Namen und Geld hatte. Emden, das nur als ein Stützpunkt der kaiserlich-deutschen Flotte ins Bewusstsein der Bürger getreten war, gewann eine Markierung auf der Landkarte norddeutscher Kultur.

Dennoch, kann man es Nannen ankreiden, dass er sich immer

wieder, bis zum Ende seiner Tage, über den kaufmännischen Geniestreich des kleinen Bucerius ärgerte und grämte? Dieses Zappelphilipps, der weder Hände noch Füße länger als eine Minute still halten konnte, sondern – unter dem Diktat eines Bewegungszwangs, den man auch als eine neuromotorische Störung definieren mochte – wie von der Tarantel gestochen aufsprang und von einer Ecke des Zimmers in die andere rannte, in (wie er meinte) unbeobachteten Augenblicken grimassierend wie ein seelengeschädigter Bub, von tiefer Verdüsterung in Sekunden zu heftigem Auflachen wechselnd, hastig formulierend, sich oft verhaspelnd, doch nur scheinbar von unkontrollierbaren Emotionen umgetrieben, in Wirklichkeit von jener kühlen Vernunft dirigiert, die ihn einst durch alle Gefahren des totalitären Nazi-Regimes gesteuert hatte ...

Seinen liberal-konservativen Grundüberzeugungen blieb Bucerius treu. Obschon er keineswegs ein «politisch neutraler» Verleger war (den es in Wahrheit nicht gibt), respektierte er mit einer bewundernswerten Toleranz (die er nur selten verriet) die Freiheit und Unabhängigkeit der Redaktion, ja, indem er selber mit einiger Regelmäßigkeit zur Feder griff und seine temperamentvollen Kommentare schrieb, riskierte er eine gewisse Angreifbarkeit wie jeder seiner Redakteure und Autoren. Bei mehr als einer Gelegenheit erwies sich der Verleger in der Hauskonkurrenz als der bessere Journalist. Zum andern nervte er die Chefredakteure und Ressortleiter mit seinen chronischen Hysterie-Anfällen: Bei der kleinsten Störung, die keineswegs die Bezeichnung «Krise» verdiente, sah er die Zeitung in den Abgrund geschmettert, sein Lebenswerk vernichtet, die von ihm geopferten Millionen vergeudet und vertan. Man fragt sich, wie es Marion Dönhoff, die jeden Mangel an Disziplin verachtete, wenn nicht hasste, es fast ein halbes Jahrhundert mit dem Verleger aushielt, den Rudolf Augstein (der wissen musste, wovon er sprach) einen «Derwisch» nannte. Nicht den tanzenden, sondern den rechnenden Derwisch, der auch ihn, wenige Jahre nach «Sir Henri», über den Tisch zu ziehen vermochte.

Dennoch: Bucerius ließ die «Zeit» niemals im Stich (oder doch erst im Testament, das der Milliardär hinterließ). Armer, nein, nicht ganz so armer und keineswegs bedauernswerter Nannen: Die Allianz mit dem «Stern» – die keine Liebesheirat war, aber die produktivste und dauerhafteste der geschäftlichen Verknotungen und Verknüpfungen in der Schlangengrube der Hamburger Publizistik – rettete der «Zeit» das Leben, die erst in den späten siebziger Jahren ins Reich der schwarzen Zahlen vordrang und anfing, Gewinne (in zunächst bescheidenem Ausmaß) abzuwerfen.

· Kapitel 19 ·

Eine englische Liebe

Die wichtigste, die schönste, die schwierigste Erfahrung der ersten England-Reise erwähnte Marion Dönhoff in ihren Berichten mit keinem Wort, und sie hinterließ auch in keinem ihrer Bücher eine deutliche Spur, obwohl sie einem ungewöhnlichen Mann begegnet war, der ihr Gemüt tief berührt hat. Überdies war er eine Figur der Zeitgeschichte, und ihm wurde zu Recht ein beträchtlicher Einfluss auf die politische Elite jener Epoche, auf das aufgeklärte, liberale Bürgertum, auf die Gedankenwelt der Intellektuellen weit über die Grenzen seines Landes hinaus zugeschrieben: der Verleger und Journalist David Astor, Chef der Sonntagszeitung «The Oberserver».

Marion Dönhoffs lebenslanges Schweigen über die Besonderheit dieser Beziehung beweist nicht nur ihren Willen zur Diskretion, sondern zugleich auch, wie sehr sie von der Begegnung gezeichnet war, von den Momenten des Glücks und vom Schmerz der Entfernung, den sie sich alle beide von ihren unstillbaren Zweifeln, banaler: von der Vernunft diktieren ließen, die von Marion Dönhoff die Bewahrung der Unabhängigkeit ihrer Existenz, von David Astor eine Rückkehr in die Konventionen seiner Klasse zu verlangen schienen.

In ihren Artikeln vom England-Aufenthalt in der Neige des Jahres 1947 erwähnte sie David Astor nicht – nur seine formidable Mutter, «die so offenherzige und resolute Lady Astor», die 1919 als erste Frau einen Sitz im Unterhaus erkämpft hatte, damals eine Avantgardistin der Emanzipation, was sie nicht davon abhielt, hernach eine beinharte Konservative zu werden, die 1935 bei einer Visite in Moskau (zusammen mit ihrem Mann, ihrem Sohn und George Bernard Shaw) dem Diktator Stalin mit solcher Schroffheit die Meinung sagte, dass alle Anwesenden erbleichten. (Vermutlich wagten die Dolmetscher nur eine gemilderte Version ihrer Gardinenpredigt zu übersetzen.)

Die nun Siebzigjährige bemerkte zu der Gräfin aus Hamburg, wenn sie jünger wäre, würde sie Deutsch lernen und versuchen, mit den Besiegten Kontakt zu finden. Anfang Mai 1948 schrieb Marion der alten Dame einen verspäteten «lettre du chateaux», wie man damals sagte: einen Dankesbrief, aus dem sich schließen lässt, dass sie Gast in Cliveden, einem der Landsitze der Astors war. Im Traum, berichtete sie in jenem Brief (der in einem vorzüglichen Englisch geschrieben war), habe sie Lady Astor über den Rasen vor dem Haus gehen sehen – «seltsam genug zusammen mit meiner Mutter». Obschon Marion Dönhoff eher pessimistisch gestimmt zu sein schien, als sie den Brief aufsetzte – wenige Wochen vor der «Währungsreform», von der die Deutschen im Westen eine gewisse Konsolidierung ihrer Existenz erhofften –, schwärmte sie doch zugleich «vom wunderschönen Frühling, von der Sonne, den Wolken und dem Wind, der das unbestimmte Aroma der blühenden Bäume und Blumen sogar in die Ruinenstadt Hamburg» trage. Sie erzählte von einem Besuch in Berlin, bei dem sie von dem Eindruck überwältigt worden sei, «in welchem Maße der Russische Sektor sich den russischen Verhältnissen angeglichen habe, atmosphärisch und im täglichen Leben ... Das ganze Bild ist irgendwie asiatisch geworden. Der einst so geliebte Tiergarten sieht nun wie ein Stück östlicher Steppe aus und die Frauen zeigen den typisch russischen ‹new look›: zwei Männerjacken übereinander, riesige Stiefel und ein Stück Stoff um den Kopf gebunden, eine Spitzhacke auf der Schulter über die

‹Linden› stolpernd» – die einstige Pracht- und Paradestraße, die von den Berlinern ein bisschen übertreibend mit den Champs-Élysées verglichen worden war. Dem Brief legte sie ein Foto ihres «ostpreußischen Hauses» bei, das sie der Lady versprochen hatte: ohne Zweifel ein Bild von Friedrichstein, mit dem sie beiläufig darauf hinwies, dass sie aus Verhältnissen stammte, die den Vergleich mit der Welt der Astors nicht zu scheuen brauchten – umso herzlicher dankte sie für das Geschenk einer hübschen Strickjacke, die ihr die Gastgeberin zukommen ließ.

Die kämpferische Dame Astor zeigte freilich keineswegs immer und überall die gleiche Aufgeschlossenheit, mit der sie sich Marion Dönhoff zugewandt hat, im Gegenteil: Sie missbilligte den liberalen Kurs der Zeitung ihres Mannes, und sie kommentierte die progressive, ja geradezu «linke» Offenheit des Blattes unter der Führung ihres zweiten Sohnes David voller Verachtung. In den fünfziger Jahren beschwerte sie sich lauthals, der «Observer» sei ein Blatt geworden, «das von Deutschen für die Schwarzen» (nämlich die Emigranten aus der Karibik und aus Afrika) geschrieben werde. «Die Deutschen», die nun ihren Zorn erregten, waren, kein Zweifel, Richard Löwenthal und Sebastian Haffner, die beide zeitweilig für das außenpolitische Ressort des Blattes verantwortlich waren und beide als Korrespondenten aus Bonn und Berlin berichteten.

Die erste Begegnung mit David in den Tagen der Außenminister-Konferenz im Winter 1947 – er war ein blonder, hochgewachsener, fast schöner Mann, das regelmäßige Gesicht von einer reizvollen Melancholie gezeichnet, damals fünfunddreißig Jahre alt – war für Marion Dönhoff vermutlich noch nicht die Stunde des Mirakels, das den beiden widerfuhr. Eine Chronik dieser Liebe lässt sich kaum rekonstruieren, da nicht alle Briefe, die David Astor und Marion Dönhoff gewechselt haben – übrigens ausschließlich in Englisch –, erhalten geblieben sind – und die Blätter, die uns überkamen, nicht immer sorgsam datiert wurden, was ohnedies Marion Dönhoffs Gewohnheiten widersprochen hätte; David Astor wiederum begnügte sich, dank der Spontaneität seiner Mitteilungen, sehr oft mit der Angabe von Tag und Monat, ohne das Jahr zu nennen.

Es existieren keine anderen Lebenszeugnisse, in denen Marion Dönhoff von sich selber mit solcher Offenheit sprach. Sie schrieb David Astor mit einem Freimut, der von einem – für sie ungewöhnlichen – Willen zu völliger Vertrautheit, ja zu einer gewissen Intimität bestimmt war (freilich nur in einigen der Briefe). Die Verbindung Marion Dönhoffs mit David Astor ist – neben dem 20. Juli und dem Opfertod ihres geliebten Vetters Heinrich Lehndorff, ja in einer natürlichen Verkettung mit dem Widerstand – das mentale Zentrum ihrer Biographie.

Das Erlebnis der Zusammengehörigkeit war, soweit überschaubar, auf wenige Monate limitiert, und die Enge der Verbindung überstand nicht mehr als zwei oder drei Jahre, obschon die Beziehung niemals völlig abriss. Sie war überdies in mehr als einer Hinsicht die Brücke zwischen dem ersten und dem zweiten Leben der Marion Dönhoff. David Astor stammte aus einer vergleichbaren gesellschaftlichen Sphäre. Die Prägung der englischen Aristokratie war, es versteht sich, in ihrer Zivilität und ihrer Welthaftigkeit grundverschieden von jener der preußischen Aristokratie, deren Charakter vom Landbesitz, vom Militär, vom Dienst am Staat und für die Krone bestimmt war.

Indes, Höhenluft wehte hier wie dort. David Astor, vielleicht war dies ein spätes Erbe Jakob Astors aus Walldorf, des deutsch-amerikanischen Gründervaters der Familie, zeigte früh ein reges Interesse an Deutschland und der «deutschen Frage». In Oxford hatte er sich zu Anfang der dreißiger Jahre – damals ein sensibler, unsicherer, wehmutskranker Student von neunzehn Jahren – mit dem deutschen Rhodes-Scholar Adam von Trott zu Solz innig befreundet, der drei Jahre älter war (er wurde 1909 geboren – wie Marion Dönhoff). Niemand verstand, warum Trott 1933 nach Deutschland unter die Knute Hitlers zurückkehrte. In der Studie von Henric L. Wuermeling («‹Doppelspiel› – Adam von Trott zu Solz im Widerstand gegen Hitler») wird David Astor mit der Beobachtung zitiert, die «Machtergreifung» Hitlers habe auf Adam gewirkt, «als hätte es in der Familie einen Todesfall gegeben». Am Ende seines Aufenthaltes – die beiden waren im Sportwagen Astors in Schottland unterwegs – drängte ihn der Freund, in Großbritannien zu bleiben: Er könne in Hitlers Deutschland doch nichts erreichen. Trott: «Ich muss zurück ... Wenn jeder, der die Nazis nicht mag, Deutschland verlässt, bedeutet es bloß, vor Hitler das Feld zu räumen.» Viele seiner Studiengenossen, schrieb Marion Dönhoff in ihrem knappen Porträt, hätten ihn für einen «verkappten Nazi» gehalten, ja als Spion verdächtigt. Selbst seine Freundin, die Journalistin Shiela Grant Duff, habe seine Motive nicht verstanden: «Der Einzige, der treu zu ihm hielt, war David Astor.»

1937 ging Trott für zwei Jahre nach Fernost. Er reiste via Amerika, wo er Roosevelts wichtigsten Berater, den Bundesrichter Felix Frankfurter, kennenlernte, der ihm freilich nicht über den Weg zu trauen schien, weil der junge Deutsche seine Ablehnung des Nazismus – was blieb ihm anderes, wenn er zurück in die Heimat wollte? – bis zu einem gewissen Grad camouflierte.

Nach seiner Rückkehr wurde er in den diplomatischen Dienst übernommen – und vom Staatssekretär Weizsäcker im Juni 1939 nach London geschickt, um Möglichkeiten zu erkunden, den Frieden im letzten Augenblick zu retten. Nach seiner Ankunft nahm er sofort Verbindung mit David Astor auf, der seine Mutter dazu überredete, auf dem Landsitz in Cliveden ein zwangloses Zusammentreffen am Wochenende mit dem Außenminister Lord Halifax zu arrangieren. Das Schloss war ein bevorzugter Gesprächsort des politischen Zirkels, der gegenüber dem deutschen Diktator zum «appeasement» neigte und für den die Formel vom «Cliveden set» (laut Wuermeling) zum ironischen Kennwort wurde. Laut seinem offiziellen Bericht spielte er den «advocatus diaboli», der den Briten die deutsche Erbitterung über die britische Garantie für Polen drastisch deutlich gemacht habe. In Wirklichkeit wies er warnend auf den geplanten Pakt mit Stalin hin. Sir Alec Douglas-Home – nach dem Zweiten Weltkrieg Außen- und auch Premierminister – registrierte aufmerksam, dass Trott ein passionierter Antinazi sei, der die Katastrophe voraussah. Er warb für eine britische Kompromisspolitik, um wenigstens die Übereinkunft der beiden Diktatoren in Berlin und Moskau zu verhindern und damit – vielleicht – den Frieden zu retten. In London arrangierte Lord Halifax in der Tat eine Audienz beim Regierungschef Sir Neville Chamberlain. Der Premierminister sei sehr freundlich zu ihm gewesen, erzählte Trott danach seinem Freunde David Astor, er habe sich des Gefühls nicht erwehren können, mit einem «halbtoten Mann» zu reden.

Für die Rettung des Friedens – die Hitler in Wahrheit nicht wollte – konnte er nichts ausrichten. Es schien ihm auch nicht zu gelingen – mehr als Andeutungen konnte er sich nicht leisten –, bei seinen Gesprächspartnern ein Interesse für die innere Opposition gegen das Regime zu wecken, mit der zu kooperieren sich lohnen würde, um einen Machtwechsel im Dritten Reich vorzubereiten. In Berlin wiederum vermochte er weder den borniertem Ribbentrop noch den Staatssekretär Hewel davon zu überzeugen, dass es den Briten mit ihrer Garantie für die Existenz Polens bitterernst war.

Die Kriegserklärung Englands und Frankreichs konnte den Polen nicht mehr helfen. Der rasche Sieg der Wehrmacht über den Nachbarn im Osten war die blutige Ouvertüre des zweiten der großen europäischen Kriege, der zum Zweiten Weltkrieg expandierte – wie es Trott zu Solz vorausgesehen hatte. Es glückte ihm im Oktober 1939, dank Weizsäckers Protektion, zu einem Pazifik-Kongress in Washington delegiert zu werden, wo er das Vertrauen von Felix Morley gewann, eines prominenten Mitarbeiters der «Washington Post», die Eugene Meyer gehörte, dem einstigen Präsidenten der Federal Reserve Bank, zu dem sich für Trott wiederum eine natürliche Verbindung ergab, weil er mit der deutschen Pfarrerstochter Agnes E. Meyer verheiratet war (die sich als die treue und generöse

Protektorin Thomas Manns keinen geringen Platz in der Geschichte der deutschen Exilliteratur erdient hat). Marion Dönhoff sollte Morley nach dem Krieg begegnen. Trott zu Solz aber wurde auf Schritt und Tritt vom FBI überwacht: Die Phantasie J. Edgar Hoovers, des Chefs der Agentur, ließ nur die Annahme zu, dass der elegante deutsche Diplomat als Agent ins Land geschleust worden sei. Mit seiner eigentlichen, seiner geheimen Botschaft, auf die Existenz des inneren Widerstandes in Berlin hinzuweisen und mit der gebotenen Vorsicht einer Zusammenarbeit den Weg zu bahnen, drang Trott auch in Amerika nirgendwo durch.

Dennoch, er nutzte danach bei seinen sechzehn Reisen ins neutrale Ausland (zumal nach Schweden) bis zu seiner Verhaftung am 25. Juli 1944 jede, auch die geringste (und oft gefährliche) Chance, um Verbindung mit seinen englischen Freunden aufzunehmen, sie immer wieder auf den deutschen Widerstand aufmerksam zu machen und die Möglichkeiten eines Friedens durch den Sturz des Diktators zu erkunden: nach dem Zeugnis vieler, auch Marion Dönhoffs und Christabel Bielenbergs, vom Vertrauen des Staatssekretärs Ernst von Weizsäcker begleitet, der sich freilich 1943 in die Botschaft beim Heiligen Stuhl zurückzog. In Schweden traf Trott mit dem Bischof von Chichester zusammen, der nach der Begegnung an Außenminister Eden schrieb: «Ich hoffe sehr, dass es Ihnen in naher Zukunft möglich sein wird, in einer nachdrücklichen und öffentlichen Weise klarzumachen, dass die britische Regierung nicht den Wunsch hat, ein Deutschland zu versklaven, das sich von Hitler, Himmler und deren Komplizen befreit hat.»

Auch dieser Einspruch bewirkte nichts. Die Alliierten hielten am proklamierten Ziel der bedingungslosen Kapitulation fest – und sie hatten in mancher Hinsicht die Logik der Geschichte auf ihrer Seite, so schrecklich die Opfer waren, die gefordert wurden. Zu einem ähnlichen Schluss war, wenngleich er die entsetzlichen Konsequenzen genau genug kannte und schließlich bis zum eigenen Martyrium durchlitt, auch Helmuth von Moltke gekommen, der stets meinte, der bittere Kelch müsse bis zur Neige geleert werden.

Marion Dönhoff freilich redete sich, als sie die Probleme der inneren Opposition in ihren biographischen Gesprächen mit Alice Schwarzer streifte, noch ein halbes Jahrhundert später in Rage: Den Alliierten sei es «nicht um Recht und Unrecht» gegangen, rief sie, «sondern um Macht! Sie wollten die totale Erniedrigung und Unterwerfung Deutschlands, darum durfte es keinen deutschen Widerstand geben.» In der alten Dame regten sich, kein Zweifel, plötzlich wieder national-konservative Instinkte, die sie jahrzehntelang aus aufrichtiger Überzeugung gezähmt hatte. Auch sie kannte vermutlich den bösen, von Ressentiment geprägten Witz, der nach der Kapitulation in deutsch-nationalen und vor allem adligen Kreisen die Runde machte: Bei der Konferenz in Potsdam habe sich der – unversehens auferstandene – Adolf Hitler beim amerikanischen Präsidenten Truman, dem englischen Kriegspremier Churchill und dem Diktator Stalin mit militärischem Gruß gemeldet: «Befehl ausgeführt! Deutschland vernichtet!»

In der «Zeit» verlangte Marion Dönhoff 1995 von der englischen Regierung ein offizielles «Bedauern wegen Verunglimpfung des Widerstandes und unterlassener Hilfeleistung». Und dann auch gleich eine Entschuldigung «wegen der Zerstörung der beiden schönsten und traditionsreichsten Städte wenige Wochen vor Kriegsende: Dresden ... und Potsdam». Und noch einmal ereiferte sie sich: «Wider besseres Wissen wurde auch von den Amerikanern die Lüge aufrechterhalten, es gäbe keinen deutschen Widerstand und kein anderes Deutschland als das des Dritten Reiches.»

Im Zorn der alten Tage vergaß sie, in welch beschämendem Maße sich die Mehrheit der Deutschen – auch und gerade die Majorität der deutschen Eliten, auch und gerade die des Adels – mit dem Regime identifiziert hatten, mit welchem Furor die deutschen Armeen angesichts der bevorstehenden Niederlage (an der nur noch blinde Narren und Fanatiker zweifeln konnten) um jeden Meter

16 Die junge Journalistin

17 Pressehaus in Hamburg, 1948

18 Chefredakteur Richard Tüngel

19 Der Stellvertreter Ernst Friedlaender

20 Mit ihrer zweitliebsten Zeitung

21 Pressegespräch mit dem indischen Ministerpräsidenten Nehru, in den sechziger Jahren

22 Einer der Lebensfreunde: Carl Jacob Burckhardt

23 Zwei Weggefährten über Jahrzehnte: Richard von Weizsäcker und Helmut Schmidt

24 Josef Müller-Marein alias Jan Molitor: ein großer Reporter und Marions Vorgänger in der Chefredaktion

25 Mehr als ein halbes Jahrhundert «Zeit»-Geschichte: Diether Stolze, Marion Dönhoff, Haug von Kuenheim, Gerd Bucerius und der Nachfolger Theo Sommer

26 In der Danziger Marienstraße mit Andrzej Januszajtis

27 Ehrenpromotion an der Universität Thorn 1991 – eine große Geste der Versöhnung

28 Die Gräfin in ihrem Häuschen in Hamburg-Blankenese

29 Der Schreibtisch zu Hause

Boden kämpften, nicht nur im Osten, sondern auch in Frankreich, in Belgien, in Holland und schließlich im deutschen Westen. Es war nicht nur die Forderung der «bedingungslosen Kapitulation», die – wie sie meinte – «Nazis und Anti-Nazis zusammenschweißte». Die tiefere Motivierung der verbissenen Abwehr war auch nicht nur der natürliche Reflex, die Heimat zu schützen, sondern die Furcht vor der Rache der Gegner zumal im Osten Europas. Die meisten der Deutschen wussten sehr wohl, welche Verbrechen hinter der Front in Russland täglich begangen wurden, sie wussten von den Massenexekutionen, vom Vernichtungskrieg, von den Verheerungen der Strategie der «verbrannten Erde». Die zynische Formel «Genießt den Krieg, der Frieden wird schrecklich!» war von nichts anderem als von unterdrückter Angst diktiert.

Das Gebot der «bedingungslosen Kapitulation» war in der Tat nicht nur von dem Willen bestimmt, den Nazismus vom Erdboden zu vertilgen, sondern zugleich von der historischen Erfahrung, dass eine deutsche Großmacht durch ihr materielles Gewicht und durch den militarisierten Nationalismus ihrer Führungsschichten – auch des Adels – eine latente Heimsuchung war, die jederzeit wieder das fragile Gleichgewicht Europas erschüttern konnte, das ohnedies durch die nationalistischen Ressentiments im Osten und im Süden, durch die Hypertrophie der Nationalstaatsidee (erst recht nach der Ordnung von «Versailles») täglich gefährdet war. Das entscheidende Kriegsziel der West-Alliierten konnte nur sein, Deutschland durch die Zerstörung seines Kriegspotenzials und (was wichtiger war) des Kriegswillens seiner Führungsschichten, durch eine konsequente Föderalisierung und durch eine – wenigstens vorübergehende – Internationalisierung zur Integration in ein europäisches Friedenssystem zu zwingen. (Die Sowjets hatten davon, das versteht sich, eine andere Vorstellung als die Amerikaner, die Briten und die Franzosen.) Die Internationalisierung durch die Besatzungstruppen aber verwandelte sich durch den Prozess der Europäisierung in eine wahrhaft produktive Alternative zu einem neuen «Versailles» – zunächst für den deutschen Westen, schließlich – nach dem Zusammenbruch des russischen Imperiums – für das vereinte Deutschland und für ganz Osteuropa. Zu unserem Glück und zum Glück unserer Nachbarn in Ost und West schreitet der Prozess der Integration fort, wenngleich (wie immer beim Aufbau Europas) mit einiger Mühsal.

Dies war Marion Dönhoff in ihren fortgeschrittenen Tagen nicht immer deutlich, zumal sie zu dem Europa, das nach dem Abschied des europäischen Chefkonstrukteurs Jean Monnet zunächst durch die Visionen de Gaulles geprägt war, kein ungebrochenes und natürliches Verhältnis mehr gewonnen hat. Ein zentraler Punkt ihrer Kritik am französischen Präsidenten und seinem deutschen Partner Konrad Adenauer war die Weigerung, Großbritannien in die Europäische Gemeinschaft aufzunehmen – eine Barriere, die von de Gaulles Nachfolger Pompidou und vom deutschen Kanzler Willy Brandt fortgeräumt wurde (nicht immer mit den fruchtbaren Konsequenzen gesegnet, die sich die beiden Staatsleute für das Zusammenwachsen des Kontinentes erwartet hatten).

Damals, am Ende der vierziger Jahre, als der Westen Deutschlands gerade zu einer eigenen Staatlichkeit zurückgefunden hatte, erinnerte sich Marion Dönhoff bei der Begegnung mit David Astor gewiss besonders lebhaft der verzweifelten (und illusorischen) Hoffnungen, die ihre Freunde im Widerstand auf eine geheime Verständigung mit den Lenkern der britischen Außenpolitik gesetzt hatten. Im Krieg war die emotionale Brücke hinüber zu den Briten Christabel Bielenberg, die so stoisch-humorvolle Engländerin, die 1934 den Berliner Anwalt Peter Bielenberg geheiratet hatte und mit ihm die bitteren Jahre bis zur Befreiung tapfer durchstand (auch er wurde schließlich im Zusammenhang mit der Verschwörung in ein Konzentrationslager verschleppt). Die beiden waren die engsten Freunde von Adam von Trott zu Solz und seiner schönen und klugen Frau Clarita. Christabel und Marion sahen einander regelmäßig in Berlin, bis die Freundin – um die Kinder in Sicherheit zu bringen – in einem Dorf im Schwarzwald Zuflucht suchte, wo sie hernach die französischen Besatzungsoffiziere mit einiger Mühsal darüber aufklären musste, was sie als Britin im nazistischen Deutschland zu suchen hatte.

Bei der ersten Heimkehr nach London (nur für wenige Wochen), die erst nach der Überwindung von tausend Barrieren möglich war, hatte Christabel Bielenberg auch bei David Astor angeklopft, um ihm vom tragischen Geschick der gemeinsamen Freunde zu berichten. Der Chef des «Observers» zögerte keinen Augenblick, sie als Kriegskorrespondentin nach Deutschland zurückzuschicken, obwohl sie nicht die geringste Erfahrung als Journalistin besaß (sie konnte noch nicht einmal tippen): eine Aufgabe, die sie dennoch – dank ihrer Kontaktfähigkeit, ihres Spürsinns für Informationen und ihres Sprachvermögens – auf glänzende Weise zu meistern vermochte. Überdies konnte sie, in britischer Uniform und mit den Privilegien einer alliierten Offizierin versehen, ihrem Mann und den Kindern das karge deutsche Dasein erträglicher machen (und einem weiten Kreis von Bekannten dazu).

Später entschlossen sich die Bielenbergs, in Irland ein kleines Gut zu kaufen und sich als Landwirte durchzuschlagen, da sie weder in Deutschland noch in England wieder ganz heimisch werden konnten. Die beiden verhalfen auch Marion Dönhoffs Bruder Dieter zu einer neuen Existenz als Farmer und Pferdezüchter in Irland (was schwierig genug war), nachdem er einige Jahre zuerst ein Galopprenn-Gestüt im Rheinland, danach als «leitender Beamter» ein Staatsgestüt unmittelbar an der Zonengrenze verwaltet hatte. Christabel Bielenberg machte sich hernach als Schriftstellerin mit ihren munteren und zugleich so humanen Berichten über die deutschen Jahre, die voller Witz geschrieben waren, einen guten Namen. Munnay House aber wurde eine Art psychischer Stützpunkt für Marion Dönhoff und David Astor.

So existierte eine mittelbare Verbindung zwischen den beiden – durch Adam von Trott und die Bielenbergs – schon ein Jahrzehnt lang, ehe sie einander leibhaftig begegneten, und es ist fast absurd zu nennen, dass sie einander nicht schon vor dem Krieg im Berliner Haus der gemeinsamen Freunde kennengelernt hatten. David Astor, der unautoritäre (und dennoch geachtete) Chef des Unternehmens, war eine Erscheinung von lässiger Eleganz, bescheiden, immer diskussionsbereit, oft zögernd in seinen Entscheidungen, dennoch einen klaren, mitunter auch harten Willen nicht verbergend. Er hatte, wie es sich gehörte, die Eliteschule Eton absolviert. Das Studium im Balliol College in Oxford aber brach er ab, und er warf hernach der respektiertesten aller Universitäten Großbritanniens vor, sie züchte vor allem «Arroganz, Schnöselhaftigkeit, Engstirnigkeit in dutzendfacher Form, Künstlichkeit, doch zuerst und zuletzt nur Aufgeblasenheit». Drei Monate lebte er in Heidelberg, um Deutsch zu lernen. Die Manifestationen des Nazismus, die er erlebte, waren abstoßend genug, ihn mit einem lebenslangen Widerwillen gegen jedes totalitäre Regime zu imprägnieren. Er arbeitete in einer Fabrik, dann biss er sich zwei Jahre lang in London bei Lazard Brothers durch eine Banklehre, danach übte er sich bei der «Yorkshire Post» im nordenglischen Leeds im journalistischen Gewerbe (meist schrieb er über Jagden), und er spielte in Amateur-Theatern. Er nahm eine weitere Lehrzeit als Manager bei der «Times» auf sich, die damals im Besitz seines Onkels John Jacob Astor war. Doch zugleich gründete er, schockiert von dem «Verrat» des Münchner Abkommens, unter dem Einfluss seines Freundes Trott zu Solz eine «Europäische Studiengruppe», die sich zum Ziel setzte, die innerdeutsche Opposition durch die Vision eines freien Europa zu ermutigen – «ein hoffnungslos idealistisches Unternehmen», wie Zeitgenossen feststellten.

1940 focht David Astor mit den Marinetruppen in Frankreich. Vier Jahre danach wurde er einer Elitetruppe zugewiesen, deren Mitglieder hinter der Front mit Fallschirmen absprangen, um die Verbindung zu Résistance-Einheiten der Franzosen zu gewinnen. David Astor wurde bei einer der Aktionen verwundet, doch er entging der Gefangennahme durch die Deutschen und wurde schließlich in ein britisches Lazarett in Neapel transportiert.

Auch von diesem Abenteuer ist in einem bewegenden Brief an Marion Dönhoff die Rede, datiert vom 1. August – dem wichtigsten, den er der deutschen Freundin und Geliebten geschrieben hat; der Antwort auf ihren Brief vom 20. Juli (der nicht erhalten blieb). Aber welchen Jahres? 1948? 1949? David saß droben in Hochsavoyen in einem Ferienhaus der Familie und versuchte, sich von einer kleinen Operation zu erholen (welcher Art, das verriet er nicht). Mit jener Mischung aus Scheu und *understatement*, die seine Persönlichkeit auf so liebenswerte Weise kennzeichnete, sagte er ihr zu Beginn, dass er sich «an die Idee Marion gewöhnt» habe («if you see what I mean»). Das sei etwas anderes als das herzerhebende Vergnügen der ersten Begegnung oder der Zustand des Schon-vertraut-Seins. «Ich mag Dich ernsthaft, und ich dachte darum viel über Dich nach – vielmehr: ich erlaubte meinen Gefühlen, die Sensation, Dich zu kennen, genauer zu erkunden», mit anderen Worten: Er wolle zu entdecken versuchen, wie sie und er miteinander auskommen könnten. Das mache das Briefschreiben nicht leichter, das wohl weniger schwierig wäre, wenn er sie weniger oder viel besser kennen würde. Ihren Brief vom 20. Juli glaube er zu verstehen, doch er habe ihn mit einem leisen Unbehagen gelesen. Sie müsse wissen, dass er dem Mann, den sie bewundert und geliebt habe, kaum sehr ähnlich sei. Er halte es für unwahrscheinlich, dass sie jemanden finde, der ihr Ideal erfülle. Keine Person könne jemals eine andere ersetzen. Doch weiter: Da die Menschen, die sie liebte, tot seien, könnten sie niemals mehr Fehler machen – im Unterschied zu den Lebenden, die zumindest ihre Grenzen zeigten. Überdies: Schon in der Vergangenheit sei sie – wie sie ihm selbst gesagt habe – niemals fähig gewesen, sich einem Menschen ganz ohne Vorbehalte hinzugeben. Das aber bedeute, dass ihre Ideale niemals vor der Wirklichkeit zu bestehen hatten, das heißt: Sie blieben eben «Ideale», statt ganz ins Leben zu treten. Er vermute (zögernd) – wie er ihr zu verstehen gegeben habe –, dass dies mit Marions tiefer Verbindung zu ihrem (ältesten) Bruder zu tun habe. Aber was immer der Grund sei: Es bedeute, dass die meisten Menschen für sie «wie Bücher seien, die gelesen werden müssten».

Was sie sich selber eingestehen müsse, sei ihre innere Schwierigkeit, eine leibhaftige Bindung zu formen – und dies umso mehr, da sie an jemanden gebunden sei, dem keine lebende Person jemals gleichen könne: Er sprach von ihrem geliebten Vetter Heinrich Lehndorff. Das mache es für sie viel leichter, ungebunden zu bleiben (in einer «intimen, persönlichen Weise»). Es würde für sie keine geringe Revolution ihres inneren Lebens sein, wenn sie sich selbst erlauben würde, sich ganz mit einem anderen Menschen zu verbinden.

Doch nun wolle er ein wenig über seine eigenen Gefühle reden. Vorgestern, berichtete er, sei seine Frau mit der kleinen Tochter angekommen, die – 1947 geboren – gerade zwei Jahre alt sein konnte: ein Geschöpf, das er so überschwänglich liebte, wie nur ein nicht mehr ganz junger Vater lieben kann. Sie sei «das Licht seines Lebens», schrieb er, «meine engste Freundin, Raison d'être und der entscheidende Grund, dass ich mich für die Zukunft noch interessiere». Umso heftiger (und offenherziger) klagte er über seine Frau, eine gebürtige Schweizerin, die Melanie Hauser hieß: Ihre Haltung ihm gegenüber lege ihm den Gedanken nahe, dass er ihr gar nichts recht machen könne, was sein Dasein nicht vergnügter werden lasse. Nach der Lektüre von Marions Brief vom 20. Juli habe er einen wunderlichen Traum geträumt: Seine Frau habe ihm gesagt, dass sie nun entschlossen sei, sich nach einem anderen Mann umzusehen. Teil der Schwierigkeiten in seiner Ehe aber sei die Frage gewesen, ob sie während des Krieges «halbwegs loyal auf ihn ‹gewartet›» habe (aber das möge sie, Marion, als ein Geheimnis betrachten). Der Traum sei natürlich ein Reflex ihres Briefes gewesen, der ihm vor allem ihre «spirituelle Unzuverlässigkeit» zu erklären versucht habe (was immer darunter zu verstehen sein mochte). Um sich der Gegenwart und der Zukunft zuzuwenden, fuhr er fort: Da sie nun beide «unzuverlässig» seien (er setzte das Wort in Anführung), müssten sie herausfinden, ob sie sich lieb genug hätten und ob sie beide über die Ursachen ihrer Unzuverlässigkeiten hinwegkommen könnten. «Ich denke, der Anfang war gut genug, und er ist eines Versuchs wert, dies herauszufinden. Möchtest Du's?» – Wenn ja, dann müssten sie sich beide große Mühe geben. Er sehe regelmäßig einen «Priester» – vermutlich meinte er einen Psychoanalytiker (wie aus mancher seiner Formulierungen zu schließen ist) –, um mit seiner Hilfe innerlich freier zu werden. Für sie sei es schwieriger: Sie sei nie verheiratet gewesen, und sie habe keinen «Priester», der mit ihr herausfinden könnte, was die Ursachen «ihrer Un-Freiheit» seien.

Aber vielleicht habe sie schon aufgegeben und sei zu ihrem «detachierten Lebensstil» zurückgekehrt: «Wenn es so ist – goodbye! Wir sehen uns dann irgendwann in der Redaktion! Aber wenn nicht, dann sollten wir uns geduldig bemühen, was wir füreinander werden können. Das ist ein schwieriges und gefährliches Unternehmen, doch wir sollten es wenigstens versuchen.»

Mit einem Gedankensprung gestand er Marion Dönhoff, dass er selber eine starke und fixierte Beziehung zum 20. Juli habe: «Adam von T. (Trott) war mein alter ego und mein besseres ego, das Ideal meiner selbst, dem ich mich tief unterlegen fühlte, aber umso mehr habe ich ihn geliebt.» Er habe von seinem Tod erfahren, als er im Lazarett in Italien gelegen habe: «kein guter Ort, um von einer solchen Nachricht getroffen zu werden» – neben sechzig anderen Männern auf der Station. «Es war, als ob die Hoffnung gestorben sei, da meine einzige Idee, irgendetwas Gutes zu tun, im Zusammenhang mit ihm stand. Ich empfand, dass er wusste, was jemand wie ich tun könnte und tun sollte und dass ich es, alleingelassen, niemals wissen würde.»

Er erzählte, dass er neunzehn Jahre alt gewesen sei, als er Adam in Oxford kennengelernt habe, und von da an seien sie immer intime Freunde gewesen. Er habe ihn nicht «angebetet» – auch dies schrieb

David Astor in Anführung –, da es immer ganz einfach gewesen sei, seine Grenzen zu erkennen – die «eines ewigen Jungen mit übertriebenen Hoffnungen und einem zu ungenauen Blick auf die Realitäten». Er habe rasch gelernt, dass von niemandem «Perfektion» zu erwarten sei, doch Adams charakteristische Eigenschaften seien seine Fähigkeit zur «Vision, zur Sauberkeit, zur Generosität, zum Mut, zur Aufgeschlossenheit und Freundlichkeit» gewesen. «Egoismus und Altruismus» hätten sich bei ihm gemischt, weil er, wie ein Knabe, zu sehr auf seinen eigenen Blickwinkel fixiert gewesen sei. Er wiederholte: «Ich denke, dass ich Adam niemals vergessen, dass ich niemals aufhören werde, ihn zu lieben.» In einer Klammer fuhr er fort, seine Frau habe von ihm oft gesagt, er «lebe mit den Toten», aber das sei nicht der Hauptgrund ihrer Unzufriedenheit.

Er schloss den wahrhaftig inhaltsschweren Brief mit dem Bekenntnis: Er leide – genau wie Marion – an der ernsten Schwierigkeit, sich «dem anderen Geschlecht ohne Vorbehalt ‹hinzugeben›, vor allem wegen der unbefriedigenden Kindheitsbeziehung zu meiner Mutter und der Wirkung auf meine elementare Haltung gegenüber Frauen. Das ist alles!» Aber er bemühe sich, seine (innere) Freiheit zu gewinnen. Dann unvermittelt: «Eines Tages muss ich meiner Tochter eine Ziege kaufen.» Sie habe die Tiere so gern. «Sei freundlich und geduldig und gib' mir und Dir eine Chance. David.»

Wenn dieser Brief, der einen so tiefen Einblick in sein Innerstes und auch – wie er sie sah – in ihr Herz gewährte, im Sommer 1949 geschrieben wurde, dann sind Marion Dönhoffs Zeilen vom 25. Oktober 1949 umso überraschender und bedeutender: Nachklang eines Besuches von David Astor in Hamburg. Sie rief ihm zu, sie habe sich an den Gedanken gewöhnt, dass nur die Gegenwart zähle, denn die Vergangenheit existiere für sie nicht, vielmehr nur in der vagen Weise wie Träume, und über die Zukunft habe sie sich niemals gesorgt. Er möge dies als Test betrachten: Wenn sie eine Wahl zu treffen hätte, ob sie es vorzöge, dass sie ihn niemals getroffen hätte, oder ob es ihr lieber sei, dass sie mit ihm «durch diese Erfahrung gegangen» sei, dann würde sie nicht einen Augenblick lang zögern. Sie setzte hinzu: «Du bist seit dem fatalen Jahr 1944 das erste menschliche Wesen, für das ich eine Bindung empfinde. Good night, David dear». Mit anderen Worten: Er war seit dem Tod des Vetters Heinrich Lehndorff der erste Mann, den sie liebte. In einer Anfügung im Kopf des Briefes sagte sie, sie beide hätten Grund, sehr dankbar zu sein. Nur die Intervalle des «normalen Lebens», in denen man eine andere Person liebe, seien es wert, gelebt zu werden, denn nur dann «fühlen wir, daß wir Gott näher» sind als sonst.

Nein, sie hatten es nicht einfach miteinander. Nach gemeinsamen Tagen – wo und wann? – schrieb er fast überschwänglich: «Du hast mich wie einen Prinzen verwöhnt. Ich mochte alles – außer meiner ‹Unzulänglichkeit› und ihren Konsequenzen. Dank Deiner inneren Stärke ließ uns auch das nicht zu traurig werden. Wie gut Du Dich betragen hast! Das alles hat mich tief bewegt, und ich werde es niemals vergessen.» Der Besuch sei eine reiche Erfahrung gewesen, «obwohl sein Ende fast tragisch war. Es klingt ein bisschen verrückt, aber ich möchte Dir danken, dass Du so gut zu mir warst. Du sagtest, dass wir an einer Beziehung alles lieben müssten – und ich bin ganz Deiner Meinung.»

Offensichtlich war ein von ihr geführtes Gespräch mit einem «Mr. B.», auf das er anspielte, recht stockend und unbefriedigend verlaufen. Bucerius? David Astor rief ihr zu, das dürfe sie nicht traurig machen. Sie möge ihren Humor mobilisieren – und wenn sie an ihn denke, dann am besten an etwas Lächerliches. Die Tage mit ihr seien – als Ferien betrachtet – perfekt gewesen. Er wünsche, dass die Wunde rasch heile, die «durch seine Unvollkommenheit» verursacht worden sei: «Du bist eine superbe Frau, und eine sehr süße, und selbst wenn ich Dich nicht sehr glücklich machen kann, so hoffe ich doch, dass ich imstande sein werde, ein bisschen Glück in Dein Leben zu bringen.» Offensichtlich waren die Tage von dem männlichen Ungemach des Versagens beeinträchtigt, das Stendhal in seinen Romanen das «Fiasco» nannte.

In einem undatierten Brief versicherte sie ihm, sie begreife jedes Wort, das er ihr schreibe. Doch es wäre eine Zurückweisung des «Kismets», des Schicksals, wenn sie es nicht miteinander versuchen würden: «So lass uns nicht durch den Gedanken an die Schwierigkeiten, die wir überwinden müssen, entmutigt sein. Ich bin weit davon entfernt so romantisch oder so unrealistisch zu sein, um mir nicht deutlich zu machen, was für eine Revolution es braucht, dies zur Kenntnis zu nehmen ... Doch wir beide sind verantwortungsbewusst und urteilsfähig genug, es einzugestehen, wenn unser Versuch gescheitert sein sollte.» Er habe recht mit seiner Beobachtung, dass sie ohne zu große Schwierigkeiten ihr losgelöstes Leben weiterführen könne. Es sei für sie angemessen, für sich selber zu leben, wenn sie nicht jemanden finde, mit dem zusammen zu leben den beiden individuellen Existenzen überlegen sein würde. Sie glaube nicht an «Ideale», sie wisse, dass jeder seine Grenzen habe. Wenn man jemanden liebe, liebe man nicht «trotz der Fehler und Mängel», sondern durch ein «bedingungsloses Vertrauen».

David Astor versicherte ihr in einem nächsten Briefchen, wiederum undatiert, dass er nach Hamburg komme – nicht weil er sich dazu verpflichtet fühle (sie hatte vermutlich allzu taktvoll davon gesprochen), sondern weil er sie sehen wolle. In einem anderen August-Brief – 1950? – versicherte er ihr, dass er bei ihr nach wie vor «die gleiche echte Attraktion» empfinde – «und die gleiche tiefe Lust und den gleichen Respekt». Sie hatte ihm freilich im Oktober 1949 ein wenig traurig, ja mit gezügeltem Ärger geschrieben: «Ich denke, dass ich immer wusste, dass eine undefinierbare Macht uns davon abhalten wird, das zu tun, was am Anfang nur zu natürlich zu sein schien. Ich empfand immer, dass Du den letzten entscheidenden Schritt niemals machen würdest ... und ich wurde gewahr, dass auch ich es sehr wahrscheinlich nicht zuwege bringen würde, mein eigenes Leben aufzugeben – einschließlich all' dessen, für das ich bisher einstand. Aber ich nahm niemals an, dass wir nicht miteinander etwas weiter vorankommen würden, als es uns gelungen ist. Und ich denke, dass dies eine etwas ärmliche Vorstellung war ...»

Es wäre, fuhr sie fort, schierer Unsinn, wenn er sich einrede, das sei nur sein Fehler – «wir haben beide daran den gleichen Anteil». Sie sei immer durch den Blick auf «endgültige Verpflichtungen» entmutigt worden, und sie habe deshalb vielen Leuten Unglück gebracht, ohne es selber wahrzunehmen. «Es war mein Missgeschick, dass ich immer genoss, was die Leute ‹Erfolg› (oder Anklang) nennen – und ich fing mich immer an zu ängstigen, wenn mir klar wurde, dass jemand ernsthaft an mir interessiert war, obwohl mir auch das ein gewisses Vergnügen bereitete – solange ich der Sache nicht sicher sein konnte.» «Ich vermute», berichtete sie mit erstaunlichem Freimut, «dass ich mich wohl ein Dutzend Mal geweigert habe, in eine Heirat einzuwilligen.» In dem Entwurf dieses Briefes, der erhalten geblieben ist, setzte sie mit Bleistift hinzu, es sei vermutlich genauer, von zwei Dutzend Werbungen zu sprechen, denen sie sich entzog. Es sei erschreckend, daran zu denken, wie viel Leid sie verursacht habe. Ergänzend schrieb sie, sie habe sich immer bemüht, aufrichtig mit sich selber zu sein, aber sie sei zu dem Schluss gelangt, dass er sie darin weit übertreffe. So seien sie alle beide unvollkommen.

«O David», rief sie schließlich, «was für ein seltsames Ding das Leben ist – und was für ein peinlicher Gedanke, sich klarzumachen, dass wir einander immerzu verletzen. Ich empfand ein so großes Vertrauen zu Dir, vielmehr zu unserer Beziehung, weil sie frei von all' den fatalen Gefahren zu sein schien, die durch Missverständnisse entstehen. Aber da Du und ich gleichermaßen fürchten, unsere Freiheit zu verlieren, warst Du der erste Mensch, bei dem ich mich in Sicherheit fühlte. Ich vermute, wir müssen lernen, aus freiem Willen und ohne Bedauern dahinzugeben, was wir meinten, besitzen zu müssen. Und wir müssen lernen, ohne irgendwelchen Ehrgeiz und Intentionen zu leben – und zu akzeptieren, was auf uns wartet. Ich dachte, ich wüsste all das schon während der letzten Jahre, und doch müssen wir immer wieder von vorn anfangen.»

War das der Abschied? «Du hast mich sehr, sehr glücklich gemacht, David. Zum ersten Mal seit vielen Jahren erfuhr ich wieder, was es heißt, ohne Vorbehalt vollkommen glücklich zu sein. Ich werde das niemals vergessen.» Mit Bleistift der Nachsatz: «Und ich werde für Dich immer das gleiche Gefühl der Freundschaft bewahren – was sich unter uns freundlichen und unzuverlässigen Leuten von selber versteht.» Dann zitierte sie eine Variante des berühmten Satzes von David Astors Freund George Orwell: «Alle Menschen sind gleich, aber manche sind gleicher» (als die anderen) – «und das ist's, was wir sind.»

Die Liebe der beiden schien sich – in einer Art von *hesitation waltz* – ohne Entscheidungen auf der Stelle zu drehen, und doch entfernten sie sich sacht voneinander, beide den Willen des anderen zur Unabhängigkeit betonend: ein fast perfektes (und überdies kaum bewusstes) Manöver, der Selbstaufgabe zu entkommen.

Ein Element der Verbundenheit blieb der 20. Juli. David Astor gründete in Großbritannien – aus Liebe zu seinem Freund Adam Trott zu Solz, gewiss auch Marion Dönhoff zuliebe – ein eigenes kleines Hilfswerk für die Hinterbliebenen des Widerstands, und er unterstützte die deutsche Stiftung für die Überlebenden nach Kräften. So schmolz die Erfahrung seiner zweifellos homoerotisch geprägten Liebe zu Adam Trott in seine Liebe zu Marion Dönhoff ein: Sie wurde ein Teil ihrer Zusammengehörigkeit.

Daran änderte sich nichts durch die radikalen Wechsel, zu denen er sich fast unversehens bereitfand. Die Ehe mit Melanie Hauser wurde 1951 geschieden. Schon im Jahr darauf heiratete er eine junge Frau aus der Gesellschaftsschicht, in der er aufgewachsen war: Bridget Aphra Wreford, Tochter eines Kolonialoffiziers, die fünf Kinder zur Welt brachte. David Astor wurde, als er 2001 starb – ein Jahr vor Marion Dönhoff –, in Sutton Courtenay (Oxfordshire) neben seinem Freund George Orwell begraben.

Durch David Astor hatte sie vermutlich den amerikanischen Kollegen Felix Morley kennengelernt, damals Herausgeber und Redakteur der Zeitschrift «Human Events», zuvor lange Jahre Redakteur der «Washington Post», ein lebhafter Geist, Marion Dönhoff um fünfzehn Jahre voraus, doch offensichtlich mit einem jugendlichen Temperament und künstlerischer Sensibilität begabt, wie die Gedichte, die er für sie schrieb, auf anrührende Weise bezeugen (obschon sie gewiss nicht zur großen Poesie Amerikas zählen). Er bekannte sich als «absoluter Pazifist». Bei einer Reporter-Reise durch Deutschland fühlte er sich durch das Ausmaß der physischen und menschlichen Zerstörung gedemütigt – und in diesem Zusammenhang erinnerte er sich an Adam Trott zu Solz, den er bei der Fernost-Konferenz im Herbst 1939 in Washington kennengelernt hatte. Offensichtlich gewann er rasch das Vertrauen des jungen deutschen Diplomaten, der ihm vom inneren Widerstand berichtete. Am 3. Dezember 1939 trug Morley in sein Tagebuch ein: «Es ist eine heroische Arbeit, für die sich dieser noble und idealistische Deutsche engagiert hat. Sie könnte ihn leicht das Leben kosten ...» Er fügte die bemerkenswerte Einsicht hinzu: «Es wäre ein vernünftiges Vorgehen, wenn eine vertrauenswürdige deutsche Regierung etabliert werden könnte, dass sich (mit) ihr Westeuropa in einer gemeinsamen Aktion gegen die asiatische Geißel des Kommunismus zusammenschließen würde. Nur so, fürchte ich, kann die europäische Zivilisation ... gerettet werden.» Ideen, die 1949 durch den Kalten Krieg in den konservativen Kreisen Amerikas eine fragwürdige Renaissance erlebten.

Später erinnerte er sich an seine erste Begegnung mit Marion Dönhoff im «Frankfurter Hof». «Natürlich hätte ich Sie gemocht und bewundert, doch ohne das gleiche Interesse mit Ihnen für Ihre großen Ziele zu arbeiten, das ich jetzt empfinde.» (Es ging wohl darum, die Welt mit dem deutschen Widerstand vertraut zu machen.) «Dieses Interesse wurde erst wach, als wir zusammen tanzten und der natürliche Duft Ihres widerspenstigen Haares meine Sinne berührte, bis ich in unserer Unterhaltung wahrnahm, dass die schrecklichen Erfahrungen Ihre Seele nicht verletzten, sondern den feinen Stahl Ihres Charakters eher bestärkt haben.» Ein Sonett «Hamburg

Revisited», Marion gewidmet, scheint von einer zärtlichen Begegnung in ihrer Stadt zu zeugen. Doch alles in allem hielt er seine Verliebtheit im Zaum. Bald schrieb er von seiner Familie, und er schickte ihr schließlich seinen Sohn zu einem Praktikum bei der «Zeit». Und diskret korrigierte er ihr Englisch, nämlich den Unterschied von «apologize» and «excuse». Zwischen Marion Dönhoff und dem amerikanischen Kollegen brauchte es beides nicht.

· Kapitel 20 ·

Hamburger Redaktions- und Verlegerkriege

Das schönste Geschenk des zweiten Lebens und des neuen Berufs war, nach den ersten harten Lehr- und Hungerjahren, die Öffnung der Welt und die wiedergewonnene Freiheit: für Marion Dönhoff – im wörtlichen Sinn – die Freiheit der Bewegung, die Freiheit des Reisens, die Freiheit der Erkundung des Fremden und Fernen. Vielleicht der wichtigste Grund, der sie Walter F. Otto schreiben ließ, sie gehöre «zu den wenigen Menschen, die sagen können, dass sie sich nichts anderes wünschen» als ihre Arbeit – die Aufgaben der Redakteurin und Reporterin, die sie sich mit einer wachsenden Passion aneignete.

Noch mit Papieren der britischen Militärregierung ausgerüstet, war sie im Oktober 1947 nach Basel gelangt und konnte Edgar Salin wiedersehen, inzwischen wohl der vertrauteste der alten Freunde und Lehrer, obwohl der briefliche Austausch mit Carl Jacob Burckhardt von Jahr zu Jahr intensiver wurde, in der Zahl der Nachrichten und in ihrer Substanz. Manchmal konnten die Reisen – auch Burckhardt war permanent unterwegs – für eine Begegnung genutzt werden.

Marion Dönhoff durfte in der Neige des Jahres 1947 von der Konferenz der Außenminister in London als Sonderkorrespondentin berichten: die erste Auslandsreise nach dem Krieg, die zählte und die fast – doch nur fast – der Aufbruch zu einer entscheidenden Wende ihrer privaten Existenz geworden wäre. Im Juni 1948 war sie mit den Kindern des Bruders Heinrich, die inzwischen von der Mutterfamilie Hatzfeldt adoptiert wurden, zur «Sommerfrische» (wie man damals noch sagte) auf Sylt, in den «nördlichen Nächten» von einer «tiefen Sehnsucht nach Ostpreußen» berührt – Stimmungen, die noch schmerzlicher gegenwärtig waren, als sie 1949 mit schwedischen Freunden auf einer Yacht über die Ostsee kreuzte, beinahe in Sichtweite der alten Heimat. Sie war noch einmal in England (vermutlich bei David Astor), und sie war bei Freunden (gewiss den Bielenbergs) in Irland, das sie als «ganz ländlich, angenehm rückständig» beschrieb, so wie es «vor 100 Jahren bei uns im Osten» gewesen sein muss. «Pferde und Whisky, das sind im Grunde die einzigen Dinge, die sie (die Iren) passionieren ... Eigentlich gibt es nur eine feudale Oberschicht und das sozial und in jeder Hinsicht unglaublich primitive Volk.» Plötzlich regte sich die konservative Empfindungswelt, die sie (vermeintlich) längst und für immer hinter sich gelassen hatte: «Wahrscheinlich ist diese Tatsache, die jeden Fortschrittsgläubigen das Gruseln lehren kann, der Grund dafür, daß das Ganze eine so echte Einheit darstellt.» Später bekannte sie in einem Brief an Salin, sie sei ihr Leben lang «immer nur ein halber Konservativer gewesen, die andere Hälfte war immer revolutionär oder liberal ...»

Sie hatte Professor Ernesto Grassi in Florenz besucht, den Philosophen, der schon seit 1948 wieder in München lehrte. (1955 übernahm er die Herausgabe von «rowohlts deutscher enzyklopädie», der erste große – und halbwegs geglückte – Versuch, der Wissenschaft eine Heimat im Taschenbuch zu schaffen.) «Wenn ich jetzt ‹Italien› denke, dann steht vor mir die Ankunft in Florenz morgens um 3 Uhr: die schlafende Stadt in einem Canaletto-haften Licht, die Fahrt mit einer laut klappernden Droschke durch die engen Straßen, über den Arno und die großen Plätze bis zu einer hohen Mauer am Rande der Stadt, hinter der in einem großen verwahrlosten Park unter riesigen, einen Berg hinaufsteigenden Zypressen Grassis Haus liegt.»

Nach Italien – sie war auch in Rom – nahmen sich die nordischen Länder ein wenig langweilig aus, «so ganz ohne das Geheimnisvolle des Südens ... Die Menschen sind unglaublich langsam und formalistisch. Mir ist das Ganze zu sauber – in dieser ewig blank gescheuerten und säuberlich geputzten Atmosphäre ...» Zweieinhalb Monate Urlaub waren ihr gewährt worden (man liest es und staunt): «Ein Zustand absoluter Freiheit und Zeitlosigkeit. Ich habe das Gefühl, wieder ein richtiger Mensch zu sein voll innerer Anteilnahme an all dem Schönen, was die Welt zu bieten hat. Ich kann wieder lesen – eine Fähigkeit, die mir zwischendurch ganz verloren gegangen war ...»

Im Jahre 1950 erkundete sie Spanien, ausnahmsweise nicht allein unterwegs, sondern in einer kleinen Gesellschaft zu viert – mit Ernesto Grassi, seiner Frau und seiner Tochter. Obwohl sie ohne offiziellen Auftrag der Zeitung unterwegs war, schrieb sie drei Reportagen für das Blatt. Mehr als alles andere faszinierte sie dabei der Blick auf die Spuren der alten maurischen Kultur. Sie schienen ihr wichtiger zu sein als die Präsenz des Franco-faschistischen Polizeistaates. Die Begegnung mit der arabischen Geschichte war wohl auch der entscheidende Antrieb für die ausgedehnten Reisen durch Nordafrika, durch den Nahen und Mittleren Osten, die sie in den nächsten Jahren unternahm. Die islamische Welt übte in den ersten Nachkriegsjahren eine merkwürdige Anziehung auf die deutschen Intellektuellen aus (siehe den Nasser-Kult von Giselher Wirsing in «Christ und Welt») – vielleicht weil die Deutschen dort dank der anti-englischen, aber auch anti-zionistischen Ressentiments besonders willkommen waren und aufs schmeichelhafteste hofiert wurden.

Marion Dönhoff bereitete sich sorgsam auf jedes der Länder vor, zumal im Nahen Osten. Im April und Mai 1952 war sie in Syrien, im Libanon, in Ägypten, in Jordanien unterwegs; sie gelangte bis nach Bagdad und nahm den Rückweg über Istanbul. «Die Zeit», deren Auflage seit der Währungsreform (nach einem kurzen Aufschwung) von einer Auflage von 95 000 Exemplaren sich von Ausgabe zu Ausgabe um etwa zweihundert Stück verminderte, versah die Reporterin keineswegs mit üppigen Spesen. Sie stieg – wenn nicht bei Bekannten – in unaufwendigen Hotels ab, die zwanzig Jahre später jeder Kamera-Assistent einer «Öffentlich-rechtlichen Anstalt» gemieden hätte, und sie reiste, wenn die Entfernungen nicht zu groß waren, mit der Eisenbahn und mit Bussen. Das war – für eine junge Frau – nicht immer allzu behaglich, doch Marion Dönhoff besaß, wie ein Freund aus jenen Tagen sagte, eine Aura der Souveränität, die sie beschützte – übrigens ohne jede Regung des Hochmuts, der Überlegenheit, der ostentativen Distanz. Im Gegenteil: Ihre gelassene Selbstsicherheit lud die Fremden, mit denen sie reiste, oft genug zu einem Vertrauen ein, das sich Journalisten aus dem – schon damals ebenso beneideten wie verhassten – Westen für gewöhnlich nicht öffnete.

Der eigentliche Luxus, den sie genoss, war die Zeit, die man ihr ließ. Bei jener ersten Exkursion in den Nahen und Mittleren Osten war sie, soweit sich das aus der Datierung ihrer Notizen, ihrer Briefe und Artikel errechnen lässt, an die drei Monate unterwegs. Sie füllte zur Vorbereitung ganze Kladden mit Grundinformationen über die Geschichte und die Struktur der Bevölkerung, hielt die wichtigsten Daten der Wirtschaft fest: gewissenhaft, fast wie eine Studentin, die sich auf ein Examen vorbereitet. Sie notierte manchmal Anmerkungen ihrer Gesprächspartner, deren Schlichtheit sich nicht so recht mit der Schärfe ihres analytischen Verstandes zu vertragen schien: «Die Araber sind Nomaden sind große Herren und lieben große Gesten sind Fatalisten gegenüber dem Unberechenbaren: der Wüste, Regen, Sonne und Sturm ... es ist Unsinn, daß der Islam unduldsam ist falsch daß er geistig unterlegen ist denken Sie an die großen Zeiten der Blüte des Arabertums längst vor kulturellen Entwicklung der chrstl. Länder es ist nicht richtig daß er nicht entwicklungsfähig ist denken Sie an Kemal» (Atatürk, den Gründervater der neuen, laizistischen Türkei) ...

Gottlob führte sie manchmal auch eine Art Tagebuch, in das sie

Beobachtungen von schöner Spontaneität und sensibler Aufmerksamkeit für die Farben, die Geräusche, die Gerüche einer Landschaft verzeichnete: oft in einer so lebhaften Sprache, dass sich der späte Leser wünschte, sie hätte der Ungebrochenheit jener Eindrücke des Öfteren Einlass in ihre gedruckten Berichte gewährt, in denen sie immer wieder ihren analytischen Talenten den Vortritt ließ. Zum guten Teil war dafür der Mangel an Platz verantwortlich: das chronische Leiden der «Zeit», das sich im siebenten Jahrzehnt der Existenz des Blattes gegenüber den Anfängen um keinen Deut gebessert hat, obwohl der Umfang der regulären Ausgaben ganz gewiss um das Zehnfache gewachsen ist – damit allerdings auch die Zahl der Redakteure, die – zu Lasten der «freien Mitarbeiter» – sich natürlich mit dem ersten Zugriff der knappen Druckspalten bemächtigen (gelegentlich sogar auf Kosten der reisenden Kollegen, die nicht das Glück haben, auf den Redaktionssitzungen, bei denen über die Platzvergabe entschieden wird, wortmächtig oder mit gespitzten Ellbogen ihren Anspruch verteidigen zu können).

Marion Dönhoffs Berichte wurden, das konnte nicht ausbleiben, auch in Bonn zur Kenntnis genommen, der provisorischen Hauptstadt, in der die junge Bundesrepublik unter der strengen Aufsicht des Alten Herrn, der am 15. September 1949 zum ersten Bundeskanzler gewählt worden war (mit der berühmten Mehrheit von einer Stimme, die seine eigene war), gemächlich ihre Form und ihre Substanz zu gewinnen anfing. Die Außenpolitik – die kaum den Namen verdiente, weil sie sich im Wesentlichen auf die Beziehung zu den Hohen Kommissaren der Besatzungsmächte beschränkte – wurde vom Regierungschef selber wahrgenommen. Erst im März 1951 stimmten die Alliierten der Etablierung eines Außenministeriums zu, das Konrad Adenauer mitverwaltete, nicht nur aus Gründen der Sparsamkeit, sondern weil er keinesfalls die Kontrolle über die ersten Regungen der Selbständigkeit verlieren wollte.

Eine Kernmannschaft der alten, in der Regel nicht allzu schwer belasteten Beamten aus der Berliner Wilhelmstraße begann, Kandidaten für den Dienst anzuwerben. Eine gewisse Modernität des neuen Apparates empfahl sich, um das stets wache Misstrauen der Amerikaner und Briten zu besänftigen, in deren Augen die alten «crews» der Wilhelmstraße ein Hort des reaktionären Preußentums waren. Folglich schauten sich die Hüter der (zweifelhaften) Berliner Tradition auch nach studierten, sprachenkundigen und unternehmenden Damen um, mit denen man im Ausland ein bisschen Staat machen konnte. So war es in der Tat fast unvermeidlich, dass die Blicke auch auf Marion Dönhoff fielen.

Die Gräfin machte etwas daher, doch zugleich hätte gerade sie keinen Verdacht einer «Refeudalisierung» des Dienstes aufkommen lassen: Ihr aristokratischer Titel wurde gewissermaßen durch den akademischen neutralisiert. In den tastenden Gesprächen, die mit ihr geführt wurden, gab sie zu erkennen, dass es sie reizen könnte, das Generalkonsulat in New Delhi oder in Bombay zu übernehmen (später war von der Botschaft die Rede): Sie würde eine Region kennenlernen, die bunt, voller Vitalität und, von der Kolonialherrschaft befreit, im Aufbruch in das große Abenteuer der Unabhängigkeit war. Außerdem hätte die Stationierung in Indien den Vorteil gehabt, weit genug von der Zentrale entfernt und damit der bürokratischen Bevormundung entzogen zu sein. Und Nehru, der den Weg in die Selbständigkeit bestimmte, war eine der attraktivsten Persönlichkeiten der Weltpolitik (was nicht nur Lady Mountbatten, die Frau des letzten britischen Vizekönigs, entdeckt hatte).

Indes, die Verhandlungen mit den Bonner Karriere-Verwaltern schleppten sich dahin. Bei ihrer ersten Reise in die Vereinigten Staaten begegnete Marion Dönhoff dem künftigen Botschafter Heinz Krekeler, der sie nur mäßig beeindruckte. Immerhin wurde erwogen, ob sie geneigt sein könnte, Chefin des German Information Office zu werden, das in New York angesiedelt werden sollte. Ihre Freundin Christa von Tippelskirch, die im Begriff war, ihr Geschick mit dem von Hamilton Fish Armstrong, Chefredakteur der ebenso einflussreichen wie ehrwürdigen Zeitschrift «Foreign Affairs» zu verbinden, riet ihr dringend ab: Nach der «Zeit» sei das eine «zu kleine Operationsbasis» für sie.

Dann und wann streifte das diplomatische Projekt auch später noch ihre (seltenen) Überlegungen, wie sie ihr Leben auf lange Frist ausrichten könnte, aber der ausgeprägte Wille zu einer unabhängigen Existenz machte ihr allemal die Entscheidung für den Journalismus nicht allzu schwer. Sie hätte sich an der Bonner Bürokratie rasch aufgerieben, und sie schätzte die Wirkungsmöglichkeit der Diplomatie in den Zeiten der permanenten Begegnungen von Regierungschefs und Außenministern realistisch genug als eher bescheiden ein (ausgenommen Persönlichkeiten vom Rang des Botschafters Berndt von Staden in Washington, ein enger Freund der späteren Jahre, und seiner Frau Wendy von Staden, geborener Neurath, die beide ihre intellektuellen und moralischen Energien niemals der Routine geopfert haben).

Der Aufbruch zur ersten Exkursion in die Vereinigten Staaten zum Jahresbeginn 1951 war so überraschend gekommen wie vier Jahre zuvor die Reise nach London: Sie musste sich binnen dreier Stunden entscheiden, ob sie einer Einladung des State Department (vermutlich im Rahmen seines Austauschprogramms «for young foreign leaders») folgen konnte – und schon sechsunddreißig Stunden später saß sie in der Maschine, damals eine «Super Constellation», die mit den notwendigen Zwischenlandungen zum Auftanken in Nordirland und Neufundland von Frankfurt bis New York achtzehn bis zwanzig Stunden unterwegs war.

Hamilton Fish Armstrong erwies sich als der ideale Vermittler von Gesprächen mit Persönlichkeiten, die ihr die Elemente der amerikanischen Planungen für Europa und vor allem für die Bundesrepublik deutlich machten. Wiederum war es ein unschätzbarer Gewinn für ihre Reputation zu Hause, dass sie von Hamilton Armstrong, der zu den einflussreichsten Mitgliedern des prominent besetzten «Council on Foreign Relations» eingeladen wurde, einen Artikel für seine Zeitschrift über die deutsche Lage zu schreiben (was einem

Ritterschlag im internationalen Journalismus gleichkam). Natürlich war es nützlich, dass sie früh schon eine Verbindung zu John J. McCloy gewonnen hatte, der seit 1949 die Vereinigten Staaten als Hoher Kommissar in der Bundesrepublik vertrat – ein Kontakt, den vermutlich der spätere Lebensfreund Shepard Stone geknüpft hatte, damals der engste Berater des Chefs der wichtigsten Besatzungsmacht, selber ein gelernter Journalist, der unermüdlich auf der Suche nach Talenten war, die der amerikanisch-deutschen Kooperation dienen konnten – ein «Menschenfischer» zeit seiner Tage. (Er war mit einer Schwester des Dramatikers und Dichters Walter Hasenclever verheiratet, der 1940, nach dem Zusammenbruch Frankreichs, im Internierungslager von Les Milles bei Marseille seinem Leben ein Ende gemacht hatte, weil er keinesfalls an die Gestapo ausgeliefert werden wollte.)

John J. McCloy – physisch robust, eher untersetzt, doch von einer erstaunlichen Beweglichkeit – war ein versatiler Geist, der in Wall Street genauso bedeutenden Einfluss wie in hohen Staatsämtern gewonnen hatte. Er wurde einer von Marion Dönhoffs Helden. In dem Porträtband «Menschen, die wissen, worum es geht» aus dem Jahre 1976 gab sie dem McCloy-Kapitel den Titel «Das Gewissen Amerikas». Sie bezog sich damit zu Recht auf die Forderung des damaligen Unterstaatssekretärs im Verteidigungsministerium, man möge den Japanern eine gründliche Warnung und die Forderung einer sofortigen Kapitulation zukommen lassen, ehe die Atombomben auf Hiroshima und Nagasaki abgeworfen würden. Der Vorschlag, der den Gesetzen der Humanität und der Vernunft entsprach, wurde im Kriegskabinett des Präsidenten Harry Truman abgelehnt.

Allerdings hat die Autorin nicht zur Kenntnis genommen, dass McCloy die Hauptverantwortung für die Internierung von mehr als einhunderttausend Bürgern japanischer Herkunft an der Westküste nach dem Beginn des pazifischen Krieges zukam, gleichviel ob die Betroffenen einen amerikanischen Pass oder nur den Status eines «resident» besaßen. Das war ein klarer Bruch der Verfassung, für den der damalige Generalstaatsanwalt von Kalifornien Earl Warren die Mitverantwortung trug (er war hernach – von Präsident Eisenhower ernannt – einer der liberalsten Vorsitzenden des Obersten Gerichtshofes der Vereinigten Staaten). Erst nach einem halben Jahrhundert wurde den Opfern des Unrechts – deren Eigentum (ohne Widerstand der Behörden) von den Nachbarn in der Regel so schamlos geplündert worden war wie in Deutschland das der deportierten Juden – eine eher dürftige Entschädigung zuteil, doch darüber hinaus, was mehr zählte, die Bestätigung des Kongresses, dass ihnen Unrecht widerfahren war.

Marion Dönhoff überging auch, merkwürdig genug, McCloys Mitwirkung an dem Beschluss, die Eisenbahnzufahrt nach Auschwitz und zu anderen Vernichtungslagern nicht zu bombardieren, das mit dem seltsamen Argument begründet wurde, zunächst gelte es, alle Anstrengungen auf die Zerstörung der deutschen Rüstungskapazität und der Truppentransporte zu konzentrieren. Beide Entscheidungen hat McCloy bis ans Ende seiner Tage verteidigt.

Ein liebenswürdiger Partner, der ihr in New York durch seine Beziehungen zu den großen Namen der Wirtschaft, der Banken, aber auch der Politik manche Wege bahnte, war Eric Warburg, Erbe einer der großen alten Familien Hamburgs, die sich in der Finanzwelt, aber auch in der Welt der Kunst und der Wissenschaft (vor allem durch den Onkel Aby Warburg) einen hochrespektierten Namen geschaffen hatte. Die Verbindung zu Eric Warburg ergab sich auf die natürlichste Weise: Er war ein Freund der Blumenfelds, bei denen sie immer noch wohnte. Freilich hatte sich die Adresse geändert: Die Klopstockstraße hieß nun Warburgstraße – eine Geste der Wiedergutmachung, die Hamburg weiß Gott diesen treuen und wohltätigen Bürgern schuldig war.

Filialen des Bankhauses florierten in London und New York. Eric Warburg, 1945 als amerikanischer Offizier nach Deutschland zurückgekehrt – er war der Erste, der den «Reichsmarschall» Hermann

Göring nach seiner Gefangennahme verhörte –, engagierte sich ohne Zögern, um den Menschen im ausgebluteten und hungernden Deutschland zu helfen, nicht nur den Überlebenden der Konzentrationslager, denen er den stilvollen und weiträumigen Besitz der Familie über dem Elbufer nördlich von Blankenese als Erholungsheim einräumte, das neubarocke Schloss aus wilhelminischer Zeit, aber auch das klassizistisch-helle Herrenhaus aus der Epoche der dänischen Herrschaft.

Marion Dönhoff aber verdankte die wichtigste Begegnung der ersten Amerika-Reise Ernst Kantorowicz, dem Freund aus Frankfurter und Berliner Tagen, der sie in Princeton, wo er einen angemessenen Platz im akademischen Leben Amerikas gefunden hatte, mit George Kennan zusammenführte: der Beginn einer Freundschaft, die schließlich ein halbes Jahrhundert umspannte. Kennan, der beste Kenner der Sowjetunion im auswärtigen Dienst der Vereinigten Staaten – und zweifellos auch einer der erfahrensten Deutschland-Experten –, war jener «Mr. X», der im Juli 1947 durch einen Artikel von historischem Gewicht in «Foreign Affairs» eine «Strategie der Eindämmung» gegenüber dem Expansionswillen Stalins empfohlen hatte (die ihre erste Wirkung in der Zähmung der kommunistisch geschürten Unruhen in Griechenland bewies). Kennan versah in jenen Tagen als Leiter des Planungsstabes im State Department unter Dean Acheson ein Schlüsselamt, das eigens für ihn geschaffen worden war. Er hatte bei seiner Strategie des «containment» freilich weniger den Aufbau eines militärischen Schutzgürtels im Auge, wie er durch das Atlantische Bündnis 1948 geschaffen wurde, sondern ein flexibles System der Abwehr durch wirtschaftliche und kulturelle Entwicklungsprogramme, die im Kalten Krieg ohne Zweifel einer militärischen Abstützung bedurften.

Da er sich missverstanden fühlte, kehrte Kennan dem aktiven politischen Dienst bald den Rücken; er fand im elitären «Institute of Advanced Studies» in Princeton jenen Freiraum des Denkens, ohne den er nicht existieren konnte. (Später kehrte er als Botschafter in die Sowjetunion zurück, doch wurde er, wegen seiner allzu offenen Anmerkungen über die Kontrolle der ausländischen Diplomaten, schon nach einem Jahr zur «persona non grata» erklärt und des Landes verwiesen: ein Ereignis von seltener Brüskheit in der Geschichte der Diplomatie.)

Für Marion Dönhoff war es nicht nur und nicht in erster Linie die intellektuelle Brillanz, die Kennan auszeichnete, sondern nach ihrer Formulierung seine «moralische Autorität», von der man sagen könnte, dass sie bei der preußischen Gräfin an verwandte calvinistisch geprägte Gewissenselemente appellierte. Vor dem Umschlag in einen manchmal allzu idealistischen, manchmal auch nörgelnden Moralismus waren die beiden Freunde freilich nicht immer geschützt.

Kennan hielt, man will es kaum mehr begreifen, die Atlantische Allianz und die Nato für einen Irrtum. Er glaubte auch nicht – der Wirklichkeit näher – an die Möglichkeit einer Vereinigung West- und Ostdeutschlands; wenn sie sich dennoch arrangieren ließe, setzte sie nach seiner Einsicht die Neutralisierung des Gesamtstaates voraus, und sie verlangte überdies die Einbindung in ein Vereintes Europa. Plädierte er damit auch für die Neutralität einer künftigen Europäischen Union? Die Rekonstruktion des russischen Imperiums durch Putin, die sich in den letzten Lebensjahren Kennans vollzog (der über hundert Jahre alt wurde), lässt es wohl kaum dahin kommen.

Doch unbeschadet der Zuordnung in den Bündnissystemen plädierte Kennan früh für eine Europäisierung Europas – siehe seine Projektion des Marshall-Planes, dessen eigentlicher Vater er war (Dean Acheson, der Staatssekretär, darf als der Geburtshelfer bezeichnet werden). Man hat es – an beiden Ufern des Atlantiks – zu rasch vergessen, dass die Ouvertüre der europäischen Einheit von Jean Monnet in Washington geschrieben und durch amerikanische Elite-Diplomaten vom Schlage Kennans gleichsam als Vorbedingung des Marshall-Planes mitgeprägt wurde. Monnet, der Repräsentant des freien Frankreichs, der den Nachschub für die Streitkräfte de Gaulles zu organisieren hatte, wurde in seiner Arbeit von einer Reihe enthusiastischer Intellektueller (aus Franklin D. Roosevelts «brain trust») unterstützt, der wichtigste unter ihnen George Ball, in den Kennedy-Jahren der eigentliche politische Kopf des State Department, ja der außenpolitische Vordenker des Weißen Hauses. Er war zeit seiner Tage ein entschiedener Anwalt des europäischen Einigungswerkes – und stolz auf seine Mitgliedschaft im Club der europäischen Föderalisten.

Marion Dönhoff erwies den Gründervätern Jean Monnet und Robert Schuman in ihren «Zeit»-Kommentaren aus dem Jahr 1950 ihre Reverenz. Sie hielt die gemeinsame Kontrolle der Montan-Industrien, wie sie der Schuman-Plan ins Werk setzte, für vernünftig, und sie rügte die Verweigerungshaltung des Oppositionsführers Kurt Schumacher, der sein links-nationalistisches Pathos etwas zu schmetternd gegen den ersten Schritt zu einer europäischen Gemeinschaft ins Feld führte.

Von einem genuinen Europa-Enthusiasmus mag man allerdings auch bei Marion Dönhoff nicht reden; es war eher ihr pragmatischer Verstand, der die Notwendigkeit des Zusammenschlusses der geschwächten Länder der «Alten Welt» klar genug erkannte. Sie billigte den Rang, den Konrad Adenauer der deutsch-französischen Versöhnung einräumte, und sie selber bemühte sich geduldig um das Verständnis des Nachbarn. Sie war sogar bemüht, wie sich aus einigen Aufzeichnungen erkennen lässt, ihre Französisch-Kenntnisse aufzupolieren.

Sie berichtete vom Prozess gegen die Mitglieder der SS-Division «Das Reich», die als Rache für einen Anschlag der Résistance das Dorf Oradour-sur-Glane im Limousin bis auf die Grundmauern zerstört, an die 200 Männer erschossen, 240 Frauen und mehr als 200 Kinder in die Kirche getrieben und in dem Gotteshaus verbrannt hatten. Sie beschönigte nichts an dem entsetzlichen Verbrechen (das freilich nur eine einzige Entsprechung zu abertausend ähnlichen

Vernichtungsaktionen in Russland, in der Ukraine und in Polen war). Am Schluss ihrer Berichte aber warb sie um Gnade für die jungen Elsässer, die zum Teil gegen ihren Willen zum Dienst in der SS gepresst worden waren – mit der seltsamen Begründung, das Verbrechen von Oradour gehe «über jedes mögliche Verstehen hinaus» und es entziehe «sich daher der Gerechtigkeit». Indes, sie kam mit der Bitte um Gnade dem Präsidenten Frankreichs nur zuvor, der kein Salz in die Wunden der Elsässer streuen wollte, die oft genug unter dem Eindruck litten, sie würden zwischen Frankreich und Deutschland aufgerieben – bis man endlich an beiden Ufern des Rheines zu begreifen begann, dass die Region als Brücke zwischen den beiden Kulturen einen besonders produktiven Beitrag zum Aufbau Europas leisten konnte. Man fragt sich freilich, ob es Sache einer deutschen Journalistin sein konnte, angesichts eines Massenmordes von solch unfassbarer Grausamkeit um Nachsicht zu bitten, gleichviel wie jung und welcher Herkunft die Verurteilten waren. Wenig später schrieb sie ohne Beschönigung auch über den Prozess gegen die Verantwortlichen für die Gräuel im elsässischen Konzentrationslager Struthof.

Trotz ihrer Aufmerksamkeit für Frankreich ließ sich nicht behaupten, dass sie in der «Zeit» das Erbe von Ernst Friedländers europäischem Engagement übernommen hätte. Die angelsächsische Welt war ihr am Ende näher als die französische. Und ihr guter Wille war nicht genug, das virulent deutsch-nationale und vor allem anti-französische Ressentiment des Chefredakteurs Tüngel zu korrigieren. Der «nationale Flügel» in der Redaktion hatte unterdessen durch Walter Petwaidic-Fredericia eine kräftige Verstärkung erhalten: ein Spross des habsburgischen Spätadels, durch seine k. u. k.-Herkunft gleichsam zum Antisemiten bestimmt, der – wie Ralf Dahrendorf in seiner Bucerius-Biographie berichtete – nicht davon lassen konnte, auch in der Redaktion mit Judenwitzen hausieren zu gehen. Im Dritten Reich hatte er in Parteiblättern – aber das wusste man damals nicht so genau, wollte es vielleicht auch nicht wissen – seinen braunen Lorbeer erschrieben.

Fredericia (der diesen Namen für seine «Zeit»-Artikel bevorzugte) konnte sich für gewöhnlich des Flankenschutzes durch Paul Bourdin sicher sein, der für kurze Monate dem Bundeskanzler als Pressesprecher gedient hatte. Allerdings stürzte er bald nach seinem Eintritt in die Redaktion das Blatt in einen Skandal, der für die Orientierung der jungen Republik in der Gemeinschaft des Westens nicht ungefährlich war. Gestützt auf die obskuren Behauptungen eines amerikanischen Journalisten redete Bourdin im März 1953 den Lesern ein, der französische Außenminister Bidault und sein britischer Kollege Anthony Eden hätten hinter dem Rücken der Vereinigten Staaten und der Bundesregierung, sehr wohl aber im Einverständnis mit den Sowjets, eine Verabredung getroffen, die besage, dass die Einbindung der Bundesrepublik in das Bündnissystem vor allem dem Ziel diene, eine Wiedervereinigung des Landes ein für alle Mal zu verhindern. Von Adenauer war im Bundestag sofort ein beinhartes Dementi zu hören, das für den christdemokratischen Abgeordneten Bucerius schmerzlich war – obschon sich der Verleger wirksam genug mit dem Hinweis auf die Unabhängigkeit der Redaktion zu rechtfertigen vermochte (die von ihm – anders als einst der Pressesprecher Bourdin vom Kanzler – keine Anweisungen entgegennehmen müsse). Stalins Tod warf einen gnädigen Schatten über die Affäre.

Der stramm nationale Kurs von Tüngel, Bourdin und Fredericia verlangte ein entschiedenes Nein zur deutschen Wiederbewaffnung, die nach dem Ausbruch des Korea-Krieges in den Hauptstädten des Westens, vor allem freilich in Bonn und mit zunehmender Heftigkeit in den deutschen Zeitungen diskutiert wurde. Die Haltung der Rechten beschrieb am präzisesten das Bonmot «Bubi» von Thaddens, des Vorsitzenden der neonazistischen «Deutschen Reichspartei», der den Alliierten entgegenhielt, man könne den Deutschen doch nicht «in einem Arbeitsgang das Fell über die Ohren und die Uniform anziehen». Tüngel nuancierte im Fortgang der Zeit seine Haltung. Marion Dönhoff aber fragte mit einer fast klirrenden Klarheit, ob wir bereit seien, «mit der Waffe in der Hand für unsere Freiheit zu kämpfen», ja oder nein. Ihre Entscheidung ergab sich schon aus dem Tonfall der Frage, und es ist nicht weiter erstaunlich, dass sie die Vorbilder für die Soldaten einer künftigen deutschen Streitmacht in der Galerie der preußischen Geschichte suchte. Durch die Vermittlung ihres deutsch-englischen Freundes Michael Thomas schickte sie den Grafen Schwerin, der kein nazistischer Militär war, als Berater des Kanzlers nach Bonn. Als die Opposition und die Presse die Aufgabe dieses brillanten Ex-Generals zur Kenntnis nahmen, blieb Konrad Adenauer nichts anderes, als das offizielle «Amt Blank» für Rüstungsfragen zu etablieren, benannt nach dem honorigen CDU-Abgeordneten vom (einst) linken Zentrumsflügel, der seiner heiklen Aufgabe mit einiger Mühe gerecht wurde.

Auf die überraschende Note Stalins vom März 1952 hatte Marion Dönhoff zunächst nicht anders als der Alte Herr im Bonner Palais Schaumburg reagiert: Sie sah in dem Angebot einer Wiedervereinigung auf der Basis freier Wahlen und einer Neutralisierung des gesamtdeutschen Staates zwischen Ost und West nichts anderes als den Versuch, die Eingliederung der Bundesrepublik in das Bündnissystem des Westens in letzter Minute zu unterlaufen. Später war ihr Urteil eher schwankend, und sie befand – wie die Mehrheit der Sozialdemokraten und mancher Anhänger der Freien Demokraten –, dass man das Angebot einer ernsten und kritischen Prüfung hätte unterziehen müssen. Allerdings zweifelte sie niemals ernstlich daran (was sich aus den Akten der Sowjetunion und vor allem der DDR ergab), dass die Seriosität der Vorschläge kaum eine Bestätigung gefunden hätte, wären die Sowjets und ihre deutschen Satrapen beim Wort genommen worden. Die Strategen in den Politbüros aber konnten wenigstens einen propagandistischen Erfolg verbuchen: Man redete im Westen immerhin für einige Monate nicht mehr über die Kollektivierung der Landwirtschaft, die Enteignung auch mittlerer und kleiner Betriebe, über die Härte der Arbeitsnormen und die chronische Mangelwirtschaft, die bewirkten, dass dem Staat der Arbeiter und Bauern Monat für Monat Zehntausende seiner Bürger über die grüne Grenze nach Westen oder über die – noch immer offenen – Demarkationslinien zwischen den Sektoren in Berlin entliefen.

Die bescheidene Liberalisierung nach Stalins Tod im März 1953 bescherte dem Regime keine Entlastung. Als im Juni 1953 eine neue Steigerung der Arbeitsnormen angekündigt wurde, explodierte die Stimmung: zunächst am 16. Juni unter den Bauarbeitern der Stalinallee – der Prachtstraße der DDR –, anderntags in fast allen Industriestädten, nachdem in der Nacht ein Aufruf zum Generalstreik von den Westberliner Radio-Stationen in leicht durchschaubarer Tarnung verbreitet worden war (übrigens gegen die ausdrückliche Weisung der Amerikaner, die an einer Verschärfung der Lage in Berlin nicht das geringste Interesse hatten). Marion Dönhoff aber war die Erste, die den Deutschen vorschlug, den 17. Juni 1953 künftig als den Nationalfeiertag der Deutschen zu begehen.

Darin wenigstens waren sich die Mitglieder der Redaktion einig. Indes, die wärmende Gemütlichkeit der Anfänge, als sich die Gründer des Blattes und die erste (vielleicht auch noch die zweite) Equipe wie Brüder und Schwestern oder doch wie Cousins und Cousinen einer Familie fühlten, die nicht nur das letzte Stück Brot und die letzten Zigaretten miteinander teilten: Sie wurde mehr und mehr zu einer blassen Erinnerung, der man sich in der Nacht vom Dienstag auf Mittwoch, nach dem Umbruch der neuen Ausgabe, beim Schnaps nostalgisch überließ.

In Wirklichkeit schienen sich die latenten Spannungen jeden Tag aufs Neue aufzuladen, seit sich Ernst Friedländer auf seine leise Art verabschiedet hatte (zuletzt hatten er und Tüngel kein Wort mehr miteinander gewechselt). Die Routine-Artikel wurden mehr und mehr nach draußen vergeben, was – alles in allem – eher eine Verstärkung der rechten Front bedeutete.

Christoph Dönhoff schrieb durchaus auch über politisch brisante Themen, freilich stets mit bemühter Mäßigung. Eine Pause ergab sich zwischen dem Herbst 1951 und dem Frühjahr 1953: Der Bruder übersiedelte mit seiner Familie nach Südafrika. Er hoffte, dass ihm der Kontinent, den er als seine zweite Heimat empfand, bessere Chancen einer beruflichen Entfaltung bieten würde als die beengte Bundesrepublik. Später übernahm er die Leitung einer südafrikanischen Ausgabe der «Zeit», die der amerikanischen Ausgabe entsprechen sollte (die wurde im kanadischen Toronto gedruckt). Das Blatt, das den Informationshunger zu stillen hatte und die Anflüge von Heimweh unter den vielen Afrika-Deutschen zu besänftigen versuchte, schien ein Erfolg zu werden. Freilich, als die Schwester Marion das Reglement der Apartheid aus eigener Anschauung als ein Regime des Unrechts und der Willkür beschrieb, dem keine Dauer beschieden sein werde, bestellten die deutschen «Zeit»-Abonnenten, die in der Mehrheit stockkonservativ und oft genug rassistisch dachten, den Bezug des Blattes nach telefonischer Verabredung mit einem Schlage ab: Dies war das Ende der Afrika-Ausgabe, und es kümmerte keine Seele, dass Christoph Dönhoffs Meinung keineswegs dem Urteil der Schwester entsprach. Toffy sah sich gezwungen, eine neue Existenz aufzubauen. Die Schwester half ihm, so gut sie es vermochte. Doch in ihrer Meinung ließ sie sich nicht beirren. Der geliebte Toffy kehrte Mitte der sechziger Jahre nach Deutschland zurück und fand in Schloss Schönstein nicht weit von Crottorf auf dem Hatzfeldt-Besitz eine Heimat. Sohn Andreas ließ sich auf den Spuren des Vaters in Kenia nieder.

Seit 1949 meldete sich aus Hannover mit einiger Regelmäßigkeit ein Mitarbeiter zu Wort, der sich in den Feldern der Außenpolitik halbwegs auskannte – so wurde er des Öfteren um einen Beitrag gebeten, wenn in der Redaktion Not am Mann, Not an der Frau war. Der stets willige Kollege hieß Ernst Krüger, ein Allerweltsname, der niemandem ein Begriff zu sein schien und mit dem niemand eine Geschichte, eine Vorgeschichte verband. In der Redaktion ließ er sich selten, vielleicht auch niemals blicken.

Wer hatte ihn zur Mitarbeit eingeladen? Christoph Dönhoff, der ihm vielleicht während seiner Dienstjahre in der Reichsleitung der Auslandsorganisation der NSDAP begegnet sein mochte? War es Petwaidic? Wer immer dem außenpolitischen Experten die Tür zur «Zeit» geöffnet hat: Ahnte er, dass der Autor realiter Erwin Ettel war, einst Gesandter des Dritten Reiches im Iran, auch im Dezember 1940, als Marion Dönhoff und ihre Schwester Yvonne Persien bereisten (und von der Gesandtschaft in Teheran vom Tod ihrer Mutter unterrichtet wurden)? Es gibt – davon wurde berichtet – keinen Anhaltspunkt, dass die Schwestern damals von Ettel empfangen wurden. Nach den Briefen der Dienstpost zu schließen, kannte Marion den einstigen Diplomaten nur als den Herrn Krüger, dessen Talente sie nicht besonders hoch einschätzte. Sie ahnte wohl nicht, dass Ettel – der vergebens einen Aufstand gegen die Briten im ölreichen Iran anzustiften versucht hatte – nach seiner Heimkehr (via Türkei) die «Betreuung» des Mufti von Jerusalem anvertraut wurde, der den Propaganda-Apparat des Dritten Reiches – vor allem den Rundfunk – nutzen durfte, um seine Hass-Reden gegen die Briten und die jüdischen Siedler nach Palästina zu senden.

Im Jahre 1956 findet die Mitarbeit Krüger-Ettels ein Ende. Die Gründe für seinen – freiwilligen? – Rückzug sind nicht mehr festzustellen. Vielleicht nahm er zur Kenntnis, dass ein Mann seines Schlages im Politischen Ressort einer liberalen Zeitung, das nun von Marion Dönhoff geführt wurde, nichts zu suchen hatte. Immerhin ging ein halbes Jahrhundert ins Land, bis ein tüchtiger junger Historiker – wie geschildert – den «Zeit»-Lesern ein Licht über die Identität des Herrn Krüger aufstecken konnte.

Man versteht es nur zu gut, dass Marion Dönhoff – der 1952 eine Mitverantwortung bei der Leitung des Ressorts zuerkannt wurde – es vorzog, die Chancen der Reportagereisen, die sich ihr boten, so oft und so ausführlich wie möglich in Anspruch zu nehmen. Im Jahre 1953 lernte sie Algerien, Tunesien und Marokko gründlich kennen. Kaum in Hamburg angekommen, machte sie sich zur Krönung der jungen Königin Elisabeth nach London auf den Weg – ein Ereignis, für das ein hübscher kleiner Zweispalter genügen musste (sie schrieb schließlich nicht für den «Stern»). Schon im Oktober eilte sie ein anderes Mal nach London – und im Januar brach sie zu der großen Asienreise auf, von der sie erst nach gut vier Monaten wieder zurückkehrte. Sie hat Indien mit einiger Gründlichkeit bereist – und es glückte ihr, Höhepunkt der Expedition, ein langes Gespräch mit Nehru, das sie mit dem strengen Vermerk nach Hamburg kabelte, dass an diesem Artikel «kein Wort geändert» werden dürfe. Josef Müller-Marein, inzwischen als «Chef vom Dienst» etabliert, der das chronische Chaos in der Redaktion mit handwerklicher Zuverlässigkeit zu ordnen versuchte, kabelte ihr prompt zurück: «Liebe Marion, wenn Du nicht brav bist, wird kein Wort geändert» – eine Anekdote, die inzwischen einen geradezu klassischen Rang gewonnen hat, nicht nur, weil sie den rheinischen (und fast schon französischen) Witz von «Jupp» Müller-Marein mit seltener Präzision sichtbar macht, sondern weil sie die Aufgabe des Redakteurs ebenso kurz wie humorvoll beschreibt. Und natürlich brauchte Marion einen sorgsamen Redakteur. Sie konnte, wenn sie Muße genug hatte, die Sprache leuchten lassen (was nicht zu oft geschah), doch in der Regel behandelte sie die Worte und das Wort als Material für die Analyse einer Situation (oder eines Menschen), die ihr in der Regel wichtiger war als die Beschreibung. Also erlaubte sie sich – nicht nur bei der Interpunktion – Nachlässigkeiten, die ein Sprachkünstler vom Rang eines Müller-Marein in der Regel mit ein paar lockeren Anmerkungen korrigierte.

Sie reiste nach Sri Lanka, das damals noch Ceylon hieß, beobachtete den jungen Bandaranayake, der eben erst aus England heimgekehrt war und einige Mühe hatte, Singhalesisch, die Sprache der buddhistischen Mehrheit, zu lernen – und dennoch ohne Fackeln einen Kultur- und Religionskrieg mit der hinduistischen Minderheit vom Zaun brach: der Anfang des Bürgerkrieges, der das Land seit fast einem halben Jahrhundert nicht mehr zur Ruhe kommen lässt. Sie lernte die Hauptinseln von Indonesien kennen, reiste weiter nach Hongkong, flog von dort aus nach Vietnam. Sie erlebte Hanoi noch als die Hauptstadt des französischen Indochina, drei Monate vor dem Abschluss der Genfer Verträge, mit denen der Ministerpräsident Mendès-France die Kolonialgeschichte seines Landes in Asien beendete. Sie schaute sich in Saigon um, der Metropole der Südrepublik Vietnam, das sich dem Einfluss der Vereinigten Staaten zu beugen begann. Via Hongkong gelangte sie nach Bangkok, und sie gehörte zu der Handvoll westlicher Journalisten, denen ein Interview mit dem jungen König Bhumibol und seiner schönen Königin Sirikit gewährt wurde (wobei ihr der gräfliche Titel geholfen haben mag). Noch einmal New Delhi, danach noch ein knapper Aufenthalt in Karatchi, der Hauptstadt des islamischen Separat-Staates, der gegründet wurde, als die innere Einheit des Subkontinents (die im Wesentlichen eine britische Konstruktion war) nach entsetzlichen Schlächtereien im Krieg der Konfessionen preisgegeben werden musste. Ende Juni 1954 langte sie wieder in Hamburg an.

Sie fand keine freundlichen Verhältnisse vor. Tüngel hatte sich, in seiner trotzigen Verblendung, entschlossen im national-konservativen Lager verschanzt. Er verpflichtete, ohne zu fackeln, Paul Karl Schmidt, einst Chef der Presseabteilung in Ribbentrops Auswärtigem Amt, als Mitarbeiter, der längst schon wieder – unter den Pseudonymen Paul Carell oder P. C. Holm – für alle möglichen Publikationen schrieb. Freilich hatte sich Schmidt, der über ein geradezu unverschämtes Selbstbewusstsein verfügte, den gewandelten Verhältnissen mit Bravour angepasst. Ausgerechnet ihm vertrauten die Amerikaner – durch die Vermittlung eines christdemokratischen Verlegers in Hamburg – die Werbung für den Marshall-Plan an. Der Propaganda-Experte erledigte seine Aufgabe mit Bravour. «Die Vereinigten Staaten von Europa», schrieb er, «die Organisation des friedlichen und familiären Zusammenlebens der europäischen Völker in einem von Grenzen freien Raum, sind notwendig, vernünftig und möglich. Die Geschichte fordert es. Die Vernunft gebietet es. Die Völker wollen es.»

Mit einem Gran Zynismus ließe sich sagen, dass es besser war, ein Talent vom Schlage Schmidts in den Dienst einer guten Sache zu stellen, statt ihn in einen Winkel zu verbannen, in dem er von Ressentiments zerfressen würde – und nichts ist, das hat man aus der Republik von Weimar gelernt, ansteckender als das Ressentiment. Umso erfreulicher, könnte man ironisch bemerken, wenn sich die überlebenden Profiteure des untergegangenen Regimes in den Dienst der Demokratie stellen ließen und wenn die Nationalisten von gestern nun das Hohe Lied Europas sangen, kurz, wenn sie gut genug im Futter gehalten wurden, um gegen die Gefahr eines Rückfalls fürs Erste geschützt zu sein. Mit seiner Umarmungstaktik gelang es Konrad Adenauer in der Tat, die konservativ-nationalen Parteien, Gruppen und Kreise, die ein Kessel der Ressentiments hätten sein können, zu zähmen und schließlich zum guten Teil durch den Integrationsprozess in der Christlich-Demokratischen Union auszulöschen. Jede Kritik an der Fragwürdigkeit seines Hauptgehilfen Hans Globke, des Kommentators der schandbaren Nürnberger Gesetze von 1935, wies er oft genug mit der knappen Bemerkung zurück, dass es niemanden gebe, der mit gleichem Sachverstand und vor allem dem gleichen aufrichtigen Willen zur Buße die Wiedergutmachungsabkommen mit Israel und mit den jüdischen Organisationen auszuarbeiten vermochte (eine Einsicht, die der jüdische Chefunterhändler Nahum Goldmann ohne Zögern bestätigte).

Vielleicht hätte Marion Dönhoff den Autor Schmidt-Carell noch hingenommen. Doch mit wachsendem Unbehagen beobachtete sie, dass sich Tüngel durch Fredericia mehr und mehr in den Kreis um den Staatsrechtler Carl Schmitt ziehen ließ, der einst dem «Führerstaat» die juristische Theorie geliefert hatte, mit der er eine zweifelhafte Legitimität nach außen und nach innen begründen konnte; vor allem hatte er die erste große Mordaktion des Regimes beim sogenannten «Röhmputsch» als «rechtens» verteidigt und dem «Führer» die unbegrenzte Macht eines «Obersten Gerichtsherrn der Nation» zugesprochen, mit der sich jedes Verbrechen rechtfertigen ließ.

Marion Dönhoff sagte Tüngel klipp und klar, sie werde ihren Schreibtisch räumen, wenn Carl Schmitt als Autor in der «Zeit» auftrete. Tüngel schien dies für eine leere Drohung der mitunter so strengen Dame zu halten. Bei einem kurzen Urlaub in Irland entdeckte Marion Dönhoff einen Artikel, den Carl Schmitt mit Namen gezeichnet hatte. Nach Hamburg zurückgekehrt, trug sie in der Staatsbibliothek eine Handvoll beklemmend peinlicher Zitate aus den alten Arbeiten des windig-brillanten Gelehrten zusammen. Sie konfrontierte Tüngel mit Schmitts Ablehnung der bürgerlich-parlamentarischen Demokratie, die der «arteigenen Einheit des Volkes» widerspreche, ja mit der Behauptung, dass die Parteien und der Parlamentarismus «rechtswidrig» seien, weil sie die «Einheit der substanzhaften Werte» des Volkes aufspalte. Tüngel zeigte sich unbeeindruckt. Prompt räumte Marion Dönhoff ihren Schreibtisch.

In der Begründung ihres Rückzugs berief sie sich – wie so oft an entscheidenden Wegmarken – auf das Erbe des Widerstandes und des 20. Juli. Als im Jahr zuvor Otto John, der Präsident des Verfassungsschutzes der Bundesrepublik, nach Ostberlin entlaufen – oder verschleppt worden – war, spuckte sie Gift und Galle, als sich der angebliche oder wirkliche Deserteur öffentlich auf den Widerstand berief. In einem Brief an Salin behauptete sie etwas zu flott, dass John «ein haltloser, labiler Mensch sei» – kein «Wanderer zwischen zwei Welten, über die man poetische, psychoanalytische Artikel schreibt – das ist Ungeziefer, das man abschüttelt. Niemand kommt es härter an», fügte sie hinzu, «als mich wegen diesem Abenteurer den Freundeskreis in der *common opinion* scheinbar befleckt zu sehen.»

In ihrer Erregung hatte sie nicht bemerkt, dass sie selber («Ungeziefer») in die Sprache der Todfeinde von gestern zurückgefallen war.

Die Reizbarkeit war verständlich. In der geliebten «Zeit» verschärfte sich die redaktionelle Krise, als Tüngel dem Chef vom Dienst Josef Müller-Marein kurzerhand den Stuhl vor die Tür stellte. Es gab damals wahrhaftig Anlass, an der Existenzfähigkeit der «Zeit» zu zweifeln. Dem redaktionellen Notstand entsprach die zänkische und, wie es schien, kaum mehr heilbare Zerstrittenheit der Herausgeber und Eigentümer des Blattes, das keinen Pfifferling mehr wert gewesen wäre, hätte sich Bucerius nicht mit eisernem Willen, eindrucksvollem Mut und einer erstaunlichen Verschlagenheit in den Kopf gesetzt, die Zeitung – die er mehr und mehr als die seine betrachtete – gegen Tod und Teufel zu retten. Die miserablen Zahlen aus dem Verkauf und dem Anzeigengeschäft besagten deutlich, dass die «Zeit» in Wahrheit pleite war, und tatsächlich konnten Anfang der fünfziger Jahre die Gehälter der Redaktion manchmal nur noch in Raten ausbezahlt werden. Doch immer wieder gelang es Bucerius auf geradezu mirakulöse Weise, Kredite aufzutreiben.

Ralf Dahrendorf berichtet in seiner Bucerius-Biographie (die in einem eher trocken-sachlichen Ton gehalten ist) mit dramatischem Elan von jener kritischen Nacht im Frühjahr 1951, in der es Gerd Bucerius und seiner Frau Ebelin wider alle Wahrscheinlichkeit gelungen war, zweihunderttausend Mark zu mobilisieren.

Mit diesem Trumpf erzwang Bucerius – wie berichtet – eine neue Aufteilung des Stammkapitals unter den Gesellschaftern – und er sicherte sich damit ein für alle Mal die Mehrheit. In den folgenden Monaten trickste er – nicht mit den feinsten Mittel, allerdings auch nicht dem feinsten Geist der deutschen Publizistik – nämlich dem «Stern»-Chef Henri Nannen (vielmehr Frau Nannen) die 37,5 Prozent seiner Anteile an dem Verlag ab, der seinen Namen trug (auch davon war die Rede). Zu Jahresende 1951 besaß Bucerius 87,5 Prozent des «Nannen»-Verlages. (Den Rest hielt der Drucker Richard Gruner.) Wo er die Kaufsumme auftrieb, das weiß der Teufel. Freilich ist gewiss, dass er die beiden Häuser, die er und seine Frau in Hamburg besaßen, kurz entschlossen verkauft hatte.

Der Einsatz hat sich gelohnt. Die Auflage des «Sterns» stieg von Ausgabe zu Ausgabe – längst warf das Blatt dicke Gewinne ab (mehr als die «Zeit» an Zuschüssen brauchte). Auch der Verkauf der «Zeit» begann sich langsam zu konsolidieren – obschon das Blatt bis 1972 ein Verlustgeschäft blieb. Später hielt Bucerius der Redaktion gern vor, dass er zwanzig Millionen Mark seines Vermögens für die «Zeit» geopfert habe. Vielleicht wäre es korrekter und der Wirklichkeit näher, wenn festgestellt würde, dass Bucerius dem «Stern», seiner ungeliebten Milchkuh, im Gang der Jahrzehnte zwanzig Millionen (oder wie viel auch immer) abgemolken hat, um sein Lieblingsgeschöpf «Die Zeit» am Leben zu erhalten.

Dem Freund Salin meldete Marion Dönhoff ihren Rücktritt in knappen Worten, und sie fügte hinzu: «Ich bin für ein paar Tage bei meinen Freunden Metternich» im westfälischen Vinsebeck, «um nach Altvätersitte ein wenig zu jagen und zu reiten und den Graus der Welt und der ‹Zeit› zu vergessen.» Also entschloss sie sich – in der Krise – denn doch noch einmal, zur Jagdflinte zu greifen und sich auf einen Pferderücken zu setzen (was sie seit der Flucht vermieden hatte)? (Lebte «Alarich» noch, das brave Fluchtpferd, das bei den Metternichs sein Gnadenbrot verzehren durfte?)

Carl Jacob Burckhardt, mit dem sie sich seit dem Ende der vierziger Jahre duzte und den sie einmal, vielleicht im Rückblick auf ein innigeres Zusammensein, auf sehr norddeutsche Art «Mein Wönning» anredete, dieser gelehrte Diplomat und welterfahrene Literat war im Gang der Jahre denn doch ihr eigentlicher Vertrauter geworden, mit dem sie in ihren Briefen nicht nur Nachrichten aus dem täglichen Leben, sondern Gedanken, Pläne, Erlebnisse austauschte. Ihm berichtete sie wenig später von einer Begegnung mit Theodor Heuss, der das Bedürfnis empfand, sich aus erster Hand über die Krise der «Zeit» zu informieren. «Er war reizend», erzählte sie, «ganz unpräsidial und doch von einer sehr spürbaren Würde, einer Art demokratischer Souveränität, die man in meiner Heimat nicht kannte, wo doch das Institutionelle eine so große Rolle spielte ...» Immerhin eine bemerkenswerte Reverenz der Preußin an den schwäbischen Republikanismus. Er wolle sich nicht einmischen, gab der Präsident zu verstehen, aber er versuche, sich ins Bild zu setzen, was die Funktion eines Blattes wie «Die Zeit» heutzutage sei. Dann zeigte ihr Theodor Heuss wohl einen Brief an Tüngel, in dem er sich «ganz klar und eindeutig von Carl Schmitt distanzierte, der auf keinen Fall in die ‹Zeit› gehöre». Ihr Abgang und Müller-Mareins Aussperrung schlugen Wellen – nicht nur in Bonn. Friedrich Sieburg, der dann und wann auch die «Zeit» mit seiner glänzenden Feder beehrte, schrieb in einem Brief an Bucerius besorgt, er sei soeben aus Düsseldorf und Frankfurt zurückgekehrt, und er habe dort, sowohl in Kreisen der Wirtschaft wie des Verlagswesens, sehr harte Urteile über die brüske Ausschaltung Marion Dönhoffs und Müller-Mareins gehört, Meinungen, «die Ihnen auch vom geschäftlichen Standpunkt nicht gleichgültig sein können».

Marion Dönhoff war, als sie ihr Briefchen aus Bonn an Burckhardt schickte, schon auf dem Weg nach London (via Paris), wo sie sich – ihre Börse war auf eine Art Wartegeld von 600 Mark reduziert – in einer Studentenbude einmietete, gottlob bei einer Emigrantin, wie sie Burckhardt schrieb, was sie nicht aus patriotischer Empfindung sage, sondern weil das Zimmer wenigstens sauber sei. Die Heizung musste mit Shilling-Münzen gefüttert werden, die Marion Dönhoff natürlich nie zur Hand hatte, und darum fror sie oft wie ein Schneiderlein im klammen Londoner Winter. Umso mehr genoss sie die Gespräche in der Redaktion des «Observers», in der ihr David Astor ein Asyl angeboten hatte. Allerdings zahlte er ihr auch nicht mehr als das übliche Taschengeld für Hospitanten: drei Pfund in der Woche (sie wollte es nicht anders, dessen darf man gewiss sein). Ohne die Hamburger Subvention und dieses und jenes Honorar hätte sie höchst karg gelebt, obwohl man sich zum anderen darauf verlassen kann, dass sie am Abend in der Regel ausgeführt wurde, vermutlich nur selten von David Astor, der durch seine junge (zweite) Ehe okkupiert gewesen sein dürfte. Sie beobachtete ihn genau genug bei der sanft-energischen Führung der Redaktion, die ein Stall von eigenwilligen Intellektuellen war, wie es nicht anders sein konnte. Natürlich stand die «Zeit» nicht unter dem gleichen Aktualitätsdruck wie das Londoner Sonntagsblatt, das auch den Nachrichtenhunger seiner Käufer füttern musste. Doch manches war vergleichbar, und es darf ohne Übertreibung festgestellt werden, dass Marion Dönhoff als Gastredakteurin beim «Observer» den letzten Schliff empfing, den sie hernach für die Führung der «Zeit» brauchte.

Zunächst stand freilich dahin, ob sie in ihre journalistische Heimat zurückkehren würde. Im Frühjahr 1955 bereiste sie drei Monate lang im Auftrag der «Welt» die Vereinigten Staaten. Ihre Eindrücke schilderte sie in fünf großen Reportagen, die jeweils eine ganze Seite in der Zeitung besetzten. Es ist in jedem der Berichte zu spüren, dass sie das große, ferne Land liebte. Trotz eines lebhaften Gesprächs mit Adlai Stevenson, dem (intellektuell geprägten) demokratischen Präsidentschaftskandidaten, der von dem väterlich-weisen General Eisenhower aus dem Feld geschlagen worden war, blieb ihr der Mittlere Westen und damit das Herzland Amerikas eher fremd. Mit merkwürdigem Erstaunen registrierte sie, dass Mr. Smith im Grocery Store vor erfolgreichen Managern größeren Respekt empfand als vor den Dichtern. Verhielt sich das in Europa so viel anders? Zum andern entging ihr nicht, dass die Produktion von Schallplatten mit klassischer Musik jene in Deutschland nicht unbeträchtlich übertraf, damals schon, und sie berichtete voller Bewunderung, dass die zwölf großen Symphonie-Orchester (und mehr als hundert kleinere Ensembles dazu) ausschließlich aus privaten Spenden finanziert wurden. Sie konnte und wollte nicht verbergen, dass sie die Plantagenhäuser des Südens auf fast heimatliche Weise vertraut fand. Aufmerksam notierte sie die Fortschritte (und die vielen ungelösten Probleme) in der «Negerfrage». Neger? Nicht «Schwarze»? Nicht Afro-Amerikaner, wie es heute korrekt heißen müsste? Der Begriff «Neger», wir nehmen es mit einiger Verblüffung wahr, galt vor einem halben Jahrhundert noch als völlig unanstößig.

Das Impressum der «Zeit» hatte bei Marion Dönhoff einige Wochen lang ein «verreist» hinter ihren Namen gesetzt, der dann freilich ganz verschwand. Müller-Marein, der mit dem Abdruck eines Artikels von Peter von Zahn aus Washington über den Demagogen Senator McCarthy den Zorn Tüngels herausgefordert hatte, wurde als «beurlaubt» vermerkt. Bucerius verlangte von Tüngel, die Chefredaktion niederzulegen. Der Geschäftsführer Wilhelm Güssefeld, ein integrer Bankier, der sich lieber in den Ruhestand zurückgezogen hätte, stellte voller Schrecken fest, dass die Auflage auf 44 000 Exemplare gesunken war. Zunächst erteilte der neue Verlagschef den Gesellschaftern ein Hausverbot. Dann setzte er Tüngel als Chefredakteur ab, der zusammen mit Rudolf Augstein – eine etwas absurde Partnerschaft – einen Versuch unternommen hatte, Bucerius denn doch noch auszubooten. Der schlaue Mehrheitseigner nutzte das Interregnum – zweifellos in Abstimmung mit Güssefeld –, um Marion Dönhoff als Chefin der Politik und Müller-Marein als Chef vom Dienst zurückzuholen. Erst im März 1957 endeten die Prozesse in einem Schiedsspruch, der Bucerius – da er sein Hab und Gut für die Zeitung aufs Spiel gesetzt hatte – die Kontrolle über das Blatt zuerkannte. Tüngel und Schmidt di Simoni wurden mit je einer Million Mark abgefunden. (Bis 1960 verdoppelte sich die Auflage der «Zeit» immerhin auf 88 000, während der «Stern» die Millionenmarke längst übersprungen hatte und 1,3 Millionen verkaufte Exemplare registrierte.)

Fast unverständlich: Bucerius versuchte 1960 seinerseits eine Kooperation mit Rudolf Augstein, der in die «Zeit» vernarrt zu sein schien – er war gerade mit dem Projekt der «Deutschen Allgemeinen Zeitung» gescheitert. Er strebte nach Einfluss in einem Blatt, das ein anderes Renommee genoss als sein «Spiegel», bei dem er freilich – so sahen es die Verträge vor – das letzte Wort haben sollte, während Bucerius Herr im Hause der «Zeit» bleiben würde. Zusammen mit dem «Stern» hätte sich hier eine beträchtliche Medienmacht zusammengeballt. Doch «Buc», der sich auf dem Krankenbett langweilte, übte heftige Kritik am «Spiegel», der ihm – unter anderem – zu Adenauer-feindlich war, obwohl er selber – als Berlin-Beauftragter der Bundesregierung und als passionierter Anhänger des Wundermannes Erhard – mit dem Alten Schwierigkeiten genug hatte. Bucerius und Augstein verbissen sich in eine immer heftigere interne Polemik, und sie entschlossen sich – was zweifellos klug war –, das Experiment abzubrechen.

Doch so einfach ließ sich die Trennung nicht an. Die Partner zogen vor Gericht, einigten sich aber schließlich auf einen außergerichtlichen Vergleich, der Augstein drei Viertel der «Spiegel»-Anteile sicherte, während der Drucker Gruner 25 Prozent hielt (die später auf «Gruner + Jahr» übergingen). Bucerius zögerte nicht, dem «Stern» am Ende des Streites laut Dahrendorf mehr als die Hälfte der «Veräußerungsverluste» von 1,5 Millionen DM aufzubürden. Nach anderen Schätzungen kostete das Abenteuer Augstein wenigstens eine Million.

· Kapitel 21 ·

«Die Zeit» wird die ihre – der Machtwechsel

Die Ereignisse ließen Marion Dönhoff keine Atempause, um sich ruhig und gründlich mit den Aufgaben der Leiterin des Politischen Ressorts vertraut zu machen, für das sie ja schon zuvor partiell verantwortlich war. Immerhin hatte sie ein knappes Jahrzehnt Erfahrungen im Gewerbe gesammelt, hatte einige hundert Artikel geschrieben, lange, manchmal entbehrungsreiche und strapaziöse Reportagereisen hinter sich gebracht. An natürlicher Autorität mangelte es ihr nicht: Sie hatte in ihrer agrarischen Vita vor 1945 größere Betriebe geführt, die mehr Personal und auch ein stärkeres wirtschaftliches Gewicht aufwiesen. Die «Zeit»-Fama überliefert keinen Hinweis auf einen Konflikt mit einem Macho-Redakteur, dem es schwer wurde, sich den Weisungen einer Frau unterzuordnen, der gebockt, protestiert, rebelliert hätte. Und immerhin hatte sie, was die Jahre anging, die Mitte des Lebens erreicht.

Überdies wurde ihre Stellung nicht nur durch den Verleger gestützt, der gar keine andere Wahl bei der Besetzung des wichtigsten Ressorts im Blatt erwogen hatte, sondern auch durch den alt-neuen Chef vom Dienst Jupp Müller-Marein, der in Wahrheit als Chefredakteur amtierte: Nur musste er auf den Titel verzichten, solange der schwelende Rechtsstreit zwischen Bucerius, Tüngel und Schmidt di Simoni nicht entschieden war – ein Verfahren, das sich bis ins Frühjahr 1957 fortschleppte. Die Prozesskosten für Tüngel scheint Rudolf Augstein übernommen zu haben, der seit dem Umzug aus Hannover seinen «Spiegel» im Pressehaus am Speersort redigierte, in der sechsten Etage, die man damals nicht durch einen elektrischen Aufzug, sondern über die endlosen Treppen oder den Paternoster erreichte, der von seinen Benutzern eine gewisse Trittsicherheit und ein Quäntchen Entschlusskraft beim Auf- und beim Absprung verlangte. Darunter hauste der «Stern» und – partiell auf dem gleichen Flur – «Die Zeit», die man als das Traditionsblatt im Hause betrachten durfte.

Der Umgang zwischen dem brillanten rheinischen Handwerker Müller-Marein und der Politikchefin war in der Regel entspannt. Seit geraumer Zeit verband sie eine offizielle Verwandtschaft: «das Jüppsche», wie er in Köln genannt wurde, hatte Schwester Yvonnes Tochter Alexandra geheiratet. Der Chefredakteur war damit Marion Dönhoffs angeheirateter Neffe, unbeschadet der kleinen Merkwürdigkeit, dass er der Frau Tante im Alter einige Jährchen voraus war. Er machte ihr, dank seiner klugen Bescheidung, seiner nuancierenden Sensibilität, seiner handwerklichen Sicherheit und vor allem dank seines entspannten Humors die Zusammenarbeit nicht schwer, obwohl er auch bei ihr in der Ausübung des Handwerks strenge Maßstäbe anlegte und ihr keineswegs alle stilistischen Nachlässigkeiten durchgehen ließ. Freilich war seine Kritik stets von seinem versöhnlichen Witz und seinem nie versagenden Sinn für Komik gemildert. Außerdem war er taktvoll genug, sie niemals spüren zu lassen, dass er viel öfter mit dem Verleger Bucerius zusammenhockte, als es der Politikchefin und den anderen Ressortleitern genehm sein konnte.

Marion Dönhoff wiederum schätzte, ja sie bewunderte den Weggenossen, und sie mochte ihn wohl auch ganz gut leiden. Sie amüsierte sich an seinem Talent zur Komik, das sich in den beiden Satiren «Der Entenprozess» und dem selbstironischen Erfahrungsbericht «Wer einmal hinter Gittern saß» (Grund: Alkohol am Steuer) sofort ein enthusiastisches Publikum eroberte. Dennoch glaubt man in den wenigen Zeugnissen ihres Umgangs mit ihm einen leisen Vorbehalt, ja den Hauch einer Fremdheit zu spüren. Das Rheinland, obschon eineinhalb Jahrhunderte unter der Herrschaft der Hohenzollern, war in Wirklichkeit niemals preußisch geworden. Der Kölner Karneval demonstrierte in seinen Festzügen und Prunksitzungen von jeher das Bedürfnis, sich über Preußens Militärkult und über sein (angeblich) so tugendsames Beamtencorps lustig zu machen. Überdies liebte Müller-Marein Frankreich, in dem er später seine Altersheimat gesucht hat, und er war ein passionierter Europäer.

In den Redaktionssitzungen der Politik, bei denen er hereinschaute, vermittelte er stets mit leichter Hand die Mahnung, sich nicht allzu wichtig zu nehmen. Gern lockerte er den feierlichen Ernst der Diskussionen auf, und er sorgte immer wieder für das humanisierende Lachen, das es brauchte, wenn die Meinungen gar zu heftig aufeinanderprallten. Marion Dönhoff – obwohl auch sie mit Witz begabt und zum Lachen aufgelegt war – schien zum anderen an der seltsamen «gravitas», die bei den Politik-Konferenzen zu spüren war, nicht ganz unschuldig zu sein. Sie schrieb den Begriff «Verantwortung» im Journalismus groß, und ihre eigenen Artikel zeugten nicht immer nur von der Pflicht, Politik zu interpretieren, sondern oft genug von ihrem Willen, politische Meinung zu formen, ja manchmal auch von ihrem Ehrgeiz, selber wenigstens mittelbar Politik zu machen. Es konnte belustigend sein, die gescheiten Damen (leider immer in der Minderzahl) und die oft noch recht jungen Herren Redakteure dabei zu beobachten, wie sie – ohne es selber zu merken – Bundesregierung spielten und manchmal auch Weltsicherheitsrat, gelegentlich sogar beides zusammen.

Der blitzhelle Schwabe Theo Sommer, der Marion Dönhoff später in der Leitung des Politischen Ressorts ablöste, nachdem sie die Chefredaktion von Müller-Marein übernommen hatte, sorgte dank seines vorwiegend heiteren Gemütes für eine Lockerung des Stiles, der sich freilich mit dem Einzug von Robert Leicht ins Amt des Politik-Chefs ein anderes Mal wandelte: Die Redaktion wurde zum Oberseminar, dessen Mitglieder dem universell beschlagenen Hauptdozenten mit aufrichtiger oder doch gutgespielter Ergebenheit lauschten. In welcher Ägide auch immer: Für den Gast gab es niemals einen Zweifel, dass er hier der Elite des liberalen Geistes in der deutschen Publizistik begegne, bei der manchmal der konservativ-liberale, im Fortgang der Jahrzehnte immer mehr der links-liberale Akzent dominierte. Das Elitebewusstsein und das dazugehörende Selbstwertgefühl schienen von den sporadischen Krisen und den Führungswechseln niemals erschüttert zu werden. Man könnte sogar die Behauptung wagen, dass beides das Blatt zusammenhielt – jenseits der chronischen Spannungen (ob ideologisch oder in Karrieremotiven begründet), jenseits der lebhaften Lust an der Intrige (die in der «Zeit» nicht weniger ausgeprägt war als anderswo im ordinären Journalismus, vielleicht sogar dank der berüchtigten «Vornehmheit» noch ein wenig härter), jenseits des permanenten Kampfes um Platz in der Zeitung und um die innere Rangordnung.

Es gibt keinen Zweifel, dass «die Gräfin» – wie sie sich stets anreden ließ, von einigen engvertrauten Weggefährten abgesehen, bei denen sie das hamburgische Sie nebst Vornamen zuließ oder mit denen sie sich gar duzte – das hochentwickelte Selbstgefühl der Redaktion mehr als jede andere Persönlichkeit des Hauses geprägt hat. Die Bürger-Aristokratin schuf, auch was dies anging, ihren eigenen, nirgendwo und niemals imitierten Stil (es sei denn, man riskierte einen Blick hinüber auf das Bundespräsidialamt in der Epoche ihres engen Freundes, des Bürger-Aristokraten Richard von Weizsäcker).

Der erste große Auftrag, der Marion Dönhoff als Politikchefin zuteilwurde, gab prompt den Anlass zu einer leidenschaftlichen Kontroverse: Sie begleitete Konrad Adenauer bei seinem ersten Besuch in Moskau im Herbst 1955, zu dem die Kreml-Führung (unter Chruschtschow und Bulganin) den Kanzler eingeladen hatte, um die Aufnahme diplomatischer Beziehungen zu erzwingen. Nun, da die Bundesrepublik Mitglied des westlichen Bündnissystems geworden war, gab es für die Herrscher des Sowjetimperiums keinen Anlass mehr, über die Wiedervereinigung Deutschlands auch nur nachzudenken – aber das, was sie eine «Normalisierung der Beziehungen» nannten, war ihnen wichtig genug, denn der junge westdeutsche Staat begann, ein Faktor in der internationalen Politik zu sein – nicht nur dank seiner rapid wachsenden Wirtschaftsmacht, sondern auch dank des militärischen Potenzials, das ein Kernelement der NATO zu werden versprach.

Es fehlte nicht an ernsten und kompetenten Stimmen, die Konrad Adenauer vor der Reise warnten. In den Westverträgen hatte sich die Bundesregierung ausdrücklich die Rechtsnachfolge des untergegangenen Deutschen Reiches und den Anspruch der Deutschen auf die staatliche Einheit bestätigen lassen. Das aber hieß: Sie verweigerte dem anderen, dem «real sozialistischen» deutschen Staat die Anerkennung seiner Legitimität. Wurde das Prinzip der «Alleinvertretung» nicht durch die Aufnahme von Beziehungen mit dem mächtigen Patenstaat der DDR durchbrochen? Zum anderen: Die Sowjetunion hielt in ihren Lagern und Gefängnissen noch immer weit mehr als zehntausend deutsche Soldaten fest, die – ob zu Recht oder zu Unrecht – als Kriegsverbrecher verurteilt waren. War es nicht Pflicht der Bundesregierung, den Sowjets dieses Faustpfand zu entwinden – und überdies die Befreiung einer ungenannten Zahl von zivilen Gefangenen auszuhandeln? War es zu verantworten, das (angeblich) so hehre völkerrechtliche Prinzip einer humanen Aktion zu opfern?

Die Mehrzahl der Mitglieder des vielköpfigen Stabes, der den Kanzler nach Moskau begleitete, fand, der Preis sei zu groß, unter ihnen auch der Außenminister Heinrich von Brentano und, es versteht sich, der Staatssekretär Walter Hallstein, nach dem die Bonner Doktrin benannt wurde, dass es keinem Staat, der diplomatische Beziehungen zur Bundesrepublik unterhielt, erlaubt sein sollte, gleichzeitig auch Beziehungen zur Deutschen Demokratischen Republik aufzunehmen. Mancher kritische Geist betrachtete die Doktrin als wenig hilfreich, da sie die Bewegungsfreiheit der Bundesrepublik erheblich einschränkte – und sie zugleich erpressbar machte, denn diese und jene Länder der «Dritten» oder «Vierten Welt» ließen sich den Verzicht auf den offiziellen Verkehr mit der DDR teuer bezahlen.

Marion Dönhoff beschrieb das Wiedersehen mit Moskau – das sie zuletzt im Winter 1940/41 erlebt hatte, ehe das große Inferno begann – nicht unbewegt. In ihrem ersten Bericht erinnerte sie freilich auch an die grotesk-grandiose Szene, als die Hymnen der beiden Staaten – einschließlich des Horst-Wessel-Liedes – unter flatternden Hakenkreuzfahnen und Sowjetstern auf dem Flugplatz der Welthauptstadt des Kommunismus erklungen waren: beim Besuch des Reichsaußenministers von Ribbentrop im August 1939, an dessen Ende der Stalin-Hitler-Pakt mitsamt den geheimen Zusätzen unterzeichnet und damit die letzte, entscheidende Barriere vor dem Überfall auf Polen und damit dem Beginn des Zweiten Weltkriegs beiseitegeräumt wurde.

In einem gesperrt gedruckten Absatz präsentierte die Korrespondentin schon in ihrem ersten Artikel vom 15. September 1955 das Ergebnis, das sie «karg» nannte und das in keinem Verhältnis zu dem Aufwand stehe, der von beiden Seiten getrieben worden sei, obschon die Verhandlungen offiziell noch im Gange waren – doch die «Zeit» wollte gedruckt werden; überdies erhoffte an diesem letzten Tag des Staatsbesuchs niemand mehr ein Ergebnis, das nicht ausschließlich den Wünschen der Sowjetunion entsprach.

«Das politische Ergebnis dieser Verhandlung?», fragte Marion Dönhoff in ihrem Bericht: «Die Sowjetunion steht in voller Größe hinter der DDR. Sie deutet nicht einmal einen möglichen Weg zur Wiedervereinigung an; denn kollektives Sicherheitssystem, das heißt: zwei Deutschland.» Und sie wiederholte: «Es gibt also keine Wiedervereinigung. Unter diesen Umständen schien die Aufnahme diplomatischer Beziehungen unmöglich ...» Der Grundton des Kommentars war so negativ, dass Müller-Marein meinte, er müsse mit einem anekdotischen Lob der guten Nerven und der Schlagfertigkeit des Alten einen gewissen Ausgleich schaffen. Indes, das abschließende Wort in Moskau war noch nicht gesprochen. Als das Blatt gedruckt wurde, gelangte man sozusagen in letzter Stunde zu einer Einigung – freilich keiner nach Marion Dönhoffs Geschmack.

Der Kanzler schickte ihr nach der Rückkehr ein Briefchen, das besagte, er würde sich gern mit ihr unterhalten; sie möge ihn doch wissen lassen, wann sie das nächste Mal nach Bonn komme. Die Begegnung kam nicht zustande, aus welchen Gründen auch immer. In der nächsten Ausgabe aber steigerte sie im Leitartikel unter dem Titel «Das Moskauer Ja-Wort» die Härte ihrer Kritik. Sie fragte mit bitterer Schärfe, ob «wir uns eigentlich im Klaren darüber (waren), was wir wollten und zu gewähren bereit wären, als unsere Delegation nach Moskau abreiste?» Die Herstellung diplomatischer Beziehungen sei das einzig Wichtige gewesen, das die Deutschen zu vergeben hatten. «Musste man da nicht grundsätzlich sagen: diese Konzession nur im Austausch gegen das, was uns am wichtigsten ist, gegen einen Terminkalender für die Wiedervereinigung?» Warum, fragte sie, sei der Kanzler «am letzten Nachmittag umgefallen»? Sie wurde noch schärfer: «Wenn man ... lebende Menschen (nicht tote Seelen)» bilanziere, dann gelange man zu dem Schluss, «dass die Freiheit der Zehntausend (Kriegsgefangenen) die Knechtschaft der siebzehn Millionen (in der DDR) besiegelt». Die Mehrheit der Deutschen in der Bundesrepublik war anderer Meinung: Sie bereitete dem Kanzler bei der Heimkehr einen jubelnden Empfang. Ihr bedeutete die Heimkehr von zehntausend Menschen offensichtlich mehr als die – fast schon ins Abstrakte entrückte – Wiederherstellung der nationalen Einheit.

Der sozialdemokratische Bildungsbürger Carlo Schmid, der Mitglied der deutschen Delegation in Moskau war (und als Kandidat für das Amt des ersten Botschafters beim Kreml galt), lieferte einen Kommentar, der das Dönhoff'sche Verdikt nicht milderte und nicht bestätigte, sondern lediglich hinzufügte, dass «der alte russische Deutschlandmythos und die Lenin'sche Bewertung Deutschlands» nach wie vor Geltung besäßen, denn «Deutschland sei auch heute eine Großmacht», wie ein sowjetischer Staatsmann einem der deutschen Gäste gesagt habe.

Ungerührt setzte Marion Dönhoff ihre Kampagne in der nächsten Ausgabe fort. Nun müsse man sich über die weitere Marschroute klar werden: «Man könnte glauben, es werde auf die Dauer nicht möglich sein, dem Teufel in Pankow die Hand zu versagen, die man dem Beelzebub in Moskau reichen musste ...» Die Anerkennung der DDR aber könne «einem politischen Erdrutsch gleichkommen», der Amerika zu der Frage dränge, «ob es überhaupt noch lohnt, in Europa Kapital zu investieren und Truppen zu unterhalten». Die zweite Möglichkeit: jeden Ansatz zu einer Anerkennung der DDR «unter allen Umständen» und «mit eiserner Konsequenz» zu vermeiden, sonst werde ein Gespräch zwischen zwei Berliner Bezirksbürgermeistern «morgen zwangsläufig zwischen Grotewohl und Adenauer» weitergeführt.

In ihrem Buch «Zur Geschichte der Bundesrepublik» (mit dem merkwürdig nichtssagenden Haupttitel «Von Gestern nach Übermorgen») aus dem Jahre 1981 beharrte sie auf der Meinung, Konrad Adenauer habe in Moskau zunächst doch auf ein Zugeständnis in Fragen der Wiedervereinigung gehofft und nicht nur – wie er in seinen Memoiren schrieb – auf die Rückkehr der Kriegsgefangenen. Es entging ihr, dass sie sich – was den ersten Kanzler betraf – in einem kleinen Widerspruch verfing, denn sie teilte das gängige Urteil im links- wie im rechtsnationalen Lager, dass Adenauer – schon kraft seiner Abneigung gegen Preußen und den «heidnischen Osten» – an der Wiedervereinigung ganz und gar nicht gelegen gewesen sei. Es trifft gewiss zu: Sie war nicht das vorrangige Ziel seiner Politik. Er wünschte vielmehr, die Bundesrepublik unlösbar in die Europäische Gemeinschaft einzuschmelzen. Vielleicht würde sich daraus eines Tages die Öffnung Osteuropas ergeben – und damit auch eine

Lösung der «deutschen Frage». (So kam es denn auch.) Im Übrigen nahm er aufmerksam zur Kenntnis, mit welcher Sorge ein polternder Kraftprotz wie Chruschtschow die chinesische Konkurrenz beobachtete. Damit deutete sich kein unverletzliches Vertrauen in die Überlebenskraft der Sowjetunion an.

Marion Dönhoff fuhr – aus freien Stücken, vielleicht nur, um die Weite der osteuropäischen Landschaft wiederzuerleben – mit dem Zug aus Moskau zurück, in allem Komfort. Die Heimkehr in ihre schöne Zuflucht auf dem Anwesen der Warburgs elbabwärts stimmte sie nicht milder. Die tröstend weite Elbszenerie dort draußen tat ihr wohl, obwohl sie in der Regel erst spät aus der Stadt zurückkehrte. Doch am Wochenende wurden der Hund, der sich eingefunden hatte, dieser und jener Kollege, die Kinder des Bruders Heinrich, die oft bei ihr waren, oder andere junge Verwandtschaft zu Spaziergängen eingeladen. Die langen Fahrten in die Innenstadt und am Abend heimwärts ertrug sie gern, zumal sie schon längst ihrer zweiten sportiven Leidenschaft (neben dem Reiten in ostpreußischen Tagen) keine Zügel mehr anlegte: Obwohl ihr Gehalt noch immer keineswegs üppig war, kaufte sie sich die schnellsten und schicksten Sportwagen, mit denen sie die Strecke zum Pressehaus in polizeiwidriger Geschwindigkeit hinter sich brachte.

Im Sommer 1957 schließlich kaufte sie in Blankenese am Süllhofer Heideweg ein hübsches bürgerliches Häuschen, behaglich und doch stilvoll eingerichtet, das ihr, gelegentlichen Gästen und der Haushälterin nicht allzu üppig viel Platz bot. Es betonte das bürgerliche Element ihrer Doppelexistenz, was sich auch von der zweiten und letzten Unterkunft in Blankenese, dem etwas geräumigeren, doch ganz und gar unaufwendigen Haus «Am Pumpenkamp» sagen ließ, obwohl dort mehr alte Bilder und Möbelstücke eine Unterkunft fanden, die an die aristokratische Herkunft erinnerten. (Der Verlag übrigens hatte das Haus gekauft, und sie zahlte eine mäßige Miete; als sie zur Herausgeberin aufrückte, wurde ihr das Anwesen geschenkt.)

Mit schöner Aufrichtigkeit bekannte sie nach dem ersten Umzug dem Bürgeraristokraten Burckhardt: «Ich habe nie gedacht, dass man das bürgerliche Leben erst lernen muss, dieses sich wichtig nehmen, sich pflegen und erhalten, dieses seinem eigenen vergänglichen Dasein Bedeutung beizumessen. Ich find's eher mühsam und ein bisschen peinlich. Jedenfalls fand ich es sehr viel einfacher, als ‹Treuhänder› und ‹Vasall› Friedrichstein mit seinen 3 Esszimmern und 6 Salons samt den 20 000 Morgen auszufüllen als dieses zweizimmerige Häuschen und die 2000 qm Garten.»

«Ach», seufzte sie an anderer Stelle in jener Korrespondenz, «könnte man doch einmal noch so leben, in einer großen einsamen Landschaft mit ein paar Pferden und mit einfachen Leuten. Ich habe ja mein 2. Leben mit Druckerschwärze, Reisen und wechselnden Menschen sehr gern – sehr, sehr gern sogar, aber die Sehnsucht ist unter der Oberfläche immer wach.» Man glaubt es ihr wohl. Aber der späte Leser dieses sympathischen Geständnisses fragt sich auch, woher sie wusste, dass die «einfachen Leute» so «einfach» waren (und sind)?

Der helvetische Grandseigneur war nur zu rasch bereit, diese Anflüge von Nostalgie mit einigem Bombast zu bestätigen. Die Beobachtung, dass sich die Zahl der Wildgänse, die den Genfer See überflögen, von Jahr zu Jahr minderte, gab ihm Anlass, «an unseren Jagdabend in Friedrichstein» zu denken. «Wie viel wirkliche der ursprünglichen Kondition des Menschen angehörige Glückselemente gab es doch in der versunkenen alten Welt, heute ist alles Glücksersatz, den Kunststoff des Glücks liefert uns auch die amerikanische Prosperität, der überall nachgestrebt wird ...» Die Unglückselemente, die das Dasein des gewöhnlichen Erdenbürgers einst sehr viel stärker bestimmten, kamen ihm nicht in den Sinn. Gelegentlich schrieb er daher, als hätte man seinen berühmten Großonkel in einen Mercedes SL gesetzt und auf die Überholspur der Autobahn geschickt.

Marion Dönhoff geschieht übrigens kein Unrecht, wenn man

sie damals den (wenigen) Intellektuellen zurechnet, die nicht erbleichten, wenn man sie als «kalte Krieger» schalt. Sie gehörte (wie der Autor dieses Buches) zu dem Kreis von europäischen Intellektuellen – einstigen Kommunisten, linksliberalen Geistern, freiheitlichen Konservativen –, die sich im «Kongress für die Freiheit der Kultur» zusammengeschlossen hatten, von dem man erst Jahrzehnte später erfuhr, dass er partiell von der CIA – offiziell von der Ford Foundation – finanziert worden war, wozu bemerkt werden darf, dass der amerikanische Geheimdienst sein Geld für sehr viel fragwürdigere Unternehmen ausgegeben hat als für diese Allianz, zu der Zeitschriften vom Rang des «Monats» in Berlin, «Encounter» in London, «Preuves» in Paris zählten, die von jeder Gängelung völlig frei waren.

Aber Marion Dönhoff war mehr als eine (damals eher rechtsliberale) Antikommunistin. Das wichtigste Ziel der deutschen Politik war für sie in jenen Jahren ohne Zweifel die Renaissance der Nation. Darin war sie sich mit der Mehrheit der Sozialdemokraten einig, obschon sie – anders als Kurt Schumacher und die damalige Führungsequipe der SPD – der Westbindung der Bundesrepublik entschlossen zugestimmt hatte, Herbert Wehner weit voraus, der in einer sensationellen Rede am 30. Juni 1960 die Integration der Bundesrepublik in das atlantische und europäische Bündnissystem ohne Vorbehalt als «Grundlage und Rahmen der deutschen Außen- und Wiedervereinigungspolitik» auch für die Sozialdemokraten akzeptierte. Marion Dönhoff wiederum konnte ihre emotionale Übereinstimmung mit dem Freidemokraten Thomas Dehler nicht immer unterdrücken, der ein fränkischer Hitzkopf und im Grund seines Gemütes ein Deutsch-Nationaler war. Er verdammte Adenauers Europa als das Produkt einer katholischen, anti-protestantischen Verschwörung.

Mit einer Beobachtung täuschte sie sich nicht: In Bonn, auch in Paris, selbst in Washington (trotz der leichtfertigen «roll back»-Parolen des konservativen Außenministers John Foster Dulles) gab man sich zu wenig Mühe, über den großen Zaun zwischen Ost und West hinwegzuschauen, um wenigstens zu ahnen, was «drüben» vorging. Sie selber fuhr elektrisiert auf, als im Juni 1956 die Arbeiterschaft von Posen gegen die pseudo-sozialistische Ausbeutung streikte – der zweite offene Protest der Bevölkerung einer «Volksdemokratie» (nach dem 17. Juni 1953 in Ostberlin). Osteuropa war keineswegs zur Ruhe gekommen. Die bittere Bestätigung, bei der nun freilich die ganze Welt des Westens den Atem anhielt, war der Aufstand in Ungarn, der so blutig niederkartätscht wurde. Noch unmittelbarer als ihre Stücke in der Zeitung zeigt ein Brief an Burckhardt, den Erzvertrauten jener Jahre, wie sehr ihr die dramatischen Ereignisse ans Herz griffen (wie uns allen, den Zeugen der Tragödie): «Was für ein Gefühl, am Kamin zu sitzen und diese verzweifelten Rufe von drüben zu hören: ‹helft uns doch, lasst uns nicht allein!› Die letzten Worte, die aus meinem Radio herauskamen, bevor der Freiheitssender von Raab im näher kommenden Artilleriefeuer verstummte, lautete: ‹Jetzt verlöschen die Feuer auf den Wachtürmen des tausendjährigen Ungarn!› Nur mit Tränen in den Augen – man weiß nicht, ob vor Zorn oder Scham – kann man das alles über sich ergehen lassen. Ach, Carl, ich weiß nicht, ob Du diese ganze Episode auch so gewissermaßen aus nächster Nähe und voll beteiligt miterlebt hast? Wenn man es zum Beruf hat, das, was in dieser wahnwitzigen Welt geschieht, von Tag zu Tag und von Stunde zu Stunde zu verfolgen, das ist fast nicht zu ertragen. Ich habe tagelang am Radio, vielmehr am ‹Ticker› der Redaktion gehangen und Phase um Phase des ungarischen Aufstandes verfolgt. Es schien eine Sternstunde, noch nie waren wir so nah davor, zu erleben, dass die Lüge dieses ganzen Systems sich selbst entlarvte, dass es dem letzten Neutralisten wie Schuppen von den Augen fallen musste – und dann kam die englisch-französische Intervention in Ägypten!»

Am letzten Tag des Oktober hatte ein britisch-französisches Expeditionscorps zusammen mit einer Avantgarde der israelischen Armee den Suezkanal besetzt, da der linksnationalistische Diktator

Nasser das internationale Statut der Kanal-Zone aufgekündigt und die Wasserstraße der Kontrolle Ägyptens unterworfen hatte, wofür ihn die Briten zunächst durch die Streichung ihrer Finanzhilfe beim Bau des Assuan-Dammes bestraften. Erst wenige Monate zuvor hatte die Regierung des Sozialisten Guy Mollet Tunesien und Marokko in die Unabhängigkeit entlassen und damit das Ende der französischen Kolonialgeschichte angekündigt. Das Kommando-Unternehmen wurde offensichtlich ohne Konsultation der amerikanischen Verbündeten vorbereitet (während sich die CIA blind zu stellen schien). Die Sowjets nutzten, dies verstand man wohl, ihre Chance, die Beschädigung ihres Ansehens durch die ungarische Tragödie zu korrigieren, und sie drohten prompt mit der Intervention ihrer Streitkräfte. Dies wäre vermutlich der Auftakt zum Dritten Weltkrieg gewesen. Dwight D. Eisenhower, der amerikanische Präsident, forderte von Frankreich, Großbritannien und Israel den sofortigen Abzug ihrer Truppen – in einem Ton, der keinen Zweifel daran ließ, wer Herr im Hause sei. Zugleich schickte er den Sowjets eine drastische Warnung vor einer Einmischung.

Dennoch: Die Suezkrise stellte sich der Welt, zumal der «Dritten» und «Vierten», als eine Demütigung des Westens dar, die wahrhaftig geeignet war, die Depression über die Hilflosigkeit gegenüber der brutalen Ermordung der revolutionären Freiheit in Ungarn bis zur Verzweiflung zu steigern. Freilich hätte man schon damals zur Kenntnis nehmen können (und müssen), was sich fünf Jahre später beim Bau der Berliner Mauer nicht mehr leugnen ließ: dass die Hauptmächte in Ost und West letztlich stets die Demarkationslinien von 1945 respektieren würden. Also war die Hoffnung, der Westen könne Ungarn mit militärischen Mitteln zu retten versuchen, von Beginn an eine Illusion.

Dennoch ließen sich in Osteuropa die Spuren der Erschütterung nicht auslöschen. Marion Dönhoff registrierte mit besonderer Aufmerksamkeit, dass die Polen die Gunst der Stunde nutzten und – ohne zu viel Lärm – mit einer Liberalisierung des Regimes begannen, die vor allem vielen Bauern die Möglichkeit gab, sich aus den Zwangskolchosen zu lösen. Aufbruchsstimmung im ganzen Land, für die sich rasch eine unvergessliche Formel fand: «Frühling im Oktober». Die Partei rief Władysław Gomułka aus der Quarantäne zurück, in die er unter dem Verdacht «nationalkommunistischer» (sprich: titoistischer) Umtriebe verbannt worden war.

Der neue Generalsekretär zögerte nicht, den Einbruch der Roten Armee in Ungarn zu verurteilen – wie Marschall Tito auch. Nikita Chruschtschow – nun eindeutig der neue Rote Zar – versuchte, die Führungskader der Partei von Moskau aus zu einer Krisensitzung nach Warschau zu beordern. Um ihm zu zeigen, wer Herr im Hause ist, verweigerte ihm Gomułka ein oder zwei Stunden lang die Landeerlaubnis. Chruschtschow blieb nichts anderes, als der Selbständigkeit der kommunistischen Bruderpartei einige Zugeständnisse zu machen. Der sowjetische Marschall Rokossowski musste sein Amt als Verteidigungsminister Polens niederlegen. Sogar die im Lande stationierten sowjetischen Streitkräfte wurden offiziell dem polnischen Oberbefehl unterstellt (was im Fall eines Konfliktes nicht allzu viel bedeutet hätte).

Die Kehrseite des «nationalkommunistischen» Triumphes: Da manche der Großfunktionäre des moskautreuen Regimes (die in der sowjetischen Emigration überlebt hatten) jüdischer Herkunft waren, brach eine neue Welle des Antisemitismus über das Land herein. Vor allem die Partei unterzog ihre Kader einer «Säuberung» unter rassistischen Vorzeichen. Zugleich rührte sich von neuem der radikal-katholische Antisemitismus, der trotz der Massenvernichtung der Juden in den deutschen Konzentrationslagern noch immer nicht völlig ausgebrannt war. Da sie in den vergangenen Jahrzehnten unter der nazistischen Herrschaft das Fürchten gelernt hatten, wanderte in den folgenden Jahren das Gros der überlebenden Juden in die Vereinigten Staaten aus, so gut wie alles an materiellen Gütern zurücklassend, das ihnen geblieben war.

In jener Phase des heimlichen Umbruchs in Osteuropa – der

zwölf Jahre später mit dem «Prager Frühling» ein anderes Mal offen zutage trat – vermisste Marion Dönhoff das aufmerksame Bonner Interesse an den Nachbarn jenseits der Elbe, der Oder, des Sudetengebirges, der Donau, das über die Entwicklung der Handelsbeziehungen hinaus erste Umrisse einer ostpolitischen Strategie gezeigt hätte. Vermutlich war es dafür zu früh. Die Bundesrepublik war noch ein frisches Mitglied der westlichen Allianz und des europäischen Aufbauwerkes: Sie wurde noch, was niemanden wundern durfte, mit kritischen, ja misstrauischen Augen beobachtet. Der greise Bundeskanzler vergaß dies nie.

Ihre Grundkritik an Konrad Adenauer datierte vermutlich aus den Moskauer Erfahrungen im Herbst 1955. In ihrem Band der Rowohlt-Enzyklopädie über die Ära Adenauer aus dem Dezember 1963 würdigte sie zunächst ganz gerecht die drei Hauptleistungen des Alten: dass er erstens eine Partei gegründet habe, die die beiden großen Konfessionen vereinigte, dass er zweitens die Aussöhnung mit Frankreich «herbeigeführt» habe, «die ihm, wie die Saar-Frage zeigte, viel wichtiger war als nationale Grenzziehungen», dass er drittens «die Integration der Bundesrepublik in die freie Welt vollzog».

Das sollte genügen, Konrad Adenauer zu bescheinigen, dass er einer der großen Kanzler der zweiten deutschen Republik gewesen sei. Dazu fand sie sich nicht bereit (während sie ihrem Freund Helmut Schmidt diesen Rang ohne Zögern attestierte). Ihr Rowohlt-Buch – im Wesentlichen eine Sammlung ihrer «Zeit»-Artikel zu deutschen Themen – konzentrierte sich eher auf die Jahre des Niederganges von Konrad Adenauer, der keineswegs so geradlinig verlief, wie die Kritikerin meinte. Sie stieß sich vor allem an seiner Allianz mit General de Gaulle, in dem sie den Zerstörer der atlantischen Solidarität zu erkennen glaubte und dem sie vor allem nicht verzieh, dass er den Eintritt Großbritanniens in die Europäische Gemeinschaft blockierte. Man hätte von ihr vergebens das Eingeständnis erwartet, dass sich die Vorbehalte Adenauers und de Gaulles gegen die Mitgliedschaft der Briten als nicht ganz unberechtigt erwiesen, denn in der Tat haben die Londoner Regierungen – mit der Ausnahme des überzeugten Europäers Heath – ihre Präsenz in der Union von Brüssel eher genutzt, Fortschritte der Integration aufzuhalten: Sofern sie Europa wollten, sollte es eines auf dem kleinstmöglichen gemeinsamen Nenner sein.

Marion Dönhoff hielt den starrköpfigen und manchmal so arrogant wirkenden General, der angesichts der Algerien-Krise – des letzten, grausamen Kolonialkrieges – 1958 an die Macht zurückgerufen worden war, für den «Totengräber Europas», trotz des Respekts, den sie seinem Mut schuldig gewesen wäre, als er seinem zerrissenen Land den Verzicht auf die letzte Festung seines einst so glanzvollen Imperiums auferlegte – ein Opfer, das Frankreich in die Katastrophe eines Bürgerkrieges zu stürzen drohte. Ihr wurde nicht deutlich, dass de Gaulle der Republik damit erst wieder die Freiheit verschaffte, als europäische Macht zu agieren – und für ein Europa, das er nicht als Satelliten der Vereinigten Staaten, sondern als Partner der westlichen Gemeinschaft erkennen wollte.

Konrad Adenauer aber konnte es sich zugutehalten, dass er entscheidend dazu beitrug, den General alles in allem auf europäischem Kurs zu halten und die deutsch-französische Zusammenarbeit nicht scheitern zu lassen, sondern zu vertiefen, ja durch einen Freundschaftsvertrag zu festigen, der ein halbes Jahrhundert lang allen Anfechtungen standhielt, obwohl er in den Augen des Generals durch eine Präambel des Bundestags, die den Vorrang der Atlantischen Allianz betonte, eine gewisse Abwertung erfuhr: Er blieb dennoch das Herz der Europäischen Union.

Marion Dönhoff freilich sah dem eigenwilligen Nachbarn damals nicht nach, dass er von den Deutschen 1959 eine Verzichterklärung auf die Gebiete jenseits der Oder-Neiße-Grenze verlangte. Wer dem deutschen Versprechen des Gewaltverzichts nicht vertraue, rief sie in ihrer Entgegnung, «der kann doch wohl nicht glauben, dass auf eine abgezwungene Verzichterklärung mehr Verlass wäre». Weiter fragte sie voller Empörung: «Das polnische Volk, das ein so intensives Nationalgefühl besitzt, das polnische Volk, das in seiner tragischen Geschichte nie die Hoffnung auf seine Wiedervereinigung und Wiedergeburt aufgegeben hat, ein Volk mit so starkem Herzen, könnte das seinem Nachbarn den Verzicht auf große Teile seines historischen Besitzes glauben? Vielleicht den Verzicht auf Gewalt, aber auf ein Viertel des ehemaligen Gebietes?» In einem Brief an Carl Jacob Burckhardt fuhr sie wie im Selbstgespräch fort: «Ich denke immer, es gibt eine Verantwortung vor der Geschichte – wie kann eine einzelne Generation überhaupt für alle Zukunft auf etwas verzichten, das in 700 Jahren mit unendlich viel Blut, Schweiß und Tränen erworben, erhalten und verteidigt wurde ...» Sie erwähnte nicht, dass jene Regionen zunächst einmal erobert werden mussten – was eine härtere Form des «Erwerbs» war, freilich in der Historie die übliche, die meist von einer einzigen Generation den Verzicht auf das Erbe der Vorväter und -mütter verlangte, wenngleich so gut wie niemals aus freien Stücken. Aber hatte jemand die Millionen Ostpolen nach ihrer Verzichtsbereitschaft gefragt, als sie von den Sowjets aus den Regionen östlich des Bug verjagt wurden?

Sie bestand damals darauf, dass die Grenze zwischen Polen und Deutschland «nur gemeinsam zwischen diesen beiden Ländern vereinbart» werden könne. Sie deutete an, dass neue Lösungen gefunden werden könnten, da die Fragen der Grenzen in einem vereinten Europa ihre alte Bedeutung verlören – was allmählich eine Wahrheit zu werden beginnt. Doch Grenzen werden erst dann durchlässig und fangen erst dann an, sich aufzuheben, wenn sie zuvor klipp und klar anerkannt worden sind.

· Kapitel 22 ·

Aufbruch in die Freiheit

Marion Dönhoff hatte in ihrer Beziehung zu Polen einen weiten Weg zurückzulegen: Dass sie dazu bereit und fähig war, das macht – dies darf vorweg gesagt werden – einen guten Teil ihrer Größe aus. Sie vollzog die Wandlung mit solcher Glaubwürdigkeit, dass die meisten ihrer Weggenossen und vor allem die Menschen der jüngeren Generationen nie mehr in Erwägung zogen, sie habe jemals anders gedacht. Übrigens warb sie schon zu Anfang der sechziger Jahre – als sich die «Hallstein-Doktrin» mehr und mehr als eine Bürde der deutschen Politik erwies – für unmittelbare Kontakte mit Polen, ja sie scheute sich nicht, die Aufnahme voller diplomatischer Beziehungen zu fordern. Doch der territoriale Verzicht blieb auch für sie noch immer ein Tabu. Das hielt sie nicht davon ab, einer aktiven Ostpolitik das Wort zu reden. Die Bonner Immobilität der letzten Adenauer-Jahre war ihr unerträglich.

In ihrer Chronik jener Epoche steht freilich – ihren Interessen gemäß – die Innen- und Sozialpolitik ganz im Schatten der Außenpolitik. Sie nahm kaum zur Kenntnis, dass es der alte Taktiker Adenauer zuwege brachte – freilich oft mit der Hilfe von fragwürdigen Kompromissen –, die kleinen Rechtsparteien in der christlich-demokratischen Sammelpartei auf- und untergehen zu lassen, einschließlich des rechten Flügels der FDP, der zumal in Nordrhein-Westfalen einst ein Operationsfeld der Ex-Nazis vom Kaliber des SS-Intellektuellen Werner Best oder des Goebbels-Staatssekretärs Naumann zu werden drohte (was die britische Besatzungsmacht zu ihrem letzten unmittelbaren Eingriff in die deutsche Politik veranlasst hatte). Adenauer hinterließ – keine geringe Leistung – ein Dreiparteiensystem, das für die Festigung der demokratischen Strukturen hilfreich war (und immerhin bis zum Einzug der Grünen in den Bundestag bei der Wahl von 1983 standhielt).

Zu Recht rügte Marion Dönhoff die Manöver des Alten Herrn zwischen den Ämtern des Bundespräsidenten und des Bundeskanzlers, doch vermutlich täuschte sie sich mit dem Verdacht, der regierende Greis klammere sich mit allen Mitteln nur an die Macht. In Wirklichkeit wollte er vor allem den populären Wirtschaftsminister Ludwig Erhard, der als Vater des «deutschen Wunders» galt, vom Kanzleramt fernhalten, weil er davon überzeugt war, dass der fränkische Professor den Aufgaben eines Regierungschefs nicht gewachsen sei. Darin täuschte er sich nicht. Vielleicht entsann sich Marion Dönhoff des alarmierenden Briefes, den ihr Eric Warburg im Dezember 1953 aus New York geschickt hatte, in dem er Erhards rosigen Optimismus unrealistisch und im Ton – «qui fait la musique» – eher anmaßend fand: so wenn der deutsche Wirtschaftsminister in Amerika «leutselig» von den anderen europäischen Nationen sprach, «die ihr Haus nicht in Ordnung haben». Der Freund schrieb von der «Pampigkeit der Präsentation», die auch den Amerikanern nicht entgehe. «Vorsicht, Vorsicht! Diese Nuance war bei dem Alten Adenauer, als er im April hier war, so gar nicht zu verspüren.»

Doch ein Jahrzehnt später, als der Alte das Amt endlich freigab, wollte die CDU auf ihr Zugpferd auf keinen Fall verzichten, trotz der Zweifel an der intellektuellen Klarheit, am Takt und den Konzepten des Professors (wenn er – außer Rüdiger Altmanns Formel von der «Formierten Gesellschaft» – denn welche hatte). Konrad Adenauer, der seinen Nachfolger mit der bösen Metapher charakterisiert hatte, man möge mal versuchen, einen Pudding an die Wand zu nageln: Er musste den Vorwurf ertragen, dass er für die Regelung seiner Erbschaft keine überzeugende Alternative anzubieten wusste. Er hatte es versäumt – die Grundsünde aller Großen –, die Frage der Nachfolge auch nur ernsthaft zu prüfen. Das taktische Ungeschick, das Adenauer mit seinen Winkelzügen in der Präsidenten-Affäre zu erkennen gab, wertete nicht nur Marion Dönhoff als ein Signal, dass dem Alten Herrn die natürliche Autorität zu entgleiten drohte.

Die Bestätigung ergab sich drei Jahre später in der sogenannten Spiegel-Affäre, als Rudolf Augstein, der Herausgeber, der Verlagsdirektor Becker und der Chefredakteur Conrad Ahlers (der sich in Spanien aufhielt) verhaftet wurden: auf Antrag der Bundesanwaltschaft, in Wirklichkeit auf Betreiben des Bundesverteidigungsministers Franz Josef Strauß, der durch einen kritischen Artikel über die Bundeswehr, der unter dem Titel «Bedingt abwehrbereit» erschien, die Straftat des «Geheimnisverrates» erfüllt sah (doch in Wahrheit die vermeintliche Gunst der Stunde für eine Generalabrechnung mit seinem publizistischen Todfeind Rudolf Augstein zu nutzen versuchte). Der Kanzler sprach im Parlament von einem «Abgrund an Landesverrat» – ein böses Wort, das seiner geschichtlichen Reputation tiefer geschadet hat als jede andere seiner oft so kernig-groben Formulierungen. Der Bundesverteidigungsminister aber, der bei der Darlegung seiner Rolle bei der Verhaftung von Conrad Ahlers in Spanien den Bundestag angelogen hatte, musste knapp zwei Monate später bei der Umbildung des Kabinetts auf sein Amt verzichten. Die Redaktionsräume des «Spiegels» im Hamburger Pressehaus wurden vorübergehend beschlagnahmt. In diesem Augenblick der gefährlichsten Bedrohung der Presse bewährte sich die Solidarität der Journalisten und der Verleger: Gerd Bucerius ordnete ohne einen Augenblick des Zögerns an, dass die «Zeit»-Redaktion zusammenrücken und die Hälfte der Räume den Kollegen vom «Spiegel» zur Verfügung stellen sollte, damit dort das nächste Heft der Zeitschrift produziert werden konnte. Die Entlassung der Verhafteten und die Einstellung des Verfahrens durch eine Entscheidung des Bundesgerichtshofes (allerdings erst zweieinhalb Jahre später) festigte das Prinzip der Presse-, der Medien-, der Meinungsfreiheit gegenüber den exekutiven Institutionen für Jahre und Jahrzehnte. Die Demokratie in der Bundesrepublik hatte damit ihre Reifeprüfung bestanden.

In ihrer Bilanz der Ära Adenauer war Marion Dönhoffs Blick freilich zu starr auf die Deutschlandfrage und die Bündnispolitik gerichtet. In der Skizze zur Geschichte der Bundesrepublik aus dem Jahre 1981 nannte sie unter den großen Reformwerken der fünfziger Jahre lediglich den Lastenausgleich, der nun freilich die Familie Dönhoff unmittelbar anging, da ihre beiden Brüder, zumal Dieter auf seiner irischen Farm, die Zahlungen dringend für den Aufbau ihrer Existenzen brauchten (und niemals zögerten, alle beide nicht, das stets hilfsbereite Schwesterchen mit ihren Verbindungen vor ihre Karren zu spannen oder sie anzuhalten, den Behörden Beine zu machen). Marion Dönhoff aber erkannte an, dass niemals in einem Lande ein Vermögenstransfer von dieser Dimension stattgefunden hatte, und sie nannte das Bemühen um soziale Gerechtigkeit einen der Gründe, «dass es in der Bundesrepublik nie zu größeren sozialen Unruhen gekommen» sei – ein Prozess übrigens, der sich nach der Vereinigung in geradezu absurder Steigerung wiederholte.

Der Lastenausgleich aber war nur ein Element der Sozialpolitik, die in der Ära Adenauer von einer stillen großen Koalition (nämlich in intensiver Kooperation mit der sozialdemokratischen Opposition) entwickelt wurde. Mit der «dynamischen Rente» (die sich freilich im Gang der Jahrzehnte als eine zu große Belastung erwies) koppelte der Bundestag das Einkommen der Alten und Erwerbsunfähigen an die steigenden Löhne (und dämmte damit die Armut der schwächsten Schichten ein). Die Regierung linderte mit dem «sozialen Wohnungsbau» das Elend der Raumnot in den zerstörten Städten. Sie definierte im «Betriebsverfassungsgesetz» die Rechte der Arbeitnehmer nach modernen Einsichten und bahnte damit einer (begrenzten) Demokratisierung der Wirtschaft den Weg. Die «Mitbestimmung» schließlich – zunächst in den Montan-Industrien, später von den Großbetrieben zu den mittleren Unternehmen übergreifend – sicherte nach Meinung der Experten den Arbeitsfrieden in der Bundesrepublik für lange Jahrzehnte. Mit einem Wort: In der Epoche Adenauer – in der ein starker sozialer Flügel der Christdemokraten die Nähe der SPD und der Gewerkschaften suchte (und immer wieder fand) – wurde das geschaffen, was die Welt hernach den «rheinischen Kapitalismus» nannte: eine gröbere Formel für die «Soziale Marktwirtschaft», von der man sagen könnte, dass sie ein ungeschriebener Bestandteil der deutschen Verfassung ist.

Von der deutschen Reformgesellschaft, die in den Kanzlerschaften Willy Brandts und Helmut Schmidts in Maßen ergänzt, erweitert und verfeinert wurde, ist auch in der späten Sammlung von Aufsätzen und Vorträgen Marion Dönhoffs, die 1997 unter dem herausfordernden Titel «Zivilisiert den Kapitalismus» erschien, nicht weiter die Rede, sondern vor allem von den Degenerationserscheinungen des nackten Kapitalismus (die in der Tat in den Vereinigten Staaten, partiell auch in Europa zu wuchern begannen) und von der Notwendigkeit, den schnöden Materialismus der Konsumgesellschaft dem Gemeinsinn und, wenn es denn angeht, der Kontrolle durch religiös-ethische Werte zu unterwerfen. Man könnte jenes kleine Buch auch einen späten, wehmütigen Gruß an den «preußischen Sozialismus» nennen, der freilich in der DDR nicht zu finden war, oder auch das moralpolitische Bekenntnis einer linksorientierten preußischen Calvinistin.

Nein, der Innen- und Sozialpolitik galt nicht die konzentrierte Aufmerksamkeit der Politikchefin. Sie erfüllte ihre redaktionellen Aufgaben mit beispielhaftem Fleiß, aber im Pressehaus am Speersort festbinden ließ sie sich nicht. Sie hatte in New York durch Hamilton Armstrong Henry Kissinger kennengelernt, den Harvard-Historiker, der seinen brillanten Intellekt schließlich ganz in den Dienst der Politik stellte. Die Paarung von Macht und Intellektualität hatte für sie, je weiter die Lebenszeit fortschritt umso mehr, eine tiefe Magie. Die Verbindung zu Kissinger ließ sie nicht mehr abreißen, unbeschadet ihrer oft heftigen Meinungsverschiedenheiten, die immer von einem verlässlichen Gefühl der Freundschaft aufgefangen wurden.

1957 sah sie sich ein anderes Mal in Indien um, dessen unerschöpfliche Wunder sie stets mit weit geöffneten Augen bestaunte: «Zweimal war ich nun schon durch Indien gereist, hatte die großen Tempel im Süden besucht und die heiligen Stätten am Ganges, war in Kalkutta ... und in Jamshedpur ... Ich hatte die Sonne über dem Mount Everest aufgehen sehen und den Vollmond über dem Tadsch Mahal ...»

Im Jahr darauf inspizierte sie den Nahen und Mittleren Osten, studierte die Lage in Bagdad, wo wenige Monate danach der König Faisal und sein Onkel, der Kronprinz Abdul-Illah, überdies Premierminister Nuri as-Said, der als der erfahrenste Staatsmann des Vorderen Orients galt, ermordet wurden: ein klares Signal für die Abkehr des ölreichen Landes vom Westen.

Obwohl sie ihre redaktionelle Verantwortung sehr ernst nahm – ihr fiel obendrein die Vertretung von Müller-Marein zu, der dann und wann eine Atempause brauchte (und sich in sein Pariser *pied à terre* zurückzog): Von ihrer Weltneugier konnte und wollte sie nicht lassen. Fast zweieinhalb Jahrzehnte waren vergangen, seit sie in Kenia an der Seite des Bruders Toffy die Steppe, den Urwald, die fast unberührte Natur der Tropen (und den Gipfel des Jagdglücks durch die Erlegung eines Leoparden) kennengelernt hatte. Die Sehnsucht, Afrika wiederzusehen, war niemals völlig erloschen. Im Jahre 1960, als fünf afrikanische Staaten ihre Unabhängigkeit gewannen, machte sie sich auf den Weg. Sie schaute sich in Ghana, in Rhodesien, im (gerade noch) belgischen Kongo um, in Nigeria, und sie gelangte schließlich nach Südafrika, in dem sich Toffy seit acht Jahren eine neue Existenz zu schaffen versuchte. Das einstige britische Protektorat war im Begriff, sich zu einer industriellen Großmacht zu entwickeln – der einzigen in Afrika –, nach dem Willen der burisch geprägten Elite als ein Klassen- und Rassenstaat, in dem die weiße Minderheit ihre Herrschaft über das schwarze Proletariat auf unabsehbare Zeit zu behaupten versuchte. Das Instrument der Unterdrückung war die Politik der «Apartheid», die seit ihrer Verkündung im Jahre 1948 das Kennwort für ein System der täglichen Entrechtung und Demütigung geworden war.

Helen Suzman, die unerschrockene Sprecherin der weißen Opposition, hatte 36 Jahre im Parlament den Feinden ihrer Liberalität und ihrer Passion für Recht und Gerechtigkeit standgehalten, oft genug als Kommunistin verleumdet, was sie dazu herausforderte, dem Justizminister von einer Reise durch die Sowjetunion eine Postkarte zu schicken, auf der zu lesen stand: «You would like it here. Lots of law and order.» Sie war die einzige Frau – neben 29 Männern –, der Marion Dönhoff in ihrer Porträt-Sammlung aus dem Jahre 1990 («Gestalten unserer Zeit») ein Kapitel zugestand. Ihren liberalen Freunden in der deutschen Kolonie, die mit dem Mut der Außenseiter gegen das Regime der Unterdrückung kämpften – so vor allem Ernst Kahle, Sohn einer Emigrantenfamilie, der in Südafrika die Münchener Rückversicherung vertrat, und seine kluge Frau mit dem flammenden Rothaar Petra Kahle, die als Neurologin in einem Krankenhaus in Soweto arbeitete –, waren Marion Dönhoffs erste Berichte aus Südafrika nicht entschieden und radikal genug. Sie fürchteten, sie könne unter dem Einfluss ihres konservativen Bruders Toffy zu Konzessionen bereit sein. Darin täuschten sie sich.

Südafrika blieb in den nächsten drei Jahrzehnten eine zentrale Region ihrer Aufmerksamkeit, und sie war in ihrer Kritik am Regime der Apartheid unerbittlich, auch wenn dies (wie angedeutet) den Untergang der Südafrika-Ausgabe der «Zeit» bedeutete und damit die Existenz des Bruders bedrohte (dessen Frau Vera – von Toffy getrennt – sich in den siebziger Jahren in München das Leben nahm). Sie gehörte zu den ersten europäischen Journalisten, die ihre Hoffnungen für die friedliche Zukunft eines befreiten Staates auf Nelson Mandela richteten, der länger als zwei Jahrzehnte hinter Gittern auf seine Stunde wartete. Insgesamt schrieb Marion

Dönhoff mehr als fünfzig Artikel über Südafrika und das benachbarte Namibia (das einstige Deutsch-Südwest-Afrika), bis zum Zerfall der Apartheid und des Übergangs der Verantwortung auf Mandela und seine schwarze Mehrheit. Die meisten ihrer Reportagen und Analysen hat sie dann in dem Buch «Der südafrikanische Teufelskreis» im Jahre 1987 gesammelt.

Im frühen Sommer 1963 war sie von neuem im Nahen Osten – sie erkundete mit Hermann Hatzfeldt den weltabgeschiedenen Jemen, und sie führte Gespräche in Kairo. Unmittelbar danach entschloss sie sich endlich, die inneren Barrieren zu übersteigen und Israel zu besuchen: eine Entscheidung, die sie nicht nur ihrem journalistischen Pflichtgefühl, sondern vor allem der Zugehörigkeit zum Widerstand und der Wachsamkeit ihres Gewissens gegen jede Regung der antisemitischen Rechten schuldig war. Die Begegnung mit Land und Leuten beeindruckte sie tief. In der ersten ihrer zwei großen Reportagen definierte sie die Essenz ihrer Erfahrung: «Während der vierzehn Tage, die ich kreuz und quer durch Israel gereist bin, fragte ich mich immer wieder, was eigentlich die Juden zu Israelis gemacht hat und wie es möglich ist, dass aus Berliner Professoren, balkanischen Dorfladenbesitzern und nordafrikanischen Analphabeten, die noch nie auf einem Stuhl gesessen oder eine Gabel benutzt haben, in wenigen Jahren eine Nation geworden ist. Eine Nation, deren Bürger aus siebzig verschiedenen Sprachgebieten kommen ...»

Sie antwortete sich selber: Zum einen sei die religiöse Verheißung das bindende und vereinende Element, zum anderen das Schicksal der Verfolgung, das die Juden Europas mit der Gefahr der völligen Vernichtung konfrontiert hatte. Israel war ihr Land, ihr Gemeinwesen, ihr Staat – der erste seit der Eroberung Jerusalems –, der ihnen Schutz, Geborgenheit und eine sichere Heimat bot. Sie schrieb, von den starken Eindrücken überwältigt: «Der Westeuropäer, der Israel zum ersten Mal erlebt, kommt aus dem Staunen nicht heraus. Hier ist alles neu und inspirierend, was bei ihm zu Hause keinerlei seelische Reaktionen mehr hervorzurufen vermag: Heimat, Vaterland,

Volk, Nation, ja, sogar Blut und Boden (wenn man einmal für einen Moment die Assoziation vergessen kann) sind zentrale existenzielle Werte und nicht verstaubte Begriff aus überholten Lesebüchern.»

Keines der Grundmotive – vor allem der gemeinsame Staat als Hort des Überlebens – hat seitdem, in allen Kriegen und Anfechtungen, auch nicht in der – partiell – selbstgewählten Isolation, seine bindende Kraft verloren, auch nicht in Marions Dönhoffs späten Jahren, als sich ihre Empörung gegen das Unrecht des israelischen Besatzungsregimes oft bis zur Blindheit steigerte (oder doch ihren Blick auf die komplexe Wirklichkeit durch eine moralistische Einäugigkeit minderte) und selbst ihre lebenslange Freundschaft mit dem Basler Kommilitonen Tim Gidal (der längst ein Bürger Israels war) in manchen Augenblicken bedrohte. Sie schien die Einsicht zu verlieren, dass für die Bürger Israels die Frage des Überlebens noch immer nicht ein für alle Mal beantwortet ist, obwohl sie im Herbst 1963 ihren zweiten Bericht mit den optimistisch hochgestimmten Sätzen geschlossen hatte: «... entscheidend für das, was geschaffen wurde, ist doch die geistige Dynamik dieses Volkes. Dieses Volk, das – welch einmalige Konstellation geballter Energie – aus Pionieren und Flüchtlingen besteht ... Sein Glaube hat wirklich Berge versetzt.» Das wohl. Und sie stellte mit fast allzu markigen Worten fest: «Israels Zukunft, vom lodernden Hass und den düsteren Drohungen der arabischen Nachbarn umwölkt, erscheint ungewiss. Sein großer Regierungschef Ben Gurion, der einst den Staat schuf, indem er ihn mutig zur rechten Stunde proklamierte, hat das Steuer aus der Hand gegeben. Indes gibt es inmitten aller Unsicherheit doch eine Gewissheit: keine Macht der Welt wird den Staat Israel beseitigen.»

Im Jahr zuvor war ihr erstes Buch erschienen: «Namen, die keiner mehr nennt ...» – ihre ostpreußischen Erinnerungen, eingebettet in die Geschichte ihrer Familie. Es war, als sei damit ein Bann aufgehoben: Dies war kein Heimatbuch, das von Ressentiments zerfressen, von Sentimentalitäten verklärt, vom politischen Ehrgeiz der Vertriebenenfunktionäre gezeichnet war, sondern eine Liebeserklärung an die Landschaft, an ihre Menschen, an die Welt, die ihre Vorfahren geprägt hatten. Dem kleinen Band war ein fast sensationeller Erfolg beschieden, der ihren Namen über die Gemeinde der «Zeit»-Leser hinaus zu einem Begriff machte. Durch die Niederschrift gewann sie wohl jene innere Freiheit, nach der sie seit der ersten Reise durch Polen 1962 (mit Hermann Hatzfeldt) verlangte. «Das eigentliche ‹Vaterland›», schrieb sie, «ist wohl doch durch die Landschaft verkörpert und nicht durch die Nation ...» Das ist die Grundeinsicht, die das «Europa der Nationen» im Gang der Jahrzehnte zum Europa der Völker werden lässt. Und sie hat verstanden: Grenzen – auch wenn sie mit Betonmauern, Wachtürmen, Todesstreifen und kilometerweiten Stacheldrahtverhauen befestigt sind – dürfen nicht auf unabsehbare Zeiten trennen. Sie fordern dazu heraus, übertreten zu werden. Sie mögen heute noch Separation sein – irgendwann wird man wieder entdecken, dass sie Übergänge sind.

Drei Jahre schon zerschneidet die graue Betonwand der Mauer die einstige deutsche Hauptstadt und trennt den Berliner Osten vom Berliner Westen. Der Bürgermeister und sozialdemokratische Kanzlerkandidat Willy Brandt, inspiriert von seinem Pressechef Egon Bahr, gibt das Ziel einer Strategie der «kleinen Schritte» und des «Wandels durch Annäherung» vor, um die Undurchdringlichkeit des – vermeintlich endgültig – Trennenden geduldig aufzulockern. Vor diesem Hintergrund erklärt sich das kühne Unternehmen von drei prominenten «Zeit»-Redakteuren, Marion Dönhoff, Rudolf Walter Leonhardt und Theo Sommer, im März 1964 eine Erkundungsreise in das andere Deutschland hinter dem großen Zaun zu wagen. Der Vorstoß hätte Bucerius vermutlich mit dem üblichen Bonner Protestgeheul konfrontiert, aber der Verleger hatte seine Lektion gelernt und nach der Verdammungskampagne, mit der die Christdemokraten die eher mediokre «Stern»-Serie «Brennt in der Hölle ein Feuer?» (zum Auftakt des vatikanischen Konzils) zur moralischen Katastrophe hochfetzen zu müssen glaubten, die

Konsequenzen gezogen, sein Mandat im Bundestag niedergelegt und war überdies aus seiner Partei ausgetreten. Parteipolitische Bindung und freier Verleger freier Publikationen – das konnte sich auf lange Sicht nicht vertragen.

Theodor Eschenburg, der knorrige und zugleich so behutsam geistreiche Staatsrechtler aus Lübeck, der in Tübingen lehrte, hatte Marion Dönhoff bei einer seiner Visiten in Hamburg seinen Schüler Theo Sommer als Redakteur ans Herz gelegt: einen erstaunlich weltläufigen Schwaben – er stammte aus einer Offiziersfamilie –, der in Indiana und in Chicago studierte (was ihn der Gräfin besonders empfahl), und er hatte das Handwerk des Journalismus von der Pike gelernt (als Lokalredakteur bei der «Remszeitung» in Schwäbisch-Gmünd). Das Volontariat bei der «Zeit» bestand er mit Glanz, doch musste er – wie Karl-Heinz Janßen in seiner Geschichte der «Zeit» erzählte – vor dem Eintritt in die Redaktion seine Dissertation bei dem Historiker Hans Rothfels zu Ende bringen, dem engagierten Tübinger Gelehrten, der aus der Emigration zurückgekehrt war und sich vor allem dem deutschen Widerstand zugewandt hatte: Die Promotion war ein Zopf, den die «Zeit» aus weiß der Himmel welchen Gründen nicht abschneiden wollte.

Sommer, der eine geschliffene Feder führte, bewährte sich brillant, in einer Art Idealkonkurrenz mit seinem Freund Hans Gressmann, auch er vom Studium in Amerika geprägt. Man nannte die beiden alsbald Marion Dönhoffs «Buben», zu denen sich ein wenig später ein dritter gesellte: Haug von Kuenheim, weitläufig mit der Familie des Mannes der Schwester Yvonne verwandt, aus Ostpreußen stammend, von seinen Neigungen und seiner oft impressionistisch schwebenden Sprache her eher dem Feuilleton zugehörig. Alle drei genügten der strengen Sachlichkeit, mit der die Gräfin über die Arbeit der jungen Leute wachte, aber sie verstanden es auch, mit einem gelegentlichen Aufgebot respektvoller Flirts den redaktionellen Alltag aufzuhellen. Sommer traf den Ton, der dem Ohr der Chefin schmeichelte, mit seinem sonoren Lachen, seinem raschen Witz, seiner selbstsicheren Männlichkeit und der hellwachen Intellektualität vielleicht am genauesten.

Obwohl Bucerius durch die Ostreise seiner Elite-Equipe von den nationalen Hitzköpfen in seiner einstigen Partei des Vorwurfs der «Verräterei» enthoben war, wurde das Unternehmen dennoch zu einem fragwürdigen Abenteuer, ja, man mag von einer kleinen Niederlage reden, der freilich auch eine gute Portion unfreiwilliger Komik zuerkannt werden muss. Aus der Artikelserie entstand ein kleines Buch mit dem Titel «Reise in ein fernes Land», das sofort auf die Bestseller-Liste gelangte. Der junge Theo Sommer meinte in seinem Vorwort zu einer späteren Neuauflage, die drei Reisenden hätten «bis tief in die Nächte hinein mit Schauspielern, Studenten, Arbeitern» debattiert, sie hätten sich «unüberwacht mit Zufallsbekannten» unterhalten. Natürlich war ihm nicht anders als Marion Dönhoff und dem Feuilleton-Chef Rudolf Walter Leonhardt deutlich, dass man sie drüben sehr genau beobachtete, auch jenseits der minuziösen, nicht nur doppelten, sondern dreifachen, vierfachen Kontrollen an den Grenzübergängen. Doch wie dicht das Netz der Überwachung war, wurde ihnen vermutlich erst Jahrzehnte später deutlich, als sich die Stasi-Akten öffneten. Vor allem ahnten sie nicht, dass ein kommunistischer Kollege die Reise mit den Begleitern vorgeprobt hatte: Klaus Rainer Röhl, damals Herausgeber der Zeitschrift «konkret» (die heimlich von Ostberlin finanziert wurde). Er beschrieb in seinem Blättchen – als die «Zeit»-Delegation noch unterwegs war – fast alle sorgsam ausgewählten Stationen der Besichtigung, ob Kindergärten oder Fabriken.

Damals hatte Ulbricht eine «Neue Ökonomische Politik» verkündet, die Marion Dönhoff als «die Entdeckung der Rentabilität» charakterisierte. Die Musterfälle, an denen sie das neue System prüfte, wirkten nicht allzu überzeugend, obschon sie vom Idealismus der Betriebsleiter oder den Organisatoren der LPGs (der «Landwirtschaftlichen Produktionsgenossenschaften») immer wieder beeindruckt war. Der begrenzte Aufschwung erklärte sich – bis zu einem gewissen Grade – durch die «schützende Mauer»: Die tüchtigsten Facharbeiter, Ingenieure und Bauern entliefen nicht mehr zu Hunderttausenden nach Westen. Die Bürger arrangierten sich. Sie hatten – im wörtlichen Sinne – keine andere Wahl. Sommer schätzte, dass «fünf oder zehn Prozent der Menschen drüben ... aus ganzem Herzen für das Regime» seien, «fünf oder zehn Prozent ebenso aus ganzem Herzen dagegen. Die anderen, die übrigen 80 oder 90 Prozent, richten sich notgedrungen in den Verhältnissen ein. Die Skala ihrer Gefühle reicht von abgrundtiefer Resignation bis hin zum puren Opportunismus; dazwischen gibt es alle Schattierungen von Hoffnungslosigkeit und Hoffnung, von skeptischer Distanz zum Regime bis zu skeptischer Nähe.»

Marion Dönhoffs Fazit: «Keine Anerkennung der DDR, aber auch nicht diese geradezu hysterische Angst vor ihrer ‹Aufwertung›. Auch in der DDR kann die Entkrampfung nur stattfinden, wenn das Gegenteil nicht künstlich provoziert wird. Darum: viel mehr Kontakte, Zeitungsaustausch, Passierscheine, neue Richtlinien für die Anwendung der Staatsschutzgesetze» (auf beiden Seiten?) «– und immer wieder Diskussionen.»

Trotz der sorgsamen Arrangements, trotz der scharfen Auswahl der Gesprächspartner, trotz der gewiss lückenlosen Überwachung zeichneten die drei Autoren nach ihrer Rückkehr ein halbwegs realistisches Bild. Allerdings erschien einige Monate später ein Erfahrungsbericht im Blatt, der die zaghaften Ansätze zu einer Lockerung des Regimes, die sie erkennen wollten, als völlig illusorisch schilderte.

Aber auch auf der anderen Seite der Mauer wurden die Berichte mit gerunzelter Stirn gelesen. Der Name Marion Dönhoffs stand – so besagen die Stasiakten – von nun an auf der Liste der unerwünschten Personen. Am 24. Dezember 1965 – warum am Heiligen Abend? – wurde über die politische Chefin der «Zeit» eine Einreisesperre verhängt, die ein Jahrzehnt später aufgehoben war. Aber ihre Karteikarte vom 3. März 1976 vermerkt: «Mit hoher Wahrscheinlichkeit Agentin des BND / Präsidentin ‹Deutsch-Poln. Institut› / Stellvertr. Präsidentin ‹Bundeszentrale für Politische Bildung›.» Sorgfältig wurden ferner ihre Verbindungen zu Bürgern der DDR registriert: Dr. Hans-Joachim Bunge, Eberhard Tzschoppe, Robert Havemann, Wolf Biermann, Ulrich Dietzel, Stephan Hermlin, Prof. Eberhard Cremer – fast alle, von Hermlin abgesehen, prominente Vertreter der inneren Opposition. Den Grenzstellen wurde vorsorglich für ihre Einreise ein Merkzettel zugeschickt (wie es der Routine entsprach), der die Beamten anwies, sich an die vorformulierten Anweisungen zu halten: «2) Bevorzugte höfliche Abfertigung. 6) Befreiung von verbindlichem Mindestumtausch (von D-Mark West in Ost-Mark) und von Straßenbenutzungsgebühren. 7) Abfertigung ohne Zollkontrolle.» Sie war unterdessen, kein Zweifel, als Herausgeberin der «Zeit» auch nach Stasi-Kriterien in den ersten Rang der bundesdeutschen Persönlichkeiten aufgerückt, sodass sie als unantastbar galt und stets wie ein Staatsgast behandelt wurde.

Aber schon in der Mitte der sechziger Jahre war Marion Dönhoff ohne Zweifel die angesehenste deutsche Journalistin, den Hauptakteuren der Politik, der Publizistik, partiell auch der Universitäten und der Wirtschaft, ja der Kultur durch ein dichtgewebtes Netz von tausend Fäden verbunden, innerhalb der Bundesrepublik und draußen in der Welt. Es ergab sich fast von selbst, dass sie in die unterschiedlichsten Gremien berufen wurde, einer Vielzahl von Institutionen zugehörte, Mitglied von weiß der Himmel wie vielen Akademien, Gesellschaften, Vereinen war, oft in prominenter Funktion. Wer in der Agenda jener Jahre blättert oder die sorgsame Chronik all ihrer Bewegungen, der kleinen und großen Reisen, der aberhundert Verabredungen, der Vorträge, der Tagungen, der Gremiensitzungen zu rekonstruieren versucht, fragt sich mit leichten Schwindelgefühlen, wie eine einzige, eher zart beschaffene Frau, überdies nicht mehr ganz jung – wie ein einziger Mensch ein solches Programm neben dem Alltag der Redaktion, der Niederschrift von Artikeln und Büchern, der Korrespondenz, den Routine-Sitzungen, die sich aus der Planung und dem Ablauf einer Zeitungsproduktion ergaben (wenigstens vier in der Woche), durchzuhalten vermochte, ohne auf eine private Existenz völlig zu verzichten.

Das tat Marion Dönhoff keineswegs. Sie kümmerte sich um die drei Kinder des Bruders Heinrich, weit über ihre Vormundspflichten hinaus, oft wie eine zweite Mutter. Sie sorgte sich um die Schulen – bessere oder schlechtere Internate, katholisch mussten sie nach dem Willen der leiblichen Mutter sein; sie erlebte mit ihnen, wann immer es anging, einige Ferientage, nahm sie später – als sie von der Schulpflicht befreit waren – mit nach Forio auf Ischia im Golf von Neapel, wo sie sich zusammen mit Yvonne (die zeitweise die Hälfte des Jahres dort unten verbrachte) ein Ferienhaus eingerichtet hatte, in dem sie sich, wenn es denn irgend anging, im September zwei oder drei Wochen ausruhte, natürlich stets von Familie und Freunden umlagert, was sie wenig zu stören schien.

Eine besonders nahe und intensive Verbundenheit wuchs zwischen ihr und Heinrichs zweitem Sohn Hermann (nun Graf Hatzfeldt), der in Princeton studierte. Für ihre zwanzigjährige Arbeit in der Redaktion wurde sie mit einem halben «sabbatical year» belohnt. Sie plante eine Reise von drei Monaten nach Asien – zu ihrer großen Freude war Hermann bereit, sie zu begleiten, der ohnedies eine Arbeit über ein asiatisches Thema schreiben wollte, doch – das zählte mehr – voller Neugier auf die Welt war, mit sensibler Offenheit auf die Schönheiten der Landschaft reagierend, ein Naturschwärmer im besten Sinn des Wortes – und darum ein «Grüngesinnter» *avant la lettre*, hellhörig und hellsichtig für die Besonderheiten anderer Völker und ihrer Lebensweise. Es versteht sich, dass seine Präsenz auch die praktischen Beschwernisse des Reisens leichter machte.

Hermann scheint sie nicht auf einer ausgedehnten Tour durch Sibirien und Zentralasien begleitet zu haben. Mit einer veritablen Gelbsucht und vierzig Grad Fieber hatte sie sich schon in der Moskauer Botschaft niederlegen müssen – und «mit letzter Kraft» flog sie nach Hause, «aus Angst, sonst vielleicht für immer in einem russischen Krankenhaus zu verschwinden». In Hamburg wurde sie direkt vom Flughafen in die Universitätsklinik Eppendorf transportiert. Da nur in der Abteilung der psychisch Kranken ein Einzelzimmer frei war, wurde sie dort eingewiesen, was nicht zur Kompetenz der Behandlung beitrug, über die sie sich in einem Rundbrief für die Familie und für die Freunde eher sarkastisch äußerte.

Für Carl Jacob Burckhardt versah sie den Bericht mit einer ausführlichen Ergänzung. Sie erzählte ihm, dass sie zuvor noch nie eine Zeile von Freud gelesen habe und nun im Begriff sei, das Versäumte nachzuholen, beginnend mit Band 12 der Gesammelten Werke, der die «allgemeinen Schriften» enthält. Es wurde ihr deutlich, dass die Lehre des Wiener Psychiaters «viele Vorhänge im Tempel des bürgerlichen Biedermeiers zerrissen hat», doch kritisch merkte sie an, «mit welcher Unbefangenheit hier die Selbstanalyse eines Einzelnen zu einer Wissenschaft angestempelt wird ... Erschreckend auch die Unverfrorenheit, die darin liegt, alle diese differenzierten psychologischen Phänomene in ein System pressen zu wollen ... In einem Brief an Einstein, der ihn über das Problem der Vermeidung von Kriegen befragt, versteigt er sich schließlich dazu, seine am Menschen orientierten psychologischen Vorstellungen auf die Völker und schließlich auf eine Art Weltordnung zu übertragen ... So deduziert er beispielsweise historisierend den Unterschied von Gewalt und Recht nicht als qualitativen sondern als quantitativen. Vielleicht ist diese Lust an der Kasuistik und am allumfassenden System jüdisch.»

Hatte sie das Alte Testament vergessen? Und seine Grundlehre, die das Judentum über Jahrtausende am Leben hielt: dass Gott sich im Gesetz, letztlich in der Qualität des Rechtes offenbart? Doch weiter: «Marx ist da ja ganz ähnlich wie Freud. Anstatt dass er seine grandiosen soziologischen Erkenntnisse weiterführte, hat auch er ein weltweites System von Akkumulations- und Verelendungstheorien entwickelt, bis schließlich die Geschichte selbst bei ihm zu einem vorausberechenbaren, physikalischen Gesetz wird. Eigentlich merkwürdig, dass die drei Männer, die die Welt wirklich verändert haben, alle drei Juden waren: Marx, Freud, Einstein. Es ist eben doch das auserwählte Volk. Und zugleich das Volk, auf dem ein Fluch liegt, denn wenn man's recht besieht, kann man durchaus bezweifeln, ob die Veränderungen dieser drei nicht sehr viel mehr eher Zerstörungen waren. (Dies würde ich nie wagen laut zu sagen – der mörderische Ruf des Reaktionärs wäre mir gewiss.)»

Sie war gut beraten, diese seltsamen und bedrückenden Nachwehen von Alfred Rosenbergs «Mythus des 20. Jahrhunderts» für sich zu behalten. Es hätte sie nicht nur der Vorwurf der «Reaktionärin», sondern – kraft ihres Hinweises auf das «zersetzende» Element im Denken der drei – auch der Verdacht getroffen, dass sie sich ein antisemitisches Generalklischee zu eigen gemacht habe. Dabei dachte sie – um es schlicht zu sagen – nicht allzu scharf über Gestalten und Probleme nach, von denen sie zu wenig wusste. Zum Beispiel, dass die Gefahr des Marxismus nicht die (zersetzende) Analyse, sondern die konstruktive Utopie, die messianische Heilslehre, der Traum von einem irdischen Zion, einem diesseitigen Paradies war. Und was soll Einstein «zersetzt» haben? Legte er nicht vielmehr die Bauelemente der modernen Mathematik (und partiell der Physik) frei? Was «zersetzte» Freud? Er verschaffte uns Einblick in ein zentrales Element der menschlichen Existenz, und seine Lehre wurde erst dann problematisch, als sie von einer übereifrigen Jüngerschaft absolut gesetzt und in eine Heilslehre verwandelt wurde. Außerdem vergaß sie – apropos Weltveränderung –, dass Jesus von Nazareth ein Jude war (und als Jude starb).

Sie habe noch nie in ihrem Leben einen solch langen Brief geschrieben, seufzte sie am Ende ihres Traktates für Carl Jacob Burckhardt, in dem sich manches damit erklären mag, dass sie durch die Hepatitis in einen Zustand der Depression geriet – die Leber galt im Mittelalter als der Sitz der Seele –, die ihr Denken verdunkelte.

Sie verließ das Hospital nach vielen Wochen nicht mit dem Gefühl, sie sei bei den weißen Halbgöttern in den besten Händen gewesen, vielmehr mit der Erinnerung an einen Zustand chronischer Konfusion, gegensätzlicher Meinungen und einander oft widersprechender Anweisungen. Es erwies sich, dass eine Nachbehandlung bei einem vernünftigen Leberspezialisten in Kassel notwendig war. Die Entbehrungen, die sie sich nach der Entlassung für lange Monate auferlegen musste – zum Beispiel der Verzicht auf Wein –, wurden ihr nicht schwer. Sie hatte sich auch irgendwann die Zigaretten abgewöhnt, ohne darüber – in der erhaltenen Korrespondenz – ein Wort zu verlieren.

Und die Liebe? Für die blieb wenig Zeit, wenig Energie, vielleicht auch ein schwindendes Interesse nach dem quälend langsamen, doch insgesamt so honorig-eleganten Scheitern der Beziehung zu David Astor. Flüchtige Begegnungen auf ihren Reisen, vom Charme des Augenblicks überglänzt? Vielleicht. (Theo Sommer deutete *en passant* solche Möglichkeiten an.) Natürlich war sie, wie seit jungen Jahren, stets von Verehrern umschwärmt. Einer der hartnäckigsten: der Bühnenbildner, Illustrator und Graphiker Emil Preetorius, der sein Schaffen vor allem in den Dienst Richard Wagners gestellt hatte, während des Dritten Reiches zusammen mit dem Regisseur Heinz Tietjen der Hauptgestalter der Bayreuther Festspiele. Als Präsident der Bayrischen Akademie der Schönen Künste fand er auch nach der Katastrophe ein schönes Forum für sein kräftig ausgeprägtes Ego. «Marion, Sie erlesenes Gebild», rief er sie mit einem Pathos an, das der Komik nicht fern war: «es geht schon von Ihrer Hand ein großer Zauber aus ...» «Schöne, liebe, ach, wieder ferne Marion ...» (Immerhin duzten sie sich unterdessen.) «Marion, geliebtes Gebild, Thema meiner Sehnsuchtsträume ...» Liebesgestammel, Versuche einer Verabredung, spielerische Vorwürfe über ihre ausbleibenden Briefe. Nach geraumer Zeit öffnete sie die Kuverts gar nicht mehr – aber sie warf sie auch nicht in den Papierkorb, sondern sammelte sie brav in einer Schachtel.

Es kursierten auch Gerüchte über ein engeres Verhältnis zu einem Mann schottischen Adels, doch in ihrem Nachlass fand sich kein Brief, keine Notiz, nicht einmal ein einschlägiger Name im Adressbuch.

Doch Bia von Yorck, der ältere Bruder des hingerichteten Peter, rührte sich wieder, nach einigen Jahren der Entfernung, in denen er und vor allem auch seine Frau, Else Eckersberg, zu fürchten schienen, der Sohn Alexander könnte durch die große Nähe zu Marion Dönhoff, die er tief verehrte, in Versuchung geraten, sein Jurastudium abzubrechen, und sich womöglich dem Gewerbe der Journalisten zugesellen (er führte in der Tat eine rasche und gute Feder). «Ali» wurde vielmehr Diplomat, und er hatte bei seiner Pensionierung eine beachtliche Karriere aufzuweisen.

Auch für den Adoptivvater fand sich eine Aufgabe im Auswärtigen Dienst: Er wurde 1953 Generalkonsul in Lyon, einer wichtigen Partnerstadt der deutschen Wirtschaft. Das Auswärtige Amt war glücklich, mit ihm einen ausgewiesenen Gegner des Nationalsozialismus nach Frankreich schicken zu können. Später eröffnete er die Handelsvertretung in Bukarest, die er bis zu seiner Pensionierung 1968 leitete. Anfang der sechziger Jahre schien er auch seine leidenschaftliche Frömmigkeit, die ihn seit der KZ-Haft in ihrem Bann hielt, wieder gezähmt zu haben. Zu Weihnachten 1961 schickte er Marion ein seidenes Tuch und die Versicherung seiner Liebe. Nach dem Erscheinen ihres Erinnerungsbuches rief er ihr mit keinem geringen Pathos zu, er habe bei der Lektüre empfunden, sie habe ihre «Feder in sein Blut getaucht» – das Blut des Bruders Heinrich, ohne Zweifel, der ihm so nahe war, dass er sein Erbe in mancher Hinsicht übernommen hatte.

Ein Jahr später, kurz vor seinem sechzigsten Geburtstag, sah er die Hatzfeldt-Kinder seines Freundes Heinrich, die er allesamt klug und sympathisch fand, doch nur bei Christina konnte er eine gewisse Ähnlichkeit mit dem Vater wahrnehmen. Dafür stellte er ein Bild Marions in sein Arbeitszimmer, der er nach ein oder zwei gemeinsamen Tagen und Nächten zurief, sie habe «ein Weh» in seinem Herzen hinterlassen. Er beschwor sie, von Hamburg nach

Paris zu übersiedeln: «Die Zeit vergeht ... Denke gut zu mir hin u. laß mich wissen, wie Deine Entscheidung gefallen ist.» Wohl schon zuvor hatte er ihr in einem Brief aus Lyon vom 4. Dezember (aber welchen Jahres?) gestanden: «Weißt Du denn nicht, dass Du eine offene Wunde meines Herzens bist?» Manchmal komme es ihm wie ein Wahnsinn vor, dass ihr beider Leben so fern voneinander verlaufe. Und schließlich im Oktober 1964: «Marion, geliebtes Wesen! Die Tage waren so erfüllt wie nur Herbsttage sein können. Noch einmal ist alle Süße des Lebens gegenwärtig, überwältigend, bethörend, andrängend. Aber welche Wehmut zugleich, Vorgefühl des Abschieds, Entgleiten nur Dahinschweben. Einst war alles Verheißung, und die Arme waren weit geöffnet zu umfangen. Nun lösen sich die Hände ...» In der Tat fanden sich keine weiteren Briefe mehr. Aber dank der treuen Anhänglichkeit Alexanders verloren sich Bia und Marion niemals ganz aus den Augen.

Paul von Yorck überlebte Marion. Hundert Jahre alt, suchte ihn kurz vor seinem Tod die Vision einer letzten Begegnung heim. Er führte mit ihr ein Gespräch, mit Rede und Gegenrede. Erst nach dieser erträumten Aussprache mit der Frau, die er liebte, fühlte er sich frei, dem Leben adieu zu sagen.

· Kapitel 23 ·

Die Gräfin ist Chef

Die Reise in das fremde Land nebenan, so fragwürdig sie gewesen sein mag – ein gewisser Tabubruch immerhin –, war für die «Zeit» in Wirklichkeit eine Markierung auf dem Weg zu einer neuen Ostpolitik, der in der Endphase der Ära Adenauer und während Erhards kurzer Kanzler-Jahre nicht nur das Hamburger Wochenblatt, sondern noch immer und vor allem die sozialdemokratische Opposition das Wort redete, allerdings mit einiger Behutsamkeit, da die SPD seit der großen Bekehrungsrede von Herbert Wehner im Bundestag die Bindung an die Atlantische Allianz nicht in Frage stellen, geschweige denn gefährden wollte.

Die Partei maß nicht mehr jede außenpolitische Unternehmung der Bundesrepublik ausschließlich an ihrem Grundziel, der Wiedervereinigung und damit der Renaissance der Nation. Vielmehr hatte sie akzeptiert, dass die Einbindung der deutschen Demokratie in das Gefüge der westlichen Gemeinschaft unlösbar und dass der Aufbau Europas für die deutsche Politik eine Aufgabe von gleichem Rang sei, kurz, sie hatte sich auf den sogenannten «Boden der Tatsachen» gestellt, die von Adenauer geschaffen worden waren – ob seufzend wie Herbert Wehner und die Seinen, ob mit einem gewissen Gefühl der Befreiung wie der neue Parteichef Willy Brandt oder der hellwache Fritz Erler, die sich nicht nur der internationalistischen Tradition der SPD verpflichtet fühlten, sondern überzeugte, ja passionierte Europäer waren, alle beide. In der Debatte über die erste Regierungserklärung Ludwig Erhards lobte Fritz Erler den neuen Realismus, doch er akzentuierte den konstruktiven Ansatz mit der Mahnung (und Warnung), die «Opposition immer als mögliche Regierungspartei zu begreifen».

Es ließ sich allerdings nicht übersehen, dass dem zweiten Kanzler die fortschreitende Einbindung der Bundesrepublik in den europäischen Markt nur wenig behagte, weil sie Elemente eines ökonomischen Dirigismus enthielt, die seiner marktwirtschaftlichen Religion widersprachen. Aber er wagte es nicht, an den Pfeilern der fragmentarischen, noch immer schwachen und gefährdeten Gemeinschaft zu rütteln. Die deutsch-französische Kooperation interessierte ihn kaum, aber er beugte sich der Einsicht, dass es nicht im Interesse der Bundesrepublik sei, die Beziehungen bis zum Gefrierpunkt abkühlen zu lassen.

General de Gaulle begegnete dem deutschen Professor mit der stereotypen Zigarre voll verständlicher Skepsis. Die privilegierte Position, die er der französischen Landwirtschaft – immerhin die wichtigste Industrie seines Landes – in einem gemeinsamen Agrarmarkt sichern wollte, stieß in den Führungsgremien der Gemeinschaft auf harten Widerstand, der ihm anzeigte, dass sein Führungsanspruch vor allem durch die neuen Regenten in Bonn nicht mehr mit gleicher Selbstverständlichkeit akzeptiert wurde, wie er es gewohnt war. Brüsk befahl er den Vertretern Frankreichs, sich aus den Verhandlungen des Ministerrates in Brüssel zurückzuziehen. Ferner wurde der Leiter der ständigen Vertretung Frankreichs abberufen.

Immerhin hielt de Gaulle seine «Strategie des leeren Stuhls» ein halbes Jahr durch; dann fand man im «Luxemburger Kompromiss» eine für alle Beteiligten erträgliche Lösung. Freilich gelangte man zu keiner Einigung über de Gaulles Forderung, den nationalen Regierungen in allen wesentlichen Fragen ein Veto-Recht einzuräumen. Das Problem erwies sich als das schwierigste Hindernis für die Fortschritte der Gemeinschaft (die es trotzdem gab) – bis vier Jahrzehnte später in der «Kleinen Verfassung» der Europäischen Union eine halbwegs vernünftige Regelung gefunden wurde, die mit einigem Glück von allen Mitgliedsstaaten ratifiziert werden wird.

Der General hatte seine Gründe, Europa nicht scheitern zu lassen: Wenige Wochen später kündigte er den Rückzug Frankreichs aus der militärischen Integration der NATO an – damit auch den Abzug aller amerikanischen Truppen und sämtlicher NATO-Stäbe aus seinem Lande. Bei Marion Dönhoff, der politischen Chefin (und stellvertretenden Chefredakteurin) der «Zeit», gab es nun keinen Zweifel mehr: Für sie war de Gaulle nicht nur der «Totengräber Europas», sondern der Zerstörer der westlichen Gemeinschaft. Sie wurde mehr noch als zuvor zu einer entschiedenen «Atlantikerin», trotz ihrer Kritik an den Versündigungen des Weltgendarms im Vietnam-Krieg und anderswo – und so legte sie den Kurs der Zeitung fest. Die bekennenden Europäer und Gaullisten im Haus (wie der Chefredakteur Müller-Marein) blieben in der Minderzahl.

Das Misstrauen Erhards gegenüber dem ungemütlichen Nachbarn setzte sich nach dem brüsken Rückzug aus der NATO noch tiefer in seiner treudeutschen Seele fest. Seine Reaktion entsprach der Mentalität des Außenministers Gerhard Schröder: ein Anwalt aus den rheinischen Industriezirkeln, Typ «Bergassessor», als Sohn des Saarlandes nicht frei von antifranzösischen Ressentiments, seine deutsch-nationale Grundprägung von einer oberflächlichen Anglophilie gezähmt. Er wollte enger zu den Vereinigten Staaten aufschließen, doch er hatte sich bei dem jungen Präsidenten John F. Kennedy eine höflich-scharfe Abfuhr geholt, als er im Gespräch die Epoche Adenauers als erledigt charakterisierte: Es sei an der Zeit, dass eine neue Generation auch neue Wege einschlage, verkündete er im Weißen Haus. Kennedy wies ihn knapp zurecht: Konrad Adenauer sei ein großer Staatsmann.

In Schröders Überlegungen fanden sich in der Tat Ansätze zu einer Auflockerung der Beziehungen zu den Staaten Osteuropas, angefangen bei Rumänien, das erste Regungen des Willens zur Selbständigkeit zeigte. Gerhard Schröder war, kein Zweifel, der Idealkandidat des Verlegers Bucerius für die nächste Kanzlerschaft. Die Politikchefin Marion Dönhoff richtete ihre Hoffnungen eher auf den Berliner Bürgermeister Willy Brandt, den sie als einen Mann von intellektueller und moralischer Substanz betrachtete, anders als den leicht hochmütig näselnden Advokaten aus Düsseldorf, der niemals den Soupçon des kleinbürgerlichen Parvenüs ganz abzuschütteln vermochte. Doch es ist Schröder anzurechnen, dass er die Debatte über die Aufnahme von Beziehungen zu den Staaten des Ostblocks und die Neutralen, die sich um die «Hallstein-Doktrin» nicht länger scherten, bis zu einem gewissen Grade von ihren Tabus befreit hat. Das Klima für Gespräche zwischen Ost und West begann sich aufzuhellen.

Im Oktober 1965 legte der Rat der Evangelischen Kirchen in Deutschland eine Denkschrift vor, in der mit eindrucksvoller Klarheit gefordert wurde, die Grundlagen der deutschen Ostpolitik und damit auch die Frage der künftigen Ostgrenze sorgfältig zu prüfen und neu zu formulieren. Nur wenige Wochen später schickten die polnischen Bischöfe während des Zweiten Vatikanischen Konzils einen Brief an ihre deutschen Amtsbrüder, in dem sie – eine Geste von erstaunlicher Generosität – nicht nur Vergebung für die Verbrechen an ihrem Volk gewährten, sondern auch Vergebung für die Sünden der Austreibung erbaten. Die Mitglieder der deutschen Bischofskonferenz antworteten (eine Spur zu diplomatisch): «Christliche Liebe ... wird ... dazu beitragen, dass alle unseligen Folgen des Krieges in einer nach allen Seiten befriedigenden und gerechten Lösung überwunden werden ...» Dies war ein mutiger Schritt nach vorn, vor allem für den polnischen Klerus, der sich dagegen auflehnte, dass die Furcht vor den Deutschen immer wieder als ein Instrument für die Isolierung seines Landes hinter den Mauern des kommunistischen Regimes genutzt wurde.

In der Bundesrepublik kam es, wie Konrad Adenauer vorausgesagt hatte: Der verdiente Wirtschaftsexperte Ludwig Erhard taugte nicht fürs Kanzleramt – auch Marion Dönhoff bestätigte das herbe Urteil in ihren «Zeit»-Artikeln und hernach in ihrer Geschichte der Bundesrepublik aus dem Jahre 1981, in der ihre journalistischen Kommentare und neue Texte, die einen Ausblick auf die größeren Zusammenhänge gewährten, mit Geschick ineinandergewirkt waren.

Die Bildung der Großen Koalition im November 1966, mit der die Ostpolitik der Realität entgegenrückte (und die Sozialdemokratie unter Willy Brandt der Führung der Bundesrepublik ein gutes Stück näherkam), beobachtete sie aus der Ferne: Sie erholte sich im Tessin von einer Krankheit, die sie nicht näher beschrieb (es könnte die schiere Erschöpfung gewesen sein). Als ein geradezu feudales Kurhaus war ihr das moderne Palais zur Verfügung gestellt worden, das der große Architekt Richard Neutra für Ebelin Bucerius gebaut hatte, die nun von ihrem Mann getrennt lebte (dennoch tauschten sich die beiden fast täglich telefonisch oder durch kleine Briefchen über die Hamburger Entwicklungen aus). Der dankbare Gast nannte das Haus «eine Symphonie aus Stahl, Glas und poliertem grauen Granit, der schöner ist als jeder Marmor ... Eine optimale Kombination aus vollendeter Ästhetik und allen technischen Gadgets des 20. Jahrhunderts: überall sind Knöpfe, die wundersame Veränderungen bewirken, zentrale Musik-, Telefon- und Heizanlagen. In dem geheizten Swimmingpool kannst Du Musik hören, telefonieren, die Glaswand, die Dich auf einen goldbraunen Kastanienbaum blicken lässt, hinter dem sich die verschneiten Berge abzeichnen, auseinanderrollen lassen ...»

Sie hatte die großzügige Einladung wahrhaftig verdient. Zusammen mit Müller-Marein hatte sie der «Zeit» ein neues Gesicht und eine neue Prägung gegeben, die langsam – die Geduld auf harte Proben stellend – auch durch steigende Verkaufszahlen Anerkennung fanden. Im Jahre 1960 betrug die Durchschnittsauflage noch ärmliche 66 000. Sie stieg beharrlich fast von Monat zu Monat – drei Jahre später, als Marion Dönhoff die Chefredaktion übernahm, hatte sie die Marke von 250000 überschritten –, und damit stiegen auch die Einkünfte aus dem Anzeigengeschäft.

Es machte sich bezahlt, dass Marion Dönhoff, Josef Müller-Marein und der Feuilleton-Chef Rudolf Walter Leonhardt große Namen aus dem Journalismus, aus der Literatur, aus der Welt der Wissenschaft zur Mitarbeit gewannen. In ihrem Häuschen sammelte die Politik-Chefin zweimal im Jahr eine Gruppe von Köpfen à la Karl Klasen, Karl Schiller, Helmut Schmidt (damals Innensenator von Hamburg) und die Brüder Weizsäcker zu einer lockeren und offenen Debatte – der «Blankeneser Kreis», der immerhin ein knappes Jahrzehnt zusammengehalten werden konnte: sozusagen ihr privater *braintrust*, dessen Anregungen natürlich mittelbar der «Zeit» zugutekamen.

In der Redaktion wurden unter der heiteren und meist sanften Leitung von Müller-Marein und Marion Dönhoffs strengerem Regiment divergierende Interessen sorgsam in der Balance gehalten. Später sprach man von drei Zeitungen, die unter dem Sammeltitel «Die Zeit» erschienen: das liberale Politik-Ressort unter Marion Dönhoffs Zepter, die konservative Wirtschaft, die Diether Stolze lenkte, der lange Zeit von Bucerius auf die Rolle des Verlegers und damit auf die Nachfolge des Gründers vorbereitet wurde, schließlich das linksliberale Feuilleton, das unter Leonhardts Leitung – der den Journalismus beim «Deutschen Dienst» der BBC in London gelernt hatte – ein bemerkenswertes Gespür für die Richtungen und Richtungswechsel, die Kapriolen, die Launen, manchmal auch die Bocksprünge des «Zeitgeistes» an den Tag legte. Vor allem aber entwickelte Leonhardt eine beneidenswert sichere Hand für das Engagement schreiberischer Talente.

Ein aufsässiger Geist, der seine oft so schroff formulierten Meinungen auf eine profunde Kenntnis der deutschen Literatur stützen konnte, gewann rasch – im Für und Wider – seine eigene Lesergemeinde: Marcel Reich-Ranicki, einer der wenigen überlebenden Zeugen des Elends im Warschauer Ghetto, der es zuwege bracht hatte, sich von dem gängelnden Regime des Kommunismus in Polen zu lösen und zusammen mit seiner bewundernswerten Frau eine Existenz als unabhängiger Kritiker und Schriftsteller in der Bundesrepublik aufzubauen. Lange Jahre war er eine der brillantesten Federn im Feuilleton der «Zeit». Als er freilich den Wunsch äußerte, als angestellter Redakteur seinen festen Platz in der Zeitung zu finden, stieß er auf eine Ablehnung, die ihn kränkte. Den Vorwurf, er neige zur «Rabulistik», meinte er noch Jahrzehnte später als «antisemitisch» verstehen zu müssen. In der Tat wurde hier ein nicht unberechtigter Vorbehalt höchst missverständlich formuliert: Manche Kollegen fürchteten seinen kämpferischen Geist, der allzu rasch bereit war, Meinungsverschiedenheiten – ob belanglos oder nicht – mit gewaltigem Getöse zum Grundsatzstreit aufzupumpen. Man sorgte sich, dass seine tägliche Präsenz dem Redaktionsfrieden (der ohnedies oft genug gefährdet war) nicht zuträglich sein würde.

Reich-Ranickis Temperament entsprach in der Tat nicht ganz dem polierten Hamburger «Stil» (wenn es denn einer war), den man auch in der «Zeit» kultivierte. Doch kein Zweifel: Seine Aufsätze und Glossen belebten das Blatt, und er gab dem Literaturteil ein neues Gewicht. Sein Übergang zur «Frankfurter Allgemeinen Zeitung», bei der er 1973 – unter der Schirmherrschaft von Joachim Fest – die Leitung des Ressorts Literatur übernahm, war für die «Zeit» ein herber Verlust. Reich-Ranicki führte zwar keine Feder von jener Eleganz, mit der sein Vor-Vorgänger Friedrich Sieburg die deutsche Literaturkritik auf ein Niveau gehoben hatte, das vergleichslos blieb (wie auch der Glanz seines Stils). Aber Reich-Ranicki begegnete der jüngeren Generation, die sich vor allem in der «Gruppe 47» um Heinrich Böll, Günter Grass und Martin Walser gesammelt hatte, offener und mit einem wachen Sensorium für das veränderte Lebensgefühl, dem diese Autoren das Wort redeten.

Prägender für das Gesicht der Hamburger Zeitung war freilich eine Persönlichkeit von genialen Gaben, die vom lieben Gott als das präzise Gegenbild einer Persönlichkeit vom Schlage Reich-

Ranickis erdacht worden zu sein schien: der Zeichner Flora, den die Gräfin Merveldt entdeckt und den Hamburgern dringend empfohlen hatte. Marion Dönhoff überzeugte sich rasch durch eigene Anschauung von der Originalität des eher schweigsamen, einsilbigen und völlig uneitlen Tiroler Künstlers, der seine wuchernden Phantasien samt ihrer Komik der Disziplin eines sensiblen, auf den ersten Blick einfachen und in Wahrheit überaus raffinierten Strichs unterwarf. Ein Jahrzehnt lang lohnte es sich, die «Zeit» allein wegen der Karikaturen Floras (und seiner Vignetten im Innern) zu kaufen. Der Zeichner bewies in der Wahl seiner Themen einen sicheren politischen und sozialen Instinkt und in der Charakterisierung der Gesichter eine Treffsicherheit, die zu heiter zu sein schien, um als bösartige Kränkung empfunden zu werden – doch in Wahrheit hinter dem so gutmütig wirkenden Schmunzeln eine nahezu tödliche Exaktheit verbarg, die sich oft erst auf den zweiten oder dritten Blick offenbarte.

Die Autoren, die Künstler folgten der Einladung Marion Dönhoffs zur Mitarbeit in der Regel gern – trotz der bescheidenen Honorare. Sie war unterdessen einer der «großen Namen» im deutschen Journalismus. Schon im Jahre 1962 empfing sie das erste Ehrendoktorat (es sollten viele folgen): vom Smith College in Massachusetts, einer Frauenhochschule, die zu den angesehensten akademischen Institutionen des Landes zählte. Nie zuvor hatte eine Frau in der deutschen Presse eine Position von solchem Einfluss gewonnen. Sie hätte freilich die Zuweisung zu einem Geschlecht überhört – oder mit einer ironischen Bemerkung zur Seite geschoben. Ihre Biographin Alice Schwarzer konstatierte in einem Gespräch am Ende des Buches freundlich rügend und mit einem gewissen Unterton der Resignation: «Mit der Frauenfrage haben Sie sich in Ihrem Leben ja nicht gerade im Übermaß beschäftigt ...» Eine Bestätigung brauchte es nicht. Immerhin bemerkte die alte Dame versöhnlich: «Dass Frauen mehr Platz haben wollen und mehr Gleichberechtigung, finde ich richtig.» Doch sie fügte sofort hinzu: «Aber ich bin gegen die Quote, weil Frauen damit etwas eingeredet wird, die es nicht von sich aus anstreben ...»

Nein, eine Feministin war sie nicht. Ihr stellte sich nicht einmal die Frage, warum sie eine sein sollte. Frau Schwarzer meinte, sie habe «quasi ein Männerleben gelebt». Widerspruch: «Ich finde, es gibt keine extra Frauenleben und extra Männerleben ...» Ob sie es je bedauert habe, dass sie auf Kinder verzichtete? Marion Dönhoff verneinte knapp. Im Übrigen habe sie «zwei Generationen von Kindern großgezogen, die mir sehr nahe waren.» In der Tat war sie den Kindern des Bruders Heinrich (und partiell auch deren Kindern) nicht gerade eine Mutter, aber die Vertraute, die Wegweiserin, die Konstante auf ihrem Weg, später die Partnerin, vor allem für Hermann Hatzfeldt, mit dem sie bis zu ihrem Tod eine zärtliche Nähe verband.

Als Hermann durch seine beruflichen Pflichten und seine familiären Bindungen sie nicht mehr zu oft auf Reisen begleiten und ihr im Alltag behilflich sein konnte, wurde Friedrich Dönhoff, ein Enkel des Bruders Christoph, der in Hamburg lebt, ein freundlicher Weggenosse, dessen Ambitionen als Schriftsteller sie ermutigte – wie sie auch die journalistischen Unternehmungen der beiden Großnichten Tatjana und Nicola von Dönhoff mit Wohlwollen beobachtete.

Gelegentlich nahm sie die Dienste eines eher seltsamen Zeitgenossen in Anspruch, der sie des Öfteren bei ihren sonntäglichen Spazierwegen begleiten durfte: Claus Grossner, der sich als Chef eines Instituts für «Großforschung» und Information auswies (was immer das sein mochte), im Untertitel «European International Investment Banking», das in einem stattlichen Haus an der Elbchaussee angesiedelt war. Der lange Mensch mit dem ungebärdigen Haarschopf fehlte auf keiner der besseren Partys in Hamburg, und er schien Gott und die Welt zu kennen. Marion Dönhoff amüsierte sich über den philosophierenden Projekte-Schmied, den das Hamburger Abendblatt einen «Netzwerkflechter» nannte, und die «Welt» feierte ihn in ihrem Online-Dienst als Gründer eines «Weltzukunftsrates». (Sein Versuch, sich einige Jahre nach Siegfried Unselds Tod im Suhrkamp-Verlag festzusetzen, ist allerdings kläglich gescheitert.) Dann und wann stellte er sich gern als ein «Ziehsohn» von Marion Dönhoff vor.

Alice Schwarzer schien die maskulinen Gehilfen, die Marion Dönhoff um sich scharte, nicht zur Kenntnis zu nehmen. Im Schlussgespräch ihres Buches aber fragte sie, wie die Männer denn auf ihrem Berufsweg mit ihr umgegangen seien, «wie mit einem Kumpel – oder wie mit einer Dame?» Marion Dönhoff meinte behutsam: «Doch eher mit einem gewissen Abstand, der aber immer freundschaftlich ist.» Zuvor hatte sie darauf hingewiesen, dass sie sich in der Regel ohnedies längst aus der jeweiligen Runde verabschiedet hatte, «wenn die saufen wollten oder dumme Witze erzählen». Dennoch drang Alice Schwarzer nicht zu der expliziten Feststellung vor, dass Marion Dönhoff stets die Gesellschaft von Männern der von Frauen vorgezogen hat: vorausgesetzt, die Herren waren interessant und Partner für ein lohnendes Gespräch, gleichviel ob sie sich durch besondere Talente, außerordentliche Erfahrungen, prominente Positionen, politische Macht – oder einfach durch die Originalität oder die Kraft ihrer Persönlichkeit auszeichneten.

Die wenigen Frauen in der Redaktion wie die oft so brillante Nina Grunenberg oder die nüchtern-erfahrene Margrit Gerste erfuhren durch sie – dank femininer Solidarität – keine besondere Förderung, auch keine Benachteiligung. Was Marion Dönhoff aber zeit ihrer Tage auf fast unwiderstehliche Weise an Männern anzog, war die Vereinigung von Intellektualität und Macht: siehe Helmut Schmidt, dem sie seine eher herben Formen des Umgangs und seine Verachtung gesellschaftlicher Courtoisie (die er in ihrer Gegenwart zu zügeln wusste) stets verzieh, nein, die sie einfach nicht zur Kenntnis nahm; siehe auch Richard von Weizsäcker, der nicht nur über eine bedeutende Intellektualität (und eine immense Bildung), über ein gezähmtes Machtbewusstsein, sondern obendrein über einen ungewöhnlichen Charme (samt einer fast unerschütterlichen Höflichkeit) verfügt; siehe auch Henry Kissinger, mit dem sie eine treue Freundschaft verband, die alle politischen Divergenzen überstand.

Den Frauen ihrer Helden schenkte sie nicht immer die Beachtung, die sie von einer so weltkundigen Dame erwarten mochten. Ein paar Begrüßungs-, ein paar Dankesworte beim Abschied. Wenn sie vermutete, dass die Gastgeberin nichts weiter zu bieten habe als die üblichen handgestrickten Bemerkungen über die allerliebsten Kinder, die Sorge mit dem Personal, Probleme mit der Schneiderin, die Ferienreise nach Siena, vielleicht sogar einige adrett formulierte Sätzchen über die Lektüre eines modischen Autors, von dem Marion Dönhoff noch nie etwas gehört hatte – dann wandte sich die illustre Journalistin lieber gleich den Herren zu.

Manchmal fiel ihr nach der Heimkehr ein, dass sie der Gastgeberin vielleicht nicht ganz die Aufmerksamkeit geschenkt hatte, die sie verdiente. In einem *lettre du chateau*, den man in England und Amerika *bread and butter letter* nennt, schrieb sie ein wenig schuldbewusst an Kissinger: «Dear Henry, Back in Hamburg I should like to say again, how much I enjoyed the evening with you and your charming wife – I only deplore that I had so little chance to talk with her, I felt that she would be most interesting to talk to.» Vielleicht hatte ihr jemand einen Wink gegeben? Nancy, eine nicht nur hochgewachsene, hochblonde, sondern auch gebildete Dame aus bester Ostküsten-Familie, die noch nicht allzu lange an Henrys Seite weilte, hielt man sich, der Freundschaft zuliebe, besser warm. Sie hatte sich außerdem als kämpferische Natur erwiesen und auf einem Flughafen aufdringlichen Passanten, die ihrem Mann unfreundliche Bemerkungen an den Kopf geworfen hatten, mit ihrem Regenschirm kräftige Hiebe versetzt.

Droben im Bucerius-Schlösschen hoch über Brione, wo sich Marion Dönhoff im späten Herbst 1966 einige Wochen ausruhen durfte, musste sie zur Kenntnis nehmen, dass Kurt Georg Kiesinger – ein klassischer Mitläufer der Nazis und während des Krieges Funktionär in der Presseabteilung des Auswärtigen Amtes – als Kanzler der Großen Koalition ins Palais Schaumburg einziehen werde. Die Nachricht schockierte sie tief, und trotz aller guten Vorsätze, die Zeitung während ihres Aufenthaltes zu vergessen, ging ihr der Gaul durch. Prompt schrieb sie eine scharfe Glosse. Den rauchenden Zorn konnte sie auch in ihrem Brief an den Freund Burckhardt nicht verbergen (der ihre Empörung kaum geteilt haben wird). In ihrer Geschichte der Bundesrepublik wiederholte sie den Vorwurf nicht, man habe einen Ex-Nazi zum Kanzler berufen. Zweifellos wäre es ihr lieber gewesen, wenn sich die CDU und vor allem die CSU auf eine Kandidatur Eugen Gerstenmaiers verständigt hätten, der schon so lange auf eine Große Koalition drang (indes, er scheiterte am Veto von Franz Josef Strauß, der sich an der – internen – Rüge des Bundestagspräsidenten rächte, dass er während der «Spiegel-Affäre» das Parlament belogen hatte).

Vielleicht hat sie sich später von Willy Brandt belehren lassen, dass ein Regierungsbündnis zwischen einem Ex-Parteigenossen und einem Erzfeind der Nazis die Seelenlage der Deutschen auf recht realistische Weise spiegle. Und kam es ihr zu, Willy Brandt durch den hartnäckigen Hinweis auf die NS-Vergangenheit Kiesingers belehren zu wollen? Überdies stellte sie fest, dass der silberhaarige und rhetorisch so gewandte Bildungsschwabe der flexiblen Ostpolitik des Partners keineswegs entgegenstand, auch wenn er die DDR, der er (noch) keinen Staatsrang zubilligen wollte, mit einiger Verlegenheit ein «Phänomen» nannte.

Zunächst freilich sorgte die Große Koalition voller Energie für Ordnung in der Finanz- und Wirtschaftspolitik: Franz Josef Strauß, als Finanzminister wieder in Gnaden aufgenommen, und Karl Schiller, der sozialdemokratische Wirtschaftsprofessor aus Hamburg – als Plisch und Plum geradezu liebevoll karikiert –, demonstrierten eine exzellente Zusammenarbeit. Aufmerksamkeit und Respekt verdiente vor allem das zentrale Reformprojekt des Justizministers

Gustav Heinemann (der vom kirchlichen Widerstand geprägt war) und seines Staatssekretärs und Nachfolgers Horst Ehmke: die Große Strafrechtsreform, eine der wichtigsten Zäsuren in der deutschen Rechtsgeschichte (die längst überfällig war); eine Reform des Eherechts folgte.

Marion Dönhoff beugte sich auch der Einsicht – anders als manche ihrer Kollegen in der Redaktion und vor allem im Feuilleton (das sich immer stärker politisierte) –, dass die Bundesrepublik eine Notstandsgesetzgebung brauche, zum einen, um die letzten alliierten Beschränkungen der Souveränität des Bonner Staates beiseitezuräumen, zum andern auch, weil die Gefahr links- wie rechtsradikaler Versuche, die Demokratie außer Kraft zu setzen, keineswegs ein für alle Mal gebannt war. Den Neonazis, die sich in der NPD sammelten, gelang der Einbruch in die Parlamente von sieben Bundesländern; der peinlichste im angeblich so gemäßigten und demokratisch gefestigten Baden-Württemberg, wo sie nahezu zehn Prozent der Stimmen eroberten.

Zugleich aber radikalisierte sich die «Außerparlamentarische Opposition», vor allem an den Universitäten, die gegen die Notstandsgesetze und zugleich gegen den amerikanischen Vietnam-Krieg Sturm lief. Es beeindruckte die akademische Debatten-Elite wenig, wenn ihr vorgehalten wurde, die jungen Amerikaner wüssten sehr genau, wogegen sie kämpften und was sie riskierten, wie es spätestens das Massaker an der Kent University auf schreckliche Weise bewies; die Deutschen aber begnügten sich mit lärmenden Protesten weitab von jeder Gefahr – und mit der chronischen Deklamation revolutionärer Theorien. Der eindrucksvollste, freilich auch der fanatisierteste ihrer Sprecher war der Soziologiestudent Rudi Dutschke, der durch den mörderischen Anschlag eines aufgehetzten rechten Spießers den Rang eines Märtyrers gewann, erst recht nach seinem frühen Tod durch die Folgen des Attentats. Sein Opfer ließ vergessen, dass sich das Trommelfeuer seiner Reden, in nüchternem Abstand geprüft, durch eine Art genialischer Wirrköpfigkeit auszeichnete – wie sich, in der Distanz der Jahrzehnte, die Monsterproduktion pseudo- oder spätmarxistischer Theorie-Traktate meist als prätentiöser Schmock darstellt (mit dem vor allem der Suhrkamp Verlag, aus Schweizer Kapitalquellen schöpfend, lange die Regale füllte).

Natürlich drang die generelle Unruhe aus den Universitäten auch herüber in die «Zeit»-Redaktion, in der die Meinungen über Sinn und Unsinn, Moral und Unmoral des Vietnam-Krieges ohnedies geteilt waren: Der junge Theo Sommer verteidigte seine strategische Notwendigkeit, Rudolf Walter Leonhardt und vor allem der scharfsinnige Bonner Korrespondent Rolf Zundel verwarfen seine Rechtfertigung, Marion Dönhoff zeigte sich bei einer Erkundungsreise ins Kriegsland durch das Elend der Bevölkerung in den umkämpften Regionen, aber auch durch die Leidensfähigkeit und die «Bravour» der kommunistischen Vietcong beeindruckt.

Zu Haus unterstützte sie die Forderung nach einer Reform der alten Ordinarien-Universität, und sie verstand den Protest gegen die Vätergeneration und ihre ängstliche Weigerung, der ganzen Wahrheit der nazistischen Diktatur, des Terrors und des Vernichtungskrieges ins Gesicht des Grauens zu sehen. Vielleicht mokierte sie sich manchmal über den in der Regel nicht allzu riskanten Versuch der Jungen, die Demokratie für den versäumten Widerstand der Eltern büßen zu lassen. Den Anspruch der «Achtundsechziger» (wie sie später genannt wurden), dass sie den Antifaschismus geradezu erfunden hätten, mag sie belächelt haben. Doch sie notierte zugleich voller Abscheu, dass manche Professoren vom studentischen Mob niedergebrüllt, geschmäht, gedemütigt wurden, wie es den jüdischen Professoren noch vor der «Machtergreifung» widerfahren war, als akademische SA-Rabauken die Hörsäle füllten. Es entging ihr nicht, dass der sogenannte Antizionismus oft genug nichts anderes war als ein kaum mehr camouflierter Antisemitismus.

Zum anderen riet sie dem Verleger gewiss nicht ab, der sich verpflichtet fühlte, den Angeklagten nach dem tumultuösen Staatsbesuch des Schahs, der durch den Tod des Studenten Benno Ohnesorg so tragisch überschattet war, bei der Bezahlung ihrer Verteidigung unter die Arme zu greifen (wie es Rudolf Augstein auch getan hat). Manchmal ließ sich Bucerius, der die Taktiken und Strategien des praktizierten Kapitalismus meisterte wie kein anderer, vom lodernden Pathos eines Dutschke (zum Beispiel während einer Debatte in seinem Hause) von überraschenden Schuldgefühlen überwältigen. Seinen konservativen Redakteuren Stolze und Jungblut widersprechend, fuhr er – nach dem Bericht von Karl-Heinz Janßen – plötzlich auf und rief: «Sie haben ja so recht, die Jungen, sie haben ja so recht.» Und später: «... ich beneide sie um ihren Glauben und ihre Redlichkeit. Die Gesellschaft wird sich vor ihnen bewähren müssen.»

Das schlechte Bürgergewissen *à la mode* stiftete offensichtlich einige Verwirrung auch in den Ganglien dieses sonst so scharfsinnigen Mannes: Denn für gewöhnlich sind es die Jungen, die sich vor der Gesellschaft bewähren müssen, selbst vor einer so angeschlagenen, zweifelnden, gequälten wie der deutschen, die immerhin eine lebensfähige Demokratie geschaffen hat, die längst schon die Republik von Weimar und das Regime der «Tausend Jahre» überdauerte. Indes ließ sich Bucerius von den Pressionen des «Zeitgeistes» nicht zur Nachahmung von Rudolf Augsteins grandioser Rechtfertigungsgeste verführen, der Belegschaft der «Zeit» oder des «Sterns» (wie jener den Mitarbeitern des «Spiegels») die Hälfte der Anteile zu schenken – ein Akt der Wiedergutmachung (wofür?), den Augstein hernach zutiefst bedauerte.

· Kapitel 24 ·

Das wahre '68 fand woanders statt

Das Feuilleton der «Zeit» ließ sich in den Jahren der Unruhe in seinen Sympathien für die Stimmung des Protestes und des Aufbruchs von niemand übertreffen. Rudolf Walter Leonhardt, der so etwas wie eine zweite Pubertät zu erleben schien, räumte schillernden Erörterungen der Vorzüge und Gefahren der Rauschgifte allzu viele Spalten ein, und er propagierte – mit vernünftigen und unvernünftigen Gründen – die Freigabe des Haschischs, die Risiken der «Einstiegsdroge» und ihre fatale Wirkung auf die Gehirnzellen unterschätzend. Marion Dönhoff, die «Leo» lange kannte und seine Fairness schätzte, mag des Öfteren hörbar geseufzt haben. Ihr «Leo» zum Beispiel hatte den Mut gezeigt, den einstigen HJ-Dichter Hans Baumann in Schutz zu nehmen, dem der erste Preis für ein Theaterstück, das er unter einem Pseudonym eingereicht hatte, von einer feigen und opportunistischen Jury wieder abgesprochen wurde, nachdem die Identität des Autors ruchbar geworden war. Überdies hatte sich ihr «Leo» in ein englisches Schulexperiment vernarrt – «Summerhill» hieß das Unternehmen –, das den Eleven nahezu völlige Freiheit bei der Gestaltung des Unterrichts, erst recht ihrer Freizeit samt sexuellen Kapriolen und beim Umgang mit dem Hasch einräumte. Manche Ausgabe des Feuilletons las sich damals wie eine Hauspostille von «Summerhill». Die «Zeit» wandelte, zumindest im Feuilleton, vom eifernd-wirren Missionsgeist der linken

Sekten überwältigt, damals zuweilen am Rande der Lächerlichkeit durch die stürmische Epoche.

Der Umschlag des Protests in die Gewalt zog die Linien klarer aus, auch in der Redaktion. Der Linksaußen Uwe Nettelbeck, der über den Prozess gegen die Kaufhaus-Brandstifter Andreas Baader und Gudrun Ensslin mit klaren Sympathien für die Angeklagten und ihre Strategie der «Gewalt gegen Sachen» berichtet hatte, wechselte zu «konkret», dessen Kolumnistin Ulrike Meinhof – die Frau des eher peinlichen Klaus Rainer Röhl, von vielen Mitarbeitern der «Zeit» als eine liebenswerte und (trotz ihrer Radikalität jenseits aller Vernunft) gescheite Kollegin geschätzt – sich 1970 an der gewaltsamen Befreiung von Baader beteiligte, bei der ein Beamter lebensgefährlich verletzt wurde: Dies war der Abmarsch in den terroristischen Untergrund. Die Terrordrohung der Verschwörer, die mit der üblichen Großmäuligkeit der Pseudorevolutionäre als «Rote Armee Fraktion» firmierten, zog die bundesdeutsche Öffentlichkeit, die sich so rasch bis zur Hysterie erregen ließ, allzu sehr in ihren Bann, auch die Redaktion der «Zeit» – in der Mehrzahl «Scheiß-Liberale» (nach der damals gängigen Formel). Marion Dönhoff ließ die primitive Charakterisierung ziemlich gleichgültig.

Am 1. Juli in jenem Jahr des Aufruhrs übernahm sie – wie lange vorausgeplant – das Amt der Chefredakteurin (Müller-Marein zog sich in seine zweite Heimat Frankreich zurück). Den politischen Kurs hatte sie im Wesentlichen seit 1955 bestimmt. Sie nahm die Gesamtverantwortung für das Blatt ernst, las gewiss auch den Wirtschaftsteil, das Feuilleton, das unterhaltende «Moderne Leben» aufmerksamer als zuvor. Die Passion freilich galt der Politik. Die generelle Unruhe der Gesellschaft und die Veränderungen, die sich ankündigten, rieten ihr, auch das Politische Ressort noch eine Weile selber zu lenken. An Carl Jacob Burckhardt schrieb sie, junge Leute in der Redaktion hätten «plötzlich ihren revolutionären Sinn entdeckt» und agitierten im Hause. In der Summe sagte sie dem Schweizer Vertrauten, der auf geordnete Verhältnisse hielt, dass es einstweilen ihre Autorität brauche, um das Ressort Politik in einem funktionsfähigen Zustand zu halten.

Mit ihrer Vertretung betraute sie Hans Gressmann, der später – nach einem verunglückten Experiment mit dem von Bucerius gewünschten Anzeigenträger des «Zeit-Magazins» – als stellvertretender Chefredakteur des Südwestfunks in Baden-Baden eine neue Basis fand. Zum stellvertretenden Chefredakteur in Hamburg avancierte Theo Sommer, der wohl lieber die Leitung der Politik übernommen hätte. Damit musste er sich gedulden. Leicht hatte es Marion Dönhoff dem Haupt- und Oberbuben «Ted» Sommer ohnedies nicht immer gemacht, sosehr sie seine glänzenden Talente als Schreiber, seine politisch-historischen Einsichten (die in den Sommerseminaren des Harvard-Professors Kissinger einen letzten Schliff erhalten hatten), seine Witterung, seine Weltkenntnis und vor allem seine Gabe, die Mitarbeiter zu motivieren, schätzen gelernt hatte.

Lange konnte er der Chefredakteurin Marion Dönhoff nicht zur Hand gehen. Als Helmut Schmidt in der ersten sozialliberalen Regierung das Verteidigungsministerium übernahm, holte er Theo Sommer als Leiter seines Planungsstabes nach Bonn. Die unmittelbare politische Erfahrung in einem verantwortungsvollen Amt der Exekutive veränderte den Blick auf die künftigen journalistischen Aufgaben. (Man wünschte in der Tat jedem Medienmenschen höheren Ranges eine Art Pflichtjahr in der Regierung oder, besser noch, in einem der parlamentarischen Ausschüsse – eine Lehrzeit im Ausland ohnedies, sei es als Student, als Mitarbeiter einer Zeitung, einer Radio- oder Fernsehstation.) Zurück in Hamburg, betrachtete er die innere und äußere Lage der «Zeit» mit kritischer Distanz – und mit der Freiheit eines jungen Mannes, dem eben ein lockendes Angebot für eine Führungsposition im Fernsehen auf den Tisch gelegt worden war. Auch in Bonn stand ihm eine Karriere offen. Die «stärkste Bindungskraft», schrieb er Marion Dönhoff, «liegt für mich im Persönlichen: an Sie, solange Sie da sind, an einige andere, die darauf bauen, dass ich bleibe ...» Doch mit seltener Härte stellte er auch fest: «Verlag und Verleger der ZEIT inspirieren kein Vertrauen. Der Verlag ist unfähig, auch nur für halbwegs geordnete Verhältnisse im technischen Bereich zu sorgen. Den Verleger aber betrachte ich nicht länger als gefeit gegen die ständige Versuchung zum wirtschaftlich oder journalistisch Absurden. Er rennt mit fuchtelndem Säbel auf immer neue Schlachtfelder und merkt gar nicht, dass er damit nur sich und seine ausgeblutete Mannschaft zermürbt. Zugleich scheint er nicht in der Lage zu sein, der ZEIT eine tragfähige Grundlage zu schaffen. Die Stiftung» – Bucerius trug sich seit langem mit dem Gedanken, die «Zeit» in einer Stiftung zu verankern – «ist langsam bloß noch ein Kalauer, jedes Jahr neu bei der Buchmesse an den Mann gebracht.»

In der Tat wäre das Blatt fast an dem unausgereiften (und teuren) Projekt eines Magazins zugrunde gegangen, das trotz der Sprunghaftigkeit des Verlegers schließlich doch ein Erfolg wurde. Müller-Marein, aus Frankreich als Nothelfer zurückgeholt, gab der Zeitschrift mit Hilfe hochtalentierter Enthusiasten wie dem jungen Redakteur Michael Naumann ein Gesicht, das später durch Jochen Steinmayr ein unverwechselbares Gepräge gewann. Naumann entwickelte danach zusammen mit Josef Joffe das «Dossier», das Platz genug für die gründliche Behandlung und vielseitige Belichtung großer Themen bot.

In Hamburg gab es schon lange keinen Zweifel mehr, dass Marion Dönhoffs redaktionelles Erbe Theo Sommer zufallen würde. Die «Wellenlänge» der Verständigung oder, wie die Amerikaner sagen, «die Chemie» zwischen den beiden stimmte. Seinem Charme begegnete sie mit einer Sympathie, die gelegentlich durch ein Quant Ironie gebrochen sein mochte. Wenn sie es für notwendig hielt, verpasste sie ihm auch – es kam nicht zu oft vor – eine kalte Dusche, vor der übrigens niemand sicher war, auch der Verleger nicht, der mitunter eine rechte Nervensäge sein konnte. Bei der kleinsten Schwankung der Auflage schrieb Bucerius alarmierte

Briefe, in denen er den Himmel einstürzen und das Überleben des Blattes – für das er «die größten Opfer» gebracht hatte – wieder einmal gefährdet sah. «Die Zeit» war gewiss das einzige Kind unter seinen verlegerischen Produkten, das er wahrhaft liebte. Als ihre Existenz in den fünfziger Jahren ernstlich bedroht war, setzte er in der Tat alles, auch sein persönliches Hab und Gut, aufs Spiel, um das Geld aufzutreiben, das es zu ihrer Rettung brauchte. Der Einsatz lohnte sich.

Ärmer hat ihn die Zeitung am Ende nicht gemacht – im Gegenteil: Sie verschaffte ihm eine Reputation, die sich in allen seinen anderen Geschäftsinteressen als Segen erwies. Zwar schrieb «Die Zeit» erst 1972, am Ende der Chefredaktion Marion Dönhoffs, schwarze Zahlen. Doch die – längst nicht mehr allzu dramatischen – Verluste konnte er leicht mit einem Bruchteil der Gewinne des «Sterns» ausgleichen; im Übrigen minderten sie sich ohnedies, weil sie bei der Steuer geltend gemacht werden konnten. Verlust und Gewinn waren bis zu einem gewissen Grade manipulierbar.

Bucerius hatte in der Neige der sechziger Jahre den «Monat» übernommen, für den der amerikanisch finanzierte «Congress for Cultural Freedom» unter der Direktion des Dönhoff-Freundes Shepard Stone nicht mehr aufkommen konnte. Da Bucerius eine Umbesetzung der Chefredaktion nach seinen Wünschen nicht gelang – er wollte sie zunächst dem Nationalästheten Karl Heinz Bohrer, damals Literaturchef der «Frankfurter Allgemeinen Zeitung», anvertrauen, danach dem nicht allzu belastbaren, feinnervigen Reporter und Essayisten Horst Krüger –, kurz, da seine Personalstrategien nicht aufgingen, lud er dem Traditionsblatt, das immer noch an die 10 000 Exemplare verkaufte, kurzerhand die bei den großen Publikationen seines Verlages üblichen Generalkosten auf, womit er das Defizit gewaltig in die Höhe schießen ließ. Mit dem Hinweis auf diese Last machte er den Laden zu, ohne die leiseste Regung jenes Sentiments, mit dem er sonst nicht sparte.

Kaum hatte sich Marion Dönhoff den Chefsessel zurechtgerückt, wurde ihr und Bucerius ein Memorandum auf den Schreibtisch gelegt, das den beiden dringend empfahl, schon jetzt eine Entscheidung über die Führung des Blattes nach dem Ende von Marion Dönhoffs Dienstzeit zu treffen. Verfasser der Note war Leonhardt, doch sie wurde von Sommer, Gressmann und anderen mit unterzeichnet. Der Vorschlag der Konspirateure: Die «Zeit» sollte nach Marion Dönhoff einer kollektiven Führung übergeben werden, wie es den damals modischen Formeln entsprach, da selbst Theater (wie das Frankfurter Schauspiel) nicht mehr von einem Intendanten, sondern von einem «Kollektiv» geleitet wurden (was sich als eine Lösung erwies, die keine war, sondern lediglich eine Plattform für aufreibende und unproduktive Endlosdebatten schuf). Oder dachten die Herren eher an das Herausgeber-Modell à la FAZ? Wie auch immer: Bucerius und Marion Dönhoff fürchteten, diese Vorausplanung werde «Redakteure erster und zweiter Klasse» schaffen, für Spannungen sorgen und Unfrieden stiften. Sie winkten ab.

Dies freilich war nur ein Vorgeschmack der künftigen Positions- und Machtkämpfe, die hinter den Kulissen, manchmal auch auf offener Bühne ausgetragen wurden. Sie kostete die Beteiligten zweifellos ebenso viel Zeit wie Kraft, und sie schufen ein solch komplexes Feld von gemeinsamen und gegenläufigen Interessen, von konkurrierenden Ambitionen, von taktischen Alleingängen und strategischen Bündnissen, von Sympathien und Antipathien, dass sich für den späten Leser der Korrespondenzen und Memos und Resolutionen kaum mehr ein auch nur halbwegs klares Bild der Verhältnisse ergibt. Das braucht es in Wahrheit nicht. Was damals für die Beteiligten eine Frage nach Sein oder Nichtsein zu sein schien, erweist sich im Abstand einiger Jahrzehnte als ein Aperçu in der Geschichte der «Zeit» – und manchmal nicht einmal das. Eher als ein wucherndes Gestrüpp von Langeweile. Das Erstaunliche: dass den Beteiligten noch genug Energien blieben, jede Woche eine lesbare Zeitung zu fertigen.

Vielleicht nahm die Glättung der Spannungen die Chefredakteurin so sehr in Anspruch, dass sie einem Bonner Drama, das ihr nicht gleichgültig sein konnte, keine erkennbare Aufmerksamkeit schenkte. Bundestagspräsident Eugen Gerstenmaier geriet ins Zentrum eines sogenannten Skandals, als bekannt wurde, dass er ein Wiedergutmachungsverfahren angestrengt hatte, dessen Urteil ihm bescheinigte, ihm seien zwei ordentliche Professuren der Theologie im Dritten Reich vorenthalten worden, weil es die Nazis nicht duldeten, dass einer ihrer erklärten Gegner einen universitären Lehrstuhl besetzte. Wie es die einschlägigen Gesetze vorsahen, wurde Gerstenmaier eine Entschädigung von mehr als 280 000 Mark zugesprochen. Die Öffentlichkeit – «Spiegel» und «Stern» voraus – nahmen die Nachricht mit einem Wutgeheul auf. Mit dem Verfahren hatte alles seine Richtigkeit. Aber zweifellos wäre Gerstenmaier gut beraten gewesen, das Geld auf ein Sonderkonto überweisen zu lassen, statt den Hauptteil gleichsam unter der Hand zu verschenken.

Linke und rechte Journalisten rächten sich nun für den intellektuellen Hochmut, mit dem ihnen der gebildete und scharfsinnige Schwabe mitunter begegnet war. Die Abgeordneten, zumal die auf den hinteren Bänken, demonstrierten ihren lange unterdrückten Ärger über die Strenge, mit der Gerstenmaier seit vierzehn Jahren seines Amtes waltete. Sie wollten auch nicht begreifen, dass er das Gewicht des Parlaments durch eine gewisse Ritualisierung der Sitzungsroutine zu stärken versuchte. Dem Bonner Beamtencorps wiederum ging es gegen den Strich, dass er dem Bundestag ein Selbstbewusstsein vermittelte, das jedem Abgeordneten ein Gefühl der Gleichwertigkeit gegenüber einem Minister oder gar einem Staatssekretär verschaffen sollte. Darum betonte er auch, dass im Protokoll der Bundestagspräsident den Rang zwei besetzte (der Bundesratspräsident den Rang drei, der Kanzler erst den Rang vier). Man kreidete ihm sein herrisches Auftreten an, auch eine gewisse Eitelkeit, der er manchmal nachgab.

Das alles wog nichts gegenüber seinen Verdiensten als Mann des Widerstandes, als der dynamische Chef des Evangelischen Hilfswerkes, das Hunderttausenden in den Jahren der Not das Leben gerettet hatte, nichts gegen seine Meriten für das Parlament. In einer Pressekonferenz, in der er einen jammerwürdigen Mangel an Geschick an den Tag legte, entfuhr ihm die Bemerkung: «Nazi hätte man sein müssen» – nämlich, um in der Bundesrepublik seine Rechte ohne öffentlichen Widerspruch wahrnehmen zu können. Die Antwort: ein Aufschrei, zumal von rechts. Rolf Zundel, der Bonner Korrespondent der «Zeit» (und eine ihrer besten Federn) kommentierte den Skandal ohne erkennbare Sympathien für das Opfer. Doch er konstatierte: «Um in der politischen Gesellschaft wirklich als Widerstandskämpfer anerkannt zu werden, empfiehlt es sich, tot zu sein.»

Diese Bemerkung müsste Marion Dönhoff ans Herz gegriffen haben. Eugen Gerstenmaier war – neben Theodor Steltzer, dem ehemaligen Ministerpräsidenten von Schleswig-Holstein – der einzige Mann des 20. Juli, der in der Bundesrepublik einen hohen politischen Rang und einen nicht unbeträchtlichen Einfluss erobert hatte. Offiziere aus dem Widerstand wurden von der «unpolitischen» Generalität der Bundeswehr zunächst eher abgelehnt – und es vergingen Jahre, bis Graf Baudissin und sein Partner Kielmansegg das Ideal der Bürgerarmee in die Köpfe gewalkt hatten.

Marion Dönhoff, die Gerstenmaier in den Kriegsjahren begegnet war, hatte sich mit ihm ein wenig gestritten, weil er bei dem gemeinsamen Freund Peter von Yorck die konservativen Züge stärker ausgeprägt sah, als sie es in ihrem Porträt geschildert hatte, in dem sie den Willen zur sozialen Reform akzentuierte. Marion von Yorck, die Witwe, gab Gerstenmaier recht. Aber hätte sich Marion Dönhoff, die publizistische Bannerträgerin des 20. Juli, trotz der ideologischen Entfernung zwischen ihr und dem knorrigen Schwaben, nicht selber mit einem kleinen Kommentar zu seinem Rücktritt im Januar 1969 zu Wort melden müssen, da Gerstenmaier zweifellos zu den großen Gründerfiguren der Republik gehörte? War sie das nicht einer gewissen Verbundenheit im Widerstand schuldig?

In Gerstenmaiers und in ihrem Nachlass findet sich kein Brief von ihrer Hand, der dem engen Vertrauten Peter Yorcks und Helmut Moltkes ihr Mitgefühl versichert hätte. Wohl aber liegt ein Brief des Bundesaußenministers und SPD-Vorsitzenden Willy Brandt vor, der Gerstenmaier seine Leistungen als Mann des Widerstandes und seine Verdienste um den Aufbau der Bonner Republik nobel und nicht ohne Wärme bescheinigte – im Unterschied zu seinen Parteifreunden, deren Gros sich eher schäbig verhielt.

Es muss Marion Dönhoff im Krisenjahr 1968 manchmal geschmerzt haben, dass die Rebellionsstimmung an den Universitäten die Aufmerksamkeit nicht nur ihrer Kollegen, sondern auch der Leser – und vor allem der «politischen Klasse» in Bonn – von den wichtigeren Entwicklungen jenseits des großen Zauns allzu sehr abzulenken schien. Sie selber horchte auf, als in Prag der Stalinist Novotný von dem Slowaken Alexander Dubček als Erster Parteisekretär abgelöst wurde. Die oppositionellen Intellektuellen begannen, die Diskussion über die Probleme des Landes aus dem Untergrund in die Öffentlichkeit zu tragen. Ihre Forderung nach einer Demokratisierung des Staates und der Gesellschaft, vor allem aber nach mehr Freiheit drang schließlich bis zum Zentralkomitee der Partei vor, das im April 1968 ein Aktionsprogramm beschloss, das einem «Sozialismus mit menschlichem Antlitz» auf den Weg helfen sollte. Während die jungen Leute in Paris (und manchmal auch in Berlin) Bürgerkrieg spielten, bereitete sich in der Tschechoslowakei knapp zwölf Jahre nach dem Aufstand der Ungarn eine radikale Veränderung des kommunistischen Regimes vor: Der «Prager Frühling» war angebrochen. Die Zensur wurde aufgehoben, die Wirtschaft sollte gründlich reformiert, die Reisefreiheit erweitert werden, den Opfern des Stalinismus versprach man ihre Rehabilitierung.

Die Parteichefs der Nachbarstaaten im sowjetischen Imperium zeigten sich alarmiert. Es kam, wie es zu befürchten war: Vier der fünf benachbarten sozialistischen Bruder- und Schwester-Republiken holten in der Nacht vom 20. auf den 21. August 1968 zum

Schlag aus. Truppen des Warschauer Pakts besetzten das rebellische Freundesland, zum Eingreifen angeblich durch Hilferufe angesichts der «Konterrevolution» verpflichtet. Stumm beobachteten die Bürger den Einmarsch der sowjetischen Panzerdivisionen, und mit besonderem Grimm die drohende Invasion der «Nationalen Volksarmee» der DDR: Knapp drei Jahrzehnte nach dem Einfall der Wehrmacht sollte wieder deutsches Militär einmarschieren. Dazu kam es, nach neuen Forschungen, dann doch nicht. Breschnew hatte, den flehentlichen Bitten der Prager Genossen nachgebend, die Beteiligung der «Nationalen Volksarmee» verhindert (worüber laut Breschnew Ulbricht beleidigt war). Ein Blutvergießen wie in Ungarn wurde vermieden. Das Regime der Unterdrückung aber kehrte zurück.

Die Bundesregierung hielt dennoch am Kurs der Entspannung fest. Sie erklärte am 30. September, fast als eine Art Wiedergutmachung für das schandbare Verhalten der DDR, dass sie das «Münchner Abkommen» von 1938 als ungültig betrachte. Sie leite daraus keinerlei territoriale Ansprüche gegen die Tschechoslowakei her; vielmehr respektiere sie die Unversehrbarkeit ihrer Grenzen. Das war die Handschrift des Außenministers Willy Brandt, der sich freilich der Zustimmung des Kanzlers Kiesinger gewiss sein konnte.

Die «Große Koalition» – von den Medien so oft und zu Unrecht geschmäht – hatte bedeutende Leistungen aufzuweisen. Zugleich war sie der Schirm, unter dem sich ein Umbruch vorbereitete, der durch die Erregungen der «Außerparlamentarischen Opposition» gestört, aber nicht aufgehalten werden konnte. Marion Dönhoff und ihre Kollegen im Politischen Ressort verstanden die Zeichen der Zeit. Das Wichtigste: Am 5. März 1969 wurde Gustav Heinemann von der Bundesversammlung mit den Stimmen der SPD und der FDP gegen Gerhard Schröder zum Bundespräsidenten gewählt. Im Zeichen des neuen Geistes wurde – gegen die Stimmen der Strauß-CSU und der FDP – die Verjährung von Verbrechen des Völkermordes aufgehoben.

Ende September 1969: Wahl des Bundestages. Zwar blieb die CDU mit der CSU die stärkste Partei, doch die Sozialdemokraten und die Freien Demokraten gewannen miteinander eine hauchdünne Mehrheit. Herbert Wehner neigte zu einer Fortsetzung der Großen Koalition, doch Willy Brandt kündigte noch in der Wahlnacht ein Regierungsbündnis mit der FDP Walter Scheels an. Unverzüglich setzte er die beiden Hauptakzente für die Außenpolitik: Belebung der Ostpolitik und der europäischen Integration.

Der neue Kanzler verlor keine Zeit. Schon in seiner Regierungserklärung bot er der DDR Verhandlungen auf Regierungsebene an. Gut drei Wochen später schlug er die Aufnahme von deutschpolnischen Gesprächen vor. Marion Dönhoff kommentierte die Chancen des Ansatzes nüchtern: Die Erfahrung der letzten Jahre lehre, dass Entspannung im Osten zur Desintegration führe und die Autonomiebestrebungen der Mitglieder des Warschauer Paktes stärke. Also sei mit dem wachen Misstrauen Moskaus, aber auch Ost-Berlins zu rechnen. Diese Lage verlange «nicht nur equilibristische Fähigkeiten hohen Grades, sondern auch unendlich viel Geduld». Sie bescheinigte Willy Brandt, dass er beides aufbringe. Schon auf dem Nürnberger Parteitag der SPD 1968 habe er die Formel «Anerkennung beziehungsweise Respektierung der Oder-Neiße-Grenze bis zur friedensvertraglichen Regelung» geprägt – und dennoch sei ihm von Warschau «Revanchismus» vorgeworfen worden. (Auf jenem Parteitag übrigens wurden Willy Brandt und Herbert Wehner von linken Fanatikern mit Prügeln bedacht.)

Die Chefredakteurin appellierte an die «Fortschrittlichen» in beiden Ländern, jetzt die Grundlagen für einen dauerhaften Frieden zu schaffen. Sie erinnerte Polen daran, dass es in Deutschland junge Leute gebe, die «mit der nun weit zurückliegenden Vergangenheit des Dritten Reiches persönlich nichts mehr zu tun haben». Sie sprach aber auch, ohne Blatt vor dem Mund, von der «antizionistischen» Kampagne in der Volksrepublik Polen, von «politischen Studentenprozessen, von der Vertreibung bedeutender Professoren aus den

Universitäten, von der Beteiligung an der Invasion der Tschechoslowakei». Kurzum: Sie betonte kräftig, dass es nicht nur ein deutsches, sondern auch ein polnisches Sündenregister gebe (die sich freilich nicht vergleichen ließen – aber das fügte sie nicht hinzu).

Kurz vor Weihnachten 1969 schickte die Regierung in Warschau eine positive Antwort. Im Dezember noch regten die drei Westmächte Gespräche mit der Sowjetunion über den Berlin-Verkehr und den Status der geteilten Stadt an. Egon Bahr verhandelte in Moskau aufs intensivste mit dem ewigen Außenminister Gromyko und dem Deutschland-Beauftragten (und späteren Botschafter) Falin über einen Vertrag, der die Partner zum Verzicht auf Gewalt verpflichtete und in dem die UdSSR auf ihr «Interventionsrecht» verzichtete, das sich – wie Moskau behauptete – aus der sogenannten Feindstaatenklausel in der Charta der Vereinten Nationen herleite. Die harten Sowjet-Diplomaten machten deutlich, dass sie Verträge mit Polen und der DDR mit einer Anerkennung der Grenzen als Voraussetzung für den Abschluss ihres Abkommens mit Bonn betrachteten. Die Bundesregierung wiederum knüpfte ihre Zustimmung an ein befriedigendes Ergebnis der Berlin-Verhandlungen, die im August 1971 endlich abgeschlossen werden konnten. Das Abkommen wurde am 3. September 1971 von den vier einstigen Besatzungsmächten ratifiziert.

Ein Jahr zuvor schon, am 12. August 1970, hatte Willy Brandt im Kreml den Moskauer Vertrag unterzeichnet. Marion Dönhoff schrieb in ihrer Geschichte der Bundesrepublik: «Fünfzehn Jahre waren vergangen, seit Konrad Adenauer auf dem Moskauer Flugplatz zusammen mit Nikita Chruschtschow die angetretene Ehrenkompanie abgeschritten hatte. Ich ... erinnere mich noch genau der Gefühle, die mich damals beschlichen: vor allem eine große Beklommenheit ... War ich, der ich hier stand, mitschuldig» (an dem Tod von 20 Millionen Sowjetbürgern), «obgleich ich Hitler von Anbeginn an als Feind betrachtet hatte? ... Diesmal waren die Gefühle in Moskau weniger gemischt. Denn Brandt war ja gekommen, um, wie er sagte, ‹ein neues Blatt in der Geschichte aufzuschlagen›: Diesmal war ich nicht beklommen, sondern tief bewegt.»

Die Vertragsverhandlungen mit Polen wurden im November 1970 abgeschlossen. Noch vor der Unterzeichnung durch Willy Brandt und Walter Scheel setzte Marion Dönhoff jenen Artikel ins Blatt, der zu ihren meistzitierten zählt: «Ein Kreuz auf Preußens Grab». Mit der gebotenen Klarheit stellte sie fest, hier sei «kein deutsches Land verschenkt» worden. Vielmehr «wurde das Kreuz auf Preußens Grab schon vor 25 Jahren errichtet. Es war Adolf Hitler, dessen Brutalität und Größenwahn 700 Jahre deutscher Geschichte auslöschten. Nur brachte es bisher niemand übers Herz, die Todeserklärung zu beantragen ...»

Sie fuhr melancholisch fort: «Heimat ist für die meisten Menschen etwas, das vor aller Vernunft liegt und nicht beschreibbar ist ... Für den Menschen aus dem Osten gilt das besonders. Wer dort geboren wurde, in jener großen einsamen Landschaft endloser Wälder, blauer Seen und weiter Flussniederungen, für den ist Heimat wahrscheinlich noch mehr als für diejenigen, die im Industriegebiet oder in Großstädten aufwuchsen. Die Bundesrepublik mit ihrer offenen Gesellschaft ... ist ein Staat, an dem mitzuarbeiten und den mitzugestalten sich lohnt – aber Heimat? Heimat kann sie dem, der aus dem Osten kam, nicht sein.» Sie schrieb auch voller Mut: «Niemand kann heute mehr hoffen, dass die verlorenen Gebiete je wieder deutsch sein werden. Wer anders denkt, der müsste schon davon träumen, sie mit Gewalt zurückzuerobern. Das würde heißen, wieder Millionen Menschen zu vertreiben ... Man möchte freilich auch wünschen, dass uns die Polen in Zukunft mit ihrem Chauvinismus verschonen, der sie von ‹wiedergewonnenen Gebieten› reden lässt ...»

Dennoch: Zu einem endgültigen «Abschied von Preußen» kann sie sich nicht entschließen: «... denn das geistige Preußen muss in dieser Zeit materieller Begierden weiterwirken – sonst wird dieser Staat, den wir Bundesrepublik nennen, keinen Bestand haben.»

Das Stück war, wie sie ihrem Freund Burckhardt mitteilte (der einen langen und schließlich verlorenen Kampf gegen die Leukämie führte), «nicht mit Tinte», sondern «mit Herzblut» geschrieben. Von der Idealisierung Preußens, das schließlich nicht nur der Staat des großen Friedrich (mit seinen leichtfertigen Eroberungskriegen), der Staat der Humboldts, sondern auch der Bismarcks und des zweiten Wilhelm war, konnte und wollte sie bis zum Ende ihrer Tage nicht lassen.

Willy Brandt hatte sie, Günter Grass, Siegfried Lenz und (weiß der Himmel warum) auch Henri Nannen eingeladen, ihn nach Warschau zu begleiten. Sie hatte zugesagt – denn nun erfüllte sich endlich ihr Drängen nach einer «aktiven Ostpolitik». «Aber je näher das Datum rückte, desto ungemütlicher war mir zumute. Zwar hatte ich mich damit abgefunden, dass meine Heimat Ostpreußen endgültig verloren gegangen ist, aber selber zu assistieren, während Brief und Siegel daruntergesetzt werden und dann, wie es nun einmal unvermeidlich ist, ein Glas auf den Abschluss des Vertrages zu trinken, das erschien mir plötzlich mehr, als man ertragen kann.» Erst im letzten Moment fand sie die Kraft, Brandt ihre Absage und deren Begründung zu schicken. «Groß war meine Erleichterung, als ich nach seiner Rückkehr einen handgeschriebenen Brief bekam, in dem Willy Brandt sagte, er habe mein Verhalten gut verstehen können. Und dann stand da auch der Satz: ‹Was das ‚Heulen' angeht: Mich überkam es an meinem Schreibtisch, als ich die Texte für Warschau zurechtmachte. Was ich dann dort und von dort nach hier sagte, ist wohl auch verstanden worden. Ich darf jedenfalls hoffen, dass Sie es verstanden haben und wissen: Ich habe es mir nicht leicht gemacht.›» So schwer lag die Last der Geschichte auf seinen Schultern, dass er vor dem Monument im Warschauer Ghetto auf die Knie sank, der Eingebung des Augenblicks folgend: eine Geste der Buße für die ungeheuerlichen Verbrechen des Nazi-Regimes. Das Bild ging um die Welt. Manchen der Überlebenden traten Tränen in die Augen, als sie ihm auf den Fernsehschirmen oder in ihren Zeitungen begegneten. Es veränderte den Blick auf Deutschland und die Deutschen.

Der Kampf um die Ratifizierung der Verträge mit Polen und der Sowjetunion aber hielt die bundesdeutsche Gesellschaft, die nie zuvor und nie danach eine Politisierung von solcher Passion erlebt hatte – sie schien selbst manchen Familienzusammenhalt zu sprengen –, nahezu zweieinhalb Jahre in Atem. Nur wenige Wochen vor der Abstimmung stellte die Opposition, der sich eine Handvoll freidemokratischer Abgeordneter und ein Vertriebenen-Funktionär aus der SPD angeschlossen hatten, einen «konstruktiven Misstrauensantrag» mit dem Ziel, Willy Brandt im Kanzleramt durch Rainer Barzel abzulösen. Der Vorstoß verfehlte die geforderte absolute Mehrheit um zwei Stimmen, von denen sich später ergab, dass alle beide durch den Staatssicherheitsdienst der DDR gekauft worden waren – hinter dem Rücken Brandts, das ist gewiss, doch es steht dahin, ob dies auch ohne das Wissen Herbert Wehners geschah. Die Christdemokraten rangen hart mit sich selber, ob sie – nach dem Willen von Franz Josef Strauß – die Verträge mit Polen und der Sowjetunion zurückweisen sollten oder ob sie sich zu einer Zustimmung verpflichtet fühlten. Rainer Barzel plädierte – wie auch Richard von Weizsäcker und Erik Blumenfeld – für ein Ja. Ihr Appell an die Vernunft prallte an der Mehrheit ihrer Fraktion ab. Schließlich rang sich die Opposition zu einer Enthaltung durch. Damit waren die Verträge gerettet.

Vielleicht starrte die deutsche Öffentlichkeit (freilich auch die Redaktion der «Zeit») zu gebannt auf die ostpolitische Debatte, auf die mühseligen Fortschritte in den Verhandlungen über Berlin – die Zugangsrechte der Berliner nach Ost-Berlin und in die DDR, die Regelung des Verkehrs zwischen der Bundesrepublik und West-Berlin, auf die parallelen Viermächte-Gespräche, auf die zähen Debatten zwischen Brandts Sonderbeauftragtem Egon Bahr und seinem Ostberliner Kontrahenten Michael Kohl über den deutsch-deutschen Vertrag –, um die Entwicklungen beim Aufbau Europas so aufmerksam wahrzunehmen, wie sie es verdienten. Nur zwei Monate nach der großen Stunde in Warschau verabschiedete der Ministerrat der Europäischen Gemeinschaft im Haag eine «Entschließung über die schrittweise Verwirklichung der Wirtschafts- und Währungsunion», die am Ende des Jahrzehnts in die Welt treten sollte, samt der Vollendung des Binnenmarktes und der erweiterten Befugnisse des direkt gewählten Europäischen Parlamentes, samt der Liberalisierung des Kapitalmarktes, eines festen Kurses der Währungen mit geringer Bandbreite, kontrolliert von einer europäischen Zentralbank. Das war die Europäische Union, die den Vorschlägen Brandts zu Beginn seiner Kanzlerschaft entsprach – freilich um ein Vierteljahrhundert vorausgedacht (das ursprünglich verabredete Ziel der Entwicklung sollte das Jahr 1980 sein).

Schließlich setzte sich Präsident Pompidou, wiederum Willy Brandts Vorschlag folgend, über den hartnäckigen Widerstand seines großen Vorgängers Charles de Gaulle hinweg und öffnete Großbritannien den Weg in die Gemeinschaft von Brüssel – vermutlich weil es ihm, dem so schwerblütigen altfranzösischen Bürger, in der Partnerschaft mit den Deutschen ohne die Präsenz der Engländer nicht so recht wohl war. Dass Marion Dönhoff die Einkehr der Briten in Europa begrüßte, ergab sich aus ihrer tiefverwurzelten Sympathie für die angelsächsische Welt und aus dem Unbehagen an Frankreich, das sich während der Regentschaft des Generals in ihrer Seele festgesetzt hatte.

Nur wenige verstanden, dass es zwischen dem Aufbau Europas im Westen und der Ostpolitik einen untergründigen Zusammenhang gab: Es musste für die Völker jenseits des Großen Zauns mehr als eine vage Lockung sein, nämlich das heimliche Ziel ihrer Entwicklung, dass auch sie eines Tages ihren Platz in dem europäischen Haus des Friedens und der Zusammenarbeit finden sollten, das im Westen Stein um Stein aufgebaut wurde. Katharina Focke, die Tochter des Erzeuropäers Friedländer (der in der «Zeit» niemals einen Nachfolger gefunden hatte), hielt als Staatsministerin im Kanzleramt das Interesse am europäischen Fortschritt gegen den Glanz der Ostpolitik, der jedes andere Sujet überstrahlte, mit ihrem leisen, doch entschiedenen Stil wach.

Die Ostpolitik freilich war das dominierende Thema des Wahlkampfes im Herbst 1972: Das faktische Patt im Bundestag hatte Brandt dazu gezwungen, die Vertrauensfrage zu stellen – und er verlor die Abstimmung wie geplant. Der Bundespräsident hatte danach, wie es die Verfassung vorschreibt, das Parlament aufgelöst und Neuwahlen für den 19. November angesetzt. Wiederum: Niemals zuvor und niemals wieder danach wurde ein Wahlkampf mit gleicher Leidenschaft geführt. Noch niemals hatte sich das Corps der Intellektuellen und Künstler mit ähnlicher Verve in einer politischen Auseinandersetzung engagiert. Das Ergebnis war ein Triumph der Sozialdemokratie, wie er der Partei in ihrer langen Geschichte nie zuvor (und leider auch nie danach) zuteilgeworden ist. Sie wurde mit 45,8 Prozent der Stimmen die stärkste Partei vor der CDU/CSU, die allerdings mit 44,9 Prozent nicht weit abgeschlagen war. Die Freien Demokraten erreichten 8,4 Prozent. Der Kanzler konnte mit einer komfortablen Mehrheit regieren – so sah es in der Siegesnacht aus; in der Realität machten ihm die Spannungen in der eigenen Partei das Leben schwerer, als es zuvor die Opposition vermocht hatte.

Nur zehn Tage vor der Wahl war es Egon Bahr und Michael Kohl nach einem langen und zähen Ringen geglückt, sich über den «Vertrag über die Grundlagen der Beziehungen zwischen der Bundesrepublik Deutschland und der Deutschen Demokratischen Republik» zu einigen. Die Partner verpflichteten sich, die Unverletzlichkeit der Grenzen zu respektieren und gegenseitig die «Selbständigkeit» zu achten. Ferner verabredeten beide Staaten, die Mitgliedschaft in den Vereinten Nationen zu beantragen. Der Weg zur Einigung war lang und schwierig. Was so bewegend und so fragwürdig mit Willy Brandts Besuch bei Ministerpräsident Stoph in Erfurt begonnen hatte – als die DDR-Bürger die Kette der Volkspolizei durchbrachen, als dem Kanzler, der ans Fenster getreten war, (in Marion Dönhoffs Worten) nach «einer Sekunde des Zögerns – Totenstille – ... ein vielstimmiger Schrei – nicht ein Ruf, wirklich ein Schrei» entgegenbraust, «Hoffnung? Verzweiflung? Man weiß es nicht» –, was hernach mit dem problematischen Gegenbesuch von Stoph in Kassel weitergeführt wurde, bei dem der Regierungschef von rechtsradikalen Rabauken angepöbelt worden war: Nun war der schwierige Prozess der «Normalisierung» zu einem erträglichen Ende gekommen, obschon die DDR ihr Hauptziel, die volle Anerkennung als ein anderer Staat, nicht erreicht hatte. Im Mai 1973 ratifizierte der Bundestag den Grundlagenvertrag mit 268 gegen 217 Stimmen, das Gesetz über den Beitritt zu den Vereinten Nationen mit einer breiteren Mehrheit. Da die CDU/CSU-Fraktion nicht bereit war, seiner Empfehlung einer Zustimmung geschlossen zu folgen, legte Rainer Barzel die Führung der Fraktion nieder und verzichtete auf eine Wiederwahl zum Parteichef.

Marion Dönhoff aber hatte am Ende ihrer Amtszeit als Chefredakteurin zwei große Ziele erreicht: Sie hatte wesentlich dazu beigetragen, die Leserschaft der «Zeit» für die Ostverträge zu gewinnen, und damit einen wesentlichen Beitrag für die Öffnung einer neuen Ära in den Beziehungen zwischen West- und Osteuropa geleistet. Man konnte mit Fug und Recht vom Ende des Kalten Krieges sprechen, obschon die Mauer noch längst nicht gefallen war. Sie durfte ferner konstatieren, dass die Beziehungen zu den Vereinigten Staaten und der Platz der Bundesrepublik in der Atlantischen Allianz nicht gefährdet waren, obwohl ihr Freund Henry Kissinger, der mächtige Sicherheitsberater von Präsident Nixon, Brandts «Ostpolitik» voller Misstrauen beobachtet hatte: Es war just die Politik, die er lieber selbst ausgehandelt und für die Deutschen in die Realität übersetzt hätte. Nun rief er das Jahr 1973 als «das Jahr Europas» aus: «Die Wiedererstarkung Westeuropas ist genauso eine endgültige Tatsache, wie es der historische Erfolg der europäischen Bewegung zur wirtschaftlichen Vereinigung ist ...» Das sagte der Stratege, der mit dem Blick auf die Europäische Gemeinschaft zuvor voller Verachtung gefragt hatte: «What's the telephone number?»

Marion Dönhoff hatte – die zweite große Leistung – mit zäher Geduld und kraft ihrer ruhigen Autorität dafür gesorgt, dass der Widerstand und zumal die Tat des 20. Juli im Gründungsmythos der Bundesrepublik verankert wurde. Sie hatte, mit anderen Worten, wesentlich an einer Veränderung des Geschichtsbewusstseins mitgewirkt. Das war mehr, als einem noch so erfüllten Journalistenleben in der Regel gelingt. Sie war darüber selbst zu einer Art Legende geworden.

Die Last der täglichen Redaktions- und Verwaltungsgeschäfte war – sie zählte 63 Jahre – mit dem Jahresbeginn 1973 von ihr genommen. Sie wusste das Blatt bei Theo Sommer, der ein Mann von fast berstender Energie war (und ist), in sicheren Händen (trotz aller Führungskrisen, die den Verlag in den kommenden Jahren heimsuchen sollten). Als Herausgeberin stand ihr Name für Kontinuität.

Der Verleger schenkte ihr zum Abschied aus dem Amt das bescheidene Haus am Pumpenkamp in Blankenese, für das sie zuvor Miete gezahlt hatte. Fast beschämt schrieb sie Bucerius in ihrem Dankesbrief: «Es ist merkwürdig: ich hatte immer geglaubt, für mich existiere die Kategorie ‹Eigentum› nicht, weil es mir gleichgültig sei – und bisher war das auch immer so –, ob mir etwas gehört oder ob ich es nur verwalte, aber nun stelle ich zu meiner Verblüffung fest, dass dies offenbar gar nicht stimmt ... Ich glaube, ich habe dieses Haus und diesen Garten noch nie so geliebt wie jetzt, da ich weiß, dass sie mein Eigen sind ... Vielleicht ahnen Sie am ehesten, was mich bewegt, wenn ich sage, dass Sie mir ein Stück Heimat gegeben haben, obgleich ich doch dachte, daß es diesen Begriff für mich nie mehr geben würde.»

Die Gräfin begriff sich in diesem Augenblick, nicht nur in der politischen, sondern auch in der sozialen Bedeutung des Wortes, als Bürgerin.

· Kapitel 25 ·

Coda

Das zweite «neue Leben», das sie am Neujahrstag 1973 nach der Übergabe der Chefredaktion an Theo Sommer begonnen hat, schrieb sie in Anführung. Im Mai meldete sie sich, nach langem Schweigen, endlich wieder bei Carl Jacob Burckhardt aus Forio auf Ischia, wo sie sich von den Strapazen der Zäsur ein wenig erholte. Der Brief deutete an, dass die Herausgeberschaft der «Zeit» kein halber Ruhestand war. «... wie das so ist», schrieb sie dem anregendsten ihrer Korrespondenten (der krank das Haus hütete, mit seiner Leukämie kämpfend), «das Neue, das meiner Entlastung dienen soll, ist einstweilen turbulenter als das Alte. Allerdings auf sehr angenehme Weise: es ist eigentlich nur deshalb so rastlos, weil ich tun kann, was ich will.» Wenn ihr danach zumute sei, an eine Konferenz in Paris ein paar Tage anzuhängen, dann hindere sie nichts daran. Wenn sie in Berlin Freunde oder eine Ausstellung sehen wolle, fliege sie eben hinüber. Für die «Zeit» könne sie «so ziemlich nach Gutdünken reisen»: So sei sie gerade vier Wochen in Asien gewesen. «Natürlich wird das nicht ewig so weitergehen, im Sommer will ich ein geordnetes Leben anfangen» und «mich an ein Buch setzen».

Es gingen freilich drei Jahre ins Land, ehe ihre Porträtsammlung mit dem seltsamen, allzu lapidaren Titel «Menschen, die wissen, worum es geht» auf den Markt gelangte. Ein Blick in die Terminkalender jener Jahre erklärt das Zögern. Marion Dönhoff führte mehr denn je das, was man ein «tätiges Leben» nennt: Sie saß, wenn sie sich in Hamburg aufhielt, Tag um Tag in ihrem Büro im Pressehaus, nahm regelmäßig an den Redaktionskonferenzen teil, zumindest im Ressort Politik, beteiligte sich aufmerksam, mit der Autorität ihrer Erfahrung, doch in der Regel ohne Schulmeisterei an den Debatten, schrieb Hunderte von Artikeln, ob knappe Glossen, «Leiter», Reportagen oder gründliche Analysen. Sie hielt Vorträge landauf und landab, nahm an Seminaren und Kolloquien teil. Sie gehörte weiß der Himmel wie vielen Gremien an, bei deren Sitzungen und Tagungen sie aufs lebhafteste präsent war, oft in herausgehobener Position. Burckhardt hatte sie noch voll guter Vorsätze mitgeteilt, sie bleibe nur im Vorstand von drei Instituten, darunter der Außenpolitischen Gesellschaft in Bonn, deren Vizepräsidentin sie war. Doch aus einem Engagement ergab sich das nächste.

Sie war – zumindest außerhalb der Welt der Film- und Fernsehstars – wohl die prominenteste Frau in der Bundesrepublik, bekannter als jede Ministerin, in weiten Kreisen ein Begriff, in denen niemand «Die Zeit» auch nur in die Hand nahm. Kein Wunder, dass sich aberdutzend öffentliche Unternehmungen mit ihrem Namen schmücken wollten: ob der «Beirat», der ein Programm zum 750. Geburtstag der Stadt Berlin zu entwerfen hatte, oder das Pariser Centre d'Études, ein angesehenes Institut für politisch-soziale Studien, das sie in seinen Vorstand berufen hatte, ob das Goethe-Institut mit seinem weltweiten Netz von Filialen, die ein Bild deutscher Kultur und eine gewisse Vertrautheit mit der deutschen Sprache unter die Völker bringen sollten. Die deutsch-amerikanische Steuben-Schurz-Gesellschaft, welche die Erinnerung an die bedeutendsten deutschen Namen in der Geschichte der Vereinigten Staaten wachzuhalten versuchte, verließ sich auf ihre Hilfe, ebenso die von Großmanagern, Abgeordneten, Professoren hochkarätig besetzte «Atlantik-Brücke», die Deutsch-Englische Gesellschaft, die in der Regel in Königswinter tagte, die Aspen-Stiftung, bei der sich – in den sommerlichen Rocky Mountains – so gut wie alles versammelte, was Rang und Namen in der Außenpolitik und in den besseren akademischen Kreisen der Vereinigten Staaten aufzuweisen hatte. Es versteht sich, dass sie zu den Mitgründern der deutschen Filiale «Aspen Berlin» gehörte, für das der Menschenfischer und Talentsammler Shepard Stone, ihr alter Freund seit den Tagen des Hochkommissars McCloy, die notwendigen Gelder dank seines unwiderstehlichen Fundraising-Genies vor allem aus deutschen Kassen herauszulocken verstand.

Der Mai 1979 hätte ihr fast noch einmal eine dramatische Wende ihrer Karriere beschert. Bei einem Urlaub in Forio erreichte sie ein Anruf des SPD-Vorsitzenden Willy Brandt, der ihr antrug, bei der bevorstehenden Wahl eines neuen Bundespräsidenten für die SPD zu kandidieren – gegen den konservativ-blassen Beamten Karl Carstens, den die CDU auf den Schild hob. Sie sagte ohne langes Zögern ab, weil sie sich für die Besetzung eines repräsentativen Amtes für ganz ungeeignet hielt, und schlug dafür Carl Friedrich von Weizsäcker vor, den Physiker-Philosophen, der nicht nur in der wissenschaftlichen Welt hohes Ansehen genoss. Weizsäcker aber winkte ab: Als «Zählkandidat» stehe er nicht zur Verfügung – eine Entscheidung, die Marion Dönhoff als so schnöd-egoistisch empfand, dass sie sich nun doch bereitfand, in die Bresche zu springen. Es war zu spät. Annemarie Renger, die erste Präsidentin des Bundestages (und einstige Gefährtin von Kurt Schumacher), hatte sich zur Verfügung gestellt; wie vorauszusehen unterlag sie gegen die absolute Mehrheit der CDU/CSU.

Marion Dönhoffs tieferer Grund für ihre Absage: Sie wollte frei sein – keine Sklavin des Protokolls, sondern Herrin ihrer Engagements. Die Terminkalender (die nicht für alle Jahre erhalten blieben) vermitteln in der Tat den Eindruck, als hätte sie zumindest drei Leben nebeneinander gelebt – und dennoch machte sie im Gespräch selten einen gehetzten Eindruck, sondern schien entspannt zu sein, immer neugierig, eine konzentrierte Zuhörerin, die Anregung aus allen, auch den entlegensten Feldern des Lebens schöpfte, meist heiter – es sei denn, die nahezu chronischen Krisen in der Führung der «Zeit» hatten wieder einen ihrer düsteren Höhepunkte erreicht, an denen der Verleger in zappelnder Erregung im Begriff zu sein schien, aus dem Fenster zu springen, oder die beiden Konkurrenten Theo Sommer, ein unverdrossener Anwalt der (leicht linksgeneigten) Liberalität, und Diether Stolze, der konservative Wirtschaftschef, die Spannung ihrer kollidierenden Ambitionen nicht länger unter dem Verschluss hanseatisch-polierter Zivilität zu halten vermochten.

Im letzten Amtsjahr von Marion Dönhoff und dem ersten von Theo Sommer wurde ein Redaktionsstatut ausgehandelt, das dem Verleger das entscheidende Recht zur Berufung oder Entlassung des Chefredakteurs und seiner Vertreter trotz einer beschränkten Einspruchsmöglichkeit der Redaktion am Ende dennoch sicherte – und dem Chefredakteur das letzte Wort bei der Besetzung der Ressorts. Trotzdem hatte Sommer recht, als er das Statut ein Dokument der «Mitsprache und der Kollegialität» nannte (wie in Janßens Geschichte der «Zeit» im Detail nachzulesen ist).

Bucerius hatte «Die Zeit» aus dem Verbund von «Gruner + Jahr» gelöst, dem der «Stern», die «Brigitte», später auch «Geo» und viele andere, meist erfolgreiche Titel zugehörten. Jenes Imperium war zur Mehrheit in seinem Besitz, der «Zeitverlag» ganz. Die Trennung war möglich geworden, weil sich die «Zeit» nun selber trug. In den zwanzig Jahren, in denen Theo Sommer die Redaktion dirigierte, wuchs die verkaufte Auflage auf fast eine halbe Million Exemplare an, das Anzeigen-Aufkommen stieg in einer beinahe parallelen Kurve, die Zahl der Seiten mehrte sich auf achtzig bis neunzig: Die Zeitung wurde ein dickes Paket, das den Leser auf den ersten Blick (und bis zum heutigen Tag) einzuschüchtern vermag. Die Zahl der Redakteure hatte sich – laut Janßen – auf mehr als hundert Köpfe verdoppelt, so die Zahl der Redaktionsassistenten und der sogenannten Pauschalisten: freie Mitarbeiter, die ein festes Monatshonorar bezogen. Mit anderen Worten: Marion Dönhoffs Nachfolger lenkte, das Verlagspersonal dazugerechnet, ein mittleres

Unternehmen von etwa dreihundert Bediensteten. Das Blatt warf Geld ab. Jeder langjährige Mitarbeiter nahm an den Gewinnen mit einem großzügig bemessenen Bonus teil: eine angebrachte Kompensation für die nicht allzu üppigen Gehälter und die mehr als dürftigen Pensionen, die dem Prinzip des Eigentümers entsprachen, jeder müsse für seine alten Tage selber sorgen.

Bucerius, der immer wieder seinen Rückzug ankündigte, und seine Frau Ebelin setzten die «Zeit»-Stiftung als Generalerbin ihrer Vermögen ein. Die Zeitung gehörte rechtens der Stiftung, die das Blatt «gegen eine bescheidene Pacht» (wie Janßen schrieb) der KG Zeitverlag Gerd Bucerius überließ. Im Jahre 1973 war es dem Verleger geglückt, «Gruner + Jahr» (und damit das Gros seines Besitzes) an Bertelsmann zu verkaufen, genauer: gegen einen Konzern-Anteil von 11,5 Prozent einzutauschen – ein Coup, der ihn zum Milliardär und seine Stiftung steinreich machte. Da er sich um die Sicherung seines Vermögens keine Sorgen mehr zu machen brauchte, glaubte er 1977, jetzt sei der richtige Zeitpunkt gekommen, die Verlagsleitung der «Zeit» einem Jüngeren zu übergeben. Die Wahl fiel, wie vorauszusehen, auf Diether Stolze, der es freilich ertragen musste, dass Bucerius als der Quasi-Vorsitzende eines nicht vorhandenen Aufsichtsrates im Hause präsent blieb und sich mit seiner oft so präzisen Kritik vor allem in die redaktionellen Geschäfte einmischte.

Stolze wiederum drängte aus der Verlagsverwaltung in die politische Mitverantwortung. Die Auflage stagnierte (vorübergehend) – und wie immer zeigte sich Bucerius höchst alarmiert. Nach monatelangen, zermürbenden Diskussionen setzten Sommer und Stolze ihre Namen neben den der Gräfin auf die Herausgeberleiste und verabredeten eine Teilung der redaktionellen Verantwortung. Das konnte nicht gutgehen, und es ging auch nicht gut. In den neuen, entnervenden Turbulenzen revidierte Bucerius seine Entscheidung, der «Zeit» in einem selbstständigen Unternehmen eine verlegerische Heimat zu bieten: Er suchte nun doch den Anschluss an «Gruner + Jahr», das längst in den Bertelsmann-Konzern integriert war. Die Redaktion rebellierte. Bucerius kündigte das so zäh ausgehandelte Statut. Man sagt, dass es Marion Dönhoff gewesen sei, die das Stichwort «Streik» fallen ließ. Nach einem aufreibenden Nervenkrieg nahm der Alt-Verleger die Kündigung zurück. Diether Stolze verließ das Haus. (Er kam, nach einem Intermezzo als Bundespressechef unter Kanzler Kohl, 1990 bei einem Verkehrsunfall im Tessin ums Leben.)

Sommer regierte nun wieder allein, unterstützt von seinem Freund Haug von Kuenheim, der als Koordinator für den geschmeidigen Ablauf der Produktion des Blattes sorgte – und zugleich als ein freundlicher Tugendwächter dank seiner frühmorgendlichen Kontrollgänge durch die Redaktionsräume die personellen Konstellationen im Auge behielt. Auch ihn dürfte – wie alle Welt – Bucerius' großer Coup überrascht haben: Im Mai 1983 (nur ein gutes Jahr nach seiner Abwahl) wurde Ex-Kanzler Helmut Schmidt neben Marion Dönhoff Mitherausgeber der «Zeit» – eine Sensation für die publizistische Welt. Der Verdacht der konservativen Kreise, Helmut Schmidt würde die Zeitung in ein sozialdemokratisches Blatt verwandeln, konnte rasch widerlegt werden: Die liberale Offenheit war keinen Augenblick lang bedroht, obschon sich der einstige Regierungschef stärker engagierte, als man vermutet hatte: Von 1985 bis 1989 dirigierte er neben Hilde von Lang, der Lebensgefährtin von Bucerius, die Verlagsgeschäfte.

Bucerius hielt nach Schmidts Rückzug von den Verlegerpflichten vergebens nach einem Nachfolger Ausschau. Er meinte eine Zeitlang, mit Schweizer Kandidaten werde er mehr Glück haben als mit den deutschen; mit dem talentierten und schwungvollen «Weltwoche»-Chef Biegler zuerst, der so jung gestorben ist, danach mit dem liebenswürdig-klugen Roger de Weck, der später in der Regie des Holtzbrinck-Konzerns die Chefredaktion übernahm, schließlich mit dem jungen und energischen Frank A. Meyer, der eine minimale Beteiligung an dem Unternehmen verlangte, weil erst der Mitbesitz, sei er noch so gering, seine Autorität als Verlagschef glaubhaft mache (eine Forderung, die Helmut Schmidt als unangemessen betrachtete). Der eigenwillige Helvetier, der im Ringier-Konzern rasch das Amt eines Chefberaters gewann, sagte freilich Bucerius auf den Kopf zu, dass er in Wahrheit keinen Verleger suche, sondern einen Sohn.

Nach dem Tod von Gerd Bucerius im September 1995 – er hatte, durchaus geplant, keine finanzielle Absicherung für das Blatt hinterlassen – entschieden die umsichtig-kluge Hilde von Lang und ihre Berater, dass die Zeitung sehr wohl die Bindung an einen großen Verlag brauche. Die Wahl fiel auf Dieter von Holtzbrinck, unter dessen ruhiger, weltkundiger Leitung der Konzern seines Vaters zu einem mittleren Imperium expandierte, vor allem durch das vielfältige Engagement des Hauses in den Vereinigten Staaten. Für den Titel der «Zeit» musste er gegen die Konkurrenz von Reinhard Mohn der Stiftung 120 Millionen Mark bezahlen. Die deutschen Zeitungen, die zu Holtzbrincks Reich gehörten, führte er am langen Zügel. Er achtete ihr eigenständiges Gepräge und bewies im Umgang mit den Redaktionen eine Fairness, die in jenem schwierigen Gewerbe keineswegs selbstverständlich ist. Reinhard Mohn, das Oberhaupt der mächtigen Bertelsmann-Gruppe, war freilich über diese Wahl so erbost, dass er seinen Sitz im Aufsichtsrat der «Zeit-Stiftung» niederlegte.

Für Marion Dönhoff war Schmidt als Mitherausgeber ein Glücksfall: Sie fand in ihm nicht nur einen illustren, sondern geradezu idealen Partner, den sie trotz all seiner Unebenheiten, vielleicht auch ihretwegen, mit unerschütterlicher Sympathie begleitete, denn er vereinte, wie sie es von einem politischen Führer erwartete: Intellekt und Machtbewusstsein. Sie respektierte Adenauer als den Kanzler der Westbindung der Bundesrepublik, sie war für Willy Brandts Ostpolitik durchs Feuer gegangen, aber sie hielt Helmut Schmidt für den bedeutendsten der deutschen Bundeskanzler, nicht zuletzt dank seiner «preußischen» Tugenden der Disziplin, der Rationalität, der Verlässlichkeit – ein «echter Staatsmann», wie sie dem Großneffen Friedrich sagte. Es tat ihr wohl, dass er sie in seinem Dank bei der Feier seines achtzigsten Geburtstag neben Loki, der Biologin, und der Tochter Susanne als die dritte unter den wichtigen Frauen seines Lebens nannte.

Schmidt mag die Berichte Theo Sommers aus der DDR, die jener 1986 noch einmal gründlich bereiste, mit einiger Skepsis zur Kenntnis genommen haben. Er selber hatte einst ohne Vorbehalt mit den Kommandeuren des anderen deutschen Staates verhandelt. Doch es waren Zweifel erlaubt, ob der Prozess der Gewöhnung an das graue Regime, in dem alles seinen «ordentlichen sozialistischen Gang» zu gehen schien, so weit fortgeschritten war, wie Sommer zu beobachten meinte. Es war auch fraglich, ob dem Altgenossen Erich Honecker jene vertrauensvolle Autorität zugewachsen war, die Sommer registrierte – eine These, der Marion Dönhoff nach einem langen Gespräch mit dem Staatsratsvorsitzenden zuzustimmen geneigt war. Beide durchschauten so wenig wie der Bundesnachrichtendienst, wie Franz Josef Strauß, der enge Beziehungen zur DDR entwickelt hatte (und ihr Milliarden-Kredite verschaffte), wie die gesamte Regierung des Kanzlers Kohl, der für Honecker den roten Teppich ausgerollt hatte, dass der andere deutsche Staat in Wahrheit wirtschaftlich am Ende war (wie die Sowjetunion auch) und sein Überleben im Wesentlichen den Bonner Subsidien verdankte, die teils erpresst, teils freiwillig entrichtet wurden.

An die Chance einer Wiedervereinigung glaubte nahezu niemand mehr (ausgenommen den hellsichtigen Brandt), und viele wache Geister hätten, um das innere Gleichgewicht Europas nicht zu gefährden, eine «österreichische Lösung», nämlich die enge Kooperation zweier demokratischer und freier deutscher Staaten, vorgezogen. Selbst Kohl plante in seinem Zehn-Punkte-Programm, das er nach der friedlichen Revolution in der DDR vorlegte, zumindest für eine begrenzte Frist die Koexistenz zweier Staaten. (Auch der Autor dieser Zeilen hätte eine Konföderation zweier demokratischer deutscher Staaten zugunsten des inneren Gleichgewichts im vereinten Europa vorgezogen.) Hernach, als Kohl die Chance der Wiedervereinigung beim Schopf gepackt hatte, zeigte er sich dennoch unfähig, die Realität der ostdeutschen Verhältnisse zu akzeptieren: Er schwärmte von den «blühenden Landschaften», die drüben binnen weniger Jahre wachsen würden – ohne die Bundesbürger auch nur einen Steuergroschen mehr zu kosten. In Wirklichkeit forderte die (noch immer nicht vollendete) Integration der Ex-DDR einen gigantischen Finanztransfer, der in der Geschichte ohne Beispiel sein dürfte.

Natürlich verfolgte auch Marion Dönhoff den Aufbruch in die Freiheit mit heißem Herzen, manchmal wohl auch mit Tränen in den Augen. Umso harscher ihre Kritik am faktischen Vollzug der wirtschaftlichen und gesellschaftlichen Anpassung, die allzu oft eine kaum getarnte Annektion und manchmal eine gezielte Vernichtungsaktion war. Kein Ruhmesblatt für die deutsche Demokratie. Freilich hatten wir Westler auch lange Zeit unterschätzt, von welch einem Netzwerk der systematischen Überwachung, der chronischen Bespitzelung, der Denunziation, der täglichen kleinen Schikanen, der alltäglichen Korruption und partiell auch eines bürokratisch funktionierenden Terrors die Gesellschaft dort drüben durchsetzt und zermürbt war. Der innere Prozess der Befreiung musste Jahrzehnte in Anspruch nehmen. Darüber täuschte sich in der Führung der «Zeit» niemand, weder Theo Sommer noch Marion Dönhoff oder Helmut Schmidt.

Als Theo Sommer nach zwanzig Jahren die Chefredaktion an Robert Leicht übergab und sich den beiden Herausgebern zugesellte, war das Dreierkolleg, dessen Pflichten und Rechte niemand genau definiert hat, die Garantie einer gewissen Kontinuität. Die brauchte es wahrhaftig: Die Chefredakteure kamen und gingen, auch die Ressorts schienen nicht zur Ruhe zu kommen. Marion Dönhoff schätzte die unerschöpfliche Bildung des Schwaben Leicht (aus einem notorisch reichen Stuttgarter Hause), doch seine professorale Neigung zum pädagogischen Monolog vergnügte sie nicht. Als er einer Debatte über die fragwürdigen Thesen des Harvard-Historikers Goldhagen zum Thema «Hitlers willige Vollstrecker» ein ganzes «Dossier» einräumte, rügte sie in bitterem Zorn, dass nie «irgendeinem Autor so viel Reverenz erwiesen» worden sei: «1500 Zeilen, große Anzeigen in den Tageszeitungen, eine Aufzeichnung im Internet und nun auch noch ein Forum, das total unzulänglich besetzt ist.» Sie pfiff den Redaktionschef an, wie es wohl selten einem Mitarbeiter widerfahren war: «Lieber Herr Leicht, ich kann Sie nicht verstehen: Sie tun gerade so, als gehöre die ZEIT Ihnen und kein anderer habe da etwas mitzureden. Mit keinem von uns Herausgebern wurde diese groß aufgezogene Aktion besprochen ...» Und weiter: «Wir waren ein ‹verschworener Haufen›, in dem niemand Autorität herauskehrte, aber alle zusammenhielten; keiner überlegte, wie er sich in der ZEIT zur Geltung bringen könnte ...»

Sie verklärte, kein Zweifel, die Jahre des Anfangs. Und sie hatte vergessen, welche Stürme die Redaktion heimsuchten, als Fritz J. Raddatz, der einstige Cheflektor von Rowohlt, das Feuilleton aufwirbelte, wie es keinem mehr seit Leonhardts besten Tagen gelungen war. Bucerius legte ihm zunächst begeisterte Briefe, ja wahre Liebeserklärungen auf den Schreibtisch, und auch Marion Dönhoff verteidigte ihn gegen Angriffe, die er rasch auf sich zog: Sie erkannte sehr wohl die ungewöhnlichen Talente des Großliteraten, dessen Charaktermixtur von linksgestimmter Aggressivität, heiterem Zynismus, brillantem Witz, snobistischem Hochmut, genialischer Schlamperei und einem sensiblen Instinkt für Qualität ihr völlig fremd war. Kein Preuße. Aber er produzierte das anregendste Feuilleton nach Leonhardt, wenn auch nicht allzu solide. Sie nahm ihn eine Weile auch gegen Bucerius in Schutz, dessen Bewunderung nach den fragwürdigen Essays über die nazistischen Versündigungen der deutschen Schriftsteller in rasenden Zorn umgeschlagen war. Auch Marion Dönhoff war unmutig, als sie durch Zufall entdeckte, dass der schwierige Raddatz mehr verdiente als sie. Nach der schludrigen Anleihe bei der «Neuen Zürcher Zeitung», die Goethe ins Zeitalter der Eisenbahn beförderte, konnte Sommer den Feuilletonchef mit dem bengalischen Feuer nicht halten; doch er fiel weich, wie nahezu alle, die bei der «Zeit» aus ihren Ämtern gestürzt wurden. Er blieb dem Blatt als hochdotierter Kulturkorrespondent noch lange erhalten – wie überhaupt kaum einer der Geschassten der «Zeit» jemals ganz den Rücken kehrte. So viel zur übersonnten Vergangenheit.

Melancholisch beobachtete Marion Dönhoff das Geschick des Nachfolgers Roger de Weck, für den sie aufrichtige Sympathien empfand: Er scheiterte nach wenigen Jahren an unausgereiften Experimenten bei der Reform und der Verjüngung des Blattes, aber auch an seinem Mangel an Kommunikation mit dem Gros der Redaktion. Mit Frösteln kommentierte sie seine Ablösung durch Josef Joffe, der die «Zeit» auf den neokonservativen Kurs seiner amerikanischen Freunde zu trimmen versuchte – bis ihm das Fiasko des Irak-Krieges eine gewisse Zurückhaltung auferlegte. Überdies kehrte mit Michael Naumann nach dessen Abschied aus dem Amt des Staatsministers für Kultur im Kanzleramt Gerhard Schröders der linksliberale Geist der «Zeit» in die Führung des Blattes zurück. Als Naumann und Joffe zwei Jahre nach Marion Dönhoffs Tod zur Herausgeberschaft wechselten, wurde die Chefredaktion Giovanni di Lorenzo vom «Tagesspiegel» anvertraut (zuvor war er für die legendäre «Seite drei» der «Süddeutschen Zeitung» verantwortlich). Seine oft so heiter wirkende Gelassenheit, sein Witz, seine unbeirrbar höfliche Autorität, sein Instinkt für junge Talente, vor allem seine handwerkliche Sicherheit bei der Modernisierung des Blattes hätten sie wohl an Josef Müller-Marein erinnert, den Partner der frühen Tage, der die «Zeit» eigentlich erst groß gemacht hat – wie es Giovanni di Lorenzo zuwege brachte, das Blatt in den Jahren der permanenten Zeitungskrise wieder zum Höchststand aus der Zeit von «Ted» Sommers Regie zurückzuführen. Auch er freilich kein Preuße: Das ließ das italienische Erbe gottlob nicht zu.

Marion Dönhoff hielt daran fest: Auch die deutsche Demokratie brauchte ein Element des preußischen Geistes, um nicht im schnöden Materialismus zu versumpfen. Auch darum die unermüdliche Beschwörung des 20. Juli und des Widerstandes gegen das nazistische Mörderregime als die letzte Manifestation des Preußentums, obschon sich ohne zu große Schwierigkeit nachweisen lässt, dass wohl genauso viele Nichtpreußen ihr Leben im Kampf gegen die Diktatur riskiert hatten – nicht davon zu reden, dass die Mehrheit der preußischen Adelsfamilien zuvor mit dem Dritten Reich innig genug paktiert hatte. Ihr Preußen – sie betonte es in ihrem Essay «Preußen – Maß und Maßlosigkeit», aber auch in ihren letzten Gesprächen mit Haug von Kuenheim und Theo Sommer – endete freilich 1871, als es im kleindeutschen Reich (oder Klein-Deutschland in Großpreußen) aufging. «Damals», schrieb sie, «trat das Geld an die Stelle von Pflicht und Ehre und wurde zum Maßstab aller Dinge.»

Man könnte freilich fragen, ob die «unheilvolle Verquickung von Absolutismus, Militarismus und Spießbürgertum», von der Fontane sprach, erst mit der Reichsgründung in Preußen eingekehrt war. Die Annektionen des Rheinlandes, Westfalens, später Hannovers, Schleswig-Holsteins oder der polnischen Westgebiete waren doch wohl auch von materiellen Interessen bestimmt. Wie vertrugen sich der brutale Wortbruch von 1848 und die blutige Unterdrückung des Freiheitswillens der Bürger mit der «Ehre»? Wie die Abkehr von den Reformen der Stein- und Hardenberg-Ära, von denen eine nach der andern – angefangen bei der Gleichstellung der Juden – im Zeichen der «Heiligen Allianz» und der Restauration widerrufen oder korrigiert wurde (da Napoleon besiegt war und man den guten Willen der Bürger nicht länger brauchte)? Nahm sich ihre Glorifizierung des großen Friedrich nicht ein wenig naiv aus? Hatte er nicht mit dem Ausschluss des Bürgertums vom Großgrundbesitz, von der Offizierskarriere, vom höheren Beamtentum, von den Ministerien das Fundament des Staates einer homogenen Klasse überlassen, von der die wahrhaft aufgeklärten Geister im achtzehnten Jahrhundert sehr wohl wussten, dass ihr die Zukunft nicht gehörte – oder doch gewiss nicht allein?

Ihr Preußentum war eine Abstraktion, ein schöner (und manchmal unschöner) Traum, eine historische Utopie, eine Beschwörung von Tugenden, die sie selber freilich beispielhaft vorzuleben versuchte. Die wichtigste: die Bereitschaft zum Opfer. In der Bekundung ihres Mutes zum Verzicht auf die verlorene Heimat im Osten waren manche Mitglieder der großen Adelsgeschlechter Preußens der generellen Stimmung, der opportunistischen Vorsicht vieler Politiker, vor allem den rasch gereizten Funktionären der Vertriebenen-Verbände (die vom Ressentiment der Betroffenen lebten) weit voraus – an Freya von Moltke zu denken, die Witwe Helmuth von Moltkes, die es zuwege brachte, dem einstigen Familienbesitz Kreisau in Schlesien als einer vorbildlichen polnisch-deutschen Begegnungsstätte ein neues und sinnvolles Leben zu schenken. Oder an Klaus von Bismarck, den Intendanten des Westdeutschen Rundfunks und Präsidenten des Goethe-Instituts. Oder den Fürsten Alexander zu Dohna, Marion Dönhoffs einstigen Nachbarn. Oder an Rudolf von Thadden, den Historiker, der für eine fruchtbare Kooperation zwischen den einstigen deutschen Kindern seines pommerschen Heimatdorfes und den längst eingewurzelten polnischen Familien zu sorgen verstand. Oder jenen Grafen Krockow, in dessen Todesanzeige mit schöner Selbstverständlichkeit vermerkt war: «Ehrenbürger von Krokowa, Woiwodschaft Gdansk».

Marion Dönhoffs Beispiel hat in der Tat reiche Früchte getragen. Zwischen den deutschen «Heimwehtouristen», die mit ihren Familien zu den Stätten ihrer Jugend und Kindheit pilgerten, und den polnischen Bürgern gediehen ungezählte Hilfsaktionen, die den Polen – meist selber aus den einstigen Ostgebieten ihres Landes vertrieben – bei der Bewahrung des kulturellen Erbes, ob Kirchen oder Gemeindehäuser, kräftig unter die Arme griffen. Viele Freundschaften entstanden in diesem stetigen Austausch. In den einst deutschen Gebieten ist das Versöhnungswerk weiter vorangeschritten als irgendwo anders. Der Neo-Nationalismus der polnischen Rechtsparteien findet dort das schwächste Echo.

Opferbereitschaft und der stille Dienst am Nächsten, an den Schwachen, an den Daniederliegenden waren gewiss nicht spezifische Adels-, sondern eher schlichte Christenpflichten, doch sie waren ohne Zweifel tief im Ethos der großen Familien Preußens verankert. Marion Dönhoff wurde oft um Hilfe gebeten, von Bekannten und Unbekannten – selten vergebens. Wann immer es anging, steckte sie einen Hundert-Mark-Schein (oder auch zwei) in einen Umschlag. Sie gehörte lange Jahre dem Beirat der Strafanstalt Fuhlsbüttel an, der die Leitung des riesenhaften Gefängnisses, auch die zuständigen Gerichte bei der Erwägung von Straferlassen beriet und sich um das soziale Geschick der Gefangenen kümmerte, zumal nach ihrer Entlassung. Um den Heimatlosen unter den Exhäftlingen die Rückkehr in die Gesellschaft zu erleichtern, wurde dank Marion Dönhoff der Verein Marhoff gegründet, der ihnen fürs Erste eine Unterkunft und die Unterstützung durch einen Sozialarbeiter (bei der Suche nach einer Arbeit) anbot: praktische Lebenshilfe, zum guten Teil von ihr finanziert (ohne dass sie jemals darüber sprach).

Geld verdiente in ihren Augen – und nach den Regeln der preußischen Tradition, wie sie von ihr verstanden wurde – nur dann Respekt, wenn es genutzt wurde, Gutes zu tun und Vernünftiges zu bewirken. Je älter sie wurde, umso tiefer war ihr Misstrauen gegen den wuchernden Neoliberalismus, eine Antipathie, die sich weniger aus ihren «linken» Neigungen oder aus ihrer Nähe zur Sozialdemokratie, sondern aus dem tiefverwurzelten Antikapitalismus des protestantisch-preußischen Adels nährte, der das Geld verachtete und nur den Reichtum an Feld und Wald, an Haus und Hof, im Glücksfall an Kunst und edlem Schmuck als legitim betrachtete. Dieses Grundgefühl bestimmte ihre moralischen Appelle zur Änderung der «materialistisch» degenerierten Gesellschaft und zur Zähmung des Kapitalismus.

In den achtziger Jahren gründete sie eine Stiftung, der alle ihre

Buchhonorare, die Preisgelder, die finanziellen Zuwendungen des Verlages bei ihren großen Geburtstagen zuflossen. Die Einkünfte aus ihren Büchern waren beträchtlich, denn sie warf Band um Band auf den Markt, eine Meisterin der Doppel-, ja Dreifach- und Vierfachverwertung ihrer Artikel. Aus den Erträgen finanzierte sie vor allem die Studienaufenthalte von Wissenschaftlern (zumal aus Osteuropa) oder eine Praktikantenzeit für junge Journalisten aus Polen, aus Russland, aus Tschechien, aber auch aus Südafrika. Einer ihrer Stipendiaten war Janusz Reiter, der ein gutes Jahrzehnt später als der Botschafter Polens nach Deutschland zurückkehrte. Die Stiftung dient diesen Aufgaben nach wie vor, von dem Neffen Hermann Hatzfeldt und einem Kreis von Freunden sorgsam verwaltet.

Mit Preisen wurde sie im Fortgang der Jahre geradezu überschüttet: Mit dem Theodor-Heuss-Preis 1966 fing es an, 1971 wurde ihr – vielleicht die wichtigste Auszeichnung – der Friedenspreis des deutschen Buchhandels verliehen, der Erasmus-Preis schloss sich an, der Heinrich-Heine-Preis kam hinzu, später der Erich-Kästner-Preis (was immer sie mit dem Dichter und genialen Kabarettisten zu schaffen hatte). Im Jahre 1999 waren es schließlich fünf Preise, darunter der Europa-Preis und der Schiller-Preis, mit denen sie bedacht wurde. Fünfzehn waren es insgesamt, wenn der Autor recht gezählt hat. Dazu die Ehrungen: die erstaunlichste die Auszeichnung mit der Goldplakette der Polizei-Gewerkschaft, die naheliegendste die Ernennung zur Ehrenbürgerin der Stadt Hamburg (die mit diesem Titel höchst sparsam umgeht). Das erste Ehrendoktorat verlieh ihr schon 1962 das Smith College in Massachusetts. Die «New School» in New York, an der Hannah Arendt gelehrt hatte, und die (katholische) Georgetown University in Washington schmückten sie mit dem Doktorat honoris causa. Die wichtigste akademische Weihe aber wurde ihr durch das Ehrendoktorat der Kopernikus-Universität in Thorn 1991 zuteil: die erste Deutsche, die für ihr Versöhnungswerk ausgezeichnet wurde.

Es erfüllte sie mit tiefer Befriedigung, dass in Südafrika die Revolution ohne Blutvergießen über das unmenschliche Regime der Apartheid siegte: dank der ausgleichenden Vernunft des großen Nelson Mandela, der Mahnungen eines Mannes von der moralischen Autorität des Bischofs Tutu, der Einsicht des moderaten weißen Regierungschefs Frederik Willem de Klerk, der sich bereitfand, den Repräsentanten der schwarzen Mehrheit den Weg zur Verantwortung zu öffnen. Marion Dönhoffs aufmerksames Interesse an dem Land, das sie im Gang der Jahrzehnte lieben gelernt hatte, blieb bis zu ihren letzten Tagen wach.

Doch es war in der Neige der Jahre eine letzte große Prüfung zu bestehen: das Wiedersehen mit der Heimat. Im Jahre 1962 reiste sie das erste Mal nach Polen. Sie stieß auf einen Wall von Misstrauen gegen die Bundesrepublik, die nach den gängigen Phrasen der Parteibüttel bis an die Zähne gerüstet auf den Augenblick wartete, an dem sie im Schatten der amerikanischen Atommacht in Polen einbrechen und ihm die Territorien jenseits von Oder und Neiße wieder entreißen könnte. Marion Dönhoff ließ sich durch das propagandistische Getöse nicht entmutigen, sondern hörte lieber auf die Zwischentöne, die sie in den Gesprächen mit den Intellektuellen wahrzunehmen meinte. Wieder und wieder machte sie sich auf den Weg nach Osten. Doch es vergingen mehr als eineinhalb Jahrzehnte, bis sie in Polen einem mutigen Plädoyer für den Dialog ohne Vorbehalt begegnete: Mieczysław Rakowski, der Chefredakteur der großen Zeitung «Polityka» (und ein einflussreiches Mitglied des Zentralkomitees der Partei), schrieb in seinem Blatt, es sei für beide Seiten Zeit, Selbstkritik zu üben: «Man muss das Terrain von Vorurteilen, vom Totschweigen, von Vereinfachung, Mythen, Gewohnheiten und den Versuchen säubern, beim Partner böse Intentionen für dessen Handlungen zu entdecken.»

Das schrieb der Reform-Kommunist Ende Oktober 1978. Eine gute Woche davor war Kardinal Karol Wojtyła zum Papst gewählt worden. Die ohnedies niemals gebrochene Kirche Polens stärkte ihre Widerstandskraft. In ihrem Schatten gewann die Gewerkschaftsbewegung «Solidarność» Energien, vor denen das Regime zunächst zurückwich. Als die Streikwelle, deren Zentrum die Danziger Werft mit ihrem robusten Sprecher Lech Wałęsa war, das Land immer von neuem überrollte, übernahm der Verteidigungsminister General Jaruzelski die Ämter des Regierungschefs und des Parteivorsitzenden. Die wachsende Furcht vor einer drohenden Intervention der Sowjetunion war für ihn der Anlass, das Kriegsrecht über Polen zu verhängen: Die Lehren von 1956 in Ungarn und von 1968 in der Tschechoslowakei waren nicht vergessen. Die Führer der Opposition und die Kernmannschaften von «Solidarność» wurden interniert, die Bewegung aufgelöst, Streiks verboten. Das deutsch-polnische Gespräch, gerade erst begonnen, stockte, doch aus der Bundesrepublik wurden täglich Tausende von Paketen mit Lebensmitteln und Kleidung geschickt, um Solidarität zu bekunden und die Not des geprüften Landes zu lindern. Marion Dönhoff führte einige Gespräche mit dem scheuen General Jaruzelski, der sein Gesicht stets mit einer riesenhaften Sonnenbrille tarnte. Sie glaubte ihm, dass er aus patriotischen Motiven handelte – nicht anders übrigens als Willy Brandt, der darum einer Begegnung mit den Führern von «Solidarność» zu lange auswich.

Marion Dönhoff kannte sich aus in Polen: auch dank der umsichtigen Vermittlung des brillanten Journalisten Adam Krzemiński, der ein enger Freund wurde. Mit dem Neffen Hermann Hatzfeldt erkundete sie das Land. Sie wagte das Wiedersehen mit Quittainen: Das Schloss hatte die Stürme von Krieg und Nachkrieg überstanden, freilich in einem miserablen Zustand. Sie suchte später auch Steinort auf, wo einst die geliebten Freunde Heinrich und Sissi Lehndorff gelebt hatten: Das Schloss, zuletzt das ostpreußische Quartier des Außenministers Ribbentrop, hatte einem russischen General und seinem Stab als Unterkunft gedient und war wohl darum nicht in Brand gesteckt worden. Es ist vermutlich ihrem Drängen zu verdanken, dass in der Bunkerwelt des Führerhauptquartiers

«Wolfsschanze», die zum Besitz der Lehndorffs gehörte, auf zwei Schautafeln das Attentat vom 20. Juli dargestellt und die Männer des Widerstandes gewürdigt werden – in polnischer, englischer und deutscher Sprache. Später erkundete sie das Paradies der masurischen Seen, das sie mit ihrer Cousine Sissi auf dem schönsten Ritt ihres Lebens kennengelernt hatte. Sie lernte in Nikolaiken, das nun Mikolajki hieß, einige der Honoratioren kennen. Das hatte Folgen. Im Mai 1995 wurde beschlossen, das kleine Gymnasium des adretten Städtchens «Marion-Dönhoff-Schule» zu nennen: die schönste Auszeichnung, die ihr zuteilwerden konnte. Danach stellte sie sich Jahr um Jahr in Mikolajki zur Abiturfeier ein. Sie war es, die den jungen Menschen die Urkunde in die Hand drückte, und sie hielt allemal eine kleine Ansprache, in der sie stets das Gebot der Toleranz betonte, das fordert, auch die Meinung von Minderheiten zu respektieren. Hier bekannte sie, dass der Nationalstaat nicht mehr «die oberste Instanz» sei. Ihm gebühre zwar Loyalität und Liebe – aber er sei von nun an nur noch ein Teil Europas: «Und es ist Europa, das wir bauen wollen – vergesst das nicht.»

Es vergingen lange Jahre, ehe sie sich dazu überreden ließ, nach Friedrichstein zurückzukehren: erst 1989, als sie mit Hermann Hatzfeldt in seiner «Ente» nach Königsberg fuhr, um eine Statuette von Immanuel Kant zu überbringen, dessen Grab am Rand des zerstörten Domes unbeschädigt geblieben war. Die Russen hatten, wie sie später dem Großneffen Friedrich erzählte, die kurze Fahrt nach Friedrichstein fest in ihr Programm eingeplant. «Ich war hin- und hergerissen», erzählte sie. «Ich hatte mir vor der Reise fest vorgenommen, nicht nach Friedrichstein zu fahren ... Andererseits wäre es unhöflich gewesen gegenüber den russischen Gastgebern. Ich sagte mir dann: ‹Es ist nur Feigheit, wenn ich nicht hinfahre ...›»

Sie erkannte die Allee mit den uralten Linden, den See, der die Anfahrt säumte – doch wo einst das Schloss gestanden hatte, war nichts, buchstäblich nichts. Kein Stein. Nicht einmal die Grundmauern waren sichtbar. Nach dem Brand, der das Gebäude kurz nach der Flucht des Bruders Dieter samt dem kostbaren Mobiliar zerstört hatte, wurde das Gemäuer als Steinbruch für den Aufbau dieser und jener Anwesen in Kaliningrad genutzt. Bei einem zweiten Besuch drei Jahre später mit ihrem Großneffen Friedrich und Haug von Kuenheim starrte sie auf die Holzgebäude, die stehen geblieben waren (eines davon wurde unterdessen ausgebaut und dient einem gastfreundlichen weißrussischen Bauern und seiner Frau, die eine Schweinezucht betreiben, als halbwegs gemütliche Unterkunft. Ein anderer Schuppen war eine Werkstatt, in der Marmorplatten – ausgerechnet Marmor! – geschliffen wurden.). «Es ist doch wirklich absurd», sagte sie: «ein großes steinernes Schloss verschwindet, und so ein alter Holzkasten bleibt erhalten.» Ihre Heimat war ausgelöscht. Das Heimatgefühl und die Liebe zum Land erloschen niemals. Irgendwann prägte sie das Wort: «Vielleicht ist dies der höchste Grad der Liebe: zu lieben ohne zu besitzen ...»

Die große Kant-Statue, die das Grab des Philosophen bewacht hatte, war 1944 vor den Bombenangriffen nach Friedrichstein gebracht worden: Dort glaubte man sie geschützt. Sie wurde in einer entlegenen Ecke des Parks aufgestellt – und dort später vor der Besetzung durch die Russen vergraben. Doch man suchte sie dort vergebens. Marion Dönhoff fand mit einigem Glück in der Bundesrepublik ein kleines Modell in Gips. Nach dieser Vorlage gossen kundige Handwerker eine Bronze-Kopie in Lebensgröße: ein Unternehmen, das mehr als hunderttausend Mark kostete, die dank einer Spendenaktion – und Marion Dönhoffs Zuschüssen – aufgebracht werden konnten. Nun sollte die Statue im Juni 1992 feierlich enthüllt werden. Ein großer Augenblick: Kant kehrte nach Königberg zurück. Die Universität richtete ein kleines Museum ein. Zwei Jahre später verlieh ihr die hohe Schule von Kaliningrad den Ehrendoktor – eine Würdigung, die sie mit Freude und einem Gran Stolz entgegennahm.

Unterdessen hatte sich der Bürgermeister der Stadt, Viktor Denissow, in den Kopf gesetzt, den Dom wiederaufzubauen, trotz der

Anweisung Breschnews, die Ruine abzureißen. Ein ehemaliger russischer Marine-Ingenieur hatte sich die Restaurierung zur Lebensaufgabe gemacht, auch er, es versteht sich, auf Spenden aus der Bundesrepublik angewiesen. Der knorrige alte Herr – ein Diktator, wie seine Mitarbeiter sagen – erreichte sein Ziel. Der Dom steht nun breitbeinig und ein wenig gedrungen, dennoch majestätisch auf seiner Insel im Pregelfluss. Kein architektonisches Wunder wie die Kathedrale von Chartres, das Straßburger oder das Freiburger Münster, doch ein bedeutendes Zeugnis der Geschichte dieses Landes, dessen neue Bürger, auch in der russischen Enklave, das historische Erbe als ein Vermächtnis anzunehmen beginnen. Auf den mächtigen Fenstern prangen die Wappen der großen Familien Ostpreußens, auch der hässliche Eber der Dönhoffs. Das Kirchenschiff wird als Konzertsaal genutzt, doch an den Seiten wurden jeweils eine protestantische und eine katholische Kapelle angebaut. Draußen geht der Blick über den Fluss hinüber zu der mächtigen orthodoxen Kathedrale, deren strahlendes Weiß jeden Blick auf sich zieht, das zweitgrößte Gotteshaus Russlands, wie man sagt, errichtet auf Geheiß des Präsidenten Jelzin, der keinen Zweifel an der kulturellen Zugehörigkeit der Stadt aufkommen lassen wollte.

Marion Dönhoffs Geschwister erlebten diese schönen Augenblicke einer emotionellen Heimkehr nicht mehr. Die geliebte Yvonne war 1991 im französischen Haus ihrer Tochter Alexandra gestorben, neunzig Jahre alt. Dietrich – aus Irland zurückgekehrt – lebte zuletzt bei seinem zweiten Sohn Christian in Schwebda bei Eschwege; er ging im gleichen Jahr 1991 mit neunundachtzig dahin. Christoph, nach der Tradition der Familie im Hatzfeldt-Schloss Schönstein aufgenommen, hatte eine Aufgabe gefunden, die ihn mit Stolz erfüllte: Er war Präsident der Deutschen Afrika-Gesellschaft geworden. Zu seinen Ehren wurde ein Jahr nach seinem Tod 1992 eine Porträtbüste in den Bonner Räumen der Gesellschaft enthüllt, in Anwesenheit der Schwester.

Auch manche der Freunde sagten der Welt adieu. Shepard Stone, der ihr eine so wichtige Brücke nach Amerika war, starb auf seinem schönen Landsitz in Vermont. Lew Kopelew, der große russische Germanist, Philosoph und Schriftsteller, für Marion Dönhoff der vertrauteste unter den Dissidenten in Moskau, an deren Küchentischen sie sich halbe oder ganze Nächte diskutierend um die Ohren geschlagen hatte, starb 1997 in Köln, wo er 1980 nach seiner Ausbürgerung mit der Hilfe von Heinrich Böll eine neue Heimat gefunden hatte: ein wacher Geist bis in die späten Jahre, von einer Grundsympathie für alles Leben getragen (wie der große Tolstoi, dem er mit seinem mächtigen weißen Bart ein wenig ähnlich sah). Dank Marion Dönhoffs Vermittlung war er 1981 mit dem Friedenspreis des Buchhandels geehrt worden. Carl Jacob Burckhardt war schon 1974 ein Opfer der Leukämie geworden.

Umso wichtiger und tröstlicher die treue Freundschaft eines George Kennan, den sie meist zweimal im Jahr sehen konnte: wenn er für die Sitzungen des Ordens «Pour le Mérite» herüberkam; wenn er die norwegische Heimat seiner Frau besuchte (und fast immer in Crottorf Station machte). Der bedeutende Diplomat, der Geschichte gemacht hat und später Geschichte in Princeton lehrte, schrieb ihr lange Briefe, vertraut, als spräche er mit einem Mitglied der Familie, doch vor allem waren die Episteln Zeugnisse der Passion eines Mannes – Passion im ganzen Sinn des Wortes –, der Politik dachte, lebte, lehrte und litt.

Nicht weniger ans Herz gewachsen war ihr Fritz Stern, der Historiker aus Breslau, Verfasser der großen Studie über Bismarck und seinen jüdischen Bankier Bleichröder und des bedeutenden Essays über die fatalen politischen Folgen des deutschen Kulturpessimismus, dem auch Marion Dönhoff lange Jahrzehnte zugeneigt war. So waren für sie die Gespräche mit Stern eine späte, doch wichtige Korrektur ihres Denkens – in New York, wo Stern an der Columbia-Universität lehrte –, in Hamburg, in Sils-Maria, seinem europäischen Urlaubsparadies. Er vereinte in der Tat die besten Traditionen Europas mit der kritischen Liberalität der amerikanischen Intellektuellen, darin auch vom Geist seines Schwiegervaters, des großen Theologen und Essayisten Reinhold Niebuhr geprägt, dessen Grundvernunft die Kommentare seiner Zeitschrift «The Christian Century» zu den amerikanisch-europäischen und vor allem amerikanisch-deutschen Beziehungen in der Nachkriegsepoche ein wichtiges Korrektiv der offiziellen Politik in Washington waren. Der briefliche Austausch zwischen Fritz Stern und Marion Dönhoff berührte nur selten Themen jenseits der gegenseitigen Lektüre (und dem dazugehörigen, gewiss fast immer aufrichtigen Lob), praktischen Verabredungen, Nachrichten aus der Familie. Doch in jedem Satz war zu spüren, dass die beiden eine tiefe Sympathie verband, für die das Wort «Liebe» nicht zu hoch gegriffen ist.

Richard von Weizsäcker, der sie auf einer der Reisen in die ostpreußische Heimat begleitete, wurde ihr fast brüderlich vertraut, und immer wieder zitierte sie ihn, den Bürgerpräsidenten, als das Beispiel einer adligen Haltung, die das Ende des Adels als Stand überlebte.

Eine Art Lebenspartner blieb der große Pädagoge Hartmut von Hentig, den sie seit sechzig Jahren, wenn nicht länger kannte (er war ein Patensohn ihres Bruders Heinrich). Hentig hatte auf dem Besitz der Hatzfeldts eine ländliche Bleibe gefunden, in die er sich zurückzog, wenn ihm die Berliner Betriebsamkeit zu hektisch wurde. Wenn sie in Crottorf war, kam er oft herüber zu einem abendlichen Schwatz.

Im Januar 1986 war Marion Dönhoff bei einem Ski-Urlaub im Engadin schwer gestürzt und hatte sich zwei Wirbel gebrochen. Mit knapper Not entging sie dem Rollstuhl, aber sie musste – eine schwere Prüfung – zwei Monate fast bewegungslos liegen. Es war erstaunlich genug, dass sie hernach ihre Mobilität und ihre Energie fast völlig wiedergewann – dank der Willenskraft, die ihr eigen war. In den späten neunziger Jahren diagnostizierten die Ärzte Brustkrebs. Es war bitter für sie, dass sie nach der ersten Operation auf das Auto verzichten musste: Sie nahm, eine Dame hoch in den

Achtzigern, den Bus von Blankenese in die Innenstadt, und hernach, als ihr dies denn doch zu anstrengend war, ein Taxi. Die zweite und die dritte Operation brachten keine Heilung. Kaum eine Linderung der Schmerzen, die sie tapfer ertrug, doch auch nicht länger vor den Verwandten und Freunden verbarg.

Im Januar 2002 stürzte sie in ihrem Haus. Im Hospital lag sie einige Tage ohne Bewusstsein auf der Intensiv-Station. Als sie aufwachte, äußerte sie den Wunsch, nach Crottorf ins Schloss der Hatzfeldts zu Hermann und seiner Frau Angelika gebracht zu werden. Dies hieß, dass sie zu sterben bereit war. Die Angehörigen, die sie umsorgten, berichteten, dass sie in jenen letzten beiden Wochen ihres Daseins – wenn sie nicht schlief – entspannt und fast heiter gewirkt habe. Ohnedies glich die alte Dame immer mehr dem jungen Mädchen der Friedrichsteiner, Königsberger und Berliner Jahre.

Am 11. März 2002 starb sie, wie man sagt, im Schlaf. George Kennan, ihr im Alter um fünf Jahre voraus, hatte ihr zum neunzigsten Geburtstag zugerufen, er zögere nicht, sie eine große Frau zu nennen und eine der wenigen Persönlichkeiten der Epoche. Katharina Focke, die Tochter Ernst Friedländers (mit der sie nicht befreundet war, ja der sie niemals besondere Aufmerksamkeit geschenkt hatte, auch nicht, als sie Ministerin wurde), zitierte im Gespräch über Marion Dönhoff aus einer Kant-Biographie: «Man war sich einig, dass es unsere Pflicht ist, nicht Bücher, sondern einen Charakter zu entwerfen ... Unser großes und ruhmreiches Meisterwerk besteht darin, angemessen zu leben.» Sie fügte später das wohl schönste Wort hinzu, das über Marion Dönhoff gesagt wurde: «Sie war ein Meisterwerk als Persönlichkeit.»

· Danksagung ·

Ein Buch wie dieses hat viele Patinnen und Paten, ja, viele Mitautorinnen und -autoren, ohne die es nicht hätte gedeihen können. Die Voraussetzung schufen Richard von Weizsäcker und Hermann Graf Hatzfeldt, die nach der Lektüre meines Berichts über den Widerstandspfarrer Harald Poelchau meinten, meine Feder könnte auch für eine Biographie von Marion Dönhoff taugen, die ich lange Jahrzehnte kannte, ohne ihr sehr nahe zu sein.

Hermann Hatzfeldt gewährte mir – das war eine natürliche Bedingung – unbeschränkten Zugang zu den Lebenszeugnissen Marion Dönhoffs, die sie – es sind nicht zu viele – vor der Flucht nach Schloss Crottdorf im Siegerland schicken ließ, der Heimat ihrer Schwägerin Dorothea Gräfin Hatzfeldt, der Frau ihres ältesten Bruders Heinrich, dessen drei Kinder, darunter Hermann Hatzfeldt, nach dem Tod der Eltern unter ihrer Vormundschaft aufwuchsen. Angelika Gräfin Hatzfeldt danke ich für die liebenswürdige Gastlichkeit während der Arbeitswochen in dem prächtigen Wasserschloss mit den meterdicken Mauern, die sich auch im Sommer niemals so recht erwärmen. Um bei der Familie zu bleiben: Tatjana Gräfin Dönhoff bereitete eine Reise in die ostpreußische Heimat Marion Dönhoffs sorgsam vor, und sie erwies sich als eine vorzügliche Führerin. Unsere junge polnische Freundin und Kollegin Małgorzata Zdziechowska erfüllte taktvoll und fröhlich alle Dolmetscherdienste. Nicola Gräfin Dönhoff lieferte in ihrer vorzüglichen Studie über Schloss Friedrichstein wichtige Hinweise – ebenso der Mitherausgeber und Hauptautor des Buches «Friedrichstein» Kilian Heck, der den Prachtband zusammen mit dem Dirigenten Christian Thielemann in die Welt geschickt hat. Auch Friedrich Dönhoff, der selber höchst lesenswerte Bücher über die Großtante Marion verfasste, stand stets mit allen möglichen Ratschlägen zur Verfügung – nicht anders, es versteht sich, als Haug von Kuenheim und Theo Sommer, einst die beiden «Urbuben» der Gräfin in der «Zeit»-Redaktion. Mitherausgeber Helmut Schmidt hat das Unternehmen mit gewohnt knapper Klarheit unterstützt. Für die hilfsbereiten Freunde und Gefährten Marion Dönhoffs sei stellvertretend nur Hartmut von Hentig gedankt. Überdies standen mir die Zeugnisse zur Verfügung, die Dieter Buhl, einer Anregung Helmut Schmidts folgend, in einem Gesprächsband im Auftrag der «Zeit-Stiftung» gesammelt hat. Ebenso nützlich war mir der Band mit dem Briefwechsel zwischen Marion Dönhoff und Carl Jacob Burckhardt, bei dem mir der Herausgeber Ulrich Schlie die Mühsal der Entzifferung der Handschriften erspart hat. Es versteht sich, dass ich auch Alice Schwarzers biographische Unterhaltungen mit Marion Dönhoff genauso wie Haug von Kuenheims sachlich informierende Monographie ohne eine Regung schlechten Gewissens geplündert habe.

In den Kellergelassen der «Zeit» in Hamburg liegen, wohl geordnet, 685 Leitzordner mit der Korrespondenz der Gräfin seit 1960 (die Akten aus den «Zeit»-Jahren davor wurden überflutet und danach leider vernichtet). Niemals hätte ich in dieses Papiergebirge vorzudringen gewagt ohne die herzliche Ermutigung und vor allem die klugen Sherpa-Dienste Irene Brauers, lange Jahre Büroleiterin und Vertraute der Gräfin. Als ich nach Durchsicht von etwa 400 Bänden kapitulierte, übernahm Rainer Zimmer diese Mühsal, dazu andere Recherchen-Aufgaben, mit seiner gewohnten Sorgsamkeit. Viele der wichtigen Recherchen wurden von meiner Berliner Gehilfin Karolin Steinke wahrgenommen, für deren Geduld und

Umsicht, deren Phantasie bei der Spurensuche und deren freundschaftliche Verlässlichkeit ich von Herzen dankbar bin. Freundliche Unterstützung fanden Rainer Zimmer und ich auch im Archiv der «Zeit»-Stiftung durch Dr. Ingmar Ahl. Wertvolle Hinweise bot, das braucht kaum betont zu werden, die Bucerius-Biographie von Lord Dahrendorf. Und wann immer Quellen zu verifizieren, bestimmte Artikel aus den 62 Jahrgängen ans Taglicht zu fördern waren: Die Damen und Herren der «Zeit»-Dokumentation halfen rasch, geduldig und immer freundlich. Ihnen ein kollektives Dankeschön.

Ohne die Förderung der aufwendigen und partiell auch teuren Recherchen durch Dr. Rainer Esser, den Geschäftsführer der «Zeit», und vor allem durch die großzügige Vorfinanzierung, die mir die Marion-Dönhoff-Stiftung gewährte, wäre dieses Buch nicht zustande gekommen. Die Zusammenarbeit mit dem Rowohlt-Lektor und Sachbuch-Programmchef, Dr. Uwe Naumann, war sachlich-harmonisch wie stets. Er hat es immerhin auf sich genommen, mit dem Autor dieses siebente gemeinsame Buch unter Dach und Fach zu bringen, geduldig, genau und mit freundschaftlicher Selbstverständlichkeit, des Schreibers offensichtlich noch nicht müde geworden.

Dank dem Chefredakteur der «Zeit», Giovanni di Lorenzo, der kollegiales Verständnis dafür zeigte, dass der Verfasser während der Arbeit am Buch über die Gründermutter des Blattes seinen Schreibpflichten in der Zeitung nicht ganz so fleißig nachkam, wie es angemessen wäre. Das gilt gleichermaßen für Michael Ringier und Wolfram Weimer von der Zeitschrift «Cicero».

Ein Gelingen des Unternehmens wäre ganz und gar undenkbar gewesen ohne die Präsenz von Stephanie Ferri, meiner Assistentin in diesem Winkel der Welt, bei der sozusagen alle Fäden zusammenliefen. Sie ist, dank ihrer Hingabe an das Projekt, über der Arbeit zur Freundin geworden (ohne auf die angemessene Strenge zu verzichten). Kann mehr über die Qualität einer Kooperation gesagt werden? And last yet first: Ohne die Aufmerksamkeit und die Mitgestaltung meiner Erst-Lektorin Renate Harpprecht, vor allem ohne ihre sorgende, kritische und zugleich nachsichtige Liebe, die nun fast seit einem halben Jahrhundert Buch um Buch mitgetragen hat, gäbe es den Autor vermutlich gar nicht, und es wäre alles nichts.

· Quellenangaben ·

Dabei werden folgende Siglen verwendet:

NMD = Nachlass Marion Dönhoff, Schloss Crottorf
ZA = «Zeit»-Archiv
PA = Privatarchiv
GPS = Geheimes Preußisches Staatsarchiv
M.D. = Marion Dönhoff

Kapitel 1

Brief Michael Foedrowitz an M.D., 8. Mai 1989. ZA
Kilian Heck/Christian Thielemann (Hg.): Friedrichstein – Das Schloss der Grafen von Dönhoff in Ostpreußen. Berlin 2006. Darin: Aufsätze von Kilian Heck, Hans-Jürgen Bömelburg und Nicola Dönhoff
Martin Opitz: Geistliche Poemata. Breslau 1638
Briefe von Waldemar Lehmann, 12. August 1968 und 10. Juli 1977. ZA
Hamburger Tageblatt, 25. November 1938
Stephan Malinowski: Vom König zum Führer. Berlin 2003
Wikipedia: Dönhoffstädt: Portal Ostpreußen

Kapitel 2

Kilian Heck/Christian Thielemann (Hg.): Friedrichstein – Das Schloss der Grafen von Dönhoff in Ostpreußen. Berlin 2006. Darin: Aufsätze von Kilian Heck und Hans-Jürgen Bömelburg
M.D.: Namen die keiner mehr nennt. Ostpreußen – Menschen und Geschichte. München 1997
Wikipedia: Gräfin Sophie Julie von Dönhoff
Johann Gottfried Carl Christian Kiesewetter an Immanuel Kant, Universität Bonn, Briefe Nr. 415–421
Amalie von Romberg: Sophie Schwerin. Ein Lebensbild. Leipzig 1909
Vor hundert Jahren. Erinnerungen der Gräfin Sophie Schwerin. Zusammengetragen von Amalie von Romberg I.A. Berlin 1908

Kapitel 3

M.D.: Kindheit in Ostpreußen. Berlin 1988
Leserbrief von August Mundzeck an M.D., ZA
Leserbrief von Helmut Krause an M.D., ZA
Werner Otto von Hentig: Zeugnisse und Selbstzeugnisse. Ebenhausen 1971
M.D.: Namen die keiner mehr nennt. Ostpreußen – Menschen und Geschichte. München 1997
Kilian Heck/Christian Thielemann (Hg.): Friedrichstein – Das Schloss der Grafen von Dönhoff in Ostpreußen. Berlin 2006
Rudolf Vierhaus (Hg.): Das Tagebuch der Baronin Spitzemberg geb. Freiin von Varnbüler. Göttingen 1989
Joachim von Dissow (d. i. Johann Albrecht von Rantzau): Adel im Übergang. Stuttgart 1961

Kapitel 4

Gespräch M.D. mit Christian Hatzfeldt (unveröffentlicht). NMD
M.D.: Kindheit in Ostpreußen. Berlin 1988
Werner Otto von Hentig: Meine Diplomatenfahrt ins verschlossene Land. Berlin 1918

Werner Otto von Hentig: Mein Leben. Eine Dienstreise. Göttingen 1962

Werner Otto von Hentig: Zeugnisse und Selbstzeugnisse. Ebenhausen 1971. Darin: Beitrag von Golo Mann

Hartmut von Hentig: Mein Leben – bedacht und bejaht. München 2007

Kilian Heck/Christian Thielemann (Hg.): Friedrichstein – Das Schloss der Grafen von Dönhoff in Ostpreußen. Berlin 2006. Darin: Nicola von Dönhoff, Friedrichstein zwischen 1920 und 1945

Ria Gräfin von Dönhoff, Briefe vom 8. und 23. März 1919. NMD

M.D.: Brief an einen jungen Diplomaten, 1995. ZA

M.D.: Tagebuchblätter 1926. NMD

Dieter Buhl (Hg.): Marion Gräfin Dönhoff. Wie Freunde und Weggefährten sie erlebten. Hamburg 2006. Darin: Interview mit Christa Armstrong

Brief Kurt von Plettenberg an M.D. NMD

Else Eckersberg: Diese volle Zeit. Frankfurt 1958

G.G. Winkel (Hg.): Biographisches Corps-Album Borussia zu Bonn 1871–1928. G.G. – Selbstverlag o. J.

Gerd von Below: Meine Lebenserinnerungen. Band 1 1904–1944. Selbstverlag o. J.

M.D.: Das Gesicht des Krieges. In: «Zeit-Magazin», 5. Februar 1998

Ulrich Schlie (Hg.): Mehr als ich Dir jemals werde erzählen können. Hamburg 2008. Darin: Brief Carl-Jacob Burckhardt an M.D.

Kapitel 5

M.D.: Tagebucheintragungen 1929. NMD

M.D.: Tagebucheintragungen Romreise, 3. April 1929. NMD

Travel Itinerary von Raymond & Whitecomb. NMD

Alice Schwarzer: Marion Dönhoff. Ein widerständiges Leben. Köln 1996

Christian Tilitzki: Das «alte Preußen» gegen die Moderne. Marion Gräfin Dönhoff und Otto Weber-Krohse. In: Jahrbuch für die Geschichte Mittel- und Ostdeutschlands, Band 49. München 2003

M.D.: Tagebucheintragung 1931. NMD

Briefe Christoph («Toffy») Dönhoff an M.D., NMD
M.D.: Tagebucheintragungen Dezember 1930. NMD
M.D.: Tagebucheintragungen 5. Januar 1931. NMD
M.D.: Tagebucheintragungen 23. Januar 1931. NMD

Kapitel 6

M.D.: Tagebucheintragungen 1. November 1931. NMD
M.D.: Tagebucheintragungen Dezember 1931. NMD
M.D.: Laudatio für Adolph Loewe. Frankfurt, Februar 1990. ZA
Brief Hannah Tillich an M.D., 1. Oktober 1976. ZA
Ernst Kantorowicz: Kaiser Friedrich der Zweite. Stuttgart 1998
Edgar Salin: Um Stefan George. Godesberg 1948
Thomas Karlauf: Stefan George – Die Entdeckung des Charisma. München 2007
Brief Hermann Speer an M.D. Ohne Datum. ZA
Dan van der Vat: Der gute Nazi. Leben und Lügen des Albert Speer. Berlin 1997
Manfred Riedel: Geheimes Deutschland – Stefan George und die Brüder Stauffenberg. Weimar 2006
Max Kommerell: Der Dichter als Führer in der deutschen Klassik. Berlin 1928
Robert L. Benson/Johannes Fried (Hg.): Ernst Kantorowicz. Stuttgart 1997
Robert E. Lerner: Kantorowicz and Frankfurt. In: Robert L. Benson/Johannes Fried (Hg.): Ernst Kantorowicz. Stuttgart 1997
Lieblingsgedichte: Carlo Schmid zum 80. Geburtstag von seinen Freunden. Hamburg 1977
Eckart Conze: Von deutschem Adel – die Grafen von Bernstorff im zwanzigsten Jahrhundert. Stuttgart 2000

Kapitel 7

M.D.: Tagebucheintragungen. NMD
M.D.: Brief an Edgar Salin 1931. NMD
Brief Tim Gidal an M.D., Juni 1974. ZA

Edgar Salin: Politische Ökonomie – die Geschichte der wirtschaftspolitischen Ideen von Platon bis zur Gegenwart. Tübingen 1923
M.D.: Briefe an Edgar Salin. NMD
Telegramm von Edgar Salin an M.D., NMD
Doktorarbeit M.D.: Entstehung und Bewirtschaftung eines ostdeutschen Großbetriebes. Die Friedrichsteiner Güter von der Ordenszeit bis zur Bauernbefreiung. Königsberg 1935

Kapitel 8

M.D.: Briefe an Edgar Salin 1936. NMD
Max Kommerell: Briefe und Aufzeichnungen 1919–1944. Hg. von Inge Jens. Olten – Freiburg 1967
M.D.: Brief an Max Kommerell. NMD
M.D.: Reisebilder – Fotografien und Texte aus vier Jahrzehnten. Hg. von Friedrich Dönhoff. Hamburg 2004
Otto Weber-Krohse: Sieben Preußen als Bahnbrecher des deutschen Gedankens. Gütersloh 1935
Christian Tilitzki: Das «alte Preußen» gegen die Moderne. Marion Gräfin Dönhoff und Otto Weber-Krohse. In: Jahrbuch für die Geschichte Mittel- und Ostdeutschlands, Band 49. München 2003
Korrespondenz M.D. – Otto Weber-Krohse. GPS
M.D.: Briefe an Edgar Salin 1937. NMD

Kapitel 9

M.D.: Briefe an Otto Weber-Krohse. GPS
Otto Weber-Krohse: Briefe an M.D. GPS
Weitere Korrespondenz Weber-Krohse. GPS
Hinterlassenschaft Weber-Krohse. Staatsbibliothek zu Berlin, Preußischer Kulturbesitz
Korrespondenz M.D. mit Fritz-Dietlof von der Schulenburg. NMD
M.D.: Briefe an Ria von Dönhoff. NMD
M.D.: Briefe an Carl Jacob Burckhardt. NMD
Ernst Kantorowicz: Kaiser Friedrich der Zweite. Stuttgart 1998
Heinrich Heine: Zur Geschichte der Religion und Philosophie in

Deutschland. In: Heinrich Heine, Sämtliche Schriften. Hg. von Klaus Briegleb. München 2006
Marie Luise Kaschnitz: Tagebücher aus den Jahren 1936–1966. Frankfurt am Main 2000
M.D.: Brief an den Nachbarn Adalbert wegen Denunziation. NMD
Eberhard Bethge: Dietrich Bonhoeffer. München 1978
Vertrag als «Rentmeister» des Gutes Quittainen. NMD

Kapitel 10

Brief Ria von Dönhoff an M.D., Jahresanfang 1939 aus Meggen bei Luzern. NMD
Jacob Burckhardt: Weltgeschichtliche Betrachtungen. Stuttgart 1938
Marie Luise Kaschnitz: Tagebücher aus den Jahren 1936–1966. Frankfurt am Main 2000. Darin: über Carl Jacob Burckhardt, über Besuch in Friedrichstein
M.D.: Um der Ehre willen: Erinnerungen an die Freunde vom 20. Juli. Berlin 1994
M.D.: Briefe an Edgar Salin. NMD
Ulrich Schlie (Hg.): Mehr als ich Dir jemals werde erzählen können. Hamburg 2008. Darin: M.D.: Brief an Carl Jacob Burckhardt
Carl Jacob Burckhardt: Memorabilien. München 1977
Polemik mit der «Frankfurter Allgemeinen Zeitung» anlässlich der Dankesrede Fritz Sterns nach Erhalt des Friedenspreises des Deutschen Buchhandels 1999. ZA
Polemik mit der «Frankfurter Allgemeinen Zeitung» über Burckhardt-Brief. «Die Zeit», 16. März 1999, und «Frankfurter Allgemeine Zeitung», 2. Juni 1999
Alice Schwarzer: Marion Dönhoff. Ein widerständiges Leben. Köln 1996
Paul Stauffer: «Sechs furchtbare Jahre» – Auf den Spuren Carl J. Burckhardts durch den Zweiten Weltkrieg. Zürich 1998
M.D.: Briefe an Otto Weber-Krohse, Mai und August 1939. GPS
Brief Ria von Dönhoff über Christoph Graf Dönhoff an M.D., Sommer 1939. NMD
Ernst Wiechert: Hirtennovelle. München 1935

Kapitel 11

Schweizerisches Bundesarchiv 4320(B), 1973/17, C.2.13582 (Dönhoff, Christoph 1906), 1945–1952, Bd. 60
Korrespondenz M.D. und Otto Weber-Krohse. GPS
Brief Ria von Dönhoff an M.D., NMD
Postkarte von Kaiser Wilhelm an Ria von Dönhoff. NMD
M.D.: Briefe an Edgar Salin 1939/40. NMD
Korrespondenz M.D. – Ernst Kantorowicz 1940. NMD
Josef Müller-Marein: Hölle über Frankreich – unsere Luftgeschwader im Angriff. Berlin 1940
M.D.: Brief an Botschafter Werner Graf von der Schulenburg 1940. NMD
Brief von Botschafter Werner Graf von der Schulenburg an M.D. 1940. NMD
Tagebucheintragungen M.D. über Russland-Reise Ende 1940. NMD
Telegramm an Diplogerma Teheran: Tod der Mutter Ria von Dönhoff 2. Dezember 1940. Archiv Auswärtiges Amt
M.D.: Brief an Schwester Yvonne von Kuenheim September 1975. NMD
Frank Bajohr: Der Mann, der bei der ZEIT Ernst Krüger war. In: DIE ZEIT, Zeitläufte, 23. Februar 2006
M.D.: Brief an Gerd Bucerius November 1954. ZA
M.D.: Tagebucheintragungen. NMD
Korrespondenz M.D. – Peter von Yorck. NMD
M.D.: Um der Ehre willen: Erinnerungen an die Freunde vom 20. Juli. Berlin 1994
Fritz Stern: Kulturpessimismus als politische Gefahr – Eine Analyse nationaler Ideologie in Deutschland. Stuttgart 2005
M.D.: Brief an Sophita Weber-Krohse 1941. GPS

Kapitel 12

M.D.: Briefe an Edgar Salin. NMD
Trauerrede Pfarrer Weder zum Tod von Heinrich Graf Dönhoff 1942. NMD
Paul von Yorck: Beileidsbrief an M.D., NMD

Christian Tilitzki: Das «alte Preußen» gegen die Moderne. Marion Gräfin Dönhoff und Otto Weber-Krohse. In: Jahrbuch für die Geschichte Mittel- und Ostdeutschlands, Band 49. München 2003
M.D.: Das Jahr 1942 steht innerhalb des agrarischen Sektors im Zeichen des Abbaus der Intensität. NMD
Brief Schwester Felicitas Lübeck an M.D. NMD
Verfügung Dorothea Gräfin Dönhoff vom 23. Dezember 1942. NMD
Testament Dorothea Gräfin Dönhoff vom 2. Februar 1945. NMD
Alexander Fürst zu Dohna-Schlobitten: Erinnerungen eines alten Ostpreußen. München 2000
Brief M.D. an Schweizer Behörden wegen Einreisebewilligung. NMD
Ulrich Schlie (Hg.): Mehr als ich Dir jemals werde erzählen können. Hamburg 2008. Darin: M.D.: Briefe an Carl Jacob Burckhardt, 1943, 1946
M.D.: Um der Ehre willen. Erinnerungen an die Freunde vom 20. Juli. Berlin 1994

Kapitel 13

Brief Raimute von Hassell an M.D., Dezember 1966. NMD
Rudolf-Christoph Freiherr von Gersdorff: Soldat im Untergang. Berlin 1977
Joachim Fest: Der Staatsstreich. Berlin 1994
Polemik Jan Philip Reemtsma, M.D. und Richard von Weizsäcker über Wehrmachtsausstellung. ZA
M.D.: Brief an Richard von Weizsäcker. ZA
Hans Mommsen: Die moralische Wiederherstellung der Nation. In: «Süddeutsche Zeitung», 21. Juli 1999
Christof Dipper: Der deutsche Widerstand und die Juden. In: Geschichte und Gesellschaft – Zeitschrift für historische Sozialwissenschaft, 9. Jahrgang 1983
Ulrich von Hassell: Die Hassell-Tagebücher 1938–1944. München 1991
Briefwechsel Marion Gräfin von Dönhoff mit Botschafter a.D. Ulrich von Hassell. NMD
Detlef Graf von Schwerin: «Dann sind's die besten Köpfe, die man

hängt» – Die junge Generation im deutschen Widerstand. München 1991

Albert Krebs: Fritz-Dietlof Graf von der Schulenburg – Zwischen Staatsraison und Hochverrat. Hamburg 1964

Hans Mommsen: Fritz-Dietlof Graf von der Schulenburg und die preußische Tradition. In: Vierteljahreshefte für Zeitgeschichte, 32. Jahrgang 1984

Korrespondenz Fritz-Dietlof Graf von der Schulenburg – M.D., NMD

Hans Mommsen: Die moralische Wiederherstellung der Nation. In: «Süddeutsche Zeitung», 21. Juli 1999

M.D.: Um der Ehre willen. Erinnerungen an die Freunde vom 20. Juli. Berlin 1994

Günter Brakelmann: Helmuth James von Moltke 1907–1945. Eine Biografie. München 2007

Spiegelbild einer Verschwörung. Die Kaltenbrunner-Berichte. Stuttgart 1961

Kapitel 14

Abschiedsbrief Heinrich Graf Lehndorff. NMD
Abschiedsbrief Peter Graf Yorck. NMD
Abschiedsbrief Helmuth Graf Moltke. NMD
Vernehmung M.D. am 19. Mai 1945 durch den amerikanischen CIC Special Agent Jayes H. Hatcliff. ZA
Brief Ilse von Hassell vom 5. Mai 1946 an Helmut Schmidt. ZA
Antwortbrief Helmut Schmidt. ZA
Brief Alexander Fürst zu Dohna-Schlobitten an M.D. Nov. 1944. NMD
Helga Cazas: Auf Wiedersehen in Paris. Frankfurt am Main 2005
Vernehmungsprotokoll Christoph Graf Dönhoff nach Gefangennahme Juni 1945. ZA
Hartmut von Hentig: Mein Leben – bedacht und bejaht. München 2007
Hartmut von Hentig: Fahrten und Gefährten – Reiseberichte aus einem halben Jahrhundert. München 2000
Joachim Fest: Staatsstreich. Berlin 1994

M.D.: Briefe an Walter F. Otto, 1. November 1944 und 14. Januar 1945.
NMD
M.D.: Telegramm an Prof. Otto Ellmau, 19. Februar 1945. NMD

Kapitel 15

M.D.: Ritt gen Westen. In: «Die Zeit», 21. März 1946
Gespräch CIC Special Agent Hatcliff mit M.D. und Gottfried von Cramm 19. Mai 1945. ZA
Statement von M.D. übergeben an Agent Hatcliff. Institut für Zeitgeschichte Nr. 3 135/3
Zweites Memorandum M.D. für Air Marshall Cunningham. NMD

Kapitel 16

M.D.: Um der Ehre willen. Erinnerungen an die Freunde vom 20. Juli. Berlin 1994
Brief Paul von Yorck, November 1945, aus Tutzing. NMD
Klaus Harpprecht: Harald Poelchau – Ein Leben im Widerstand. Reinbek bei Hamburg 2004
Hartmut von Hentig: Mein Leben – bedacht und bejaht. München 2007
M.D.: Brief an Walter F. Otto März 1946. NMD
Vernehmungsprotokoll Christoph Graf Dönhoff. Schweizerisches Bundesarchiv 4320(B), 1973/17, C.2.13582 (Dönhoff, Christoph 1906), 1945–1952, Bd. 60
Vermerk Züricher Amtsarzt Dr. Pfister über Christoph Graf Dönhoff. Schweizerisches Bundesarchiv 4320(B), 1973/17, C.2.13582 (Dönhoff, Christoph 1906), 1945–1952, Bd. 60
Vermerke Schweizer Fremdenpolizei zum Aufenthalt von Vera Gräfin Dönhoff bis zur Abschiebung März 1947. Schweizerisches Bundesarchiv 4320 (B), 1973/17, C.2.13582 (Dönhoff, Christoph 1906), 1945 bis 1952, Bd. 60
Christoph Graf Dönhoff: Brief an Carl Jacob Burckhardt, Präsident des Int. Roten Kreuzes. NMD
Vera Gräfin Dönhoff: Briefe an den Schweizer Bundesanwalt Dr. Bal-

siger. Schweizerisches Bundesarchiv 4320(B), 1973/17,C.2.13582
(Dönhoff, Christoph 1906), 1945–1952, Bd. 60
M.D.: Brief an den «Spiegel»-Redakteur Fritjof Meyer, August 1997. ZA
Michael Thomas: Deutschland, England über alles – Rückkehr als englischer Besatzungsoffizier. München 1987
Karl-Heinz Janßen: Die Zeit in der ZEIT. Berlin 1995
M.D.: Brief an Erik Blumenfeld zum 75. Geburtstag, März 1990. ZA
M.D.: Ritt gen Westen. In: «Die Zeit», 21. März 1946

Kapitel 17

«Die Zeit», 21. Februar 1946
Hans Rudolf Berndorff/Richard Tüngel: Auf dem Bauche sollst du kriechen – Deutschland unter den Besatzungsmächten. Hamburg 1958
Claus Jacobi: Fremde, Freunde, Feinde. Berlin 1991
Dieter Buhl (Hg.): Marion Gräfin Dönhoff. Wie Freunde und Weggefährten sie erlebten. Hamburg 2006. Darin: Interview mit Christa Armstrong
«Die Zeit». Ausgabe zum fünfjährigen Jubiläum 1951
Peter de Mendelssohn: S. Fischer und sein Verlag. Frankfurt am Main 1986
Friedrich Sieburg: Robespierre. Frankfurt am Main 1935
Stuttgarter Bekenntnis des Rates der Evangelischen Kirche über Solidarität der Schuld, Oktober 1945
Ernst Friedländer: «Deutsche Jugend» und «Von der inneren Not». Hamburg 1947
Heinrich Leippe: Studie über den Anfang der «Zeit» (nicht gedruckt). Manuskript. ZA.

Kapitel 18

M.D.: Briefe an Edgar Salin. NMD
Ralf Dahrendorf: Liberal und unabhängig – Gerd Bucerius und seine Zeit. München 2000
M.D.: Das heimliche Deutschland der Männer des 20. Juli. In: «Die Zeit», 18. Juli 1946

M.D.: Demokratisierung der Türkei. In: «Die Zeit», 25. Juli 1946
M.D. [recte: Christoph Graf Dönhoff]: Problem Palästina. In: «Die Zeit», 19. September 1946
M.D. [recte: Christoph Graf Dönhoff]: Soziale Konflikte im Vorderen Orient. In: «Die Zeit», 28. November 1946
M.D.: Ohne Ausweg – Englands Palästina-Mandat. In «Die Zeit», 12. Februar 1947
Christoph Dönhoff: Tadel der Fichte. In: «Die Zeit», 16. September 1948
M.D.: Polen annektiert Ostdeutschland. In: «Die Zeit», 13. Januar 1949
M.D.: Arabische Zwischenbilanz. In: «Die Zeit», 26. Februar 1948
M.D.: Völkischer Ordensstaat Israel. In: «Die Zeit», 23. September 1948
M.D.: Pakistan vor dem Sicherheitsrat. In: «Die Zeit», Nr. 2, 1948
M.D.: Mahatma Gandhi. In: «Die Zeit», 27. Januar 1948
M.D.: Indien in der Teilung. In: «Die Zeit», Nr. 16, 1948
M.D.: Neuer Start in Palästina? In: «Die Zeit», Nr. 15, 1948
M.D.: Israel hat gesiegt. In: «Die Zeit», 20. Januar 1949
M.D.: Israels Erfolge. In: «Die Zeit», 24. März 1949
M.D.: David Ben-Gurion. In: «Die Zeit», 19. Mai 1949
M.D.: Rassenwahn in Offenbach. In: «Die Zeit», 22. September 1949
M.D.: Israel – woher? In: «Die Zeit», 21. Juni 1963
M.D.: Israel – wohin? In: «Die Zeit», 28. Juni 1963
M.D.: London, Auftakt zur Außenministerkonferenz. In: «Die Zeit», 11. Dezember 1947
M.D.: Fragen ohne Antworten – Aus den letzten Londoner Pressekonferenzen. In: «Die Zeit», 18. Dezember 1947
David Astor: Brief an M.D. über Adam Trott zu Solz, 1. August 1948 oder 1949. NMD
M.D.: Briefe an David Astor. Nachlass David Astor
M.D.: Vortrag Mittwochgesellschaft über Nürnberg, 1993. NMD
Hans-Georg von Studnitz: Seitensprünge – Erlebnisse und Begegnungen 1907–1970. Stuttgart 1975
Otto von Hentig: Zeugnis über Ernst von Weizsäcker
Robert M. W. Kempner: Das Dritte Reich im Kreuzverhör – Aus den

unveröffentlichten Vernehmungsprotokollen des Anklägers. München – Esslingen 1969

Ralf Dahrendorf: Liberal und unabhängig – Gerd Bucerius und seine Zeit. München 2000

Michael Thomas: Deutschland, England über alles – Rückkehr als englischer Besatzungsoffizier. München 1987

Hermann Schreiber: Henri Nannen – Drei Leben. Gütersloh 1999

Kapitel 19

M.D.: Berichte aus England Ende 1947. In: «Die Zeit», 11. Dezember 1947

M.D.: Fragen ohne Antworten – Aus den letzten Londoner Pressekonferenzen. In: «Die Zeit», 18. Dezember 1947

M.D.: Brief an Lady Astor. NMD

Korrespondenz M.D. – David Astor. NMD und Nachlass David Astor

Henric L. Wuermeling: «Doppelspiel» – Adam von Trott zu Solz im Widerstand gegen Hitler. Darmstadt 2004

Alice Schwarzer: Marion Dönhoff. Ein widerständiges Leben. Köln 1996

M.D.: London und der deutsche Widerstand. In: «Die Zeit», Nr. 30, 1995

Christabel Bielenberg: Als ich Deutsche war, 1934–1945. Eine Engländerin erzählt. München 2000

M.D.: Briefe an David Astor, 20. Juli. Nachlass David Astor

David Astor: Brief an M.D., 1. August. NMD

Felix Morley: Briefe an M.D. von Herbst 1949 an. NMD

Kapitel 20

M.D.: Brief an Walter F. Otto. NMD

Ulrich Schlie (Hg.): Mehr als ich Dir jemals werde erzählen können. Hamburg 2008. Darin: Korrespondenz M.D. und Carl Jacob Burckhardt

M.D.: Brief an Edgar Salin. NMD

M.D.: Drei Reportagen der Spanienreise 1950. NMD

M.D.: Reisenotizen aus Afrika und dem Nahen Osten. NMD
M.D.: Brief an die Personalabteilung des Auswärtigen Amtes. Archiv Auswärtiges Amt
M.D.: Artikel für «Foreign Affairs». NMD
M.D.: Menschen, die wissen, worum es geht. Politische Schicksale 1916–1976. Hamburg 1976. Darin: Porträt John McCloy: Das Gewissen Amerikas
George Kennan (Mister X): The Sources of Soviet Conduct. In: «Foreign Affairs», Juli 1947
Jean Monnet: Erinnerungen eines Europäers. München 1978
George W. Ball: The Past Has Another Pattern. New York 1982
M.D.: Europa kommt durch den Lieferanten-Eingang. In: «Die Zeit», 14. September 1950
M.D.: Der Fluch von Oradour. In: «Die Zeit», 8. Januar 1953
M.D.: Sedis Herrenmenschen. In: «Die Zeit», 8. Juli 1954
Ralf Dahrendorf: Liberal und unabhängig – Gerd Bucerius und seine Zeit. München 2000
Paul Bourdin: Auf krummen Wegen. Geheimabmachung über die endgültige Spaltung Deutschlands. In: «Die Zeit», 19. März 1953
Konrad Adenauer: Erinnerungen 1945–1953. Stuttgart 1987
M.D.: Steine gegen rote Panzer. In: «Die Zeit», 25. Juni 1953
M.D.: Der südafrikanische Teufelskreis. Reportagen und Analysen aus drei Jahrzehnten. Stuttgart 1987
Div. Artikel von Ernst Krüger in «Die Zeit» zwischen 1949 und 1956, darunter: Trumans Kampf für den Fair Deal, 12. Mai 1949; Amerika misstraut Europa, 5. Januar 1950; Unternehmen Ali Baba – Die schwierige Lage der Juden im Irak, 5. April 1951; Der Augiasstall der Korruption in USA. In: «Die Zeit», 12. und 19. Juni 1951; Deutschland und der Kalte Krieg, 15. Mai 1952
M.D.: Nehru regiert nicht allein. In: «Die Zeit», 21. März 1957
M.D.: Der Krieg, der nicht beendet werden kann. In: «Die Zeit», 1. April 1954
Ralf Dahrendorf: Liberal und unabhängig – Gerd Bucerius und seine Zeit. München 2000
M.D.: Bei König Bhumibol und Königin Sirikit (Januar 1972). In: M.D.: Der Effendi wünscht zu beten. Berlin 1998

P. C. Holm (alias Paul Carell, recte Paul Karl Schmidt): Düsteres September-Gedenken. In: «Die Zeit», 2. September 1954
Carl Schmitt: Im Vorraum der Macht. In: «Die Zeit», 29. Juli 1954
M.D.: Brief an Edgar Salin über ihren Rückzug aus der «Zeit». NMD

Kapitel 21

Karl-Heinz Janßen: Die Zeit in der ZEIT. Berlin 1995
Josef Müller-Marein: Der Entenprozess. Hamburg 1961
M.D.: Die Flammenzeichen rauchen. In: «Die Zeit», 22. September 1955
M.D.: Das Moskauer Jawort 1955. In: M.D.: Weit ist der Weg nach Osten. Berichte und Betrachtungen aus fünf Jahrzehnten. Stuttgart 1985
Carlo Schmid: Neue politische Tatsachen. In: «Die Zeit», 22. September 1955
M.D.: Von Gestern nach Übermorgen – Zur Geschichte der Bundesrepublik Deutschland. Hamburg 1981
Ulrich Schlie (Hg.): Mehr als ich Dir jemals werde erzählen können. Hamburg 2008. Darin: M.D., Briefe an Carl Jacob Burckhardt
M.D.: Polen zeigt den Weg. In: «Die Zeit», 11. Oktober 1956
M.D.: Die Opfer schuldig? Was in Ungarn geschah, verändert die Welt. In: «Die Zeit», 22. November 1956
M.D.: Kein Grund zu schwarzem Pessimismus. In: «Die Zeit», 22. Oktober 1976
M.D.: Die Bundesrepublik in der Ära Adenauer. Reinbek bei Hamburg 1963
M.D.: Stichwort Oder-Neiße. In: «Die Zeit», 17. April 1959

Kapitel 22

M.D.: Die Bundesrepublik in der Ära Adenauer. Reinbek bei Hamburg 1963
Eric Warburg: Brief an M.D. über Besuch Wirtschaftsminister Erhard Dezember 1953. ZA

Haug von Kuenheim: Marion Dönhoff. Eine Biographie. Reinbek bei Hamburg 2002

M.D.: Wer denkt noch an den Staat? In: «Die Zeit», 16. November 1962

M.D.: Agrarbürokratie. In: «Die Zeit», 17. März 1949

M.D.: Zivilisiert den Kapitalismus. Stuttgart 1997

M.D.: Die große Staatsparade in Neu-Delhi. In: «Die Zeit», 7. Februar 1957

M.D.: Sheik Achmed vom Stamm der Schammar. In: «Die Zeit», 19. Juni 1958

M.D.: Die Khamas sind eine große Familie. Nachdruck in: M.D.: Der Effendi wünscht zu beten. Berlin 1998

M.D.: Westliche Versäumnisse in Guinea. In: «Die Zeit», 8. Januar 1960

M.D.: Wenn Nkrumah vor die Massen tritt. In: «Die Zeit», 29. Januar 1960

M.D.: Die Schwarzen haben Angst auf andere Weise. In: «Die Zeit», 12. Februar 1960

M.D.: Westafrikanische Reisenotizen. Die Schwarzen balancieren ganze Güterzüge auf dem Kopf. In: «Die Zeit», 22. Januar 1960

M.D.: Belgisch-Kongo: Ein Sprung ins Dunkle. Stärke und Schwäche des Kapitalismus in Afrika. In: «Die Zeit», 4. März 1960

M.D.: Die Luluas und die Balubas. In: «Die Zeit», 29. April 1960

M.D.: Nigeria: Land ohne Märtyrer. In: «Die Zeit», 6. Mai 1960

M.D.: Ein schwarzer Bischof irrte durch die Stadt. In: «Die Zeit», 14. April 1960

M.D.: Sturm über Südafrika. In: «Die Zeit», 8. April 1960

M.D.: Was Südafrika fürchtet ... In: «Die Zeit», 21. Oktober 1960

M.D.: Ein Silberstreif in Südafrika. Gespräch mit Ministerpräsident Vervoerd. In: «Die Zeit», 28. Oktober 1960

M.D.: Menschen, die wissen, worum es geht. Politische Schicksale 1916–1976. Hamburg 1976. Darin: Porträt Helen Suzman

M.D.: Ein Visum für den Jemen. In: «Die Zeit», 21. Mai 1963

M.D.: Nasser sitzt fest im Sattel. In: «Die Zeit», 7. Juni 1963

M.D.: Israel – woher? In: «Die Zeit», 21. Juni 1963, und Israel – wohin? In: «Die Zeit», 28. Juni 1963

M.D.: Namen die keiner mehr nennt. Ostpreußen – Menschen und Geschichte. München 1997

M.D.: Aus Romantikern wurden Pragmatiker. Nicht an Freiheit fehlt es – aber an Ware. In: «Die Zeit», September 1962

M.D., Rudolf Walther Leonhardt und Theo Sommer: Reise in ein fernes Land – Bericht über Kultur, Wirtschaft und Politik in der DDR. Hamburg 1964

«Brennt in der Hölle wirklich ein Feuer?». In: «stern», Februar 1962

Klaus Rainer Röhl: Reisereportagen über die DDR in: «konkret», 1964

Stasi-Unterlagen, 3. März 1976: Einreisesperre für M.D., da mit hoher Wahrscheinlichkeit als BND-Agentin verdächtig. Birthler-Behörde

M.D.: Europa – auch hinter dem Ural. In: «Die Zeit», 20. Oktober 1967

M.D.: Von der Zobeljagd zur Weltmacht. In: «Die Zeit», 27. Oktober 1967

Computer, aber auch Ladenhüter. In: «Die Zeit», 3. November 1967

Rückkehr mit Gelbsucht. Private Aufzeichnungen über Aufenthalt in Uni-Klinik Eppendorf. NMD

Ulrich Schlie (Hg.): Mehr als ich Dir jemals werde erzählen können. Hamburg 2008. Darin: M.D. Brief an Carl Jacob Burckhardt über Freud-Lektüre

Briefe Emil Preetorius an M.D., NMD

Briefe Paul von Yorck an M.D. 1964. NMD

Kapitel 23

Die Lage der Vertriebenen und das Verhältnis des deutschen Volkes zu seinen östlichen Nachbarn. Eine evangelische Denkschrift. Hannover 1965

Stimmen zur Denkschrift der EKD: Die Lage der Vertriebenen und das Verhältnis des deutschen Volkes zu seinen östlichen Nachbarn. Köln 1966

Politische Zeittafel 1949–1979. Hg. vom Presse- und Informationsamt der Bundesrepublik. Bonn 1981

Brief des polnischen Episkopats an die Bischofskonferenz der katholischen Bischöfe in Deutschland vom 18. November 1965 und die Antwort der Deutschen Bischofskonferenz vom 5. Dezember 1965 während des II. Vatikanischen Konzils. Dokumentiert in: Bundesrepublik Deutschland, Volksrepublik Polen. Hg. von Hans-Adolf Jacobsen u. a. Frankfurt am Main 1979.

M.D.: Deutschland, deine Kanzler – Die Geschichte der Bundesrepublik 1949–1999. München 1999

Ulrich Schlie (Hg.): Mehr als ich Dir jemals werde erzählen können. Hamburg 2008. Darin: M.D. an Carl Jacob Burckhardt aus Bucerius' Haus im Tessin, November 1966

Marcel Reich-Ranicki: Mein Leben. Stuttgart 1999

Paul Flora: Beschreibung seines Engagements bei der «Zeit». ZA

Alice Schwarzer: Marion Dönhoff. Ein widerständiges Leben. Köln 1996

Claus Grossner: Verfall der Philosophie – Politik deutscher Philosophen. Reinbek bei Hamburg 1971

M.D.: Menschen, die wissen, worum es geht. Politische Schicksale 1916–1976. Hamburg 1976. Darin u. a.: Porträts von Helmut Schmidt und Henry Kissinger

M.D.: Brief an Henry Kissinger. ZA

M.D.: Kein Parteigenosse als Kanzler. In: «Die Zeit», 18. November 1966

Eugen Gerstenmaier: Streit und Friede hat seine Zeit. Ein Lebensbericht. Frankfurt 1981

Ralf Dahrendorf: Liberal und unabhängig – Gerd Bucerius und seine Zeit. München 2000

Karl-Heinz Janßen: Die Zeit in der ZEIT. Berlin 1995

Kapitel 24

Uwe Nettelbeck: Die Frankfurter Brandstifter. In: «Die Zeit», 8. November 1968

Ulrich Schlie (Hg.): Mehr als ich Dir jemals werde erzählen können. Hamburg 2008. Darin: M.D. an Carl Jacob Burckhardt über revolutionäre Stimmung in der Redaktion

«Zeit»-interne Denkschrift von Theo Sommer an M.D. über Lage der «Zeit». ZA

Ein wenig betrübt, Ihre Marion. Marion Gräfin Dönhoff und Gerd

Bucerius. Ein Briefwechsel aus fünf Jahrzehnten. Hg. von Haug von Kuenheim und Theo Sommer. Berlin 2003
Akte «Monat» im Bucerius-Archiv der «Zeit»-Stiftung
Memorandum von fünf Redakteuren über zukünftige Führung des Blattes bei Amtsantritt M.D.s als Chefredakteurin 1968. ZA
Ralf Dahrendorf: Liberal und unabhängig – Gerd Bucerius und seine Zeit. München 2000
Rolf Zundel: Zum Rücktritt Gerstenmaiers. In: «Die Zeit», März 1969
Brief Eugen Gerstenmaier an M.D. über Peter von Yorck. NMD
Brief Marion von Yorck an M.D. über ihren Mann. NMD
Brief Außenminister und SPD-Vorsitzender Willy Brandt an Eugen Gerstenmaier zum Rücktritt 1969. Willy-Brandt-Archiv, Friedrich-Ebert-Stiftung
Haug von Kuenheim: Marion Dönhoff. Eine Biographie. Reinbek bei Hamburg 2002
M.D.: Die Folgen der sowjetischen Invasion. Die Kleinen im östlichen Lager sind Freiwild. In: «Die Zeit», September 1968
M.D.: Aus der Baracke ins Palais. Was der Machtwechsel für den Staat bedeutet. In: «Die Zeit», 24. Oktober 1969
M.D.: Wende in Warschau? In: «Die Zeit», 24. April 1970
M.D.: Von Gestern nach Übermorgen – Zur Geschichte der Bundesrepublik Deutschland. Hamburg 1981
M.D.: Ein Kreuz auf Preußens Grab. In: «Die Zeit», 20. November 1970
Ulrich Schlie (Hg.): Mehr als ich Dir jemals werde erzählen können. Hamburg 2008. Darin: Briefe M.D. an Carl Jacob Burckhardt
M.D.: Brief an Willy Brandt mit Begründung der Absage zur Einladung, bei der Unterzeichnung des Polen-Vertrags anwesend zu sein. ZA
Willy Brandt: Brief an M.D. Verständnis für die Absage. ZA
M.D.: Treffpunkt Erfurt. Die Begegnung der fremden Verwandten. In: «Die Zeit», 20. März 1970
M.D.: Zivilisiert den Kapitalismus. Grenzen der Freiheit. Stuttgart 1997
M.D. Brief an Gerd Bucerius: Dank für Schenkung des Hauses am Pumpenkamp in Blankenese. Übergabe der Chefredaktion an Theo Sommer und Beginn ihrer Herausgeberschaft. ZA

Kapitel 25

Ulrich Schlie (Hg.): Mehr als ich Dir jemals werde erzählen können. Hamburg 2008. Darin: Briefe M.D. an Carl Jacob Burckhardt
Haug von Kuenheim: Marion Dönhoff. Eine Biographie. Reinbek bei Hamburg 2002
M.D.: Absage zu Willy Brandts Vorschlag ihrer Kandidatur zur Bundespräsidentin 1979. ZA
Karl-Heinz Janßen: Ausführung von Redaktionsstatut ZA
Karl-Heinz Janßen: Die Zeit in der ZEIT. Berlin 1995
Ralf Dahrendorf: Liberal und unabhängig – Gerd Bucerius und seine Zeit. München 2000
Gerd Bucerius: Begründung Mitherausgeberschaft von Ex-Kanzler Helmut Schmidt, Mai 1983. ZA
Frank A. Meyer: Brief an Gerd Bucerius. ZA
Friedrich Dönhoff: «Die Welt ist so, wie man sie sieht» – Erinnerungen an Marion Dönhoff. Hamburg 2002. Darin: Gespräch mit Helmut Schmidt
Dankrede Helmut Schmidt zum 80. Geburtstag. ZA
Theo Sommer: Berichte aus der DDR 1986. ZA
M.D. und Theo Sommer: Gespräch mit dem Staatsratsvorsitzenden Erich Honecker. ZA
Helmut Kohl: 10-Punkte-Programm zur Koexistenz BRD–DDR 1990. Wikipedia (Rede im Bundestag am 28. November 1989)
M.D.: Brief an Chefredakteur Robert Leicht zur Goldhagen-Debatte. ZA
M.D. und Gerd Bucerius: Briefe zu Feuilleton-Chef Fritz J. Raddatz und seiner Krise. ZA
M.D.: Preußen – Maß und Maßlosigkeit. Berlin 1987
Gründung Marion Dönhoff Stiftung 1988. ZA
Mieczysław Rakowski: Zur deutschen und polnischen Selbstkritik. In: «Polityka» Dok.-Nr. 17146 und: Es begann in Polen – Der Anfang vom Ende des Ostblocks. Hamburg 1995
M.D.: Deutsche und Polen: Eine schwierige Beziehung. Widerhaken bei der Wiedervereinigung: die Oder-Neiße-Grenze. In: «Die Zeit», 2. März 1990

M.D.: Weit ist der Weg nach Osten. Stuttgart 1985
M.D.: An Polen scheiden sich die Geister. In: «Die Zeit», 22. Januar 1982
M.D.: Rede zur Abitursfeier der Dönhoff-Schule in Nikolaiken. ZA
Friedrich Dönhoff: «Die Welt ist so, wie man sie sieht» – Erinnerungen an Marion Dönhoff. Hamburg 2002. Darin: Aufstellung der Kant-Statue und Wiedersehen mit Friedrichstein
Haug von Kuenheim: Marion Dönhoff. Eine Biographie. Reinbek bei Hamburg 2002
George F. Kennan: Briefe an M.D., ZA
Fritz Stern: Gold und Eisen – Bismarck und sein Bankier Bleichröder. Frankfurt am Main – Berlin – Wien 1980
Korrespondenz M.D. mit Fritz Stern. NMD
George F. Kennan zum 90. Geburtstag M.D.s. ZA
Dieter Buhl (Hg.): Marion Dönhoff. Wie Freunde und Weggefährten sie erlebten. Hamburg 2006. Darin: Gespräch mit Katharina Focke

· Namenregister ·

A

Abdul-Illah, Kronprinz des Irak 466
Acheson, Dean Gooderham 359, 424 f.
Adams, Charles 77 f.
Adams, Henry 77
Adenauer, Konrad 14, 19 f., 26, 80, 362, 370, 388, 402, 419, 426, 428 f., 435, 442, 446 f., 449 f., 453, 457 f., 461 ff., 481, 483 f., 508, 523
Adorno, Theodor W. 134 f.
Ahlefeld, Günther von 298
Ahlers, Conrad 463
Alexander I., Kaiser von Russland 55
Altmann, Rüdiger 462
Arendt, Hannah 531
Armstrong, Christa → Tippelskirch, Christa von
Armstrong, Hamilton Fish 360, 420 f., 465
Aron, Raymond 159

Astor, Bridget Aphra, geb. Wreford 412
Astor, David 393 ff., 402 ff., 408, 416, 439, 478
Astor, Frances Christine Langhorne 406, 408
Astor, Johannes Jakob/John Jacob (1763–1848) 396
Astor, John Jacob (1886–1971) 404
Astor, Lady Nancy 393 ff., 397, 408
Astor, Waldorf, 2. Viscount 394 f.
Augstein, Rudolf 199, 391, 441 f., 444, 463, 495
August II. («August der Starke»), als Friedrich August I. Kurfürst von Sachsen 33 f.
August Wilhelm, Prinz von Preußen 150
Auguste, Prinzessin von Preußen 46
Augustinus, Aurelius 160

B

Baader, Andreas 498
Bach, Johann Sebastian 120
Badoglio, Pietro 272
Bahr, Egon 470, 508, 511, 513
Bajohr, Frank 241
Ball, George W. 426
Balsiger, Werner 346, 348
Bandaranayake, Solomon West Ridgeway Dias 433
Barth, Karl 197
Barzel, Rainer 511, 514
Baudissin, Wolf Stefan Traugott Graf von 25, 322, 504
Bauer, Gottlieb 36 f.
Baumann, Hans 497
Beck, Ludwig 210
Becker, Hans Detlev 463
Becker, Hellmut 381
Bell, George Kennedy Allen, Bischof von Chichester 399
Below, Gerd von 106 f.
Ben Gurion, David 469
Benson, Robert Louis 145
Berg-Markinen, Hans Hubert von 249, 256
Berlichingen, Götz (Gottfried) von 79
Bernadotte, Folke, Graf von Wisborg 376
Berndorff, Hans Rudolf 356 ff.
Bernhard, Heinrich 343
Bernini, Giovanni Lorenzo 112
Bernstorff, Albrecht Graf 147, 231
Best, Werner 461 f.
Bethge, Eberhard 197
Bethmann Hollweg, Theobald von 136
Bhumibol Aduljadeh, Rama IX., König von Thailand 434
Biaggi 346
Bidault, Georges 343, 428
Biegler, Rolf 522
Bielenberg, Christabel 399, 402 f., 416
Bielenberg, Peter 402 f., 416
Bielinska, Maria Magdalena, verh. Gräfin von Denhoff 33
Biermann, Wolf 474
Bischoffwerder, Johann Rudolf von 47 f.
Bismarck (Familie) 106, 510
Bismarck, Herbert von 79
Bismarck, Johanna von 53
Bismarck, Klaus von 529
Bismarck, Marie von 79
Bismarck, Otto Eduard Leopold Graf von 35, 53, 58 ff., 62, 76, 78 f., 151, 165, 182, 184, 188, 191, 313, 319, 362, 537
Bismarck, Sibylle von 313
Bismarck, Wilhelm («Bill») von 80
Bismarck-Varzin, Klaus von 153
Blank, Theodor 429
Blaskowitz, Johannes 276
Bleichröder, Gerson von 62, 537
Blomberg, Erna, geb. Gruhn 210
Blomberg, Werner Eduard Fritz Freiherr von 210

Blücher, Gebhard Leberecht
  Fürst von Wahlstatt 50
Blum, Paul C. 346
Blumenfeld, Erik 349 ff., 369,
  423, 511
Blumenfeld, Sibylla 349, 351,
  423
Bock, Fedor von 273, 284 f.
Bode, Wilhelm von 81 f.
Bodelschwingh, Friedrich 73
Bodt, Jean de 35
Boehringer, Robert 138, 144
Boeselager, Philipp Freiherr von
  320
Bohle, Ernst Wilhelm 224
Bohrer, Karl Heinz 501
Böll, Heinrich 487, 537
Boncompagni (Prinzessinnen)
  116
Bonhoeffer, Dietrich 197, 280
Bormann, Martin 286, 347
Bosch, Robert 280
Bourdin, Paul 428
Brakelmann, Günter 287
Brandt, Willy (eigtl. Herbert
  Ernst Karl Frahm) 14 ff., 20,
  26, 367, 370, 375, 402, 465, 470,
  481, 484 f., 492, 505 ff., 519,
  523 f., 533
Brecht, Bertolt 138, 201
Brentano, Heinrich von 447
Breschnew, Leonid Iljitsch 506,
  536
Bretscher, Willy 218 f.
Briand, Aristide 107
Brüning, Heinrich 151 f.

Bucerius, Detta 355
Bucerius, Gerd 241, 349, 354 f.,
  361 f., 373, 387 ff., 409, 427 f.,
  437 ff., 441 f., 443 f., 463, 470,
  472, 484 ff., 490, 494 f., 499 ff.,
  515, 520 ff., 526
Bucerius, Gertrud («Ebelin»)
  388, 437, 485, 521
Buhl, Dieter 359 f., 371
Bulganin, Nikolai Alexandro-
  witsch 446
Bunge, Hans-Joachim 474
Burckhardt, Carl Jacob 108, 187,
  206 ff., 212 ff., 221, 229, 266 ff.,
  344 ff., 415, 438 f., 452, 454, 459,
  476 f., 492, 498, 510, 517 f., 537
Burckhardt, Elisabeth 212
Burckhardt, Jacob 160, 207 f.,
  232, 333, 341, 452
Burke, Edmund 153
Bush, George W. jr. 20
Bussche, Axel von dem 286, 328,
  338
Busse, Joachim von 304, 329
Byrnes, James Francis 358

C
Canaletto (eigtl. Giovanni
  Antonio Canal) 416
Canaris, Wilhelm 229, 302
Canova, Antonio 112
Caprivi (Familie) 151
Carstens, Karl 519
Cäsar, Gajus Julius 33
Cazas, Helga, geb. Treuherz
  300 f.

Cecilie, Kronprinzessin von Preußen 94, 193, 359
Chamberlain, Arthur Neville 210, 324, 398
Charrière, Isabelle Agnès Élisabeth de 49
Chichester, Bischof von → Bell, George Kennedy Allen
Chirac, Jacques 320
Chodowiecki, Daniel 48
Chruschtschow, Nikita Sergejewitsch 446, 451, 456, 508
Churchill, Sir Winston Leonard Spencer 19, 266, 272, 400
Collas, John von 34
Constant de Rebecque, Benjamin 49
Conze, Eckart 147
Cooper, Alfred Duff 207
Cooper, Lady Diana 207
Cosel, Anna Constantia Reichsgräfin von 33
Coudenhove, Franz 95 f.
Coudenhove-Kalergi, Richard Nikolaus Graf von 95
Cramm, Gottfried Freiherr von 294, 314, 321, 323 ff., 349
Cramm, Jutta von 327
Cramm-Brüggen-Hannover, Freiherr von 153
Cremer, Eberhard 474
Cunningham 320
Custer, George Armstrong 118 f.

D
Dahrendorf, Lord Ralf 371, 386, 388, 427, 437, 442
Daladier, Édouard 210
Darré, Richard Walter 80, 163
Dehler, Thomas 453
Dellingshausen, Bruno Freiherr von (Schwager) 72 f., 103, 265
Dellingshausen, Christa → Dönhoff, Christa Gräfin von
Delmer, Sefton 356 f.
Delp, Alfred 245
Denhoff, Jan Kazimierz Graf von 32 f.
Denhoff, Maria Magdalena → Bielinska, Maria Magdalena
Denhoff, Władysław Graf von 32
Denissow, Viktor 535
Dietzel, Ulrich 474
Dipper, Christof 276 f., 280 f.
Dissow, Joachim von → Rantzau, Johann-Albrecht von
Döblin, Alfred 138
Doehring, Bruno 99
Dohna (Familie) 30, 35, 106
Dohna, Karl Hannibal Reichsgraf von 32
Dohna-Schlobitten, Alexander Fürst zu (1899–1997) 264, 299 f., 529
Dohna-Schlobitten, Alexander Graf zu (1661–1728) 42
Dohna-Schlobitten, Friedrich Ferdinand Alexander Graf von 55, 80

Dohna-Tolksdorf, Heinrich Graf
zu 283 f., 286, 299 f., 316
Dohnanyi, Hans von 277
Dönhoff, Alexander Graf von 43
Dönhoff, Amalie Juliane Gräfin
von 45
Dönhoff, Amelie Gräfin von
198
Dönhoff, Amélie Louise Gräfin
von, geb. zu Dohna-Schlobitten 42
Dönhoff, Andreas Graf von 431
Dönhoff, Anna Gräfin von →
Leszczyński, Anna

Dönhoff, August Friedrich
Philipp Graf von (Urgroßvater)
54 f., 57, 61
Dönhoff, August Heinrich
Hermann Graf von (Großvater) 57 ff., 64, 76, 78 ff.,
111 f., 183, 191
Dönhoff, August Karl Graf von
(Vater) 61 f., 63 ff., 71, 76 ff.,
85 ff., 90 f., 105, 163, 193, 326
Dönhoff, Bogislav Friedrich Graf
von 34, 155
Dönhoff, Carl Ludwig («Louis»)
Graf von (Onkel) 65, 76, 105
Dönhoff, Cécile 51 ff.
Dönhoff, Charlotte Amalie
Gräfin von, geb. Rollaz du
Rosey 45
Dönhoff, Christa Gräfin von,
verh. von Dellingshausen
(Schwester) 64, 72 f., 87, 90, 103

Dönhoff, Christian Graf von
(Neffe) 314, 332, 536
Dönhoff, Christian Ludwig
August Karl Graf von 45
Dönhoff, Christoph («Toffy»)
Graf von (Bruder) 69, 72, 74,
102, 106 f., 121 ff., 154 ff., 158,
171, 175, 178, 219, 223 f., 227,
241 f., 247, 263 f., 267, 269, 276,
285, 300 ff., 326, 341 ff., 348,
373 f., 430 ff., 464, 466 f., 489,
536 ff.
Dönhoff, Dietrich («Dieter»)
Graf von (Bruder) 69, 72, 90,
102, 106 f., 121 f., 154 f., 158,
160, 171, 174, 178, 197, 221,
223 ff., 229, 231, 233, 243, 247,
258, 262, 264, 269, 276, 285,
308, 311 f., 314, 326, 328,
332, 339, 370, 403, 464, 467,
535 f.
Dönhoff, Dorothea («Dodo»)
Gräfin von, geb. von Hatzfeldt-Wildenburg (Schwägerin)
194, 226 f., 249, 252, 254, 261 f.,
263 f., 269, 335 f., 475
Dönhoff, Eleonore Gräfin von,
geb. Freiin von Schwerin 41
Dönhoff, Friedrich Graf von
(1639–1696) 41 f.
Dönhoff, Friedrich Graf von
(1708–1769) 44 f.
Dönhoff, Friedrich Graf von
(*1967) (Großneffe) 22, 177,
179, 489, 523 f., 534 f.
Dönhoff, Friedrich Ludwig 36

Dönhoff, Gerhard 32, 34
Dönhoff, Gert 31
Dönhoff, Heinrich Graf von
(Bruder) 22, 25, 63, 69, 72 ff.,
75, 87, 90, 93, 95 f., 102, 104 ff.,
112, 121 f., 124, 154 ff., 158,
160, 167, 169, 171, 173 f., 176,
178, 185, 187, 194 f., 198, 200 f.,
203, 208 f., 221, 223 ff., 229,
231, 233, 242, 244, 247, 249,
251 ff., 261 f., 263 ff., 269, 276,
279, 326, 335 f., 406, 416, 451,
475, 479, 489, 538
Dönhoff, Hermann 30
Dönhoff, Karin Gräfin von
(Nichte) 314, 332
Dönhoff, Karin Margarethe
(«Sissi») Gräfin von → Lehndorff, Karin Margarethe Gräfin
von
Dönhoff, Kaspar Fürst von 31 ff.
Dönhoff, Katharina Gräfin von,
geb. zu Dohna 41
Dönhoff, Maria Gräfin von
(Schwester) 73 f.
Dönhoff, Maria («Ria») Gräfin
von, geb. von Lepel (Mutter)
53, 61, 63 ff., 68 f., 71 f., 76,
84, 85 ff., 90 f., 94 ff., 98, 102,
111 f., 114 ff., 121 ff., 126, 155,
158, 164, 176, 180, 185, 193 f.,
201, 206, 219 f., 225 f., 238,
240, 242, 247, 265, 359, 394,
432
Dönhoff, Nicola Gräfin von
(Großnichte) 90, 489

Dönhoff, Otto Magnus Graf von
35, 42 f., 165 f.
Dönhoff, Otto Magnus Karl Ar-
thur Bogislav Graf von 155 f.,
197 f., 264, 295 ff.
Dönhoff, Pauline Gräfin von,
geb. von Lehndorff (Groß-
mutter) 60
Dönhoff, Sibylle Margaretha
Gräfin von, geb. Herzogin von
Brieg 32
Dönhoff, Sophie Gräfin von →
Schwerin, Sophie von
Dönhoff, Sophie Juliane Gräfin
von 46 ff.
Dönhoff, Sophie Wilhelmine
Gräfin von, geb. von Kameke
44
Dönhoff, Stanislaus Graf von
(Neffe) 314, 332
Dönhoff, Tatjana Gräfin von
(Großnichte) 489
Dönhoff, Vera Gräfin von, geb.
Burkart (Schwägerin) 122, 130,
267, 302, 341 ff., 346, 348, 467
Dönhoff, Yvonne Gräfin von,
verh. Kuenheim (Schwester)
21, 73, 87, 90, 93, 96, 102, 162 f.,
167, 178 f., 205, 207, 212, 219,
229, 235 ff., 239, 248, 252, 262 f.,
282, 309, 326, 332, 339, 346,
432, 444, 471, 475, 536
Dostojewski, Fjodor Michailo-
witsch 131
Douglas-Home, Sir Alexander
(«Alec») Frederick 398

Dubček, Alexander 505
Duckwitz, Georg Ferdinand 278
Dulk, Hans 319
Dulles, Allen Welsh 266 f.
Dulles, John Foster 267, 453
Dutschke, Rudolf («Rudi») 493, 495

E

Eastwood, Clint 120
Eberhard Ludwig, Herzog von Württemberg 141
Eckersberg, Else, verh. Eitzen, verh. Schey von Koromla, verh. Yorck von Wartenburg 104 f., 254, 336 f., 479
Eden, Sir Robert Anthony 324, 399, 428
Ehmke, Horst 493
Eichendorff, Joseph Freiherr von 281
Eichmann, O. E. 265
Einstein, Albert 476 f.
Eisenhower, Dwight D. 77, 267, 423, 440, 455
Eisenlohr, Ernst 238
Ellmann, Otto 310
Elisabeth, Königin von Großbritannien und Nordirland 433
Enke, Wilhelmine → Lichtenau, Gräfin von
Ensslin, Gudrun 498
Enzensberger, Hans Magnus 58
Erasmus von Rotterdam 531

Erhard, Ludwig 388, 442, 462, 481 ff.
Erler, Fritz 481 f.
Ernst August, König von Hannover, Herzog von Cumberland 182
Eschenburg, Theodor 471
Ettel, Erwin (Ps. Ernst Krüger) 237, 241 f., 431 f.
Eugen, Prinz von Savoyen-Carignan 281

F

Faisal II., König von Irak 466
Falin, Walentin 508
Falkenhausen, Freiherr von 87
Fellgiebel, Erich 289
Fest, Joachim 142, 274, 280, 284 f., 487
Finckenstein (Familie) 30, 35, 106
Fischer, Edwin 97
Flora, Paul 488
Focke, Katharina, geb. Friedländer 370 f., 512, 539
Foedrowitz, Michael 29 f.
Fontane, Theodor 528
Forster, Georg 49
Forster, Therese, geb. Heyne, verh. Forster, verh. Huber 49
Franco, Francisco 190, 417
Frank, Hans 276 f.
Frankfurter, Felix 397
Franz Ferdinand, Erzherzog von Österreich 34

Fredericia, Walter 427f., 432, 435
Freisler, Roland 284, 288, 297f., 385
Freud, Sigmund 52, 476f.
Freyer, Hans 139
Fried, Johannes 145
Friederike Luise, Königin von Preußen, Prinzessin von Hessen-Darmstadt 46f.
Friedländer, Ernst 242, 367, 369ff., 373, 386f., 427, 430, 512, 539
Friedländer, Katharina → Focke, Katharina
Friedrich II., König und Kaiser des Heiligen Römischen Reiches 136, 144, 188
Friedrich II., König von Preußen («Friedrich der Große») 35, 41, 43ff., 48, 56, 60, 96, 105, 165f., 182, 510, 528
Friedrich III., Kurfürst von Brandenburg, ab 1701 Friedrich I., König von Preußen 42
Friedrich August I., Kurfürst von Sachsen → August II.
Friedrich Ferdinand, Herzog von Anhalt-Köthen 48
Friedrich Wilhelm, Graf von Brandenburg 47f.
Friedrich Wilhelm, Prinz von Preußen 226
Friedrich Wilhelm I., König von Preußen 42f., 70f., 165, 182
Friedrich Wilhelm I., Kurfürst von Brandenburg («Der Große Kurfürst») 41, 62, 96, 165, 182
Friedrich Wilhelm II., König von Preußen 46ff.
Friedrich Wilhelm III., König von Preußen 55
Friedrich Wilhelm IV., König von Preußen 48
Fritsch, Werner Freiherr von 210
Frohn, Axel 292
Fürstenberg-Donaueschingen, Fürst zu 153

G
Galen, Clemens August Graf von 73, 217
Gasperi, Alcide de 370
Gaulle, Charles de 20, 233, 343, 402, 426, 457f., 482f., 512
Gebühr, Otto 105
Georg, Prinz von Bayern 113f.
George, Stefan 103, 136ff., 149, 159f., 169, 184, 207, 287, 372
Gersdorff, Rudolf-Christoph Freiherr von 273
Gerste, Margrit 490
Gerstenmaier, Brigitte 247, 256
Gerstenmaier, Eugen 140, 245ff., 256, 277, 295, 337, 363, 492, 503ff.
Geysau (auch Geusau), Levin von 47
Gidal, Nachum Tim 158f., 469
Gierke, Otto von 81
Globke, Hans 435

Goebbels, Joseph 73, 154, 208, 211, 272, 293, 360, 365, 462
Goebbels, Magda 154
Goerdeler, Carl Friedrich 280 f., 287, 303, 320
Goethe, Johann Wolfgang von 114, 200, 526
Goldhagen, Daniel J. 526
Goldmann, Nahum 435
Gollnick, Erich 195
Gomułka, Władysław 20, 456
Göring, Hermann 210, 224, 274, 327, 338, 423 f.
Görtz, Elsa Gräfin 294, 314, 332
Grant Duff, Shiela 397
Grass, Günter 487, 510
Grassi, Ernesto 416 f.
Greco, El (eigtl. Dominikos Theotokopulos) 175
Grenda (Kutscher) 93 f.
Gressmann, Hans 471, 499, 502
Groener, Wilhelm 152
Gromyko, Andrei 508
Groscurth, Helmuth 277
Grossner, Claus 489 f.
Grotewohl, Otto 450
Grüber, Heinrich 254
Gründgens, Gustaf 105
Grunenberg, Nina 490
Gruner, Richard 388 f., 437, 442, 520 f.
Guardini, Romano 252, 262 f.
Gundolf, Friedrich (eigtl. F. Leopold Gundelfinger) 137 f., 141
Güssefeld, Wilhelm 441

H
Habe, Hans (eigtl. János Békessy) 362
Haeften, Werner von 289
Haffner, Sebastian (eigtl. Raimund Pretzel) 395
Hahn, Albert 139, 157
Halifax, Edward Wood, 1. Earl of Halifax 221, 397 f.
Hallstein, Walter 447, 461, 484
Hardenberg, Carl Hans Graf von 316
Hardenberg, Karl August Freiherr von 54 f., 57, 67, 166, 528
Hasenclever, Walter 422
Hassell, Ilse von, geb. von Tirpitz 298 f.
Hassell, Lorenz von 269 f.
Hassell, Raimute von, geb. von Caprivi 270 f.
Hassell, Ulrich von 228, 269, 271, 278 ff., 282 f., 287, 295, 298 f., 303, 316, 320, 384
Hatcliff, Jayes H. jr. 292 f., 321 ff.
Hatzfeldt-Wildenburg, Dorothea Gräfin von → Dönhoff, Dorothea Gräfin von
Hatzfeldt-Wildenburg, Maria Fürstin von, geb. von Stumm 253, 261 f., 337
Hatzfeldt-Wildenburg, Ursula Gräfin von 262
Hatzfeldt-Wildenburg-Dönhoff, Angelika Gräfin von, geb. Freiin von Schröder 539

Hatzfeldt-Wildenburg-Dönhoff,
Christian Graf von, geb.
Dönhoff, adopt. Hatzfeldt
(Neffe) 63, 85, 93, 226 f., 249,
252, 254, 261 ff., 269, 335 ff.,
416, 451, 475, 479, 489
Hatzfeldt-Wildenburg-Dönhoff,
Christina Gräfin von, geb.
Dönhoff, adopt. Hatzfeldt,
verh. von Butler (Nichte) 249,
252, 254, 261 ff., 269, 335 ff.,
416, 451, 475, 479, 489
Hatzfeldt-Wildenburg-Dönhoff,
Hermann Graf von, geb.
Dönhoff, adopt. Hatzfeldt
(Neffe) 28, 121, 227, 229, 249,
252, 254, 261 ff., 269, 335 ff.,
416, 451, 468, 470, 475, 479,
489, 531, 533 f., 539
Hatzfeldt-Wildenburg-Dönhoff,
Maria Magdalena Gräfin von,
geb. von Mumm 226
Hatzfeldt-Wildenburg-Dönhoff,
Verena Gräfin von, geb. Freiin
von Harder und von Harmhove 226 f.
Haubach, Theodor 319
Hauptmann, Gerhart 201
Hauser, Melanie 406, 408, 412
Haushofer, Albrecht 231
Havemann, Robert 474
Heath, Sir Edward Richard George 458
Heck, Kilian 42, 61, 71, 80 f.
Heine, Heinrich 189 ff., 531

Heinemann, Gustav 26, 493, 506, 513
Heinrich, Prinz von Preußen (1726–1802) 44 f.
Heinrich, Prinz von Preußen (1781–1846) 46
Heise, Edith 254
Hemmings, Sally 67
Henderson, Nevile 324
Hensel, Sebastian 61
Hensel-Mendelssohn (Familie) 112
Hentig, Hartmut von 65, 89 f., 199, 303 ff., 328, 339, 538
Hentig, Helga von 89 f.
Hentig, Philipp Hermann Otto von 62
Hentig, Werner Otto von 44, 62, 65, 70, 88 ff., 97, 184, 192, 200, 225, 229, 238, 303 f., 384
Hermine, Prinzessin von Schoenaich-Carolath →
Schoenaich-Carolath, Hermine Prinzessin von
Hermlin, Stephan (eigtl. Rudolf Leder) 474
Hertzberg, Ewald Graf von 182
Heuss, Theodor 280, 438 f., 531
Hewel, Walter 398
Heydrich, Reinhard 218, 274, 297
Hildebrand, Eugen 36, 38
Himmler, Heinrich 210, 218, 274, 302 f., 325, 399
Hindenburg, Oskar von 152

Hindenburg, Paul von (eigtl. P. von Beneckendorff und von H.) 69 ff., 91, 97, 151 f.
Hirschfeldt, Sylvana von 305
Hitler, Adolf 14, 22 ff., 73 f., 108, 140 f., 142 f., 145 f., 150, 152, 154, 171 f., 180 ff., 190, 205 f., 208 ff., 213, 216 f., 220 f., 223 f., 229, 231, 234, 255, 259, 260, 265, 271 ff., 278, 285, 291, 293 f., 297, 299 f., 306, 310, 314 ff., 323 ff., 328, 335, 338, 350, 356, 358, 366, 375, 377, 381, 383 ff., 396 ff., 435, 448, 508 f., 526
Höfer, Werner 270
Hoffmann, Max 70
Hoffmann, Peter 188
Hofmannsthal, Hugo von 144, 184, 201, 207 f., 218
Hohenlohe (Familie) 106
Hohenlohe, Christian Kraft Fürst zu 153
Hölderlin, Friedrich 200
Holtzbrinck, Dieter von 523
Holtzbrinck, Georg von 523
Homer 281
Honecker, Erich 524
Hoover, J. Edgar 399
Horkheimer, Max 133, 135
Hoßbach, Friedrich 191
Huber, Ludwig Ferdinand 49
Huber, Therese → Forster, Therese
Huch, Ricarda (Ps. Richard Hugo) 299
Humboldt (Familie) 510
Humboldt, Alexander von 58 f., 202
Humboldt, Caroline von 49
Humboldt, Wilhelm von 49, 52, 58, 202
Husseini, Amin al-, Mufti von Jerusalem 241, 432

I
Innozenz XI., Papst (eigtl. Benedetto Odescalchi) 33
Isabella, Erzherzogin von Österreich-Teschen 113

J
Jacobi, Claus 242, 359
Jaeger, Werner 281
Jahr, John 520 f.
Jan III. Sobieski, König von Polen 37
Jannings, Emil 105
Janßen, Karl-Heinz 349, 471, 495, 520 f.
Jaruzelski, Wojciech 533
Jefferson, Thomas 67
Jelzin, Boris Nikolajewitsch 536
Jens, Inge 365
Joffe, Josef 500, 527
Johann Christian, Herzog von Brieg 32
Johannes Paul II., Papst (eigtl. Karol Wojtyla) 532
John, Otto 436

Joliot-Curie, Jean Frédéric 301
Joseph II., Kaiser des Heiligen Römischen Reichs 36
Jung, Edgar 139 f.
Jungblut, Michael 495
Jünger, Ernst 140 f., 149 f., 365
Jünger, Friedrich Georg 140

K
Kadow (Oberdiener) 70
Kageneck (Familie) 151
Kahle, Ernst 467
Kahle, Petra 467
Kaiser, Joachim 135
Kaltenbrunner, Ernst 218, 286, 288 f.
Kameke, Paul Anton von 44
Kameke, Sophie Wilhelmine von → Dönhoff, Sophie Wilhelmine Gräfin von
Kanitz, Graf von (Cousin) 267, 340,
Kanitz, Huberta (Cousine) 95 f.
Kanold, Ursula 97
Kant, Immanuel 46 f., 57, 534 f., 539
Kantorowicz, Ernst Hartwig 136 ff., 141, 144 ff., 168, 188, 191, 205, 227, 229 ff., 307, 424
Kara Mustafa 33
Kardoff (Familie) 151
Karl X., König von Schweden 41

Karl XII., König von Schweden 31, 43
Karlauf, Thomas 139, 141
Kaschnitz, Marie Luise 193 f., 208 f.
Kaschnitz von Weinberg, Guido 193
Kästner, Erich (Ps. Melchior Kurtz) 138, 531
Katharina II., Kaiserin bzw. Zarin von Russland («Katharina die Große») 36 f., 56, 229
Katte, Hans Hermann von 43 f.
Keitel, Wilhelm 210
Kemal Atatürk, Mustafa 372, 418
Kempner, Robert 383 ff.
Kennan, Annelise 537
Kennan, George F. 13, 358 f., 424 f., 537, 539
Kennedy, John F. 119, 426, 483
Kielmansegg, Johann Adolf Graf von 25, 322, 504
Kiep, Otto 246
Kiesewetter, Carl Christian 46 f.
Kiesinger, Kurt Georg 491 f., 506
Kissinger, Henry 17, 465 f., 491, 499, 514
Kissinger, Nancy 491
Klasen, Karl 486
Klein, Fritz 69
Kleist, Heinrich von 184, 200
Klerk, Frederik Willem de 532
Kluge, Friedrich 94
Kluge, Günther von 255

Koch, Erich 182f., 185, 187, 192, 295, 311f.
Kohl, Helmut 16, 522, 524f.
Kohl, Michael 511, 513
Kolbe, Johann Kasimir von, Graf von Wartenberg 42
Kommerell, Eva, geb. Otto 176f.
Kommerell, Max 139, 143f., 174ff.
König, Eberhard 50
Kopelew, Lew Sinowjewitsch 537
Kopernikus, Nikolaus 531
Kordt, Erich 277
Kordt, Theodor 277
Kościuszko, Tadeusz 30
Kossert, Andreas 321
Krause, Helmut 70
Krekeler, Heinz 420
Krockow, Albrecht Otto Ernst von der Wickerau, Graf von 529
Krüger, Ernst → Ettel, Ernst
Krüger, Horst 501
Krzemiński, Adam 533
Kube, Wilhelm 285
Kuenheim, Alexander von (Schwager) 73, 167, 248, 332, 339, 471
Kuenheim, Alexandra von, verh. Müller-Marein (Nichte) 332, 444, 536
Kuenheim, Haug von 471, 522, 528, 535
Kuenheim, Heinrich («Heini») von (Neffe) 248, 252
Kuenheim, Yvonne von → Dönhoff, Yvonne Gräfin von
Kügelgen, Natalie («Nita») von, verh. Hentig 89f.
Kyros II., der Große, König von Persien 237

L

Lafayette, Marie Joseph Motier, Marquis de 30
Landmann, Edith 141
Landmann, Julius 141
Lang, Hilde von 522f.
Leber, Julius 246, 288, 319
Lehndorff (Familie) 30, 35, 106, 154
Lehndorff, Ahasverus Otto Magnus Graf von (Cousin) 288
Lehndorff, Gottliebe Gräfin von, geb. von Kalnein 294f., 297
Lehndorff, Heinrich Graf von (Cousin) 24f., 45, 74f., 95, 130, 133, 139, 249, 283ff., 288f., 291, 294f., 297, 300, 314, 316, 396, 406, 409, 533
Lehndorff, Karin Margarethe («Sissi») Gräfin von, verh. Dönhoff (Cousine, Schwägerin) 45, 74f., 95, 130, 133, 154, 197, 226, 243, 278, 314, 332, 370, 533f.
Lehndorff, Manfred Graf von 74, 153
Lehndorff, Vera («Veruschka») Gräfin von 295

Leicht, Robert 445 f., 525 f.
Leippe, Heinrich 367
Lenin, Wladimir Iljitsch (eigtl. W. I. Uljanow) 450
Lenz, Siegfried 510
Leonhardt, Rudolf Walter 470, 472, 486, 494, 497, 502, 526
Leopold, Prinz von Bayern 113
Leszczyński, Anna, geb. Dönhoff 33
Leszczyński, Maria 34
Leszczyński, Stanislaus, König von Polen → Stanislaus I.
Leuschner, Wilhelm 319
Lichtenau – Enke, Wilhelmine, Gräfin von L. 48
Liebermann, Max 136
Lieven (Familie) 61
Lilje, Hanns 363
Lopez, Francisco Solano 365
Lorenz, Lovis H. 349, 355, 387
Lorenzo, Giovanni di 527
Lowe, Adolph (eigtl. Adolf Löwe) 121, 133
Löwenthal, Richard (Ps. Paul Sering) 135, 395
Ludendorff, Erich 34, 70
Ludwig XIV., König von Frankreich («Sonnenkönig») 42
Ludwig XV., König von Frankreich 34
Luise, Königin von Preußen 49, 52, 55
Luther, Martin 46, 57, 96, 191

M
Malinowski, Stephan 30, 150, 153 f.
Man, Hendrik de 133
Mandela, Nelson R. 467, 532
Mann, Golo 89
Mann, Thomas 21, 191, 365, 399
Mannheim, Karl 135
Maria Theresia, Kaiserin, Erzherzogin von Österreich, Königin von Ungarn und Böhmen 36
Marie-Antoinette, Königin von Frankreich 184
Marshall, George Catlett 118, 358 f., 385, 425, 434
Marwitz, Friedrich August Ludwig von der 167
Marx, Karl 136, 145, 161, 476 f., 494
May, Karl 78, 120
McCarthy, Joseph R. 441
McCloy, John Jay 383, 422 f., 519
Mehnert, Frank 140 f.
Mehnert, Klaus 140
Meinhof, Ulrike 498
Mendelssohn, Peter de 365 f.
Mendelssohn Bartholdy, Fanny 61
Mendelssohn Bartholdy, Felix 61
Mendès-France, Pierre 434
Merveldt, Erika («Eka») Gräfin von, geb. Müller 356, 488

Mesmer, Franz Anton 51
Metternich, Graf → Wolff
Metternich, Wolfgang Graf
Metternich, Klemens Wenzel
    Fürst von 188, 192
Metzler, Moritz von 131 f., 136
Meyer, Agnes E. 398 f.
Meyer, Eugene 398
Meyer, Frank A. 522
Meyer, Fritjof 302
Meyerinck, Hubert von 105
Michelangelo (eigtl. Michel-
    angelo Buonarroti) 114
Mierendorff, Carlo 246, 319
Miłkowski, Zygmunt 29
Moeller van den Bruck, Arthur
    140
Mohn, Reinhard 523
Mollet, Guy 455
Molotow, Wjatscheslaw Michai-
    lowitsch (eigtl. W. M. Skrjabin)
    228
Moltke, Dorothy von 245, 297 f.
Moltke, Freya Gräfin von, geb.
    Deichmann 9, 246 f., 278, 284,
    529
Moltke, Helmuth Graf von
    (1800–1891) 12, 80
Moltke, Helmuth James Graf
    von (1907–1945) 134, 200,
    244 ff., 255 f., 277 f., 280 ff., 284,
    287 f., 297 f., 303, 316, 318 f.,
    399 f., 505, 529
Mommsen, Hans 280, 288
Mommsen, Theodor 26
Monnet, Jean 370, 402, 425 f.

Morgenthau, Henry jr. 358,
    385 f.
Morley, Felix 398 f., 412 f.
Mountbatten, Lady Edwina 420
Mountbatten, Louis, 1. Earl
    Mountbatten of Burma 420
Mozart, Wolfgang Amadeus 46
Mufti von Jerusalem → Husseini,
    Amin al-
Mühll, Theodora von der, geb.
    Burckhardt 207
Müller, Erika → Merveldt, Eka
    Gräfin von
Müller, Heinrich 347
Müller-Marein, Alexandra →
    Kuenheim, Alexandra von
Müller-Marein, Josef 17, 233,
    354 f., 363, 371, 433, 437, 439,
    441, 443 ff., 447 f., 466, 483,
    485 f., 498, 500, 527
Mundzeck, August 69 f.
Mussolini, Benito 115 f., 210,
    272

N
Nannen, Henri 387 ff., 390, 437,
    510
Nannen, Martha 389 f., 437
Napoleon I., Kaiser der Fran-
    zosen 35, 49 f., 55, 310, 323,
    528
Nasser – Abd el-Nasser, Gamal
    417, 454 f.
Naumann, Michael 500, 527
Naumann, Werner 462
Nehru, Jawaharlal 420, 433

Nettelbeck, Uwe 498
Neurath, Konstantin Freiherr von 190, 209 f.
Neutra, Richard 485
Niebuhr, Reinhold 538
Niekisch, Ernst 140
Niemöller, Martin 195
Nietzsche, Friedrich 102, 160, 174, 209
Nikolaus I. Pawlowitsch, Kaiser von Russland 58
Nixon, Richard Milhous 514
Novotný, Antonín 505

O
Ohnesorg, Benno 495
Opitz, Martin 32
Ortega y Gasset, José 232
Orwell, George (eigtl. Eric Arthur Blair) 412
Otto, Walter F. 136, 174, 264, 304, 307 ff., 312, 329, 339 f., 346, 349, 415
Owens, Jesse (eigtl. James Cleveland Owens) 181

P
Paeffgen, Theodor 343
Pakenham, Lord Francis Aungier 381
Papen, Franz von 139, 152 f.
Pechel, Rudolf 365
Petwaidic von Fredericia, Walter → Fredericia, Walter
Pferdmenges, Robert 388, 390
Philipe, Gérard 208

Philipp I., Landgraf von Hessen 46
Piłsudski, Józef Klemens 92
Pius XII., Papst (eigtl. Eugenio Pacelli) 217
Planck, Erwin 316
Plato 160
Plettenberg, Kurt von 103 f., 326
Poelchau, Harald 134, 245, 277 f., 292, 337
Pöllnitz, Karl Ludwig von 33
Pompidou, Georges 20, 402, 512
Popitz, Johannes 316, 320
Potocki (Familie) 31
Preetorius, Emil 478
Pribam, Karl 133
Pückler, Eduard Graf von 80
Pugatschow, Jemeljan 37
Putbus (Familie) 151
Putin, Wladimir 425

Q
Quedenau (Jungfer von Maria Gräfin Dönhoff) 93 f.

R
Raddatz, Fritz J. 526 f.
Raffael (eigtl. Raffaello Santi) 114
Rakowski, Mieczysław 532
Rantzau, Johann-Albrecht von (Ps. Joachim von Dissow) 82 ff.
Rauschning, Hermann 206
Reckzeh, Paul 246
Reemtsma, Jan Philipp 274

Reich-Ranicki, Marcel 486 ff.
Reich-Ranicki, Teofila 487
Reichenau, Walter von 274, 324
Reichhardt, Karl 136
Reichwein, Adolf 246, 319
Reinhardt, Max (eigtl. Maximilian Goldmann) 104 f., 254
Reiter, Janusz 531
Remarque, Erich Maria (eigtl. E. Paul Remark) 103
Remer, Otto Ernst 293
Renger, Annemarie 519
Resa Pahlavi Mohammed, Schah von Iran 494
Resa Schah, Schah von Iran 240
Rheinbaben, Rochus Freiherr von 153
Ribbentrop, Joachim von 210, 241, 285 f., 291, 302, 324, 384, 398, 434, 448, 533
Richelieu, Armand-Jean du Plessis, Herzog von, Kardinal 208
Riedel, Manfred 143
Riedemann, Beatrice von 117 ff.
Riedemann, Heinrich von 117, 119
Riefenstahl, Leni 127
Riezler, Katharina («Käthe»), geb. Liebermann 136
Riezler, Kurt 136
Rilke, Rainer Maria 103, 159, 218, 306
Robespierre, Maximilien de 366
Röhl, Klaus Rainer 472, 498

Röhm, Ernst 140, 255, 300, 435
Rokossowski, Konstantin 456
Romberg, Amalie von, geb. Dönhoff 50 ff.
Rommel, Erwin 259, 272
Roosevelt, Franklin D. 19, 266, 272, 340, 397, 426
Rosenberg, Alfred 183, 192, 477
Rosenstock-Huessy, Eugen 244 f.
Rothfels, Hans 471
Rougemont, Georges de 49
Rousseau, Jean-Jacques 49
Rundstedt, Gerd von 385 f.

S

Said, Nuri as- 466
Salin, Brigitte 185, 221
Salin, Edgar 121, 136 ff., 141, 156 ff., 167 ff., 172 f., 178, 180, 185, 187, 212, 220 f., 226 f., 231, 238, 242, 252, 256, 259, 265, 307, 341, 369, 380 ff., 385, 415 f., 436, 438
Salin, Lothar 185, 221
Samhaber, Ernst 353 f., 361, 363 ff., 365 f.
Schacht, Hjalmar 316
Schah von Iran (1925–1941) → Resa Schah
Schah von Iran (1941–1979) → Resa Pahlawi Mohammed
Scheel, Walter 507, 509
Schellenberg, Walter 302 f., 347 f.
Schey von Koromla, Philipp 254

Schiller, Friedrich von 531
Schiller, Karl 298, 486, 492
Schlange-Schöningen, Hans 152
Schleicher, Kurt von 152, 335, 350
Schlie, Ulrich 214
Schlieffen, Graf Wilhelm von 182
Schmid, Carlo 146f., 159, 449f.
Schmidt, Hannelore («Loki») 524
Schmidt, Helmut 298f., 457, 465, 486, 490, 499, 522ff.
Schmidt, Paul Karl (Ps. Paul Carell, P.C. Holm) 241, 434f.
Schmidt, Susanne 524
Schmidt di Simoni, Ewald 349, 355f., 388f., 441, 443
Schmitt, Carl 140, 241, 435f., 439
Schnitzler, Arthur 201
Schoenaich, Paul Freiherr von 153
Schoenaich-Carolath, Hermine Prinzessin von, geb. von Reuß ältere Linie 150f.
Schreiber, Hermann 389
Schröder, Gerhard (1910–1989) 483f., 506
Schröder, Gerhard (*1944) 527
Schroeder, Kurt von 152
Schulenburg, Achaz von der 43
Schulenburg, Friedrich Werner Graf von der 187, 227ff., 234 ff., 238f., 265, 316
Schulenburg, Fritz-Dietlof («Fritzi») Graf von der 183, 228, 283f., 286ff., 289, 291, 295, 316
Schulze, Kurt 297
Schumacher, Kurt 362, 426, 453, 519
Schuman, Robert 370, 426
Schurz, Carl 77, 518
Schwarz, Franz 235
Schwarzer, Alice 73, 118, 121, 214, 400, 488ff.
Schweinitz, Hans Lothar von 182
Schwerin, Detlef Graf von 286
Schwerin, Gerhard Graf von 429
Schwerin, Otto Freiherr von 41
Schwerin, Sophie Gräfin von, geb. von Dönhoff 50f.
Schwerin, Wilhelm Graf von 50
Schwerin von Schwanenfeld, Ulrich-Wilhelm Graf von 316
Seeckt (Familie) 151
Seeckt, Hans von 90f., 105
Seeßelberg, Friedrich 50f.
Shaw, George Bernard 394
Sieburg, Friedrich 18, 366, 439, 487
Siedler, Wolf Jobst 67, 142
Sienkiewicz, Henryk 33
Silex, Karl 359f.
Sirikit, Königin von Thailand 434
Sobieski, Jan → Jan III. Sobieski, König von Polen

Solf, Hanna 246
Sommer, Theo 445, 470 ff., 478, 494, 499 f., 502, 515, 517, 520 ff., 524 f., 527 f.
Sophie Charlotte, Königin in Preußen 42
Sophie Julie, Gräfin von Brandenburg 47 f.
Spaak, Paul Henri 370
Speer, Albert 141 f.
Speer, Hermann 141 f.
Spengler, Oswald 232, 366
Spiel, Hilde 365
Spitzemberg, Baronin Hildegard von 79 f.
Spitzweg, Carl 360
Springer, Axel Caesar 350, 359
Staden, Berndt von 421
Staden, Wendy von 421
Staël, Anne Louise Germaine, Baronin von Staël-Holstein, genannt Madame de Staël 49
Stalin, Jossif (Josef) Wissarionowitsch (eigtl. Iossif W. Dschugaschwili) 20, 38, 135, 213, 216, 220, 229, 234, 271, 339 f., 375, 394, 398, 400, 424, 428 ff., 448
Stanislaus I. Leszczyński, König von Polen 33 f.
Stauffenberg, Alexander Schenk Graf von 145
Stauffenberg, Berthold Schenk Graf von 140, 143 ff.
Stauffenberg, Claus Schenk Graf von 23, 140 f., 143 ff., 246, 273, 280 ff., 286 f., 288 f., 292 ff., 303, 318 f., 320, 327 f., 372
Stauffer, Paul 214 ff., 218 f.
Steengracht von Moyland, Baron Adolf 302, 342
Stegerwald, Adam 152
Steimle, Eugen 343
Stein, Karl Reichsfreiherr vom und zum 54, 57, 67, 166, 528
Steinmayr, Jochen 500
Steltzer, Theodor 278, 504
Stendhal (eigtl. Marie Henri Beyle) 409
Stern, Fritz 215, 248, 537 f.
Steuben, Friedrich Wilhelm von 30, 518
Stevenson, Adlai E. 440
Stieff, Helmuth 284
Stockhausen, Tilmann von 82
Stolberg-Wernigerode, Albrecht Graf zu 35 f.
Stolze, Diether 486, 495, 520 ff.
Stone, Charlotte, geb. Hasenclever-Jaffé 422
Stone, Shepard 422, 501, 519, 536
Stoph, Willi 513 f.
Strasser, Gregor 140, 255, 288, 350
Strasser, Otto 140, 255
Strauß, Franz Josef 16, 463, 492, 506, 511, 524
Strauss, Richard 184
Streicher, Julius 174
Stresemann, Gustav 107 f., 153
Studnitz, Hans-Georg von 382 f., 386

Studnitz, Vera 383
Suzman, Helen 467
Szewczuk, Mirko 353

T
Tauber, Richard 128
Thadden, Adolf («Bubi») von 428
Thadden, Elisabeth von 246
Thadden, Rudolf von 529
Thaer, Albrecht Daniel 167
Thiele-Winkler, Claus (Cousin) 125 f.
Thiele-Winkler, Jelka Gräfin von, geb. von Lepel (Tante) 158, 206, 265
Thielemann, Christian 71, 81
Thomas, Michael (eigtl. Ulrich Hollaender) 386, 429
Tietjen, Heinz 478
Tilitzki, Christian 121, 183, 258
Tillich, Hannah 134
Tillich, Paul Johannes 134 f.
Tippelskirch, Christa von, verh. Armstrong 102, 193, 359 f., 380, 420 f.
Tito, Josip Broz (eigtl. J. Broz) 241, 456
Tolstoi, Lew (Leo) Nikolajewitsch Graf 537
Treitschke, Heinrich von 26, 182, 276
Tresckow, Henning von 228, 273 ff., 320
Tretjakow, Pawel 236

Trott zu Solz, Adam von 231, 273, 325, 396 ff., 402 ff., 407 f., 412 f.
Trott zu Solz, Clarita von 402
Trotzki, Lew (Leo) Dawidowitsch (eigtl. Leib Bronschtein) 92
Trujillo y Molina, Rafael Leónidas 384
Truman, Harry S. 358 f., 400, 422
Tucholsky, Kurt 138
Tüngel, Richard 349 f., 354 ff., 363, 365 ff., 370 f., 373, 384 f., 386 ff., 427 f., 430, 434 ff., 437, 439, 441, 443 f.
Tutu, Desmond, Erzbischof 532
Tzschoppe, Eberhard 474

U
Ulbricht, Walter 472, 506
Unseld, Siegfried 490

V
Vat, Dan van der 142
Veltheim, Baronin 261
Vittorio Emanuele III., König von Italien 34
Voß, Julie von 48

W
Wagner, Elsa 105
Wagner, Richard 478
Wałęsa, Leszek (Lech) 533
Walser, Martin 487
Walter, A. J. P. 342
Walther, Gebhardt von 238

Wangenheim, Baronesse von 139
Warburg, Aby 423
Warburg, Eric M. 423 f., 451, 462
Warren, Earl 423
Wartenberg, Graf von → Kolbe, Johann Kasimir von
Washington, George 18
Weber, Max 62, 143
Weber-Krohse, Otto 182 ff., 187 ff., 199 ff., 202, 219 f., 225 ff., 231, 233, 235, 247 ff., 257 f.
Weber-Krohse, Sophita 248 f.
Weck, Roger de 522, 527
Wedel, Erhard Graf von 151
Weder, Franz Karl 195, 251 f.
Wegener, Paul 105
Wegner, Christian 357
Wehner, Herbert 453, 481, 507, 511
Weizsäcker, Carl Friedrich von 486, 519
Weizsäcker, Ernst von 216 f., 302, 381, 384 f., 397, 398 f.
Weizsäcker, Karl Hugo von 76
Weizsäcker, Richard von 25, 76, 274, 276, 323, 328, 338, 381, 446, 486, 490 f., 511, 538
Wessel, Horst 155, 448
Westphalen, Lubbert Graf von 153
Wiechert, Ernst (Ps. Barany Bjell) 220
Wilhelm, Kronprinz von Preußen 94, 106, 150
Wilhelm, Prinz von Preußen 46
Wilhelm I., Deutscher Kaiser und König von Preußen 61
Wilhelm II., König von Preußen und Kaiser des Deutschen Reiches 70, 79, 82, 84, 106, 149 f., 226, 510
Wilson, Thomas Woodrow 91 f.
Windecker 265
Wirsing, Giselher 417
Wirth, Johann Georg August 189
Władysław IV., König von Polen 32
Woellner, Johann Christoph von 47 f.
Wojtyła, Karol → Johannes Paul II., Papst
Wolff Metternich, Wolfgang Graf 314, 331, 438
Wolfskehl, Karl 145
Wreford, Bridget Aphra → Astor, Bridget Aphra
Wróbel, Janina 261
Wuermeling, Henric L. 396 f.
Wurm, Theophil 73, 217

Y

Yorck von Wartenburg, Alexander Graf 105, 254, 337, 479 f.
Yorck von Wartenburg, Hans Graf 253
Yorck von Wartenburg, Johann David Ludwig Graf 55, 182
Yorck von Wartenburg, Marion Gräfin 244, 246, 256, 284, 292, 504

Yorck von Wartenburg, Paul («Bia») Graf 105, 184, 192, 200, 253 ff., 336 f., 479 f.
Yorck von Wartenburg, Peter Graf 105, 184, 192, 200, 244 ff., 253, 255 f., 277, 283 f., 288 f., 292, 295, 297, 316, 318, 337, 479, 504 f.

Z
Zahn, Peter von 441
Zehrer, Hans 139 ff., 350, 363
Zehrer, Margot, geb. Mosse 350
Zöllner, Johann Friedrich 47
Zundel, Rolf 494, 504

· Bildnachweis ·

Archiv Marion Dönhoff Stiftung, Hamburg: 1, 2, 3, 4, 6, 7, 9, 10, 11, 13, 15, 16, 18, 21, 23, 27, 28
Dönhoff Archiv, Crottorf: 5, 8, 22
bpk, Berlin: 12, 14
Denkmalschutzamt, Hamburg: 17
Picture-Alliance, Frankfurt: 19
Dr. Bettina Clausen, Hamburg: 20
SZ Photo, München/dpa: 24
Klaus Kallabis, Hamburg: 25
Wieczor Wybrzeza, Gdansk: 26
laif, Köln/Foto: Bettina Flitner: 29
Frank Ossenbrink, Bonn: 30